제8판

범죄학

Criminology

허경미 저

박영사

머리말

지구촌 이곳저곳에서 이전과는 꽤 다른 양상의 범죄들이 발생하고 있다. 다른 사람들이 행복한 것이 싫었다는 신림동 칼부림사건이나 온 가족이 합세하여 딸의 성폭력범을 살해한 일본 도쿄의 목 없는 시신 사건 등은 이전의 전형적인 흉악범죄의 양상을 벗어나 보인다. 미국 텍사스에선 12세 소년이 패스트 푸드점에서 시비가 붙어 총기를 난사하는 사건이 발생하기도 하였다.

이와 같은 범죄들은 기존의 연구된 단일한 범죄원인론으로는 설명하기 어렵다. 즉 범죄의 심리적 동기와 범죄가 일어난 시점의 시공간적 상황, 그 혹은 그녀가 살아온 삶의 히스토리, 나아가 신체적인 장애나 건강상태 및 사회구조 등 모든 것을 고려하여 범죄원인을 밝히려 노력하는 것이 보다 합리적인 접근방식일 것이다.

이 범죄학 제8판은 이러한 관점을 보다 정교하게 반영하려고 노력하였다. 전체적으로 이전 판(Edition)과 비교하여 변화 또는 개정한 내용을 조망해 보면 다음과 같다. 제1편 범죄학이란 무엇인가에서는 범죄학의 학문적인 연구범위를 상세하게 더 설명하였고, 연구방법의 장단점을 보완하였다. 제2편 범죄발생원인에 대한 다양한 관점에서는 고전주의적, 초기생물학적, 생물학적, 심리학적 및 사회학적 범죄원인론 등에 대하여 기술하였다. 여기에서는 각 범죄원인론의 역사적 인과관계와 가장 최근의 해당 이론을 적용하여 연구된 사례 등을 꼼꼼하게 찾아 보완하였다. 일부 부자연스러운 용어도 범죄학계에서 보다 보편적으로 사용되는 용어로 대체하였다.

제3편 핵심적인 범죄유형에서는 폭력, 청소년 비행, 성적 일탈과 범죄, 복수 및 증오, 화이트칼라범죄, 사이버범죄, 약물범죄 및 조직범죄에 대하여 설명하였다. 이 편에서는 가장 최근의 관련 범죄의 현황을 공식적인 통계 및 연구보고서 등을 분석하여 반영하였다. 특히 지난 10여년 간 각고의 노력 끝에 제정된 스토킹처벌법의 주요 내용을 설명하였다. 나아가 최신의 관련 제·개정된 법령과 정책을 해당 범죄영역에서 설명하였다. 그리고 관련 범죄에 대응한 가장 최근의 UN, EU 등의 국제규범과 주요국가의 정책들을 보완하여 기술하였다.

제4편 범죄예방 및 피해자지원에서는 범죄예방전략과 범죄피해자 지원 관련 대표적인 이론, 제도 및 관련 현행법령에 대하여 보완하여 기술하였다. 특히 최근의 영국이나 미국 등 주요국가에서 실제 시행 중인 범죄예방책을 소개하였고, 더불어 새로 제정된 자율방범대법을 소개하였다. 제5편 범죄자 처벌 및 교정에서는 국제엠네스티의 사형제 관련 현황 및 관련 제도의 국제적 변화를 추가로 반영하여 설명하였다. 또한 세계 각국의 수용인구의 변화추세 및 국내 사회내처우제의 최근 운영 현황을 세세하게 부연하여 기술하였다. 제6편 형사사법기관에서는 경찰법 및 형사소송법 등의 개정으로 도입된 자치경찰제도를 추가로 설명하였다. 검찰과 법원조직에 대해서는 검찰의 사건처리현황과 법원의 재판절차단계를 보완, 기술하였다. 교정과 보호관찰 영역에 대해서는 최근의 교정시설의 수용 인구의 변화를, 보호관찰의 경우 그 조직의 변화 등을 반영하였다.

부디 이 범죄학 제8판이 범죄학을 연구하고 강의하며, 학습하는 많은 분들과 공감하고 공유하며, 보다 효과적인 범죄대책을 발굴하고, 다양한 아이디어를 창출시키는 원천이 되길 기대해 본다. 한편으론 경찰공무원이나 교정공무원 등 채용시험에 대비하는 수험생들에게는 충실한 수험지침서가 되길 바란다.

늘 성원해주시는 독자 여러분께 감사드리며, 눈부시게 하얀 레이스플라워(Lace Flower) 한 바구니를 마음으로 선사한다.

계명대학교 쉐턱관에서

2023년 8월에 저자 허경미

차 례

Part 3 핵심적인 범죄유형

Part 4 범죄예방 및 피해자 지원

Part 5 범죄자 처벌 및 교정

Part 6 형사사법기관

제 1 편

범죄학이란 무엇인가?

제1장

범죄학에 대한 이해

I. 범죄학의 개념 및 학문적 영역

범죄학(criminology)은 이탈리아의 범죄학자 가로팔로(Raffaele Garofalo)가 1885년도에 최초로 criminologia라는 용어로 사용한 것에서 유래한다.[1] 범죄학의 연구범주는 학문적 영역들을 포괄하고 있지만 그 중에서도 가장 관심을 끄는 분야는 역시 법(law), 범죄(crime) 그리고 정의(justice)가 실제로 무엇인가를 밝히는 데 있다. 지난 20세기 내내 범죄학은 사회학적인 관점을 중심으로 연구가 진행되었으나 최근에는 이러한 사회학적 편향에서 벗어나 전학문적 관점에서 연구가 이루어진다. 울프강(Marvin A. Wolfgang) 등은 "범죄학이란 범죄, 범죄자, 범죄적 행위에 대한 과학적 연구이다"라고 주장하였으며,[2] 바톨라스(Clemens Bartollas) 등 역시 "범죄학이란 범죄에 대한 과학적 연구"라고[3] 정함으로써 범죄학의 과학적인 검증을 강조하였다. 한편 서더랜드와 크레시(Donald Cressey)의 범죄학의 정의는 다음과 같다.[4]

"범죄학이란 범죄를 사회적인 현상으로 간주하는 지식체계이다. 범죄학의 연구범주에는 법 제정의 과정, 제정된 법의 위반과정, 법 위반행위에 대한 대응과

---

1 Gehring, K. S., & Batista, M. R. (2016). CrimComics Issue 1: Origins of Criminology. Oxford University Press.

2 Marvin A. Wolfgang and Franco Ferracuti, The Subculture of Violence, (London: Tavistock, 1967); Gehring, K. S., & Batista, M. R. (2016). CrimComics Issue 1: Origins of Criminology. Oxford University Press.

3 Clemens Bartollas and Simon Dinitz, Introduction to Criminology: Order and Disorder, (NY: Harper & Row, 1989), p. 548.

4 Edwin H. Sutherland and Donald Cressey, Principles of Criminology, 6th (ed.), (Philadelphia: J. B. Lippincott, 1960), p. 3.

정 등이 포함된다. 범죄학의 궁극적인 목적은 이러한 법, 범죄, 범죄에 대한 조치와 관련된 여러 가지 과정들에 대한 일반적이고 신뢰할 수 있는 원칙들을 확립하는 데 있다."

서더랜드와 크레시의 범죄학에 대한 정의는 범죄학자들이 가장 관심을 가지는 분야 즉, 형사법의 발전과 더불어 법규범 내에서의 범죄의 의미, 법규위반의 이유, 범죄행위를 통제하기 위한 수단 등이 포함되어 있다.

그런데 서더랜드와 크레시는 범죄학에 대한 정의를 하면서 '신뢰성 있는 원칙'이라는 개념을 사용함으로써 범죄학 연구의 실증주의적 방법론의 도입을 주장하였다는 점을 주목하여야 한다. 범죄원인에 대한 실증주의적 관점에 따라 범죄학자들은 가설의 검증, 자료의 수집, 이론의 정립, 정립된 이론의 신뢰성을 검증하기 위하여 객관적인 연구방법 즉, 사회과학 분야에서 활용되는 통계분석, 실험연구, 관찰연구, 시계열분석, 내용분석 등의 다양한 연구기법을 활용한다.

범죄학 연구에 있어서 또 하나의 중요한 사실은 범죄학이 융합학문적 성격을 갖는 점이다. 즉 일반사회학, 형사정책, 정치학, 심리학, 경제학, 자연과학 등 다양한 학문적 지식들이 범죄학 연구의 기초지식으로 활용되고 있다.

범죄학의 영역을 지속적으로 확장한 학자로 셀린(Thorsten Sellin)을 들 수 있다. 그는 20세기 이후 폭넓게 존경받는 범죄학자로서 특정한 시간과 장소에서 형사법 체계를 위반한 행위에 대한 연구만을 범죄학이라고 정의하는 것은 매우 큰 위험이라고 보았다.[5]

셀린 이외에도 1965년에 만하임(Hermann Manheim)은 범죄학의 연구범주 안에 모든 반사회적 행동을 포함시켜야 한다고 주장하였는데 이것은 상당한 지지를 받았다.[6]

한편 범죄의 개념을 확장하는 것은 범죄학의 일탈적인 행동의 연구를 감소시키는 결과를 가져오며, 법률학적으로 범죄학을 연구하는 학자들의 경우가 이에 해당한다. 따라서 최근의 신진 범죄학자들은 범죄학의 연구범위를 법규범주의적인 범죄학의 정의보다 확대하거나, 새롭게 범위설정을 시도하는 경향을 보이고 있다.[7]

---

5 Thorsten Sellin, Culture Conflict and Crime, (NY: Social Science Research Council, 1938), p. 21.; Jensen, G. (2017). "Taking Social Learning Global": Micro-Macro Transitions in Criminological Theory. In Social learning theory and the explanation of crime (pp. 15-44). Routledge.

6 Hermann Manheim, Comparative Criminology, (MA: Houghton Mifflin, 1965).

낙태에 대한 관점의 차이

자료: 데일리 한국, 2018년 5월 24일자 보도.

19세기말 마르크스(Karl Marx)나 뒤르껭(Emile Durkheim)과 같은 사회사상가들은 왜 일탈이 범죄화되어 가는가에 대하여 관심을 가졌으며, 이들의 생각은 20세기의 테일러(Ian Taylor)와 그의 동료들에 의하여 결론이 모아졌다. 이들은 사회의 지배적인 구조, 즉 권력과 경제적 지위를 가진 지배계층에 의하여 범죄는 만들어질 뿐이라고 보았다. 따라서 범죄학의 연구영역은 이러한 사회구조와 이를 둘러싼 메커니즘을 포함하는 것이라는 주장이다.[8]

이에 대하여 슈베딩거 부부(Herman Schwendinger and Julia Schwendinger)는 한 발자국 더 나아가고 있다.[9] 이들은 사회의 엘리트들에 의하여 침해되는 개인의 인권까지를 범죄라고 보고, 이 분야에 대한 연구도 범죄학의 연구영역에 포함해야 한다는 입장을 보였다. 이들은 개인의 인권이란 음식, 주거지, 의복, 병원진료, 직업선택 그리고 여가시설, 그리고 안전 등 행복한 생활의 전제조건이 되는 것이라고 정의하였다. 그리고 이러한 인권이 누가, 왜, 어느 순간에 침해하는지를 연구해야 한다고 주장하면서 특히 사람의 인권이 개인 또는 국가기관에 의해서도 침해될 수 있다고 보았다.

이와 같이 범죄학의 연구범위에 대한 다양한 의견들이 있지만 여전히 많은 의문들이 남는다. 많은 범죄학자들은 범죄에 대한 법규범주의적인 정의에 대해 의문을 품는다. 서로 다른 국가와 사회의 법률에서 범죄라고 규정한 그 기준이

7 Stephan E. Brown, Finn-Aage Esbensen, Gilbert Geis, Criminology: Explaining Crime and Its Context, 4th (ed.), (OH: 2001), p. 21.

8 Ian Taylor, Walton Paul, and Young Jock, The New Criminology, (London: Routledge and Kegan Paul, 1973), pp. 281~282.

9 Herman Schwendinger, Julia Schwendinger, The sociologists of the Chair, (NY: Basic Books, 1974), pp. 133~134.

명확하지 않을 수 있기 때문이다. 즉 왜 흡연은 합법이고, 마리화나는 불법인가? 왜 낙태는 합법이고, 안락사는 불법인가? 왜 재산상속은 법에 의해서 보호하면서 부의 형평성 있는 분배를 촉진하는 재산의 수용은 금지하는가? 등 그 기준의 모호함은 여전히 풀어야 할 과제이다.

따라서 범죄화와 비범죄화의 과정은 범죄학의 중요한 관심사이다. 다른 한편으로는 범죄화하거나 좀 더 법에 따라 엄격하게 통제되어야 하는 행위들도 있다. 예를 들면 많은 범죄학자들은 병원에서 불치병 환자의 뜻에 반하여 생명을 연장하는 행위, 병원의 불필요한 수술의 시행, 공장의 오염물질의 배출, 불안전한 작업환경의 조장, 불량물건의 판매 등과 같은 다양한 행위들에 대하여 범죄로 규정해야 한다고 주장한다. 그런데 이러한 행위들을 모두 범죄로 규정하려면 사회적 합의가 있어야 하고, 그 합의과정은 매우 복잡한 상황에 놓이기도 한다. 즉 사회적 양심과 법, 구성원의 가치수준 등의 충돌 또는 조화가 어떤 방식으로든 표출되는 과정을 거쳐야 하고, 법제정을 통한 범죄화, 혹은 사회일탈적 행위로의 간주 등 결론을 낳게 된다. 결국 범죄학은 이 모든 것을 포용하는 입장에 서며, 따라서 범죄학의 확장은 불가피하다.

그러나 법규범을 확대하는 것에 대해 모리스(Norval Morris)와 호킨스(Gordon Harwkins)는 형법의 지나친 과도화 현상이라고 주장한다.[10] 모리스 등은 법은 사람들에게 선한 삶을 강요하는 비효과적인 수단일 뿐이라는 신념을 가지고 있다. 특히 피해가 경미하거나 피해사실을 느끼지 못하는 이른바 피해자 없는 범죄를 정의할 때 법률적 의미의 범죄개념의 한계성이 명확하게 드러난다고 지적한다. 즉, 피해자 없는 범죄를 모두 법률화하는 것은 수많은 범죄자를 양산하는 불합리한 결과를 야기한다는 것이다.

한편 범죄라는 것은 매우 상대적인 개념이다. 범죄행위 또는 비범죄행위 모두 시간과 장소에 따라 다르게 나타난다. 대마초의 합법화[11]나 성매매의 합법화, 동성결혼의 합법성 인정 추세,[12] 낙태의 비범죄화 등은 가장 단적인 예라 할 수

---

10 Norval Morris, Gordon Hawkins, The Honest Politician's Guide to Control, (IL: University of Chicago Press, 1970), p. 2.

11 미국의 콜로라도주는 2012년 11월 대마초 합법화 법(Colorado Amendment 64)을 통과시켜 21세 이상인 사람이면 콜로라도주민이든 여행객이든 상관없이 누구나 1온스(28g)까지 소지하도록 허용하였다. 이외에도 알래스카, 오리건, 워싱턴 주 등 9개 주에서 기호용을, 그리고 23개 주가 의료용 대마초를 합법화하였다. 허경미. (2018). 미국의 대마초 합법화 과정 및 주요 쟁점 연구. 한국경찰연구 제17권 제2호, 291-316.

있다.

따라서 범죄학은 현재 인류사회를 관통하고 있는 보편적 타당성, 윤리의식, 법규범, 사회상규 등에 반하는 행동과 현상, 원인, 그리고 해결책을 끊임없이 모색하는 사회과학이라고 정의할 수 있겠다. 동시에 범죄학의 연구영역은 다양한 사회적 변화에 따라 확장될 수밖에 없는 필연적 구조를 갖는다고 할 수 있다.

II. 범죄의 개념

범죄(crime)에 대한 개념 정의는 학문적 관점에 따라 다양하다. 정치학적으로 "범죄란 정치세력에 대하여 직간접적으로 위해를 끼칠 것이라고 정치적 과정을 통하여 인식되어 범죄라고 규정된 행위"라고 정의한다. 사회학적으로는 "범죄란 보존이 필요하다고 인식되는 현재 사회시스템의 유지에 반항하는 반사회적 행동"이라고 정의한다.

그러나 범죄에 대한 가장 일반적인 정의는 법규범주의적인 관점이라 할 수 있다. 법규범주의적으로 범죄란 법이 규정한 바를 위반한 경우 그 처벌의 방법, 범위 등이 이미 정해진 행동이며, 일탈이란 사회구성원들의 가치관에 비추어 용납되지 않는 행위를 말한다.[13] 그러나 모든 행동을 법제화할 수 있는가에 대한 의문이 따른다. 예를 들어 포르노그래피에 대한 법적 정의가 확실하지 않은 경우에도 많은 나라에서 그것의 발간·판매·배포 등을 금지하는 것이 과연 옳은가? 문자가 발달하지 않은 미개사회에서 법을 인정할 수 있는가? 등을 고민해 볼 수 있다.

법이나 범죄에 대해 명확하게 정의를 내린다는 전제하에서는 범죄적인 행동과 일탈적인(deviant) 행동이 구분될 수 있다. 그런데 그것이 가능한 것인가?라는 의문이 있다.

사람들은 만성적으로 과시하거나 타인 앞에서 코를 후벼파는 행동 등에 대해

12 네덜란드(2001), 벨기에(2003), 스페인·캐나다(2005) 등 20여 개 국가가 동성결혼을 합법화하였다. 미국은 2015년 6월 27일 연방대법원에서 '동성결혼은 헌법이 정하는 기본권이자 사회 질서로서 존중되어야 하고, 개별 주(州) 차원에서 동성결혼을 금지할 권한이 없다'고 판결하여 미국 전역에서 동성결혼이 합법화되었다. http://edition.cnn.com/interactive/us/map-same-sex-marriage/

13 Jeffery, C. R. (2017). Criminology and Criminal Law: Science versus Policy and the Interaction. The Criminology of Criminal Law, 3.

수용할 수 없거나 일탈적인 것이라 여긴다. 그러나 범죄적인 행동은 아니다. 또한 성매매나 낙태를 범죄로 규정하여 처벌하지 않는 국가의 사회구성원들도 이러한 행위들을 일탈적인 행위로 간주하는 경향에서 알 수 있는 것처럼 일탈과 범죄를 명확하게 구분하기는 어렵다.

살인, 강도, 강간, 절도 등은 범죄적이기도 하지만 일탈적인 것이기도 하다. 그렇다고 일탈과 범죄가 동의어는 아니다. 일탈은 범죄보다 훨씬 포괄적인 개념이며, 범죄적인 행동이란 한 사회를 유지하려는 고도의 정치적인 계산에서 만들어진 법체계하에서 처벌되어야 하는 행동이라고 규정된 일탈이다.

범죄란 무엇인가에 대한 가장 협의의 정의는 타펜(Paul Tappan)의 법률적 측면의 정의를 들 수 있다. 타펜은 범죄란 국가에 의하여 중범 또는 경범으로써 처벌되는 형사법을 위반한 고의적인 행동으로 정의하였다.[14]

그러나 범죄에 대한 법규범주의적인 측면에서의 개념정의는 지나치게 제한적이라는 평가를 받고 있다. 범죄란 처벌가능해야만 성립되는 것이라는 한계가 발생하는 것이다.[15]

이러한 법규범주의적인 범죄의 정의를 비판하며 서더랜드(Edwin H. Sutherland)는 “범죄라는 것은 그것이 처벌된다고 법에 규정되어 있기 때문에 범죄가 아니라 오히려 처벌될 수 있는 사실”이라고 강조하였다. 그는 특히 화이트칼라범죄의 개념을 정의하면서 범죄에 대한 법률학적인 개념정의의 문제점을 지적하였는데, 화이트칼라범죄는 처벌이 될 수 있는 행위임에도 불구하고, 범죄를 행하는 사람들이 전문지식인이거나 사회유력인사들이 대부분이기 때문에 법규범에 의해 범죄로 규정되지 않는다고 비난했다.

---

14 Paul Tappan, “Who is the Criminal?,” American Sociological Review, (12. 1947), pp. 96~102; Akers, R. (2017). Social learning and social structure: A general theory of crime and deviance. Routledge.

15 Edwin H. Sutherland, White Collar Crime, (NY: Dryden, 1949), pp. 31~35.

제2장

범죄학의 연구방법

I. 공식범죄통계연구

이 연구방법은 어느 특정한 사회 또는 국가에서 발생하여 집계된 공식범죄통계(offical crime statistics)를 통하여 범죄의 원인과 실태, 그리고 범죄자의 환경, 지역적인 특성 등을 파악하는 것이다.[1] 대부분의 국가에서는 형사사법기관을 비롯한 통계관련 부처에서 범죄통계를 집계한다. 우리나라의 경우 경찰청에서 매년 발행하는 경찰백서, 범죄분석 및 경찰통계연보와 대검찰청의 범죄분석, 그리고 법무부의 검찰연감, 법무연수원의 범죄백서 등이 있다. 또한 법원행정처의 사법연감과 교육부의 청소년백서, 법무부 교정본부에서 발행하는 교정통계연보 등이 대표적인 범죄관련 통계라고 할 수 있다. 이 밖에도 여성가족부의 성폭력, 가정폭력 및 아동학대 실태 등의 정기적인 조사결과도 공식범죄통계로 활용된다.

공식범죄통계는 분류방법에 따라 다양한 통계를 보여주는데 연구자가 목적에 따라 활용할 수 있고, 사회의 범죄경향을 파악할 수 있다는 점에서 매우 유용하다.

그러나 공식범죄통계는 범죄가 발생한 이후 공식적으로 경찰이나 검찰 등 수사기관에서 입건한 사건만을 집계한 것으로 그 이외에 보고되지 않은 범죄, 즉 암수범죄(hidden crime)는 파악할 수 없다는 단점이 있다. 따라서 실제 행하여진 범죄와 공식적으로 집계·처리된 범죄건수와는 많은 격차가 벌어질 수 있어 범죄발생 실태의 정확성을 확보하기가 어렵다. 이는 공식범죄통계를 활용한 연구가 암수범죄를 포함하여 연구할 경우 그 결과가 상당히 달라질 수 있음을 의미하는 것

1 Vito, G. F., & Maahs, J. R. (2021). Criminology: Theory, Research, and Policy: Theory, Research, and Policy. Jones & Bartlett Learning. 36.

이다.

강간이나 성폭력 등의 성범죄나 아동학대, 노인학대, 아내학대 등은 현행법상 범죄행위이지만 수치심이나 가족간의 일이라는 이유로 신고를 하지 않거나 방치되는 경우가 비일비재하다. 또한 절도나 강도피해를 당한 경우에도 경찰이

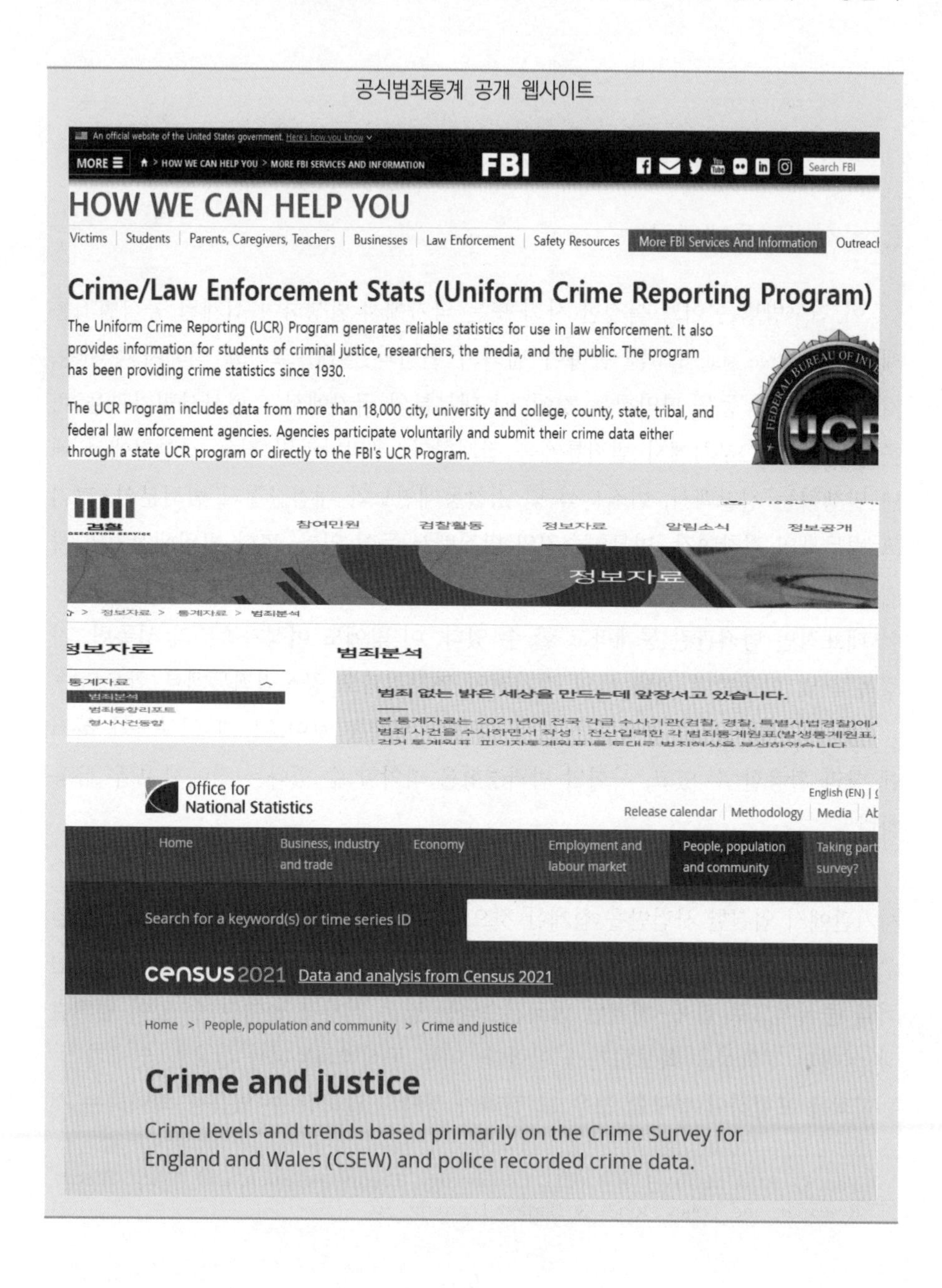

공식범죄통계 공개 웹사이트

사건처리를 제대로 해주지 않거나, 별로 해줄 것이라는 기대를 아예 하지 않거나, 또는 귀찮다는 이유로 신고를 하지 않아 통계에 포함되지 않기도 한다. 사이버상의 명예훼손이나 음란물 거래도 범죄이지만 무시되기 일쑤이며, 금융이나 경제, 공무상에서 행해지는 많은 화이트칼라 범죄 역시 감춰지곤 한다.

공식범죄통계의 이와 같은 문제 이외에도 통계를 집계하거나 관리하는 공공기관의 전문성 부족이나 책임회피도 통계의 정확성을 떨어뜨리는 요인이 된다. 강도사건을 절도로 기재한다거나, 피해액수를 줄이는 행위, 살인사건을 상해치사로 기재하는 경우 등 통계의 정확성과 신뢰성을 떨어뜨리는 다양한 요인이 있다.

또한 통계의 획일성도 문제로 지적할 수 있다. 즉, 현재 범죄백서나 범죄분석의 경우 죄종에 관계없이 인구 십만명당 범죄건수를 획일적으로 산출하고 있다. 이는 동일한 잣대를 가지고 살인사건과 교통사고, 환경범죄와 공무원범죄 등 다양한 범죄를 계량적으로만 관리, 평가한다는 의미로 그 질적 수준을 잘 알 수 없다는 한계가 있다.

II. 피해자조사연구

피해자조사연구(victimization survey study)란 조사대상자의 범죄피해실태를 파악하는 조사방법이다.

최초의 범죄피해자조사는 1966년에 미국에서 시작되었다.

1965년 미국 존슨 대통령의 '법집행과 사법행정을 위한 위원회'(Commission on Law Enforcement and Administration of Justice) 활동의 일환으로 범죄학자들의 주도하에 1966년에 10,000가구를 대상으로 진행되었다. 이 설문에 응답한 상당한 비율의 사람들은 그들이 범죄피해를 당한 적이 있다고 인정했고, 또한 그들이 경찰에 신고하지 않은 것도 인정했다. 보고되지 않는 범죄인 "암수범죄"(dark figure)의 존재에 대한 이러한 증명은 미국 연방수사국(FBI)이 발간한 보고서인 종합범죄보고(Uniform Crime Report: UCR)의 정확성에 대한 의문을 증폭시켰다.[2] 이에 따라 1972년부터 연방정부차원에서 26개 도시의 개인 및 사업체를 대상으

2 Hazard Jr, G. C. (1967). President's Crime Commission Report. ABAJ, 53, 607.

로 전국규모의 범죄피해조사를 실시하였다. 1973년에는 전국조사로 확대되었고, 인구조사국(Bureau of the Census)이 계층화된 다단계 표집방법으로 전국의 가구를 무작위로 추출하여 조사하였다. 국가범죄조사(National Crime Survey: NCS)로 알려졌던 이 조사는 1992년 이후 국가범죄피해조사(National Crime Victimization Survey: NCVS)로 명칭이 변경되었다.

NCVS의 표본대상은 미국 전역의 12세 이상 인구 중 15만 가구의 24만 명을 대상으로 한다. 그들은 약 20페이지가 넘는 설문지에 대답하며, 3년 동안 6개월마다 인터뷰를 행한다. 설문은 "지난 6개월 동안 누군가가 당신의 집을 침입한 적이 있습니까?"와 같은 질문으로 시작된다. 만약 'yes'라고 응답한다면, 다음 질문은 그 사건에 대한 구체적인 정보를 수집하는 형태로 이루어진다. 조사결과는 응답자에게 가해졌던 폭력 및 재산범죄에 대한 엄청난 양의 데이터를 제공하는데 사건의 시간과 장소, 어떠한 물리적 상처나 재정적 손실의 여부, 범인과 그들의 무기에 대한 설명, 피해자와 가해자의 면식여부, 경찰에의 신고 유무와 그 이유, 나이, 성별, 인종, 혼인 상태, 경제적 수준, 교육정도, 피해자의 거주 장소 등이 주요 내용이다.

NCVS는 폭력범죄 즉, 강간 또는 성폭행, 강도, 가중 및 단순 폭행의 피해와 개인의 절도피해, 가계의 재산범죄 즉, 절도, 무단 침입, 자동차 절도 및 기타 유형의 절도 등의 피해의 빈도, 특성 및 결과 등에 대해 조사한다.[3]

이러한 조사의 이점은 약 3억 1,160만명에 달하는 미국시민에 대한 전체조사를 가능하게 해준다. 무작위로 선정된 8만명의 샘플들의 경험은 강도, 강간, 절도를 당한 미국의 전체피해자 수를 추정할 수 있게 해준다.

한국은 1994년부터 한국형사정책연구원이 범죄피해조사를 실시해 왔다. 이후 2009년부터는 기존의 조사내용과 방법을 전면적으로 재설계하여 구축된 「전국범죄피해조사(KCVS)」가 통계청에 의해 국가승인통계로 지정되었다. 2013년부터는 「국민생활안전실태조사」로 명칭이 변경되었다. 2009년 이후 매 2년마다 통상 전국적으로 표본수 6,000~7,000가구를 대상으로 조사원이 대상가구를 직접 방문하는 면접조사방법과 자기기입식을 병행하여 이루어진다.[4]

---

3 Bureau of Justice Statistics, National Crime Victimization Survey (NCVS), https://bjs.ojp.gov/data-collection/ncvs#methodology-0/

4 통계청, 국민생활안전실태조사, http://www.narastat.kr/metasvc/svc/SvcMetaDcDtaPopup.

국가적 차원의 전 국민을 대상으로 하는 피해자조사는 공식적 범죄통계의 문제점을 보완하는 방법으로 활용할 수 있고, 특히 드러나지 않은 범죄를 파악하는 데 효과적이다. 이 조사방법은 전국적인 범위를 그 대상으로 행하므로 전국적 단위의 범죄 및 그 피해실태를 파악하는 데 매우 유용하다는 평가를 받는다. 또한 이 연구방법은 범죄학의 연구영역을 범죄자 중심에서 피해자에게까지 확대하는 데 기여하였다. 즉 범죄피해자의 성(sex)과 빈부의 정도, 학력, 직업, 지역, 생활패턴 등을 파악함으로써 범죄에 따라 그 피해자가 일정한 특징을 가지고 있음을 보여준 것이다.

그러나 피해자조사는 범죄피해자가 매우 주관적으로 조사에 응답할 수 있어 조사의 객관성을 잃을 수 있다는 단점이 있다. 조사대상자는 실제 범죄로 인한 피해와 범죄가 아닌 경우의 피해를 자신의 주관적인 판단하에 범죄로 인한 피해라고 답변할 수 있다. 또한 실제 범죄피해를 당하였음에도 불구하고 밝히기 싫어서 없다고 답변하거나, 명예를 훼손당하거나 보복이 두려워 답변하지 않거나 허위로 답변하는 경우, 피해사실을 잊어버려 없다고 하는 등의 문제도 있다.

이와 같은 조사대상자에게서 나타나는 한계 이외에도 조사자가 조사대상자에 대하여 편견을 가지고 질문을 하거나 대답을 유도하는 등 부적절한 태도로 인하여 정확한 답변을 얻지 못하는 경우도 있다. 나아가 전국적인 조사이므로 시간과 비용이 많이 소요되며 표본당사자가 대표성을 갖는가의 문제, 노숙자, 불법체류자 등의 범죄피해를 밝힐 수 없다는 단점이 있다.[5]

III. 자기보고식조사연구

자기보고식조사(self report study)는 면접자의 질문에 대하여 면접대상자가 자신의 법규위반사실을 밝히는 방법이다. 즉 특정기간 동안의 규범위반사실을 면접과 설문지를 통하여 조사하는 것으로 "지난 1년 동안 당신은 다른 사람의 물건을 훔친 적이 있습니까?, 지난 1년 동안 당신은 주변사람들에게 폭력을 행사한 적이

do?orgId=403&confmNo=403001&kosisYn=Y/

5 Reyns, B. W., & Randa, R. (2017). Victim Reporting Behaviors Following Identity Theft Victimization: Results From the National Crime Victimization Survey. Crime & Delinquency, 63(7), 814-838.

있습니까? 또는 지난 1년 동안 교통법규를 위반한 적이 있습니까?" 등의 질문에 "1번, 2번, 3번, 4번 이상, 없다" 등의 항목에 답변을 하는 방법으로 범죄현상을 파악한다. 피해자조사의 단점을 보완하기 위한 연구방법으로 자기보고식조사(self reported study)를 활용할 수 있다.

자기보고식조사는 공식통계나 피해자조사의 결과보다 훨씬 많은 법규위반 사실을 밝혀내는 성과를 거두었다. 또한 범죄가 주로 하류계층, 빈곤한 자 또는 흑인 등에 의하여 행해진다는 그간의 편견을 깨는 계기가 되었다. 자기보고식조사를 통하여 범죄, 특히 범죄성은 계층과 인종에 관계없이 나타난다는 것이 증명된 것이다.[6]

그러나 자기보고식조사 역시 대상자가 거짓말을 하거나 자신의 법규위반사실을 기억하지 못하는 등의 문제로 오류가 발생한다. 특히 강도나 강간, 방화 등 중범죄 등은 숨기지만 교통법규 위반이나 가로등 파손 등 자신이 별로 심각하지 않다고 생각되는 범죄에 대해서는 시인하는 경향이 있다. 따라서 이 연구방법은 경미한 범죄를 조사하는 데에는 유용하지만 중범죄에 대해서는 적절치 않다.

Ⅳ. 참여관찰연구

참여관찰연구(participant-observation study) 또는 관찰연구란 연구자가 대상자의 행위를 가까이서 관찰하여 연구에 필요한 자료를 얻는 방법을 말한다.

참여관찰연구는 연구자 또는 조사자가 대상자와 밀접하게 행동하므로 자기보고나 공식통계 등에서 얻지 못하는 행위자의 특징이나 감정 등을 포착할 수 있다는 장점이 있다. 그러나 자칫 행위자와 조사자의 지나친 감정적인 유대감(rapport) 또는 관찰대상자에 대한 조사자의 선입관 등이 조사결과에 반영될 수 있다. 주로 조직범죄, 직업적인 절도범, 마약범 등의 연구에 활용한다.

성매매의 원인을 연구하는 조사자의 경우 성매매여성에 대한 편견이 관찰결과에 반영될 수 있으며, 범죄의 원인을 빈곤 때문이라고 생각하는 연구자라면 경제적으로 열악한 조사대상자에 대한 관찰시 상대방의 사소한 일탈까지도 범죄라고 예단할 수 있다.

---

6 Walsh, A., & Jorgensen, C. (2020). Criminology: the essentials. Sage Publications, 37-38.

참여관찰연구의 또 다른 한계는 조사자가 참여할 수 있는 범죄유형이 극히 제한적이라는 점을 들 수 있다. 예를 들어 자살이나 강간, 살인 등의 범죄를 연구자가 보는 앞에서 행하는 경우는 거의 없으며, 이를 목격하면서도 연구자가 제지하지 않을 경우 그에 대한 도덕적·법적 책임문제가 지적될 수 있다.[7]

나아가 참여관찰연구는 실험이나 공식통계를 활용하는 것보다 비용과 시간이 상대적으로 많이 소요되는 단점이 있다. 연구자가 조사대상자와 일정한 기간 동안 감정적 교류를 해야만 상대방이 자연스런 행동을 하게 되므로 경제적 비용과 충분한 시간이 필요한 것이다.

V. 실험연구

실험연구(experimental study)란 일정한 장소 또는 지역에서 특정한 사람들을 대상으로 일정한 범죄적 환경을 조성한 뒤 대상자들의 행위를 관찰하는 연구방법을 말한다. 실험연구는 여러 명의 관찰자가 동시에 실험집단의 행동을 관찰할 수 있고, 기록할 수 있으며, 같은 실험을 반복할 수 있다는 장점이 있다.

반두라(Albert Bandura)와 그의 동료들에 의해 행해진 어린이들의 공격성 실험, 즉 보보돌실험(Bobo doll experiment)이 대표적이다. 이 실험은 어린이들에게 대면적 상황에서의 공격과 TV에서의 공격 등을 보여준 뒤 어린이들이 그들의 놀이에서 얼마나 신체적 공격을 행하는지를 관찰한 것이다.[8]

실험연구는 실험을 통해서 규범위반을 유도해야 하므로 살인이나 강도, 강간, 방화 등과 같은 중대한 범죄를 행하도록 할 수 없고 경미한 범죄행위만을 그 대상으로 한다는 한계가 있다. 또한 조사대상자가 자신이 실험대상이라는 점을 인식하고 있어 실제와 다른 행동을 연출할 수도 있다. 따라서 동일한 실험연구를 일정한 횟수 이상 반복하지 않는 한 연구결과를 일반화하기는 매우 어렵다.[9]

또한 사람을 대상으로 일정한 환경을 조성하고 가설을 검증하기 위한 실험을 한다는 것이 비윤리적이라는 비난도 있다. 특히 미성년자나 정신장애자 등 의사

7 Reinharz, S. (2017). On Becoming a Social Scientist: from survey research and participant observation to Experimental Analysis. Routledge.

8 Albert Bandura, Aggression: A Social Learning Theory, (NJ: Prenntice－Hall, 1973).

9 Bandura, A. (2017). Mechanisms of moral disengagement. In Insurgent terrorism (pp. 85－115). Routledge.

결정능력이 현저하게 떨어지는 대상자들에 대한 실험연구는 연구윤리적 측면의 책임과 비난에 봉착할 수 있다.

CRIMINOLOGY

스탠퍼드 교도소실험(Stanford prison experiment, SPE)

이 실험은 1971년 8월 16일에 스탠퍼드 대학교의 필립 짐바르도(Philip Zimbardo) 심리학 교수가 교도관과 수감자의 어려움을 이해하기 위하여 창안하였다. 교도관과 수감자의 역할을 할 지원 대학생 70명 중 24명을 선발, 죄수와 교도관역을 맡겼다. 이들은 스탠퍼드 대학 심리학 건물 지하에 있는 가짜 교도소에서 살았다. 역할은 무작위로 정했다. 교도관들은 수감자들에게 권위적이고 폭력적으로 대했다. 2명의 죄수는 초기에 너무 화가 나 역할을 포기했다. 교도관은 3명씩 3조로 나뉘어 하루 8시간씩 3교대 하였으며, 죄수들은 3개의 감방에 각각 3명씩 수용되었다. 실험 참가자들 중 교도관역을 맡은 사람은 무기(나무 곤봉), 셔츠 및 바지가 카키색인 가짜 교도관 옷을 받았다. 눈을 마주칠 수 없도록 하기 위해서 선글라스도 받았다.

교도관들은 수감자들을 이름 대신에 옷에 박힌 그들의 고유 번호로 불렀고, 고문을 가하는가 하면 화장실을 가지 못하게 하는 등 통제를 하였다, 수감자들 역시 교도관에 대항하고 규칙을 어기는 행동을 반복했다. 결국 실험은 연구진의 통제를 벗어날만큼 폭력적인 양상으로 변질되어 2주 동안 예정되었던 실험기간은 6일 만에 종료되었다.

이 실험은 절대선과 필요악에 대한 환상을 동시에 반박한다. 선을 유지할 수 없는 상황에서 평범한 인간도 얼마든지 악에 빠질 수 있으며, 개인을 둘러싼 환경의 중요성을 보여준다.

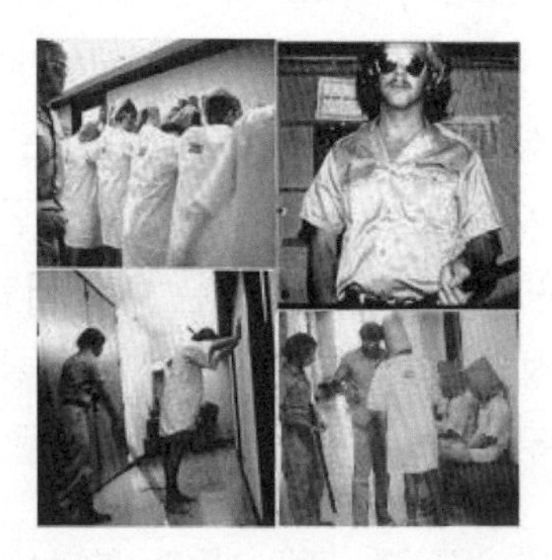

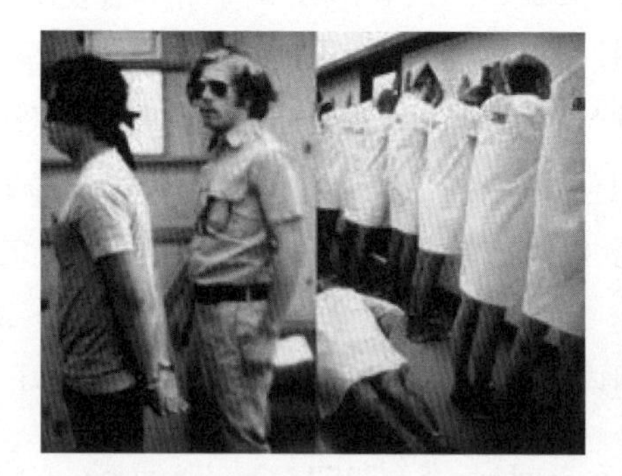

자료: https://ko.wikipedia.org/wiki/%EC%8A%A4%ED%83%A0%ED%8D%BC%EB%93%9C_%EA%B0%90%EC%98%A5_%EC%8B%A4%ED%97%98

VI. 사례연구

사례연구(case study)란 특정 범죄자에 대하여 출생, 성장과정, 교우관계, 학교생활, 직장생활, 가족관계, 범죄경력 등과 같은 다양한 측면을 종합적으로 분석하여 범죄자 및 범죄에 대한 정확한 자료를 얻어내는 연구방법이다.[10] 생애사연구라고도 한다.

따라서 사례연구는 질적 연구이면서 동시에 종적(縱的) 연구라고 할 수 있다. 단기간의 일시적인 자료나 현상에 의존하는 것이 아니라 범죄자에 관련한 모든 자료를 토대로 관련 특성을 찾아내기 때문이다. 전문절도범이나 사기범, 연쇄살인범, 연쇄방화범 등 특정 범죄인을 주로 그 연구 대상으로 한다.

사례연구의 결과는 일반화하기 곤란하다는 단점이 있다. 특정의 사람을 대상으로 한 연구를 대부분의 범죄인의 경우와 비슷하다고 보기는 어렵기 때문이다.

CRIMINOLOGY

드레이 치카틸로(Андрей Романович Чикатило)

1. 출생과 성장

치카틸로는 1936년 10월 16일 구소련 우크라이나에서 광부의 아들로 태어났다. 선천적으로 병약한 체질이었고, 빈곤한 환경으로 굶주림이 심했다. 그는 어린 시절 늘 어머니로부터 큰 형이 반체제사상가로 몰려 공산당원들에게 먹혔다는 소리를 들었다. 사춘기에 발기부전이 시작되었다. 마을에서는 공부를 잘해 인정받았으나 당시 최고 명문대학인 모스크바대학 법학부 시험에 실패했다.

공업전문대학교를 거쳐 직장생활을 하다가 로스토프 대학에 다시 입학하여 35세에 문학과 철학 과목 교원 자격을 얻어 로스토프주의 광산지역인 노보샤흐틴스크에서 교사로 취업했다.

훗날 그의 여동생은 오빠는 항상 혼자였고 따돌림 당하는 것을 두려워해서 늘 건물 구석에 숨어있던 불행한 사람이라고 증언했다.

10 Stevenson, M., & Najdowski, C. (2018). Criminal Juries in the 21st Century: A Case-Study Introduction to Contemporary Issues.

1963년, 여동생의 친구와 결혼하여 딸과 아들을 두었지만 성기능 장애 때문에 가정생활이 순탄치 않았다.

교사시절 성폭행을 시도하였으나 실패한 적이 있다. 그가 가르치던 학생이 그의 가족이 불순분자였다는 사실을 밀고하는 바람에 학교로부터 파직되었다. 이후 공장 등을 전전하다가 198년대 들어 조그만 학교 기숙사 사감으로 취업하게 되었다.

2. 성폭력, 연쇄살인, 식인

그는 1978년 42세부터 9살 소녀를 살해한 후 시체에 자위행위를 한 것으로 시작해 어린 소녀와 성인 여성들을 유혹해 성폭행하고 살해하고 때론 인육을 먹었다. 그는 살아있는 피해자 몸을 잘라 먹기도 했고, 피해자가 보는 앞에서 다른 피해자의 인육을 먹기도 했다. 그는 피해자들이 그의 행동을 보고 공포심에 떠는 것을 즐겼다.

그는 피해자의 사지와 성기, 내장, 얼굴 부위를 낱낱이 도려내고, 신체 일부를 소고기라며 집으로 가져가 식구들과 먹기도 했다.

한편 피해자들이 죽어가면서도 그에게 격렬하게 반항해 그를 물어뜯거나 걷어차 그의 몸에도 다양한 상처가 남았고, 그것들이 경찰수사와 재판에서 증거로 활용되었다.

경찰은 범인을 잡으려고 노력했지만, 그는 몸의 혈액형과 시체에서 검출된 정액 속의 혈액형이 달라 검거되지 않는 인구 백만 명에 한 명꼴인 희귀한 체질을 가져 수사망을 피할 수 있었다.

그러나 결국 한 검사가 치카틸로가 살인 사건 근처에서 늘 같은 가방을 메고 주위를 맴돌았던 사실을 기억하고 1990년 11월 20일에 그를 체포했다. 11월 21일에 치카틸로의 혈액형을 검사한 결과 AB형이었다. 그러나 그의 정액에서 나 온 혈액형은 A형이었다. 그가 지금까지 수사망을 피할 수 있었던 결정적인 이유가 밝혀진 것이었다.

그는 53명을 살해한 혐의로 기소되어 그리고 1992년 10월에 공개재판에서 사형 선고가 내려졌다. 그는 재판과정에서, 사형선고 후에는 사형을 면하려고 수시로 미친 척을 했고, 심지어 탄원서까지 제출했다.

1994년 2월 14일에 사형이 집행되었다. 사형이 집행되던 날에도 사형장에 가지 않으려 발버둥을 쳤다.

3. 영화 제작

그의 살인행각을 소재로 1995년에 시티즌 X, Child 44, 2015년에는 구울이, 2021년에는 시리얼 킬러: 로스토프의 인간백정 등이 제작되었다.

자료: Чикатило, Андрей Романович, https://ru.wikipedia.org/wiki/%/

제 2 편

범죄발생원인에 대한 다양한 관점

제3장

고전주의적 범죄원인론

I. 고전주의적 범죄학의 서막

고전주의적 범죄학(classical approach)이 등장하게 된 주요한 배경은 당시 유럽사회의 법률과 처벌의 혼란 때문이다. 당시의 법률은 일정한 표준이 없어 잔인하게 적용되곤 했다. 1670년 프랑스의 형법조례(Criminal Ordinance)는 비록 범죄행위 및 법관의 권한 규정이 있었지만, 처벌규정은 없었기 때문에 법관은 사건에 따라 자의적으로 형량을 증감할 수 있었다.[1]

당시의 유럽형벌은 참수(beheading), 태형(chastise), 낙인(stigmatization), 화형(burning) 등 매우 잔인한 신체형이 주를 이루었고, 16세기에는 심지어 유랑자나 가출자도 위험인물로 취급되어 극형에 처해지기도 하였다. 1829년 영국에서는 사형에 해당되는 행위유형만 해도 100가지 이상이었다고 한다.

따라서 이러한 불합리성을 극복하기 위해 19세기에 이르러 많은 사회철학가들이 당대의 법률과 처벌에 관한 문제의식을 드러내기 시작했다. 그들은 범죄와 형벌간의 형평성을 강조하고, 국가가 잔인한 방법으로 범죄인을 공개적인 방식으로 처벌하는 것은 바람직하지 않으며 온화한 방법으로 형을 집행해야 한다고 주장했다.

이들을 고전학파라고 칭하며, 고전학파는 인간의 행위는 각자의 자유의지(free will)에 입각한 합리적이고 논리적인 판단에 따라서 이루어지는 것이므로, 범죄 역시 인간의 자유의지의 산물이며, 그에 따른 법적 제재가 필요하다는 입장을 견지했다.

---

1 Trevino, A. J. (2017). The sociology of law: Classical and contemporary perspectives. Routledge.

II. 고전주의적 관점

1. 베카리아(Cesare Beccaria)

베카리아(Cesare Beccaria, 1738~1794)는 이탈리아의 밀라노 출신으로 계몽주의(enlightenment) 사상가이며, 경제학자이자 형법학자이다. 파비아대학에서 법률학을 공부하였으나 몽테스키외(Baron de La Brde et de Montesquieu) 등의 철학에 흥미를 느껴 철학서적을 탐독하기 시작하였고, 일 카페(Il Caffe)라는 잡지를 발행하면서 이탈리아 국민에 대한 계몽활동을 전개하였다. 베카리아는 그의 대표적인 저서인 「범죄와 형벌」(Dei Delittie Delle Pene)을 통하여 비인간적인 형벌의 폐지, 사형 및 고문제도의 폐지, 형벌의 일반예방주의적 성격, 죄형법정주의를 강조하였다. 이러한 주장은 당시의 사회계약설을 바탕으로 한 것으로 고전주의 범죄학파의 모태가 되었다.[2]

베카리아는 형벌은 어떤 경우에도 시민에 대한 일인 혹은 다수의 폭력행위로 되지 않아야 하며, 본질적으로 공개적이고, 신속하게 이루어져야 하며, 필요한 만큼만 부과되어야 한다고 보았다. 즉 형벌은 법규에 의해 규정되어야 하며, 범죄에 비례하여 가능한 최소한의 범주 내에서 부과되어야 한다고 주장하였다. 베카리아는 형벌의 목적은 사회구성원에 대한 일반예방(general deterrence)으로 범죄와 형벌 사이에는 비례성이 있어야 하며, 법규는 누구나 이해할 수 있도록 성문화(codification) 되어야 한다고 강조했다. 또한 베카리아는 형벌의 확실성을 주장하였는데 범죄를 할 경우 누구나 법규에 의해 확실하게 처벌받을 것이라는 두려움은 범죄를 억제하는 중요한 요소가 될 것이라고 확신하였다.

이러한 범죄와 형벌에 대한 베카리아의 사상은 영국과 프랑스 등 서부유럽의 형법체계와 미국의 헌법제정 등에도 영향을 미쳤다.

2. 하워드(John Howard)

하워드(John Howard, 1726~1790)는 계몽주의적 사고에 바탕을 둔 교도소개량운동의 선구자로 영국의 런던에서 출생하였다. 내무부장관이었던 그는 영국 각지의 교도소를 시찰한 결과 여러 가지 폐해를 발견하고 이의 개선을 요구하는

2 West, R. (2017). Classical Criminology. The Wiley-Blackwell Encyclopedia of Social Theory.

저서인 「잉글랜드 및 웨일즈의 교도소 상태론」(*The State of the Prisons in England and Wales*)을 1777년에 출판하였다.[3] 하워드는 이 책에서 교도소는 안전하고 위생적이어야 하며, 범죄자의 질병치료를 적극적으로 주장하였다. 또한 교도소는 징벌이나 가혹한 형의 집행장소가 아니라 교화의 장소가 되어야 하며, 이를 위해서는 혼거수용이나 과밀수용을 금지하고 연령과 성별에 따른 분리수용의 필요성을 강조하였다. 그는 교도소 내에서 병자나 노약자를 제외하고 건강한 자는 당연히 노역을 함으로써 노역을 통한 교정 효과 및 노역결과인 생산물로 자치적으로 교도소를 운영할 것을 주장하였다.

하워드의 이러한 주장은 교도소 개혁운동의 시발점이 되어, 1866년 영국에 하워드협회가 설립되었다. 이 협회는 하워드의 교도소 개혁을 주도하였다. 특히 하워드의 노역론은 교도소 내의 노역이 형벌로서의 기능과 교화방법의 일부로 인식되는 계기가 되었다.

3. 벤담(Jeremy Bentham)

철학자이며, 법학자인 벤담(Jeremy Bentham, 1748~1832)은 당시의 사회계약론과 자연법론을 비판하면서 공리주의(utilitarianism)를 주장하였다. 공리주의란 인간의 옳고 그름의 판단기준은 최대다수의 최대행복이라는 것으로 베카리아의 영향을 받았다.[4]

벤담은 범죄는 최대다수의 최대행복의 원리에서 나온 공리를 취하기 위한 행위이며 범죄에 대한 처벌은 균형, 즉 비례성을 가져야 한다고 강조하였다. 그는 형벌은 시민에 대한 일반예방적 효과가 강조되어야 하며, 계량화되어야 한다고 보았다. 한편 벤담은 최소비용으로 최대의 효과를 얻을 수 있는 경제성을 충족할 교도소의 형태로 파놉티콘(panopticon) 모델을 제안하였다.

파놉티콘은 모두 다(pan) 보는 원형탑(opticon)이라는 의미로 교도소 중간에 감시공간을 두고, 그 바깥쪽으로 빙 둘러 죄수의 방을 두며, 수용자의 방은 항상 밝게, 중앙의 감시 공간은 어둡게 유지하도록 하였다. 벤담은 이러한 구조는 수

3 Skotnicki, A. (2018). A Theological Critique of the "Correctional" System. Finding Freedom in Confinement: The Role of Religion in Prison Life, 73.

4 Bentham, J. (2017). Correspondence of Jeremy Bentham, Volume 2: 1777 to 1780. UCL Press.

용자가 보이지 않는 곳에서도 자신을 감시하는 시선 때문에 규율을 벗어나는 행동을 못하게 하며, 수용자는 이 규율을 내면화해서 스스로 규율을 지키게 된다고 주장하였다.

파놉티콘 모델은 재소자의 인권보다는 교도관이 재소자를 효과적으로 감시하는 즉, 효과성을 더욱 강조한 교도소 건축 디자인으로 최소의 비용으로 최대의 감시효과를 얻으려는 데에 목적을 둔다.

따라서 파놉티콘형 교도소 설계구조는 교도관이 효과적으로 감시해야 하는 대상으로 범죄자들을 규정하고, 교화는 부차적인 것으로 인식한다는 문제점이 있다. 그러나 벤담의 파놉티콘 교도소 설계구조는 근대 이후 각국 교도소의 주요 건축형태모델로 활용되었다.

파놉티콘형 교도소

자료: nytimes, https://www.nytimes.com/2013/07/21/books/review/the-panopticon-by-jenni-fagan.html/

4. 포이어바흐(Paul J. A. Feuerbach)

포이어바흐(Paul J. A. Feuerbach, 1775~1833)는 형법학자로서 독일의 하이니첸에서 출생하였다. 칸트의 관념철학에 심취하였던 포이어바흐는 개인의 법률위반은 물리적 강제가 아닌 심리적 강제로 해결해야 한다고 보았다.[5] 그는 인간은 자유의지를 가지고 범죄로부터 얻어지는 쾌락과 형벌로 얻어지는 고통을 비교하면서 범죄로 인한 쾌락이 고통보다 크다고 생각할 때 위법행위를 결정짓는다는 이른바 범죄결정주의를 주장하였다. 따라서 위법행위에 대한 고통을 인식시켜 결국 스스로 범죄를 행하지 않게 하는 심리강제설(心理强制設)이 범죄억제에 효과적이라는 것이다. 그는 "법률 없으면 형벌 없다"(nulla poena sine lege)는 유명한 경구를 통하여 죄형법정주의를 강조하였다.

Ⅲ. 고전주의적 범죄학의 평가

고전주의적 범죄학이론은 범죄 및 범죄자에 대한 입법과 국가의 형사정책에 많은 영향을 끼쳤다. 범죄 및 형벌에 대한 성문법주의를 도입하고, 범죄에 적정한 처벌을 주장함으로써 범죄자에 대한 인권을 보호하는 장치를 마련하였다. 또한 범죄에 대해서는 반드시 국가의 엄격한 처벌을 받는다는 인식 즉, 위하효과가 범죄억제에 효과적이라는 전제하에 매우 엄격한 처벌법규를 제정하고, 단호한 형사정책을 입안하게 되었다.[6]

고전주의적 형사정책에는 경찰의 가시적이고 적극적인 경찰행정과 법집행이 포함된다. 예를 들어 경찰의 관할지역에 대한 차량 또는 도보순찰의 정례화, 강력한 법집행 의지의 천명 등은 범죄억제를 위한 효과적인 수단으로 생각되었다. 한 경험적 연구에 의하면 가정폭력사범에 대한 경찰의 대응을 정식체포와 권고·화해·상담, 가해자의 격리 등 세 가지 유형으로 나눠서 실시한 결과 가해자를 피해자로부터 격리한 경우가 이후에 폭력행위를 가장 덜하는 것으로 나타났다. 이는

---

5 Tikhonravov, E. (2018). Nulla Poena Sine Lege in Continental Criminal Law: Historical and Theoretical Analysis. Criminal Law and Philosophy, 1－10.

6 West, R. (2017). Classical Criminology. The Wiley-Blackwell Encyclopedia of Social Theory.

강력한 처벌 또는 제재가 가해자에게 가장 영향력을 미친 것으로 고전주의적 입장을 뒷받침하는 것이라 할 수 있다.

고전주의적 입장은 교정행정에도 영향을 주어 절대적 부정기형제의 도입이나 가석방제, 전자감시제 등의 사회 내 처우제 도입에 부정적인 입장을 취하게 된다. 또한 범죄자는 범죄에 걸맞는 처벌을 교도소 내에서 받아야 한다는 정의모델(Justice Model)을 수용한다.

고전주의적 학파의 논리는 초기의 범죄학적인 이론을 형성하는 데 기여하였지만 몇 가지의 한계가 있다.

첫째, 인간은 선악을 이성적으로 판단하고 자유로이 선택할 수 있는 존재라고 개념적으로만 규정할 뿐 왜 그러한지에 대한 설명을 하지 못한다. 즉 인간이기 때문에 합리적 의사결정을 할 것이라는 가설이 늘 지지될 수는 없는 것이다. 둘째, 처벌이란 사람에 따라서 상이한 영향을 미친다는 사실을 인식하지 못했다는 점이다. 셋째, 범죄자의 특수한 상황여건을 무시한다는 점이다. 즉 초범자·누범자, 미성년자·성인범죄자, 정신이상 범죄자·정상적인 정신의 범죄자 등 범죄자 개인의 특성을 반영하지 않고, 모두 동일시한다는 점이다. 넷째, 처벌의 가치가 범죄의 가치를 능가할 때 인간의 범죄를 예방할 수 있다는 사실도 개념적인 주장에 지나지 않는다는 점이다. 다섯째, 범죄의 원인을 등한시하고 형법과 형사절차에만 지나친 관심을 표명하고 있다는 점 등이다.

CRIMINOLOGY

헌법재판소: 강력한 무관용주의에 대한 제동

음주측정거부 전력자가 다시 음주운전 또는 음주측정거부행위를 한 경우 가중처벌은 위헌

1. 헌법재판소는 2022년 8월 31일 재판관 7 : 2의 의견으로, ① 음주측정거부 전력이 1회 이상 있는 사람이 다시 음주운전 금지규정 위반행위를 한 경우 2년 이상 5년 이하의 징역이나 1천만 원 이상 2천만 원 이하의 벌금에 처하도록 규정한 구 도로교통법 제148조의2 제1항 중'제44조 제2항을 1회 이상 위반한 사람으로서 다시 같은 조 제1항을 위반한 사람'에 관한 부분 및 ② 음주측정거부 전력이 1회 이상 있는 사람이 다시 음주측정거부행위를 한 경우 2년 이상 5년 이하의 징역이나 1천만 원 이상 2천만 원 이하의 벌금에 처하도록 규정한 도로교통법 제148조의2 제1항 중'제44조 제2항을 2회 이상 위

반한 사람'에 관한 부분이 헌법에 위반된다는 결정을 선고하였다. [위헌]

□ 이유의 요지

○ 심판대상조항은 음주측정거부 전력이 1회 이상 있는 사람이 다시 음주운전 금지규정 위반행위 또는 음주측정거부행위를 한 경우 이에 대한 처벌을 강화하기 위한 규정인데, 그 구성요건을 '제44조 제2항을 1회 이상 위반한 사람으로서 다시 같은 조 제1항을 위반한 경우' 또는 '제44조 제2항을 2회 이상 위반한 경우'로 정하여 가중요건이 되는 과거의 위반행위와 처벌대상이 되는 재범 음주운전 금지규정 위반행위 또는 음주측정거부행위 사이에 아무런 시간적 제한을 두지 않고 있다.

○ 그런데 과거의 위반행위가 상당히 오래전에 이루어져 그 이후 행해진 음주운전 금지규정 위반행위 또는 음주측정거부행위를 '교통법규에 대한 준법정신이나 안전의식이 현저히 부족한 상태에서 이루어진 반규범적 행위' 또는 '반복적으로 사회구성원에 대한 생명·신체 등을 위협하고 그 위험방지를 위한 경찰작용을 방해한 행위'라고 평가하기 어렵다면, 이를 가중처벌할 필요성이 인정된다고 보기 어렵다. 그리고 범죄 전력이 있음에도 다시 범행한 경우 재범인 후범에 대하여 가중된 행위책임을 인정할 수 있다고 하더라도, 전범을 이유로 아무런 시간적 제한 없이 무제한 후범을 가중처벌하는 예는 발견하기 어렵고, 공소시효나 형의 실효를 인정하는 취지에도 부합하지 않는다. 또한 심판대상조항은 과거 위반 전력의 시기 및 내용이나 음주운전 당시의 혈중알코올농도 수준 또는 음주측정거부 당시의 음주 의심 정도와 발생한 위험 등을 고려할 때 비난가능성이 상대적으로 낮은 음주운전 또는 음주측정거부 재범행위까지도 법정형의 하한인 2년 이상의 징역 또는 1천만 원 이상의 벌금을 기준으로 처벌하도록 하고 있어, 책임과 형벌 사이의 비례성을 인정하기 어렵다.

○ 반복적인 음주운전 금지규정 위반행위 또는 음주측정거부행위에 대한 강한 처벌이 국민일반의 법감정에 부합할 수는 있으나, 결국에는 중한 형벌에 대한 면역성과 무감각이 생기게 되어 범죄예방과 법질서 수호에 실질적인 기여를 하지 못하는 상황이 발생할 수 있으므로, 반복적인 위반행위를 예방하기 위한 조치로서 형벌의 강화는 최후의 수단이 되어야 한다. 심판대상조항은 음주치료나 음주운전 방지장치 도입과 같은 비형벌적 수단에 대한 충분한 고려 없이 과거 위반 전력 등과 관련하여 아무런 제한도 두지 않고 죄질이 비교적 가벼운 유형의 음주운전 또는 음주측정거부 재범행위에 대해서까지 일률적으로 가중처벌하도록 하고 있으므로 형벌 본래의 기능에 필요한 정도를 현저히 일탈하는 과도한 법정형을 정한 것이다.

○ 그러므로 심판대상조항은 책임과 형벌 간의 비례원칙에 위반된다....

자료: 헌법재판소, [전원재판부 2022헌가14, 2022. 8. 31.].

제4장

초기 실증주의적 범죄원인론

I. 초기 실증주의 범죄학의 서막

실증주의 범죄학(positivistic criminology)은 인간의 행동은 개인의 자유의지(free will)에 의해 통제될 수 없는 다른 요인, 즉 생물학적·심리학적·사회학적 요소에 의해 결정된다는 점을 기본 명제로 하고 있다. 그리고 범죄의 원인에 대한 결정과 판단은 인간의 사고 또는 직관에 의해서가 아니라 과학적인 연구방법을 통해서 검증할 수 있어야 한다고 인식한다. 롬브로조(Ceare Lombrozo)는 초기 실증주의 범죄학의 창시자라고 할 수 있으며, 페리(Enrico Ferri), 가로팔로(Raffaele Garofalo)와 함께 초기실증주의의 3대 학자로 불린다.[1]

실증주의 범죄학의 가장 큰 기여는 생물학적·심리학적 그리고 사회학적 차원에서 범죄행위의 원인을 밝히려 한 것이다. 실증주의학파에서는 범죄학 분야를 법학이나 사회철학 또는 신학 등의 규범학적 영역에서 탈피하여, 즉 행동과학으로 개념지우고 범죄원인을 과학적으로 증명하려는 노력을 계속하고 있다. 또한 학계는 물론이고 일반대중에게도 범죄란 체계적이고 객관적으로 연구될 수 있는 대상이라는 사실을 확신시켜 주었다. 즉, 실증주의학파는 범죄행위가 과학적 연구에 의해서 이해될 수 있는 복합적 요인에 의해 야기된다는 것을 많은 사람들에게 확신시키는데 크게 기여했다. 그리고 범죄 및 범죄자에 대한 다양한 연구방법을 도입하여 범죄학이 발전하는 동력이 되고 있다.

---

1 Horn, D. (2015). The criminal body: Lombroso and the anatomy of deviance. Routledge.

II. 고전주의와 실증주의의 비교

범죄 및 범죄자에 대한 고전주의와 실증주의의 차이는 다음과 같이 비교설명할 수 있다.[2]

첫째, 고전주의는 범죄행위(criminal behavior) 즉 결과에, 실증주의는 범죄인(criminal), 즉 사람에 관심의 초점을 둔다.

둘째, 고전주의는 인간을 합리적인 사고를 할 줄 아는 이성적 존재라고 인식하며, 따라서 자신의 행위결정에 대한 책임을 져야한다고 본다. 그러나 실증주의는 인간의 행동은 개인의 자유의지와는 무관하며, 오히려 개인의 생리구조나 사회환경적인 요인에 의하여 더욱 영향을 받는다고 본다.

셋째, 고전주의는 "형벌은 범죄의 결과에 따라 적당하게 이루어져야 하며, 개인의 특성(specific character)과는 관계가 없다"라고 주장하였으나, 실증주의는 "형벌은 개인의 특성에 따라 차별적으로 이루어져야 한다"고 주장하였다.

넷째, 고전주의는 정기형제 또는 구금형제를 주장하나, 실증주의는 부정기형제 또는 사회내 처우를 중요시한다.

다섯째, 고전주의는 범죄인의 재범성을 중요시하지 않았으나 실증주의는 이를 중요시하여 처우개선이나 가석방을 결정하는 척도로 삼는다.

III. 롬브로조의 생래적 범죄인론

롬브로조(Ceare Lombroso, 1835~1909)는 이탈리아에서 태어나 의학을 공부하여 군의관을 지냈고, 파비아대학교의 교수가 되었다. 1870년에 그는 파비아교도소와 정신병원에서 정신병환자와 범죄자들간의 차이점에 대하여 연구하였다.

그는 강도범의 두개골에서 다양한 형태의 이상징후를 발견하였다. 범인의 후두부 중앙에는 거대한 홈이 파였고, 뇌의 충부는 하등동물의 충부처럼 비대했다. 그는 이것을 보며 범죄의 본질과 원인을 유추해 냈다. 그는 이를 바탕으로 범죄자의 격세유전설(atavism theory)을 주장했다. 즉 범죄인은 정상적인 진화과정대로 진화되지 못한 이전 세대의 유전형질을 가지고 태어난다는 것이다.

2 Kewley, S. (2017). Strength based approaches and protective factors from a criminological perspective. Aggression and violent behavior, 32, 11–18.

격세유전론의 증거

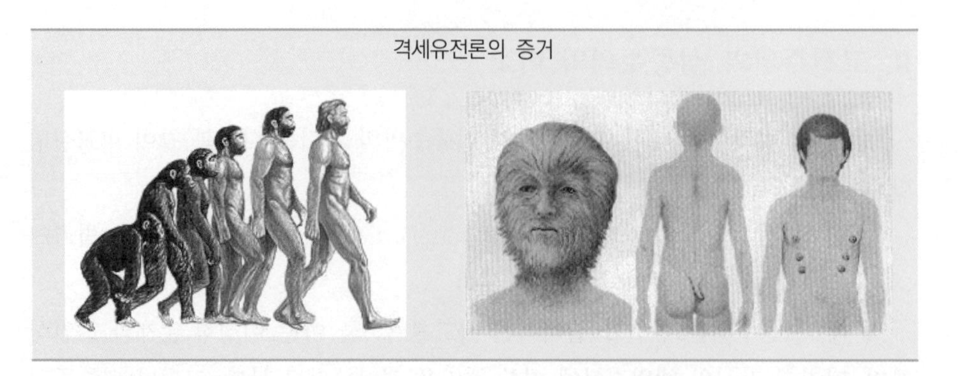

그는 다윈(Darwin)의 진화론을 바탕으로 범죄인은 보통사람보다 비교적 퇴화된 인간으로 태어난 사람(born criminal)이라고 주장하였다.[3]

롬브로조는 격세유전적 특징으로 범죄인들이 문신을 좋아하고, 그들만의 은어를 사용하며, 격정이나 복수심에 자주 휩싸이는 것 등은 그들에게 예지적 능력이 부족하다는 것을 증명하는 것이라고 생각했다. 또한 범죄인들이 씩씩하다가도 갑자기 겁쟁이로 변하거나 지나치게 활동적이다가 갑자기 게을러지는 것 등도 그들만의 특성이라고 보았다.

롬브로조는 이러한 연구결과를 1876년에 「범죄인」(The Criminal Man)을 통하여 발표하였고, 이는 커다란 사회적 파장을 불러일으켰다. 페리와 가로팔로 등이 이에 공감하여 이탈리아의 범죄학파를 형성했다. 범죄인론은 형법에서도 구파와 신파를 가르는 중요한 분기점이 되었다.

롬브로조는 이탈리아 남자 범죄인 121개의 두개골과 328명의 보통 사람들의 두개골을 연구하여 절도와 강도, 살인범, 정신병자 등의 두개골과 일반인의 두개골이 다르다는 것을 제시했다.

또한 롬브로조는 이탈리아 군인 중 살인이나 강도 등 범죄경력이 있는 경우와 정상군인을 대상으로 한 두개골 연구에서 정상그룹은 52%가 아무런 이상이 없었지만, 범죄인 그룹은 12%만이 아무런 징후가 나타나지 않는다는 것을 발견했다.

롬브로조는 이러한 연구를 종합하여 범죄인은 대체로 다음과 같은 공통된 특징을 지니고 있다고 주장했다.[4]

---

3 Walsh, A., & Jorgensen, C. (2020). Criminology: the essentials. Sage Publications, 73－74.

4 Cesare Lombroso, William Ferrero, Criminal man, (NJ: Patterson Smith, 1911/1972), p. 24.

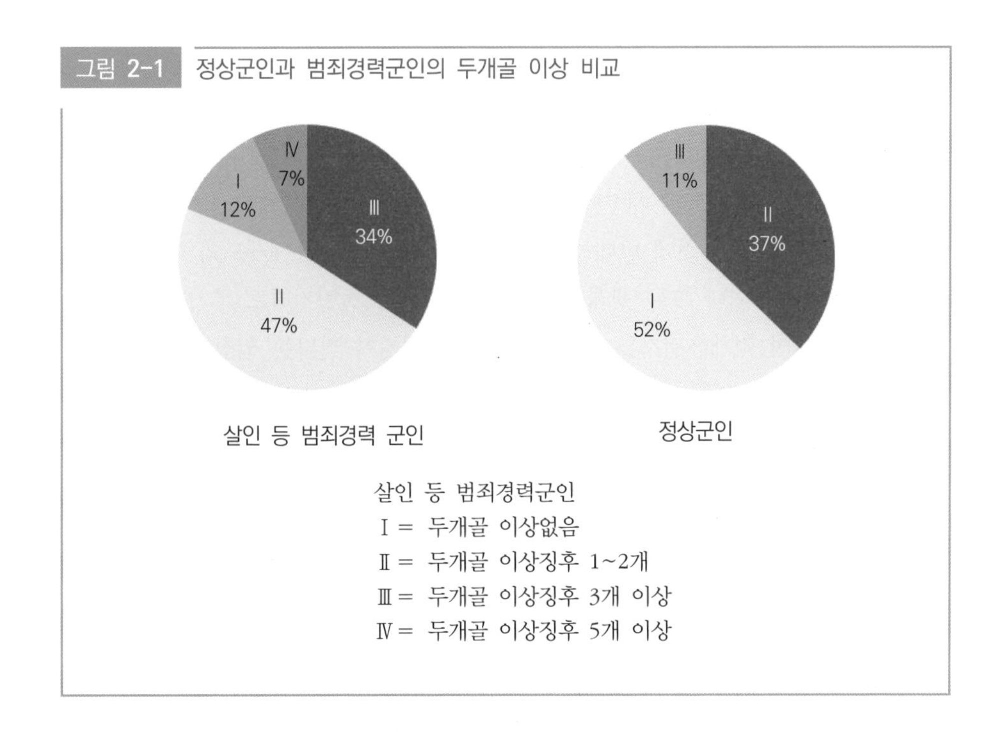

그림 2-1 정상군인과 범죄경력군인의 두개골 이상 비교

첫째, 신체외모 면에서 범죄인들은 두개골의 이상(abnormal)을 보이는데 범죄인들은 돌출된 입술, 편편한 이마, 앞면 각도의 예각, 좌우 이마 불균형, 눈주변 돌출, 턱뼈와 광대뼈의 이상발달, 대머리이거나 머리숱이 과다하거나, 치열의 불균형, 무(無)수염이나 무(無)구렛나루, 뾰족한 머리 등의 특징을 보인다.

둘째, 생리학적으로 범죄인들은 대뇌 회전이 느리고, 심장질환이 있거나 통각상실, 미각예민, 혈관운동신경의 비정상 등의 특징을 보인다.

셋째, 정신적으로는 도덕적 무감각, 감정폭발성, 자제력결여, 현시욕과다, 지능저열, 게으름, 권태감 등의 이상 현상을 보인다.

넷째, 사회적으로는 문신을 많이 새기고, 잔인한 놀이를 즐기고, 주색이나 도박에 잘 빠지며, 그들만의 은어를 사용하는 특징을 보인다.

한편 롬브로조는 그의 제자 가로팔로와 페리의 영향을 받아 말년에는 점점 범죄에 대한 환경요소의 영향도 중시하게 되었는데 이러한 변화는 그가 죽은 후에 비로소 출판된 「범죄의 원인 및 교정」(Crime: Its Causes and Remedies)이라는 저서 중에 잘 나타나 있다. 그는 이 책에서 범죄인을 생래적 범죄인(born criminals)과 잠재적 범죄인(ciminaloid criminlals), 정신이상 범죄인(insane criminal),

격정 범죄인(criminals by passion), 우발 범죄인(occasional criminals) 등 크게 다섯 가지 유형으로 분류하였다. 롬브로조는 이 가운데 가장 전형적인 범죄인은 생래적 범죄인이라고 보았다.

롬브로조는 행형제도의 개선에도 많은 관심을 가졌다. 그는 격정범이나 우발적 범죄인 등을 수감하는 것에 반대하였고, 이들에 대한 집행유예제도의 이론적 기초를 제공하였다. 그러나 그는 생래적 범죄인은 비록 초범일지라도 무기한 구금해야 한다고 주장하여 격세유전자를 사회로부터 격리시켜야 한다는 입장을 보였다.

롬브로조는 인간의 성격과 생물학적 성질에 관한 기본적인 가정에서 출발하였지만 후에 생래적 범죄인이 전체 범죄자의 1/3에도 못미친다고 그의 주장을 수정하였다.

Ⅳ. 페리의 사회적 범죄원인론

페리(Enrico Ferri, 1856~1929)는 이탈리아의 형법학자로서 볼로냐대학, 로마대학 등의 교수로 활동했다. 페리는 롬브로조의 생물학적인 범죄원인론에 사회학적, 물리학적 요인을 가미하였다.[5] 생물학적인 요인으로는 연령, 성, 신체적 조건을, 물리적 요인으로는 인종, 기후, 소재지, 계절 및 기온을, 그리고 사회적 요인으로는 인구밀도, 관습, 종교, 경제 및 산업조건, 정부조직 등을 들었다. 특히 페리는 범죄의 사회적 원인을 중시하여 범죄사회학의 창시자라고 불린다. 페리는 범죄의 개인적 책임론보다는 사회적 책임론과 법정주의를 강조하였다.[6]

페리는 범죄포화법칙(law of criminal saturation)을 주장하였다. 이는 일정한 사회적 환경에서는 일정량의 범죄가 발생하는 것이 당연한 원칙이며, 그 범죄량이 폭발적으로 늘어나거나 줄어들지 않는다는 것이다. 범죄포화법칙은 범죄발생의 항상성을 의미한다고 볼 수 있다. 페리는 페리초안이라고도 하는 이탈리아 형법초안도 만들었다.

페리는 범죄인을 생래적 범죄인, 정신병 범죄인, 관습 범죄인, 기회(우발) 범

5 Kewley, S. (2017). Strength based approaches and protective factors from a criminological perspective. Aggression and violent behavior, 32, 11－18.

6 Enrico Ferri, Criminal Sociology, trans, J. I. Kelly & J. Little, (MA: Little Brown, 1917), pp. 52~56.

죄인, 격정 범죄인 등 다섯 가지 유형으로 구분하고 그 대책을 ① 생래적 범죄인은 무기격리, ② 정신병자는 정신병원에의 수용, ③ 관습범죄인 중 개선이 가능한 경우는 훈련적 조치를, 불가능한 경우는 무기격리, ④ 기회성 범죄인 상습범죄자 중 개선가능한 자는 교육과 치료를, 하지만 개선이 불가능한 경우는 무기격리, ⑤ 격정성 범죄인은 엄격한 손해배상과 강제이주 등으로 제시하였다. 이와 같은 페리의 주장은 형벌 및 형사정책의 의미와 목적을 범죄자로부터의 사회방위에 두고 있음을 말해 준다.

V. 가로팔로의 심리적 범죄원인론

가로팔로(Raffaele Garofalo, 1852~1924)는 이탈리아 형법학자로서 롬브르조, 페리와 함께 이탈리아의 3대 실증주의 범죄학자에 속한다. 가로팔로는 롬브로조, 페리와는 달리 범죄의 심리학적 원인에 관심을 가졌다. 1885년 「범죄학」(Criminologia)을 발표함으로써 최초로 범죄학이라는 용어를 사용하였다.[7]

가로팔로는 범죄인을 자연범과 법정범으로 구분하여 자연범은 인간이 가져야 하는 연민과 성실의 감정을 침해한, 즉 애타적 감정이 결여된 사람이라고 보았다. 이들은 주로 살인, 강도, 절도 같은 범죄를 행한다. 가로팔로는 자연범을 생래적 범죄인으로 보고, 이들로부터 사회를 보호하기 위해서는 이들을 사회와 격리시킬 것을 주장하였다. 따라서 자연범에게는 사형이나 식민지 감옥수용, 국외추방 등의 대책을 제시하여 범죄인으로부터 사회를 방위하려 하였다. 이와는 달리 법정범은 정기형을, 그리고 과실범은 처벌하지 말 것을 주장하였다.

VI. 케틀레의 통계론 및 타르드의 모방론

케틀레(Lambert A. J. Quetelet, 1796~1874)는 벨기에의 통계학자이자 천문학자이다. 케틀레는 통계학을 이용하여 기후, 연령, 성, 계절, 교육수준 등의 사회환경적 요인과 범죄발생과의 연관성을 주장하였다. 「인간에 대하여(1835)」, 「사회제도(1845)」, 「사회물리학(1869)」 등의 저서가 있다.[8]

---

7 Walsh, A., & Jorgensen, C. (2020). Criminology: the essentials. Sage Publications, 72.

8 Lambert A. J. Quetlet, Research on the Propensity for crime at Different Ages, translated

타르드(Jean Gabriel Tarde, 1843~1904)는 프랑스의 사회학자이자 범죄학자이다. 오랫동안 법관으로 재직하면서 「비교형사학(1886)」, 「형사철학(1890)」, 「범죄 연구와 사회(1892)」 등을 집필하였다.[9]

타르드는 롬브로조 등의 실증주의학자들의 주장은 지나치게 생물학적이라고 비판하며, 범죄의 원인을 사회 내에서 찾으려고 하였다. 즉, 그는 범죄의 사회적 원인을 주장하여 후에 범죄사회학파의 선구자로 인정받게 된다. 타르드는 특히 범죄자의 심리적 요인을 중시하여 개인의 심리와 사회의 영향에서 범죄의 원인을 규명하려고 노력하였다. 그는 사람의 행동패턴은 개인의 심리와 개인이 사회에서 경험한 것을 모방한 결과라는 모방의 법칙(law of imitation)을 1890년에 발표하였는데 이는 다음과 같은 세 가지로 정리할 수 있다.[10]

첫째, 친밀한 접촉의 법칙(law of intimate contact)으로 개인의 행동은 친밀하게 접촉하는 사람의 행동을 모방한다는 것이다. 이는 오늘날에는 개인이 가장 많이 접촉하는 매체, 즉 사람, 대중매체, 인터넷 환경, 사이버게임 등으로 확대해석할 수 있다.

둘째, 상하의 법칙(law of top down)으로 하위계층은 상위계층을 모방한다는 것이다. 즉, 가난한 사람은 부자를, 젊은 사람은 나이든 사람을, 그리고 하류층은 보다 상류층의 행동을 모방한다는 것이다.

셋째, 삽입의 법칙(law of insertion)으로 새로운 수법과 행동은 재강화되며, 기존의 것을 대체하게 된다는 것이다. 즉 새로운 음악이나 정치가 구세대의 그것들을 밀어내고 대체되는 것처럼, 새로운 형태의 범죄와 수법이 나타난다. 오늘날 인터넷을 이용한 금융사기범이나 보이스피싱이 은행강도보다 더 심각한 사회문제가 되는 현상을 예로 들 수 있다. 또한 새로운 범죄수단이 기존의 수단을 능가하며, 개인의 범죄행동과 수단 역시 변화를 보인다.

이와 같은 타르드의 모방의 법칙은 반두라(Albert Bandura)의 모델이론 및 서더랜드(Edwin Sutherland)의 차별적 접촉이론 등 학습이론이나 행태이론 성립에 많은 영향을 주었다.

---

by S. F. Sawyer, (OH: Anderson Publishing Co., 1984).

9 Jean Gabriel Trade, Penal Philosophy, trans, R. Howel, (MA: Little, Brown, 1912).

10 King, A. (2016). Gabriel Tarde and contemporary social theory. Sociological Theory, 34(1), 45-61.

VII. 초기 실증주의적 범죄원인론의 평가

롬브로조의 생래적 범죄인론에 대하여 많은 후속연구가 있지만, 대표적인 연구자로 고링(Charles Goring, 1870~1919)과 후톤(Earnest A. Hooton)을 들 수 있다.

영국의 캠브리지대 심리학 교수였던 고링은 1913년에 무려 3,000명의 범죄경력자와 캠브리지대와 옥스퍼드대, 군인, 정신병원에 수용된 비범죄자 등과 비교한 결과 롬브로조의 연구결과는 과학적이지 못하다는 결론을 제시하였다. 고링의 연구는 런던생물학연구소의 도움을 받아 시행되었고, 롬브로조보다 정교한 표본선정과 분석방법을 통하여 진행되었다. 고링은 범죄자와 일반인의 신체적인 특징의 차이는 없다고 결론을 지었다.[11]

하버드대 인류학 교수이었던 후톤의 연구는 1927년과 1939년 사이에 진행되었는데, 그는 10개 주에서 선정한 정상표본집단 13,873명과 교도소 수용자집단 10,953명을 대상으로 각각 정신질환과 정상인으로 나누어 비교하는 방식을 취하였다.[12] 연구결과 그는 특정지역에 따라 범죄자의 범죄유형이 달라지며, 또한 범인의 외모에 따라서도 범죄유형과 그 죄질이 달라진다는 결론을 내리며, 롬브로조의 생래적 범죄인설을 지지하였다. 후톤은 범죄자에 대한 사회복귀 교정프로그램은 의미가 없으며, 사회로부터 추방하여야 한다는 입장을 견지하였다. 그는 범죄자는 생물학적으로 열성이며, 이는 다음 세대에 유전된다고 주장하였다.

후속 학자들이 초기 롬브로조의 주장에 대하여 상반된 견해를 보이는 것은 초기 실증주의가 고전주의적 주장보다는 실증적인 과학적 방법을 활용하지만, 범죄원인의 검증에는 여전히 한계를 보이기 때문이다.[13]

그럼에도 불구하고 초기실증주의는 이후 생물학적 범죄원인론, 심리학적 범죄원인론, 사회학적 범죄원인론 등의 출현을 가져왔고, 범죄학의 기틀을 마련하는 평가를 받는다.

---

11 Charles Goring, The English Convict: A Statistical Study, (London: His Majesty's Stationery Office, 1913; reprint Montclair, NJ: Patterson Smith, 1972).

12 Earnest A. Hooton, Crime and the Man, (Cambridge: Harvard University Press, 1939; reprint Wesport, CT: Greenwood Press, 1972).

13 Mustafaraj, B. (2017). Perspectives of the Science of Criminology. European Journal of Social Sciences Education and Research, 10(1), 77−83.

제5장

생물학적 범죄원인론

I. 생물학적 범죄원인론의 서막

사람의 생물학적 요소(biological roots)가 범죄의 원인이 된다는 주장은 한동안 범죄학계에서는 그다지 강한 영향력을 가지지 못했다. 1924년 발간된 서더랜드(Edwin H. Sutherland)의 저서 「범죄학」(CRIMINOLOGY)에서 범죄학이란 생물학이나 심리학적인 요소가 모두 배제된 순수한 사회학이라고 정의한 사실에서도 그 근거를 찾을 수 있다. 심지어 1992년에 미국의 국립건강연구소(National Institute of Health)가 범죄의 원인을 생물학적인 요소에서 찾으려는 내용을 주제로 한 세미나가 반대론자들에 의하여 무산되는 사태가 벌어지기까지 했다.[1]

그러나 오늘날 생물학적인 요소에서 범죄의 원인을 찾으려는 범죄학자들의 연구에 대한 비난은 거의 찾아보기 어렵다. 이는 심리학적 또는 사회학적으로 설명되지 않는 범죄요인을 과학적으로 설명하려는 범죄생물학자들의 합리적인 연구결과들이 그 타당성을 인정받고 있기 때문이다.

생물학적 범죄원인론은 다윈(Chars Darwin)의 진화론에 바탕을 두고 있다.[2] 진화론적 관점에서는 고대 그리스의 철학자인 아리스토텔레스의 건강한 신체에서 건전한 정신이 우러난다는 관상학(physiognomy)을 지지하며, 과학적이고 합리적으로 인간의 신체에 범죄원인이 있다는 것을 증명하려고 노력한다.

이러한 맥락에서 최초로 인간의 두상과 성격과의 관련성을 주장한 갈(Franz Joseph Gall, 1758~1828)의 골상학(phrenology)도 인간의 신체와 범죄와의 관련성을 검증한 시도라고 볼 수 있다. 갈은 두개골(skull)의 형태(shape)에 따라 개인의

1 Burke, R. H. (2017). An introduction to criminological theory. Willan.

2 Walsh, A., & Jorgensen, C. (2020). Criminology: the essentials. Sage Publications, 72.

성격이 다르며, 이를 통해 특정인의 범죄성을 유추할 수 있다고 주장했다.

이와 같이 진화론에 근거를 둔 관상학 및 골상학 등을 바탕으로 롬브로조는 격세유전론(atavism), 생래적 범죄인설을 통하여 범죄의 생물학적 요인을 밝히려 했으며, 그 뒤를 이은 학자들이 고링(Charles Buckman Goring), 후톤(Earnest A. Hooton) 등이다. 또한 신체형태(body type)와 범죄, 생화학적 호르몬과 범죄성, 뇌파와 범죄성 등 다양한 유형의 생물학적 요인과 범죄와의 관련성을 증명하려는 연구가 진행되었다.

범죄원인에 대한 생물학적 범죄이론(biological criminal theories)의 핵심적인 가정 또는 명제를 다음과 같이 정리할 수 있다.

CRIMINOLOGY

생물학적 범죄이론의 명제

첫째, 뇌는 마음의 기관(organ)이자 인격의 자리(locus)이다. 즉, 어떤 행동이론도 신경학(neurology), 신경화학(neurochemistry)을 이용하지 않고서는 인간의 행동을 설명할 수 없다.[3]

둘째, 범죄적인 행동을 포함하여 인간의 행동을 결정짓는 것들은 실증적이거나 유전적인 바탕에서 고려하여야 한다.

셋째, 범죄율의 남녀차이 및 인종적 차이는 반드시 유전적인 혹은 생물학적인 요인들이 부분적으로 영향을 준다는 것을 고려하여야 한다.

넷째, 범죄적인 행동을 포함한 모든 인간의 행동은 세대간 유전될 것이라는 것이다.

다섯째, 인간행동의 상당부분은 본능적인 충동에 그 뿌리를 두고 있다.

II. 유전과 범죄(heredity and crime)

1. 가계사와 범죄

롬브로조에 이어 20세기 들어 신체적 특징과 범죄와의 관계를 연구한 대표적 학자는 고링(Charles Buckman Goring, 1870~1919)이다. 고링은 영국의 많은 교도소에서 의사로 근무했다. 그는 3,000명 이상의 교도소 수형자들과 정상인을 대

3 Ray C. Jeffery, "Biological Perspectives," (*Journal of Criminal Justice Education*, Vol. 4, No. 2 fall 1993), pp. 292~298.

상으로 양자간 신체차이를 96가지로 나누어 비교하였다. 연구결과 고링은 범죄인의 신체적 특징은 초기 인류와 같다는 롬브로조의 생래적 범죄인설을 부정하였다. 고링은 범죄자는 일반인 보다는 신체적으로 문제가 있지만 이것과 범죄와 관련이 있는 것이 아니라 정신적 나약성, 간질, 사회성 부족 등의 특징이 범죄와 관련이 있다고 지적했다.[4]

덕데일(Richard L. Dugdale, 1841~1883)은 가계사(family tree history)를 통하여 범죄와 유전과의 연관성에 대해 연구하였다. 가계사연구는 범죄의 유전성을 특정 범죄인의 가계사를 집중분석하여 밝히는 방법이다. 그는 75년간의 Jukes가계사를 분석한 결과 조사대상자 709명 중 중범죄자 77명, 정신병자 64명, 알코올중독자 131명, 성매매자 174명을 발견하였다.[5]

우생학자인 고다드(Henry Goddard, 1866~1957)는 가계사연구를 통하여 범죄와 유전과의 연관성을 밝혔다. 그가 1912년에 발표한 「칼리카그家의 연구」에 의하면 미국독립전쟁에 출전한 병사 칼리카그와 정신박약자인 마틴이라는 성매매

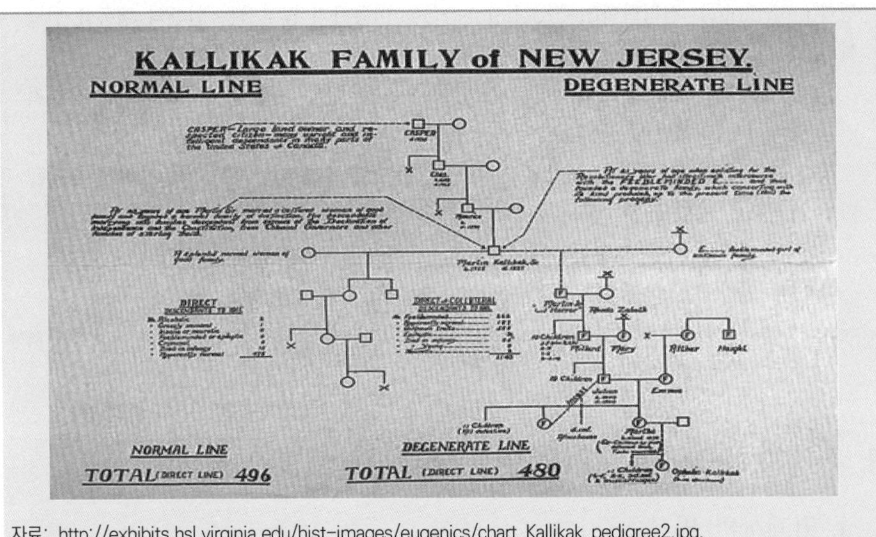

자료: http://exhibits.hsl.virginia.edu/hist-images/eugenics/chart_Kallikak_pedigree2.jpg.

4 Knepper, P. (2017). Laughing at Lombroso: Positivism and Criminal Anthropology in Historical Perspective. The Handbook of the History and Philosophy of Criminology, 49–66.; Goring, Charles (1913). The English convict: a statistical study. London: HMSO. p. 370.

5 Richard L. Dugdale, The Jukes: A Study in Crime, Pauperism, Disease and Heredity, 4th (ed.), (NY: Putnam, 1910), p. 8.

여성과의 관계 사이에 태어난 480여 명의 후손 중에는 정신박약자 143명, 성적(性的) 비정상자 32명, 알코올중독자 24명, 간질병환자 3명, 조사자(早死者) 82명, 범죄자 3명, 성매매영업자 8명, 정상인 4명 등이었다. 그러나 전쟁이 끝난 후 칼리카그와 결혼한 정상적인 여성과의 사이에 태어난 후손 490여 명 중에는 정신이상자 1명, 종교적 광신자 1명, 조사자 1명, 음주습벽자 2명뿐이었다.[6] 고다드는 이 연구의 결과를 토대로 인간의 범죄성은 유전과 깊은 연관성이 있다는 결론을 내렸다.

특히 고다드는 허약한 정신(feeble-mindednes)을 물려받는다고 주장하면서 이 허약한 정신이 알코올 중독, 범죄행위, 성매매, 난잡한 성행위와 같은 행동을 포함하여 타락의 원인이라고 지적했다. 고다드는 칼리카그 가계사 연구를 통해 우생학(eugenics)의 핵심 아이디어를 탐구한 것이고 향후 우생학 연구에 상당한 영향을 주었다.[7]

2. 쌍생아 및 양자와 범죄

범죄와 유전의 관계를 증명하는 데에는 쌍생아연구(twins study)와 양자연구도 활용되었다.

쌍생아연구의 가설은 일란성 쌍생아의 경우 범죄의 일치율이 높고, 이란성 쌍생아의 경우 범죄의 일치율이 낮을 것이라는 것이다.

쌍생아를 유전학의 연구에 처음 이용한 것은 영국의 갈튼(F. Galton)이며, 독일의 랑게(J. Lange)는 이것을 범죄연구에 응용하여 그 성과를 1929년의 저서 「운명으로서의 범죄」에 발표하였다. 랑게는 범죄성의 일치가 일란성 쌍생아가 이란성 쌍생아보다 높다고 밝혔다.[8]

한편 스웨덴에서는 1951년부터 1974년 사이에 태어난 약 760,000명의 전과자 형제 쌍생아에 대하여 정신분열증과 폭력성에 유전성 및 거주지 환경 등의 상관성에 대한 추적조사를 벌였다. 그 결과 폭력성 및 정신분열증은 유전적 영향이 거주지의 환경적 영향보다 큰 것으로 나타났다.[9]

6 van de Weijer, S., Augustyn, M. B., & Besemer, S. (2017). Intergenerational transmission of crime. The Routledge International Handbook of Life-Course Criminology, 279-297.

7 Dennert, J. W. (2021). The Kallikak Family: A Study in the Heredity of Feeble-Mindedness (1912), by Henry Herbert Goddard. Embryo Project Encyclopedia.

8 Lange, J. (2022). Crime as destiny: A study of criminal twins. Taylor & Francis. 177-182.

양자연구(adoption study)는 입양자 범죄인과 그의 생부와의 범죄 일치율을 비교연구하는 것이다. 이 연구의 가설은 양부와 생부가 범죄자인 경우 입양자의 범죄성이 양부하에서 더 많이 나타난다면 범죄는 유전이 아니라 환경적 요인이 더 많이 작용한다고 본다. 그러나 입양자의 범죄성이 더 많이 나타난다면 범죄는 환경보다는 유전적 소인에 있다고 가정한다.

많은 연구결과 생부가 범죄자였던 입양자가 그렇지 않은 경우보다 더 범죄의 성향이 높고, 특히 생부와 양부 모두 범죄자인 경우에는 범죄율이 매우 높다는 결과를 보였다.

특히 우울증, 범죄행위, 교육 수준, 약물사용 등은 부모가 가지는 특성을 유전적으로 전달된다는 증거들이 다양한 연구들을 통하여 밝혀졌다.[10]

3. XYY 슈퍼메일과 범죄

사람은 23쌍 46개의 염색체를 가지고 있는데 마지막 한 쌍의 염색체가 남녀의 성을 결정짓는다. 이 마지막 한 쌍이 XX인 경우 여성으로, XY인 경우 남성으로 태어난다. 정상적인 남성보다 Y염색체를 하나 더 많이 가지고 있는 사람을 슈퍼메일, 즉 초남성(super male), 제이콥스 증후군(jacob's syndromes)이라고 한다.[11] 이들은 Y염색체의 성향으로 정상인보다 공격적이며 폭력적인 성격과 태도를 가질 수 있다고 가정된다.[12]

그러나 최근의 유전학 및 신경 영상학의 발전으로 Y 염색체를 더 가진 경우 사회적 기능 및 폭력적 성향 간의 상관성에 대한 연구가 다양하게 진행되었지만, 제이콥스 증후군에 걸린 사람이 반사회적이거나 폭력적인 성향을 보인다는 뚜렷

9 Sariaslan, A., Fazel, S., D'onofrio, B. M., Långström, N., Larsson, H., Bergen, S. E., ... & Lichtenstein, P. (2016). Schizophrenia and subsequent neighborhood deprivation: revisiting the social drift hypothesis using population, twin and molecular genetic data. Translational psychiatry, 6(5), e796.

10 Havlicek, J. (2021). Systematic review of birth parent-foster youth relationships before and after aging out of foster care. Children and Youth Services Review, 120, 105643.

11 이와 반대로 X염색체를 하나 더 가진 남성, 즉 XXY인 경우는 klinefelter's syndrome이라고 하며, 이는 1942년 H. F. Klinefelter가 처음으로 의학계에 보고하여 밝혀진 것으로 염색체 이상에 의한 유전병이다. 남성이지만, 여성적인 경향을 보이며, 불임의 원인이다. 불임이므로 유전되지는 않는다.

12 P. A. Jacobs, M. Brunton, and M. M. Melville, "Aggressive Behavior, Mental Subnormality and the XYY Male," (*Nature*, 1965), p. 208.

한 증거가 없다는 연구결과도 있다.[13]

CRIMINOLOGY

염색체 이상과 유전적 질환

기형아 출산의 원인이 되는 유전성 질환은 염색체 질환, 단일 유전자 질환, 다인자성 유전자 질환 등 크게 3가지로 구분된다.

염색체 질환이란 염색체의 수가 정상인보다 많거나 적든지, 일부가 떨어져 있는 등 배열에 이상이 있을 때 발생한다. 염색체란 인간의 유전정보를 담고 있는 세포구성 물질의 하나로 정상인은 23쌍(46개)으로 짜여 있다. 이 23쌍의 염색체는 1번부터 22번까지의 염색체가 있고, 마지막 23번째는 X, Y라는 이름을 붙여 성을 결정하는데 X와 Y가 하나씩 있을 때는 남자가 태어나게 된다.

이들 염색체는 사람의 생김새, 성격 등 사람의 모든 것을 결정하는 중요한 정보이다. 46개의 염색체는 어머니에게 23개, 나머지 23개는 아버지에게 받은 것이어서 자녀들은 부모를 적절히 섞어서 닮게 되는 것이다.

그러나 염색체가 정상적인 23쌍의 배열을 가지지 못할 때 선천적인 유전질환을 갖고 태어나는 것이다. 예를 들어 21번 염색체가 3개이면 다운증후군(일명 몽고증), 18번 염색체가 3개면 에드워드 증후군, 13번 염색체가 3개일 때는 파타우 증후군이다.

또 성을 결정하는 염색체 2개 중 Y염색체가 없고 X염색체 하나만 있으면 터너증후군, 5번 염색체가 결손되면 고양이 울음소리를 내는 묘성 증후군이다.

단일 유전자 질환이란 유전자의 돌연변이로 발생한다. 단일 유전자는 열성과 우성을 규정하는 멘델의 유전법칙을 따르는데 이 유전법칙에 어긋나는 것으로 현재 6천개 정도의 질환이 보고되어 있다. 이 질환은 연골 무형성증, 신경 섬유종증, 망막아종, 페닐케톤뇨증과 같은 유전성효소 결핍질환, 혈우병, 색맹 등이다.

다인자성 유전질환은 몇 개의 유전자가 환경적 요인과 합동으로 작용하여 선천성 기형이나 질환이 다음 세대로 유전돼 나타나는 것이다. 토순과 구개열, 무뇌증, 선천성 심장질환, 신경관 결손증, 선청선 고관탈구, 내반족 및 유문협착증 등이 이 방법으로 유전된다.

자료: 유전공학 홈페이지 http://web.edunet4u.net/~hyb83/

13 Re, L., & Birkhoff, J. M. (2015). The 47, XYY syndrome, 50 years of certainties and doubts: A systematic review. Aggression and violent behavior, 22, 9-17.

즉, XYY형 남성이 가지는 징후를 정상인도 보이는 경우가 많으며, 정상인이 오히려 XYY 소지자보다 더욱 공격적이고 폭력적인 성향을 보이는 경우도 있다는 것이다.

따라서 이상염색체가 사람의 범죄성을 결정짓는다는 사실은 완전한 지지를 받지 못하고 있다. 이상염색체를 가졌다 해도 환경에 따라 매우 다르게 성장할 수 있기 때문이다.

4. 모노아민옥시다아제 A와 범죄

모노아민효소 A(Mono Amine Oxidase A: MAOA)의 이상이 있는 경우 비정상적인 행동을 한다는 주장도 있다. 모노아민효소 A는 세로토닌과 같은 신경전달물질을 뇌에서 전달하는 물질로, X염색체에서 생산된다. 여성의 경우 염색체 XX를 가져 MAOA가 생산될 가능성이 훨씬 높지만, 남성의 경우 X염색체가 하나뿐이기 때문에 MAOA가 자체 생산될 가능성이 낮다. 따라서 이는 남성과 여성의 범죄성(criminality)의 차이가 다른 이유를 설명하는 한 요인이라고 할 수 있다.[14] 즉 MAOA의 생산이 낮거나 없을 경우 반사회적인, 폭력적인 행동의 원인이 된다는 것이다.

MAOA에 대한 연구는 부루너(H.G. Brunner)와 그의 동료들에 의해 1993년 6월 18일자 학술지 Science에 네덜란드 가족에 대한 사례를 통하여 최초로 밝혀졌다. 이 가족의 남자는 모노아민 효소가 부족한 유전자를 가졌으며, 그들의 뇌척수액에서는 정상적인 MAOA가 발견되지 않았다. 부루너는 MAOA 결함이 있는 모든 남성 가족 구성원이 화를 내거나 두려워하거나 좌절할 때 적극적으로 반응하는 것을 발견했다. 부루너는 MAOA 결핍은 충동을 억제하는 능력을 방해한다고 결론을 내렸다. 이를 부루너 증후군(Brunner syndrome)이라고도 한다.

부루너 증후군은 평균 IQ보다 낮으며(일반적으로 약 85), 충동적인 행동(발작, 성욕, 폭력 등), 수면 장애 및 기분 변화의 산만 등의 특징을 보이는 것을 말한다.[15]

14 Holland, N. R., & DeLisi, M. (2014). The warrior gene. The Routledge international handbook of biosocial criminology, 179−189.

15 Brunner HG, Nelen M, Breakefield XO, Ropers HH, van Oost BA (October 1993). “Abnormal behavior associated with a point mutation in the structural gene for monoamine oxidase A”. Science. 262 (5133): 578−80.

또한 2002년도에 모피트(Terrie Moffitt)와 카스피(Avshalom Caspi)팀에 의해 행해진 442명의 선별된 소년들을 대상으로 한 조사에서도 MAOA 이상과 이들의 반사회적 성향과의 상관성이 밝혀졌다. 조사대상자들은 아동기에 심한 학대경험을 가졌고, 이미 반사회적 행동을 보인 경우였다.

이 연구는 조사대상자의 반사회적 행동과 염색체 이상과의 관련성을 밝히는 것이 주요 목적이었다. 연구팀은 반사회적인 행동의 원인이 MAOA 활성이 낮은 것과 관련이 있음을 밝혀냈다. 이들 중 MAOA가 낮고, 어린 시절 학대를 당하면, 반사회적 행동을 보일 가능성이 학대를 당하지 않은 경우 보다 훨씬 높았다.

뉴질랜드에서 행해진 연구에서도 이러한 성향이 유사하게 나타났는데, 나이가 30세인 1,037명의 남자를 조사한 결과 이 유전자의 낮은 활성이 반사회적 행동과는 직접적 연관이 없었다. 그러나 어린시절 심각하게 잘못 다루어진 남자에게 있어서는 범죄를 행할 확률이 더 높았다. 이러한 그룹은 전체의 12%를 차지했으며, 이 중 44%가 범죄를 행하였다.[16]

한편 임산부의 흡연이 태아의 MAOA 생성을 방해하고, 출생 후 아동기 및 청년기의 폭력성을 촉진한다는 연구결과도 발표되었다.[17]

5. 성과 범죄(sex and crime)

많은 연구에서 남성이 여성보다 범죄성이 높다는 결과를 보여주며, 실제로 성매매 및 상점절도 등의 특수한 범죄유형을 제외한 대부분의 범죄에서 남성이 여성보다 훨씬 높은 범죄율을 차지한다. 특히 남성이 범죄에서 주도적인 역할을 하는 데 비해 여성은 보조적인 역할에 머무는 경우가 많다.[18]

여성의 낮은 범죄율에 대하여 많은 연구가 사회문화적인 영향에서 그 이유를 찾는데, 이는 많은 문화횡단적 연구에서도 그 결과가 밝혀지고 있다. 그러나

---

16 Rehan, W., Sandnabba, N. K., Johansson, A., Westberg, L., & Santtila, P. (2015). Effects of MAOA genotype and childhood experiences of physical and emotional abuse on aggressive behavior in adulthood. Nordic Psychology, 67(4), 301–312.

17 Hohmann, S., Zohsel, K., Buchmann, A. F., Blomeyer, D., Holz, N., Boecker–Schlier, R., ... & Esser, G. (2016). Interacting effect of MAOA genotype and maternal prenatal smoking on aggressive behavior in young adulthood. Journal of neural transmission, 123(8), 885–894.

18 Leanne Fiftal Alarid et. al., "Women's Roles in Serious Offenses; A Study of Adult Felons," (Justice Quarterly, Vol. 13, No 3, 1996), pp. 432~454.

1975년 아들러(Freda Adler)는 「범죄에서의 여성들」(Sisters in Crime)이라는 저서에서 다른 의견을 제시하였다. 그는 범죄발생률과 유형이 다른 것은 남성과의 불평등성에서 오는 비전통적인 직업과 역할이 그 원인이라고 주장하였다.

생물학적인 측면에서 여성의 범죄성이 남성보다 낮다는 것에 대하여는 이미 발생한 범죄발생건수를 비교할 때 명확해진다. 예를 들어 살인범의 경우 여성살인범은 남성살인범 보다 현격하게 낮은 비중을 차지한다. 그러나 이러한 현상이 곧 생물학적으로 남성이 여성보다 범죄성을 더 가졌다고 단정할 수 있는 결정적인 것은 되지 못한다.

인종(race)이나 민족(nationality)이 범죄원인을 설명하는 단일한 요소가 되지 못하는 것처럼 성(sex)이 범죄성을 설명하는 단일한 요소가 될 수는 없다는 것이 범죄학계의 일반적인 주장이다. 즉, 인종(race), 민족(nationality), 성(sex) 등을 둘러싼 전통, 문화, 사회 등의 환경적 요인이 더해져서 개인의 범죄성을 결정짓는다는 것이다.[19]

특히 여성의 살인범죄 증가원인에 대하여 사회심리학적 이론(socio psychological theory)은 남성은 특정한 상황을 통제하기 위해서 살인을 하지만, 여성은 낮은 자존감으로 자아통제능력이 낮아졌기 때문에 살인을 한다고 설명한다. 여성이 낮은 자존감을 갖게 된 이유는 남성중심적인 사고를 가진 남성문화에서의 부적응과 갈등, 폭력에의 노출 등이 그 이유이며, 낮은 자존감은 여성 자신의 통제력을 상실시키는 악순환을 가져온다는 것이다. 이는 가정폭력 피해 여성이 배우자를 우발적으로 살해하는 행위를 일부 설명할 수 있다.

6. 체형과 범죄(body type and crime)

체형론자들의 가장 기본적인 하나의 원칙은 체형과 개성, 그리고 성격은 매우 밀접한 상관관계를 가지고 범죄에도 영향을 준다는 것이다. 초기의 걸출한 이론가는 독일의 정신과 의사인 크레취머(Ernst Kretschmer)이다. 그는 4,414명의 범죄자 체형을 비교하여 3가지 신체유형, 즉 세장형, 근육형(투사형), 비만형으로 분류하였다.[20]

---

19 Portnoy, J., Chen, F. R., Gao, Y., Niv, S., Schug, R., Yang, Y., & Raine, A. (2014). Biological perspectives on sex differences in crime and antisocial behavior. The Oxford handbook of gender, sex, and crime, 260−285.

근육형의 체형을 가진 자는 폭력범죄 및 강력범죄와, 비만형의 체형은 사기 혹은 소수의 폭력범죄와, 세장형은 절도와 사기범 등이 많았다. 세장형이 살인을 할 경우에는 도구를 이용한 매우 잔인한 형태를 보였다. 그는 범죄인이 반드시 특정한 유형의 신체를 가진 것은 아니고 다만 그러한 경향이 있다는 것을 의미한다고 주장하였다. 따라서 근육형도 비만형이나 세장형의 특성을 함께 가질 수 있지만 근육형의 특징이 근육이 발달하고 강한 인상을 주는 체형이라는 것이다. 이 세 유형 중 가장 범죄성이 낮은 경우는 비만형이라고 한다.[21]

한편 미국의 심리학자이며, 내과의사인 쉘던(Willam H. Sheldon)은 크레취머의 주장을 계승, 발전시켜 이른바 체형심리학(Constitutional psychology)을 창설하였다. 체형심리학이란 인간의 소화기관, 뼈와 근육, 신경과 피부조직, 즉 체세포형(Somatotypes)은 개인의 가치, 도덕성, 성격형성에 영향을 준다는 것이다. 그는 인간의 신체유형을 내배엽과 중배엽, 그리고 외배엽형으로 구분하였다.

내배엽형(endmorphs)은 행동이 느리며, 낙천적이고, 몸이 비대형인 경우가 많다. 중배엽형은 근육과 골격이 잘 발달되어 있으며, 모험심이 강하고, 공격적인 성격을 가진다. 외배엽형(ectomorphs)은 섬세하며, 대체로 야윈 몸에 민감한 성격을 지니는 것으로 나타났다. 쉘던은 이 가운데 중배엽형(mesomorphs)의 인간이 범죄와 가장 관련성이 높다고 주장하였다.[22] 그는 정상적인 사람은 보통의 키에 적당한 몸집에, 적당한 근육을 가졌다고 주장했다.

그러나 쉘던의 체형심리학, 즉 체형이 기질, 도덕성, 성격 또는 잠재력을 보여주는 지표라는 주장은 유전학(eugenics)적 측면에서는 지지를 받지만 한편으로는 제대로 과학적으로 검증되지 않은 추론(가설)이라는 점에서 비판을 받고 있다. 즉 쉘던은 이 연구 당시 대학생들의 신체사진을 육안으로 보면서 체형을 분류하였으며, 중배엽협은 경쟁적이고, 지배적 성향이 강할 것이라고 가정하였다.[23]

---

20 Ikeda, M., Tanaka, S., Saito, T., Ozaki, N., Kamatani, Y., & Iwata, N. (2018). Re-evaluating classical body type theories: genetic correlation between psychiatric disorders and body mass index. Psychological medicine, 48(10), 1745-1748.

21 Schmalleger. F. (2018). CRIMINOLOGY TODAY: An Integrative Introduction. PRENTICE HALL. pp. 88-89.

22 William H. Sheldon, Emil M. Hartel and Eugene Mcdermott, Varieties of Delinquent Youth, (NY: Harper, 1949), pp. 170~173.

23 Vertinsky, P (2007). "Physique as destiny: William H. Sheldon, Barbara Honeyman Heath and the struggle for hegemony in the science of somatotyping". Canadian

쉘던의 인간의 신체유형

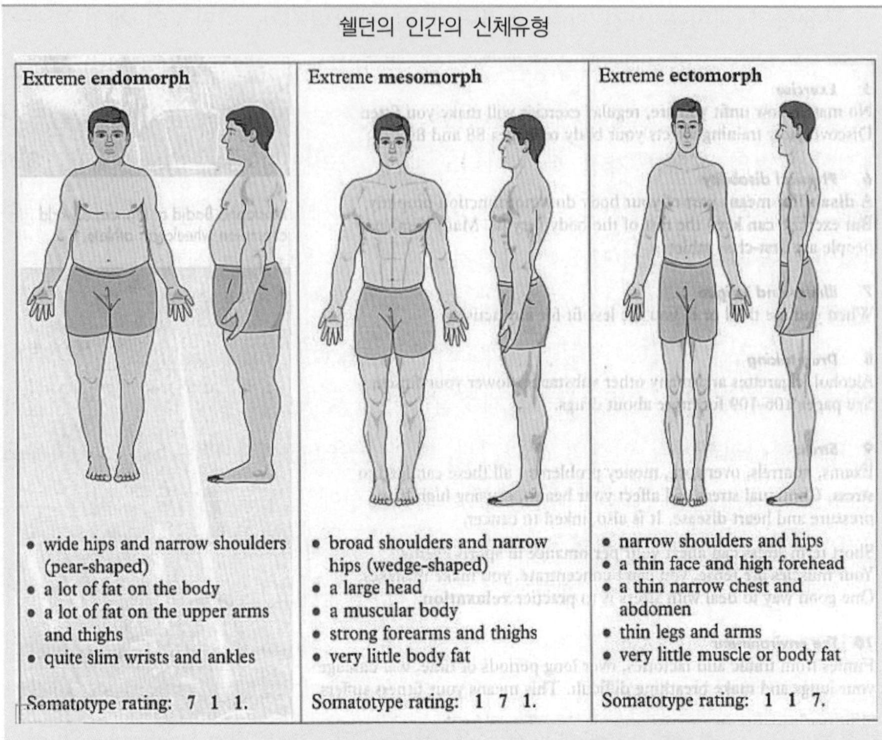

자료: Sheldon, William Herbert (1954). Atlas of Men: A Guide for Somatotyping the Adult Male at All Ages. New York: Harper.

Ⅲ. 신체생화학적 요인과 범죄

1. 호르몬 이상과 범죄

테스토스테론(testosterone)과 에스트로겐(estrogen)은 각각 남성과 여성의 2차 성징을 나타내는 호르몬이라고 할 수 있다. 두 호르몬은 남성을 남성답게, 여성을 여성답게 만들며 남성은 여성에 비하여 대략 25~50배 정도의 테스토스테론을 생산하며, 여성은 남성보다 2~3배 많은 에스트로겐을 생산하는 것으로 밝혀졌다.[24]

Bulletin of Medical History. 24 (2): 291-316. doi:10.3138/cbmh.24.2.291. PMID 18447308.

24 Westerman, M. E., Charchenko, C. M., Ziegelmann, M. J., Bailey, G. C., Nippoldt, T. B., & Trost, L. (2016, February). Heavy testosterone use among bodybuilders: an uncommon cohort of illicit substance users. In Mayo Clinic Proceedings (Vol. 91, No. 2, pp. 175－182). Elsevier.

사람의 신체적 호르몬 이상이나 섭취하는 음식물 등과 범죄와의 연관성도 연구의 대상이 되었다. 먼저 남성의 2차적 성징을 결정짓는 호르몬인 테스토스테론이 과도하게 분비될 경우 폭력적이고 공격적인 성향을 보인다는 연구결과가 있다. 즉 재소자 가운데 폭력범의 경우 일반 다른 범죄자의 경우보다 테스토스테론의 분비가 많았다. 그러나 이와 같은 사실이 폭력의 직접적인 원인인지의 여부는 명확하지 않다는 지적이다.

한편 여성의 경우에도 호르몬 체계의 이상이나 변화가 공격적인 행동에 영향을 준다는 연구들이 보고되었는데, 이른바 생리증후군(Pre Menstrual syndrome: PMS)을 앓고 있는 여성이 더 공격적인 행동이나 절도 등의 범죄적 행동을 보인다는 것이다. 즉, 여성은 생리기간 중 세로토닌(serotonin)이라는 뇌 속의 호르몬이 줄어들어 폭력적인 성향을 드러낸다. 세로토닌은 인간의 행동을 통제하는 역할을 하는 것으로 밝혀졌다.

세로토닌의 변화와 폭력성에 관한 연구 중 세로토닌의 양이 현저하게 적은 원숭이는 다른 원숭이보다 동료 원숭이를 더 물어뜯고, 할퀴는 등의 공격적인 행동을 하는 것으로 나타났다. 또한 미국의 국립알코올남용 및 알코올중독자센터(National Institute on Alcohol Abuse and Alcoholism)가 입소자들을 대상으로 한 연구에서도 세로토닌의 양이 적은 사람이 공격적인 행동을 더 하는 것으로 밝혀졌다. 살인범의 경우에도 고의살인범이 과실살인범보다 세로토닌의 양이 현격하게 적었다. 1998년 21세의 남녀 781명을 대상으로 한 연구에서는 남성의 경우 세로토닌의 양과 범죄와 관련성이 있다는 것이 증명되었다.

갑상선 호르몬이 부족한 경우와 이상행동의 상관성을 밝히는 연구도 진행되었다. 2000년 7세 이상 12세 미만의 어린이 38명을 대상으로 갑상선호르몬이상과 범죄와의 관련성을 연구한 결과, 비행적이고 공격적인 행동을 보이는 어린이의 경우 갑상선호르몬이 정상어린이보다 낮았다.

이와 같이 특정 호르몬의 부족이 어떤 경로를 통하여 비행적인 행동에 영향을 끼치는지에 대해서는 아직 명확하게 설명하지는 못하지만, 호르몬 이상과 범죄와의 관련성은 증명되고 있다.

2. 포도당 등 이상과 범죄

한편 사람의 신체에 비타민이 지나치게 모자라거나 저혈당 상태가 지속적으로 이어지는 경우에 사람을 불안, 초조하게 하거나 공격적인 성향을 보이게 한다는 연구들도 있다.[25] 뇌에 영양분을 공급해 주는 포도당이 부족할 경우 뇌가 제대로 작동을 하지 못하면서 불안감, 고독과 우울감 등을 느끼게 되고, 이는 비정상적인 행위의 원인이 된다. 수형인들이 비교적 높은 저혈당증을 가진 것으로 밝혀진 것은 이러한 주장을 뒷받침하는 연구결과라 할 수 있다.

또한 생물학적 범죄원인론에서는 환경오염 역시 인간의 행동에 영향을 준다고 보고 있다. 오염된 생활환경의 물질이나 공기 속의 납이나 구리 등의 중금속과 이산화질소 등의 함량이 높아져 사람의 정서가 흐려지고, 행동상 장애를 가져온다는 것이다.

할리(C. Hawley)와 버클리(R. E. Buckley)는 패스트 푸드에 가미되는 지나친 색소나 첨가물 등이 공격성과 분노, 불안 등을 가져오기도 하고, 심한 감정의 기복을 유발하는 등 알레르기 증세의 원인이라고 본다. 초콜릿의 페니레티라민(phenylethylamine), 음료수 등의 감미료로 주로 사용되는 아스파탐(aspartame), 콜라나 커피의 카페인 성분 등이 대표적인 예이다.[26]

Ⅳ. 뇌와 범죄

뇌는 모든 생각과 행동을 통제한다. 뇌는 4개의 영역으로 나뉘어져있다.

전두엽은 뇌 반구의 1/3 정도를 차지하며, 사고력, 성격, 감정 표현 조절과 같은 정신 및 행동 기능에 관여한다. 측두엽은 청각, 냄새, 사물과 얼굴 인식과 함께 기억에 관련되어 있다. 두정엽(parietal lobes)은 감각 정보를 담당한다. 후두엽은 시력과 관련이 있다. 뇌 표면 아래에는 변연계가 있다. 변연계는 감정, 기억, 공격성 및 공포에 관여한다. 해마는 각 반구의 편도에서 뒤로 휘어져 감정과 기억에 관여한다.

많은 연구에서 뇌 손상은 잠재적으로 인간 행동에 영향을 미치는 것으로 나타

25 Ammar, Y. A., Nienaa, Y. A., El－Banawy, S. S., Moghazy, T. F., Kandil, N. S., & El－Sayed, A. A. (2017). Association of vitamin D deficiency with renal anemia and erythropoietin hyporesponsiveness in hemodialysis patients. Journal of The Egyptian Society of Nephrology and Transplantation, 17(4), 125.

26 Hawley C. and R. E. Buckley, "Food Dyes and Hyperkinetic Children," (*Academic Therapy* 10, 1974), pp. 27~32.

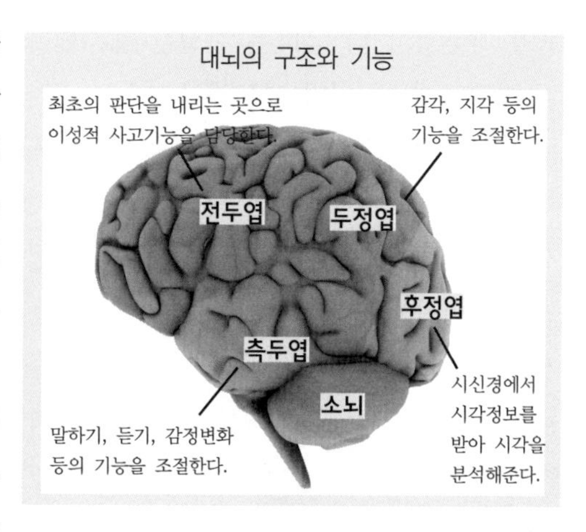

났다. 학습 또는 판단을 담당하는 뇌 영역이 손상될 경우 지각력과 도덕성 등의 기능이 상실되고 이것이 범죄적인 행동에 영향을 주는 것이다. 특히 어린 시절과 초기 성인기의 뇌 손상은 범죄 행동의 가능성을 높일 수 있다.[27]

예를 들어 전두엽의 손상은 개인의 감정에 대한 통제를 낮추는 부작용이 발생한다. 즉 판단, 의사 결정 및 충동조절에 장애를 겪게 된다. 전두엽이 손상될 경우 유년기에는 부도덕적 또는 일탈적 행동을 반복하게 되며, 성인기에는 폭력과 공격적인 행동양식을 보이게 된다.

또한 전두엽에 손상이 있는 경우 범죄와 관련이 있다는 것을 증명하는 다양한 연구들이 진행되었다. 뉴 멕시코대학의 케일(Kent Kiehl) 박사 팀은 fMRI를 사용하여 100명의 남성 수용자의 뇌를 스캔하였다. 그 결과 전두엽의 대뇌 피질이 낮은 수용자가 석방 후 4년 이내에 재범을 할 가능성이 정상적인 수용자 보다 두 배 이상 높은 것을 발견하였다.[28]

편도체는 공포, 침략 및 사회적 상호 작용과 관련된 뇌의 일부로 편도체의 이상과 범죄외의 관련성을 확인한 연구도 있다. 즉 피츠버그대의 파드니(Dustin Pardini) 박사가 이끄는 신경영상연구팀은 편도선의 체적이 낮은 26세 남자가 정상적인 또래 집단 보다 세 배 이상 더 공격적이고 폭력적이며, 정신병질적 특성을 보인다는 것을 밝혀냈다.[29] 알라바마대의 심리학자인 Andrea Glenn 박사가 이끄는 fMRI 연구팀은 편도체의 기능이 좋지 않은 사람들이 정신병질적 성향을

27 Konicar, L., Veit, R., Eisenbarth, H., Barth, B., Tonin, P., Strehl, U., & Birbaumer, N. (2015). Brain self-regulation in criminal psychopaths. Scientific Reports, 5, 9426.

28 Aharoni E, Vincent GM, Harenski CL, Calhoun VD, Sinnott-Armstrong W, Gazzaniga MS, Kiehl KA. Neuroprediction of future rearrest. Proceedings of the National Academy of Sciences. 2013 Apr 9; 110(15): 6223-6228.

29 Pardini DA, Raine A, Erickson K, Loeber R. Lower amygdala volume in men is associated with childhood aggression, early psychopathic traits, and future violence. Biological psychiatry. 2014 Jan 1; 75(1): 73-80.

보일 가능성이 더 높다는 사실을 제시했다.[30]

한편 3세 때 이미 편도체의 기능이 떨어지는 경우 20년이 지나 범죄를 행하는 경우가 정상적인 아동 보다 높다는 연구결과도 있다.[31] 즉 펜실베이니아대의 레인(Adrian Raine) 박사는 쿠니 부룩클린대의 가오(Yu Gao) 박사와 편도체조절 기능에 의존하는 공포조절실험을 3세 아동 1,795명을 대상으로 실시하였다. 연구진은 어린이의 손가락에 전극을 달고, 두 개의 음색을 반복적으로 연주하였다. 거대하고 불쾌한 소리와 조용한 소리를 번갈아가며 들려주고 각 음색에 대한 아동의 땀의 차이로 공포조절 능력을 측정하는 것이었다. 20년 후 연구진은 성인이 된 피실험자들을 추적하여 범죄자와 정상인의 실험 당시의 편연계 기능을 확인하였다. 그 결과 범죄자들은 편연계의 기능이 정상인 보다 훨씬 떨어졌었다는 것을 밝혀냈다. 이 연구는 편연계 기능이 이미 떨어진 경우 공포에 대한 조절능력이 부족하다는 것을 의미하며, 두려움을 별로 느끼지 못한다는 것을 말한다.

한편 3세 때 영양, 운동 및 인지 기술에 중점을 프로그램에 참여한 아이들이 비참여아동보다 뇌 기능이 뛰어 났으며, 범죄 역시 34% 정도 낮은 것으로 나타났다. 요가수업에 10주 정도 참여한 수용자들이 비참여 수용자들보다 충동조절 능력이 향상된 것을 밝힌 연구도 있다.[32]

이러한 연구 결과들은 뇌의 선천적 혹은 후천적 이상이나 손상 등이 뇌 본래의 기능 작동에 영향을 주며, 개인의 비이성적인, 반사회적인 행동양식에 영향을 준다는 것을 밝히는 것들이다. 그리고 이러한 연구들은 신경생물학 및 과학적 장비의 발전을 기반으로 관련 증거들을 구축하고 있다.[33]

---

30 Glenn AL, Raine A, Schug RA. The neural correlates of moral decision-making in psychopathy. Molecular psychiatry. 2009 Jan; 14(1): 5.

31 Gao Y, Raine A, Venables PH, Dawson ME, Mednick SA. Association of poor childhood fear conditioning and adult crime. American Journal of Psychiatry. 2009 Nov 16; 167(1): 56-60.

32 Bilderbeck AC, Farias M, Brazil IA, Jakobowitz S, Wikholm C. Participation in a 10-week course of yoga improves behavioural control and decreases psychological distress in a prison population. Journal of psychiatric research. 2013 Oct 1; 47(10): 1438-45.

33 Reber, J., & Tranel, D. (2019). Frontal lobe syndromes. In Handbook of clinical neurology (Vol. 163, pp. 147-164). Elsevier.

V. 생물학적 범죄원인론의 평가

생물학적 범죄원인론은 범죄학에 있어서 매우 큰 공헌을 하였고 그 영향력은 상당한 파급효과를 보인다. 롬브로조나 현대의 생물학적 범죄원인론자들이 과학적 방법으로 범죄현상을 연구하려는 노력을 보여주어 범죄학의 사회과학적 지위를 높여 준 점은 매우 가치있는 일이다. 또한 범죄의 원인을 인간의 외모뿐만 아니라 유전과 체격, 호르몬의 이상 등 다양한 관점에서 찾아냄으로써 범죄의 원인이 복합적일 수 있음을 제시한 것도 의의가 있다. 그러나 이와 같은 긍정적인 측면과 함께 몇 가지 문제점도 지적할 수 있다.

그 중에서 가장 중요한 문제점은 첫째, 생물학적 범죄원인론이 우생학적 인종차별 혹은 종족우월감을 갖게 한다는 것이다. 만약 범죄가 생물 개체의 특수 구조 혹은 특수 생화학적 요소에 의하여 발생한다면 범죄는 비교적 열등한 인종이나 민족에게서 많이 발생할 것이라는 결론에 달한다.

둘째, 생물학적 범죄원인론은 범죄의 사회문화적 요소들을 간과하였으며, 모든 개인은 많든 적든 간에 다소의 범죄에 연루된다는 사실을 무시하고 있다.

셋째, 생물학적 범죄연구에 사용된 표본집단이나 대상이 매우 한정적이라는 점을 들 수 있다. 예를 들어 롬브로조, 덕데일의 연구에 사용된 표본은 수형자이거나 매우 한정된 범죄자가계여서 이른바 연구결과의 일반화를 꾀하기에는 한계가 있다.

넷째, 생물학적 연구는 범죄원인을 주로 범죄자 개인의 신체적인 면에만 관심을 둔다는 점이다. 사회학적 또는 심리학적 측면의 고려가 부족하여 범죄의 원인을 지나치게 축소해서 인식하고 있다.

다섯째, 생물학적 범죄원인론에 의할 경우 자칫 사람에 대한 편견, 즉 외모, 장애여부 등에 따른 편견을 야기할 수 있다는 것도 비판의 대상이 될 수 있다.

제6장

심리학적 범죄원인론

I. 심리학적 범죄원인론의 서막

어떤 동기가 사람을 살해하거나 괴롭히게 하는 것일까?, 왜 타인을 폭행하는 것인가? 등과 같이 정상적인 사고와 관점에서는 설명할 수 없는 범죄원인을 찾아내기 위해서 범죄학자들은 심리학적인 사고와 이해의 틀을 활용하기 시작했다. 즉, 심리학적 범죄원인론은 분석의 도구로써 인간, 곧 범죄인에 관심의 초점을 둔다. 따라서 심리학적 범죄원인론이란 범죄인의 행동 및 정신적 과정에 대한 과학적 연구라고 정의할 수 있다.

심리학적 범죄원인론(psychological criminal theories)은 모든 인간의 행위는 하나의 정신적인 과정과 그 기능이 상호작용하여 나타나는 결과라고 본다. 따라서 인간의 범죄행위 또한 성격이상 등과 같은 정신적인 작용의 산물이라고 가정을 한다. 즉 범죄란 결국 인간의 정신심리적인 과정을 거쳐 결정된 행위이므로 범죄의 원인을 찾기 위해서는 인간의 심리과정을 추적해보아야 한다는 입장인 것이다.[1]

II. 정신장애와 범죄(mental disorder and crime)

1. 정신장애의 개념

정신장애(mental disorder)란 정신기능에 이상을 보여 오랫동안 일상생활이나 사회생활에 적응하지 못하고 지장을 초래하는 장애를 말한다. 장애인복지법은

1 Ross, C. E. (2017). Social causes of psychological distress. Routledge.

정신장애란 발달장애 또는 정신질환으로 발생하는 장애라고 정의하고 있다.

즉, 정신장애란 개인의 행동, 심리적 요인 등으로 인하여 행동적, 심리적, 신체적 기능에 장애를 겪는 것으로 그 요인은 정확하게 밝혀지지 않고 있다. 그러나 대체로 외인성(外因性), 내인성(內因性), 심인성(心因性) 요인 등으로 구분하고 있다.

외인성은 뇌손상·뇌질환·약물중독·알코올중독·내분비선장애·신진대사장애·순환장애 등 신체적인 외적 이상으로 인해 일어나는 정신병이다. 내인성은 소질과 환경이 복합적으로 작용하여 발생하는데 유전이나 성, 연령 등도 문제가 되며, 주로 청년기·갱년기·노년기에 많다. 심인성은 명확한 신체요인 또는 뇌의 기질적인 변화가 없이 강렬한 심리적·정신적 원인이 작용하여 정신병이 발생되는 것이다.

정신병은 지각·사고·감정·지능·기억 등에 있어서 여러 가지 장애를 초래한다. 지각의 장애로는 실제로 존재하지 않는 것을 지각하는 착각·환각·환청·환시·환후·환촉 등이 있다. 이러한 상태에서 주위 사람을 공격하거나 살해하는 경우도 있다. 그러나 정신병이 반드시 범죄의 원인이라고 보기는 어렵다.

2. DSM-V상 정신장애의 유형

미국정신의학협회(American Psychiatric Association: APA)는 심리사회적 스트레스, 사회적 적응능력, 임상증후군을 바탕으로 정신장애의 분류체계와 진단기준을 제시하였는데, 이것을 「정신장애의 진단 및 통계 편람(The Diagnostic and Statistical Manual of Mental Disorders: DSM)」이라고 한다. 정신의학계에서 가장 보편적으로 사용된다.[2]

1952년에 DSM-Ⅰ이 처음 발간된 이후, DSM-Ⅱ(1968), DSM-Ⅲ(1980), DSM-Ⅳ(1994), DSM-Ⅳ-TR (2000), DSM-Ⅴ(2013)이 있다. 현재 정신의학계에서는 DSM-Ⅴ상 정신장애 진단체계를 활용하고 있으며, 범죄학적인 측면에서도 이에 준한 범죄심리학적 접근이 이루어져야 할 것이다.

---

2 정신의학계 및 공공보건기관 등에서는 DSM 이외에도 ICD(The International Classification of Diseases: ICD)를 사용한다. American Psychiatric Association, Diagnostic and Statistical Manual of Mental Disorders (DSM-5-TR), https://www.psychiatry.org/psychiatrists/practice/dsm/

DSM－Ⅴ는 정신장애를 22개로 분류하고, 그 하위범주로 300여 개의 세부적인 장애유형을 제시하였다.[3]

CRIMINOLOGY

DSM－Ⅴ가 분류한 정신장애 유형

- 신경발달장애(Neurodevelopmental Disorders)
- 정신분열 스펙트럼 및 기타 정신증적 장애(Schizophrenia Spectrum and Other Psychotic Disorders)
- 양극성 및 관련 장애(Bipolar and Related Disorders)
- 우울장애(Depressive Disorders)
- 불안장애(Anxiety Disorders)
- 강박 및 관련 장애(Obsessive-Compulsive and Related Disorders)
- 외상 및 스트레스 관련 장애(Trauma-and Stressor-Related Disorders)
- 해리장애(Dissociative Disorders)
- 신체증상 및 관련 장애(Somatic Symptom and Related Disorders)
- 섭식장애(Feeding and Eating Disorders)
- 배설장애(Elimination Disorders)
- 수면장애(Sleep-Wake Disorders)
- 성기능장애(Sexual Dysfunctions)
- 성별불쾌감장애(Gender Dysfunctions)
- 충동조절장애(Disruptive Impulse Control and Conduct Disorders)
- 약물중독장애(Substance-Related and Addictive Disorders)
- 신경인지장애(Neurocognitive Disorders)
- 성격장애(Personality Disorders)
- 성도착장애(Paraphilic Disorders)
- 기타 미분류 정신장애(Other Mental Disorders)
- 약물치료의 기타부작용(Medication-Induced Movement Disorders and Other Adverse Effects of Medication)
- 임상적관심대상의 기타장애(Other Conditions That May Be a Focus of Clinical Attention)

3 ko.wikipedia, DSM－Ⅴ, https://ko.wikipedia.org/wiki/DSM－5/

한편 세계보건기구(WHO)는 국제질병분류 ICD－11에서 정신 및 행동 장애를 다음과 같이 분류하고 있다.[4]

CRIMINOLOGY

세계보건기구 정신 및 행동 장애 분류

- 기질성 또는 증상성 정신장애
- 향정신성의약품 사용으로 인한 정신 및 행동 장애
- 조현병, 분열 및 망상 장애
- 기분 (정동) 장애
- 신경증적, 스트레스 관련 및 신체형 장애
- 생리적 교란 및 물리적 요인과 관련된 행동 증후군
- 성인 인격 및 행동 장애
- 정신지체
- 심리적 발달 장애
- 아동기 및 청소년기에 주로 발병하는 기타 행동 및 정서 장애
- 명시되지 않은 정신 장애

3. 정신분열증과 범죄

정신분열증(schizophrenia)이란 사고의 장애 및 현실과의 심한 괴리를 보이는 정신장애이다. 정신장애로 인한 범죄 중 가장 많이 발견되는 유형으로 알려져 있다. 조현병으로 불리기도 한다.[5]

정신분열증의 전형적인 증세는 사고가 혼돈스럽고, 체계적이지 못하며, 사회적으로 위축되어 있거나 그가 속해 있는 환경이나 주변여건에 제대로 적응하지

4 세계보건기구는 국제질병분류(The International Statistical Classification of Diseases and Related Health Problems, ICD) 제11차 개정판을 2018년 6월 18일에 발표했고, 2022년 1월 1일부터 효력을 지닌다. https://ko.wikipedia.org/wiki/ICD－11/

5 조현병(調鉉病)이란 현악기가 잘 조율되지 않았을 때 정상적이 아닌, 혼란스러운 소리를 내는 것과 같이 정신이 매우 혼란스러운 상태에 있는 병이라는 의미를 담고 있다.
매년 5월 24일은 세계조현병의 날로 지정되었다. 세계보건기구(WHO)는 전세계 인구의 약 1%가 조현병을 앓는 것으로 추정하고 있다. 조현병환자는 일반인에 비해 조기사망할 확률이 2~3배 높다고 밝혀졌다. WHO, https://www.who.int/news－room/fact－sheets/detail/schizophrenia/

못하여 늘 격리되어 있다. 따라서 다른 사람과 우호적인 관계를 지속하지 못한다.

정신분열증의 주요 증상을 양성증상, 음성증상, 인지증상, 잔류증상으로 구분할 수 있다.

CRIMINOLOGY

범죄 일으킨 조현병 환자, 계획성 가지면 사이코패스에 가까워

국내 연구팀이 실제 범죄를 일으킨 조현병 환자를 분석한 결과를 내놨다. 계획을 세우고 범죄를 저지른 조현병 환자의 경우 낮은 지능과 어린 시절 학대 경험이 빈번한 것으로 나타났다. 충동적으로 범죄를 일으킨 조현병 환자보다 '사이코패스' 관련 요인을 더 많이 가지고 있다는 분석이다.

... 서울대병원 정신건강의학과 교수팀은 2019년 7~9월 공격성이 수반된 위법 행위로 치료감호 명령을 선고받은 후 국립법무병원에 입소한 조현병 환자 116명을 분석한 결과를 '대한조현병학회지' 5월호에 공개했다. …중략…

최근 60대 아버지를 살해한 20대 아들, 2016년 강남역 살인사건, 2019년 진주 방화 살인사건, 창원 아파트 살인사건의 범인들 모두 조현병을 앓은 것으로 알려져 있다.

조현병 환자의 공격성은 충동적 공격성과 계획적 공격성으로 나뉜다. 충동적 공격성은 망상과 같은 정신병적 증상에 의한 충동으로 갑자기 공격적으로 행동하는 경우다. 조절 능력이 부족해 외부 자극에 크게 반응해 충동적 공격성을 보일 수도 있다. 이런 환자는 항정신병 약물을 사용하거나 충동 조절에 유용한 항경련제와 기분안정제로 치료와 공격행위 예방이 가능하다.

반면 계획적 공격성을 보이는 조현병 환자는 정신병적 증상이나 충동 조절의 어려움과는 관계없다. 사이코패스 성향이나 스트레스 등 약물 치료에 잘 반응하지 않는 요소가 공격성에 영향을 주는 경우가 많다. 인지행동치료, 심리사회적치료 등 약물 이외의 치료적 접근과 사이코패스 성향을 고려한 공격행위 예방 전략이 필요하다.

연구팀은 연구대상 조현병 환자들의 공격성을 계획적 공격성과 충동적 공격성으로 분류했다. 116명 중 33명이 계획적, 83명이 충동적 공격성을 가진 것으로 나타났다. 그런 다음 두 집단의 사이코패스, 충동성과 정서조절, 사회적 환경 영향, 스스로 병을 인식하는지 등을 비교했다.

연구결과 계획적 공격성을 보인 조현병 환자는 상대적으로 지능이 낮고 어린 시절 학대 경험이 빈번한 것으로 나타났다. 연구팀은 "충동적 공격성 환자보다 사이코패스 관련 요인을 더 많이 가지고 있다는 것"이라고 설명했다. …중략…

자료: 동아사이언스, 2021년 5월 24일자 보도.

정신분열증자의 뇌 단면도

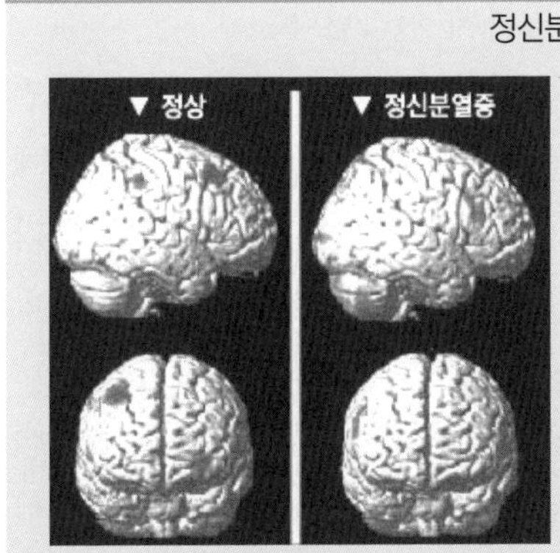

정상인들(좌)에서는 전두엽과 두정엽의 활성과 기능적 연결성이 중요, 정신분열증 환자들(우)에서는 활성 위치에 변화가 오고 이는 신경회로 이상에 기인한다.

자료: 세브란스병원, http://m.iseverance.com/healthinfo/health_inform/health_focus/view.asp?con_no=29317/

그림 2-2 정신분열증의 주요 증상

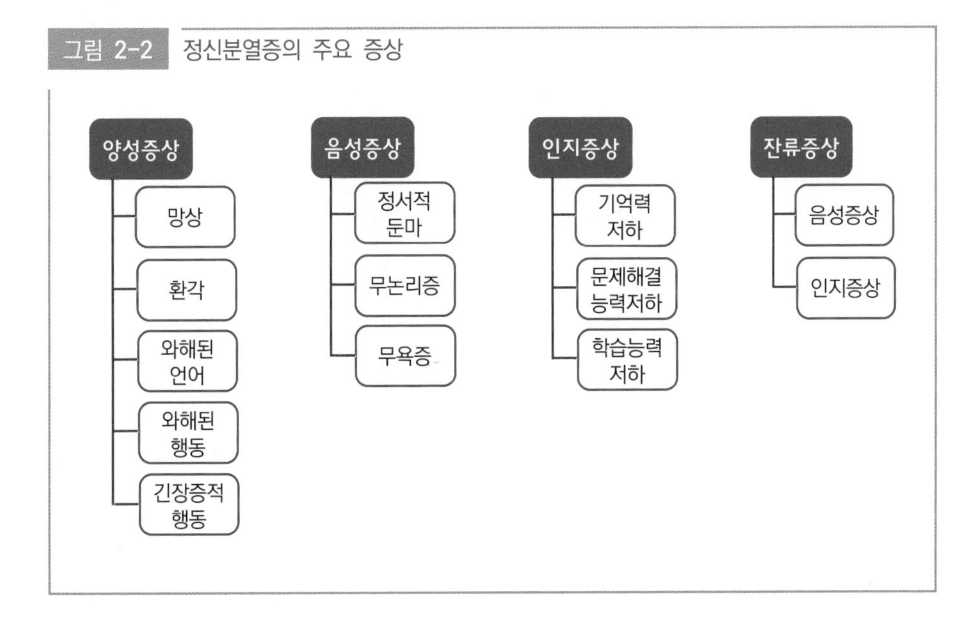

❶ 양성증상

양성증상은 정상인에게는 나타나지 않지만, 정신분열증 환자에게만 나타나는 증상으로 망상, 환각, 와해된 언어, 와해된 행동, 긴장증적 행동 등이 있다.

정신분열증의 주요 양성증상인 망상(delusion)은 자신과 세상에 대한 잘못된 강한 믿음으로 분명한 반증에도 불구하고, 견고하게 지속된다.[6]

6 권석만, 이상심리학의 기초, (서울: 학지사, 2014), p. 176.; 이현수 외, 이상행동의 심리학, (서울: 대왕사, 2012), p. 270.

망상장애의 유형은 망상의 주제에 따라 다양하게 나타난다.

망상에는 대인관계, 기분의 고양, 자책감 등에 따라 다양한 증세가 있다. 먼저 대인관계에 관한 망상에는 주위 사람들의 동작이나 표정이 모두 자신과 관계가 있다고 생각하는 관계망상과 주변 사람들이 자신을 특별하게 주목하고 있다고 의식하는 주찰망상(observation delusion), 주위 사람들이 자신을 압박 또는 박해한다고 생각하는 피해망상, 다른 사람이 자신의 법적 권리를 침해하였다고 믿고 이것을 법률적으로 해결하려고 하는 소송망상, 파트너가 다른 사람을 택하여 자신을 버릴 것이라고 생각하는 질투망상, 자신의 언행이 제3자의 영향 하에 있다고 믿는 영향망상 등이 있다.

기분의 고양에 따른 망상에는 자신의 능력이나 건강, 혈통 등을 과대평가하는 과대망상, 건강망상, 혈통망상 등이 있다. 피애망상은 자신이 상대방으로부터 애정을 받고 있다고 확신하는 것이다.

자책감에 따른 망상에는 자신의 능력·건강·지위 등에 관하여 지나치게 과소평가하는 비소(卑小)망상, 빈곤망상, 심기망상 등이 있다. 또한 자신의 실수나 행동에 대해 극단적으로 괴로워하는 죄책망상과 자신의 죽음조차 용납할 수 없을 만큼 스스로 고통을 겪어야 된다고 생각하는 영겁(永劫)망상 등이 있다. 이러한 망상에 빠져서 가끔 공격적인 행위를 자행하게 될 수도 있는데 이 경우 범죄와 연관이 높은 것으로 추정된다.[7] 특히 죄책망상에 빠져 자해를 하거나 자살을 기도할 수도 있으며, 피해망상으로 타인을 살해하는 등의 범죄적인 행동을 할 수 있다.

정신분열증의 또 하나의 양성증상인 환각(hallucination)은 현저하게 왜곡된 비현실적인 지각으로 아무런 외부 자극이 없는데도 불구하고 **환청**(청각적인 환각 즉, 누군가의 목소리, 대화, 계시), **환시**(시각적인 환각), **환후**(후각적인 환각 즉, 독약 냄새가 난다), **환촉**(촉각적 환각 즉, 몸에 벌레가 스멀거린다), **환미**(미각적 환각 즉, 밥에 독약을 넣었다) 등을 말한다.

정신분열증의 대표적 증상인 망상이나 환각은 정상적인 판단능력이 떨어지고, 왜곡된 인지 등으로 인한 일탈적 행동을 보이며, 특히 피해망상이나 관계망

---

7 권석만 외, 「심리학개론」, (서울: 박영사, 1997), pp. 417~434.; 서울아산병원, 조현병(정신분열병)(schizophrenia), https://www.amc.seoul.kr/asan/healthinfo/disease/diseaseDetail.do?contentId=31578/

상, 애정망상 등은 상대방을 매우 심각하게 공격하는 양상으로 이어지기도 한다.

❷ 음성증상

음성증상은 정상적인 감정반응이나 행동이 줄어 둔한 상태가 되고, 사고 내용이 단순해지며, 의욕 감퇴, 사회적 위축 등을 보이는 현상으로 정서적 둔마, 무논리증, 무욕증 등의 양상을 보인다.

상대방과의 대화나 TV 드라마 등을 보면서 무반응, 무표정 혹은 전혀 상황에 맞지 않는 감정을 보이는 등 기복을 보이다가 점차 감정 표현이 점차 줄어들고, 무표정하며, 아무 생각도 없는 사람처럼 행동하는 경우를 말한다.

❸ 인지증상

정신분열증의 증상으로 인지능력이 떨어지는 것으로 매 사 집중하지 못하며, 기억력, 문제해결능력이 현저하게 떨어진다. 새로운 정보를 학습하거나 자신의 생각을 정리하는 능력이 떨어지게 된다. 정신분열증 환자의 인지증상은 눈에 잘 띄지는 않지만 점차 사회적·직업적 기능을 떨어뜨린다.

❹ 잔류증상

심한 급성기에서 벗어나면 잔류기에 접어들고, 이 때 음성증상과 인지기능의 장애가 복합적으로 나타난다.

4. 불안장애와 범죄

불안장애(Anxiety Disorder)는 불안과 공포를 주된 증상으로 하는 장애로서 불안이 나타나는 다양한 양상에 따라 여러 가지 하위유형으로 구분된다. 불안장애의 하위유형으로는 범불안장애, 공포증(phobia), 사회불안장애(social anxiety disorder), 공황장애(panic disorder), 분리불안장애(separation anxiety disorder), 외상후스트레스장애(Post-Traumatic Stress Disorder) 등이 있다.[8]

범불안장애란 미래에 발생할지도 모르는 다양한 위험에 대한 과도한 불안과 걱정으로 일상생활에 장애를 일으키는 경우를 말한다. 공포증이란 특정한 대상(뱀, 개, 개미, 보도블럭 등)이나 상황(높은 곳, 바람)에 대한 공포와 회피현상을 말한다. 광장공포증은 특정한 장소나 상황, 즉 대중교통수단, 개방된 공간, 폐쇄된 공간, 군중속에 있는 것, 혼자 있는 것 등을 두려워하며 회피하는 경우를 말한다.

---

8 Bandelow, B., Michaelis, S., & Wedekind, D. (2017). Treatment of anxiety disorders. Dialogues in clinical neuroscience, 19(2), 93.

범불안장애는 왜 생길까?

취업난과 고용불안, 잊을만하면 터지는 '묻지마 범죄' 등 각종 사회적 불안 요인들이 불안심리를 증폭시키고 있다. 불안장애는 불안, 공포의 감정을 조절하는 편도체와 해마의 이상으로 두뇌기능상의 불균형으로 발생한다. 생물학적 원인, 유전적인 요인이 있어서 환자의 가족 4명 중 1명꼴로 같은 병을 갖는다.

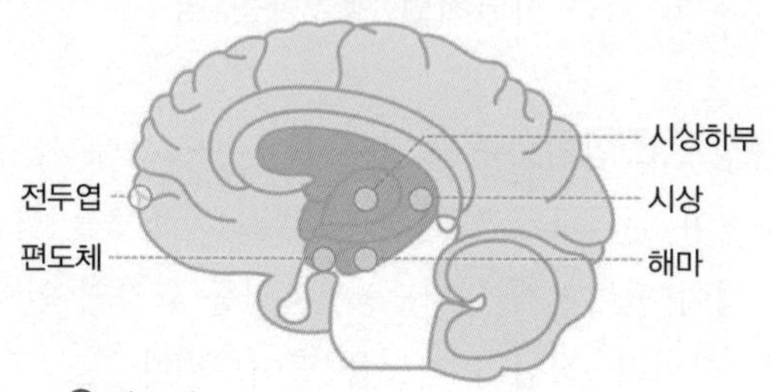

❶ 편도체

불안과 공포 편도체를 흥분시켜 시상하부를 자극함

❷ 시상하부

스트레스 호르몬을 분비하고 교감신경계를 과흥분시킴

❸ 해마

해마의 기능이 저하되면 불안과 공포의 감각 기억만 해마와 대뇌피질에 장기기억으로 저장

❹ 뇌간

뇌간의 과흥분은 과잉 각성을 초래하여 과호흡과 과긴장이 발생

❺ 전두엽

오른쪽 전두엽의 활성은 부정적인 정서를 이끌어냄. 또한 과잉활동 불안감을 초래함

자료: 헬스조선, 2017년 9월 7일자 보도.

사회불안장애는 타인에게 관찰되고 평가될 수 있는 행동—음식을 먹거나 발표, 다른 이와의 대화 등—을 하면서 부정적인 평가를 받을 것을 두려워하며 회피하는 경우를 말한다. 공황장애는 예상하지 못한 상황에서 갑자기 밀려드는 극심한 공포, 죽을지도 모른다는 강렬한 두려움 등을 말한다. 분리불안장애는 부모 등 애착대상과 떨어질까봐 심한 불안을 나타내는 장애이다. 즉, 애착대상과의 분리와 애착대상이 죽음, 재난 등을 당하지 않을까 불안해하며, 분리될까 두려워 학교나 직장 등 일상생활에 참여하는 것을 두려워한다.

불안장애는 공황, 두려움 및 불안, 수면장애, 침착하지 못하고 이리저리 두리번거림, 춥고 땀이 나거나 손발이 마비되거나 따끔거림, 호흡곤란, 심계항진, 입마름, 구역질, 긴장된 근육, 현기증 등의 증세를 동반한다. 불안장애는 불안 그 자체가 범죄의 원인이 된다고 할 수는 없지만, 불안을 극복하지 못한 상태에서 짜증과 분노, 우울감, 두려움 등으로 인한 공격적이거나 파괴적인 행위, 방화, 음주, 약물사용 등의 행위로 이어질 수 있다. 또한 자살 등의 내적인 공격 등으로 일탈적 행동으로 이어질 수 있다. 또한 불안으로 수면장애를 겪으면서 다음 날 예민해진 상태에서 타인과 마찰을 일으키거나 화를 내는 등으로 공격을 받는 빌미가 되기도 한다.[9]

5. 성격장애와 범죄

1) 성격장애의 개념과 유형

성격장애 또는 인격장애(personality disorders)란 그 개인이 문화적 기대로부터 심하게 벗어나 지속적인 내적 경험과 행동양식을 보이는 것을 말한다. 성격장애는 광범위하고, 고착화 되어 있고, 청소년기 또는 성인기 초기에 시작되며, 시간이 지나도 변하지 않아, 이로 인하여 고통과 장애, 부적절한 행동을 초래한다.[10] 성격장애에는 다음과 같은 유형이 있다.

① **편집성(망상성) 성격장애**: 타인의 행동이 악의에 찬 동기를 가지고 있다고 해

9 서울아산병원, 불안 장애(Anxiety disorder), https://www.amc.seoul.kr/asan/healthinfo/disease/diseaseDetail.do?contentId=31582/

10 이근후 외, 「정신장애의 진단 및 통계편람」(역서), (서울: 하나의학사, 1995), p. 807.; 권석만, 이상심리학의 기초, (서울: 학지사, 2014), p. 202.; 서울아산병원, 반사회성 인격장애(Antisocial Personality Disorder), https://www.amc.seoul.kr/asan/healthinfo/disease/diseaseDetail.do?contentId=31894

석하는 등 불신과 의심을 많이 하며, 지속적인 갈등을 일으키며, 적대적 태도를 취하는 인격장애

② 정신분열성 성격장애: 사회적 관계에서 고립되고 감정표현이 제한된 인격장애

③ 분열형 성격장애: 관계가 가까워지면 급성불안이 일어나고, 인지 또는 지각의 왜곡, 그리고 괴이한 행동을 보이는 인격장애

④ 반사회성 성격장애: 타인의 권리를 무시하고, 침범하는 인격장애

⑤ 경계성 성격장애: 대인관계, 자아상, 그리고 정동이 불안정하고 심하게 충동적인 인격장애

⑥ 연극성 성격장애: 과도하게 감정적이고, 타인의 관심을 끌려는 인격장애

⑦ 자기애성 성격장애: 자신에 대한 과대평가, 칭찬에 대한 과도한 욕구, 공감의 결여를 특징으로 하는 인격장애

⑧ 회피성 성격장애: 사회활동의 억제, 부적합감, 부정적 평가에 대한 과민성을 특징으로 하는 인격장애

⑨ 의존성 성격장애: 보살핌을 받고자 하는 과도한 욕구가 있는, 순종적이고 의존적 행동을 특징으로 하는 인격장애

⑩ 강박성 성격장애: 정리정돈, 완벽성, 그리고 통제에 대한 과도한 집착을 특징으로 하는 인격장애

2) 반사회성 성격장애

범죄와의 관련성이 매우 높은 반사회적 성격장애(antisocial personality disorder)의 필수증상은 생활전반에 걸쳐서 타인의 권리를 무시하거나 침해하는 것으로 소아기 또는 사춘기 초기에 시작되어 성인기까지 지속된다.[11] 정신병질, 사회병질, 반사회적 인격장애로 불리기도 한다. 정신의학계에서는 온전하지 못한 정신적 작용은 비정상적이며, 일탈적인 행동을 설명하는 여러 요인 중 일부라고 인식하는데, 대체로 사이코패스(psychopath)를 반사회적 성격장애라고 정의한다. 사이코패스는 사이코패시(psychopathy)와 같이 쓰인다.

1879년에 독일의 신경의학자인 에빙(R. v. Krafft-Ebing)이 그의 저서 「정신이상 교재」(Textbook of Insanity)에서 사이코패스라는 용어를 사용하였다. 미국의

11 Moffitt, T. E. (2015). Life-course-persistent versus adolescence-limited antisocial behavior. Developmental Psychopathology: Volume Three: Risk, Disorder, and Adaptation, 570-598.

심리학자인 귤릭(B. H. Glueck)이 1916년에 출판한 「법의학적 정신병학 연구」(Studies in Forensic Psychiatry)라는 저서에서 사용하기 시작했다.

사이코패스(psychopath)는 그리스어 psyche(영혼, 정신)와 pathos(고통, 질병) 등의 합성어에서 유래하며, 두 학자 모두 피해자에 대한 동정심이 없는 극도의 잔인성을 가진 범죄자로 이해하고 있다.

이들은 공감능력이 결여되어 있고, 냉담하며, 냉소적이고, 타인의 감정이나 권리, 고통을 무시하는 경향이 있다. 이들은 자신을 과대평가하여 현재 일을 자기능력에 걸맞지 않는 시시한 일로 여기며, 지나치게 자기에 대해서만 말하거나, 자신의 주장만 한다. 이들은 그럴 듯한 겉치레를 하며, 언변이 유창하며, 전문적인 용어를 적절히 구사하며, 인격자인척 행동함으로 가면을 쓴 인격자(The Mask of Sanity)라고 불리기도 한다.

또한 이들은 성관계에서도 무책임하며, 착취적이다. 여러 명의 성적 대상자를 소유한 경력이 있으며, 일부일처제를 유지하지 못한다. 부모역할 역시 제대로 하지 못하며, 반복적으로 생활비를 탕진하거나 군대에서 불명예제대를 당하거나

CRIMINOLOGY

DSM-V상 반사회적 인격장애자의 진단기준

1. 15세 이후 다른 사람의 권리를 무시하고 침해하는 광범위한 패턴이 지속될 것, 아래 사항 중 최소한 3가지 이상의 증세를 보일 것
   - 사회적 규범, 질서를 준수하지 않음
   - 거짓말을 반복하거나, 가명을 사용하며, 사기를 침
   - 충동적이고 우발적임
   - 쉽게 화를 내고 공격적인 행동을 보임
   - 자신이나 타인의 안전을 무분별하게 무시함
   - 책임의식의 결여, 즉 직장생활을 꾸준히 하지 못하거나 재정적 의무를 다하지 못하는 일이 반복됨
   - 양심의 가책을 느끼지 못함. 즉 남에게 해를 끼치거나 상대방을 학대한 일 또는 남의 물건을 훔친 일 등에 대하여 무관심하거나 합리화시킴
2. 적어도 18세 이상일 것
3. 15세 이전에 품행장애를 보였던 적이 있음
4. 반사회적 행동이 단지 정신분열증이나 조울증 상태에서만 발생한 것이 아닐 것

자활에 실패하기도 한다. 이들은 일반인에 비해 자살, 타살, 사고사 등 비정상적 원인에 의해 일찍 사망하는 경우가 많다.

이들에게는 불안장애, 우울장애, 물질관련장애, 신체화장애, 병적 도박 및 기타 충동조절장애 등 다른 성격장애가 함께 나타나기도 한다. 10세 이전에 품행장애와 주의결핍 및 과잉행동장애를 갖고 있던 사람들이 성인기에 반사회성 성격장애로 진행될 가능성이 높다. 또한 소아학대 또는 유기, 불안정하고 변덕스러운 부모의 태도, 일관성 없는 부모의 가정교육 등에 의한 품행장애가 반사회적 성격장애로 진행될 가능성을 높인다.[12]

한편 특정 범죄인이 사이코패스인지 여부를 진단하는 도구의 개발이 활발하게 진행되었는데 특히 브리티시 컬럼비아대 헤어(R. D. Hare) 교수의 PCL-R(Psychopathy Checklist-Revised)이 가장 그 권위를 인정받고 있다. 헤어 교수는 전 인구의 1%가 사이코패스이며, 사이코패스인 강력범에 대한 교도소 수감처우는 시간과 예산의 낭비일 뿐이라고 일축하였다.[13]

헤어 교수는 사이코패스 체크리스트(PCL-R)점수가 30점 이상이면 반사회적 성격장애자라고 진단한다. 진단기준은 국가 마다 차이를 보여 미국은 30점, 영국은 25점, 한국은 24점이다.

사이코패스에 대한 연구의 출발은 정신의학이었지만, 사이코패스의 반사회성에 대한 연구는 범죄학계에서 더욱 발전하였다고 볼 수 있다. 이는 사이코패스의 행동이 아니고서는 이해할 수 없는 잔인하고, 극악한 범죄의 증가가 영향을 끼쳤다. 사이코패스에 대한 연구를 거듭하면서 범죄학자들은 사이코패스의 범죄적인 행동이 사회적으로 상당한 훈련과 학습을 거친 계산된 행동이라는 것에 동의하면서도 한편으로 왜 특정인이 사이코패스적인 인격을 가지는가에 대한 의문을 가지기 시작하였다.

이 의문은 1990년대 초부터 네덜란드의 로퍼스(H. H. Ropers) 및 부루너(H. Brunner)를 비롯한 많은 학자들이 다양한 연구와 실험을 통하여 뇌 속에 모노아민효소A(Mono Amine Oxidase A, MAOA)라는 염색체가 부족할 경우, 공격성, 감정, 인지능력에 영향을 주는 세로토닌, 도파민, 노에피네프린 같은 호르몬을 제

---

12 Ronald J. Comer 지음, 오경자 외 역, 이상심리학 원론, (서울: 시그마프레스, 2013), p. 407.

13 Hare, R. D. (2016). Psychopathy, the PCL-R, and criminal justice: Some new findings and current issues. Canadian Psychology/psychologie canadienne, 57(1), 21-34.

대로 생산해내거나 전달해주지 못하여 결국 반사회적인 행동을 한다는 일명 모노아민이론(monoamine theory)을 제시함으로써 상당 부분 해소되었다.

CRIMINOLOGY

사이코패스 체크리스트(PCL-R)

※ 20개 문항 구성, 각 문항당 2점 만점. '아니다' 0점, '약간 그렇다' 1점, '그렇다' 2점. 총 24점 이상이면 사이코패스로 분류.

1. 위선적이고 말이 유창해 타인이 쉽게 호감을 느끼는가? (피상적 매력)
2. 자신의 능력과 가치를 스스로 높게 평가하고 자랑하고 다니는가? (과도한 자존감)
3. 새로운 자극에 민감하고 빠르게 싫증을 느끼는가? (자극 욕구)
4. 거짓말에 능하고, 자주하며, 들켜도 당황하지 않는가? (거짓말)
5. 돈, 성, 권력 등을 위해 속임수를 쓰는가? (타인을 목표 달성 위한 수단으로 간주)
6. 타인에게 해를 끼치는 것에 대해 걱정하지 않고, 죄책감을 느끼지 않는가? (죄책감 결여)
7. 감동적인 것을 봐도 감동하지 않는가? (감정 결핍)
8. 매사에 냉담하고 남의 말에 공감하지 못하는가? (공감능력 결여)
9. 고정적인 직업이 없고, 타인에게 경제적으로 의지하려 하는가? (기생적 생활방식)
10. 사소한 것에 쉽게 화를 내고, 폭력적인 모습을 보이는가? (행동통제력 부족)
11. 동시에 여러명과 성관계를 하거나 성매매를 일삼는가? (문란한 성생활)
12. 현실적이고 장기적인 목표 없이 살아가고, 자주 계획을 바꾸는가? (목표 부재)
13. 미리 계획하거나 심사숙고하지 않고 충동적으로 행동하는가? (충동성)
14. 책임을 다하거나 의무를 지키지 않는가? (무책임함)
15. 핑계와 합리화가 잦은가? (죄책감과 책임감 결여)
16. 만 12세 이하 시기에 사기, 절도, 폭행, 가출 경험이 있나? (소년비행 경험)
17. 결혼을 여러 번 했는가? (4회 이상 2점, 3회 1점, 2회 이하 0점)
18. 만 13~17세 때 살인, 강간 등 반사회적인 행동을 했는가? (청소년 비행)
19. 만 18세 이후에 가석방, 보호관찰 등 처분을 받은 적이 있는가? (조건부 석방, 유예 취소 경험)
20. 성인이 된 후 살인, 성범죄 등으로 처벌 받은 적이 있는가? (범죄 경력)

자료: 한겨레, 2017년 10월 13일자 보도.

그런데 MAOA가 부족한 상태로 태어난다고 해서 모두가 살인이나 강간 등을 상습적으로 행하는 범죄인이 되는 것은 아니며, MAOA가 정상인보다 상대적으

CRIMINOLOGY

'사이코패스' 성향… 나이 들수록 점점 심화

....사람들은 나이가 들면서 성격이 부드러워진다. 그러나, 반사회적 인격 장애나 사이코패스를 앓는 사람은 나이가 들수록 오히려 증상이 악화된다는 연구 결과가 나왔다.

뉴질랜드 오타고대 연구팀은 인격 장애를 가진 50세 이상 성인 1215명을 대상으로 인격 장애 증상의 변화를 추적 관찰했다. 연구팀은 참가자의 가족들과 지인들이 작성한 설문지를 통해 참가자들의 행동 변화를 추적 관찰했다. 해당 설문지에는 50세 전과 후의 ▲물질적 손실 ▲재정적 손실 ▲행동 변화 등에 관한 질문이 포함됐다.

연구 결과, 참가자의 93%는 나이가 들수록 반사회적 인격 장애나 사이코패스 증상과 같은 부적응적인 행동이 악화됐다. 이들 중 94%는 반사회적 행동을 나타냈으며 93%는 정서적 학대를, 89%는 심리적 학대를 가했고, 47%는 폭력적인 행동을 보인 것으로 나타났다.

연구 저자 마틴 셀봄 교수는 "이 연구는 인격장애나 사이코패스 증상이 있는 사람은 나이가 들수록 증상이 악화된다는 사실을 입증했다"며 "이들의 지인이나 가족들은 해당 증상을 미리 인지하는 것이 도움이 될 것이다"라고 말했다.

이 연구는 세이지 저널(Sage Journal) 및 International Journal of Offender Therapy and Compare Criminology에 최근 게재됐다.

자료: 조선일보, 2022년 5월 19일자 보도.

로 부족하고, 아동기 시절 일관성 없는 부모 등의 통제, 학대, 유대감 결여 등으로 인한 불안정한 정서 및 왜곡된 사회화로 일탈된 행동을 반복하고, 그것을 더욱 고착화하여 결국 강력범죄를 행하는 것으로 많은 연구에서 나타났다.[14]

모노아민이론은 사이코패스 범죄자에 대한 국가형벌권 행사의 한계라는 사회적 고민을 낳게 한다. 먼저, 사이코패스를 뇌기능에 이상을 가진 정신질환자로 규정할 경우 그의 책임능력은 제한을 받게 되어 연쇄살인범이나 연쇄강간범이라고 해도 교도소에 수감하는 등의 형벌권을 행사하기 보다는 오히려 보호 및 치료의 대상이 되며, 반대로 사회에 적응을 하지 못하는 이상성격자로 규정할 경

14 De Oliveira－Souza, R., Hare, R. D., Bramati, I. E., Garrido, G. J., Ignácio, F. A., Tovar－Moll, F., & Moll, J. Psychopathy as a disorder of the moral brain: Fronto－temporo－limic grey matter reductions demonstrated by voxel－based morphometry, (*NeuroImage*, 40(3), 2008), pp. 1202~1213.

우 사형집행 등 법에 따른 형벌권을 적정하게 행사할 수 있게 된다. 또 한편 사이코패스를 정신질병자로 규정한 경우에도 범죄자인 사이코패스를 국가가 감호시설에 수감 후 약물치료 등을 강제로 할 수 있는지에 대한 논쟁도 있다. 미국의 경우 20여 개 주가 주법에 사이코패스, 즉 반사회적 인격장애를 정신장애로 규정하지 않음으로써 사이코패스 범죄자에 대한 형벌권을 행사하고 있다. 그러나 이에 대해 미국의 수정헌법이 보장하는 개인의 기본권을 침해하는 것이라는 지적이 강력하게 제기되는 형편이다.[15]

사이코패스의 뇌

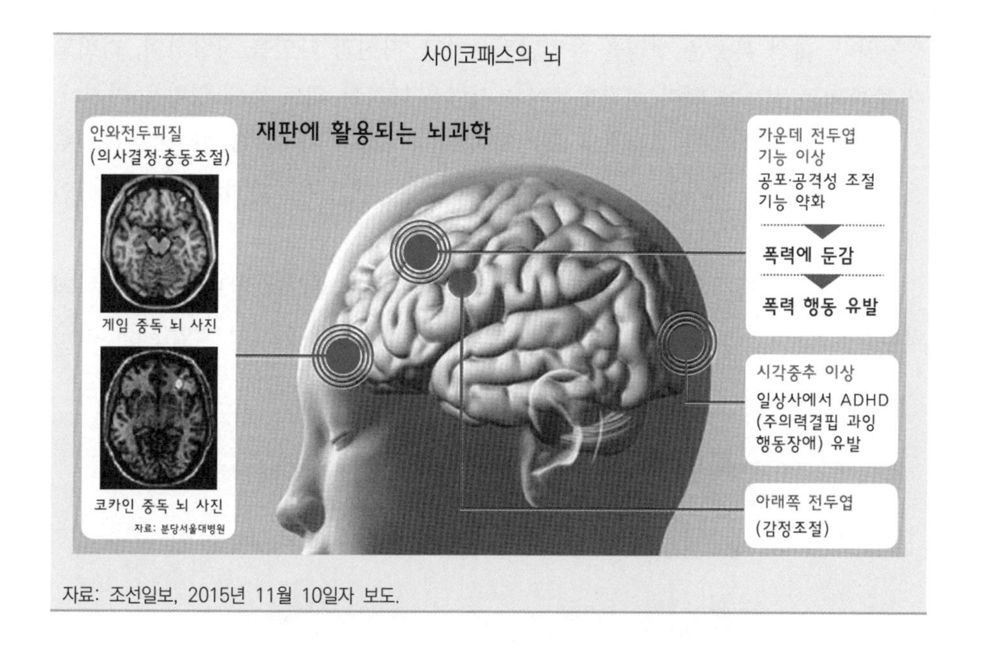

자료: 조선일보, 2015년 11월 10일자 보도.

III. 정신분석이론과 범죄

정신분석이론(psychoanalysis theory)이란 프로이드(Sigmund Freud, 1856~1939)가 주장한 인간의 무의식을 연구하는 심층심리학을 말한다. 프로이드는 사람의 마음에는 세 가지의 의식과정이 있다고 보았다. 즉 수면욕이나 성욕, 식욕 등과 같이 현재 느끼고 식별하는 의식(consciousness)과 현재는 의식하지는 못하지만

15 http://en.wikipedia.org/wiki/Psychopath.

쉽게 의식화할 수 있는 전의식(preconsciousness), 그리고 특별한 정신분석적 기법을 사용하지 않고서는 밝혀지기 어려운 무의식(unconsciousness)과정이 그것이다. 프로이드는 마음에 대한 이러한 삼원적 구조를 전제한 뒤에 인간의 마음은 세 가지 기능적으로 동질적인 체제, 즉 본능(id), 자아(ego), 초자아(superego)로 움직인다고 보았다.[16]

프로이드는 인간은 두 가지 본능 즉, 에로스(Eros)와 타나토스(Thanatos)를 가지고 태어난다고 설명하였다. 에로스는 삶의 본능으로 생명체로서의 자기보존적이고 동시에 성적(sexual)인 지향성을 가지며, 리비도(libido)라는 에너지에 의해 작동된다. 삶의 본능은 생명을 유지발전시키고, 자신과 타인을 사랑하며, 리비도가 충족되는 정도에 따라 성격형성이나 사람을 대하는 태도 등에 영향을 미친다.

타나토스는 죽음의 본능으로 공격적이고 파괴적인 지향성을 가진다. 타나토스는 한 생물체가 무생물로 환원하려는 본능으로 자살, 자기파괴적인 행동, 타인에 대한 공격적인 행동으로 나타난다.

프로이드는 인간은 누구나 이 두 본능을 충족하여 쾌락을 맛보려 하는 즉 쾌락원칙(pleasure principle)을 따르지만, 에고나 슈퍼에고에 의하여 억압(repression)

프로이드 정신분석학의 사람의 마음 구조

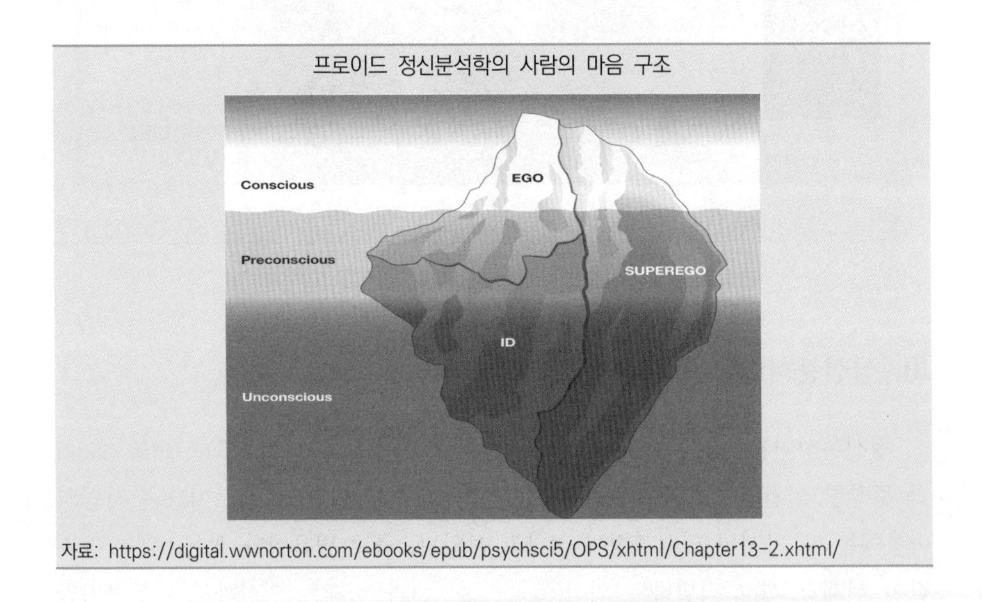

자료: https://digital.wwnorton.com/ebooks/epub/psychsci5/OPS/xhtml/Chapter13-2.xhtml/

16 Freud, S. (2017). Three Essays on the Theory of Sexuality: The 1905 Edition. Verso Books.

되고 통제된다고 한다.[17]

그런데 유아의 경우 본능(id)을 만족시키려면 가정, 특히 어머니로부터 보살핌을 받아야 한다. 그러나 유아가 원하는 만큼의 보살핌이 주어지기도 하고, 또는 그렇지 못해 고통을 받아 좌절감을 맛보는 경험을 하면서 성장하며, 서서히 자아가 발달하게 된다.

자아(ego)는 대체로 6~8개월부터 발달하기 시작하여 2~3세가 되면 그 기능을 제대로 수행하게 된다. 프로이드는 본능적 욕구가 충족되기도 하고, 좌절되기도 하는 상황이 반복되면서 환경적 여건과 본능적 충동 사이를 중재하여 충동만족을 지연하여 후에 충족하게 하는 기능인 자아가 발달한다고 보았다. 즉, 현실을 지각하여 행동하게 된다는 것이다. 이런 자아의 초기기능으로 근육운동통제, 감각지각기능, 기억 등을 들 수 있다. 이런 기능은 환경을 이용하는 수단이다. 자아의 기능은 중추신경계의 발달과 유전요소에 의해 발달한다. 경험도 중요한 역할을 하는데 신체감각이 중요하다. 신체감각은 신체적으로 느끼면서 동시에 지각하는 것으로 손쉬운 충족기관이면서 동시에 피할 수 없는 고통의 원천이기도 하다.

초자아(superego)란 유아가 성장과정 중 받는 부모의 금지와 칭찬과 관련이 있다. 부모의 금지와 칭찬이 반복되면 유아는 부모의 칭찬과 처벌에는 일정한 규칙이 있다는 것을 깨닫고, 이를 마음 속에 내재화한다. 이러한 내재화 과정에서 초자아가 발달한다. 따라서 초자아는 윤리, 규칙, 규범, 양심과 관련되는 정신기능으로 도덕성 우선주의(ethical principal)에 따라 아이의 행동을 제약한다.

초자아는 5~6세경에 형성되기 시작해서 10~12세 정도 되면 그 기능을 제대로 수행하게 된다. 아이는 외부, 즉 부모나 교사의 금지나 규칙에 의해 행동을 조절하던 패턴에서 점차로 자신의 초자아에 따라 행동을 결정하고, 스스로를 처벌하거나 칭찬하게 된다. 이 초자아의 형성은 아이의 성격을 결정짓는 데 매우 중요한 작용을 한다.

이와 같이 본능과 자아 및 초자아는 서로 역동적인 관계를 가지며, 또한 환경과 상호작용을 통하여 개인의 행동에 영향을 준다. 그런데 본능과 초자아의 금지 사이의 갈등이 심화되거나 자아가 제대로 조정기능을 수행하지 못하는 경우 또는 자아의 방어기능이 유지되지 못할 경우에 일탈적 또는 범죄적 행동을

17 Schmalleger. F. (2018). CRIMINOLOGY TODAY: An Integrative Introduction. PRENTICE HALL. pp. 142－144.

일으킨다고 볼 수 있다.

Ⅳ. 인지발달이론과 범죄

인지발달이론(cognitive development theory)이란 특정한 사람의 인지능력의 발달정도와 범죄와의 관계를 연구하는 데에 관심을 둔다. 인지(cognition)란 사고 및 지각, 기억, 지능 및 언어 등을 포함하는 정신작용을 말한다.[18]

인지발달이론의 대표적인 학자인 피아제와 콜버그는 아동의 도덕성 발달이 일정한 발달단계별로 이루어지며, 결코 한 단계를 뛰어넘어 다음 단계로 발전하지는 못한다고 주장하였다. 이들은 인간의 성장발달 단계별로 인지능력이 제대로 발달하지 못했을 때, 도덕성의 발달이 제대로 이루어지지 못해 이상행동을 보이며, 이상행동의 일부는 비행, 일달, 범죄로 이어진다고 주장한다. 인지발달이론의 시초는 피아제(Jean Piaget, 1896~1980)라고 할 수 있다.

1. 피아제의 도덕성 발달단계

피아제는 사람의 인지발달은 단계별로 진행되며, 상위의 인지발달이 이루어지기 위해서는 이전 단계의 인지발달이 필수적으로 요구되며, 연령이 많아질수록 구체적인 사고능력과 함께 추상적인 사고능력, 그리고 도덕성이 발달한다고 주장하였다.[19]

피아제(Piaget)는 도덕 개념 역시 아동들이 경험을 통해 구성해 내는 지식, 즉 인지의 일부라고 주장하며, 아동의 도덕성 발달 과정을 도덕 이전 단계(premoral stage)단계, 타율적 도덕성 단계(heteronomous morality stage), 자율적 도덕성 단계(autonomous morality stage) 의 3단계로 개념화했다. 피아제는 아동들이 이 도덕성 발달 단계를 거치면서 규칙(rule)이 사람들 간의 합의에 의해 만들어지며, 정의(justice)는 행동의 결과가 아니라 의도에 의해 판단될 수 있음을 이해하게 된다고 설명하였다.

18 Leahy, R. L. (Ed.). (2015). Contemporary cognitive therapy: Theory, research, and practice. Guilford Publications.

19 Demetriou, A., Shayer, M., & Efklides, A. (2016). Neo-Piagetian theories of cognitive development: Implications and applications for education. Routledge.

표 2-1 피아제의 아동의 도덕성 발달단계

구분	연령대	내용
도덕 이전 단계(Pre-Moral Stage)	5세 이전 (감각운동기+전조작기)	도덕(규칙)에 대해 알지 못한다.
타율적 도덕성 단계/도덕적 사실주의 (Heteronomous Morality Stage/ Moral Realism)	5세 이상 9세 이전 (전조작기+ 구체적 조작기)	아동은 규칙에 대해 무조건적인 존중과 권위에 복종한다.
자율적 도덕성 단계/도덕적 상대주의 (Autonomous Morality/stage/ Moral Relativism)	10세 이상 (구제척 조작기+ 형식적 조작기)	도덕(규칙)이 임의적이며, 합의에 따라 변경될 수 있음을 이해한다.

* 피아제는 도덕성이란 잘못과 옳은 것을 구별하고 이 구별에 따라 행동할 수 있는 능력이라고 정의하였다.

2. 콜버그의 도덕성 발달단계

콜버그(Lawrence Kohlberg, 1927~1987)는 도덕성(moral)은 그 발달 단계(moral development stage)가 있으며, 개인의 도덕성 발달은 정의(justice)가 무엇인가, 즉 도덕적 판단에 대한 것이며, 평생 동안 지속된다고 주장하였다.[20]

CRIMINOLOGY

하인즈 딜레마(Heinz dilemma)

하인즈의 병든 아내가 침대에서 사망한 채로 아침에 발견되었다. 침대 옆에서 라듐성분이 들어간 약통이 있었다. 그 약통은 마을의 약방에서 전날 밤 하인즈가 훔쳐온 것이었다. 약품은 비싼 라듐성분으로 제조된 것이었다. 약사는 하인즈에게 생산 비용의 10배인 $2000의 약값을 청구했다. 하인즈는 돈을 빌리기 위해 아는 모든 사람에게 갔지만, 돈의 절반에 해당하는 $1,000 정도만 모을 수 있었다. 그는 약사에게 아내가 죽어 가고 있으니 더 싼 값으로 팔거나 나중에 약값을 지불하겠다고 간청했다. 그러나 약사는 "아니요, 나는 어렵게 약을 제조했고, 이것으로 돈을 벌고 싶다."고 말했습니다. 결국 하인즈는 한 밤에 아내의 약을 훔치기 위해 약사의 실험실에 침입했다.

1. 하인즈가 약을 훔쳤어야 했나?
2. 하인즈가 아내를 사랑하지 않는다면 어떤 변화가 생길까요?
3. 죽어가는 사람이 낯선 사람이었더라면 어떻게 했을까요?
4. 경찰은 화학자를 살인죄로 체포해야 할까요?

20 Kohlberg, Lawrence; Hersh, Richard H. (1977). "Moral development: A review of the theory". Theory Into Practice. 16 (2): 53-59. doi:10.1080/00405847709542675.

콜버그는 하인즈 딜레마(Heinz dilemma)와 같은 사례를 들어 비슷한 도덕적 딜레마에 처할 경우 개인이 자신의 행동을 어떻게 정당화하는지, 도덕적 추론의 과정을 6단계로 구분하였다.[21]

콜버그의 도덕성 발달단계를 다음과 같이 정리할 수 있다.

표 2-2 콜버그의 도덕성 발달단계

구분	도덕성 발달 단계
관습적 수준 이전 단계(pre-conventional level)	제1단계: 타율적 도덕성 준수
	제2단계: 이익형평성 고려
관습적 수준 단계(conventional level)	제3단계: 타인의 기대 부응
	제4단계: 사회 시스템 고려
관습적 수준 이상 단계(post-conventional level)	제5단계: 개인의 권리 및 사회계약 인식
	제6단계: 보편적 윤리원칙 고려

콜버그는 하인쯔의 사례에 대해 응답할 샘플을 10~16세의 시카고 소년 72명으로 구성하였고, 이들 중 58명을 20년 동안 3년 간격으로 추적 관찰하였다.

첫 번째 수준은 관습적 수준 이전 단계(preconventional level)로 3~7세 정도에서 10세 정도의 아이들이 보이는 단계에 해당한다. 어떤 갈등이 생겼을 때 제1단계는 처벌을 피하거나, 제2단계는 자신의 이익을 극대화하는 방향으로 생각하며, 즉 법을 잘 지켜야 보상을 받을 것이라는 판단으로 기존에 만들어진 법 및 규칙에 따라 행동한다.

두 번째 수준은 관습적 단계(conventional level)로 8~13세 정도까지에 해당하는 도덕발달 수준이다. 이 시기는 사회적인 규범이나 규칙을 더 많이 내면화하게 된다. 따라서 이 단계의 아이들은 옳은 행동이란 타인을 기쁘게 하거나 타인으로부터 인정받는 행동이라고 생각하기 때문에 주위의 기대에 부합하려는 동기(제3단계), 자신의 의무를 다하고 법과 질서를 준수하는 것이 옳다고 생각하게 된다(제4단계). 대부분의 청년기와 성인기의 사람들이 이러한 인습적 단계의 도덕성을 가지고 있다.

세 번째 수준은 관습적 수준 이상 단계(postconventional level)로 13세 이후 성인전기에 와서 발달되는 단계이다. 그러나 사람에 따라서는 이 수준에 도달하지

21 Kohlberg, Lawrence (1981). Essays on Moral Development, Vol l. I: The Philosophy of Moral Development. San Francisco, CA: Harper & Row. ISBN 0-06-064760-4.

못하는 경우도 있다. 이 수준은 자율적인 도덕의 원리(autonomous moral principles)에 따라 행동하는 단계라고 할 수 있다. 이 수준에서는 옳은 행동이란 사회전체가 합의한 기준에 따르는 것이며, 개개인의 권리를 존중한다. 그리고 사회적 기준에 따라 사회적 규범이 변화할 수 있음을 깨닫는다(제5단계). 또한 도덕성이란 양심에 따라 이루어지는 결정이라고 생각하고, 타인들의 생각이나 법의 제한과는 상관없이 양심을 토대로 사회보편적인 원칙에 따라 옳은 행동이라고 인식하다(제6단계). 이 단계는 지나치게 추상적이어서 개인이 도달하기 어렵다고 하며, 콜버그 스스로도 이 단계에 대한 주장은 철회하였다.

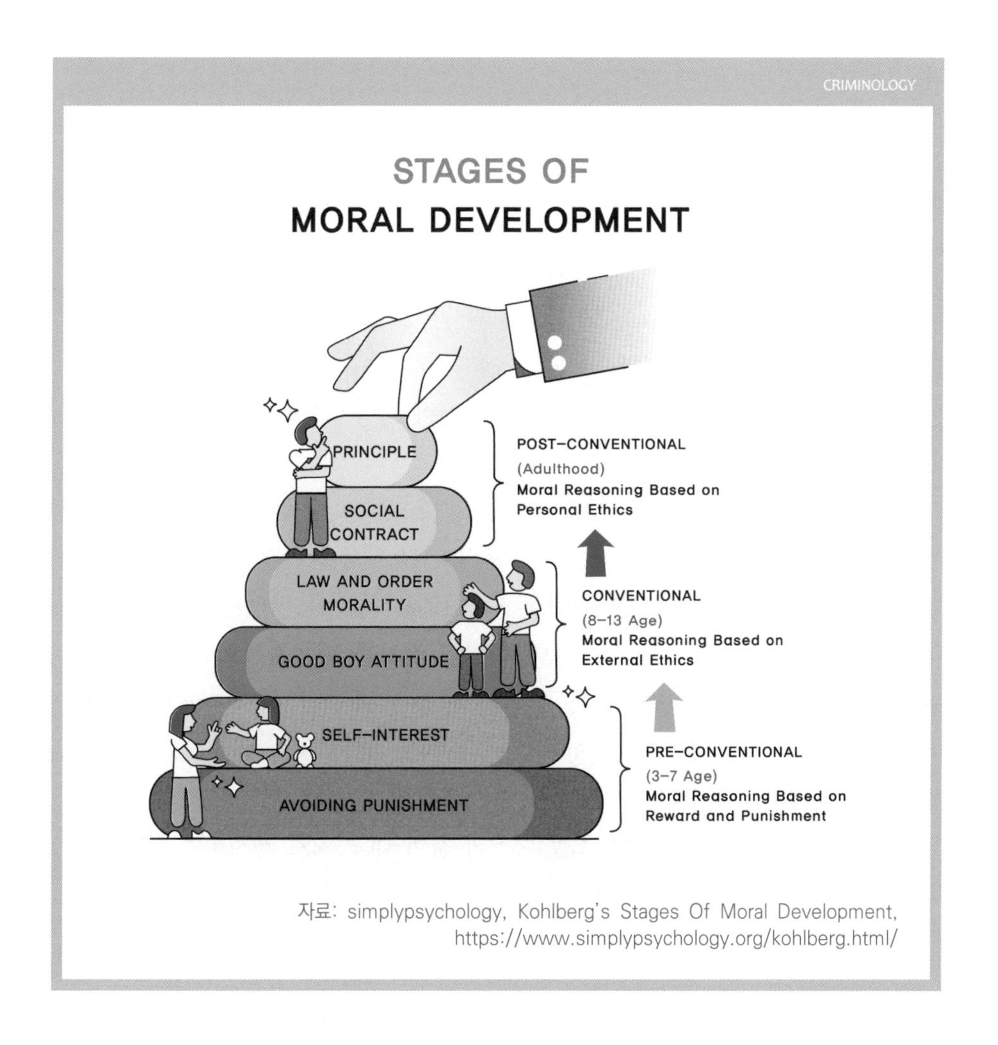

자료: simplypsychology, Kohlberg's Stages Of Moral Development, https://www.simplypsychology.org/kohlberg.html/

콜버그의 이러한 주장에 따르면 대부분의 성인들은 3, 4단계 정도의 도덕적 수준이 발달하기 때문에 사회의 규범을 준수하고 범죄를 하지 않지만, 1, 2단계의 도덕적 수준을 가진 사람들은 일탈과 범죄를 행한다. 도덕적 인식수준이 정상적인 성장단계에 이르지 못한 경우 일탈과 범죄의 가능성이 상대적으로 높다는 것이다.

그러나 콜버그의 도덕적 발달단계론은 그가 제시한 하인즈 사례의 적절성 여부, 미국의 중·상류층을 주요 대상으로 한 소재라는 점, 남성만을 조사대상으로 했다는 점 등으로 인해 일반화하기는 어렵다는 비판을 받고 있다. 또한 5와 6단계의 발달단계가 대부분의 문화권에서 발견되지 않는다는 점도 비판의 대상이 되고 있다.

V. 모델이론과 범죄

반두라(Albert Bandura)의 모델이론(model theory)은 개인의 행동은 다른 사람들의 행동을 관찰(observation), 모방(copying) 및 모델링(role modeling)을 통해 배운 결과라고 가정하며, 사회학습이론(social learning theory)이라고도 한다. 모델이론은 주의력, 기억력 및 동기를 포함하기 때문에 행동주의와 인지학습이론 사이의 가교라고도 한다.[22]

반두라는 사람들은 다른 사람들의 행동, 태도 및 그 행동의 결과를 관찰하면서 학습한다고 주장한다. 반두라는 대부분의 인간 행동은 모델링을 통해 관찰을 통하면서 배우며, 다른 사람을 관찰할 때 새로운 행동이 어떻게 수행되는지에 대한 아이디어를 형성하고, 나중에 이 입력된 정보를 행동지침으로 활용한다고 주장한다. 따라서 사회학습이론은 인간의 행동은 개인의 인지(cognitive) 행동(behavioral) 및 환경 영향(environmental influences) 간의 지속적인 상호작용으로 설명하려는 관점을 보인다.

반두라는 모델이론의 구성요소를 다음과 같이 네 가지로 제시하여 인간의 행동을 구체적으로 설명하고 있다.

22 Albert Bandura, “The Social Learning Perspective: Mechanism of Aggression,” in Hans Toch, (ed.), Psychology of Crime and Criminal Justice, (IL: waveland, 1979), p. 198.

① 주의(attention) – 타인의 행동을 배우기 위해 상대방의 행동을 주의하고 관찰하는 것으로 관찰자의 특성(지각능력, 인지능력, 경험 등) 및 행동 또는 사건의 특성(관련성, 진기함, 정서적 공감 및 기능적 가치 등)의 영향을 받는다.

② 기억(retention) – 관측된 행동을 재현하기 위해서는 관찰자가 그 행동의 특징을 기억하는 것으로 관찰자의 인지능력, 인지, 리허설, 사건의 복잡성 등에 영향을 받는다.

③ 재생산(reproduction) – 관찰자가 모델이 한 행동을 따라 하는 것이다.

④ 동기부여(motivation) – 예상되는 결과 및 자신의 판단, 그리고 기대되는 보상과 성과는 관찰자의 행동에 영향을 미치게 된다.

반두라는 공격적인 행동 역시 특정의 모델을 따라하는 것이라고 설명하며, 폭력적인 만화영화를 보여준 아이들 및 폭력적인 성향을 본 아이들이 그들이 시청한 모습 그대로 폭력적인 행동을 따라하는 연구결과를 예로 들었다. 특히 그는 TV 등의 대중매체는 매우 효과적인 학습도구로서 매체에서 접한 자극적이고 폭력적인 모습들을 아이들이 모방하며, 이것이 범죄의 원인이 된다는 것이다.

CRIMINOLOGY

보보돌(Bobo doll experiment)실험

보보돌실험은 심리학자 Albert Bandura가 수행한 실험으로 그는 1961년과 1963년에 성인 모델이 둥근바닥과 낮은 무게중심을 가진 인형 같은 장난감인 Bobo doll을 대

상으로 행동하는 것을 본 후 어린이의 행동을 연구했다. 실험은 여러 가지로 변형되어 보보돌을 학대, 무관심, 애정하는 등의 다양한 방식을 어린이들에게 보여주었다. 어린이들은 모델이 하는 방식을 본대로 그대로 따라하는 경향을 보였다. 반두라는 이러한 실험을 바탕으로 사회학습이론을 주장하였다. 즉 사람들은 다른 사람들의 행위를 관찰, 모방 및 모델링을 통해 대부분 배우며 모방하여 그대로 행동한다는 것이다.[23]

자료: https://en.wikipedia.org/wiki/Bobo_doll_experiment

반두라는 폭력적인 행동은 자신들이 공격을 받거나 상대적 박탈감, 희망이 없는 인생이라고 느낄 때 더욱 거칠게 나타나며, 장래의 목적을 추구하는 것이 좌절된 사람에게서 더욱 고착된다고 한다. 또한 폭력적인 행동이 남성다운 것으로 또는 멋진 것으로 인정되는 등의 보상을 받을 경우 더욱 강화된다고 주장하였다.

그러나 반두라의 모델이론은 공격적인 행동이 구체적으로 어떤 원인과 과정을 통해서 발생하는지에 대한 경험적 연구가 부족하다는 측면에서 설득력이 부족하다는 비판을 받는다.[24]

VI. 행동주의이론과 범죄

스키너(Burrhus Frederic Skinner, 1904~1990)의 행동주의이론(behaviorism theory)을 통해 인간은 보상(reinforcement)을 통해 바람직한 행동을 형성해 간다고 설명하였다. 또한 스키너는 조작적 조건화(Operant Conditioning)를 통하여 인간의 행동을 조작할 수 있다고 주장하였다.

조작행동은 어떤 유기체가 능동적으로 환경에 작용을 가하는 행동을 말한다. 조작행동으로 형성되는 조건을 조작적 조건화라고 하는데, 조작적 조건화란 어떤 반응에 대해 선택적으로 보상함으로써 그 반응이 일어날 확률을 증가시키거

23 Bandura, A. (1965). "Influence of models' reinforcement contingencies on the acquisition of imitative responses". Journal of Personality and Social Psychology. 1 (6): 589-595.

24 Hart, K.E.; Kritsonis, W.A. (2006). "Critical analysis of an original writing on social learning theory: Imitation of film-mediated aggressive models". National FORUM of Applied Educational Research Journal. 19 (3): 1-7.

나 감소시키는 방법을 말한다. 선택적 보상이란 강화와 벌을 의미한다. 조작적 조건화는 도구적 조건화(道具的 條件化, Instrumental conditioning)라고도 한다.

CRIMINOLOGY

스키너 상자와 조작적 조건화[25]

조작적 조건형성은 스키너 상자를 통해 실험되고 증명되었다. 스키너 상자는 빈 상자 안에 지렛대가 하나 들어 있으며, 이 지렛대는 먹이통과 연결되어 있어 지렛대를 누르면 먹이가 나오도록 설계되었다. 스키너는 이 상자를 가지고 조작적 조건형성을 실험했는데, 그 과정은 다음과 같다.

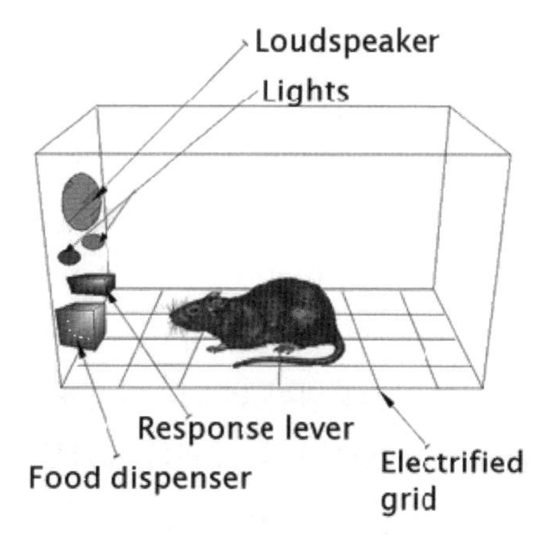

배고픈 상태의 흰 쥐(박탈)를 스키너 상자에 넣는다. 쥐는 스키너 상자 안에서 돌아다니다가 우연히 지렛대를 누르게 되고, 먹이가 나온다.
지렛대와 먹이 간의 상관관계를 알지 못하는 쥐는 다시 상자 안을 돌아다니다가 우연히 지렛대를 다시 누른다. 쥐는 이번에도 먹이가 나오는 것을 보고 지렛대를 누르는 행동을 자주 하게 된다. 이 과정을 반복하다가 결국 쥐는 지렛대를 누르면 먹이가 나온다는 사실을 학습하게 된다.

이 실험에서 흰 쥐가 지렛대를 누르는 행동은 먹이에 의해 강화된 것이다. 만약 지렛대를 눌렀을 때 먹이가 나오지 않았다면 지렛대를 누르는 행동을 학습하지 못했을 것이다. 이와 같이 어떤 행동을 한 뒤에 유기체가 원하는 것을 제공하는 것을 강화(Reinforcement)라고 한다. 조작적 조건화가 이루어지기 위해서는 강화가 중요한 역할을 한다.

25 Krebs, John R. (1983). “Animal behaviour: From Skinner box to the field”. ≪Nature≫ 304 (5922): 117. Bibcode:1983Natur.304..117K. doi:10.1038/304117a0. PMID 6866102.

그러나 스키너의 행동주의이론은 그 자체로 문제점이 지적된다. 첫째, 인간의 행동에 대한 환경의 결정력(조작적 조건)을 지나치게 강조하고, 인간 내면의 의지, 동기, 욕구, 감정, 갈등, 사고, 자발성, 창조성 등을 무시한다는 것이다. 둘째, 인간의 모든 행동이 조작을 통해서 변화될 수 있다고 가정함으로써 인간의 다양성, 개별성을 무시한다는 점이다.[26] 신경증적인 징후 및 일탈적인 행동들은 우연한 순간에 나타나며, 특히 아동의 경우 부모가 어떤 반응을 보이는가에 따라 다른 결과를 보인다. 즉, 부모가 적당한 칭찬이나 보상(rewards)을 할 경우 이러한 행동은 고착화(강화)되지만, 부모가 제재(punishments)를 가할 경우 버려진다. 이러한 현상들이 장기간 반복되면서 일탈행동을 하는 사람으로 성장하거나 반대로 정상적인 행동을 하는 사람으로 성장하는 것이다.

행동주의이론에 의하면 범죄는 범죄자가 실현가능한 이익 혹은 접근가능한 이익이 발생할 것이며, 다른 더 매력적인 선택의 여지가 없다고 생각할 때 발생하며, 이러한 행동은 반복적으로 강화된다.

행동주의이론은 범죄의 원인을 설명하는 데 지나치게 개인의 인지능력(cognition)을 무시하였다는 비난에 직면해 있다. 즉, 개인이 범죄를 결정할 때 반드시 이익이 있기 때문에 범죄를 한다면, 개인이 가지는 도덕적인 판단능력이 전혀 영향을 미치지 않는다는 설명은 설득력이 없다는 것이다. 또한 범죄경력을 가진 사람은 사회 내에서 범죄자로 낙인찍히며, 오히려 사람들과의 접촉기회가 차단되는 등의 불이익을 받게 되며, 이러한 것들이 범죄결정에 어떤 영향을 주는 지 등에 대한 설명이 부족하다는 것이다.

Ⅶ. 심리부검과 자살, 그리고 범죄인 프로파일링

심리학적 배경지식을 범죄예측 및 범죄수사에 활용하는 수사전략이 매우 활발하게 진행되고 있다. 특히 심리부검과 범죄인 프로파일링은 매우 주목할 만한 심리학의 기여라고 할 수 있다.[27]

---

26 Leslie, J. C., & O'Reilly, M. F. (2016). Behavior analysis: Foundations and applications to psychology. Psychology Press.

27 Schmalleger. F. (2018). CRIMINOLOGY TODAY: An Integrative Introduction. PRENTICE HALL. p. 157.

심리부검(Psychological autopsy)이란 죽음의 원인이 자연적인지, 자살, 사고 또는 살인의 결과인지를 확인하는 연구 또는 조사를 말한다.[28] 심리부검은 사망자의 가족, 친척 또는 친구 등 주변 인물들과의 구조적 인터뷰를 통해 고인에 대한 모든 정보와 의료기록 등을 수집하여 종합적으로 죽음의 원인을 찾는다.

심리부검을 통해 얻은 자료는 특정인의 자살 위험성을 예측할 수 있고, 따라서 그 대책을 마련하는 등으로 활용할 수 있다.

심리부검에 사용되는 정보는 생애정보(연령, 결혼 여부, 직업), 일상정보(관계, 라이프 스타일, 알코올 / 약물 사용, 스트레스 요인), 보조정보(가족 기록, 경찰 기록, 일기) 등이다.

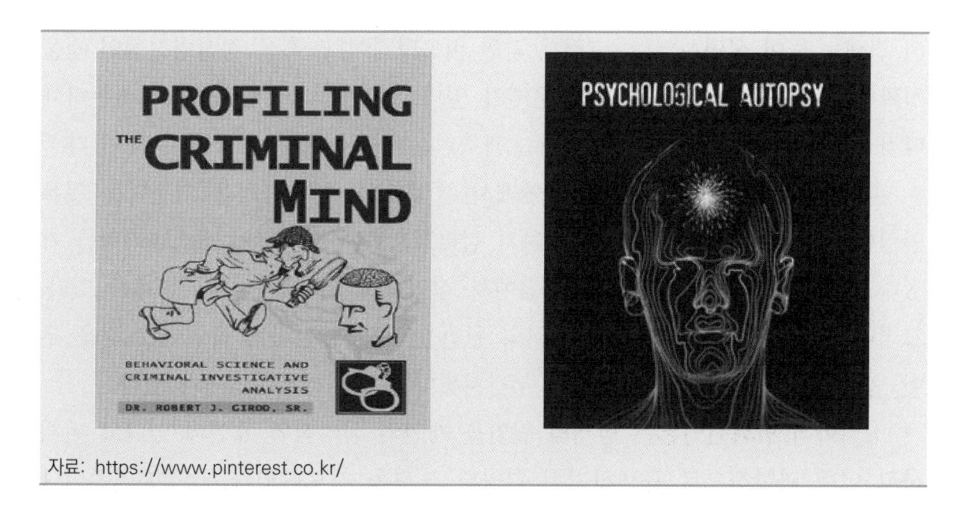

자료: https://www.pinterest.co.kr/

범죄인 프로파일링(criminal profiling)은 행동주의 심리학에 기초를 둔다. 범죄현장에 남겨진 행동적 특징 또는 증거물 등 사건현장을 보고 범인의 정신적, 감정적, 성격 특성 등을 추론하여 범인을 찾아내는 수사전략으로 기본 전제는 행동은 성격을 반영한다(the basic premise is that behavior reflects personality)는 것이다.[29]

따라서 프로파일링과 관련하여 첫 번째 가정은 행동의 일관성과 동일성이다.

---

28 Hjelmeland, H., & Knizek, B. L. (2016). Qualitative evidence in suicide: Findings from qualitative psychological autopsy studies. In Handbook of qualitative health research for evidence-based practice (pp. 355-371). Springer, New York, NY.

29 Vettor, Shannon; Woodhams, Jessica; Beech, Anthony (2013). "Offender profiling: A review and critique of the approaches and major assumption". Journal of Current Issues in Crime, Law and Law Enforcement. 6 (4): 353-387.

행동의 일관성은 범죄자의 범죄가 서로 비슷한 경향이 있다는 것이며, 동일성은 유사한 범죄자들이 서로 비슷한 범죄를 저지르고 있다는 것이다. 프로파일링의 두 번째 가정은 행동은 상황적 요인이 아니라 성격에 의해 결정된다는 것이다.

Ⅷ. 심리학적 범죄원인론의 평가

심리학적 범죄원인론은 범죄성을 특정한 정신질환이나 인지능력의 결여 등과 과학적으로 연결하여 설명하려는 노력을 보이고 있다. 또한 프로이드의 정신분석학이론은 범죄의 심리학적 해석에 많은 영향을 끼쳤다. 범죄심리학자들은 소수의 개인들에게서 비도덕적, 정신병리적 퍼스낼리티가 발전한다고 프로이드의 견해를 들어 설명하였다. 그런데 과연 비도덕적이나, 혹은 정신병질적인 것을 정확하게 개념화할 수 있는가의 문제가 있다. 즉 개념을 어떻게 정의하는가에 따라 범죄인의 폭력성은 모험성으로, 과격함은 적극성으로 평가될 수가 있다.[30]

따라서 범죄자들 중 극히 일부에게서 특정한 심리적 특성을 가진다는 것은 인정할 수가 있으나 대다수의 범죄자가 심리적으로 비정상적인 퍼스낼리티를 가졌다고 일반화하기는 곤란하다는 점에서 심리학적 범죄원인론의 한계가 있다. 그러나 심리학적 범죄원인론은 범죄의 원인을 개인의 심리적 측면에 초점을 두어 범죄자에 대한 교정교화정책을 부각시켰다는 점에서 그 의의가 있다.

심리학적 범죄원인론은 범죄의 원인을 개인의 심리적인 요인에 있다고 전제하고 이를 과학적으로 규명하려는 다양한 노력을 시도하였다. 정신분열증이나 반사회적 성격장애 등 일탈적인 행동을 유발할 수 있는 정신장애의 특징이 개인의 범죄화 경향을 발전시킬 수 있다는 가능성 등을 확인한 것은 매우 큰 수확이라고 할 수 있다. 또한 범죄인의 정신장애의 수준에 따라 그 처벌의 한계에 대한 형사정책적 논의를 이끌어내고 개별처우제의 도입 등 관련 정책의 변화를 촉구하였다는 점에서도 의의가 있다. 인지능력의 발달이나 태도의 학습 등이 범죄의 원인이 될 수 있다는 발견 또한 범죄예방정책을 강구하는 데에 이론적 토대가 될 수 있다.

그러나 DSM-Ⅴ가 2013년에 새롭게 보완 개편된 것과 같이 정신장애의 다

---

30 앤서니 기든스, 「현대사회학」, 김미숙 외 번역, (서울: 을유문화사, 2003), pp. 204~205.

양한 개념과 분류, 그리고 증상 등은 고정불변의 것이 아니라 변화하고 있으며, 개개인이 갖는 임상적 징후는 진단자의 전문성에 따라 그 차이를 보일 수가 있고, 심리적인 요인이 범죄를 하기 이전부터, 혹은 범죄 당시에 어느 정도 영향을 주었는지를 명확하게 규명하기 어렵다는 한계가 있다.

특히 정신장애 범죄자의 유책성을 제한적으로 인정할 경우 법적 질서의 안정을 해칠 수 있고, 피해자의 권리 및 사회적 정의가 훼손될 수 있다는 문제점도 있다.

제7장

사회학적 범죄원인론

I. 사회학적 범죄원인론의 서막

사회학적 범죄원인론(socilogical criminal theories)이란 범죄의 원인을 범죄자가 처한 사회적 환경에서 밝히려는 입장으로 사회학의 발달을 배경으로 비행이나 범죄 역시 사회적 행동의 일부라는 가정에서 출발한다.

생물학적 이론 및 심리학적 이론이 미시적(micro)인 관점에서 범죄의 원인을 구한다면, 사회학적인 이론은 거시적인(macro)인 관점에서 범죄의 원인을 찾는 것이라 이해할 수 있다. 사회학적인 범죄원인론은 다른 관점의 범죄원인론보다 사회에 더 많은 관심을 두고 있다. 범죄에 대한 사회학적 관점은 범죄의 원인이 사회 구조적 요소(빈곤, 사회적 무질서, 제도, 사회적 해체 등) 또는 가족, 학교 및 동료 집단 등으로부터의 사회화, 사회구성원의 계층 간 갈등 등에 있다고 전제한다.[1] 따라서 사회학적 범죄이론은 크게 사회구조론, 사회학습론, 사회갈등론으로 구분할 수 있다.

II. 사회적 구조이론

1. 사회적 구조이론의 의의

사회적 구조이론(Social Structure theory)은 기본적으로 사람의 행동은 그를 둘러싼 환경의 산물이라고 가정한다. 사회적 구조이론은 빈곤, 소득불균형, 자포자기, 절망 등의 키워드를 통하여 범죄의 원인을 찾는다.[2]

---

1 Schmalleger. F. (2018). Criminology Today: An Integrative Introduction. Prentice HalL. p. 165.

사회적 구조이론은 비행과 범죄의 원인에는 개인이 속한 사회계층에 따라 다양한 공식적, 그리고 비공식적인 환경요인들이 있다고 가정한다. 특히 저소득층의 범죄는 빈곤과 사회적 불평등성이 가장 큰 영향을 준다고 주장한다. 따라서 빈곤, 낮은 학력, 불안한 고용상태, 범죄적 하위문화의 가치체계 등은 사회적 구조이론을 설명하는 개념요소들이다. 저소득층을 둘러싼 이러한 환경적 요인들이 결국 범죄적인 사회화 및 행동패턴을 익히게 한다는 것이다. 따라서 사회적 구조이론에 따르면 범죄는 하류층에게서 더욱 심각하게 나타나며, 중류층이나 상류층의 경우 하류층 보다 덜 심각하고, 덜 위험한 현상으로 설명된다.

사회적 구조이론은 그 관점에 따라 사회적 해체이론(social disorganization theory), 긴장이론(strain theory), 문화적 갈등이론(cultural conflict theory)으로 구분된다.

2. 사회적 해체와 범죄(social disorganization and crime)

사회적 해체이론은 초기의 사회생태학적이론과 결합하는 양상을 보이는데, 기본적으로 초기 미국의 사회학적 이론은 도시거주민과 그 공동체 생활에 대하여 관심을 가졌다. 공동체, 즉 사회가 그 구성원 개인의 삶에 영향을 준다고 인식하기 시작하였는데 이와 같은 인식은 뒤르껭(Emil Durkheim, 1858~1917), 퇴니스(Ferdinand Tonnies, 1855~1936), 그리고 사이멜(Georg Simmel, 1858~1918)의 영향이 컸다. 뒤르껭은 범죄는 모든 사회의 당연한 현상이며, 따라서 법은 사회적 응집력의 상징이라고 주장하였다. 사회적 해체(Social organization)란 사회문제를 공식적 제재(경찰, 형사법기능) 또는 지역사회의 비공식적 제재(관습, 이웃주민간의 합의 등)로도 해결되지 못하는 지역사회의 무질서나 무규범한 상태를 말한다.[3]

시카고학파(The Chicago School)는 사회생태학적(Social ecological) 관점에서 질서란 공생과 협동, 경쟁, 그리고 주기적인 변화와 같은 일련의 사회적 과정의 산물로 이해하였다. 따라서 범죄란 환경과 개인의 상호작용의 결과라고 보았다.

1) 파크와 버제스의 동심원이론(concentric zone model theory)

동심원이론은 사회적 생태학(social ecology)을 바탕으로 하고 있다. 생태학이란

2 Larry, J. (2018). Siegel. Criminology: The Core, CENGAGE, p. 177.

3 Schmalleger. F. (2018). CRIMINOLOGY TODAY: An Integrative Introduction. PRENTICE HALL. p. 165.

환경과 유기체와의 관계를 연구하는 학문으로 인간과 사회적 환경과의 상호관계를 연구하는 것이다. 사회적 생태학은 범죄와 비행의 원인을 밝히는 데 커다란 영향을 끼쳤다. 사회적 생태학은 1920년대부터 1940년대에 이르기까지 시카고대학의 사회학과를 중심으로 발달하였다. 파크(Robert E. Park)[4]와 버제스(Ernest Burgess)는 미국의 도시가 동심원(concentric zone)을 중심으로 5개의 지대로 나뉘어 발달하는 이른바 동심원유형(pattern of concentric circles)을 보인다고 주장하였다. 먼저 중심지대(central business district)는 상업과 공업이 발달하고, 다음의 점이지대(transitional zone)는 공업과 상업지대로 잠식되면서 빈곤층이나 새로운 이주자들이 거주하며, 세 번째 지대는 주로 노동자들의 거주지역(working class zone)이다. 네 번째 지대는 중류층의 주거지역(residential zone)으로 주로 단독가구 주택이 들어선다. 마지막으로 다섯 번째 지대는 전원주택지대(commuter zone)로서 전원주택이 들어서며 상류층이 거주한다는 것이다.[5]

파크와 버제스는 인간의 행동은 자신이 거주하는 지역사회의 환경에서 영향을 받으며, 개인의 일탈은 사회해체가 그 원인이라고 주장하였다. 파크와 버제스는 주거환경이 열악하고 사회해체가 상대적으로 심각한 지대는 지역사회의 생태적 환경이 병든 것이며 동심원지대에 가까울수록 사회병리학(social pathology)적 현상이 심각해진다고 주장하였다. 즉 열악한 주거환경, 높은 실업률, 저조한 상

그림 2-3 동심원 모델(concentric zone model)

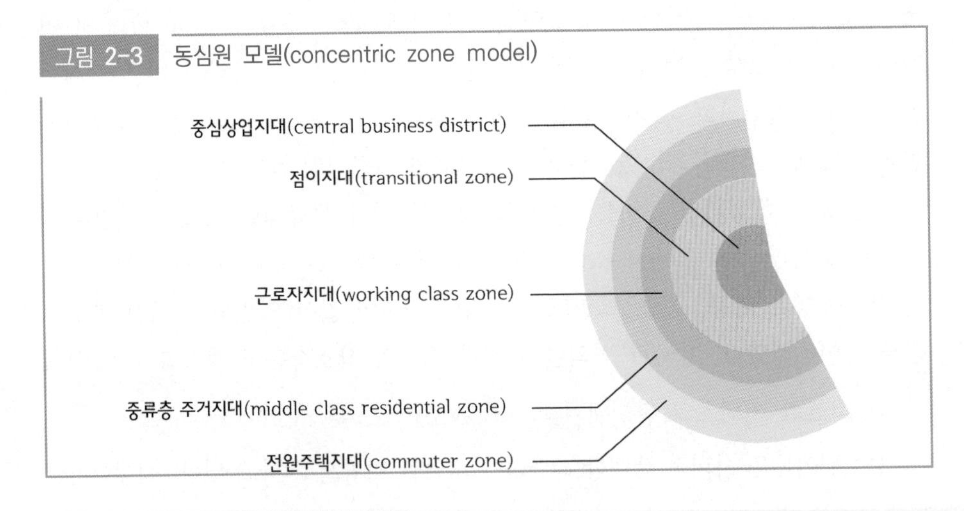

4 Robert E. Park, "Human Ecology," (*American Journal of Sociology*, 1936), p. 42.

5 Ernest Burgess, The growth of a city, in Robert Park and Ernest Burgess (eds.), (The City, Chicago: University of Chicago Press, 1925).

급학교 진학률, 낮은 임금 등으로 거리를 배회하는 청소년과 성인, 공원의 노숙자가 늘어나고 패싸움이나 소란행위 등이 일상화될 수 있다는 것이다.

2) 쇼와 맥케이의 사회해체이론(social disorganization theory)

쇼와 맥케이(Clifford Shaw and Henry McKay)의 사회해체이론은 파크와 버제스를 중심으로 한 시카고학파의 도시성장을 5개의 동심원지역으로 파악한 사회생태학 원리에 영향을 받았다. 이들은 사회해체와 청소년비행과의 관계를 알아보기 위하여 1900년부터 1933년까지 시카고 지역 남자청소년의 비행실태를 분석하였다.[6] 이들은 시카고 지역을 사방 1마일인 140개 지역으로 나눠 비행소년의 거주지를 표시하는 한편 5개의 동심원지대로 구분하였다. 그리고 각 지역과 지대에 거주하는 비행소년의 비율을 산출하였다. 그 결과 도시중심부 지역에서 비행소년의 거주율이 가장 높았다. 다음으로는 방사선 모양에 따라 도심부에서 멀어질수록 비행소년의 거주율이 하락하였다. 이러한 현상을 쇼와 맥케이는 사회해체(social diorganization)의 특징이라고 규정하였다.

이에 대해 쇼와 맥케이는 도시 중심부지역의 높은 수준의 범죄는 이웃주민의 개인적 특성 때문이 아니라 빈곤, 이질성 및 높은 이동성의 지역사회의 구조적 요인이 지역사회의 혼란과 무질서를 야기한, 즉 사회해체(social disorganization) 때문이라고 설명하였다. 따라서 사회해체를 해결하기 위하여 시카고지역프로젝트(Chicago Area Project)를 제안하였다.[7]

시카고지역 프로젝트는 청소년의 범죄예방을 위한 지역사회 프로젝트의 일환으로 시카고 지역에서 쇼와 맥케이에 의해 처음으로 시작되었다. 이 프로젝트는 첫째, 지역사회 전체의 환경을 개선하는 사업으로 학교, 위생, 교통, 자연보존 등의 정책과 둘째, 지역사회 청소년의 여가활동시설을 개선하는 사업, 셋째, 지역사회에서 비행청소년의 사회복귀를 돕기 위한 직업교육, 비행청소년의 경찰과 교도소방문, 비행청소년의 경찰 및 법원에서의 봉사활동 등이 포함되어 있다. 지

6 Clifford Shaw and Henry McKay, Social Factors in Juvenile Delinquency, (Washington, D.C.: U.S. Government Printing Office, 1931); Clifford Shaw and Henry McKay, Juvenile Delinquency and Urban Areas, (Chicago: University of Chicago Press, 1942), pp. 170~175.

7 Shaw, C. R., & Jacobs, J. A. (1939). The Chicago Area Project: An Experimental Community Program for the Prevention of Delinquency in Chicago. Proc. Ann. Cong. Am. Prison Ass'n, 40.; Shaw, C. R., & McKay, H. D. (1942). Juvenile delinquency and urban areas.

역사회 프로젝트는 1960년대의 사회프로그램과 개발도상국의 지역사회 프로젝트의 모델이 되었다.[8]

그러나 쇼와 맥케이의 연구는 주로 경찰이나 법원의 공식기록에 지나치게 의존함으로써 편견이나 암수범죄 등을 고려하지 못하였다. 또한 비행지역 내의 정상청소년과 정상지역의 비행청소년의 원인을 명확하게 구별하지 못하며, 도시화에 따른 인구이동으로 인하여 도심지역의 일차적 인간관계가 붕괴된다고 주장하지만 실제로 도시의 중심지역에서도 중요한 일차적 인간관계가 다양하게 존재하는 점 등을 설명하지 못하고 있다. 또한 연구대상이 청소년비행자의 재산범죄자에 한정된 점과 인종간의 비행률의 차이가 있음에도 불구하고 인종적·문화적 요인을 지나치게 경시하고 있는 점 등이 문제점으로 남아 있다.

3) 환경적 범죄학(Environmental criminology)의 태동

시카고학파의 생태학적 접근은 현대에는 환경적 범죄학(또는 장소 범죄학(place criminology))으로 재탄생하였다. 환경적 범죄학의 핵심은 범죄가 일어나는 특정한 환경, 지리적 환경, 주거형태, 특정장소, 특정시간대 등이 있고, 이러한 환경적 상황이 범죄에 영향을 준다는 것이다. 환경적 범죄학을 반영하는 이론으로 패턴이론(pattern theory), 범죄기회이론 즉, 일상활동이론(routine activity theory), 상황적 범죄예방이론(situational crime prevention theory), 환경설계범죄예방이론(Crime Prevention Through Environmental Design) 등이 있다.[9]

패턴이론은 특정한 장소(지역, hot spot)에 특정한 유형의 범죄가 집중적으로 발생하는 데에는 해당지역의 환경적 특징과 그곳의 거주자들, 이용자들의 특징이 맞물려 범죄가 발생한다고 주장한다.[10] 스타크(Rodney Stark)는 생태학적 측면에서 특정한 지역사회의 범죄율이 높은 이유는 장소적 특징이 원인이라고 지적하였다. 즉 그는 범죄가 많은 지역을 구별하는 다섯 가지 특징으로 높은 인구밀도, 가난, 주거용 및 상업용 목적으로 공동사용하는 빌딩구조, 높은 인구유동성(transience), 관리되지 않는 건물 또는 지역의 황폐성(dilapidation) 등을 들었다.[11]

8 chicagoareaproject, http://www.chicagoareaproject.org/about-us

9 Schmalleger. F. (2018). Criminology Today: An Integrative Introduction. PRENTICE HALL. pp. 166-172.

10 Brantingham, P. L., & Brantingham, P. J. (1993). Environment, routine and situation: Toward a pattern theory of crime. Advances in criminological theory, 5(2), 259-294.

11 Stark, R. (1987). Deviant places: A theory of the ecology of crime. Criminology, 25(4),

범죄기회이론(criminal opportunity theory)의 대표적인 이론은 일상활동이론으로 클라크와 펠슨(Clarke, R. V. G., & Felson)이 주장하였다.[12] 일상활동이론은 개인이 범죄기회에 노출될수록 범죄 또는 그 피해의 가능성이 높다는 가정을 전제로 한다. 일상활동이론은 동기가 있는 범죄자의 존재(실업자, 십대, 우범자 등), 적합한 대상(쉽게 재판매할 수 있는 물건을 든 사람, 주택, 빈건물 등, 상품이 포함된 주택), 유능한 보호장치의 부재(관리자, 감시자가 없거나 방범설비가 없는 경우 등) 등 세 가지를 범죄기회의 조건으로 제시하였다.

일상적인 활동이론은 사람들은 매사 주어진 상황을 고려하여 합리적으로 선택(rational choice)한다고 강조한다. 즉 "소수의 범죄자들이 집에서 멀리 떨어진 목표물을 선택할 수 있지만, 대다수의 사람들은 적합한 목표물을 찾기 익숙한 지역을 탐색"한다는 것이다. 따라서 범죄는 범죄자가 거주하고 있는 지역 혹은 직장 등이 속해 있는 지역사회에서 발생할 가능성이 높으며, 이로써 특정지역의 범죄율이 높은 이유를 합리적으로 설명할 수 있다는 것이다.[13]

환경적 범죄학은 범죄학자인 제프리(C. Ray Jeffery)에 의해 더욱 발전되었는데 1971년에 그는 환경설계를 통한 범죄예방이론(Crime prevention through environmental design: CPTED theory)을 발표하였다.[14] 그는 CPTED는 환경 자체를 사용하여 범죄를 방지하는 것으로 CPTED를 통해 환경을 바꿔 사람들의 반사회적 행동을 억제시키고 바람직한 행동으로 이끌어나갈 수 있다고 주장하였다. 제프리는 CPTED를 위해 자연적 감시(Natural surveillance), 자연적 접근통제(Natural access control), 자연적 지역 강화(Natural territorial reinforcement) 등의 요소가 고려되어야 한다고 주장하였다.

나중에 뉴먼(Oscar Newman)은 제프리의 CPTED이론에서 착안하여 방어공간(defense space)이라는 개념을 만들어냈다. 즉 건축가이자 도시계획가이었던 뉴먼은 장소와 범죄의 상관성을 더욱 강조하여 1972년에 방어공간이론(defensible

---

893-910.

12 Clarke, R. V. G., & Felson, M. (Eds.). (1993). Routine activity and rational choice (Vol. 5). Transaction publishers.

13 Clarke, R. V., & Felson, M. (2017). Introduction: Criminology, routine activity, and rational choice. In Routine activity and rational choice (pp. 1-14). Routledge.

14 Jeffery, C. Ray. (1971). Crime Prevention Through Environmental Design. Beverly Hills, CA: Sage Publications.

space theory)을 발표했다.[15] 그는 뉴욕의 고층건물에서 저층건물 보다 더 많이 범죄가 발생하는데 이것은 고층건물은 출입자들에 대한 통제나 감시가 제대로 이루어지지 않기 때문이라고 지적했다. 뉴먼은 범죄예방을 위하여 방어가능한 공간(defensible space)을 두어야 하며, 이에는 다섯 가지 요소가 포함된다고 주장했다.[16] 즉 출입통제가 되는 주택이나 빌딩 등의 영역(Territoriality), 지역의 물리적 특성과 주민들을 이용한 자연적 감시(Natural surveillance), 보안장치가 된 건물이나 장소의 이미지(Image), 경찰서 등 안전에 영향을 주는 주변환경(Milieu), 주민들의 안전을 위해 설치되는 안전구역(Safe Adjoining Areas) 등이다.

환경적 범죄학 또는 장소 범죄학의 또 다른 대표적인 이론은 깨진 창문이론(Broken Window Theory)이다. 깨진 창문이론은 윌슨과 켈링(James Wilson and George Kelling)이 1982년에 발표하였다.[17] 이들은 스탠포드 대학의 심리학자인 짐바도(Philip Zimbardo)의 초기 연구를 바탕으로 "한 동네의 부자 집이나 가난한 집의 창문이 하나 깨어졌을 때 이를 갈아 끼우지 않고 방치하면 더 많은 창문들이 깨어져나갈 것"이라고 주장하였다. 이들은 "복구되지 않은 깨진 창문 하나는 아무도 신경 쓰지 않는다는 신호"를 주위에 줌으로써 누구도 두려워하지 않고 더 많은 창문을 깨뜨리게 된다(disorder)고 주장하였다. 이웃사회의 무질서는 시민들의 두려움 수준을 증가시켜 공동체에서 탈퇴하고 비공식적인 사회통제 참여 활동을 감소시키게 되며, 결국 지역사회는 점점 더 무질서해지고 심각한 범죄로 이어져 결국 지역사회를 붕괴시키게 된다는 것이다.

깨진 창문이론은 범죄원인이론이지만 이후에 형사사법정책, 교육환경 개선 등에 많은 영향을 미쳤다. 특히 이 이론은 뉴욕을 비롯한 대도시 지역의 범죄율이 급상승하던 시기에 발표되어 정치인들의 관심을 끌었다. 정치인들은 이 깨진 창문이론을 적용하여 사소한 범죄(승차요금을 내지 않거나 공공장소 음주행위, 낙서, 가출, 결석 등)를 강력히 처벌하는 이른바 무관용주의(zero tolerance)를 도입하였다. 대표적으로 당시 뉴욕 시장 루돌프 줄리아니(Rudolf Giuliani)와 그가 임명한 뉴욕경찰청장인 윌리엄 브래튼(William Bratton)을 들 수 있다.

15 Newman, O. (1972). Defensible space (p. 264). New York: Macmillan.

16 Newman, O. (1976). Design guidelines for creating defensible space.

17 Wilson, J. Q., & Kelling, G. L. (1982). Broken windows. Atlantic monthly, 249(3), 29–38.

그러나 이 깨진 창문이론은 과학적이지 못하고, 추상적이라는 비난에 직면하였다. 특히 범죄증감은 다양한 요인들이 작용함에도 불구하고 깨진 창문이론은 지나치게 단순하게 범죄원인을 물리적 상황에만 집중했다는 것이다.[18] 특히 깨진 창문이론을 기조로 한 강력한 특별법과 처벌정책이 소수사회(minority communities)에게 불리하게 만들어졌다. 법집행기관들은 소수인종 특히 흑인 밀집 거주지역에 대한 강력한 무관용정책을 적용하여 교도소 과밀화와 인권침해 문제를 야기시켰다는 비난을 받고 있다.[19]

그림 2-4 교정시설 수용인구(2023)

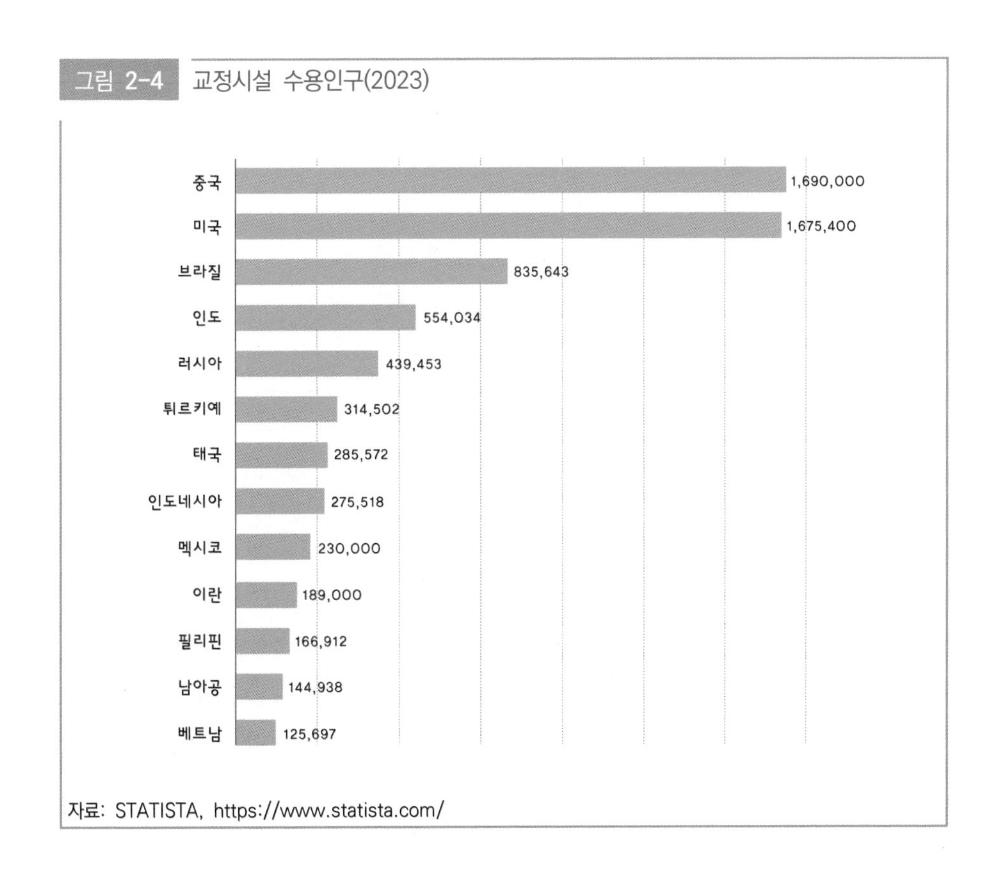

자료: STATISTA, https://www.statista.com/

18 Gau, J. M., & Pratt, T. C. (2008). Broken windows or window dressing? Citizens'(in) ability to tell the difference between disorder and crime. Criminology & Public Policy, 7(2), 163–194.

19 Insler, M. A., McMurrey, B., & McQuoid, A. F. (2019). From broken windows to broken bonds: Militarized police and social fragmentation. Journal of Economic Behavior & Organization, 163, 43–62.

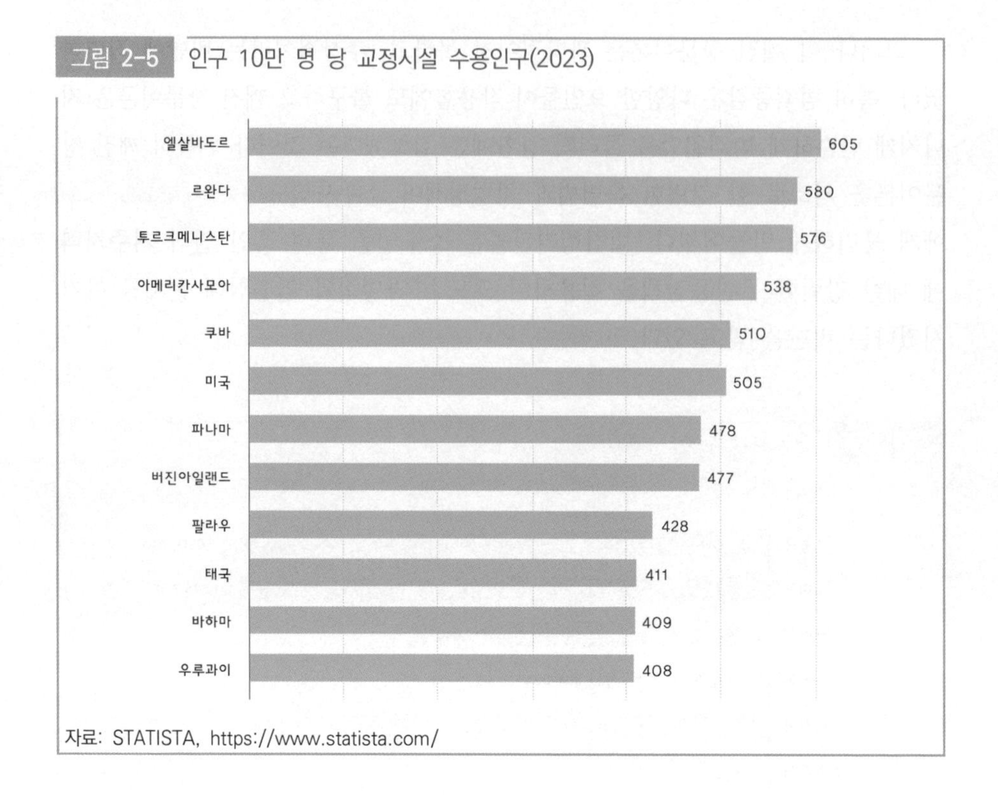

그림 2-5 인구 10만 명 당 교정시설 수용인구(2023)

자료: STATISTA, https://www.statista.com/

3. 긴장과 범죄(strain and crime)

1) 뒤르껭의 아노미이론(anomie theory)

뒤르껭(Emile Durkheim, 1858~1917)은 프랑스의 사회학자로 프랑스 근대사회학의 창시자라고 할 수 있다. 그는 실증주의적 사회학을 주장하며, 사회적 사실은 어떠한 가설의 설정에 의해서 연역될 수 있는 것이 아니라 경험적으로 관찰되어야 할 것이며, 이를 통해 사회학은 과학적 객관성을 확보할 수 있다고 역설하였다.

그의 사회분업론(1893년)이나 자살론(1897년)은 이러한 실증주의적 연구방법을 적용시켜 발표한 것이다. 뒤르껭은 사회분업론과 「자살론」에서 아노미(anomie)라는 개념을 도입했다. 아노미란 프랑스어로 사회적 무질서(normlessness)나 무규범으로 인한 혼란 또는 혼돈의 상태를 지칭하는 표현이다. 그가 살았던 서구사회는 산업혁명으로 인해 약육강식, 물질만능주의, 배금주의적 사고가 팽배해지고, 빈부격차도 심해져 사회가 극도로 혼란스러워졌다. 이러한 현상은 결국 사회구성원들 간의 연대의식을 무너뜨려 상호경쟁적인 체제로 돌입하게 된다. 이러한 상태를 사회적 아노미라고 하며, 개인이 경험하는 심리적인 좌절감이나 무규범의 상태 등을 개인적 아노미라고 한다. 그는 이러한 아노미상태가 개인을 범죄나 자살로 이끄는 한 요인이라고 보았다. 그의 아노미 개념은 후에 머튼의 긴장이론(strain theory)의 배경이 되었다.

뒤르껭은 또한 갈등적이며 공격적인 현실 사회에서 범죄행위는 하나의 정상적인 사회적 현상의 일부라고 보았다. 즉, 개인이익과 자기주장, 그리고 폭력의 행사가 어느 정도 용납되고 정당시되기도 하며, 때로는 찬양되기도 하는 사회에서는 일정수준의 범죄문제가 발생하는 것은 매우 자연스러운 사회적 현상이라고 하며 이를 범죄정상설이라고도 한다. 그러나 범죄발생의 수준은 사회가 유기체적으로 존재할 수 있는 정도를 유지해야 하며, 그 정도를 넘어서는 경우는 병리적 현상이라고 보았다. 뒤르껭은 또한 전통적 행동양식에서 벗어나는 일정한 정도의 범죄행위는 범죄문제를 해결하기 위한 대책을 마련하는 과정에서 사회적 발전과 체계가 정비되는 긍정적 효과가 있다는 측면에서 범죄필요설을 역설하였다.[20]

2) 머튼의 긴장이론(strain theory)

머튼(Robert K. Merton, 1910~2003)의 긴장이론은 뒤르껭의 아노미이론을 더욱 체계적으로 발전시킨 것으로, 1938년에 발표한 이후로 이 연구는 지속적으로 진행되었다.[21] 머튼은 범죄를 사회구조적인 모순에 기인한, 즉 사회가 생산한 악이라고 보았다.[22] 이러한 관념은 뒤르껭이 전개한 범죄정상설의 연장선상에 있다.

머튼은 미국사회의 구조는 부의 획득, 높은 지위로의 출세, 좋은 학교에의 입학 등의 문화적 목표(ends)와 이에 도달하기 위한 제도적 또는 규범적 수단(means)의 두 요소로 이루어진다고 가정하였다. 머튼은 목적(ends)과 수단(means)은 학습되어

---

20 Walsh, A., & Jorgensen, C. (2020). Criminology: the essentials. Sage Publications, 108–109.; Durkheim, Émile (1982). "Preface to the second edition". The Rules of Sociological Method and Selected Texts on Sociology and its Method. Edited with an introduction by Steven Lukes; translated by W. D. Halls. New York: The Free Press.

21 Stinchcombe, A. L. (2017). Merton's theory of social structure. In The idea of social structure (pp. 11–33). Routledge.

22 Robert K. Merton, "Social structure and anomie," (*American Sociological Review* 3, 1938), pp. 672~682.; Robert Merton, Social Theory and Social Structure, (NY: Free Press, 1957), pp. 200~201.

진다고 본다. 그런데 이 두 구성요소가 모든 사람에게 조화롭게 학습되는 것이 아니라 개인에 따라 차이가 있다. 즉, 개인은 문화적으로 강조되는 성공목표에 도달하고자 하는 압력을 받으면서, 다른 한편으로는 그러한 성공목표를 추구하거나, 아니면 성공목표 자체를 포기하게 된다. 이런 과정에서 개인은 좌절과 스트레스, 즉 긴장을 경험하게 된다.

머튼은 이러한 긴장에 적응(adaptation)하는 방법을 동조형, 혁신형, 의례형, 패배형, 반역형 등 여러 가지 유형으로 구분하여 설명하고 있다.

표 2-3 목표(goals)와 수단(means)에 대한 적응유형

	목표(goals)	수단(means)
동조형(conformity)	accept(+)	accept(+)
혁신형(innovation)	accept(+)	reject(−)
의례형(ritualism)	reject(−)	accept(+)
패배형(retreatism)	reject(−)	reject(−)
반역형(rebellion)	accept(+), reject(−)	accept(+), reject(−)

① 동조형(conformity)은 그 사회의 성공목표에 대해 용인하고 또한 그에 도달하기 위한 제도적 수단을 받아들이는 경우이다. 문화적 목표와 합법적 수단을 모두 수용하는 것을 말한다.

② 혁신형(innovation)은 문화적 목표는 적극 수용하지만 그것을 성취하기 위한 합법적 수단은 수용하지 않는 경우이다. 이들은 합법적 또는 관습적 기회를 통하여서는 성공할 수 없으므로 법규를 위반해서라도 그 목표를 달성하려고 한다. 이들은 전형적인 범죄인 유형이라고 할 수 있다.

③ 의례형(ritualism)은 실현가능한 목표만을 세움으로써 스스로 좌절과 스트레스를 감소시키는 경우로 성공이라는 문화적 목표를 낮게 설정하거나 애써 외면하고, 낮은 목표와 성공에 만족하는 것이다. 승진을 포기하고 낮은 직급에 만족하는 회사원이나 공직자 등 경제적 풍요에 관심을 두지 않고 기본적인 생활에 만족하는 유형이다. 규범위반과는 거리가 멀다.

④ 패배형(retreatism)은 사회의 문화적 목표와 수단을 모두 거부하는 것으로 스트레스에 적응하는 경우이다. 알코올중독이나 약물중독, 성매매자, 부랑자 등은 피해자 없는 범죄유형에서 많이 나타난다.

⑤ 반역형(rebellion)은 현재의 문화적 목표와 제도화된 수단을 모두 부정하고, 그들이 이상적이라고 생각하는 새로운 목표와 수단을 추구하는 유형이다. 이들은 패배형과 같이 목표와 수단을 부정하는 것은 같지만 새로운 목표와 수단을 주창한다는 점에서 다르다. 양심형 범죄자나 정치범, 테러범 등이 이에 속한다.

머튼의 아노미이론은 현대사회가 많은 사람들에게 공통되는 성공목표를 강조하면서도 그 목표를 달성하기 위한 합법적인 수단에의 접근가능성은 달라 결국 합법적인 수단을 얻지 못한 하류계층에 의하여 범죄행위가 이루어진다는, 즉 사회구조적 문제를 제기하였다는 점에서 높은 평가를 받는다.

그러나 어느 사회에서나 문화적 목표와 가치에 대한 기본적인 합의가 이루어지고 있다는 가설을 전제로 하고 있지만, 사회의 모든 구성원이 물질적 성공을 문화적 목표로 하고 있다고 보기는 어렵다. 또한 상대적으로 하류계층의 비행이나 범죄의 원인을 설명할 수는 있으나 중류층이나 상류층의 범죄원인을 설명하지 못한다는 비판이 제기되고 있다.

3) 제도적 아노미이론(institutional anomie theory)

메스너와 로젠펠드(Messner and Rosenfeld)의 제도적 아노미 이론은 1994년에 발표되었고, 머튼의 아노미 이론을 확장한 것이다.[23] 제도적 아노미이론은 자유시장주의 경제체제에서 사람들에게 경제적 이익추구라는 문화적 목표(American Dream)가 최고 우선시되면서 다른 제도와 가치가 무너져 범죄로 이어진다고 설명하였다. 즉, 사회가 주로 경제적 이익(문화적 목표, American Dream)에 의해 통제된다면, 경제적 논리는 다른 사회 제도와 영역에 스며들어 사회 구성원의 공리주의적 행동을 촉진하고, 사회통제력이 떨어지며, 범죄의 증가를 초래한다는 것이다.

메스너와 로젠펠드는 사회는 가족(출산, 양육, 지원), 교육(규범과 가치 부여), 정치(통합 목표의 모니터링, 통제), 경제(경제 상품의 생산 및 유통) 등 네 가지 제도에 의해 유지된다고 가정한다. 그리고 이 제도들 사이의 적절한 균형은 사회적

23 Messner, S. F., & Rosenfeld, R. (2009). Institutional anomie theory: A macrosociological explanation of crime. In Handbook on crime and deviance (pp. 209−224). Springer, New York, NY.

공존을 위해 필요하다. 그런데 이 제도들이 서로 불균형 상태에 있고 더 이상 서로를 통제할 수 없는 상태가 되면 행동, 가치, 목표 및 범죄에 대한 집단적 동기가 나타난다는 것이다.

메스너와 로젠펠드는 범죄를 감소시키기 위해서는 완전한 경제적 안전망(복지, 연금, 은퇴 후 노후보장, 의료서비스) 등이 필요하며, 이러한 것이 충족된다면 사람들은 낮은 경제적 지위에도 불만을 갖지 않을 것이라며, 결국 범죄가 억제될 것이라고 주장한다.

그림 2-6 Ranking of Happiness 2019-2021[24]

순위	국가	
1	핀란드	7.821
2	덴마크	7.636
3	아이슬란드	7.557
4	스위스	7.512
5	네덜란드	7.415
6	룩셈부르크	7.404
7	스웨덴	7.384
8	노르웨이	7.365
9	이스라엘	7.364
10	뉴질랜드	7.200
11	오스트리아	7.163
12	호주	7.162
13	아일랜드	7.041
14	독일	7.034

자료: UNSDSN, https://worldhappiness.report/ed/2022/

4) 상대적 박탈감이론(relative deprivation theory)

상대적 박탈감이론(relative deprivation theory)은 사회학자인 쥬디스 블라우와 피터 블라우(Judith Blau and Peter Blau)가 사회해체론적 유래된 아노미이론에서

24 유엔 산하기구인 지속가능발전해법네트워크(SDSN)는 2012년부터 국가 국내총생산(GDP)와 기대수명, 사회적 지지, 자유, 부정부패, 관용 등 6개 항목의 3년 치 자료를 토대로 행복지수를 산출해 순위를 매겨 왔다. 2022년 보고서는 2022년 3월 18일에 발표되었다. 한국은 전체 149개국 중 59위이다. GDP나 기대수명 항목에서 수치가 높았지만 다른 항목들이 이에 미치지 못한 것으로 나타났다.

착안하여 1982년에 발표하였다.[25]

저소득 계층의 사람들은 소득수준이 높은 사람들과 자신의 형편을 비교하고 박탈감과 비참함을 느끼게 되며, 특히 피부색과 경제적 지위 때문에 소득격차가 있다고 생각할 때는 더욱 박탈감을 느끼며, 불공정하고 부조리하다고 생각하게 된다. 그들은 사회 자체가 불공정하기 때문에 자신들은 합법적으로 더 나은 경제적 지위를 가질 기회를 갖지 못하게 된다고 느낀다. 상대적 박탈감에서 유래된 불만은 결국 적대감과 공격성으로 발전하며 폭력과 범죄로 이어진다. 이와 같은 주장은 미국의 소득불균형과 폭력범죄는 상대적 박탈감과 상관성이 있다는 연구에 의하여 증명된다.[26]

미국의 젊은 흑인 세대들은 백인 또래 세대들보다 낮은 임금을 받게 되고 그들은 자신의 부모들처럼 빈곤에서 벗어날 수 없다는 상대적 박탈감을 더 느끼게 되며, 그 탈출구는 마약거래나 범죄조직에 빠져들기도 한다. 그들은 자존감이 낮아지고, 사회에 대하여 적대감을 갖게 되며, 이러한 것들은 결국 범죄적 행동을 촉발하는 동기가 된다는 것이다.

5) 애그뉴의 일반적 긴장이론(general strain theory)

애그뉴(Robert Agnew)와 그의 동료는 1992년에 일반긴장이론을 발표하였다.[27] 일반적 긴장 이론은 머튼의 긴장이론 보다 긴장의 원인에 대한 더 넓은 관점을 제공한다. 일반긴장이론은 개인이 부정적인 경험으로 긴장을 하게 되며, 이 긴장을 극복하는 행동으로 반사회적, 범죄적인 행동을 할 수 있다고 한다. 그리고 긴장을 해소할 수 있는 개인적 노력과 사회적 환경의 조성 등은 범죄문제를 해결하는 대책이라고 주장한다.

애그뉴는 범죄적인 행동을 유발하는 긴장은 크게 세 가지로 설명한다. 즉 목표를 달성하지 못한 경우(예: 좋은 성적, 취업, 높은 급여 등), 긍정적 자극의 상실(예: 부모의 사망, 연인결별 등), 부정적 자극의 경험(예: 학교 문제) 등 긴장은 모든

---

25 Blau, J. R., & Blau, P. M. (1982). The cost of inequality: Metropolitan structure and violent crime. American sociological review, 114－129.

26 Roberts, A., & Willits, D. (2015). Income inequality and homicide in the United States: consistency across different income inequality measures and disaggregated homicide types. Homicide Studies, 19(1), 28－57.

27 Agnew, R., & White, H. R. (1992). An empirical test of general strain theory. Criminology, 30(4), 475－500.

계층에서 누구나에게 발생할 수 있다.

그는 긴장은 분노, 열등감, 우울감 등으로 이어지고 폭력적 행동이나 약물사용 등의 범죄적인 행동으로 발전하게 된다고 설명한다. 그런데 누구나 긴장을 경험하지만 개인의 성격, 지능, 대인관계, 자아효능감, 범죄경력, 사회규범의 준수의지, 주위환경 등의 차이에 따라 긴장을 극복하여 평범한 사람으로 일상을 보내며, 그렇지 못할 경우 범죄적 양상으로 이어진다는 것이다.[28]

특히 부정적 경험을 한 청소년은 긴장과 분노감을 가지게 되며, 이들은 또래 불량 친구들과 어울리고, 범죄적인 행동에 빠질 가능성이 성인보다 높다. 성인들의 경우 긴장을 느끼긴 하지만 좀 더 현실적으로 문제를 해결하는 경향을 보인다.

4. 문화적 갈등과 범죄(cultural conflict and crime)

1) 셀린의 문화충돌이론(culture conflict theory)

셀린(Thorsten Sellin)은 범죄와 비행을 설명하는 데 문화의 충돌개념을 도입하였다. 셀린의 이와 같은 시도는 시카고학파와 서더랜드의 차별적 접촉이론에서 영향을 받았다.

셀린이 범죄와 비행의 원인을 사회구성원간의 문화적 충돌로 인식하면서 범죄의 영역이 매우 넓어졌다는 평가를 받는다. 셀린은 문화의 충돌을 1차적 충돌(primary culture conflict)과 2차적 충돌(secondary culture conflict)로 구분한다.[29] 1차적 충돌이란 서로 완전히 이질적인 문화가 충돌하는 것을 말한다. 이에 대하여 셀린은 한 살인사건을 예로 들어 설명한다. 미국의 건국 초기 시절 이탈리아의 시칠리아에서 미국으로 이민을 온 한 남자가 자신의 딸을 유혹한 백인 남자를 살해하였다. 시칠리아에서라면 이와 같은 살해행위가 가족의 명예를 지키는 것으로 간주되는 문화이지만 미국에서는 당연하게 범죄행위로 규정되어 있다.

2차적 충돌이란 동질적인 문화권 내에서 발생하는 것으로 한 문화권 내에서 하위문화권과 일으키는 갈등을 말한다. 도시 슬럼지역의 비행청소년문화, 약물사용, 난폭한 오토바이 폭주족, 인종차별 등의 하위문화와 주류문화 사이에 발생

---

28 Agnew, R., & Brezina, T. (2019). General strain theory. In Handbook on crime and deviance (pp. 145–160). Springer, Cham.

29 Thorsten Sellin, Culture Conflict and Crime, (NY: Socal Science Research Council, 1938), pp. 62~68.

하는 갈등을 예로 들 수 있다.[30]

2) 밀러의 초점적 관심이론(focal concerns theory)

초점적 관심이론(focal concerns theory)은 1958년에 밀러(Walter B. Miller)가 발표하였다.[31] 밀러는 하류계층 비행청소년들의 초점적 관심은 문제, 강인함, 똑똑함, 흥분, 운명, 자율성(trouble, toughness, smartness, excitement, fate, autonomy)이라고 주장하였다.

초점적 관심이론은 비행이란 실제로 달성할 수없는 목표에 대한 아노미적 반응이 아니라 학습된 문화적 가치, 즉 하위문화(subcultere)의 일부라고 주장한다. 따라서 하류계층에서 비행이나 범죄는 구성원의 정상적인 행위패턴이라고 본다. 이들은 폭력이나 범죄는 부나 성공을 거머쥐는 수단이며, 타인을 통제하고 지배하는 당연한 수단이라고 간주한다. 이러한 하위문화적 가치는 한 세대에서 다음 세대로 이어지며 반복된다. 밀러는 이를 문화적 전파(cultural transmission)라고 부른다.

밀러는 평생 동안 하류계층의 하위문화를 연구했고, 이에 대한 많은 후속연구가 이어졌다. 특히 앤더슨(Elijah Anderson)은 가난한 도시 내 흑인 공동체를 괴롭히는 모든 문제 중에서 폭력과 공격은 일상적이며, 이는 일명 거리의 법(code of street)을 집행하는 갱(gang)들에 의해 자행된다고 주장하였다.[32] 거리의 법은 공식적 통제인 법규범에 맞서며, 지역사회를 비공식적으로 통제하며 폭력을 행사한다. 그리고 청소년들을 유입시켜 이들이 성장해가며 거리의 법이 강화되고 폭력적 하위문화는 더욱 고착화되며 세력화되며, 이른바 갱 문화(gang culture)를 형성시킨다는 것이다.[33]

밀러는 문화적 측면에서 하류계층에서 범죄가 많이 발생하는 원인을 하류계층 그 자체에서 찾고, 하류계층에서 있어 범죄란 곧 그들의 고유한 생활적응양식의 한 유형으로 이해하였다는 점에서 높은 평가를 받는다.

---

30 Lange, J. (2022). Crime as destiny: A study of criminal twins. Taylor & Francis. 118.

31 Miller, W. B. (1958). Lower class culture as a generating milieu of gang delinquency. Journal of social issues, 14(3), 5−19.

32 Anderson, E. (2000). Code of the street: Decency, violence, and the moral life of the inner city. WW Norton & Company.

33 Anderson, E. (2019). Code of the Street. The Wiley Blackwell Encyclopedia of Urban and Regional Studies, 1−3.

그러나 그의 주장은 하류계층의 문화가 곧 비행적인 문화풍토만 있는 것은 아니며, 비행의 종류와 유형이 매우 다양함에도 불구하고, 다양한 비행의 유형에는 적용하기 어렵다는 한계가 있다. 또한 집단범이나 남자청소년의 비행을 설명할 수는 있어도 단독범이나 여자청소년의 비행을 설명하기 어렵다. 또한 하류계층의 청소년들이 다양한 대중매체나 교통통신 발달의 영향을 받지 않고 그들의 고유문화를 계속해서 유지할 수 있는가에 대해서도 회의적이다.[34]

3) 사이크스와 마차의 중화이론(neutralization theory)

사이크스와 마차(Gresham M. Sykes and David Matza)의 중화기술이론은 표류이론(drift theory)이라고도 한다. 이들은 대부분의 범죄자는 전통적인 도덕적 태도와 가치를 중요시하지만 자신의 비행이나 범죄행위에 대해 합리화 또는 중화하는 기술을 학습하여 범죄행위와 관습적인 태도를 표류한다고 설명하였다.[35] 범죄행위 그리고 그 합리화 등에 대한 학습의 원리는 서더랜드(Edwin H. Sotherland)의 차별적 접촉이론의 원리에서 영향을 받았다. 사이크스와 마차는 다섯 가지의 중화기술을 들고 있다.

① 자신의 범죄행위가 의도적이 아니거나 잘못이 아니며, 친구나 주변 환경 탓이라고 책임을 전가하는 책임의 부정(denial of responsibility), ② 자기의 행위로 아무도 침해를 받지 않았다고 생각하는 가해의 부정(denial of injury), ③ 자신의 범죄행위는 피해자가 마땅히 받아야 할 것이라며 마치 자신의 행위를 도덕적 보복이나 사회적 응징 등으로 미화시키는 피해자의 부정(denial of victim)이 있다. 또한 ④ 비난자에 대한 비난(condemnation of condemners)은 자기를 비난한 교사·경찰·법관 등에 대하여 그들 역시 약점과 비행이 있다고 생각하며 자신의 행위를 정당화하거나 양심의 가책을 줄이는 중화기술이며, ⑤ 높은 충성심에의 호소(appeal to higher loyalties)는 자신의 행위는 친구나 가족 등의 친밀한 관계에 대한 충성심으로 인한 것이라고 중화하는 기술을 말한다.

사이크스와 마차의 중화기술이론의 장점은 중화기술이 범죄자에게만 있는 것은 아니고 정상적인 사람에게도 존재한다는 점과 대부분의 비행청소년이 성인

---

34 Straus, M. A., Gelles, R. J., & Steinmetz, S. K. (2017). Behind closed doors: Violence in the American family. Routledge.

35 Gresham M. Sykes & David Matza, "Techniques of Neutralization: A Theory of Delinquency," (*American Sociological Review*, Vol. 22, 1957), pp. 664~670.

이 된 후 더 이상 범죄를 행하지 않는 이유를 그들이 관습적인 가치와 비행적인 가치 사이를 표류하면서도 관습적인 가치를 더 크게 생각하고 있기 때문이라고 설명하였다는 점 등이다. 그러나 범죄자의 중화가 이루어지는 시점이 범행 이전인지 아니면 이후인지 분명하지 않다는 것과 청소년의 비행과 관습에의 표류가 왜 일어나는지를 설명하지 못한다는 한계가 있다.

4) 울프강과 페라쿠티의 폭력적 하위문화이론(violent subculture theory)

폭력적 하위문화란 폭력적인 가치와 이를 지지하는 행동이 주류를 이루는 문화적 공동사회를 말한다.[36] 울프강(Marvin Wolfgang)과 페라쿠티(Franco Ferracuti)는 1967년에 "폭력적 하위문화"(The Subculture of Violence: Toward an Integrated Theory of Criminology)라는 연구논문에서 폭력적 하위문화의 개념을 도입하고, 일탈과 범죄를 설명하였다.[37] 즉, 울프강과 페라쿠티는 다른 비행적인 하위문화와는 차별적 성격의 하위문화로서 폭력적 하위문화의 개념을 도입하였다. 폭력적 하위문화에서 폭력이란 구성원들이 그들을 둘러싼 부정적 혹은 문제적인 환경에 적응하는 효과적인 생활양식이다. 오랜 세월동안의 경험에서 학습된 결과라는 것이다. 구성원들은 다른 무엇보다 폭력을 사용했을 때 문제를 가장 효과적으로 해결할 수 있다는 것을 경험적으로 인지하고 있다.

이러한 폭력적 문화는 폭력적인 사람, 총기를 지닌 사람, 강한 남성적 상징을 지닌 인물들이 음악이나 영화, 그리고 드라마 등을 통해 영웅시되는 양상으로 나타난다. 그들은 그룹 내에서 자신의 지위를 유지하기 위하여 모욕을 받을 경우 재빠르고 확실하게 보복을 하는 태도를 가르친다. 또한 폭력적 하위문화의 구성원들은 분쟁을 해결하는 수단으로 폭력적 성향을 보인다. 폭력적 하위문화는 구성원 상호간 폭력을 기대하고 동시에 폭력이 발생했을 때 이를 합법화한다. 폭력의 사용은 불법적인 행동으로 간주되지 않으며, 폭력을 사용한 사람 역시 그들의 행동에 대해 죄의식을 가지지 않는다. 즉, 폭력적 하위문화에서 폭력은 그저 일상적인 생활의 한 방식인 것이다.

울프강과 페라쿠티는 자신들의 이와 같은 주장을 뒷받침하는 근거로 필라델

---

36 Straus, M. A., Gelles, R. J., & Steinmetz, S. K. (2017). Behind closed doors: Violence in the American family. Routledge.

37 Wolfgang, M. E., & Ferracuti, F. (1968). The Subculture of Violence. Towards an Integrated Theory in Criminology. London: Tavistock Publications.

피아에서 발생한 살인통계에 대해 인종적 차이를 들어 설명하였다. 즉, 흑인 남자들은 인구 100,000당 살인발생률은 41.7명인데 비해, 백인 남자들의 살인발생률은 3.4명에 불과하였다. 여자의 경우에도 흑인 여자들은 9.3명인데 비해, 백인 여자들의 발생률은 0.4명으로 낮았다. 이러한 결과에서 울프강과 페라쿠티는 적어도 도시지역에서 살인발생률의 차이는 인종적 차이, 즉 특정인종의 폭력적 하위문화에서 상당한 영향을 받으며, 이는 폭력적 하위문화의 다양한 환경에서 개인의 행동은 당연히 폭력적인 영향을 받을 가능성이 매우 높다는 것을 보여주는 것이라고 주장한다. 이와 같은 연구결과들을 통하여 울프강과 페라쿠티는 폭력적 하위문화이론에 대하여 다음과 같은 논리적인 명제를 제시하였다.

첫째, 하위문화는 그들이 속한 사회와 완전히 갈등적이거나 완전하게 분리될 수 없다.

둘째, 폭력적 하위문화라 해도 모든 상황에서 폭력을 사용하지는 않는다.

셋째, 폭력적 하위문화의 개인은 다양한 문제해결을 위해 폭력에 잠재적 또는 적극적으로 의지하는 경향을 뚜렷하게 보인다.

넷째, 폭력적 하위문화에서 폭력적 성향은 모든 연령대에 걸쳐서 나타나지만, 특히 청소년기 후반부터 중년기의 연령대에서 가장 확실하게 나타난다.

다섯째, 폭력적 하위문화에서 반대규범은 비폭력적이다.

여섯째, 폭력적 하위문화에서 폭력 및 폭력사용에 대한 태도는 차별적 접촉, 학습, 동일시 등을 통하여 개발되고 발전한다.

일곱째, 폭력적 하위문화에서 폭력의 사용은 불법적인 행동으로 간주되지 않는다. 따라서 사용자 역시 자신의 공격적 행동에 대하여 죄의식을 가지지 않는다.

폭력적 하위문화에 대한 연구는 이후에도 지속적으로 진행되었으며, 상당한 연구결과를 축적하고 있다. 특히 1999년 클라크(James W. Clarke)는 흑인 소외계층 남성의 높은 범죄성향은 그들이 속한 하위문화에 기인하는 것이라는 연구결과를 발표하였다.[38] 아프리카에서 미국으로 끌려와 노예신분으로 미국사회에 정착한 흑인남성들이 백인들에게 가지는 뿌리 깊은 적대감이 폭력적 하위문화를 형성하는데 많은 영향을 주었고, 이것이 어릴 때부터 대물림된다는 것이다. 클라

38 James W. Clarke, The Lineaments of Wrath: Race, Violent Crime, and American Culture, (NJ: Transaction, 1998), p. 4.

크는 폭력적 하위문화를 극복하는 방법으로 통제와 가정의 기능을 강조하였다.

5) 클로와드와 오린의 차별적 기회이론(differential opportunity theory)

클로와드(Richard A. Cloward)와 오린(Lioyd E. Ohlin)은 쇼와 맥케이의 문화전달이론 및 서더랜드의 차별적 접촉이론 그리고 머튼의 아노미이론을 종합해서 청소년의 비행문제를 설명하였다. 클로와드와 오린은 이러한 이론들이 간과한 비행의 기회구조(opportunity structure)라는 개념을 도입하였다.[39] 클로와드와 오린은 비행자가 되는 것은 비합법적 기회인 비행문화와 접촉하여 이를 습득함으로써 가능하며, 합법적 기회가 없다고 하여 모두가 비행적 기회를 가지는 것도 아니라고 보았다. 이러한 경우를 이중적 실패(double failures)라고 한다. 이러한 이중실패자들은 세 가지 형태의 적응유형을 보여준다.

첫째, 범죄하위문화(criminal subculture)로 문화적 가치를 인정하나 불법적인 기회구조와 접촉이 가능하여 사기나 절도 등 주로 재산적 범죄를 저지르는 비행문화집단을 말한다. 혁신의 적응유형을 보인다.

둘째, 갈등하위문화(conflict subculture)는 문화적 가치는 인정하지만 이를 달성하기 위한 합법적 또는 불법적 기회구조가 모두 차단되어 이에 대한 욕구불만을 폭력행위나 패싸움 등으로 해소하는 비행문화집단을 말한다. 공격의 적응유형을 보인다.

셋째, 패배하위문화(retreat subculture)는 문화적 목표는 인정하지만 이를 달성하기 위한 합법적 또는 불법적인 기회구조와 차단되어 있어 자포자기하는 집단문화를 말한다. 이를 이중실패문화라고도 하며, 이들은 주로 술이나 약물을 사용한다.

차별적 기회이론은 청소년비행의 예방과 교화정책에 많은 영향을 주었는데 집단 비행현상을 일으키는 구조적 요인을 아노미이론에서 찾고 구체적인 비행의 성격과 형태를 문화전달이론 및 차별적 접촉이론에서 파악한 점을 높이 평가할 수 있다. 나아가 청소년비행의 요인을 만드는 사회구조를 합법적인 구조와 불법적인 구조 등으로 나누어 설명한 부분도 매우 고무적이다.[40]

---

39 Richard A. Cloward and Lioyd E. Ohlin, Delinquency and Opportunity, (NY, Free Press, 1960).

40 Shoemaker, D. J. (2018). Theories of delinquency: An examination of explanations of delinquent behavior. Oxford University Press.

그러나 한편 하류계층 청소년들이 가지는 성공에의 열망과 기대라는 것을 어떻게 구체적으로 개념화 할 수 있겠느냐는 비판과 함께 하위문화를 간단히 도식적으로 세 가지로 유형화하기 어렵다는 문제점이 있다. 왜냐하면 인간의 문화는 매우 다양한 요소가 중첩되어 복합적인 양상을 보이기 때문이다.

6) 코헨의 비행하위문화이론(delinquent sub-cultural theory)

코헨(Albert K. Cohen)은 1958년에 하류계층 청소년 사이의 비행하위문화가 청소년비행의 원인이라고 주장하는 비행하위문화이론을 발표하였다.[41] 비행하위문화란 범죄자집단이나 비행자집단 중에서 공유되고 있는 특정한 신념이나 가치관에 근거한 사고나 행동양식으로 범죄나 비행행위가 당연시되는 문화를 말한다. 코헨은 미국사회에서 특정한 사람들에게는 비행적 하위문화가 그들의 삶의 한 방식이라고 주장하였다. 이러한 현상은 청소년 갱집단에서 가장 두드러지게 나타난다는 것이다. 이들 중 일부는 부정적인 법의식을 가진 어른으로 성장하고, 또 일부는 성인범죄자가 되며, 이들에 의하여 범죄적인 전통이 계속 이어진다.

코헨은 어떠한 배경을 가지든 간에 대부분의 청소년들은 학교성적, 언어구사능력, 청결, 시간엄수, 단정한 옷차림, 예의바른 행동, 기타 규칙에 대한 복종 등 미국의 중산층의 잣대를 통하여 평가할 수 있다고 주장하였다. 그러나 불행하게도 특정의 청소년 집단은 그들의 출신배경과 성장과정의 환경으로 인하여 이러한 중산층의 잣대를 가질 것을 기대할 수 없다는 것이다.

즉, 그는 하류계층 청소년의 비행이 실제로는 중류계층의 가치와 규범에 대한 저항, 즉 반응형태(reaction formation)라고 보았다. 낮은 학업성취도와 경제적 빈곤 등은 하류계층 청소년들로 하여금 좌절감과 갈등을 겪게 한다.

이들은 세 가지 형태의 적응유형을 보이는 데 중류계층을 모델로 삼아 열심히 공부하는 모범생, 지역사회에서 사소한 시비나 일탈의 양상을 보이는 일종의 거리배회청소년(corner boy), 그리고 집단을 이루어 물건의 파괴, 소란행위, 폭력 등을 일삼는 비행소년(delinquent boy) 등이다.[42]

코헨의 비행하위문화이론은 슈메이커(Donald J. Shoemaker)에 의하여 연구가 이어졌는데 슈메이커는 저소득층 청소년은 자신이 속한 저소득층의 가치와 중류

41 Cohen, A. K., & Short Jr, J. F. (1958). Research in delinquent subcultures. Journal of Social Issues, 14(3), 20–37.

42 Albert K. Cohen, Deviance and Control, (NJ: Prentice–Hall, 1968), p. 129.

층의 성공적인 가치가 결합된 이른바, 노동자 가치체계로 인하여 고통을 받는다고 보았다.[43] 그들은 중류층의 가치체계로 운영되는 미국사회의 학교시스템에서 좌절을 경험한다. 결국 그들은 낮은 자존감을 가지게 되고, 반항의식이 커지게 되며, 비슷한 의식과 경험을 가진 또래의 비행청소년들과 어울리게 된다. 중류층에 대한 반응행동으로 적대감과 원한이 쌓여간다. 마침내 그들은 자신과 비슷한 감정과 행동을 보이는 갱집단에서 활동하면서 자신의 성취감을 느끼게 된다. 이들에게 있어 비행과 범죄는 당연한 결과라는 것이다.

그러나 코헨의 비행하위문화이론은 우선 지나치게 미국사회의 하류계층의 자녀들이 곧 청소년비행집단이라는 계층적 편견을 가졌다는 비판을 받았다. 청소년비행은 단순히 하류계층에서 뿐만 아니라 중류계층에서도 다수 발생하고 있기 때문이다. 코헨은 또한 낮은 학업성취도를 비행의 출발점으로 인식하지만 비단 하류계층 청소년만이 아니라 대부분의 청소년들이 학업문제로 고민하고 있다는 점에서 그 타당성이 떨어진다는 지적이다. 나아가 하류계층 청소년들이 모두 중류계층의 문화와 가치관을 열망한다고 볼 수는 없으므로 지나치게 코헨의 주장은 획일적이고 단순하다는 비판을 받는다.

5. 사회적 구조이론의 평가

사회적 구조이론은 그 의의와 한계가 있다.[44] 사회적 구조이론의 기본적인 가정은 사회적 불공정, 인종차이, 빈곤 등이 범죄의 원인이라는 것이다. 따라서 사회적 구조이론의 관점에서는 범죄에 대한 책임은 사회에 있다. 사회적 구조이론이 범죄문제 해결에 기여한 점은 우선 빈곤한 지역이나 저소득계층에게서 상대적으로 더욱 많은 범죄가 발생하는 이유를 설명한 것이다. 이러한 설명은 범죄를 줄이기 위한 정책에 반영할 수 있고, 실제로 1960년대 존슨(Lyndon B. Jonson)대통령위원회(Commission on Law and Administration of Justice) 보고서는 사회적 불평등과 기회의 불평등성이 범죄의 가장 큰 요인이라고 정의하였다.

그러나 많은 범죄학자들은 사회구조이론이 주장하는 빈곤(poverty), 사회적

---

43 Shoemaker, D. J., & Williams, J. S. (1987). The subculture of violence and ethnicity. Journal of Criminal Justice, 15(6), 461－472.

44 Shoemaker, D. J. (2018). Theories of delinquency: An examination of explanations of delinquent behavior. Oxford University Press.

불평등(social inequality) 등과 범죄와의 상관관계에 대하여 의문을 제기하고 있다. 범죄의 근본적인 원인으로써 빈곤과 사회적 불평등을 강조하는 것은 범죄예방전략으로 적절하지 않다는 것이다.

또한 머튼의 주장처럼 사회가 단순히 가치와 규범의 합의, 일관성, 통합성 등에 의해 유지된다는 가정은 많은 비판을 받고 있다. 왜냐하면 이와 같은 요소 이외에도 다양한 인종과 계층, 연령대에 따른 가치차이, 지리적 특성 등에 따라 갈등과 합의가 다르게 나타나기 때문이다.

네틀러(Gwynn Nettler)는 폭력적 하위문화 혹은 비행적 하위문화이론적 측면에서의 범죄에 대한 설명 역시 그 설득력에 한계가 있다고 지적한다. 그는 사회적 구조이론은 특정 인종, 특히 미국사회에서 흑인에 대한 부정적 선입감을 불러올 뿐만 아니라 자칫 인종차별적 시비를 일으킬 수 있다고 지적한다. 특정 인물이 폭력적이라고 해도 그것이 범죄를 모두 체계적으로 설명할 수 있는 것은 아니라는 것이다.[45] 나아가 네틀러는 미국에서 사회학자들은 지나치게 사회적인 요소만을 주장해서 개인의 생물학적, 그리고 심리학적 요인을 간과한 측면이 있으며, 사회학자들이 모든 사회적 현상을 사회학적 관점으로만 설명하는 이른바 학문적 오류에 빠졌다고 강하게 비판하였다.

이와 같은 사회적 구조이론에 대한 비판적 입장을 고려할 때 빈곤, 하위문화나 하류계층 또는 아노미 등의 사회의 구조적 요인만이 범죄의 원인이라고는 보기 어렵고, 이들을 개념화하는 것도 어렵다. 많은 하류계층은 교육을 매우 중요시 여기고 있고, 늘어나는 중류계층의 범죄를 설명하는 데에도 한계가 있다. 또한 한번 일탈이나 범죄행위를 한다고 하여 항상 반복하는 것도 아니며, 이들이 비행이나 일탈을 중단하는 이유에 대해서 사회적 구조이론만으로는 명확하게 설명하기 어렵다.

Ⅲ. 사회적 과정이론

1. 사회적 과정이론의 의의

사회적 과정이론(social process theory)은 개인 상호간의 접촉 및 개인의 사회

45 Gwynn Nettler, Killing One Another, (OH: Anderson Co, 1982).

적 경험의 과정에서 범죄의 원인을 찾으려는 관점이다. 사회적 과정이론은 모든 사람은 잠재적으로 법과 규범을 위반하려는 경향을 가졌으며, 범죄성은 생래적인 것은 아니라고 본다.[46]

사회적 과정이론 관점에서는 범죄적 행동은 인간상호간의 관계 및 사회화 과정에서 학습하는 것이며, 집단상호관계(group membership)는 학습이 이루어지는 가장 일반적인 통로라고 인식한다. 개인의 사회화에 기여하는 가장 중요한 집단은 가정, 친구, 학교, 직장, 기타 동일시하는 준거집단, 종교, 신념 등이다. 이러한 집단은 구성원들에게 가치를 전달하고, 세상을 바라보는 관점과 행동패턴 등에 대해 상호영향을 준다.

사회적 과정이론은 범죄성은 습득되어지는 것이며, 비행적인 자아관념은 만들어지는 것이고, 범죄적 행동은 개인의 의지에 따라 적극적으로 표현되며, 일생동안 지속되는 것이라고 인식한다. 나약한 자아의식을 가진 개인은 좀 더 빨리, 그리고 강하게 범죄로 이끄는 사회적 경험에 빠져들며, 범죄를 지속한다. 이는 자신을 일탈자라고 인식하고, 이를 사회에 대한 반응으로 재강화시키기 때문이라는 것이다.

2. 학습과 범죄(learning and crime)

1) 서더랜드의 차별적 접촉이론(differential association theory)

차별적 접촉이론은 서더랜드(Edwin H. Sutherland, 1883~1950)에 의해 주창된 범죄이론으로 사회해체이론과 문화전달이론을 토대로 1939년에 발표하였다.[47] 서더랜드는 범죄의 원인을 설명하기 위해서 차별적 사회조직(differential social group)과 차별적 접촉(differential association)의 두 가지 개념을 제시하였다. 차별적 사회조직이란 사회조직을 범죄적 전통을 가진 조직과 그렇지 않은 조직으로 구분한 뒤에 이 중 범죄적 전통을 가진 집단 내에 속할 때 범죄를 행할 가능성이 훨씬 높다는 것이다. 그리고 차별적인 접촉이란 범죄행위를 체계적으로 발전시키게 되는 구체적 인과과정을 지칭한다고 정의하였다. 서더랜드는 이러한 개념을 바탕으로 범죄란 개인의 범죄를 행하는 사람이나 법을 준수하는 사람과의 차별적인 접촉의 결과라고 설명하였다.

46 Ritzer, G., & Stepnisky, J. (2017). Modern sociological theory. SAGE Publications.
47 Sutherland, E. H. (1939). Principles of criminology. JB Lippincott. New York.

서덜랜드는 범죄란 정치적 또는 법률적 과정이 아니라 사회화 과정을 통해 배운 행위라고 주장하였다. 또한 범죄의 동기나 기술, 범죄적 행동에 대한 태도, 범죄에 대한 개념정의 등도 다른 사람들과의 접촉에서 배운다고 한다.[48]

한편 서덜랜드는 평생 동안 도날드 크레시(Donald Cressey)와 연구를 계속했다. 그는 크레시와 차별적 접촉이론을 보완하여 차별적 접촉의 9가지 원리(principles)를 제시하였다.[49]

서더랜드의 차별적 접촉이론은 다음과 같은 9가지 명제(principles)로 구성되어 있다.

① 범죄행위는 학습의 결과이다.
② 범죄행위는 다른 사람들과의 교제나 접촉 등의 상호작용을 통하여 학습된다.
③ 범죄행위의 사회화의 주요대상은 가족 · 친구 · 친지 등 가장 친밀한 집단과의 접촉이다.
④ 범죄행위의 학습내용에는 범죄의 기법 · 동기 · 욕구 · 합리화의 태도 등이 포함된다.
⑤ 구체적인 동기와 욕구의 학습은 법규범을 우호적으로 또는 비우호적으로 정의하는 것부터 이루어진다.
⑥ 법규위반에 대한 긍정적 감정이 부정적 감정보다 클 때 범죄행위를 하게 된다.
⑦ 차별적 접촉의 효과는 접촉의 빈도(frequency), 기간(duration), 우선성(priority), 강도(intensity) 등에 따라 다르다.
⑧ 범죄행위의 학습기제는 일상생활 속에서 행해지는 다른 행위의 학습기제와 동일하다.
⑨ 범죄행위도 욕구와 가치관의 표현이라는 점에서 다른 일반적인 행위와 같다.

차별적 접촉이론은 청소년 범죄와 성인 범죄, 조직적인 범죄 등을 모두 설명할 수 있다는 점과 사회적 구조이론이 가진 문제점인 중류층의 범죄를 설명하는 데에도 효과적이라는 평가를 받는다.

그러나 차별적 조직이나 차별적 접촉 등에 대한 개념이 모호하여 이론적 검증이 어렵고, 범죄에 대해 호의적인 감정을 가진다고 해서 반드시 범죄를 행하는 것은 아니며, 범죄는 후천적으로 학습될 수도 있으나 생물학적인 요인을 가질 수도 있다는 점 등을 간과했다는 문제점 등이 있다. 또한 인간을 지나치게 학습적

48 Sutherland, E. H. (1947). A theory of crime: Differential association. Crime: readings, 1, 170-172.

49 Sutherland, E. H., & Cressey, D. R. (1970). The Theory of Differential Association'in Criminology.

인, 즉 피동적인 입장으로 평가하였다는 비판을 받기도 한다.[50]

2) 에이커스의 차별적 접촉강화이론(differential association reinforcement theory)

차별적 접촉강화이론은 1966년에 버제스(Robert Burgess)와 에이커스(Ronald L. Akers)가 스키너(B. F. Skinner)와 반두라(Albert Bandura)의 학습이론을 기초로 하고 서더랜드의 차별적 접촉이론을 수정하여 범죄의 원인을 설명한 범죄학습이론이다.[51] 이 이론의 관점은 인간은 적극적으로 보상될수록 타인의 행동을 학습하는 존재이며, 개인의 범죄적 행동은 그러한 행동을 가치 있게 여기는 개인들이나 그룹들에 의하여 보상을 받을 수 있기 때문에 지속된다고 인식하는 것이다.

에이커스의 차별적 접촉강화이론을 정리하면, 개인의 특정한 범죄행위는 다른 행위 보다 차별적으로 강화될 경우, 다른 일탈적 행위보다 차별적으로 더욱 강화될 경우, 그리고 그것이 바람직한 것으로 인식할 경우 이루어진다는 것이다. 에이커스의 차별적 접촉강화이론의 학습과정을 이해하기 위해서는 다음과 같은 네 가지 개념에 대한 이해가 필요하다.[52]

❶ 차별적 접촉(differential association)

차별적 접촉이란 개인이 법준수나 법위반에 대해 우호 또는 비우호적인 규범적 정의에 노출되어 있는 과정을 말한다. 차별적 접촉의 가장 중요한 대상은 가족, 친구와 같은 일차적 집단이라고 할 수 있다. 또한 이웃, 학교, 종교적 지도자, 법집행기관 등의 이차적 집단도 영향을 준다. 이러한 대상들과의 접촉의 우선성, 지속성, 빈도, 친밀감 등에 따라 그 영향력의 크기는 달라질 것이다.

❷ 정의(definition)

정의란 특정행위에 대하여 가지는 의미와 태도를 규정짓는 것을 말한다. 개인이 특정행위 특히 일탈이나 비행, 범죄에 대해 어떠한 정의를 가지는가에 따라 행동은 달리 나타난다. 범죄나 일탈행위에 대해 우호적인 정의를 행하는 경우 범죄를 할 개연성이 높다.

---

50 Charles C. Thomas and John Hepburn, Crime Criminal Law and Criminology, (IW; C. Brown Company Publishers, 1983), p. 214.

51 Robert Burgess and Ronald L. Akers, "A Differential Association－Reenforcement Theory of Criminal Behavior," (*Social Problems*, Vol. 14, 1966), p. 364.

52 Ronald Akers, Criminological Theories: Introduction and Evaluation, (CA: Roxbury, 1994), pp. 97~99.

❸ 차별적 강화(differential reinforcement)

차별적 강화는 행위의 결과로 나타나는 보상과 처벌에 의해 영향을 받는 것으로 주변에서의 인정감, 돈, 음식, 자아, 만족감 등이 많거나 높을수록 강화가 크게 나타난다. 그러나 행위 이후 처벌의 가능성이 높거나 고통스러운 경우 등은 행위의 가능성은 줄어든다. 즉 강화가 되지 않는 것이라 할 수 있다. 개인의 강화는 이전에 학습된 기대구조에 따라 결정되므로 타인의 행동, 반응, 처벌의 강도 등은 강화의 정도를 결정하는 역할을 한다.

❹ 모방(imitation)

모방이란 다른 사람의 행동이나 태도 등을 따라서 하는 것으로 대상의 특성이나 자신의 가치관, 행위에 대한 정의 등에 따라 그 정도가 결정된다. 모방은 새로운 행위의 시도나 범행수법의 도입 등에 더욱 많은 영향을 끼친다.

에이커스의 차별적 접촉강화이론은 서더랜드의 차별적 접촉이론을 보완하면서 사회학적 변수와 심리학적 변수를 연계한 점에서 의의를 가지고 있다. 또한 범죄에 대한 강한 처벌이 개인의 관습적 행위를 강화할 것이라는 점을 강조함으로써 사회학적 이론에 고전주의적 입장을 접목시킨 점도 중요한 의의가 있다. 접촉·모방·정의·강화 등의 사회학습의 원리는 비행·범죄자에 대한 기관이나 지역공동체에서의 집단상담, 자활프로그램, 또래집단 상담프로그램, 범죄단체중재, 약물이나 알코올, 비행 등 예방프로그램의 필요성의 논거라고 할 수 있다. 나아가 교정이나 치료 및 지역사회에서 청소년 및 성인을 위해 사용되는 대부분의 행동수정프로그램도 이러한 학습원리에서 출발한다.

3) 글레이저의 차별적 동일시이론(differential identification theory)

글레이저(Daniel Glaser)의 차별적 동일시이론은 에이커스의 차별적 접촉강화이론과 같이 서덜랜드의 차별적 접촉이론의 관점에서 영향을 받았다.[53] 차별적 동일시이론의 핵심은 범죄적 행동을 하는 사람은 자신의 범죄적 행동을 지지해 줄 수 있는 실존 또는 허구의 인물과 자신을 동일시한다는 것이다. 글레이저는 특정인이 범죄성 있는 사람과의 차별적 접촉을 하는 과정은 차별적 동일시의 과정이 진행되는 것으로 결과적으로 범죄적 또는 비행적인 행동을 가져온다고

53 Daniel Glaser, "Differential Association and Criminological Prediction," (*Social Problems*, Vol. 8, 1960), pp. 6~14.

주장한다.

글레이저는 사람들은 다양한 사람들과 자신을 동일시하는데 특정인과의 동일시는 다른 사람들보다 그 정도가 상대적으로 강하며, 이를 차별적 동일시(differential identification)라고 인식하였다. 그러나 이러한 과정은 서더랜드의 주장처럼 빈번하게 발생하는 것이 아니라 오히려 상징적으로 나타난다고 보았다. 한 사람에게 있어 특정인 혹은 개인이 추구하는 어떤 가치를 동일시하는 것은 사람과 직접적인 접촉보다 더 중요한 영향을 끼친다. 특히 역할모델이 추구하는 가치체계에 대한 동일시는 현존하는 사람보다 더 영향을 줄 수 있는데, 연쇄살인범 또는 자살폭탄테러범 등은 평생 특정인물을 만나지 않고서도 특정인물이 추구하는 가치체계에 대한 동일시를 통하여 범죄를 행하게 된다.

글레이저는 개인의 경제적인 역할, 사회적 구조 안에서의 위치, 도덕적 가치에 대한 학습정도, 차별적 접촉집단에 따라 동일시는 다르게 나타날 수 있다고 본다. 따라서 그에 따르면 비범죄적인 대상과의 동일시는 정상적인 상태로의 복귀, 그리고 범죄적인 사람과의 동일시는 범죄적 행동을 야기할 수 있다.

그림 2-7 청소년의 롤 모델 요건

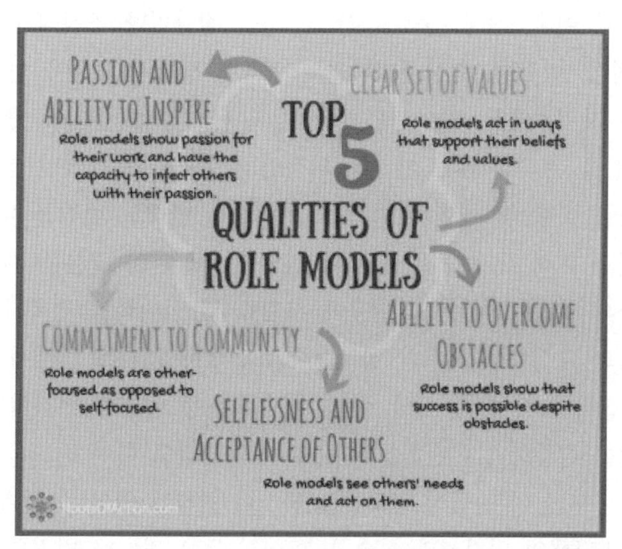

자료: Price-Mitchell, M. (2017), What is a Role Model? Five Qualities that Matter to Youth, https://www.rootsofaction.com/role-model/

3. 사회적 통제와 범죄(social control and crime)

1) 레클리스의 억제이론(containment theory)

레클리스(Walter Reckless)의 억제이론의 기본적 가정은 합리적인 이성을 가진 인간은 범죄로 얻는 이익(benefits)과 그로 인해 감수해야 하는 손해(costs)를 계산하여 전자가 후자보다 클 때 범죄를 한다고 본다. 따라서 범죄를 억제 또는 견제하는 방법으로 일반적 예방과 특수적 예방의 두 가지가 있다고 한다. 일반적 예방은 누구나 범죄를 행하면 처벌을 받는다는 인식을 심어주는 것이고, 특수적 예방은 범죄자에 대한 처벌은 엄격성과 확실성, 신속성을 갖춰야 한다는 것이다.

이러한 억제이론을 근거로 레클리스는 동일한 범죄적 환경에 있는 사람들 중 범죄를 행하는 경우와 그렇지 않은 경우가 왜 발생하는지에 대한 의문을 가졌다. 즉 범죄적 환경에 노출되어 있다고 하여 누구나 범죄를 행하는 것은 아니므로 어떠한 요인이 범죄를 억제 또는 견제하게 작용하는지를 밝히는 것이 중요하다고 인식한 것이다.

레클리스는 범죄를 억제하는 요소를 외적인 요소(external containment)와 심리적인 요소(inner containment)로 구분하여 설명하였다. 범죄를 제지하는 외적인 요소로 가족과 이웃, 직장, 동료, 그리고 그들 집단이나 조직에 대한 소속감과 기대감, 인정감, 법규범, 형사사법기관의 엄격한 정책시행 등을 들었다. 심리적인 요소로는 자기통제감, 자아관념, 책임감과 목적의식, 인내심, 법규범에 대한 강한 수용 등을 전제하였다. 이러한 외적인 사회구조와 내적인 심리적 요인이 적절히 조화를 이룰 때 개인은 범죄를 억제하며, 반대로 범죄를 유발하는 외적 구조의 상실과 내적 통제가 무너질 때 범죄를 행한다는 결론을 제시했다.[54]

레클리스의 억제이론은 범죄연구에 사회학 및 심리학을 접목시켜 설명하고, 범죄의 예방과 교정처우를 위한 정책방향을 설정해 준다는 점에서 매우 주목을 받고 있다. 그러나 자아관념이나 소속감, 기대감 등 이른바 범죄억제요인이라고 하는 개념들을 검증하기 곤란하고, 자아관념이 낮다고 하여 반드시 범죄를 하는 것은 아니라는 사실이 경험적 연구들을 통하여 밝히고 있어 그 한계를 보여주고 있다. 또한 법집행의 엄격성과 신속성, 확실성 등은 경미한 범죄를 제지하는 데

54 Walter C. Reckless, "New Theory of Delinquency and Crime," (*Federal Probation*, Vol. 25, 1961), pp. 42~46.

는 효과가 있지만, 이러한 법집행의 정책적 기조가 중상류층의 화이트칼라 범죄를 제지하는 데는 적용되지 못하거나 않는다는 비판도 있다.[55]

2) 자기비하이론(self derogation theory)

카플란(Howard B. Kaplan)의 자기비하이론은 비행이나 범죄의 원인을 범죄자의 나약한 자아존중감(low self esteem)으로 설명하였다.[56] 이 이론은 1970년대 중반에 제시되었다. 카플란은 주위사람들로부터 무시를 당하는 사람들은 자아존중감을 상실하고, 사회적응력이 떨어지고, 규범을 준수하려는 의지가 나약해진다고 주장하였다.

카플란의 자기비하이론을 지지하는 연구결과들도 있지만, 동시에 이를 반박하는 연구들도 있다. 즉, 일부 비행집단은 비행을 통하여 오히려 자아존중감이 높아지는 경향을 보였다. 즉, 원래 자아존중감이 낮은 집단의 경우 비행을 통하여 자아존중감이 높아지는 결과를 보인 것이다.[57]

1990년에 오저만과 마쿠스(Daphna Oyserman and Hazel Rose Markus)는 자기비하이론을 반박하는 연구결과를 발표했는데 이들에 의하면, 범죄의 원인은 자기비하감이 아니라 성취자아의식(expected possibe selves)의 결여 때문이라고 주장하였다.[58] 즉, 장래에 자신이 무엇을 이룰 수 있는 사람이라고 생각하는지의 정도가 오히려 범죄자가 될 수 있는지 여부를 예측할 수 있는 지표라는 것이다.

오저만과 마쿠스는 그들의 연구결과를 통하여 청소년은 긍정적인 성취자아의식(expected possibe selves), 즉 자신이 장래에 좋은 직업과 멋진 결혼, 행복한 가정을 꾸릴 수 있다고 생각하는 경우 범죄자가 될 확률이 매우 낮다고 한다. 그러나 부정적인 성취자아의식(expected feared selves), 즉 학교생활에 실패하고, 경찰에 체포되어 결국 교도소에 갈 것이라고 생각하는 경우 범죄자가 될 확률이 매우 높다는 것이다.

---

55 Jack P. Gibbs, "Crime, Punishment, and Deterrence," (*Social Science Quarterly* 48, 1968), pp. 515~530.

56 Howard B. Kaplan, Deviant Behavior in Defence of Self, (New York: Academic Press, 1980).

57 Ritzer, G., & Stepnisky, J. (2017). Modern sociological theory. SAGE Publications.

58 Daphna Oyserman and Hazel Rose Markus, "Possible selves in Balance: Implication for Delinquency," (*Journal of Social Issues*, Vol. 46, No. 2, 1990), pp. 140~157.

3) 허쉬의 사회통제이론(social control theory)

허쉬(Travis Hirschi)의 사회통제이론은 사회유대이론(social bond theory) 또는 사회결속이론이라고도 한다. 1969년에 「비행원인론」(Causes of Delinquency)을 통하여 발표되었다. 사회통제이론은 비행이나 범죄는 외부와의 유대나 통제가 약하거나 없어질 때 이루어진다는 명제를 전제로 한다. 즉, 인간은 외부적 통제나 유대가 강하다면 범죄를 행하지 않는다는 것으로 대부분의 범죄이론들이 연구의 초점을 사람들은 "왜 범죄를 행하는 것인가?(why do they do it?)"에 두었다면 허쉬는 "왜 범죄를 행하지 않는 것인가?(why the conformist does not violate the law?)"에 두고 범죄동기를 밝히려 했다.[59]

허쉬의 사회통제이론은 1969년 캘리포니아에 거주하는 6학년에서 12학년까지의 백인청소년 1,300여 명을 대상으로 한 자기보고식 조사를 기초로 한다. 허쉬는 가족 특히 부모에 대한 애착이 강할수록, 학업성취도가 높을수록 관습적인 도덕적 가치에 대한 신념이 높을수록 비행을 하지 않는 것을 발견하였다. 그는 청소년들의 비행적 태도에 영향을 주는 요소로 애착(attachment) · 전념(commitment) · 참여(involvement) · 신념(belief) 등을 제시하였다.

❶ 애착(attachment)

애착이란 청소년이 상대방과의 관계를 중요하게 생각하고 감정적으로 유대감을 가지는 것을 말한다. 청소년이 가족 특히 부모와 친구, 교사 등과의 애착이 강할수록 범죄를 행할 가능성은 낮아진다. "당신은 당신의 아버지와 같은 사람이 되고 싶은가요?"라는 질문 등으로 부모, 친구, 학교 등과의 애착 정도를 측정한다.

❷ 전념(commitment)

전념이란 청소년이 관습적인 생활과 행동을 받아들이는 정도를 말하는 것으로 전념의 정도가 크거나 높을수록 범죄나 비행의 가능성은 줄어든다고 할 수 있는데 좋은 학업성적을 받는 것을 중요하게 여기는 정도로 측정되었다.

❸ 참여(involvement)

자신의 일이나 학업, 정상적인 여가활동에 열심히 참여하는 것으로 측정되었는데, 참여가 적극적이고 왕성할수록 범죄의 가능성은 줄어든다고 할 수 있다.

59 Travis Hirschi, Causes of Delinquency, (CA: University of California Press, 1969), pp. 16~34.

❹ 신념(belief)

자신이 속한 사회의 가치, 도덕, 법규범 등을 수용하고 지지하는 개인적인 믿음을 말하며, 신념이 강할수록 범죄나 비행의 가능성은 낮아진다. 경찰이나 법률에 대한 존중과 전통적 가치에 대한 지지여부 등으로 측정되었다.

허쉬의 사회통제이론은 많은 경험적 연구를 통하여 검증되었지만[60] 사회통제의 네 가지 요소가 서로간의 어떤 상관성을 가지는지, 그리고 개개의 요소들이 비행에 얼마나 영향을 주는지 등에 대한 검증이 어렵다는 한계가 있다. 또한 어떤 사람은 사회적 통제감을 강하게 느끼나 상대적으로 어떤 사람은 왜 그렇지 못한가, 그리고 사회적 통제가 약하다면 모두 범죄를 하는가 등에 대한 명확한 설명을 하지 못하고 있다.[61]

4) 허쉬와 갓프레드슨의 일반이론(general theory)

허쉬는 이와 같은 문제점을 극복하기 위한 연구를 계속하였고, 1990년에 갓프레드슨(Michael Gottfredson)과의 공동연구를 통하여 일반이론(general theory)을 발표하였다.[62] 갓프레드슨과 허쉬는 범죄란 무엇인가(what is crime?)라는 의문을 가졌는데, 그들은 대부분의 범죄는 한순간의 만족감을 얻기 위한 세속적인(mundane), 간단한(simple), 사소한(trivial), 가벼운(easy) 행동이라고 보았다. 따라서 일반이론은 고전주의적 범죄이론과 같이 범죄란 쾌락을 얻고, 처벌을 피하려는 통제되지 않은 행동이라고 인식한다.

갓프레드슨과 허쉬는 범죄란 일반적인 일탈행동의 한 부분에 지나지 않는다고 보았다. 따라서 범죄자는 언론의 보도, 법집행공무원, 범죄학자 등이 주장하는 것처럼 참을 수 없는 정도의 악한 사람들이 아니라는 결론을 내렸다. 이들에 따르면, 범죄자들은 소설에서 묘사되는 것처럼 악마가 아니며, 범죄학자들이 주장하는 것처럼 아메리칸 드림을 추구하는 데 실패한 사람들도 아니다. 반대로 범죄자는 그들의 욕구를 통제하는 데 실패한 사람들이라는 것이다. 장기적인 이익과 손해 사이에서 갈등하던 개인은 잘못된 욕구를 통제하는데 실패하고, 결국

60 허경미, “사회유대적 관점에서의 청소년비행 통제모형에 관한 연구”, 한국공안행정학회보 제15권 제4호(한국공안행정학회, 2006), pp. 142~173.

61 Robert Agnew, “Social Control Theory and Delinquency: A Longitudinal Test,” (*Criminology*, 1985), pp. 47~61.

62 Michael Gottfredson and Travis Hirschi, A Gener Theory of Crime, (CA: Stanford University Press, 1990).

범죄를 결정하며 범죄자가 되는 것이라는 설명이다.

일반이론의 핵심은 개인의 신념, 즉 범규준수의식은 범죄억제의 기본적 변인이라고 가정한다. 즉, 자아통제(self control)는 모든 형태의 범죄 및 인간의 행동을 가장 잘 설명할 수 있는 중요한 변수라는 것을 증명해 보이려 노력한 것이다.[63] 또한 자아통제는 모든 그룹간의 범죄발생율의 차이를 설명할 수 있는 변인이라고도 주장한다.

5) 티틀의 통제균형이론(control-balance theory)

통제균형이론은 티틀(Charles R. Title)에 의하여 주장되었다. 통제균형이론은 사회적 통제이론과 억제이론적 관점이 혼합된 것이라고 할 수 있다.[64] 티틀의 통제균형이론의 중요한 개념은 통제비율(control ratio)이다. 통제비율이란 개인이 비행에 가담하거나 비행의 구체적인 형태를 예측할 수 있는 가능성을 말한다. 통제과잉(control surplus)은 통제가 지나친 것이고, 반대로 통제결핍(control defict)은 통제가 지나치게 낮은 상태를 말한다. 티틀은 통제가 지나친 것은 반대로 너무 적은 것만큼 위험하다고 본다.

통제과잉인 상태의 사람은 타인에 대하여 더 강한 통제를 하려는 경향을 보이며, 학대, 강탈, 퇴폐적인 범죄행위를 보인다. 반대로 통제결핍인 상태의 사람은 억압적인 통제를 피하려는 의도에서 범죄를 행하는 경향을 보인다. 이들에 의하여 행해지는 비행의 형태는 약탈(신체적 폭력, 강도, 강간, 상해 등), 반항(반달리즘, 통행금지위반, 시무룩함 등), 복종(수동적, 무신경, 타인의 요구, 명령, 기대 등에 대한 무조건적인, 노예적인 복종) 등이다. 그러나 티틀에 따르면 통제불균형은 비행단계에서만 발생한다. 개인이 비행을 행할 때 통제비율은 선호하는 방식대로 변경될 수 있다.

티틀은 또한 기회 역시 비행에 있어 중요한 역할을 한다고 주장하였다. 동기부여 및 통제형태가 어떠하던 비행을 행할 수 있는 기회가 주어져야 한다는 것이다.

---

63 Ritzer, G., & Stepnisky, J. (2017). Modern sociological theory. SAGE Publications.

64 Charles R. Title, Control Balance: Toward a General Theory of Deviance, (CO: Westview Press, 1995).

4. 사회적 낙인과 범죄(social labeling and crime)

사회적 낙인이론(labeling theory)은 특정의 행위 및 행위자가 왜 사회에서 비행이나 범죄, 그리고 범죄자가 되는지에 관심을 가진다. 사회적 반응이론(social reaction theory)이라고도 한다.[65] 낙인이론은 일탈을 사회적 상호작용의 산물로서 이해한다. 특정의 행위에 대해 법집행기관이나 사회가 일탈이라고 규정, 반응함으로써 비로소 일탈이 된다는 것이다. 따라서 특정행위에 대하여 어떤 경우는 일탈이 되지만, 어떤 경우는 일탈이 되지 않을 수 있다. 그 행위에 대하여 사회가 보이는 반응에 따라 일탈여부가 결정된다고 본다.

청소년이 사소한 비행에 대하여 사회에서 부정적인 반응을 보일 때 해당 소년은 자신이 실제로 부정적인 사람으로 인식하고 점점 부정적인 일에 나서거나 비행청소년 그룹과 어울리게 된다. 이러한 과정을 탄넨바움(Frank Tannenbaum)은 악의 드라마화(dramatization of evil)라고 불렀다. 탄넨바움은 악의 드라마화를 만들지 않는 것이 청소년비행을 줄이는 것이라고 인식하였다.[66]

레머트(Edwin Lemert)는 탄넨바움의 악의 드라마화 개념을 발전시켜 일차적 일탈(primary deviance)과 이차적 일탈(secondary deviance)이라는 개념을 만들어 청소년의 비행을 설명하였다.[67] 일차적 일탈이란 최초의 사소한 일탈행위를 말하며, 이차적 일탈이란 일차적 일탈 이후에 사회적 반응(처벌과 비난 그리고 범죄자라는 사회적 낙인)에 영향을 받아 행하는 지속적인 일탈행위를 말한다. 특히 레머트는 경찰이나 검찰, 법원, 교도소 등의 정부기관으로부터 공식적으로 일탈자라고 낙인이 찍힐 때 이차적 일탈이 더욱 증가한다고 주장하였다.

베커(Howard Becker)는 레머트의 주장을 보완하여 특정의 행위가 일탈이라고 낙인찍히는 것은 행위자의 사회적 지위에 따라 달라진다고 보았다.[68] 즉 형사사법기관, 사회의 주도적인 그룹 등은 자신들의 규정을 만들고 특정의 사람이 그 규정을 어길 때 일탈자라고 낙인을 찍어 아웃사이더 취급을 한다. 아웃사이더로

---

65 Larry, J. (2018). Siegel. Criminology: The Core, CENGAGE, p. 177.

66 Frank Tannenbaum, Crime and the Community, (Boston: Ginn, 1938), pp. 11~20.

67 Edwin Lemert, Human Deviance, Social Problems and Social Control, (NJ: Prentice-Hall, 1967), p. 17.

68 Howard Becker, Outsider: Studies in the Sociology of Deviance, (NY: Free Press, 1963), pp. 12~14.

그림 2-8 일탈과 낙인의 진행과정

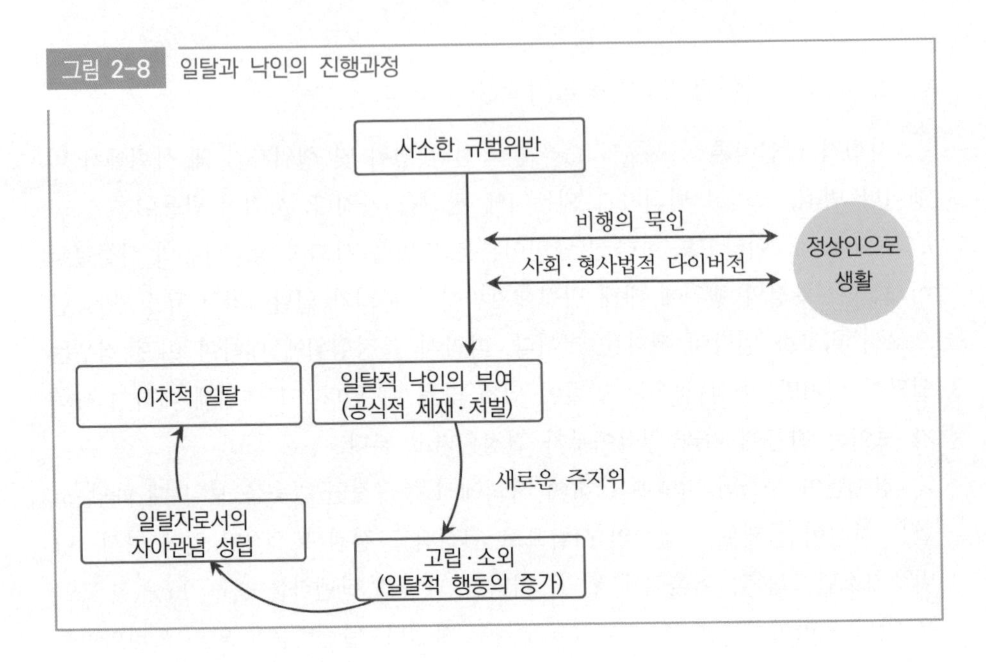

서의 지위는 그의 주지위(master status)가 되어 이후에 교육과 직업 등에 방해를 받게 되며, 결과적으로 일탈을 계속하게 만든다는 것이 베커의 설명이다.

베커는 본질적으로 비행적이거나 범죄적인 행동이 존재하는 것이 아니라 다른 사람들에 의하여 범죄로 개념지어진 행동을 하는 것이 범죄라고 한다. 베커는 사회 일부의 특정한 규범이 어떻게 법으로 제정되는지를 설명하면서 도덕의 기업화(moral enterprise)이라는 개념을 도입하였다. 도덕의 기업화란 법을 만듦으로써 법에 의한 우선성에 의하여 이익을 얻으려는 모든 그룹과 집단, 계층 등을 의미한다. 베커는 법이란 주도권의 산물이며, 주도권을 가진 사람을 도덕적 기업인이라고 묘사할 수 있다고 주장하였다.[69]

베커는 비행경력(deviant career)에 대하여도 관심을 가졌는데, 그는 대부분의 초기비행은 일시적인 것이며, 다시 발생하지 않는다고 보았다. 그러나 일시적인 비행이라고 해도 그것이 낙인이 찍힐 경우 고착적인 행동패턴으로 굳어진다. 주위의 부정적 반응에 의하여 범죄자로 낙인이 찍힌 사람은 스스로를 범죄자로 인식(mind set)하게 되며, 범죄적 하위문화의 구성원이 되어 간다.

베커는 범죄자의 유형을 완전한 범죄자(pure deviant), 불법체포된 범죄자

69 Howard Becker, Outsider: Studies in the Sociology of Deviance, (NY: Free Press, 1963), p. 147.

(falsely accused deviant), 감춰진 범죄자(secret deviant) 등 세 가지 유형으로 구분하여 낙인을 설명하고 있다.[70] 완전한 범죄자란 사회가 규정한 범죄적 행동, 즉 규범을 위반한 경우로 강도범(robbery)을 예로 들 수 있다. 불법체포된 범죄자는 범죄자가 아니라 범죄자로 낙인이 찍힌 경우이다. 이 유형은 베커의 사회적 개념의 권력(power of social definition)을 증명할 수 있는 경우이다. 죄가 없는 사람도 때때로 기소되고, 교도소에서 수감생활을 하게 되며, 평생을 범죄자로 낙인이 찍혀 살아가게 된다. 즉, 그는 평범한 사람이었지만, 범죄자로 낙인이 찍히면서 본격적인 완전한 범죄자가 되어가는 것이다. 감춰진 범죄자란 사회적 규범을 위반했지만, 그의 행동은 주목받지 않았고, 결과적으로 부정적인 사회적 반응이 따르지 않은 경우이다.

5. 드라마 연출과 범죄(dramaturgy and crime)

고프만(Erving Goffman)은 1959년 「일상생활에서의 자신의 표현」(The Presentation of Self in Everyday Life)이라는 저서를 통하여 범죄학에 드라마 연출이라는 개념을 도입하였다.[71] 드라마적 관점에서는 개인은 동시에 다양한 역할 –엄마, 교사, 딸, 아내, 부동산소개업자 등– 을 수행하는데 그러한 행동은 타인과의 상호작용을 유지하기 위해서는 필수적이다. 고프만은 사회적 배우들은 특별한 역할에 맞게 자신을 효과적으로 표현하려고 크고 작은 노력을 한다고 본다. 예를 들어 의사는 환자를 수술하고, 간호사를 통제하며, 환자가족을 치료하는 등의 다양한 역할을 수행한다. 이와 마찬가지로 범죄인은 자신과 맞닿은 피해자를 통제하고, 효과적으로 범행을 진행하는 과정을 가진다는 것이다. 즉 사람은 누구나 그에게 주어진 역할과 요구에 맞게 연출된 모습을 실행한다.

사람은 누구나 다양한 낙인 혹은 흔적(stigma)을 가지고 있다. 예를 들어 신체적인 낙인(출생시 반점), 행태적 낙인(절도범), 관념적 낙인(세속적인 사회적 계층 등) 등을 가지고 있다.[72] 정상적(normal)으로 낙인을 가진 사람은 타인과의 관계에서 정상적인 행동을 할 것을 기대받으며, 그대로 행동한다. 그러나 한 집단에

70 Ritzer, G., & Stepnisky, J. (2017). Modern sociological theory. SAGE Publications.

71 Erving Goffman, The Presentation of Self in Everyday Life, (NY: Doubleday, 1959), p. 135.

72 Erving Goffman, Stigma: Notes on the Management of Spoiled Identity, (NJ: Prentice Hall, 1963).

서 나쁜 평판을 듣는 사람은 다른 사회구성원들을 대할 때 스스로를 소외된 사람이라고 인식할 수 있다. 따라서 자신의 비행적 혹은 범죄적 행동을 정당시하는 행동을 한다는 것이다. 고프만은 정상(normal)과 낙인(stigma)은 사람(person)에 대한 것이 아니라 인식(perspective)이라고 강조하였다. 그러나 고프만의 이러한 주장들은 지나치게 관념적이라는 비판을 받았다. 우리가 처한 세상은 현실 그 자체이며, 현실은 드라마처럼 연출할 수 없으며, 구성원들이 처한 현실이 모두 동일하지 않다는 것이다.[73]

6. 사회적 과정이론의 평가

사회적 과정이론은 범죄가 결국 행위자를 둘러싸고 있는 여러 환경적 요소들로부터 학습하고, 통제를 받으며 또한 사회적 반응의 산물이라는 것을 사회학과 심리학을 접목하여 설명한 점 등이 매우 높게 평가받고 있다. 특히 범죄행위 등의 합리화, 개인과 사회의 통제와 범죄억제, 자기비하, 자아존중감 등의 개념을 끌어들여 범죄원인을 밝히려 한 점은 범죄학의 연구영역을 한층 더 확장한 것이라 할 수 있다.

특히 낙인이론의 비행자나 범죄자에 대한 사회의 공식적 낙인이 범죄자를 더욱 많이 양산할 수 있다는 주장은 형사정책에 많은 영향을 미쳤다. 경미한 비행사범이나 소년사범의 경우, 과실범 등에 대해서는 교도소 수용이 아닌 사회 내 처우나 보호처분 등의 다이버전정책을 본격적으로 도입하는 근거가 된 것이다.

그러나 사회적 과정이론 중 학습이론은 그 개념의 모호성과 풍부한 경험적 연구로 검증하지 못하는 점, 그리고 개인이 구체적으로 어떠한 원인에 의하여 사회적 통제가 형성되지 못하는 것인지에 대한 설명이 부족하다는 한계를 가지고 있다.

낙인이론도 낙인을 찍는 계층과 낙인을 받는 계층을 지나치게 단순화하고 있고, 일탈자라고 낙인이 찍힌다면 반드시 범죄를 행할 것이라 가정하는 등 일탈자를 지나치게 수동적인 존재로만 인식한다는 비판을 받고 있다. 또한 경찰이나 법원의 공식적 낙인이 이차적 일탈의 범행동기로 반드시 작용한다는 주장도 타당성이 없다. 왜냐하면 대부분의 재범자는 오히려 일차적 범행동기로 인해 계속

73 Ritzer, G., & Stepnisky, J. (2017). Modern sociological theory. SAGE Publications.

범죄를 행하는 경우가 더 많기 때문이다. 나아가 낙인이론에 따르면 일탈자에 대하여 공식적 낙인을 하지 않는다면 과연 범죄를 줄이기 위하여 국가기관의 역할이 역설적으로 아무것도 없다는 공허한 결론에 달하게 된다.

Ⅳ. 사회적 발달이론

1. 사회적 발달이론의 의의

사회적 발달이론(social development theory)은 인간의 발달단계(human development stage)가 범죄를 이해하는 가장 중요한 변수라고 주장한다.[74]

대표적인 사회적 발달론자인 에릭 에릭슨(E. H. Erikson)은 인간은 평생 동안 사회화를 거듭하며 자아발달을 이루며, 이를 여덟 단계로 구분하였다.

표 2-4 에릭슨의 인간의 심리사회적 발달 8단계

연령	덕목	정신-사회적 위기	중요관계	존재적 질문	표출
0－1	희망	맹목적 신뢰/착각, 불안	모친	세상을 믿을 수 있나?	섭취/포기 수유/유기
1－3	의지	자율적/부끄러움, 의심	부모	내가 해야하는 것인가?	혼자 옷입기, 배변
3－5	목적	주도적/죄의식	가족	이것이 내게 도움이 되는 것인가?	도구사용, 그림그리기
5－12	능력	근면한/게으른	주변/학교	내가 이 세상에서 무엇을 할 수 있나?	학교, 운동
12－18	충실도	자아주체적/역할혼란	또래집단, 롤모델	나는 누구인가? 나는 어떤 사람이 될 것인가?	사회적 관계형성
18－40	사랑	친근/고립	친구, 애인	사랑을 할 수 있나?	연인관계형성
40－65	보살핌	생산적/침체적	가족, 직장동료	내 삶을 설계할 수 있나?	직업, 부모역할
65－death	현명	자존감/절망적	인류/비슷한 동년배	제대로 살아온 것인가?	생애반추

자료: McLeod, S., & Erikson, E. (2008). Psychosocial Stages. Simply psychology.

74 Farrington, D. P. (2017). Introduction to integrated developmental and life－course theories of offending. In Integrated developmental and life－course theories of offending (pp. 11－24). Routledge.

사회적 발달이론은 특정한 개인의 발달과정은 개인과 그를 둘러싼 사회적 환경과의 끊임없는 상호작용을 통하여 영향을 받는다고 인식한다. 따라서 사회적 발달이론은 개인의 발달은 출생하는 시점, 혹은 그 이전부터 이미 시작되는 것이라고 주장한다. 이는 개인의 후천적인 학습화를 주장하는 사회적 학습이론과 근본적으로 다른 점이다.

또한 개인의 발달은 동시에 다양한 영역, 즉 심리적, 신체적, 가정적, 대인관계적, 문화적, 사회적, 그리고 사회생태학적 측면 등에서 진행된다. 이와 같은 점에서 사회적 발달이론을 통합적 이론이라고도 한다. 범죄원인에 대한 연구 역시 이러한 관점에서 이루어진다.

대부분의 사회적 범죄이론은 특정 그룹에 대한 연구를 진행하고, 그 그룹구성원들의 차이를 비교하여 범죄원인을 설명하고 있다. 그러나 사회적 발달이론은 개개인의 범죄발생률을 주목하고, 개인의 생애에 있어 범죄의 증감요인을 찾으려는 노력을 하고 있다. 따라서 사회적 발달이론은 범죄와 비행을 연구하는데 종단적 연구방법을 주로 사용하며, 사람의 생애주기에 따른 개인의 행동양식의 변화에 관심을 기울인다.

사회적 발달이론은 청소년기에서 성인기로 발달해가는 과정이 매우 변화가 많은 시기이며, 청소년들은 이 시기에 적어도 일곱 가지 정도의 해결해야 할 발달과제(developmental tasks)를 가진다고 본다. 즉 ① 자아정체성 인식, ② 상징적인 관계설정, ③ 신체적인 단련, ④ 가치체계에 대한 투자, ⑤ 학업이수, ⑥ 부모로부터의 독립, ⑦ 직업의 선택과 유지 등이다. 이와 같은 발달과제를 달성한다면 정상적인 성인으로 성장한다는 것이다.

2. 생애경로이론(life course theory)

라웁과 샘슨(Laub, J. H., & Sampson, R. J.)은 1993년에 생애경로이론을 발표하였다.[75] 생애주기이론이라고도 한다. 생애경로이론은 사회적 학습이론과 사회적 통제이론에 바탕을 두고, 범죄경력(criminal career)은 개인의 생애발달에서 다양한 범죄적 영향의 결과에 따라 발생하는 것이라는 관점이다.[76] 범죄경력을 가진

---

75 Laub, J. H., & Sampson, R. J. (1993). Turning points in the life course: Why change matters to the study of crime. Criminology, 31(3), 301－325.

76 Robert J. Sampson and John H. Laub, Crime in the Making: Pathways and Turning

사람과 그렇지 않은 사람 간에 생애과정에 있어 발달과정의 차이가 있다는 것이다. 즉, 생애경로이론은 범죄적 행동은 생애주기(life course)를 통하여 뚜렷한 패턴을 보인다는 점을 중시한다.[77] 이 이론에 의하면 범죄성은 청소년기에 나타나는 특징적인 현상으로 청소년기 말기 및 성인초기에 가장 현저하게 나타났다가 점차 감소된다. 그러다가 30대 혹은 40대에는 완전히 사라지는 현상이라는 것이다. 대부분의 사람들은 평생 다시는 범죄를 하지 않지만, 일부는 범죄자가 된다.

생애경로이론은 범죄경력은 참여, 빈도, 기간, 심각성의 네 가지 지표의 관점에서 설명하여야 한다고 주장하며 많은 의문들을 가지고 범죄문제를 연구한다. 즉 초기 소년비행이 성인비행까지 어떻게 이르게 되는 것인가? 인생의 변화(학교입학에서 졸업 후, 결혼에서 이혼까지, 친구와 만남과 결별 등)가 행동과 행동결정에 얼마나 영향을 주는가? 인생주기에서 범죄자와 피해자는 어떻게 만나는 것인가 등이 연구대상이다.

이러한 것들을 증명하기 위하여 생애경로이론은 연령차이에 따른 궤도와 그 변화를 연구하였다. 인생전체를 궤도(trajectories)로, 그리고 궤도의 특정한 지점, 예를 들어 직업, 결혼, 부모, 범죄 등을 변화요인(transition)으로 정하여 행동패턴의 변화를 찾는 것이다. 이러한 연구를 통하여 생애경로이론은 특정인에게 있어 아동기 또는 청소년기, 성인기의 행동은 연속성(continuity)이 있다는 것을 확인하였다. 생애경로이론은 개인이 변화단계를 설명하면서 활동화(activation), 격화(aggravation), 단념(desistance) 등의 개념을 도입한다. 또한 인생전체 동안 관계를 유지하는 친척과 친구, 직장동료집단과의 상호관계의 범위 역시 매우 중요한 영향을 주는 것으로 인식한다.[78]

생애경로이론을 뒷받침하는 연구로 거의 반세기에 걸친 글릭(Sheldon Glueck and Eleanor Glueck)부처의 표본연구를 들 수 있다.[79] 이 연구는 범죄원인으로 사

Points through the life Course, (Cambridge: Harvard University Press, 1993).

77 당초 청소년의 범죄경력이 평생 동안 범죄자로 살아가는데 영향을 준다는 가정은 1986년에 알프레드 블루스테인 등에 의하여 발표되었다. Blumstein, A. (Ed.). (1986). "Criminal Careers and Career Criminals," (Vol. 2). National Academies. 1993년에 라웁과 샘슨은 이를 보완하여 생애경로(life course)라고 이름을 붙여 생애경로이론을 발표하였다.

78 Farrington, D. P. (2017). A general age－graded theory of crime: Lessons learned and the future of life－course criminology. In Integrated developmental and life－course theories of offending (pp. 175－192). Routledge.

79 Sheldon Glueck and Eleanor Glueck, Delinquents and Nondelinquents in Perspective,

회경제적, 신체적, 지능적, 정서적 요소들을 파악하도록 설계되었다. 이들은 1930년대에 비행청소년 500명과 정상청소년 500명을 대상으로 비행원인을 밝히는 연구를 진행하였다. 대상자들은 연령, 지능, 인종, 거주지역에 따라 분류되어 설문조사, 부모 및 교사와의 면담자료, 공식적인 범죄경력 등에 의하여 1949년과 1965년에 다시 동일한 대상들을 상대로 연구가 반복 진행되었다. 연구결과 가정생활의 변화가 범죄에 상당한 영향을 주었으며, 특히 어릴적 부적응이 클수록 성인기 적응에 장애를 겪었다. 또한 아동기의 범죄경력이 성인기의 범죄경력으로 이어지는 경향이 강한 것으로 나타났다.

이후에도 성장과정의 청소년을 추적·조사하는 다양한 연구를 통하여 생애경로이론이 지지되고 있다.

3. 연령성숙이론(age graded theory)

라웁과 샘슨은 글릭부부의 자료를 좀 더 정밀하게 연구하여 연령성숙이론을 개발하여 1993년에 발표하였다.[80] 라웁과 샘슨은 허쉬의 사회통제론과 같이 비행은 사회적 통제가 약하거나 깨졌을 때 발생하지만, 사회적 통제에는 취업과 결혼 같은 것도 포함된다고 본다. 즉 비행에 빠진 청소년들은 학교와 가정에서 더 문제를 일으키고, 이미 비행에 빠진 친구들을 사귀는 경향이 있다. 그런데 이들에게도 인생의 두 가지 중요한 전환점(turning point)이 있는데 바로 취업과 결혼이다.

취업과 결혼은 청소년기의 생활에서 성인기로 넘어가는 중요한 전환점 역할을 한다. 비행청소년들은 취업을 통하여 이전의 삶과 단절하려는 경향을 보이고, 새로운 인생을 설계하려는 태도를 보인다.

또한 라웁과 샘슨은 범죄는 청소년의 생활주기가 연속성을 보이는가 혹은 단절을 보이는가에 따라 결정된다고 본다. 이전생활과의 단절의 또 하나의 전환점은 취업과 결혼이다. 왜냐하면 인생행로(life-course)에 있어 변화는 주로 연령과 상관이 있고, 결혼은 사회적 통제를 강화시키거나 단절시키기 때문에, 라웁과 샘슨은 사회적 통제에서 나이변화는 범죄의 변화를 설명할 수 있다는 것이다.[81]

(Cambridge: Harvard University Press, 1968).

80 Laub, J. H., & Sampson, R. J. (1993). Turning points in the life course: Why change matters to the study of crime. Criminology, 31(3), 301-325.

라웁과 샘슨은 또한 사회적 자본(social capital)이라는 개념을 도입하였는데, 이는 한 개인이 생애과정에서 다른 사람, 사회제도와 가지는 적극적인 관계의 정도를 말한다. 사회적 자본은 교육, 성실한 직장생활, 활발한 대인관계, 비범죄 경력 등에 의하여 강화된다. 개인의 사회적 자본이 커질수록 범죄적인 행동을 할 기회는 적어진다는 것이다.[82]

4. 이원적 경로이론(two path theory)

이원적 경로이론은 1993년 미국 심리학자인 테리 모피트(Terrie Moffitt)가 발표하였다.[83] 모피트는 연령은 반사회적 범죄와의 상관성을 설명하면서 사회에는 청소년지위비행자(The adolescence－limited offenders)와 생애지속범죄자(life－course－persistent offenders) 등 두 유형의 반사회적 범죄자들이 있다고 주장했다.

청소년지위비행자는 청소년기 동안에만 반사회적 행동을 보이지만, 생애지속범죄자는 어린 시절에 시작한 반사회적 행위를 평생동안 지속한다.

생애지속범죄자는 신경정신병적 문제(초기 뇌손상이나 생화학적 호르몬 불균형 등)와 빈곤, 가정결손 등의 환경적 요인이 결합하여, 생애 동안 불완전한 행동을 계속하는 경우이다. 이들은 학교생활에 적응을 하지 못하거나 아동기부터 일탈자가 되는 경향을 보인다. 결과적으로 그들에게 합법적으로 성공할 수 있는 기회는 시간이 지나면서 점점 제한되어간다.

모피트는 청소년지위비행자들은 반사회적 행동을 함에 있어서 동일한 행동을 지속하는, 즉 지속성(persistence)을 보이지 않고, 다양한 반사회적 행위로 나아간다고 주장한다. 즉 친구와 마약을 하거나 점포에서 물건을 훔치기도 하며, 나이에 맞지 않은 이성교제를 시도한다. 그러나 동시에 이들은 학교에서는 규칙을 지키고, 교사를 존경하는 태도를 보이며, 고용주와 성인들과 원만한 관계를 유지한다.

---

81 Sampson, R. J., Laub, J. H., & Wimer, C. (2006). Does marriage reduce crime? A counterfactual approach to within－individual causal effects. Criminology, 44(3), 465－508.

82 Laub, J. H., Sampson, R. J., & Sweeten, G. A. (2017). Assessing Sampson and Laub's life－course theory of crime. In Taking stock (pp. 313－333). Routledge.

83 Moffitt, T. E. (1993). Adolescence－limited and life－course－persistent antisocial behavior: a developmental taxonomy. Psychological review, 100(4), 674－701.

그림 2-9 반사회적 행동의 지속

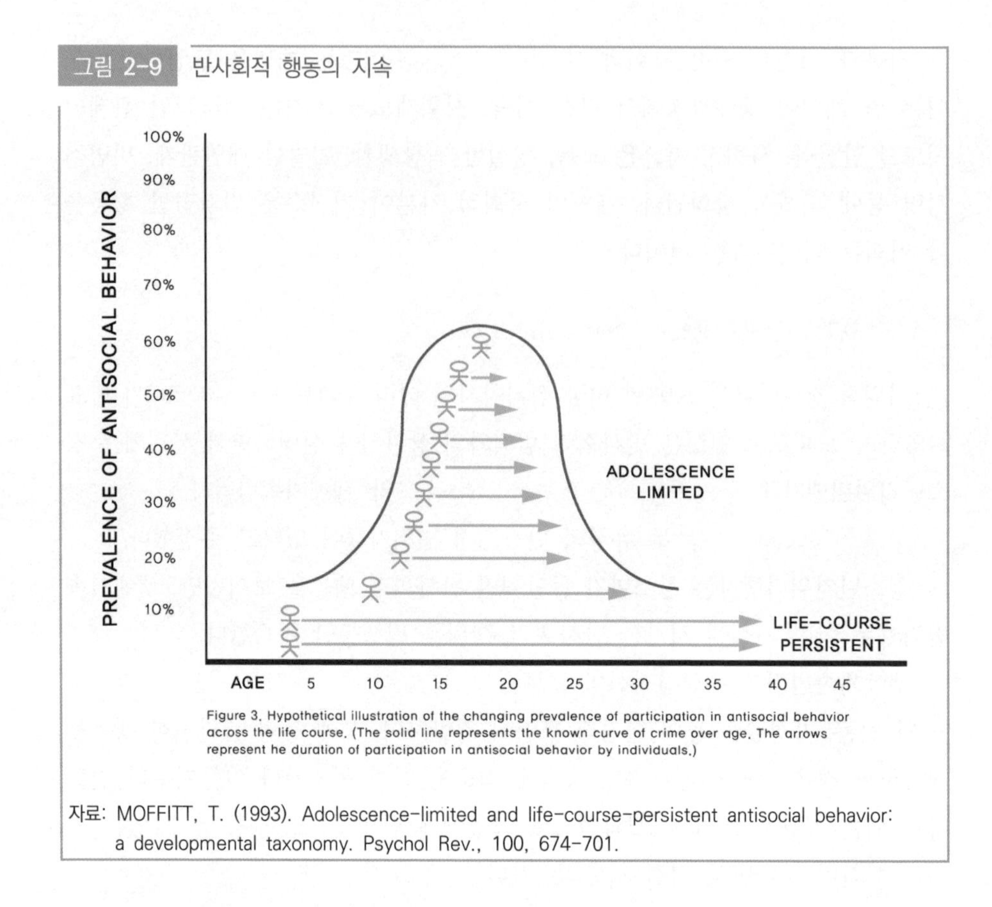

자료: MOFFITT, T. (1993). Adolescence-limited and life-course-persistent antisocial behavior: a developmental taxonomy. Psychol Rev., 100, 674-701.

그러나 생애지속범죄자들은 반사회적 행동을 함에 있어서 다양한 범주에서 일관성 있는 반사회적 행동을 한다.

모피트를 비롯한 많은 연구자들이 이원적 경로이론을 검증하는 후속연구를 계속하였고, 모피트의 이론을 지지하는 성과를 거두었다. 특히 모피트는 반사회적 행동의 발생시기를 기준으로 아동기, 청소년기를 구분하여 이들이 26세가 될 때까지의 경로를 따라 그 변화를 비교하였다.[84]

이 연구에서 아동기 반사회적 행위 그룹에서 부적절한 육아, 신경인지 문제, 통제되지 않은 기질, 심한 과잉행동, 정신병적 성격 특성 및 폭력적인 행동이 있었다는 것이 밝혀졌다. 청소년 반사회적 행위자 그룹에게는 이러한 특징이 나타

84 Moffitt, T. E., Caspi, A., Harrington, H., & Milne, B. J. (2002). Males on the life-course-persistent and adolescence-limited antisocial pathways: Follow-up at age 26 years. Development and psychopathology, 14(1), 179-207.

나지 않았다.

이들이 26세가 되었을 때 아동기 반사회적 행위 그룹은 성격장애, 정신건강 문제, 물질 의존성, 재정문제, 업무문제, 약물 관련 및 폭력범죄 등 가장 심각한 범죄인 그룹으로 성장했다. 청소년 반사회적 행위자 그룹은 덜 극단적이었지만 충동적인 성격 특성, 정신건강 문제, 물질 의존성, 재정문제 등을 안고 있었다. 아동기에 공격적이지만 크게 반사회적 행동을 보이지 않았던 그룹은 불안하고 우울하며 사회적으로 고립되어 있으며 재정 및 직업상 문제가 있는 만성적 경범죄자로 성장해 있었다.

이러한 연구 결과는 생애 지속범죄자 및 청소년지위비행 등을 설명하기도 하지만 동시에 공격적인 어린이와 반사회적 청소년이 만성적 경범죄자나 중범죄자로 성장하지 않도록 하는 대책이 필요함을 보여준다.

5. 비행적 발달이론(delinquent development theory)

비행적 발달이론은 훼링톤과 웨스트(David P. Farrington and Donald J. West)가 제시한 이론으로 사람의 비행은 초기 아동기부터 연령대에 따라 고유의 증세를 보인다는 것이다. 이들은 생애에 있어 범죄적 행동의 지속(persistence)보다는, 단념(desistance)을 하는 시기에 대한 종단적인 연구결과를 1982년에 발표하였다.[85] 이것은 1953년 런던에서 태어난 411명의 또래집단에 대한 종단적인 연구로, 「비행발달에 대한 캠브리지연구」(Cambridge Study in Delinquent Development)라고 불린다. 이 연구는 비행에 대한 자기보고식 설문연구와 심층면접을 통한 심리적인 검사가 함께 적용되었는데 최초의 인터뷰는 8세부터 시작되어 모두 8회에 걸쳐 진행되었다.

이 연구를 통해 생애행로이론이나 이원적 경로이론과 같이 정상청소년들과 비행청소년들은 서로 다른 생애주기(life course)를 보이는 것으로 밝혀졌다. 범행을 지속하는 사람들은 산만성, 낮은 집중력, 낮은 성취욕, 반사회적인 부친, 대가족형태, 저소득가정, 가족의 해체, 부모의 무관심, 부모 간 불화 등의 문제로 고

85 Farrington, D. P., Berkowitz, L., & West, D. J. (1982). Differences between individual and group fights. British Journal of Social Psychology, 21(4), 323–333.; Farrington, D. P., Ttofi, M. M., Crago, R. V., & Coid, J. W. (2014). Prevalence, frequency, onset, desistance and criminal career duration in self-reports compared with official records. Criminal Behaviour and Mental Health, 24(4), 241–253.

통을 받고 있었다. 상습적인 범죄를 하는 사람들은 범죄인 친구와 또래집단을 가지고 있었고, 아동기부터 공격성, 부정직, 학교부적응, 가출, 산만성, 충동성, 불안감 등의 반사회적인 행태를 보였다.

훼링톤은 범죄의 단념(desistance)에 대한 또 다른 연구를 통하여 일반적으로 17세 또는 18세 정도에 범죄성이 가장 정점에 이르렀다가 서서히 줄어들어 35세 정도에 달하면 대부분의 대상자들은 비록 그들이 저임금의 직업과 이혼, 불안한 주거시설에 거주하는 경우도 있지만 정상적인 생활스타일에 적응을 한다는 연구 결과를 제시하였다.[86] 한편 많은 범죄자들은 여전히 범죄행위를 하고 있었고, 그들의 자녀들에게도 좋지 않은 역할모델을 하고 있는 것으로 나타났다.

종단적 연구는 범죄의 단념시기를 파악하기 위한 매우 보편적인 연구방법이 되었지만, 단념이 발생하는 시점을 결정짓는 것은 여전히 어려운 과제이다. 일부 연구자들은 단념시기를 모든 종류의 범죄를 완전히 멈췄을 때라고 정의하지만, 일부는 범죄적인 행동이 점차적으로 멈췄을 때로 정의하기도 한다.

6. 진화론적 생태이론(evolutionary ecology theory)

진화론적 생태이론은 개인의 생애에 있어 개인의 경험, 생애를 둘러싼 가정, 사회, 교육적 환경 등이 범죄성(criminality)을 발전시킨다고 설명한다.

진화론적 생태이론은 동시대에 환경이 다른 지역에서 태어나 성장하는 또래집단의 생애는 서로 다른 발달과정을 보인다는 것이다. 즉, 이는 아동기에 직면하는 환경에 따라 아동은 서로 다른 생애행로(life course)를 보인다는 것을 강조하였다. 진화론적 생태이론은 또래집단을 출생초부터 성인기에 이르기까지 그 성장과정을 추적조사하는 방식으로 진행된다. 대표적인 연구로 울프강(Marvin Wolfgang)이 미국의 필라델피아에서 1945년에 태어난 남아들을 대상으로 한 것으로 이들이 18세가 되는 1963년까지 진행되었다.[87] 울프강은 이 연구에서 6%의 범죄청소년이 모든 범죄의 52%를 차지한다는 결과를 제시하였다.

1996년도에 울프강이 중국의 우한(Wuhan)에서 진행한 또래집단연구는 보다

86 Farrington, D. P. (Ed.). (2017). Integrated developmental and life-course theories of offending. Routledge.

87 Marvin Wolfgang, Robert Figlio, and Thorsten Sellin, Delinquency in a Birth Cohort, (Chiago: University of Chicago Press, 1972).

확실한 결과를 제시하고 있다. 이 연구는 우한과 우창(Wuchang)지역의 5,000명을 비행집단과 정상집단으로 분리하여 자료를 비교분석하는 형태로 진행하였다. 그 결과 두 그룹 간 학교퇴학, 학력, 결석률, 직업유형, 실업률에 있어 현저한 차이가 발견되었다.[88]

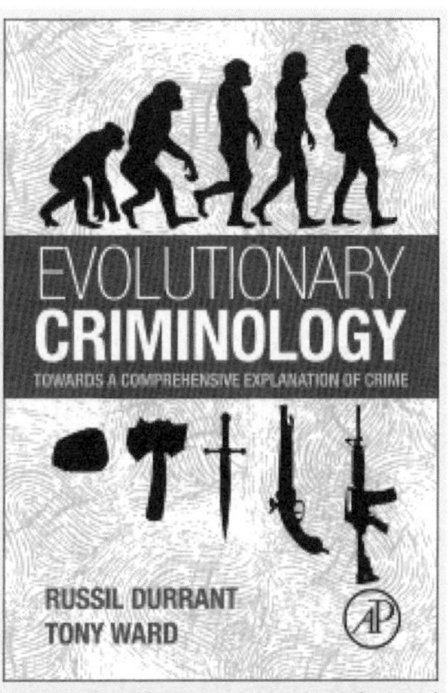

자료: https://www.elsevier.com/books/evolutionary-criminology/

따라서 진화론적 생태학(evolutionary ecology)은 사람들은 어떻게 범죄성을 습득하는 것인가?, 언제 그리고 왜 범죄를 하는가?, 개인과 집단은 범죄에 어떻게 대응하는가?, 이러한 것들은 역동적인 자아통제시스템에서 어떤 상호작용을 거치는가? 왜 소수의 사람이 절대적인 범죄율을 차지하는 것일까? 등에 대한 연구라고 할 수 있다.[89]

7. 사회적 발달이론의 평가

사회적 발달이론은 청소년기의 발달단계가 비행과 밀접한 관련이 있다는 다양한 연구결과들을 발표함으로써 청소년의 범죄예방 및 비행청소년에 대한 교정정책의 방향을 제시하였다는 점에서는 높이 평가를 받는다. 즉, 가정은 아동기 및 청소년기의 자녀들에 대한 관심과 일정한 통제를 꾸준하게 유지해야 하며, 학교는 올바른 가치관을 가지도록 가르쳐야 한다. 또한 가정, 학교, 교회, 기타 지역공동체에서는 청소년들에게 비행적, 또는 범죄적 영향을 줄 수 있는 요소들을 제거하고, 비행청소년들의 초기에 비행적 행동을 교정해야 하며, 상습적인 비행청소년은 분리, 교정해야 하며, 형사사법기관은 다양한 형태의 제재방법을 개발하고 유지함으로써 아동기, 혹은 청소년기의 비행이 성인기의 범죄로 발달하지 않도록 할 수 있다는 인식을 확인해준 것이다.

그러나 사회적 발달이론은 여타 이론과 같이 그 개념정의에 있어 문제를 지

88 Marvin Wolfgang, "Delinquency in China: Study of a Birth Cohort," (*National Institute of Justice Research Review*, May 1996).

89 Durrant, R., & Ward, T. (2015). Evolutionary criminology: Towards a comprehensive explanation of crime. Academic Press.

적받는다. 예를 들어 생애경로, 전환점, 위험요소, 지속, 단념, 범죄경력 등의 정확한 의미는 무엇인가? 라는 의문이 제기된다. 이러한 개념의 명확한 정의가 전제된 후에 가설설정이 진행되어야 한다는 것이다.[90]

또한 모든 사회학적 이론이 받는 비난이지만, 청소년의 비행이 발달과정의 일부라면, 청소년 자신의 선택 혹은 결정의 의미는 무엇인가? 라는 의문 역시 제기된다. 사람은 자신의 인생행로를 스스로 결정할 정신적 의지는 없는 것인가?, 사람은 자신의 궤도에 얼마만큼 영향을 주는가?, 매우 많은 중요한 인생행로결정을 아동기 초기에 하고, 그것이 청소년기에 지속된다면, 누가 그러한 중요한 결정을 하고, 지속하려고 할 것인가? 등을 설명하기 어렵다는 것이다.

V. 사회적 갈등이론

1. 사회적 갈등이론의 의의

1960년대부터 범죄학 연구의 관심은 특정한 행위는 범죄로 규정되는 데 반하여, 왜 다른 특정한 행위는 정상적 행위로 규정되는가에 모아지기 시작했다. 즉, 왜 어떤 행위는 범죄로 규정되고, 또 다른 행위는 범죄로 규정되지 않는가에 대한 의문을 가진 것이다. 이는 사회적 갈등이론(social conflict theory)의 태동을 알리는 것으로 사회적 갈등이론은 법의 형성과 집행이 사회에서 우월한 지위에 있는 계층의 이익을 보호하기 위한 것이며, 국가는 이들의 이익을 대변하는 권력기관이라고 보았다.[91]

이는 법규범에 대한 범죄학의 기존의 입장, 즉 합의론적 또는 기능론적 관점과는 상치되는 것이라고 할 수 있다. 기능론적 입장에서는 법규범의 본질은 사회구성원들에 의해 합의된 가치를 보호하는 것이며, 법규범의 기능은 이 합의된 가치를 보호하고, 사회공공의 안녕과 질서를 유지하는 것으로 인식하였다. 국가의 형사사법기관은 이러한 법규범의 기능을 충실히 수행하도록 사회구성원들에 의해 합의된 권력기관으로 규정하였다.

---

90 Shoemaker, D. J. (2018). Theories of delinquency: An examination of explanations of delinquent behavior. Oxford University Press.

91 George Vold and Thomas J. Bernard, Theoretical Criminology, 3rd (ed.), (NY: Oxford University Press, 1986), p. 269.

CRIMINOLOGY

로 대 웨이드: '낙태권 보장' 미국 대법원 판결 49년 만에 뒤집혀

미국 연방대법원이 50여 년 전 '로 대 웨이드' 판결을 뒤집으면서 미국 여성 수백만 명이 낙태(임신중단)에 대한 헌법상의 권리를 보장받지 못하게 됐다.

2022년 6월 24일(현지시간) 미 연방대법원은 임신 15주 이후 임신중단을 전면 금지한 미시시피주법에 대한 위헌법률심판에서 6대 3으로 합헌 판결을 내렸다.

이번 판결로 인해 개별 주에서 임신중단을 금지할 수 있게 됐다. 미국 50개 주 중 절반에서는 임신중단 관련 새로운 규제나 금지 법안을 마련할 것으로 보인다. 이미 13개 주에서는 법적 효력이 발생하면 임신중단을 자동으로 불법화하는 방아쇠 법(trigger law)들을 통과시켰다.

조 바이든 미국 대통령은 이번 판결에 대해 "비극적 오류"라고 말하면서 각 주에서 임신중단을 허용하는 법을 제정할 것을 촉구했다............

'로 대 웨이드'는 1973년 이뤄진 기념비적 판결이다. 대법원은 7대 2 의견으로 여성의 임신중단 권리가 미국 헌법에 의해 보호받아야 한다고 판결했다. 이 판결로 인해 미국 여성들은 임신 첫 3개월 동안 낙태권을 완전히 보장받았다. 이후 3개월 동안은 제한적으로 임신중단이 가능했으며 마지막 3개월 동안은 임신중단이 금지됐다.

하지만 이후 수십 년 동안 12개 이상의 주에서 임신중단 반대 판결을 내리면서 낙태권이 서서히 축소돼왔다.

앞서 대법원은 임신 15주 이후 임신중단을 금지한 미시시피주의 판결에 이의를 제기한 '돕스 대 잭슨여성보건기구' 사건 심리를 진행해왔다.

현재 보수 성향 대법관이 다수인 대법원은 미시시피주의 손을 들어줌으로써 임신중단에 대한 헌법상의 권리를 사실상 폐기했다. 사무엘 알리토와 클라렌스 토마스, 닐 고서치, 브렛 캐버노, 에이미 코니 배럿 등 5명의 대법관은 이번 결정에 확고한 지지를 보냈다.

존 로버츠 대법원장은 미시시피주의 판결을 지지하나 로 대 웨이드 판결을 뒤집는 데는 회의적이라는 내용의 개별 의견을 냈다.

스티븐 브라이어, 소니아 소토마요르, 엘리나 케이건 등 다수 의견에 동의하지 않은 세 명의 대법관은 "슬픈 마음으로 법원을 위해, 하지만 무엇보다 오늘 기본적인 헌법적 보호 수단을 잃은 수백만 명의 미국 여성을 위해" 반대 의견을 냈다고 밝혔다............

이번 판결은 이전 대법원 판례를 전면적으로 뒤집는 극히 드문 조치로 평가된다. 이에 따라 국가 분열을 야기하는 정치적 분쟁이 이어질 것으로 예상된다.

펜실베이니아, 미시간, 위스콘신 등 임신중단에 대한 의견이 팽팽하게 나뉘는 곳에서는 선거 결과에 따라 합법 여부가 바뀔 수 있다. 다른 곳에서는 개인이 임신중단이 허용된 주에서 수술받고 오거나 임신중단 약물을 배송받는 것이 합법인지를 두고 법적 분쟁이 일어날 수 있다...바이든 대통령은 대법원 판결을 비난하면서 임신중단이 금지된 주에

거주하는 여성들이 임신중단이 합법인 주에서 수술받을 수 있다고 언급했다.

캘리포니아, 뉴멕시코, 미시간 등의 여러 민주당 주지사들은 이미 주헌법에 낙태권을 명시하기 위한 계획을 발표했다....

이번에 대법원이 오래전 판례를 뒤집음으로써 다른 권리를 보장한 판례들도 영향을 받을 수 있다는 우려가 커졌다.

자료: BBC 뉴스코리아, 2022년 6월 25일자 보도.

법규범에 대한 갈등론적 인식을 맑스(Karl Marx)의 부르조아 계층과 프롤레타리아 계층의 계급투쟁적 관점에서 설명하면서 갈등주의를 마르크스주의적 범죄학이라고 부르는 경우도 있다. 그러나 오히려 맑스는 범죄를 실업과 노동력 착취 등으로 인해 도덕적으로 타락한 사람들이 개별적으로 체제에 순응하려고 노력하는 결과의 산물로 설명하고 있어 적절치 않다.

갈등이론은 사회적 권력과 부를 가진 집단이 자신들의 권력과 부를 위해서 특정의 행위를 범죄나 일탈로 규정하고, 그러한 행위를 하는 자를 일탈자로 낙인찍는다는 낙인이론의 법규범에 대한 인식과 그 맥락을 같이 한다.

2. 급진주의적 이론(radical theory)

급진주의적 범죄이론은 19세기의 유토피안적인 사회주의자 즉, 칼 맑스(Karl Marx), 프레드릭 엥겔스(Friedrich Engels)의 사상과 사회학에서의 갈등주의이론, 1960년대부터 1970년대에 미국의 대학에서 급격히 일어나기 시작한 급진주의적 경향 등의 세 가지 요소를 배경으로 하고 있다. 급진주의적 범죄이론은 사회적 계급(social class)이라는 기본적인 개념을 도입한다. 일부 학자들은 사회적 계급은 없다고 하지만 또 일부는 사회적 계급은 생활방식과 사고방식의 압축적 형태라고 설명한다.[92] 맑스는 사회적 계급을 둘로 나누었지만, 현대의 사회학자들은 상류(upper), 중류(middle), 하류(lower) 등의 세 가지 유형으로 구분한다.

범죄학에 대한 비판적인 관점에서 볼드(George Vold)는 사회적 동물인 인간은 자신이 속한 집단의 이익을 위해서 행동하고, 집단의 이익을 위하여 끊임없이 다른 집단과 갈등이나 충돌을 일으킨다고 보았다. 그는 1958년에 저술한 「고전주의적 범죄학」(classical theoretical criminology)을 통하여 법규범의 제정과 위반, 그리고 집행 등의 과정은 사회의 주도권을 얻기 위한 집단들 간의 투쟁의 산물이라고 인식하였다.[93] 이 투쟁에서 주도권을 쟁취한 권력집단은 그들의 이익을 옹호하기 위한 법규범과 범죄를 규정하고, 국가경찰력을 통제할 수 있게 된다. 결국 권력집단이 그들의 가치를 법으로 규정하고, 상충되는 가치를 행동으로 표현하는 집단들을 범죄자로 규정하는 것이라고 보았다. 볼드의 이러한 관점을 집단갈등이론(group conflict theory)이라고 한다.

따라서 어느 국가에서 혁명이 성공하여 그들이 집권을 할 경우 혁명기간에 행한 공공재물 파괴나 살상행위 등은 범죄로 처벌받지 않지만, 반대로 그들에게 동조하지 않은 대다수 사람들의 행위는 범죄로 처벌받게 된다. 또한 양심적 병역기피자나 노동조합 활동가들의 경우도 같은 맥락에서 설명할 수 있다.

갈등주의 학자들은 권위, 권력, 갈등, 사회적 계급을 매우 중요한 개념요소로 인식하였는데, 특히 다렌도프(Ralf Dahrendorf)는 1959년에 발간된 「산업사회에서 계급과 계급갈등」(Class and Class Conflict in Industrial Society)에서 갈등은 어느 사회나 집단에서에서도 항상 존재하며, 계급이란 권한을 행사할 수 있는지 여부를 결정하는 사회적 갈등의 산물이라고 주장하였다.[94] 갈등은 변화를 일으키는 원동력이며, 갈등은 파괴적인(destructive) 기능과 생산적(constructive)기능을 모두 가지며, 파괴적인 기능은 사회적 질서를 무시하지만, 생산적인 기능은 사회의 응집력을 가져온다는 것이다. 다렌도프의 주장은 이후 1960년대와 1970년대의 급

---

92 Richard Quinney, Class, State, and Crime, On the Theory and Practice of Criminal Justice, (New York: David McKay, 1977), pp. 140~145.

93 George Vold, Classical Theoretical Criminology, (NY: Oxford University press, 1958), pp. 204~210.

94 Ralf Dahrendorf, Class and Class Conflict in Industrial Society, (CA: Stanford University Press, 1959).

진주의적 학자들의 이론적 토대가 되었다.

봉거(Willem Bonger)는 마르크스의 범죄관을 좀 더 구체화시켰다.[95] 봉거는 범죄란 자본주의적 생산체제에 대한 프롤레타리아 계층의 불만족과 분배의 불균형 때문에 일어나는 행위이며, 따라서 프롤레타리아 계층이 지배하는 사회에서는 범죄가 발생하지 않을 것이지만, 그렇지 못한 경우 범죄문제는 해결되기 어렵다고 주장했다.

터크(Austin T. Turk)는 법적 갈등(legal conflict)과 범죄화(criminalization)에 관심을 가졌다.[96] 터크는 지배자와 피지배자와의 갈등은 양 집단간에 문화적 그리고 행동적 차이가 모두 존재할 때, 피지배자가 조직되어 있을 때, 피지배자가 단순할 때 가장 높다고 결론을 내렸다. 터크는 동성애자나 성매매, 낙태행위, 마리화나 사용 등이 개별적으로 드러나지 않고 행해질 경우에는 지배층의 문화나 권위에 커다란 위협이 되지 않아 규범화 되지 않는다. 그러나 이들이 자신들의 권리나 신념 등을 주장하거나 집단화하는 경우, 즉 조직화하는 경우에는 권력층이 법규범을 통하여 범죄로 규정하며, 엄격한 법집행을 하도록 촉진한다는 것이다.

또한 터크는 법규범은 지배층의 법규범과 행동규범이 일치할수록, 피지배층의 힘이 약할수록 집행률이 높아진다고 주장하였다. 터크에 따르면 범죄자 인권에 관한 법은 관련 법규범을 시행하는 형사사법기관의 문화와 행동규범에 일치하지 않음으로 강력하게 시행될 확률은 매우 낮다. 그러나 병역기피나 성매매, 약물사용 등과 관련된 법규범은 형사사법기관의 문화와 행동규범과 일치하기 때문에 매우 강력하게 집행된다는 것이다.

오늘날의 급진주의적 학자들의 주장은 초기 맑스주의자들보다 더 정교하게 자신들의 논리를 주장하고 있다. 급진주의적 학자들의 선두자라고 평가를 받는 챔블리스(William J. Chambliss)는 범죄란 부와 권력을 가지지 못한 사람들의 행동으로, 결국 지배계급에 의하여 유지되는 국가권력이 범죄를 양산하는 원인이라고 전제하였다.[97]

즉, 챔블리스는 자본주의가 발달할수록 부와 권력을 가진 지배계층이 늘어나

95 Willem Bonger, Criminality and Economic Conditions, (Bloomington: Indiana University Press, 1969), pp. 198~200.

96 Austin T. Turk, Criminality and legal Order, (Chicago: Rand McNally, 1969).

97 William J. Chambliss, "Toward a Political Economy of Crime," in C. Reason and R. Rich, (eds.), The Sociology of Law, (Toronto: Butterworth, 1978), p. 193.

고, 지배계층은 자신들의 부와 권력을 유지하기 위한 사회적 규범을 더 많이 제정하게 되며, 이를 위반한 것이 범죄라는 것이다. 그는 또한 자본주의 사회에서 범죄는 새로운 일자리를 창출하는 효과를 가진다고 보았다. 즉, 범죄자로 체포된 사람으로 인하여 이들의 일자리가 다른 사람들에게 넘어가고, 범죄자들을 체포하고 처벌하는 기능을 가진 형사사법기관, 이들을 연구하는 범죄학자 등의 일자리를 만드는 결과를 가져온다는 것이다. 또한 자본주의 사회에서 법규범은 프롤레타리아를 지배하기 위한 응집된 산물이라는 주장이다.[98]

한편 퀴니(Richard Quinney)는 더 나아가 법규범은 유한계층을 위하여 만들어지고, 운용되며, 정부와 교육, 종교 그리고 대중매체를 포함한 모든 사회적 기관이나 조직도 결국 유한계층을 위해 만들어지고 활동한다고 설명하였다.[99] 자본주의 사회에서 법규범은 기존의 사회질서와 경제질서를 유지하기 위한 지배계층의 도구이며, 범죄통제는 결국 지배계층의 이익을 대변하는 정부의 각 기관, 그리고 교육제도, 종교 및 대중매체에 의해 이루어진다는 것이다.

퀴니는 경찰과 법원, 그리고 대중매체 등에서 관심을 가지는 것은 대부분 하류계층의 범죄이며, 종교계 역시 현상유지적인 법규범을 지지함으로써 지배계층의 이익을 대변한다고 보았다.

그는 범죄를 지배적 범죄와 저항적 범죄로 구분하였는데 지배적 범죄란 유한계층이 노동자계층을 지배하기 위해서 행하는 것으로 공무원범죄, 환경범죄, 경제범죄, 조직범죄 등이다. 저항적 범죄란 자본가계층의 착취에서 벗어나고자 노동자계층이 조직적으로 행하는 것으로 재산범죄와 폭력범죄 등을 들었다. 퀴니 역시 범죄문제는 사회주의적 사회가 구축된다면 해결될 것이라고 주장하였다.

3. 갈등이론의 평가

갈등이론은 범죄학의 학문적 연구영역을 법규범의 제정과 집행의 영역까지 확장했다는 점에서는 의의가 있으나 많은 비판을 받고 있다. 우선 법규범의 제정이 반드시 사회권력층의 이익을 대변하기 위한 것은 아니며, 대부분의 법규범은 사회 다수의 지지와 이해 속에 제정된다는 점이다. 그리고 볼드의 지적과 같이 범죄는 권력계층과 노동자계층의 투쟁의 산물이라고 정의한다면 정치범

98 William J. Chambliss, Crime and Legal Process, (New York: McGraw-Hill, 1969), p. 88.
99 Richard Quinney, The Social Reality of Crime, (MA: Little Brown, 1970), pp. 15~23.

이나 양심범의 경우가 이에 해당될 수 있다. 그러나 성매매나 도박, 아동학대, 가정폭력, 절도 등의 일상적 범죄를 모두 계층간의 투쟁의 산물이라고 할 수는 없다.[100]

나아가 권력계층을 위하여 국가형사사법기관이 법규범을 차별적으로 적용한다는 주장 역시 문제가 있다. 많은 경험적 연구를 통하여 하류계층의 범죄성이 다른 계층에 비하여 높지 않다는 사실이 증명되고 있기 때문이다. 퀴니의 저항적 범죄원인론도 한계가 있다. 범죄자와 피해자가 대부분 하류계층이라는 점에서 자본가에 대한 저항으로 범죄를 행한다는 주장은 설득력이 떨어진다. 또한 자본주의 사회에서는 생산수단의 소유자와 경영자가 국가를 통제한다는 퀴니의 주장도 자본주의의 메커니즘을 이해하지 못한다는 비난에 직면해 있다. 왜냐하면 자본주의 사회에서 생산자와 소유자가 반드시 일치하지 않기 때문이다. 기업의 소유주와 이를 경영하는 전문경영인이 다를 수 있으며, 거대기업의 소액주주는 평범한 시민들일 수 있으며, 거대지주라 하여 반드시 생산에 참여하지는 않는다.

마지막으로 사회주의 사회가 도래하면 범죄는 자연히 소멸할 것이라고 하는 것 역시 과거 사회주의 국가에서도 많은 범죄가 발생한 점, 결국에는 사회주의 국가가 붕괴되었다는 점에서 지지받기 어렵다.

갈등이론은 이후 페미니스트 범죄이론이나 포스트모더니즘(postmodernism)의 출현에 영향을 주었다.

Ⅵ. 페미니스트 범죄이론

1. 페미니스트 범죄이론의 의의

페미니스트 범죄이론(feminist crime theory)은 1970년대 중반부터 기존의 범죄학 연구가 남성범죄에만 중심을 두고 있고, 여성의 범죄성은 남성범죄자를 돕는 조력자로서의 역할로 한정하거나 또는 남성과 동일시하는 것에 대한 반작용으로 등장하기 시작했다. 따라서 페미니스트 범죄이론은 사회 내의 갈등은 젠더(gender)의 불평등성에 기인한다고 주장한다. 페미니스트 범죄이론은 범죄학에

100 Winlow, S., & Hall, S. (2015). Revitalizing Criminological Theory: Towards a new Ultra－Realism. Routledge.

있어 여성주의적 시각을 반영했다는 점에서 그 기여도를 인정할 수 있다.[101]

페미니스트 범죄이론은 기존의 범죄이론은 가부장적인 의식(patriarchal form)을 바탕으로 연구되었다고 비판하는데, 기본적으로는 급진주의적 범죄학적 관점을 유지한다. 기존의 범죄이론은 가부장적인 사고를 바탕으로 남성은 생물학적으로 공격적이며, 능동적인 성향을 가진 데 반해, 여성은 수동적이며, 따라서 여성은 남성범죄자에 의한 범죄피해의 대상으로 혹은 남성범죄자의 조력자로서만 인식하였다. 페미니스트 범죄이론은 이러한 기존 범죄학의 연구경향에 대한 반작용으로 등장하였으며, 1975년 아들러(Freda Adler)의 「범죄에 있어서 여인들」(Sisters in Crime),[102] 사이먼(Rita J. Simon)의 「여성과 범죄」(Women and Crime)[103]가 이론적 토대가 되었다.

아들러와 사이먼은 남성과 여성의 범죄율의 차이를 다양한 관점에서 설명하였으며, 남성과 여성의 차이를 생물학적인 차이에서 보다는 사회화 과정의 차이에서 인식할 것을 주장하였다. 여성들은 개인적인 한계가 있다고 교육받았으며, 사회경제적으로 성공할 기회가 제한되며, 결과적으로 낮은 기대로 고통받는다고 한다. 따라서 젠더평등성이 실현된다면 남성과 여성의 범죄성은 비슷해질 것이라 강조한다.

초기 페미니스트 범죄학자인 달리와 린드(Kathleen Daly and Meda Chesney-Lind)는 기존 범죄학의 연구관점을 남성중심주의적(androcentricity)이라고 비판하며, 범죄는 남성고유의 문제가 아니며, 젠더의 차이를 인정해야 한다고 주장하였다.[104] 이들은 범죄는 남성과 여성 모두에게 있어 정상적(normal)으로 나타나는 현상으로 이해할 것을 강조하며, 기존의 사회적, 정치적인 사고에서 다음과 같은 변화를 요구하였다.

① 젠더는 자연적인 것이 아니라 오히려 사회적, 역사적, 문화적 산물이다. ② 젠더와 젠더관계는 사회적 생활과 사회적 제도의 기본적인 형태를 결정한다. ③ 젠더관계 및 남성성의 상징, 여성성은 대칭적인 것이 아니라 남성의 여성에

101 Burgess-Proctor, A. (2014). Feminist criminological theory. In Encyclopedia of Criminology and Criminal Justice (pp. 1603-1612). Springer, New York, NY.

102 Freda Adler, Sisters in Crime, (New York: McGraw-Hill, 1975).

103 Rita J. Simon, Women and Crime, (MA: Lexington Book, 1975).

104 Kathleen Daly and Meda Chesney-Lind, "Feminism and Criminology," (*Justice Quarterly*, Vol. 5, December 1988), pp. 497~535.

대한 우월성, 사회적, 정치적 그리고 경제적 지배성을 조직화한 원리이다. ④ 지식체계는 남성의 가치를 반영하고 있다. ⑤ 여성은 연구의 한 부분이 아니라 한 중심이 되어야 하며, 여성을 보이지 않는 영역으로 치부하여서는 안 된다.

최근에는 페미니스트적 관점을 넘어선 이른바 성인지적 관점(gender perspective)에서 양쪽 성을 모두 고려한 연구를 주장하며, 다양한 영역에 반영되고 있다.

2. 페미니스트 범죄이론의 유형

페미니스트 범죄이론은 급진주의적인 페미니즘(radical feminism)과 자유주의적인 페미니즘(liberal feminism), 사회주의적인 페미니즘(socialist feminism) 등의 세 가지 유형으로 구분된다.

첫째, 급진주의적인 페미니즘은 기본적으로 남자는 공격적이고 잔인한 성향을 가졌다고 전제하며, 자신의 생물학적인 우월성을 근거로 여성이 자신보다 나약한 존재로서 통제나 지배를 할 수 있는 대상이라고 인식한다. 예를 들어 여성에 대한 성적인 공격은 남성이 여성을 통제가능한 대상으로 인식함으로써 발생하는 범죄이며, 남성의 공격적인 사회화가 그 원인이라는 것이다. 세상은 가부장적인 사회구조를 가지며, 남성은 법을 통제하며, 여성은 통제가능한 대상에 지나지 않는다고 생각한다.

성적 학대를 당하거나 신체적인 학대를 당한 여성은 가출을 하거나 방임대상이 됨으로써 점차 범죄인이 되어간다. 즉, 여성에 대한 남성의 학대가 여성의 범죄성을 촉발한다는 것이다. 따라서 남성적인 지배를 제거하는 것이 여성범죄를 줄이는 것이며, 여성에 대한 남성폭력의 감소라는 더욱 뚜렷한 결과를 가져온다는 주장이다.

둘째, 자유주의적인 페미니즘은 기존의 페미니즘적인 입장과 같이 젠더평등을 주장함에도 불구하고, 남성과 여성에 맞는 전통적인 태도와 영향력을 확실하게 구분하는 문화와 사회 안에서 발달하는 현재의 불평등성을 비난한다. 즉 이들은 변화된 가족형태나 가족의 해체 등으로 급격히 증가하고 있는 범죄에 대해 정치권은 범죄통제 측면에서 전통적인 가정이 가지는 가치의 강력한 효과를 과소평가하고 있다는 것이다.

자유주의적 페미니즘은 사회적 화합을 촉진하고, 불평등성을 제거하는 방법은 성별 권력과 전통적인 노동의 차이를 제거해야 한다고 주장한다.

셋째, 사회주의적 페미니즘은 젠더억압을 사회의 경제구조의 결과 및 사회조직의 자본주의형태의 결과로서 인식한다. 평등주의적인 사회는 젠더 및 계급차별을 위한 사회를 창조하기 위해서 사회주의 그리고 맑시즘적인 관점을 가지고 있어야 한다고 주장한다. 현재의 자본주의 사회구조에서 남자들은 폭력적인 범죄를 행하며, 여성은 재산 및 범죄보조자로 인식한다고 본다.

3. 페미니스트 범죄이론의 평가

페미니스트 범죄이론은 1970년대 말부터 1980년대에 이르기까지 페미니스트 범죄이론이 열풍을 불러일으킬 것이라고 장담했지만, 이것은 실현되지 않았다.[105] 페미니스트 범죄이론은 범죄학의 연구방향의 일부로서 여성범죄자에 대한 관심을 넓히는 데에는 기여했지만, 여성이 범죄의 가해자가 되는 비율보다 피해자가 되는 비율이 훨씬 많다는 점에서 이론적 근거가 약하다는 비판을 받는다.

또한 페미니스트 범죄이론들은 사회구조 안에서 남성이 여성보다 권력을 가진 것이 맞다면, 왜 남자 범죄자들이 더 많이 체포되는 것인가? 라는 의문이 남는다. 나아가 페미니스트 범죄이론은 사회학적 이론들이 갖춰야하는 가설과 검증체계를 갖추지 못했다는 점에서 페미니즘적 이론도 아니고 범죄학적 이론도 아니라는 강력한 비판을 받기도 한다.

Ⅶ. 포스트모던 범죄이론

1. 포스트모던이론의 의의

포스트모던 범죄이론(postmodern criminology theory)은 기존의 범죄문제를 설명하고 해결하는데 실패했다는 전제하에 새로운 관점에서 범죄의 원인을 연구하고, 그 대책을 제시하려는 범죄학계의 연구동향을 말한다. 포스트모던적 사고는 제2차 세계대전이 끝난 후 “더 이상 지식과 발전의 견인차로써 사회학적 합리성을 거부한다”는 모토에서 출발한다.

105 Naffine, N. (2018). Feminism and criminology. John Wiley & Sons.

2. 포스트모던 범죄이론의 대표적인 연구

포스트모던 범죄학자들은 기존 범죄학계의 이론을 거부하고, 새로운 관점에서 범죄문제를 연구하려는 관점을 유지한다는 면에서 이를 재건축이론(deconstructionist theory)이라고도 한다. 이들은 기존의 사고에서 벗어난 자유와 현재 사회에 적용된 지식, 가치체계를 버릴 것을 요구한다. 이러한 측면에서 디크리스티나(Bruce DiCristina)는 포스트모던 범죄학을 무정부주의적인 범죄학(anarchic criminology)이라고 칭한다. 무정부주의적인 범죄학은 사회적 문제를 해결하기 위한 새로운 해결방법을 모색하고, 기존의 확실성, 진실, 권력의 우선성을 타파하는 노력을 한다.[106]

포스트모던 범죄학 중 본질적인 범죄학(constitutive criminology)을 주장한 헨리와 미로바노빅(Stuart Henry and Dragan Milovanovic)의 연구는 매우 주목을 받고 있다. 이들은 범죄학은 범죄 그 현상에 초점을 두기보다는 오히려 범죄를 둘러싼 범죄자, 피해자 그리고 사회적 과정에 초점을 둘 것을 주장하였다. 포스트모던 범죄학은 개인은 자신을 둘러싼 사회가 형상지워준 모습대로 자신을 형상화하며, 범죄 역시 그 형상의 한 모습이라고 본다.

한 예로 미로바노빅은 범죄의 원인을 설명하는데 의미론(semantics)을 도입하였는데, 이는 그리스어 sema, 즉 sign에서 유래한다. 언어, 기적, 행동, 이벤트 등 모든 언어들은 인간의 머리에서 해석되어진다. 따라서 의미론적 범죄학은 언어적 체계가 어떻게 불일치하게 적용되어 가치가 변화하는지를 연구한다. 특히 의미론적 범죄학은 법률에 의하여 정의되는 정신장애(mental illness)의 개념을 설명하는데 유용하다. 시대에 따라, 사회에 따라 법률에서 정의하는 정신장애의 개념은 다르다고 주장한다. 따라서 범죄를 한 정신장애자를 치료나 처벌하는 경우도 있고, 지역사회에 맡기는 경우도 있다. 다양한 가치에 대한 다양한 해석은 이해집단에 따라 이루어진다.

또한 의미론적 범죄학에서는 범죄란 사회에서 규정한 인간행동의 한 카테고리라고 인식하며, 잘못된 인식의 일부, 지각성의 부족 등이 범죄의 원인이라고 주장한다. 즉, 사회 그리고 다른 사람들과 제대로 연결되지 못한 사람들이

106 Arrigo, B. A., & Bersot, H. Y. (2014). Postmodern Criminology. In Encyclopedia of Criminology and Criminal Justice (pp. 3843–3854). Springer, New York, NY.

자신들이 생각하는 대로 행동을 한 결과가 범죄이며, 이는 자신들이 사회로부터 거부당한 방식대로 사회와 다른 사람들을 거부하는 하나의 행동패턴이라는 것이다.

3. 포스트모던이론의 평가

포스트모던이론은 범죄 및 일탈에 대한 개념이 매우 모순적이라는 비판을 받는다. 포스트모던이론은 자신들이 사용하는 개념에 대한 정의도 모호할 뿐만 아니라 기존 범죄학에서 사용한 개념 역시 매우 부정확하게 해석하고, 이를 모호하게 만들었다는 비난에 직면한 것이다. 또한 범죄에 대한 설명에서 가치나 철학적인 사고가 부족하다는 비평도 있다.

예를 들어 재건축이론(deconstructionist theory)은 기존 범죄학에 대한 도전인 것은 맞지만, 범죄에 대한 실질적인 대책을 제시하지 못한다. 이는 허무주의적(nihilistic)인 포스트모던주의를 지향하는 편안한 학자들의 생각에 지나지 않으며, 비판적 범죄학에 급진적인 자유주의를 버무려놓은 것에 지나지 않는다는 비난을 받았다.

VIII. 평화만들기주의 범죄이론

평화만들기주의 범죄이론(peacemaking crime theory)은 포스트모던 범죄이론의 한 형태라고 할 수 있으며, 기독교주의와 동양철학에서 유래한다. 평화만들기주의 범죄이론은 법집행기관과 시민은 서로 함께 사회문제를 해결하고, 고통받는 사람을 도와주며, 범죄를 줄이기 위해 노력해야 한다고 주장한다. 범죄이론은 기본적으로 연민, 지혜, 고통받는 사람들에 대한 사랑 등의 개념이 전제가 되어야 한다는 것이다.[107]

평화만들기주의 범죄이론은 연민과 서비스로 고통을 끝내면 범죄가 제거될 것이라고 주장한다. 이 범죄이론을 실현하는 형사정책은 회복적 사법(restorative justice)정책이다. 회복적 사법정책은 교도소, 처벌, 피해자, 치료와 회복 등의 개념을 도입한 새로운 정책이다. 회복적 사법정책은 지역사회를 보살핀다는 정신

107 Fuller, J. (2014). Peacemaking criminology. In Controversies in critical criminology (pp. 103－114). Routledge.

에서 유래하며, 현대의 형사사법시스템을 개혁하는 사회적 운동체계라고 할 수 있다.

회복적 사법정책은 세 가지 원리를 바탕으로 한다. 첫째, 범죄란 공권력에 대한 도전이며 법을 위반한 행위이지만, 동시에 범죄는 피해자, 지역사회, 범죄자 자신에게도 상처를 입히는 행위이다. 둘째, 형사사법시스템의 기관들은 그 상처를 회복하는 데 목표를 두어야 한다. 셋째, 정부의 가장 큰 노력은 범죄에 대한 대응이어야 하며, 범죄자, 피해자, 지역사회는 범죄로 인한 상처를 회복시키는 데 함께 노력해야 한다.

평화만들기주의 범죄이론은 갈등을 줄임으로써 범죄율을 감소시킬 수 있다는 현실적인 대안을 제시하였다는 점에서 긍정적인 평가를 받는다. 즉, 기존의 급진주의자들이 범죄를 없애려면 자본주의체제를 사회주의체제로 변경시켜야 한다는 추상적인 대책을 제시하여 그 실현자체가 곤란하다는 비난을 받았지만 평화만들기주의 범죄이론은 점진적인 대안을 제시하고 있다는 것이다.[108]

한편 평화만들기주의 범죄이론은 순진하고, 유토피아적이라고 비난을 받고 있다. 즉 실질적인 범죄예방책이나 법집행정책을 제시하지 못하였다는 것이다.[109] 범죄피해자는 실질적인 보상을 받지 못하며, 범죄자 교정정책이나 범죄예방정책의 획기적 변화가 이루어지기 어렵다는 것이다.

그러나 최근 체계적인 형사사법정책은 회복적 사법주의를 통하여 법리문제를 해결하려는 정책방향을 뚜렷하게 보이고 있다. 대표적인 회복적 사법주의의 형사정책으로 형사조정, 사회내 처우, 청소년 법정, 손해배상, 재산형의 확대, 구금처우의 최소화, 피해자 지원 등을 들 수 있다.

---

108 Goold, B., & Young, R. (2017). Restorative Police Cautioning in Aylesbury－From Degrading to Reintegrative Shaming Ceremonies?. In Restorative Justice (pp. 163－175). Routledge.

109 Vito, G. F., & Maahs, J. R. (2021). Criminology: Theory, Research, and Policy: Theory, Research, and Policy. Jones & Bartlett Learning. 211.

제 3 편

핵심적인 범죄유형

제8장

폭력 관련 범죄

I. 폭력(violence)

폭력(violence)이란 인간의 신체나 재물에 피해를 주는 인간의 공격적인 행위라고 할 수 있다. 이 폭력은 원시사회나 문명사회를 막론하고 어떠한 형태로든 존재하여 왔다. 따라서 대부분의 사람들은 일생동안 다양한 형태의 폭력을 목격하고 때로는 폭력의 가해자 혹은 피해자가 되기도 한다. 즉 인간은 자신의 분노를 표출하기 위해서 또는 자신의 욕구를 달성하기 위해서 폭력을 행사한다고 할 수 있다.

이러한 폭력은 구성원이 속한 사회나 문화에 따라 상당히 다양한 형태로 나타난다. 맥클린토크(F. H. McClintok)는 범죄에서 나타나는 폭력을 네 가지 유형으로 나누고 있다.[1] 첫째, 도구적인 폭력(instrumental violence)은 강도나 강간과 같이 폭력을 주 수단으로 하여 목적을 달성하는 것이다. 둘째, 개인간의 폭력(interpersonal violence)이란 개인간의 갈등을 해결하기 위하여 행사하는 폭력을 말한다. 셋째, 정치적 폭력(political violence)이란 정치적 이념이나 신조를 달리하는 집단이나 사람에 대한 린치나 테러행위를 말하며 마지막으로 동기 없는 파괴적 폭력(destructive violence without a personal motive)은 뚜렷한 동기 없이 사람에게 폭력을 행사하거나 문화나 예술을 파괴하는 행위 등으로 반달리즘(vandalism)이라고 한다.

폭력은 법률적으로는 폭행, 상해 등의 용어와 혼용되며 법률적인 개념과 심리학적으로는 공격적인 행동으로, 사회학적으로는 구성원 상호간의 갈등에 대응하는 방식 등으로 표현되기도 한다.

1 Breen–Smyth, M. (Ed.). (2016). The Ashgate research companion to political violence. Routledge.

현행 형법상 폭행의 개념은 최광의, 광의, 협의, 최협의의 폭행 등 네 가지 형태로 분류할 수 있다. 먼저 최광의의 폭행은 대상이 무엇인가를 묻지 아니하고 유형력을 행사하는 모든 경우로 사람에 대한 유형력의 행사이거나 물건에 대한 것이거나 불문한다. 현행법상 소요죄나 다중불해산죄의 폭행이 이에 해당한다. 광의의 폭행은 사람에 대한 직·간접의 유형력의 행사를 말한다. 사람에 대

CRIMINOLOGY

"12년 뒤, 저는 죽습니다"…CCTV 사각지대 8분, 그곳에서 무슨 일이

2022년 5월 22일 부산 서면의 한 오피스텔에서 일면식도 없는 남성에게 무차별 폭행을 당한 20대 여성이 가해자에 대한 엄벌을 촉구했다.

부산 서면에서 처음 본 20대 여성을 살해하려다 미수에 그친 혐의로 1심에서 징역 12년형을 선고받은 남성의 범행 장면이 담긴 CCTV 영상이 공개됐다. 피해자는 자신을 CCTV 사각지대로 끌고 간 남성의 추가 범행을 의심하고 있다.

사건은 지난 5월 22일 부산 진구의 한 오피스텔 공동현관에서 발생했다. A씨는 건물 인근에서 혼자 걸어가는 피해 여성 B(20대)씨를 발견하고 특별한 이유 없이 뒤쫓아 왔다. CCTV 화면에는 엘리베이터를 기다리는 B씨 뒤로 다가온 A씨가 갑자기 여성의 머리를 돌려차기로 가격하는 장면이 담겼다. B씨가 벽에 머리를 세게 부딪친 후 바닥에 쓰러지자 A씨는 여성의 머리를 몇 차례 세게 밟았다. A씨는 경호업체 직원이었다.

남성은 B씨가 기절하자 어깨에 메고 CCTV가 없는 복도로 사라졌다. 다시 돌아와 복도에 떨어진 B씨의 소지품을 챙겨가기도 했다.

CCTV에 A씨가 다시 모습을 드러낸 건 8분이 지나서다. 건물 입주민의 인기척이 들리자 A씨는 피해 여성을 그 자리에 둔 채 서둘러 건물을 빠져나갔다.

B씨는 8주 이상의 치료가 필요한 외상성 두개내출혈과 영구장애가 우려되는 오른쪽 마비 등 심각한 상해를 입었다. B씨가 병원으로 옮겨졌을 때 속옷은 오른쪽 다리 종아리에 걸쳐져 있던 것으로 전해졌다......

살인미수 혐의로 재판에 넘겨진 가해자 B씨는 지난달 30일 부산지법 형사6부로부터 징역 12년을 선고받았다. B씨는 재판에서 폭행 사실은 인정하나 살해 의도는 없었으며 당시 술에 만취해 심신미약 상태였다고 주장했으나 재판부는 받아들이지 않았다. B씨를 숨겨준 혐의(범죄은닉 등)를 받는 B씨의 여자친구는 징역 8개월에 집행유예 2년을 선고받았다.

자료: 조선일보, 2022년 12월 1일자 보도.

한 유형력의 행사를 의미하지만 반드시 사람의 신체에 대하여 유형력이 가해질 것을 요하지 않고, 물건에 대한 것이라 할지라도 간접적으로 사람에 대한 것이라고 볼 수 있으면 된다. 공무집행방해죄나 특수도주죄, 강요죄의 폭행이 해당한다. 협의의 폭행은 신체에 대한 유형력의 행사를 말하며, 폭행죄와 특수공무원폭행죄가 해당한다. 최협의의 폭행은 상대방의 반항을 불가능하게 하거나 현저히 곤란하게 할 정도의 가장 강력한 유형력의 행사를 말한다. 강간죄와 강도죄의 폭행이 이에 해당한다.

II. 살인(homicide)

1. 살인의 개념

인간의 생명을 의도적으로 박탈하는 살인은 어느 시대, 어느 사회를 막론하고 존재했다. 가로팔로(Raffaele Garofalo)는 살인이란 자연범죄의 하나로서 어느 사회에서나 반드시 처벌해야 하는 범죄로 간주하였다. 그는 살인은 인간이 가져야 할 박애정신과 정직성이 결여된 상태에서 나타나는 범죄행위라고 보았다.

그런데 살인은 경우에 따라 다른 의미로 전달될 수 있다. 사람을 의도적으로 죽일 목적을 가지고 살인행위를 하는 범죄적 살인이 있고, 죽음에 이르게 할 목적이 없었지만 결국 죽음에 이르게 하는 경우도 있다. 또한 경찰관이 법을 집행하는 과정에서 죽음에 이르게 하는 경우도 있고, 의사가 환자를 치료하는 과정에서 죽음에 이르는 경우도 있다. 혹은 전쟁터에서 승리를 위하여 적을 죽이는 경우도 있다. 이러한 여러 가지 살인의 유형 중에 이 책은 특정인에 대한 고의적인 살인행위(homicide)에 대해 설명한다.

2. 살인의 원인

살인의 원인에 대한 설명은 인간의 내재된 욕구불만이 표출된 것이라거나 살인의 피해자가 동기를 제공했기 때문에 발생하는 것이라는 등 다양하지만 생물학적 범죄원인론, 심리학적 범죄원인론, 그리고 사회학적 범죄원인론으로 정리할 수 있다.[2]

2 Daly, M., & Wilson, M. (2017). Homicide: Foundations of human behavior. Routledge.

먼저 생물학적 입장에서는 인간은 본능적으로 공격적인 동물이라는 견해를 보인다. 로렌쯔(K. Lorenzs)는 동물이 본능적으로 공격을 하는 경우는 종족을 번식시키기 위하여 무리의 가장 훌륭한 암컷과의 짝짓기를 차지하기 위한 경우와 먹이의 확보, 그리고 무리 내의 질서유지를 위한 경우라고 한다. 물론 인간은 동물과는 다르기는 하지만 동물의 공격성이 인간에게도 내재되어 있으며, 살인은 가장 강력한 형태의 공격성을 표출하는 것이다.

살인의 원인을 설명하는 또 다른 생물학적 접근은 유전학적(genetic) 입장이다. XYY라고 불리는 정상이 아닌 염색체 구조를 가진 남성들이 더 폭력적이며, 결과적으로 살인과 같은 극단적인 폭력행위를 보인다는 주장이다. 그런데 이 정상이 아닌 염색체 구조는 키 큰 백인 남성에게서 많이 발견되며 흑인들의 경우는 상대적으로 발생률이 덜하다는 연구결과가 있다. 따라서 이 염색체의 존재여부로 살인의 원인을 모두 설명하기에는 한계가 있다.

살인의 원인에 대한 심리학적인 분석은 프로이드의 심리분석학적 이론과 덜러드(John Dollard)와 밀러(Neal E. Miller)의 욕구불만공격성이론 등을 들 수 있다. 먼저 프로이드의 심리분석학적 이론의 설명은 인간의 초자아(superego)가 지나치게 원본능(id)을 억제할 때 자아(ego)가 이를 적절하게 조절해 주지 못하면 욕구불만이 쌓여 공격적 성향을 갖게 되는데 특히 아동기에 가족으로부터 따뜻한 사랑과 보살핌을 받지 못할 경우 공격적인 성향이 더욱 발달하게 된다. 이러한 공격성이 살인의 원인이라는 설명이다. 또한 프로이드는 인간은 누구나 죽음에 대한 본능, 즉 타나토스(thanatos)를 가지고 있다고 한다. 즉 누구나 죽음으로 돌아가 무생물로 편안해지고 싶은 욕구를 내면에 가지고 있고, 자살은 그러한 행동의 연장선상에 있다는 것이다.

이에 비해 덜러드와 밀러는 인간의 좌절은 공격적인 충동을 유발하여 살인이라는 극단적인 형태의 공격행동을 가져온다고 본다.

살인의 원인에 대한 사회학적인 분석은 다양한 이론에 의해서 설명할 수 있다. 대표적으로 폭력적 하위문화이론을 바탕으로 한다면, 하나의 집단을 이끌어 가는 규범으로 폭력을 인정하는 문화에서는 살인도 문화의 한 형태로 간주될 수 있다. 폭력적 하위문화에서 발생하는 살인은 일반 사회에서 발생하는 살인보다 더 극단적이고 잔인한 형태로 발생하는 특징이 있다. 이는 폭력적 하위문화에서는 폭력이 문제해결과 질서유지의 중요한 수단이고, 살인 역시 폭력의 연장선상에 있기 때문이라 할 수 있다.

3. 살인의 실태

지난 2012년 이후 2021년까지 살인 발생현황은 다음과 같다.[3]

2021년에는 총 692건의 살인사건이 발생하였다. 이 중 일반 살인범죄가 582건으로 84.1%를 차지하고 있으며, 존속살해 52건(7.5%), 자살교사/방조 42건(6.1%), 영아살해 8건(1.2%), 아동학대살해 205건(0.7%), 촉탁살인 3건(0.4%)이 발생하였다.[4]

표 3-1 살인 발생

연도	2012	2013	2014	2015	2016	2017	2018	2019	2020	2021
건수	1,022	959	938	958	948	858	849	847	805	692

자료: 대검찰청, 범죄분석, 각년도.

표 3-2 주요국의 인구 십만명당 살인범죄율

구분	2016	2017	2018	2019	2020
브라질	29.69	30.69	26.72	20.88	22.45
캐나다	1.68	1.82	1.78	1.84	1.97
미국	5.39	5.32	5.01	5.07	6.52
일본	0.28	0.24	0.26	0.25	0.25
한국	0.70	0.59	0.60	0.58	0.60
싱가포르	0.32	0.19	0.16	0.21	0.17
스페인	0.63	0.66	0.62	0.71	0.64
핀란드	1.35	1.22	1.56	1.59	1.64
스위스	0.54	0.53	0.59	0.54	0.54
프랑스	1.37	1.25	1.20	1.32	1.35
독일	1.17	0.98	0.95	0.75	0.93
호주	0.94	0.85	0.89	0.89	0.87

자료: unodc, Victims of intentional homicide, https://dataunodc.un.org/

3 대검찰청, 2021년 범죄분석, 2022, 41–46.

4 대검찰청, 2021년 범죄분석, 2022, 41–46.

살인범죄가 가장 많이 발생하는 시간은 밤(20:00~03:59, 35.5%)이었으며, 그 다음으로는 오후(12:00~17:59, 24.7%), 오전(09:00~11:59, 13.5%) 등의 순이었다.

그림 3-1 살인 시간대

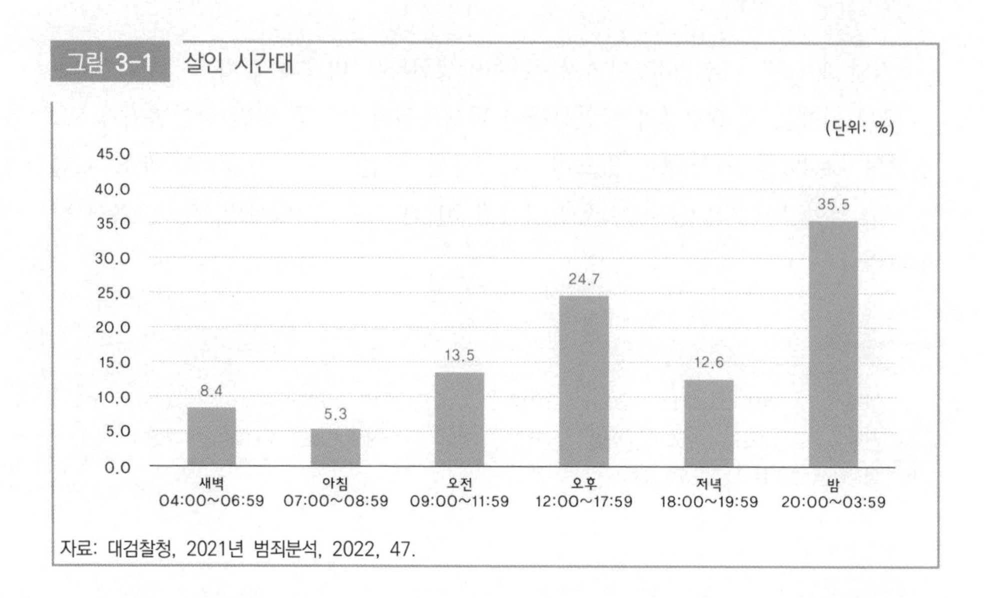

자료: 대검찰청, 2021년 범죄분석, 2022, 47.

검거된 살인범죄 범죄자의 80.0%가 남성이었으며, 여성은 20.0%로 나타났다.

살인범죄 피해자의 58.5%는 남자였으며, 41.5%는 여성이었다. 살인범죄 피해자의 67.7%가 41세 이상의 연령층이었다.

남성피해자는 61세 이상이 98건으로 가장 많았고, 그 다음은 51세~60세 순이었다. 여성피해자는 61세 이상이 76건으로 가장 많았으며, 그 다음은 51세~60세 순이었다. 15세 이하의 피해자가 발생한 건수는 남성아동 20건, 여성아동은 19건으로 남성아동이 여성아동에 비하여 높게 나타났으며, 피해비율은 여성아동이 7.0%로 남성아동에 비하여 1.7%p 높게 나타났다.

살인범죄로 인해 피해자가 사망한 경우는 243건으로 전체의 36.8%였다. 살인범죄로 인해 상해를 입은 경우는 159건(24.1%), 신체피해를 입지 않은 경우는 258건(39.1%)이었다.

살인범죄 범죄자와 피해자의 관계를 살펴보면, 전체의 22.8%가 타인인 것으로 나타났다. 타인 외의 관계에서는, 친족관계인 경우가 전체의 30.2%로 가장 많았고, 그 다음이 이웃/지인(17.1%), 친구/직장동료(9.8%), 기타(9.6%) 등의 순이었다.

그림 3-2 살인범과 피해자와의 관계

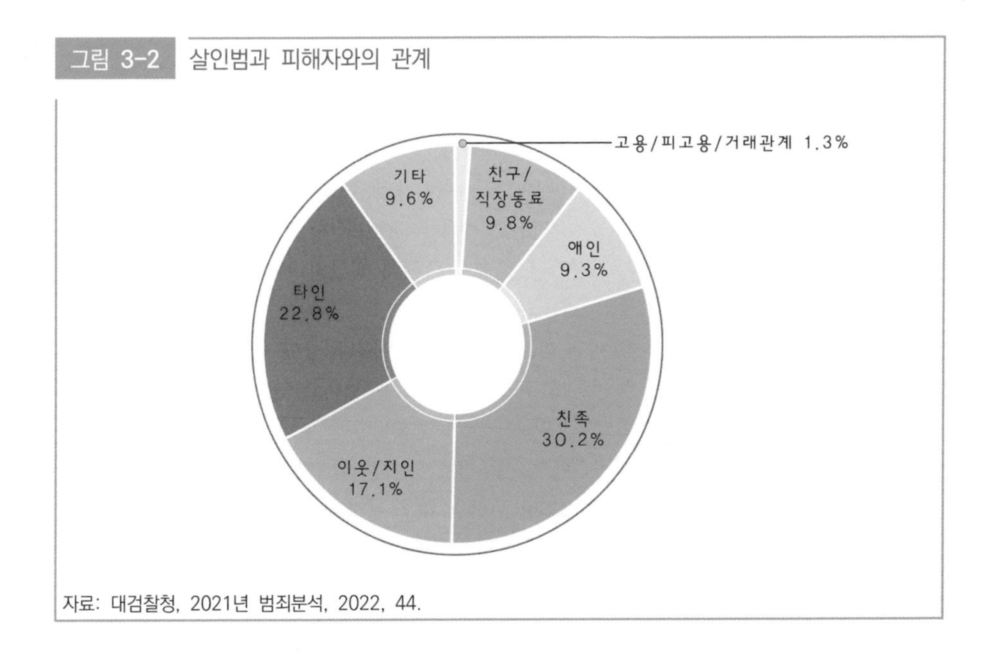

자료: 대검찰청, 2021년 범죄분석, 2022, 44.

검거된 살인범죄 범죄자의 50.5%가 벌금형 이상의 전과가 있는 것으로 나타났다. 전과가 없는 초범인 범죄자는 24.5%이며, 전과가 미상인 범죄자는 25.0%로 나타났다. 검거된 살인범죄 범죄자의 53.7%가 범행당시 정신상태가 정상이었다. 37.7%는 주취상태였으며, 8.6%는 정신장애가 있는 것으로 나타났다.

여성범죄자 중 정신장애가 있는 비율은 14.6%로 남성범죄자(7.4%)에 비하여 높게 나타났으며, 남성범죄자 중 주취상태에서 살인범죄를 저지른 비율은 42.0%로 여성범죄자(17.5%)에 비하여 높게 나타났다.

CRIMINOLOGY

'신당역 살인 사건'으로 구속기소된 전주환에게 1심에서 징역 40년 선고

서울중앙지법 형사25-1부(박정길, 박정제, 박사랑 부장판사)는 7일 특정범죄 가중처벌 등에 관한 법률상 보복 살인 등의 혐의로 구속기소된 전주환에게 징역 40년을 선고하고 15년 간 위치추적전자장치 부착을 명령했다(2022고합748).

재판부는 "피고인은 재범 위험성이 높고 살인 범죄의 계획성과 잔혹성, 범행 정황 등을 고려할 때 이 같은 살인 범죄를 다시 저지를 수 있는 것으로 보인다"며 "피고인은 반성문을 제출하면서도 실제로는 피해자에게 보복하기 위해 결국 피해자를 살해했다. 이

같은 보복 범죄는 피해자 개인의 법익 침해는 물론, 형벌권의 적정한 행사를 방해해 더욱 엄정한 처벌이 요구된다"고 밝혔다.

이어 "피고인은 서울교통공사 내부 통신망을 이용해 피해자의 개인정보를 수집하고 주거지 등을 검색하는 등 사전에 범행을 계획하고, 피해자의 주소지에서 만나지 못하자 피해자의 근무시간을 파악해 대담하고 잔인한 범행을 저질렀다"며 "피고인은 아무 잘못도 없는 피해자를 보복할 목적으로 직장까지 찾아가 살해해 인간의 존엄과 가치를 짓밟았다"고 지적했다.

또 "범행의 중대성과 잔혹성에 비춰 피고인의 죄책은 매우 엄중한 형으로 처벌하지 않을 수 없다"며 "피해자의 유족은 지금도 고통 속에 시간을 보내고 있으며 앞으로의 슬픔과 상처도 도저히 가늠하기 어렵다"고 덧붙였다. …중략…

앞서 검찰은 지난달 열린 결심공판에서 전주환에게 법정 최고형인 사형을 구형했다.

전주환은 지난해 9월 서울 지하철 2호선 신당역 내부 여자 화장실에서 A 씨에게 흉기를 휘둘러 살해한 혐의 등으로 기소됐다. 앞서 전주환은 A 씨를 스토킹한 혐의 등으로 기소돼 재판을 받고 있었는데, 검찰이 결심공판에서 징역 9년의 실형을 구형하자 A 씨에게 앙심을 품고 보복하기 위해 선고공판을 하루 앞두고 범행을 저지른 것으로 조사됐다.

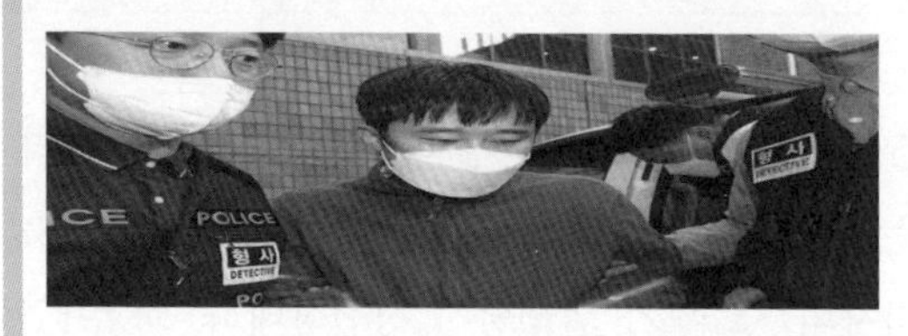

기존 전주환의 스토킹 혐의 사건에서 서울서부지법 형사12부(재판장 안동범 부장판사)는 지난해 9월 전주환에게 징역 9년을 선고했었다(2022고합51). 80시간의 스토킹 치료, 40시간의 성범죄 치료 프로그램 수강도 명령했다.

자료: 조선일보, 2022년 9월 21일자 보도. 법률신문, 2023년 2월 7일자 보도.

4. 연쇄살인(serial murder)

1) 연쇄살인범의 일반적 특징

연쇄살인(serial murder, homicide)이란 살인범이 유사한 특징을 가진 피해자들을 최소한 3명 이상 유사한 수법으로 일정한 냉각기(cold period)를 가지면서 살해하는 것을 말한다.

연쇄살인범에 의한 피해자의 수를 몇 명 이상으로 할 것인가는 연쇄살인범의 개념을 규정하기 위해 매우 중요한 요소라 할 수 있다. 많은 수사기관과 연구자들은 대체로 최소 3명 이상의 피해자가 발생할 것을 주장한다.[5] 이에 대하여 2명

이상으로 해야 한다는 의견도 제시되고 있지만, 그럴 경우 교도소에 수감 중인 상당수의 살인범이 연쇄살인범으로 새롭게 정의되어야 할 것이고, 피해자를 4명 이상으로 규정할 경우 연쇄살인범의 특징에 드는 상당수의 살인범들을 간과하는 우려를 낳을 수도 있다.

연쇄살인은 집단살인(mass murder) 혹은 대량살인과는 구분되는데 집단살인이란 같은 시간에 같은 장소에서 여러 명을 살해하는 것을 말한다.

한편 1978년부터 FBI의 행동과학부(Behavioral Science Unit) 수사관들에 의해 연쇄살인범에 대한 본격적인 프로파일링(profiling)[6]이 진행되었다. FBI는 교도소에 수감 중인 살인범들을 심층면담한 자료 및 수사기록 등을 바탕으로 프로파일링을 시작하였다. Ressler를 포함한 FBI행동과학부 수사관들의 살인범들과의 면담은 1978년 말 이른바 '범죄인 성격조사 프로젝트'(Criminal Personality Research Project: CPRP)를 통하여 이루어지기 시작했다.[7]

이 프로젝트를 바탕으로 이후 진행된 범죄학자들의 연구에서 살인범의 동기(motives), 목적(gains)과 병질적 징후(etiology)는 전통적인 살인범과는 본질적인 차이를 보이는 것으로 나타났다. 또한 실제로 교도소에 수감된 연쇄살인범 보다는 아직도 살인을 계속 진행하면서 검거되지 않는 연쇄살인범이 더 많으며, 검거되지 않는 연쇄살인범은 일 년에 한두 차례 살인을 행하면서 보통 사람들 속에서 일상적인 생활패턴을 유지하고 있다고 지적한다. 이들을 검거하지 못하는 것은 사건을 담당하는 수사기관의 무지와 정보교환의 부족, 그리고 연쇄살인에 대한 이해의 부족 및 프로파일링에 대한 인식의 한계와 거부감 등 때문이라고 본다.[8]

범죄인 성격조사 프로젝트(CPRP) 결과 얻어진 연쇄살인범들의 일반적인 특징(characteristics)은 남성이고, 백인이며, 25세에서 34세 사이의 연령, 범죄와 범

5 Sorochinski, M., Salfati, C. G., & Labuschagne, G. N. (2015). Classification of planning and violent behaviours in serial homicide: A cross-national comparison between South Africa and the US. Journal of Investigative Psychology and Offender Profiling, 12(1), 69–82.

6 범죄인 프로파일링이란 범죄현장에 남겨진 범죄자의 증거와 행동양태를 기초로 범죄자에 대한 어느 정도의 성격과 행위적 단서를 제공하려는 노력을 말한다. 즉, 범죄자와 피해자, 범죄현장, 범행도구의 선정, 사용한 말씨 등과 범죄자와의 상관성을 분석하고, 범죄자를 추론하는 과정이다.

7 허경미. (2022). 범죄인 프로파일링, 박영사, 135.

8 Daniszewska, A. (2017). Serial homicide: Profiling of victims and offenders for policing. Springer.

죄수사에 관심이 많다는 것이다. 이러한 결론은 이후 살인범 프로파일링의 기초 자료로 활용되고 있으며, 각국의 수사기관에 많은 영향을 미쳤다.

한편 한국에서는 한국형사정책연구원이 2007년 7월부터 10월까지 3개월간 교도소에서 복역중인 연쇄살인범 54명을 대상으로 프로파일링을 진행했고, 특히 이 가운데 25명은 직접 인터뷰를 거친 결과를 주목할 필요가 있다. 이 연구는 연쇄살인범들과의 대면조사를 통해 이들의 특징을 파악했다는 데에도 의의가 있다.

표 3-3 한국의 대표적인 연쇄살인 또는 연속살인

범죄사건	개 요
김대두 사건	1975년 8월부터 10월까지 폭력전과 2범인 김대두가 교도소 출소 한달 만에 평택, 수원, 양주 등에서 주로 외딴 집에 침입, 17명 살해
화성 사건	1986년 9월부터 1996년 10월까지 14세 여학생부터 70대 노인에 이르기까지 11명의 여성을 성폭행 후, 살해
김선자 사건	1986년부터 1988년 7월까지 유흥비 등을 갚기 위해 아버지, 동생, 채권자 등 5명을 살해
지춘길 사건	1990년 3월부터 11월까지 안동, 청송, 봉화 등 경북지역에서 주로 외딴 집에 침해, 5회에 걸쳐 할머니 6명 살해
지존파 사건	1993년 7월부터 1994년 9월까지 대전, 성남 등에서 조직을 배신한 조직원 및 사업가부부 등 5명을 살해
온보현 사건	1994년 8월부터 9월까지 훔친 택시를 이용하여 서울, 부천 등에서 6회에 걸쳐 여성 5명 납치 후 2명 살해
정두영 사건	1999년 6월부터 200년 4월까지 부산, 울산, 천안 등에서 부유층의 가정 집에 침입, 강도와 함께 주로 여성 9명 살해
택시강도 사건	2002년 4월에 주로 용인지역에서 김모씨 등 2인이 택시로 위장, 퇴근길 여성 승객 4명을 성폭행 후 살해
유영철 사건	2003년 9월부터 2004년 7월까지 서울에서 부유층 노인과 출장마사지사 등 성매매여성 21명을 살해
정남규 사건	2004년 1월부터 2006년 3월까지 서울 구로, 영등포, 관악, 부천 등지에서 가정집과 노상에서 여성과 아동 등 13명을 강도, 살해
강호순 사건	2006년 9월부터 2008년 12월까지 10명의 여성을 살해

자료: 강은영 · 박형민, 살인범죄의 실태와 유형별 특성: 연쇄살인, 존속살인 및 여성살인범죄자를 중심으로, 한국형사정책연구원, 2008.

조사 결과 54명 중 살인 범행 이전 전과자는 44명(81.5%)이었다. 초범은 11명에 불과했다. 1997~2006년 10년간 전체 살인범죄자의 전과자 비율 61%보다 연쇄살인범들의 전과자 비율이 20% 높았다. 전과자의 절반가량인 19명(43.2%)은 10대 때 처음 범죄를 저질렀다.

연쇄살인범의 최초 범죄는 절도가 17명으로 가장 많았고, 폭력관련 범죄는 16명으로 다음이었다. 그런데 연쇄살인 이전의 최종 범죄는 폭력관련 범죄가 52명으로 나타나 초범 때에 비해 3.3배 많은 것으로 밝혀졌다. 연쇄살인범의 살인 범행시 평균 연령은 35.4세였다. 단순 절도범이나 폭행범이 연쇄살인범으로 진화할 때까지 평균 13년이 걸린 것으로 분석되었다.[9]

이와 같은 연쇄살인범의 일반적인 특징은 비안치(Kenneth Bianchi)[10]의 경우와도 일치한다. 그는 백인 남성이고, 민간경비회사 관리자였으며, 그리고 경찰직을 희망하는 사람이었다. 또한 그는 지적이고, 매력적이며 젊었다.

일반적으로 연쇄살인범들은 연쇄살인의 횟수가 늘어나면서 성격변화(personality degeneration)의 경향을 보인다. 즉, 치밀한 계획을 세우고, 살인을 하는 경우가 줄어들고, 우발적인 폭력에 의한 살인이 증가하는 것이다. 부루도스(Jerry Brudos)[11] 사건은 이를 잘 보여주는데, 첫 번째 사건 발생 11개월 후에 2번째 살인이 발생하였고, 두 번째 사건의 4개월 후에 세 번째 사건이 일어났다. 마지막 살인은 1개월이 안된 채 발생하였다. 부루도스는 첫 번째 피해자의 왼쪽 발을 절단하였고, 두 번째 피해자는 왼쪽 가슴을 절단하였으며, 세 번째 피해자는 양쪽 가슴을 절단하였다. 마지막 피해자에게는 몸 전체에 전기충격을 가했다.

---

9 강은영 · 박형민, 살인범죄의 실태와 유형별 특성: 연쇄살인, 존속살인 및 여성살인범죄자를 중심으로, 한국형사정책연구원, 2008.

10 Kenneth Bianchi는 Angelo Buono은 사촌지간으로 1977년 LA 인근을 공포의 도가니로 몰아넣었다. 이들은 경찰로 변장한 다음, 성매매여성들을 유인해서 강간한 다음 살해했는데, 이들에 의해 Hollywood 동쪽 언덕에 버려진 시체가 극히 도발적인 자세였기 때문에 “The Hillside Strangler”라는 별명이 붙게 되었다. Kenneth Bianchi가 워싱턴주의 Belingham으로 이사를 가면서 그의 연쇄살인 행각은 끝이 났지만 다시 연속으로 두 여자를 살해해 피해자가 12명에 달했다. 이로 인해 체포된 Bianchi는 자기가 다중인격증상이 있으며, 살인은 “Steve Walker”라는 또 다른 자아에 의해 행해졌다고 주장하였다. https://en.wikipedia.org/wiki/Kenneth_Bianchi/

11 1960년대 후반 미국을 떠들썩하게 만들었던 Jerry Brudos는 여성용 신발 도착증 환자(Shoe Fetish)로 “검은색 하이힐의 강간범”이라는 별칭을 가지고 있다. Jerry Brudos는 오레곤주에서 어린 여성들을 가학적인 방법으로 연쇄 살인하였는데, 특히 피해 여성들에게 성적인 고통과 극단적으로 잔혹한 방법을 사용하였다.

그런데 연쇄살인범들의 특징과 연쇄살인범의 범죄동기는 구분되어야 한다. 연쇄살인범의 특징은 살인사건에서 공통성(commonalities)을 찾아내 연쇄살인범을 유형화하는 데 필요하고, 범죄동기는 행동의 이유를 설명하기 위한 요소들이기 때문이다.[12]

연쇄살인범은 대체로 자신의 범죄 및 범죄당시 자신의 정서 등에 대해 말하기 꺼려한다. FBI의 경우에도 연쇄살인범이 인터뷰에 응하게 하기 위한 노력을 기울여왔다. 특히 연쇄살인범은 법률적으로 자신에게 불리한 부분에 대해서는 진실을 말하길 꺼려한다. 그러나 최종적으로 유죄가 확정된 경우에는 비교적 자유롭게 진실을 말하는 경향이 있다. 따라서 보다 심층적 자료를 얻기 위해서는 최종판결이 난 뒤에 인터뷰를 시도하는 것이 효과적이다.

2) 피해자 선택

전통적인 관점에서는 연쇄살인범들이 피해자의 특정한 신체적 특징과 성격 등을 고려하여 피해자를 선택한다고 주장되어왔다. 전형적인 연쇄살인범은 자신이 선호하는 이상적인 외모를 갖춘 사람을 찾아내어 희생시킨다. 그는 오랫동안 심사숙고하여 자신이 선호하는 피해자의 모습을 완성하고, 그리고 상대방을 어떻게 살해할 것인가, 즉 방법에 대하여 결정한다. 이러한 사고를 하는 과정에 그의 심리상태는 억압, 학대, 파괴 등의 심리적 기제가 나타나고, 자신의 변화에 관심을 가진다. 그리고는 자신의 이상에 맞는 피해자를 찾아 나서게 된다.

그러나 이러한 점에도 불구하고 대부분의 연쇄살인범의 사례에서 피해자의 신체적, 개인적인 특징이 연쇄살인범이 이상적으로 생각했고, 갈구했던 특징을 가진 경우는 드물다. 즉, 이상적인 상대와 실제 피해자가 서로 같지 않다는 것이다. 이는 연쇄살인범은 그의 피해자를 찾는데 최고의 신중을 기하기 때문에 역설적으로 발생하는 모순된 결과이다. 즉, 연쇄살인범은 피해자를 안전하게 확보하지 못한다면 아예 범행을 포기하는 것이 낫다고 생각할 만큼 피해자 선택에 신중을 기한다. 경찰로부터의 체포위험성에서 벗어나 안전하게 피해자를 확보하려는 노력이 너무나 강하기 때문에 자신의 이상에 맞는 상대방을 발견한 경우에는 오히려 망설이게 된다. 결과적으로 자신의 이상에는 맞지 않지만, 경찰체포로

12 Holmes & Deburger, Serial murder, (CA: Sage, 1985); Reid, S. (2017). Developmental pathways to serial homicide: A critical review of the biological literature. Aggression and violent behavior, 35, 52–61. https://en.wikipedia.org/wiki/Jerry_Brudos/

부터 덜 위험한 대상자를 선택하게 된다.

또한 연쇄살인범이 이상적인 상대방을 무한정 찾을 수 없는 이유는 폭력적인 충동욕구 때문이다. 즉, 이상적인 대상을 찾고 싶은 욕구와 즉각 자신의 폭력적인 충동을 만족시키고 싶은 욕구가 충돌할 때 후자가 더욱 강할 경우 반드시 이상적인 대상이 아니더라도 살인의 대상으로 삼는 것이다. 따라서 특정한 연쇄살인범의 이상적인 경우가 아니더라도 누구나 현실적으로 연쇄살인범의 잠재적인 피해대상이 될 수 있다.

실제로 앞에서 제시한 중앙일보와 한국형사정책연구원의 조사결과에서도 피해자의 다양한 특징을 알 수 있다.[13] 연쇄살인범의 피해자는 모두 197명으로 살인범 한 명이 평균 3.6명을 살해한 것으로 나타났다. 피해자 중 127명, 64.5%는 살인범과 평소 안면이 없었던 제3자였다. 안면은 있으나 친하지 않은 사이는 36명, 18.3%, 가족 등 친한 사이는 34명, 17.3%이었다. 피해자의 성별은 남성 77명, 39.1%, 여성 116명, 58.9%, 미상 2명 등이었다. 주로 50대 이상의 노인과 20대 이하의 여성이 피살당했다. 13명을 살해한 연쇄살인범 정남규는 “검거되지 않기 위해 여성과 노약자를 범행 대상으로 삼았다”고 말했다.

연쇄살인범은 실제 피해자가 될 사람에 대해 아는 것이 없고, 피해자의 기분, 감정 등에 대해 신경쓰지 않으며, 단지 자신이 명령을 내릴 수 있는 객체로만 인식한다. 또한 극도의 경멸, 잔인한 살인범, 파괴할 만한 가치가 있는 대상으로 생각한다. 이는 폭력적인 충동이 너무나 강하여 이 충동을 방해하는 다른 감정이나 가치판단 기능 등이 차단되기 때문이다.

연쇄살인범의 이와 같은 심리구조는 한 순간에 이루어지는 것이 아니라 오랜 세월동안 만들어져 구축된 것이며, 늘 상상 속의 살인을 구체화하려는 폭력적인 충동이 내면을 지배하고 있다. 연쇄살인범은 초기의 범행양상 보다 범행 횟수가 늘어나면서 더 잔인하고, 엽기적인 살해수법으로 변화하는데, 이는 폭력적 충동의 만족 정도가 초기보다 더 그 수준이 높아져야만 만족감을 느낄 수 있기 때문이다.

연쇄살인범은 영화나 잡지, 책, 신문 등에 묘사되거나 보도된 사례를 모델로 삼아 살해를 시도하거나 자신의 범행수법을 강화시킴으로써 폭력적 충동을 만족

13 Miller, L. (2014). Serial killers: I. Subtypes, patterns, and motives. Aggression and violent behavior, 19(1), 1–11.

시켜나간다. 그는 자신의 비도덕성에 대해 생각해보기도 하지만, 오히려 피해자들이 이 사회에서 쓸모없는 인간들이므로 자기가 해치워도 된다는 합리화 기제를 강화하는 데 더 치중한다. 연쇄살인범은 자신의 실수와 비도덕성, 범죄인성 등을 결코 인정하지 않는다. 피해자들이 억울하고, 무고한 사람들이라고 생각한다는 것은 자기 자신이 천벌을 받을 사람이라는 것을 인정하는 결과가 되기 때문이다.

3) 폭력행사에 대한 지각

연쇄살인범은 살아있는 피해자를 소유하고, 자신이 상상했던 대로 피해자의 행동을 조종한다. 이것은 연쇄살인범이 이미 폭력의 구체적인 행동과 방법을 통해 그가 얻을 수 있는 자기만족(self-gratification)에 대한 무한한 정신적 시나리오를 가지고 있기 때문이다. 그는 모든 폭력적인 환상들 가운데에서 가장 최고의 자아실현(self-fulfillment)을 얻을 수 있는 잔혹한 방법을 선택한다. 선택한 방법은 살인범이 피해자에게 행한 과정 전체에 나타난다.

연쇄살인범이 조심성 있고, 그가 좋아하는 내적 이미지를 벗어나 조직적으로 행동하는 유형이라면, 그는 조직적 방식으로 피해자의 절망과 인간성을 빼앗고 그 과정을 지켜봄으로써 자신이 바라던 거대한 의미(tremendous meaning)와 쾌락(pleasure)을 얻는다. 그에게는 피해자가 비참함과 절망으로 가장 깊이 떨어지는 것보다 더 중요한 것은 없다. 연쇄살인범의 유일한 행동의 이유는 피해자에 대한 잔인한 학대를 통하여 자신의 존재감(self-magnification)을 드러내고, 피해자에게 느끼게 하는 것이다.

연쇄살인범에 있어 피해자에 대한 자기 존재감의 확대 또는 과시는 모든 사건의 전제라 할 수 있다. 연쇄살인범은 통제할 수 없는 심리적인 좌절감을 경험한다. 따라서 그는 피해자를 관대하게 다루지 못하며, 그 자신의 폭력적 충동을 폭발시킨다.

이러한 심리구조는 연쇄살인범의 폭력행사의 동기와 인식을 설명하는 것으로 결국 살인범이 무력한 피해자에게 폭력을 가하는 것은 단지 폭력 자체만 행하는 것이 아니라 피해자에 대한 잔인한 학대를 통하여 자신의 존재성을 극대화(reestablishing)하고, 재확인하는(reaffirming) 의식인 것이다. 즉 살인범의 심리는 꿈꾸던 폭력을 현실에서 피해자에 대한 권력적 지위로 구체화하고, 그 권력을 유지시키고, 권력이 감소되지 않도록 더 잔인한 폭력을 행사하는 것이다.

살인범은 자신이 선택하는 폭력의 구체적인 방법을 '선량'(good)하고 '정당한'(righteous) 것으로 전제하고, 폭력을 완벽하게 사용하려고 노력하며, 상상하던 방법을 시험하고 확인한다.

따라서 연쇄살인범은 피해자의 발버둥질, 고통 그리고 절규를 불쌍히 여기지 않는다. 그에게 있어 피해자는 가치가 없는 대상이고, 완전하게 비인간화된 객체로 인식될 뿐이다. 그에게 동정심과 같은 인간적인 표현은 부적절한 것이다. 연쇄살인범은 피해자의 분노와 고통을 보고 동정심(empathy)을 느끼는 대신 병적 쾌감(euphoria)을 느낀다. 피해자가 비참해할수록 그는 더욱 더 충만한 긴장감과 전율을 느끼게 되는 것이다.

연쇄살인범의 진정한 만족감은 피해자를 복종(subjugation)시키고, 공포(terrorization)에 떨게 하며, 극도로 잔인(brutalization)하게 학대하는 것에서 나오는 것이지 단순히 피해자를 살인하는 것만으로는 얻지 못한다. 피해자로부터 이미 만족감을 얻었다면 구태여 더 이상의 위협이나 학대는 불필요해지며, 결국 살해하고 마는 것이다.

4) 연쇄살인범의 유형

FBI 등은 교도소에 수감되어 있는 연쇄살인범에 대한 심층 인터뷰와 사례연구 등의 자료를 기초로 연쇄살인범을 구분하여 유형화하기 시작하였다. 사람의 행동은 동기와 성격 등에 따라 일정한 행위패턴을 보이므로 연쇄살인범의 경우에도 이를 적용시켜 구분한 것이다.[14]

❶ 망상형 연쇄살인범(visionary serial killers)

망상형 연쇄살인범은 정신적 장애를 앓고 있으며, 누군가를 살해해야 한다는 환청이나 환각으로 살인을 하는 유형이다. 따라서 망상형 연쇄살인범은 자신들의 행위는 신의 명령을 이행한 것이라 주장하기도 한다. 이들은 환청이나 환각 등의 망상증을 포함한 정신장애적 이상증세를 보인다.

❷ 사명형 연쇄살인범(mission serial killers)

사명형 연쇄살인범은 특정한 사람들을 세상에서 제거해야 한다는 신념으로

14 Miller, L. (2014). Serial killers: I. Subtypes, patterns, and motives. Aggression and violent behavior, 19(1), 1–11.

피해자들을 살해하는 경우를 말한다. 이들은 정신이상자(psychotic)가 아니며, 환청이나 환각을 경험하지 않는다. 또한 이들은 현실에 잘 적응한 일반적인 사람들로 보여질 수 있다. 그러나 이들은 특정한 계층의 사람을 세계에서 제거하려는 의무를 스스로에게 부여해서 행동한다. 주로 동성애자, 성매매 여성, 특정한 종교인 등 자신과 다른 특정 집단이 그 대상이 된다. 이들은 자신이 세상을 구하거나 개선시켜야 한다는 등의 의무가 있다고 생각한다.

❸ 쾌락형 연쇄살인범(hedonistic serial killers)

쾌락형 연쇄살인범은 쾌락적 이유에서 사람들을 살해하는 경우이다. 이들이 추구하는 쾌락을 성욕(lust), 스릴(thrill), 재물(comfort)로 나눌 수 있다. 성욕형은 성욕(lust)을 충족하기 위하여 사람을 살해하는 경우를 말한다. 성욕형은 성적 흥분을 극대화하기 위해 피해자에게 다양한 행동을 요구하거나, 스스로 여러 행동을 취한다.[15]

이들은 식인, 사체토막(dismemberment), 시간(necrophilia), 살아 있는 피해자에 대한 고문이나 신체일부의 절단, 감금 등의 행동 등 살인 과정 자체를 중요시 여기는 특징이 있다. 앞서 제리 부루두스의 경우처럼 피해자의 발을 자르거나 가슴을 잘라내는 경우,[16] 유영철의 경우처럼 사체훼손 등을 예로 들 수 있다.

스릴형(thrill)은 피해자에게 고통과 두려움, 폭력 등을 가하여 자신의 흥분과 쾌감을 강화하는 경우이다. 이들의 살인행위 시간은 길지 않으며, 대체로 성적인 공격은 하지 않는다. 이들과 피해자와는 대부분 낯선 관계이며 오랫동안 피해자의 생활패턴을 감시하여 결정적인 기회를 포착하여 단시간에 살해한다. 또는 피해자를 들판이나 산에 풀어놓고 피해자를 몰면서 사냥하는 쾌락을 느끼며 살해하는 경우도 있다.

재물형(comfort)은 경제적 이익을 목적으로 사람들을 살해한다. 자신의 부인이나 약혼자들, 고용주 등 주변인물들을 피해대상으로 보험, 유산 등을 노리고 살해할 수 있다.

---

15 다머(Jeffery Lionel Dahmer)는 1978년부터 1991년 사이에 미국 위스콘신주 밀워키 일대에서 무려 17명을 살해하였으며, 주로 강간 후 살해하고, 인육을 먹거나 절단하는 등의 행위를 보였다. https://en.wikipedia.org/wiki/Jeffrey_Dahmer/

16 Lindegaard, M. R., & Bernasco, W. (2017). Learning About Crime Prevention from Aborted Crimes: Intrapersonal Comparisons of Committed and Aborted Robbery. In Crime Prevention in the 21st Century (pp. 19–34). Springer, Cham.

CRIMINOLOGY

시신 일부 들고 찍은 셀카 사진 보관 핸드폰 분실해 경찰에 덜미...

인테르팍스 통신 등 현지 언론은 러시아 남부 도시 크라스노다르에 거주하는 드미트리 박셰예프(35)와 사실혼 관계에 있는 그의 부인 나탈리야 박셰예바(42)가 지난 1999년부터 30명 이상을 납치해 살해한 뒤 시신을 절단하고 인육을 먹은 혐의로 경찰 조사를 받고 있다고 전했다.

이들의 엽기적 범행은 이달 11일 크라스노다르의 한 거리에서 도로 수리공사를 하던 기술자들이 길거리에서 분실된 핸드폰을 발견한 것이 계기가 돼 세상에 알려졌다. 핸드폰에는 절단된 사람의 손을 자신의 입에 넣고 포즈를 취한 한 남성의 셀피 사진과 여성의 절단된 머리, 머릿가죽 등의 사진이 보관돼 있었다.

기겁한 기술자들은 곧바로 문제의 핸드폰을 경찰에 신고했고 경찰이 핸드폰 소유주를 추적한 결과 박셰예프로 확인됐다. …중략…

이후 크라스노다르 공군조종사양성학교 기숙사에 살고 있던 박셰예프의 집을 급습한 경찰은 집안에서 8명의 시신 잔해와 인육 조리법 동영상 자료 등을 찾아냈다. 냉장고에서는 냉동된 여성 신체 일부와 벗겨진 머릿가죽 등이 발견됐다. 저장된 한 신체 일부에는 1999년 12월 28일 날짜가 적혀 있었다.

부부에 대한 교차 심문 결과 박셰예프는 17세 때인 지난 1999년부터 사람들을 죽여 인육을 먹었으며 일부는 소금에 저장해두기도 한 것으로 드러났다. 이들은 그동안 살해한 사람이 모두 30명에 이른다고 진술한 것으로 알려졌다.

희생자들은 대부분 현지 경찰에 행방불명자로 등록된 사람들이었다. 이웃 주민들은 이 부부의 집에서 항상 기분 나쁜 냄새가 났지만, 조종사양성학교에서 간호사로 일하는 부인이 성격이 괴팍해 항의하거나 집안을 확인할 엄두를 내지 못했다고 증언했다.

현지 일부 언론은 이들 부부가 인육을 식용 고기로 속여 대중 식당에 판매했다는 의혹도 제기했다. …중략…

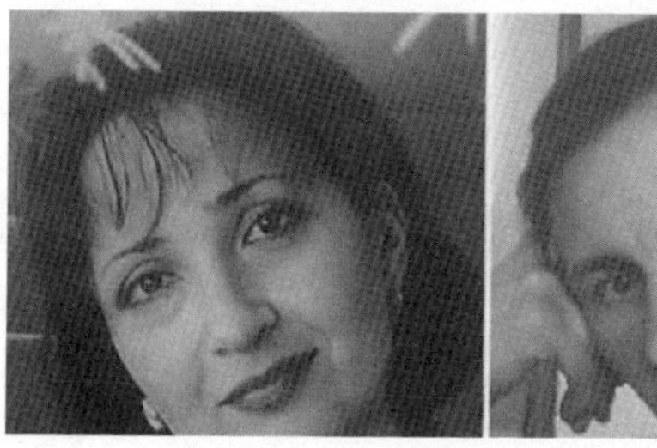

30명 살해해 인육 먹은 혐의 받는 러시아 식인 부부

자료: 매일경제, 2017년 9월 27일자 보도.

❹ 권력형 연쇄살인범(power-control serial Killers)

권력형 연쇄살인범은 피해자에 대한 완전한 지배에서 만족감을 얻는 경우를 말한다. 이들의 성적 학대는 성욕형(lust) 연쇄살인과는 달리 상대방을 통제하는 수단으로 행해진다. 권력형은 피해자에게 성적인 학대를 가하기도 하지만, 살인은 성적 쾌락보다는 무기력한 피해자를 마음대로 통제하고, 권력을 행사하는 능력의 우월성을 맛보기 위해서 행해지는 행위의 일부에 불과하다.

권력형에게 있어 살인이란 상대방의 생명을 자신이 원하는 대로 조종할 수 있는 권력(힘)을 가졌다는 신념 그 자체에서 만족감을 얻는 행위라는 의미를 갖는다.

그런데 권력형은 아동기에 성인으로부터 성적 학대를 당했거나 심각한 폭력을 당한 경우 등 자신이 무기력한 이유로 상대방으로부터 피해를 당했다고 생각하며, 그에 대한 내재된 복수심을 가지고 있는 경우도 있다.

그런데 권력형의 대표적인 경우는 테디 번디(Ted Bundy)로 그는 1974년부터 1978년까지 미국 전역을 돌아다니며 무려 100여 명을 살해한 것으로 알려졌다.[17] 그는 법정에서 범행동기에 대하여 "That was my impression, my strong impression"라고 진술했다.

Ⅲ. 강도(robbery)

1. 강도의 개념

강도(robbery)는 재산범죄인 동시에 폭력범죄이다. 이는 강도가 피해자에 대해 폭력과 위협을 가하는 동시에 재물을 빼앗거나 재산상의 이익을 취하는 등의 특성을 가지기 때문이다.

형법은 폭행 또는 협박으로 타인의 재물을 강취하는 행위 및 기타 재산상의 이익을 취하거나 제3자로 하여금 이를 취하게 하는 행위를 강도의 구성요건으로 규정하고 있다. 그리고 강도행위의 태양에 따라 죄명을 특수강도, 준강도, 인질강도, 강도상해·치상, 강도살인·치사, 강도강간, 해상강도 등으로 그 유형을 구분하고 있다.

---

17 이에 대하여 FBI는 36명으로 추정한다. http://en.wikipedia.org/wiki/Ted_Bundy/

이와 같이 법률상으로 강도의 유형을 구분하는 것 이외에 강도의 대상이나 동기 또는 수단에 의해서 그 유형을 구분할 수도 있다.

2. 강도의 원인

강도의 동기 또는 원인으로 가장 먼저 제시되는 설명이 상대적 박탈감이론(relative deprivation)이다. 상대적 박탈감이론은 경쟁적 자본주의사회에서 빚어진 빈부의 격차에서 상대적으로 빈곤한 사람들이 경제적 풍요로움을 가진 사람들에 대하여 박탈감을 느껴 이에 대한 반발로 범행을 행한다는 것이다. 즉 빈곤계층은 지위상승에 대한 기대는 증대되었으나 실현할 기회가 제한되거나 차단되기 때문에 범행을 통하여 자아기대감을 성취한다는 것이다. 이 주장은 사회경제생활의 향상과 빈곤층에 의한 강도행위가 증대한다는 가정 하에 도출된 것으로 사회가 발달할수록 하류계층이 상대적 박탈감을 더 많이 느끼게 된다고 본다.

그러나 이와 같은 주장은 경제적 성공기회가 제한되거나 차단되어 자신의 기대감을 실현하지 못하는 사람들이 모두 강도행위를 하는 것은 아니라는 점에서 한계가 있다.[18]

한편 강도의 동기를 경제적 측면에서 상대적 박탈감을 원인으로 보는 입장과는 달리 경제적인 풍요에서 원인을 찾는 학자도 있다.

고드(Leroy C. Gould)는 오히려 경제적 풍요로움이 재산범죄의 발생률에 더 큰 영향을 미친다고 주장한다. 경제공황기에는 재산범죄가 비교적 낮은 수준을 유지하였으나 호황기에는 오히려 발생률이 증대된다는 것이다. 이러한 현상에 대해서 고드는 상대적 박탈감 및 범행대상의 증대와 그로 인한 범행의 용이함을 이유로 들고 있다. 경제적 풍요는 재물을 소유하지 못한 사람들에게 상대적 박탈감을 증대시키는 한편 이들이 타인의 재물을 취득할 수 있는 기회도 많아지기 때문에 아마추어 강도가 늘어난다는 것이다. 그러나 고드의 주장도 설득력이 떨어진다. 왜냐하면 경제적 호황기에는 빈곤을 원인으로 하는 범죄보다는 호기심이나 욕심 때문에 발생되는 범죄가 더 많고, 상대적 박탈감 때문에 강도행위를 하는 것보다 열심히 노력하는 사람들이 더 많기 때문이다.

---

18 Leroy C. Gould, "The Changing Structure of Crime in an Affluent Society," (*Social Forces*, 1969), pp. 51~58.

3. 강도의 유형

강도는 그 동기나 피해자 또는 범죄자에 따라 강도의 유형을 다양하게 구분할 수 있다. 강도의 유형을 동기에 따라 탈취적 강도와 만용적 강도, 통제력 결핍에 의한 강도와 도전적 강도의 네 유형으로 구분하였다.[19]

먼저 강취적 강도는 생활비나 유흥비 마련 등 주로 경제적인 동기에 의해서 강도행위를 하는 유형으로 가장 많이 발생한다. 만용적 강도는 강도의 일차적인 동기가 돈이나 물건을 빼앗는 경우라기보다는 행위자체를 즐기려는 동기에서 행하는 경우로 강취적 강도에 이어 두 번째로 많이 발생한다. 아동이나 청소년들이 또래 집단에서 우월감 또는 그 지위를 얻기 위해 무모하게 강도를 하는 경우가 이에 해당한다. 다음으로 통제력 결핍에 의한 강도는 심하게 화가 나서 이성적 자제력을 잃거나 술이나 약물 등에 취해 있어 판단력을 잃은 상태에서 강도를 행하는 경우이다. 도전적 강도란 돈이나 물건을 빼앗는데 범행의 일차적인 동기가 있는 것이 아니라 부모나 사회에 대한 반발심이 행위의 주된 동기가 되는 형태라고 할 수 있다. 이 경우는 아주 미미한 정도로 결과적으로 강도의 동기가 경제적 이유에서 행해진 비율이 그렇지 않은 경우보다 훨씬 높다는 것을 알 수 있다.

맥클린토크와 깁슨(Everlyn Gibson)은 강도의 피해대상을 중심으로 그 유형을 다음과 같이 구분하였다.[20]

첫째 유형은 일상적으로 거래되는 현금이나 금품을 노리는 유형이 있다. 고용관계에 의해 금전 혹은 물품을 일상적으로 다루는 사람이나 장소를 대상으로 강도를 행하는 경우로 상점, 은행, 우체국, 주유소, 대형 음식점, 회사의 현금출납계, 현금운반차량, 영업용 택시 등과 같이 다액의 현금을 일상적으로 취급하는 건물이나 시설 등을 상대로 금품을 강취하는 것을 말한다.

둘째 유형은 행인이 소지한 귀금속을 대상으로 하는 노상범죄(street offense)이다. 이는 등 뒤에서 피해자의 목을 조르고 금품을 갈취하는 유형(mugging), 위

---

19 Jansen, R. W., & Van Koppen, P. J. (2017). The road to the robbery: Travel patterns in commercial robberies. In Applications of geographical offender profiling (pp. 83–102). Routledge.

20 F. H. McClintock and Everlyn Gibson, "Robbery in London," (*Probation Journal*, Vol. 10, No. 4, 1962), pp. 59~60.

협을 가하여 현금을 강취하는 유형(yoking), 지갑 날치기(pulse snatching), 갑작스럽게 흉기를 들이대고 금품을 강취하는 유형 등이 있다.

셋째 유형은 사적인 점유영역(private premises)에 보관된 금품을 노리는 것으로 개인주택 등에 침입하여 강도를 하는 경우가 포함된다. 가정집, 개인사무실, 점포 등에 침입하여 금품을 강취한다.

넷째 유형은 우연히 접촉한 상대의 금품을 노리는 경우로 성매매나 동성연애, 파티나 모임 등을 통하여 알게 된 사람을 협박하여 금품을 강취하는 것을 말한다.

다섯째 유형은 평소에 친밀한 관계에 있거나 알고 지내는 상대의 금품을 강취하는 경우로 오랫동안 가까이 지내온 친인척 · 친구 · 이웃 · 애인 혹은 동료를 협박하여 금품을 빼앗는다.

4. 강도의 실태

2021년에 총 511건의 강도범죄가 발생하여 전년도 보다 26.2% 정도 감소하였다.[21]

표 3-4 강도 발생

연도	2012	2013	2014	2015	2016	2017	2018	2019	2020	2021
건수	2,626	2,001	1,618	1,472	1,181	990	841	845	692	511

자료: 대검찰청, 범죄분석, 각년도.

전체 강도범죄의 48.1%가 저녁시간 이후에 발생한 것으로 나타났다. 특히 40.0%가 밤(20:00~03:59)에 발생하였다.

강도범죄는 기타(20.9%)를 제외하면, 주거지에서 발생하는 경우가 24.5%로 가장 많았다. 그 다음으로는 노상 22.5%, 상점 17.6%, 숙박업소/목욕탕 9.2%, 유흥접객업소 5.3% 순이었다.

범행수법별로는 침입강도가 46.3%로 가장 많았고, 그 다음이 기타 39.2%, 노상강도 8.5%의 순이었다. 이어서 마취강도 2.8%, 차량이용강도와 차내강도 각 1.0%, 강도강간 0.8%, 인질강도와 해상강도 각 0.2%로 나타났다.

21 대검찰청, 2021년 범죄분석, 2022, 47−52.

그림 3-3 강도 발생장소

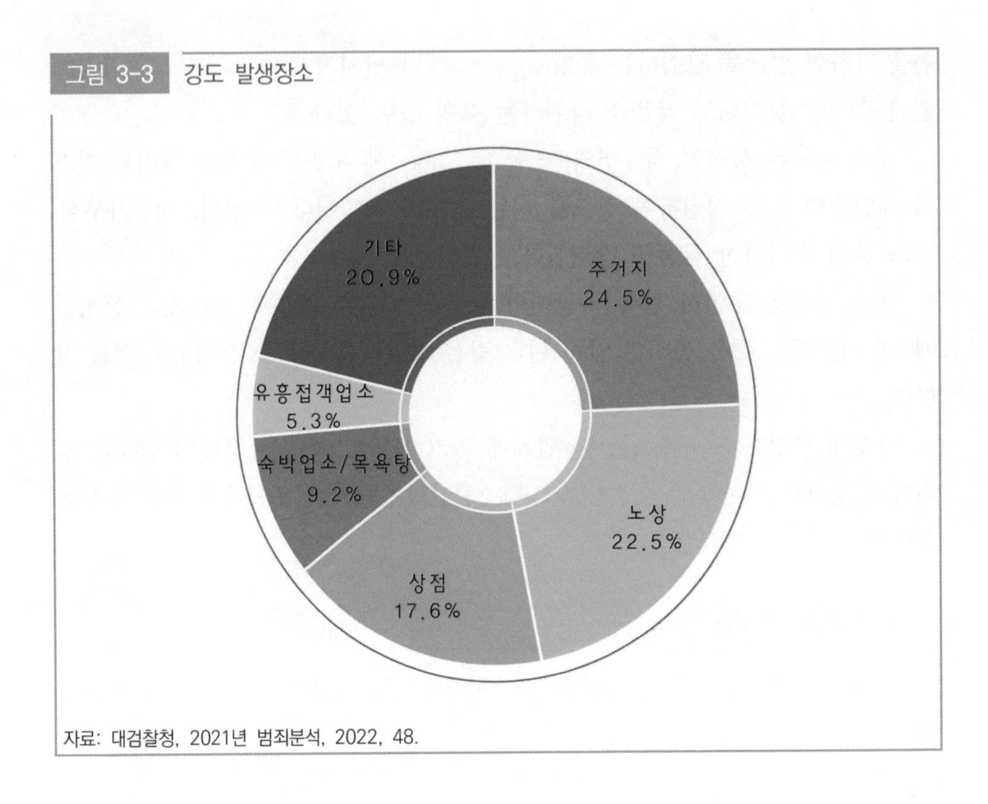

자료: 대검찰청, 2021년 범죄분석, 2022, 48.

강도범죄로 인해 피해자가 입은 재산피해액수는 10만원 초과 100만원 이하가 32.3%로 가장 많았고, 그 다음이 100만원 초과 1,000만원 이하가 28.9%, 1만원 초과 10만원 이하가 14.6%를 차지하였다.

한편 검거된 강도범죄 범죄자의 86.7%가 남성으로 압도적인 비율을 차지하고 있다.

강도범죄 범죄자의 범행동기를 기타를 제외하고 살펴보면, 생활비 마련이 19.9%로 가장 많았고, 우발적 동기 17.9%, 유흥/도박비 마련(11.0%) 순이었다.

강도범죄 범죄자 중 소년범죄자의 비율은 26.5%, 성인범죄자의 비율은 73.5%로 나타났다.

소년범죄자의 범행동기 비율은 유흥/도박비 마련이성인범죄자에 비해 높게 나타났다.

강도범죄의 53.9%가 공범이 있는 것으로 나타났다. 성인범죄자의 40.8%, 소년범죄자의 90.2%가 공범이 있어 소년범죄자의 공범 비중이 압도적으로 높았다.

그림 3-4 강도 범죄자의 성별·연령별

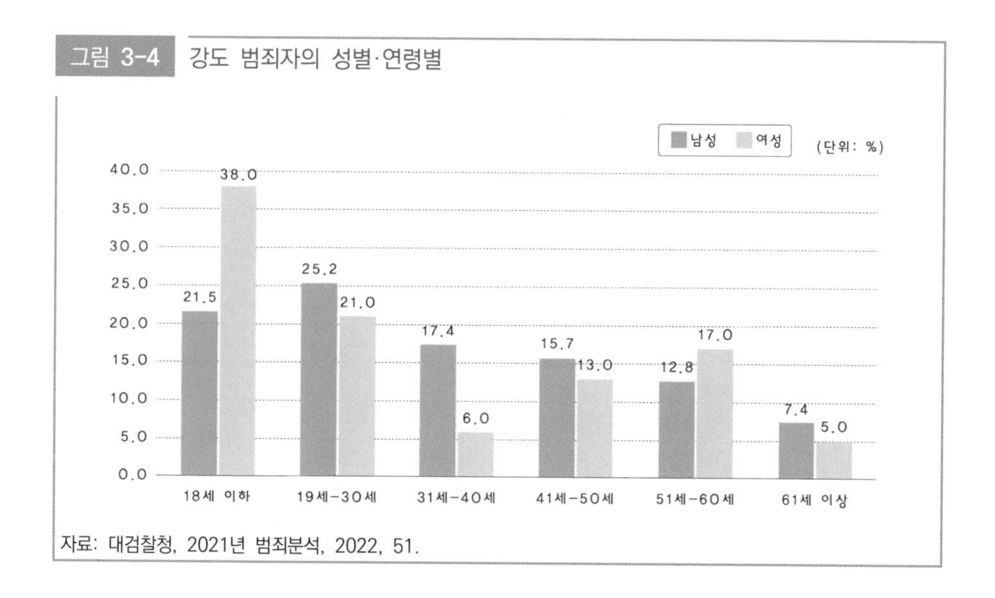

자료: 대검찰청, 2021년 범죄분석, 2022, 51.

IV. 가정폭력(domestic violence)

1. 가정폭력의 개념

가정폭력에 대한 정의는 매우 다양하지만 대부분 가정폭력이란 가정구성원 사이의 신체적·정신적·재산상의 피해를 수반하는 행위라는 데에는 의견이 일치한다.[22] 「가정폭력범죄의 처벌 등에 관한 특례법」에서는 가정폭력을 가족구성원간 신체적, 정신적 또는 재산상 피해를 수반하는 행위라고 한다.[23]

가족구성원의 범주는 배우자(사실상 혼인관계에 있는 자를 포함) 또는 배우자 관계에 있었던 자, 자기 또는 배우자와 직계존비속관계(사실상의 양친자 관계를 포함)에 있거나 있었던 자, 계부모와 자의 관계 또는 적모와 서자의 관계에 있거나 있었던 자, 동거하는 친족관계에 있는 자 등을 말한다.

22 Berns, Nancy S. Framing the victim: Domestic violence, media, and social problems. Routledge, 2017.

23 가정폭력범죄의 처벌 등에 관한 특례법 제2조.

표 3-5 가정폭력범죄의 구분

구분	가정폭력범죄
상해와 폭행의 죄	–상해, 존속상해(「형법」 제257조) –중상해, 존속중상해(「형법」 제258조) –특수상해(「형법」 제258조의2) –폭행, 존속폭행(「형법」 제260조 제1항 및 제2항) –특수폭행(「형법」 제261조) –상해와 폭행의 죄에 대한 상습범(「형법」 제264조)
유기와 학대의 죄	–유기, 존속유기(「형법」 제271조 제1항 및 제2항) –영아유기(「형법」 제272조) –학대, 존속학대(「형법」 제273조) –아동혹사(「형법」 제274조)
체포와 감금의 죄	–체포, 감금, 존속체포, 존속감금(「형법」 제276조) –중체포, 중감금, 존속중체포, 존속중감금(「형법」 제277조) –특수체포, 특수감금(「형법」 제278조) –체포와 감금의 죄에 대한 상습범(「형법」 제279조) –체포와 감금의 죄에 대한 미수범(「형법」 제280조)
협박의 죄	–협박, 존속협박(「형법」 제283조 제1항 및 제2항) –특수협박(「형법」 제284조) –협박의 죄에 대한 상습범(「형법」 제285조) –협박의 죄에 대한 미수범(「형법」 제286조)
강간과 추행의 죄	–강간(「형법」 제297조) 및 그 미수범·상습범(「형법」 제300조 및 제305조의2) –유사강간(「형법」 제297조의2) 및 그 미수범·상습범(「형법」 제300조 및 제305조의2) –강제추행(「형법」 제298조) 및 그 미수범·상습범(「형법」 제300조 및 제305조의2) –준강간, 준강제추행(「형법」 제299조) 및 그 미수범·상습범(「형법」 제300조 및 제305조의2) –강간 등 상해·치상(「형법」 제301조) –강간 등 살인·치사(「형법」 제301조의2) –미성년자 등에 대한 간음(「형법」 제302조) –미성년자에 대한 간음, 추행(「형법」 제305조)
명예에 관한 죄	–명예훼손(「형법」 제307조) –사자의 명예훼손(「형법」 제308조) –출판물 등에 의한 명예훼손(「형법」 제309조) –모욕(「형법」 제311조)
주거침입의 죄	–주거침입, 퇴거불응(「형법」 제319조) –특수주거침입(「형법」 제320조) –주거·신체 수색(「형법」 제321조) –주거침입의 죄의 미수범(「형법」 제322조)
권리행사를 방해하는 죄	–강요(「형법」 제324조) –강요죄에 대한 미수범(「형법」 제324조의5)

사기와 공갈의 죄	-공갈(「형법」 제350조) -특수공갈(「형법」 제350조의2) -공갈죄 및 특수공갈죄에 대한 미수범(「형법」 제352조)
손괴의 죄	-재물손괴 등(「형법」 제366조) -특수손괴(「형법」 제369조 제1항)
카메라 등을 이용한 촬영죄	-카메라 등을 이용한 촬영죄 및 그 미수범(「성폭력범죄의 처벌 등에 관한 특례법」 제14조 및 제15조)
불법정보의 유통금지	-불법정보의 유통금지 등 위반죄(「정보통신망 이용촉진 및 정보보호 등에 관한 법률」 제74조 제1항 제3호)
	-그 밖에 위의 죄로서 다른 법률에 따라 가중처벌 되는 죄

가정폭력은 그 유형에 따라 좀 더 구체적으로 신체적 폭력과 정신적 폭력, 그리고 성적 폭력, 방임 등으로 구분할 수 있다.

신체적 폭력이란 가해자가 직접적 폭행이나 도구를 이용하여 피해자의 몸에 물리적 공격을 하여 상해를 입히는 등의 행위를 말한다. 밀치기, 때리기, 발로 차는 행위, 꼬집는 행위, 뺨을 때리는 행위, 사지를 비트는 행위, 가재도구와 가구를 부수는 행위, 담뱃불로 지지는 행위, 머리채를 잡아당기거나 조르는 행위, 흉기를 휘두르는 행위 등이 이에 해당한다.

정신적 폭력이란 가해자가 피해자에게 심리적 압박감 또는 공포심리를 조장하여 정신적으로 상처를 가하는 행위를 말한다. 경멸하는 말투로 모욕을 주는 행위, 열등하고 무능력하다고 비난하는 행위, 큰 소리를 지르거나 비난하는 행위, 언어적인 협박, 위협하는 행위, 대화를 거부하는 행위, 피해자가 아끼는 물건이나 동물, 사람 등에 대한 정신적·신체적 공격행위, 무시하고 업신여기는 행위(격리), 피해자의 의사결정권을 침해하는 행위 등이 대표적이다.

성적 폭력이란 가해자가 피해자에게 성적으로 고통을 주는 행위로 신체적·정신적인 폭행과 함께 발생하는 경우가 많다. 원하지 않은 성행위를 강요하는 행위, 상대방의 몸을 동의 없이 만지고 애무하고 움켜쥐고 꼬집는 등의 행위, 자신의 성기나 이물질을 상대방의 성기에 넣는 행위, 구강성교, 항문성교 등 기타 유사성교행위를 강요하는 행위 등이 있다.

방임은 주로 아동학대와 노인학대에서 많이 나타나는데 이는 경제적 자립능력이 부족한 아동과 노인을 책임지지 않고 방임 또는 유기하는 것을 말한다. 끼니를 주지 않는 행위, 불결한 생활환경에 장시간 방치하는 행위, 교육을 시키지 않는 행위, 아파도 병원에 데려가지 않는 행위, 문을 잠가놓고 나가는 행위 등 적절한 보살핌과 애정 등을 기울이지 않는 것들이 포함된다.

2. 가정폭력의 가해자 및 피해자의 특징

가정폭력행위자란 가정폭력범죄를 범한 사람 및 가정구성원인 공범을 말한다. "피해자"란 가정폭력범죄로 인하여 직접적으로 피해를 입은 사람을 말한다.[24]

사람들은 흔히 가정폭력의 가해자는 보통 사람과는 다른 사람이라고 생각하는 경향이 있지만 이는 편견이다.[25] 물론 경제적 수입이 적은 사람들이나 정신이상, 약물이나 알코올 중독에 걸린 사람들이 그렇지 않은 사람들보다 상대적으로 가정폭력을 행사하는 빈도가 높다는 연구결과들이나 어린 시절 가정폭력을 직접적으로 경험했거나, 목격했던 사람들이 성인이 되면 가정폭력의 가해자가 될 가능성이 높다는 연구결과들은 가정폭력의 가해자가 보통 사람들과는 다르다는 일반인들의 생각을 지지해 주는 것처럼 보인다.

그러나 위와 같은 연구결과들이 정상적이고 약물이나 알코올 중독에 빠지지 않았으며, 어린 시절 가정폭력을 경험하지 않은 사람은 절대 가정에서 폭력을 행사하지 않을 것이라는 점을 의미하는 것은 아니다. 오히려 가정에서 무자비한 폭력을 행사하는 사람이 가정 밖에서는 매우 존경받는 사회인인 경우도 많다. 이런 경우 피해자는 직접적인 폭력과 주위 사람들의 몰이해라는 이중고를 겪게 된다. 흔히 가정폭력의 피해자는 친척, 친구, 교사, 종교인 등 신뢰하는 주위 사람에게 자신이 학대받고 있다는 사실을 제일 먼저 알린다. 그러나 이들이 가해자를 매우 성실하고 정상적인 인물로 여기고 있는 경우 피해자의 잘못을 지적하거나 다시 노력을 해보라는 등의 충고를 해주게 된다. 이와 같이 피해자가 자신의 학대 사실을 주위에 알려 폭력에서 벗어나고자 하는 노력이 좌절될 경우 피해자는 더 큰 어려움과 주변의 몰이해로 인한 이중의 상처를 받게 된다.

또한 가해자가 정신이상이거나 약물·알코올 중독자인 경우, 이를 치료하면 가정폭력문제도 해결된다고 할 수 없으며 가해자는 폭력의 수용성이 강하고 대

---

24 가정폭력범죄의 처벌 등에 관한 특례법 제2조.

25 Sherman, Lawrence W., and Heather M. Harris. "Increased death rates of domestic violence victims from arresting vs. warning suspects in the Milwaukee Domestic Violence Experiment (MilDVE)." Journal of experimental criminology 11.1 (2015): 1–20.

인관계능력이 떨어지는 경우가 많다. 가해자가 폭력이라는 방식 이외에는 다른 갈등해결 방식이나 스트레스해소 방식을 학습하지 못했을 가능성이 높다. 이런 사람들은 폭력에 대한 인식과 성별 역할에 대한 고정관념 때문에 자신의 잘못된 행동방식을 교정하지 못한다. 가족에 대한 폭력은 폭력이 아니라는 생각을 한다. 특히 가장일 경우 폭력도 가족을 이끌어 나가는 한 방식으로 생각을 한다.

가정폭력의 피해자도 일정한 특징을 나타낸다. 성인인 배우자들이 가정폭력에 적절하게 대처하지 못하는 이유는 학습된 무기력과 상대 배우자에 대한 의존성이 매우 크게 작용한다.[26] 가정폭력, 특히 배우자에 대한 폭력은 일정한 주기를 가지고 발생한다.[27] 이 주기는 세 단계로 진행된다.

첫 번째 단계는 긴장이 고조되는 단계이다. 이 시기 동안 사소한 말다툼이나 손찌검이 일어나면서 긴장은 더욱 고조된다.

두 번째 단계는 극심한 폭력이 발생하는 단계로 첫 번째 긴장고조 단계에서 형성되었던 긴장이 통제 불가능한 상태로 폭발한다. 피해자가 이러한 극단적인 폭력을 불러일으키는 동기를 제공하는 경우는 드물다. 일반적으로 가해자의 심리적 상태나 외부적인 일이 동기가 된다. 이 두 번째 단계의 특징은 통제가 불가능하다는 것이다. 이 단계는 보통 2시간에서 24시간 정도 지속된다. 그러나 피해자는 일주일이나 그 이상 심각한 공포를 느낀다. 드물게 피해자가 가해자의 폭력행위를 유발할 수도 있다. 이는 첫 번째 단계에서 지속적으로 증가하는 긴장으로 공포와 불안을 견디지 못하는 경우이다. 피해자는 경험적으로 두 번째 단계가 지나고 나면 안정을 되찾는 세 번째 단계가 온다는 사실을 알고 있다. 그래서 차라리 빨리 두 번째 단계가 지나고 세 번째 단계가 왔으면 하는 마음을 가지게 된다.

세 번째 단계는 폭력이 한 차례 진행된 뒤에는 마치 태풍이 몰아친 뒤의 고요함 같은 평온한 기운이 집안을 감돈다. 세 번째 단계에 도달하게 되면 가해자나 피해자 모두 폭행 사실을 은폐하거나 축소한다. 대부분 이 단계에서 가해자

---

26 Page, Holly Elizabeth. The Relationship between Domestic Violence Victims and Attachment Styles. Diss. Cardiff Metropolitan University, 2017.

27 서주희 · 김정숙 · 고경숙 · 오정란 · 고인성 · 강형원. (2015). 가정폭력 피해여성들의 사건충격과 정서 그리고 삶의 질에 대한 M&L 트라우마 심리치료 프로그램의 효과에 대한 임상연구. 동의신경정신과학회지, 26(2), 79−88.; 박경은 · 유영권. (2017). 데이트폭력 피해여성의 심리내면에 관한 질적연구. 한국심리학회지: 상담 및 심리치료, 29(3), 711−742.

는 매우 친절하고 다정하게 행동한다. 자신이 행사한 폭력에 대하여 사과하거나 다시는 그런 일이 없을 것이라고 다짐을 한다.

피해자는 이러한 주기적인 폭력단계를 반복적으로 경험하면서 점점 무기력해진다. 또한 폭행 사실이 다른 가족들에게 알려지면, 가족들은 피해자에게 가해자를 용서하라고 설득하기도 한다. 만약 이때 피해자가 용서하지 않는다면 주위의 친척이나 친구들로부터 비난을 사게 되며, 경찰에 신고한다 해도 결국 합의를 해주는 경우가 대부분이다. 그리고 다시 폭력이 반복되는 악순환이 이어지는 것이다.

3. 가정폭력의 실태

가정폭력 실태조사는 「가정폭력방지 및 피해자보호 등에 관한 법률」 제4조의2에 따라 3년마다 실시하는 국가통계로 2007년과 2010년, 2013년, 2016년, 2019년, 2022년 등에 이루어졌다.[28] 2022년 조사는 2022년 8월~2022년 11월(약 3개월)에 가구방문, 자기기입식조사로 진행되었으며, 조사대상은 만 19세 이상 남녀 9,060명을 대상으로 하였다.

1) 배우자/파트너에 의한 폭력 피해 경험

지난 1년간 배우자/파트너에 의한 폭력 피해 경험 즉, 신체적·성적·경제적·정서적 폭력 중 하나라도 경험한 비율은 7.6%(여성 9.4%, 남성 5.8%)로 2019년 조사 결과(전체 8.8%, 여성 10.9%, 남성 6.6%)보다 감소했다.

조사대상 중 여성은 정서적 폭력 6.6%, 성적 폭력 3.7%, 신체적 폭력 1.3%, 경제적 폭력 0.7% 순으로 피해 경험(중복 응답 포함)이 있었다. 남성은 정서적 폭력 4.7%, 신체적 폭력 1.0%, 성적 폭력 0.8%, 경제적 폭력 0.2% 순으로 피해 경험(중복 응답 포함) 비율이 높았다.

① 폭력의 첫 피해 시기

여성과 남성 모두 '결혼/동거 후 5년 이후'가 여성 37.4% 남성 57.3%로 가장 많았고, 그 다음은 '결혼/동거 후 1년 이상 5년 미만'이 여성 36.0% 남성 24.7%로 나타나 2019년 조사와 동일한 순이었다.

---

28 여성가족부, 2022년 가정폭력 실태조사 연구, 2023. 7. 4., 보도자료.

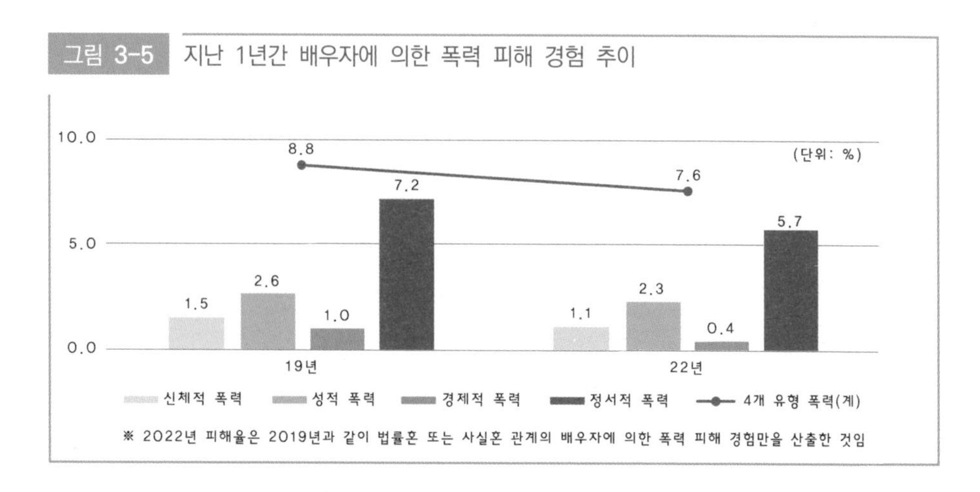

그림 3-5 지난 1년간 배우자에 의한 폭력 피해 경험 추이

② 폭력 발생 당시 대응 경험

'별다른 대응을 한 적이 한 번도 없다'가 53.3%로 2019년 조사 결과(45.6%)보다 증가했다.

별다른 대응을 한 적이 없는 이유는 폭력이 심각하지 않다고 생각해서 25.6%, 내 잘못도 있다고 생각해서 14.2%, 배우자/파트너이기 때문에 14.0%, 그 순간만 넘기면 된다고 생각해서 12.9% 순이었다.

③ 폭력 발생 이후 도움을 청한 경험

외부에 도움을 청한 경험이 없는 응답자가 92.3%로 2019년의 85.7%보다 증가했다.

도움을 청한 경우 대상은 가족이나 친척 3.9%, 이웃이나 친구 3.3%, 여성긴급전화1366 1.2%, 경찰 0.8%, 가정폭력 상담소·보호시설 0.3% 순으로 나타났다.

④ 피해자 지원기관에 도움을 요청하지 않은 이유

폭력이 심각하지 않다고 생각해서 36.9%, 그 순간만 넘기면 되어서 21.0%, 부부간에/파트너와 알아서 해결할 일인 것 같아서 20.5% 순이었다.

⑤ 이별 경험자의 폭력 피해 경험

이별 경험자[29]의 폭력 피해 경험은 50.8%로, 혼인 또는 동거 중인 응답자의 평생 폭력 피해 경험(14.3%)에 비해서 매우 높았다.

29 이별은 이혼, 별거, 동거 종료를 의미하며, 이별을 경험한 응답자의 당시 배우자/파트너에 의한 평생 폭력 피해 경험을 조사한다.

⑥ 이별 후 스토킹 피해 경험

응답자에 대한 직접적 스토킹 피해 경험은 9.3%로 2019년 조사 결과(20.1%)보다 감소했다. 주변 사람에 대한 접근 피해는 나의 가족 또는 함께 지내는 사람(여성 4.5%, 남성 2.1%), 나의 친구 등 지인(여성 4.7%, 남성 0.8%)로 나타났다.

⑦ 배우자/파트너의 폭력에 대한 아동의 인지 여부

폭력 피해자와 함께 사는 아동의 24.2%는 배우자/파트너의 폭력을 인지한 것으로 나타났다.

2) 아동 폭력 가해 및 배우자 외 가족에 의한 폭력 피해 경험

① 아동 폭력 가해 경험

지난 1년간 만 18세 미만 아동을 양육하는 응답자의 11.7%가 아동에게 폭력 가해 경험이 있다고 응답했고, 2019년 조사 결과(27.6%)보다 감소하였다.

배우자/파트너에 의한 폭력 피해 경험이 있는 응답자의 아동 폭력 가해 경험은 25.7%로 배우자/파트너에 의한 폭력 피해 경험이 없는 경우(10.5%)보다 2배 이상 높게 나타나는 현상이 관찰됐다.

② 가족원 폭력 피해 경험

만 65세 미만 응답자의 지난 1년간 부모나 형제·자매 등에 의한 폭력 피해 경험은 3.3%로 2019년 조사 결과(4.7%)보다 감소했다.

③ 노인 폭력 피해 경험

만 65세 이상 응답자의 지난 1년간 자녀, 사위, 며느리 등에 의한 폭력 피해 경험은 4.1%로 2019년 조사 결과(3.8%)보다 증가했다.

3) 가정폭력에 대한 인식 및 인지도

① 가정폭력에 대한 인식

가정폭력은 가정 안에서 해결해야 할 개인적인 문제다라는 질문에 대한 부정 응답[30]은 79.5%로 2019년 조사 결과(81.5%)와 유사하였다.

② 가정폭력 목격 시 신고에 대한 인식

이웃의 아동학대를 목격하면 신고하는 것이 마땅하다에 95.5%, 이웃의 부부간 폭력을 목격하면 신고하는 것이 마땅하다에 87.9%가 긍정 응답[31]하여 매우

30 부정 응답은 전혀 그렇지 않다와 그렇지 않은 편이다는 응답을 합산한 것이다.

31 긍정 응답은 그런 편이다와 매우 그렇다는 응답을 합산한 것이다.

높게 나타났으며, 특히 아동 학대에 보다 엄격한 태도가 나타났다.

③ 가정폭력 발생 시 도움을 받을 수 있는 기관의 인지도

가정폭력 발생 시 도움을 받을 수 있는 기관에 대하여 112(경찰청) 79.0%, 가정폭력 상담소 59.2%, 아동보호전문기관 56.1%, 가정폭력 피해자 보호시설 및 공동생활가정 51.5%, 노인보호전문기관 48.1%, 여성긴급전화1366 46.0% 등의 순으로 인지도가 높았다.

4. 가정폭력범죄의 처벌 등에 관한 특례법

가정폭력범죄의 처벌 등에 관한 특례법은 가정폭력범죄의 형사처벌절차에 관한 특례를 정하고 가정폭력범죄에 대하여 가정환경의 개선과 범죄자 성행의 교정을 위해 가해자에 대해 보호처분을 행함으로써 가정폭력으로 파괴된 가정의 평화와 안정을 회복하고 건강한 가정을 가꾸며 피해자와 가족구성원의 인권 보호를 목적으로 한다. 가정폭력범죄에 대하여는 이 법을 우선 적용한다.[32] 이하 내용은 2023년 6월 14일부터 시행되는 법률 제19068호를 중심으로 기술한다.

1) 신고의무 및 고소특례·보조인 등

❶ 신고의무

누구든지 가정폭력범죄를 알게 된 때에는 이를 수사기관에 신고할 수 있다. 가정폭력범죄를 신고한 자에 대하여 그 신고행위를 이유로 불이익을 주어서는 아니 된다.

① 다음에 해당하는 자가 직무를 수행하면서 가정폭력범죄를 알게 된 경우에는 정당한 사유가 없는 한 이를 즉시 수사기관에 신고하여야 한다.

1. 아동의 교육과 보호를 담당하는 기관의 종사자와 그 장
2. 아동, 60세 이상의 노인 기타 정상적인 판단능력이 결여된 자의 치료 등을 담당하는 의료인 및 의료기관의 장
3. 노인복지법에 따른 노인복지시설, 아동복지법에 따른 아동복지시설, 장애인복지법에 따른 장애인복지시설의 종사자와 그 장
4. 「다문화가족지원법」에 따른 다문화가족지원센터의 전문인력과 그 장
5. 「결혼중개업의 관리에 관한 법률」에 따른 국제결혼중개업자와 그 종사자

32 가정폭력범죄의 처벌 등에 관한 특례법 제1조부터 제6조.

6. 「소방기본법」에 따른 구조대·구급대의 대원
7. 「사회복지사업법」에 따른 사회복지 전담공무원

② 「아동복지법」에 따른 아동상담소, 「가정폭력방지 및 피해자보호 등에 관한 법률」에 따른 가정폭력 관련 상담소 및 보호시설, 「성폭력범죄의 피해자보호 등에 관한 법률」에 따른 성폭력피해상담소 및 보호시설에 근무하는 상담원과 그 기관장은 피해자 또는 피해자의 법정대리인 등과의 상담을 통하여 가정폭력범죄를 알게 된 경우에는 가정폭력피해자의 명시적인 반대의견이 없으면 즉시 신고하여야 한다.

③ 정당한 사유 없이 ①의 어느 하나에 해당하는 사람으로서 그 직무를 수행하면서 가정폭력범죄를 알게 된 경우에도 신고를 하지 아니한 사람에게는 300만원 이하의 과태료를 부과한다.

❷ 고소특례

피해자 또는 그 법정대리인은 행위자를 고소할 수 있다. 고소란 범죄의 피해자 또는 그와 일정한 관계가 있는 고소권자(피해자의 법정대리인 등)가 수사기관에 대하여 범죄사실을 신고하여 범인의 처벌을 구하는 의사표시이다. 피해자의 법정대리인이 행위자인 경우 또는 행위자와 공동하여 가정폭력범죄를 범한 경우에는 피해자의 친족이 고소할 수 있다. 피해자는 「형사소송법」 제224조의 규정에도 불구하고[33] 행위자가 자기 또는 배우자의 직계존속인 경우에도 고소할 수 있다. 법정대리인이 고소하는 경우에도 또한 같다. 피해자에게 고소할 법정대리인이나 친족이 없는 경우에 이해관계인의 신청이 있으면 검사는 10일 이내에 고소할 수 있는 자를 지정하여야 한다.

❸ 비밀엄수 등의 의무

가정폭력범죄의 수사 또는 가정보호사건의 조사·심리 및 그 집행을 담당하거나 이에 관여하는 공무원, 보조인 또는 상담소등에 근무하는 상담원과 그 장은 그 직무상 알게 된 비밀을 누설하여서는 아니 된다.

❹ 보조인

행위자는 자신의 가정보호사건에 대하여 변호사, 행위자의 법정대리인·배우자·직계친족·형제자매, 상담소등의 상담원과 그 장 등을 보조인으로 선임할 수

33 형사소송법 제224조(고소의 제한) 자기 또는 배우자의 직계존속을 고소하지 못한다.

있다. 변호사가 아닌 자를 보조인으로 선임하고자 할 때에는 법원의 허가를 얻어야 한다.[34]

CRIMINOLOGY

영국 맨체스터 경찰의 가정폭력 신고 홍보 리플렛

자료: Greater Manchester Police, https://www.gmp.police.uk/

2) 사법경찰관의 조치

❶ 응급조치

가정폭력범죄 신고를 받은 경찰은 지체 없이 가정폭력의 현장에 출동하여 가정폭력 피해자에게 다음의 조치를 해야 한다.[35]

1. 폭력행위의 제지
2. 가정폭력 행위자(이하 "가해자"라 함) · 피해자의 분리
3. 현행범인의 체포 등 범죄수사
4. 피해자의 가정폭력 관련 상담소 또는 보호시설 인도(피해자의 동의가 있는 경우에 한함)
5. 긴급치료가 필요한 피해자의 의료기관 인도
6. 폭력행위의 재발 시 가해자의 접근금지 등과 같은 임시조치를 신청할 수 있음을 통보
7. 피해자보호명령 또는 신변안전조치를 청구할 수 있음을 고지

34 가정폭력범죄의 처벌 등에 관한 특례법 제28조부터 제29조의2 참조.

35 가정폭력범죄의 처벌 등에 관한 특례법 제5조 및 가정폭력방지 및 피해자보호 등에 관한 법 제9조의4 제1항.

또한, 경찰은 피해자를 보호하기 위해 신고된 현장 또는 사건 조사를 위한 장소에 출입하여 조사를 하거나 질문을 할 수 있다.[36]

❷ 긴급임시조치

사법경찰관은 응급조치에도 불구하고 가정폭력범죄가 재발될 우려가 있고, 긴급을 요하여 법원의 임시조치 결정을 받을 수 없을 때에는 직권 또는 피해자나 그 법정대리인의 신청에 의하여[37] 긴급임시조치를 할 수 있다. 긴급임시조치를 취한 경우 사법경찰관은 검사에게 임시조치를 청구하고 검사는 판사에게 긴급임시조치를 한 시점부터 48시간 이내에 임시조치를 신청해야 한다.

❸ 사법경찰관의 사건송치

사법경찰관은 가정폭력범죄를 신속히 수사하여 사건을 검사에게 송치하여야 한다. 이 경우 사법경찰관은 당해 사건이 가정보호사건으로 처리함이 상당한지 여부에 관한 의견을 제시할 수 있다.[38]

3) 검사의 조치

❶ 임시조치의 청구 등

검사는 가정폭력범죄가 재발될 우려가 있다고 인정하는 때에는 직권 또는 사법경찰관의 신청에 의하여 법원에 임시조치를 청구할 수 있다. 검사는 행위자가 임시조치를 위반하여 가정폭력범죄가 재발될 우려가 있다고 인정하는 때에는 직권 또는 사법경찰관의 신청에 의하여 법원에 국가경찰관서의 유치장 또는 구치소에의 유치를 청구할 수 있다.

피해자 또는 그 법정대리인은 검사 또는 사법경찰관에게 임시조치의 청구 또는 그 신청을 요청하거나 이에 관하여 의견을 진술할 수 있다. 임시조치청구를 요청받은 사법경찰관이 이를 신청하지 않는 경우 검사에게 그 사유를 보고하여야 한다.

---

36 가정폭력방지 및 피해자보호 등에 관한 법률 제9조의4 제2항.

37 가정폭력범죄의 처벌 등에 관한 특례법 제29조 제1항
1. 피해자 또는 가정구성원의 주거 또는 점유하는 방실(房室)로부터의 퇴거 등 격리
2. 피해자 또는 가정구성원의 주거, 직장 등에서 100미터 이내의 접근 금지
3. 피해자 또는 가정구성원에 대한 「전기통신기본법」 제2조 제1호의 전기통신을 이용한 접근 금지

38 가정폭력범죄의 처벌 등에 관한 특례법 제7조 참조.

❷ 가정보호사건의 처리

검사는 가정폭력범죄로서 사건의 성질·동기 및 결과, 행위자의 성행 등을 고려하여 이 법에 의한 보호처분에 처함이 상당하다고 인정할 때에는 가정보호사건으로 처리할 수 있다. 이 경우 검사는 피해자의 의사를 존중하여야 한다.

> 1. 피해자의 고소가 있어야 공소를 제기할 수 있는 가정폭력범죄에서 고소가 없거나 취소된 경우
> 2. 피해자의 명시한 의사에 반하여 공소를 제기할 수 없는 가정폭력범죄에서 피해자가 처벌을 희망하지 아니하는 명시적 의사표시가 있거나 처벌을 희망하는 의사표시가 철회된 경우

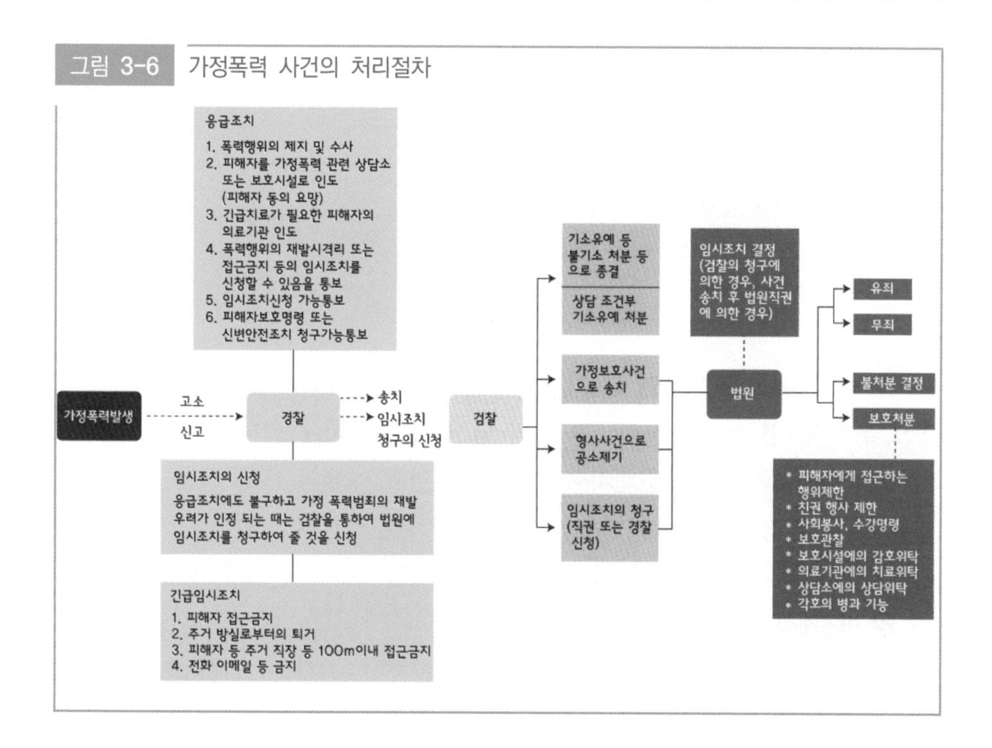

그림 3-6 가정폭력 사건의 처리절차

❸ 검사의 조치

검사는 가정폭력사건을 수사한 결과 행위자의 성행교정을 위하여 필요하다고 인정하는 때에는 상담조건부 기소유예를 할 수 있다. 검사는 가정보호사건으로 처리하는 경우에는 그 사건을 관할 가정법원 또는 지방법원에 송치하여야 한

다. 검사는 가정폭력범죄와 그 외의 범죄가 경합하는 때에는 가정폭력범죄에 대한 사건만을 분리하여 관할 법원에 송치할 수 있다.

4) 법원의 조치

❶ 임시조치

판사는 가정보호사건의 원활한 조사·심리 또는 피해자의 보호를 위하여 필요하다고 인정한 때에는 결정으로 행위자에게 임시조치를 할 수 있다. 동행영장에 의하여 동행된 경우 행위자가 법원에 인치된 때로부터 24시간 이내에 임시조치여부를 결정하고, 이를 검사 및 피해자에게 통지하여야 한다.

1. 피해자 또는 가정구성원의 주거 또는 점유하는 방실로부터의 퇴거등 격리: 최대 2개월
2. 피해자 또는 가정구성원의 주거, 직장 또는 신체 등에서 100미터 이내의 접근금지: 최대 2개월
3. 피해자 또는 가정구성원에 대한 "전기통신기본법" 제2조 제1호의[39] 전기통신을 이용한 접근금지: 최대 2개월
4. 의료기관 기타 요양소에의 위탁: 최대 1개월
5. 국가경찰관서의 유치장 또는 구치소에의 유치: 최대 1개월
6. 상담소 등에의 위탁

피해자의 보호를 위하여 그 기간의 연장이 필요하다고 인정하는 경우에는 결정으로 격리, 접근금지, 통신금지 등의 임시조치는 2회에 한하여, 치료위탁, 유치 등의 임시조치는 1회에 한하여 각 기간의 범위 내에서 이를 연장할 수 있다. 행위자, 그 법정대리인이나 보조인은 임시조치 결정의 취소 또는 그 종류의 변경을 신청할 수 있다.

❷ 비공개심리의 결정 등

판사는 심리기일을 지정하고 행위자를 소환하며, 판사는 가정보호사건을 심리함에 있어서 사생활보호나 가정의 평화와 안정을 위하여 필요하거나 선량한 풍속을 해할 우려가 있다고 인정할 때에는 비공개심리를 할 수 있다.[40] 또한 피해자 또는 가정구성원 역시 증인신문의 비공개를 신청할 수 있다.

---

39 전기통신법 제2조 제1항 전기통신이란 유선·무선·광선 및 기타의 전자적 방식에 의하여 부호·문언·음향 또는 영상을 송신하거나 수신하는 것을 말한다.

40 가정폭력범죄의 처벌 등에 관한 특례법 제30조부터 제34조.

법원은 피해자의 요청이 있는 경우에는 증인으로 심문하여야 하며, 이 경우 판사는 공정한 의견진술 등을 위하여 필요하다고 인정한 때에는 행위자의 퇴장을 명할 수 있다. 피해자는 변호사, 법정대리인·배우자·직계친족·형제자매, 상담소 등의 상담원 또는 그 장으로 하여금 대리하여 의견을 진술하게 할 수 있다.

❸ 보호처분의 결정 등

판사는 가정보호사건은 다른 쟁송에 우선하여 신속히 처리하여야 한다. 이 경우 처분의 결정은 특별한 사유가 없는 한 송치받은 날부터 3월 이내에, 이송받은 경우에는 이송받은 날부터 3월 이내에 하여야 한다.[41] 판사는 심리한 결과 보호처분을 할 수 없거나 할 필요가 없다고 인정한 때 등에는 처분을 하지 아니한다는 결정을 하여야 한다.

그러나 보호처분이 필요하다고 인정한 때에는 결정으로 다음에 해당하는 처분을 할 수 있다. 각호의 처분은 이를 병과할 수 있으며, 친권행사의 제한처분을 하는 경우에는 피해자를 다른 친권자나 친족 또는 적당한 시설로 인도할 수 있다.

1. 행위자가 피해자 또는 가정구성원에게 접근하는 행위의 제한
2. 행위자가 피해자 또는 가정구성원에게 전기통신을 이용하여 접근하는 행위의 제한
3. 친권자인 행위자의 피해자에 대한 친권행사의 제한: 최대 6개월 한
4. 보호관찰등에관한법률에 의한 사회봉사 · 수강명령: 최대 200시간 한
5. 보호관찰등에관한법률에 의한 보호관찰: 최대 6개월 한
6. 가정폭력방지및피해자보호등에관한법률이 정하는 보호시설에의 감호위탁
7. 의료기관에의 치료위탁
8. 상담소등에의 상담위탁: 최대 6개월 한

❹ 보호처분의 변경, 취소, 불이행 등

법원은 보호처분이 진행되는 동안 필요하다고 인정하는 때에는 직권, 검사·보호관찰관 또는 수탁기관의 장의 청구에 따라 결정으로 1회에 한하여 보호처분의 종류와 기간을 변경할 수 있다.[42] 보호처분의 종류와 기간을 변경하는 경우 종전의 처분기간을 합산하여 피해자접근금지, 전기통신접근금지, 친권행사제한,

41 가정폭력범죄의 처벌 등에 관한 특례법 제40조부터 제48조.

42 가정폭력범죄의 처벌 등에 관한 특례법 제45조부터 제49조.

보호관찰, 감호위탁, 치료위탁, 상담위탁 등은 1년을, 사회봉사·수강명령은 400시간을 각각 초과할 수 없다.

법원은 보호처분을 받은 행위자가 보호처분의 결정을 이행하지 아니하거나 그 집행에 따르지 아니하는 때에는 직권, 검사·피해자·보호관찰관 또는 수탁기관의 장의 청구에 의하여 결정으로 그 보호처분을 취소하고, 검사가 송치한 사건인 경우에는 관할 법원에 대응하는 검찰청의 검사에게 송치, 법원이 송치한 사건인 경우에는 송치한 법원에 이송한다.

또한 피해자접근금지, 전기통신접근금지, 친권행사제한 등의 보호처분이 확정된 후에 이를 이행하지 아니한 행위자는 2년 이하의 징역이나 2천만원 이하의 벌금 또는 구류에 처한다.

❺ 보호처분의 종료 및 비용부담

법원은 행위자의 성행이 교정되어 정상적인 가정생활이 유지될 수 있다고 판단되거나 기타 보호처분을 계속할 필요가 없다고 인정한 때에는 직권, 검사·피해자·보호관찰관 또는 수탁기관의 장의 청구에 의하여 결정으로 보호처분의 전부 또는 일부를 종료할 수 있다

사회봉사·수강명령 위탁결정 또는 치료위탁 및 상담위탁의 보호처분을 받은 행위자는 위탁 또는 보호처분에 필요한 비용을 부담한다. 다만, 행위자가 지급할 능력이 없는 때에는 국가가 이를 부담할 수 있다. 판사는 행위자에 대하여 비용의 예납을 명할 수 있다.

❻ 항 고

임시조치, 보호처분, 보호처분의 변경, 보호처분의 취소, 보호처분 불처분 결정 등에 있어서 그 결정에 영향을 미칠 법령위반이 있거나 중대한 사실오인이 있는 때 또는 그 결정이 현저히 부당한 때에는 검사, 행위자, 법정대리인 또는 보조인은 가정법원 본원합의부에 항고할 수 있다. 항고의 제기기간은 그 결정을 고지받은 날부터 7일로 한다.

❼ 피해자 보호명령

– 피해자보호명령

판사는 피해자의 보호를 위하여 필요하다고 인정하는 때에는 피해자 또는 그 법정대리인의 청구에 따라 결정으로 가정폭력행위자에게 다음 각 호의 어느 하나에 해당하는 피해자보호명령을 할 수 있다.[43]

1. 피해자 또는 가정구성원의 주거 또는 점유하는 방실로부터의 퇴거 등 격리 2. 피해자 또는 가정구성원의 주거, 직장 등에서 100미터 이내의 접근금지 3. 피해자 또는 가정구성원에 대한 전기통신을 이용한 접근금지 4. 친권자인 가정폭력행위자의 피해자에 대한 친권행사의 제한 5. 가정폭력행위자의 피해자에 대한 면접교섭권행사의 제한

각 호의 피해자보호명령은 이를 병과할 수 있다. 피해자 또는 그 법정대리인은 피해자보호명령의 취소 또는 그 종류의 변경을 신청할 수 있다. 판사는 직권 또는 신청에 상당한 이유가 있다고 인정하는 때에는 결정으로 해당 피해자보호명령을 취소하거나 그 종류를 변경할 수 있다.

– 기 간

피해자보호명령의 기간은 6개월을 초과할 수 없다. 다만, 피해자의 보호를 위하여 그 기간의 연장이 필요하다고 인정하는 경우에는 직권이나 피해자 또는 그 법정대리인의 청구에 따른 결정으로 2개월 단위로 연장할 수 있다. 피해자보호명령의 기간을 연장하거나 그 종류를 변경하는 경우 종전의 처분기간을 합산하여 2년을 초과할 수 없다.

– 임시보호명령

판사는 피해자보호명령의 청구가 있는 경우에 피해자의 보호를 위하여 필요하다고 인정하는 경우에는 결정으로 피해자보호명령에 해당하는 임시보호명령을 할 수 있다. 그 기간은 피해자보호명령의 결정 시까지로 한다.

❽ 배상신청 및 배상명령 등

– 배상신청

피해자는 가정보호사건이 계속된 제1심 법원에 배상명령을 신청할 수 있다. 이 경우 인지의 첨부는 요하지 아니한다.[44] 법원은 제1심의 가정보호사건 심리절차에서 보호처분을 선고할 경우 직권 또는 피해자의 신청에 의하여 다음의 금전 지급이나 배상을 명할 수 있다. 법원은 가정보호사건에 있어서 행위자와 피해자 사이에 합의된 배상액에 관하여도 배상을 명할 수 있다.

43 가정폭력범죄의 처벌 등에 관한 특례법 제55조–제55조의4.

44 가정폭력범죄의 처벌 등에 관한 특례법 제56조–제58조.

1. 피해자 또는 가정구성원의 부양에 필요한 금전의 지급
2. 가정보호사건으로 인하여 발생한 직접적인 물적 피해 및 치료비손해의 배상

– 배상명령의 선고

배상명령은 보호처분의 결정과 동시에 하며 배상의 대상과 금액을 보호처분 결정서의 주문에 표시하여야 한다. 배상명령은 가집행할 수 있음을 선고할 수 있다. 배상명령을 한 때에는 보호처분결정서의 정본을 행위자 및 피해자에게 지체없이 송달하여야 한다.

– 배상명령의 효력과 강제집행

확정된 배상명령 또는 가집행선고 있는 배상명령이 기재된 보호처분결정서의 정본은 민사집행법에 의한 강제집행에 관하여는 집행력 있는 민사판결 정본과 동일한 효력이 있다. 배상명령이 확정된 때에는 그 인용금액의 범위 안에서 피해자는 다른 절차에 의한 손해배상을 청구할 수 없다.

❾ 법원의 피해자 신변안전조치 요청

법원은 직전 또는 피해자의 신청에 의해 가정폭력보호사건, 피해자보호명령사건, 가사소송사건 등으로 법원에 출석하는 피해자, 면접교섭권을 행사하는 피해자 등에 대한 신변요청조치는 검사에 요청할 수 있다. 이 경우 검사는 피해자의 주거지나 현재의 관할 경찰서장에게 신변안전조치를 요청할 수 있으며, 이 경우 해당 경찰서장은 특별한 사유가 없으면 이에 따라야 한다.

5. 가정폭력피해자 보호제도

이하에서는 2023년 4월 11일부터 시행되는 법률 제19339호, 「가정폭력방지 및 피해자보호 등에 관한 법률」을 중심으로 기술한다. 이 법은 가정폭력 피해자는 피해 상황에서 신속하게 벗어나 인간으로서의 존엄성과 안전을 보장받을 권리가 있으며, 피해 상황서 신속하게 벗어나 인간으로서의 존엄성과 안전을 보장받을 권리가 있다는 기본이념을 바탕으로 하고 있다.

1) 국가와 지방자치단체의 책임 등

❶ 국가와 지방자치단체의 책임

이 법은 가정폭력을 예방하고 가정폭력의 피해자를 보호 · 지원함을 목적으로

제정되었으며, 국가와 지방자치단체는 가정폭력의 예방·방지와 피해자의 보호·지원을 위하여 가정폭력 신고체계의 구축, 피해자를 위한 보호시설의 설치, 가정폭력의 예방과 방지를 위한 조사·연구·교육 및 홍보 등의 조치를 취하여야 한다. 또한 이에 따르는 예산을 확보하고, 특별시·광역시·도·특별자치도 및 시·군·구에 가정폭력의 예방·방지 및 피해자의 보호·지원을 담당할 기구와 공무원을 두어야 한다.[45] 여성가족부장관은 3년마다 가정폭력에 대한 실태조사를 실시하여 그 결과를 발표, 활용한다.

❷ 가정폭력 예방교육 의무

국가기관 및 지방자치단체의 장, 「초·중등교육법」에 따른 각급 학교의 장 및 국가기관 등의 장은 해당 기관·단체에 소속된 사람 및 학생 등을 대상으로 매년 1회 이상, 1시간 이상의 가정폭력 예방교육을 실시하여야 한다. 이 경우 기관·단체에 신규임용된 사람에 대해서는 임용된 날부터 2개월 이내에 교육을 실시하여야 한다.

❸ 아동의 취학 지원

국가나 지방자치단체는 피해자나 피해자가 동반한 가정구성원이 아동인 경우 주소지 외의 지역에서 취학(입학·재입학·전학 및 편입학 포함)할 필요가 있을 때에는 그 취학이 원활히 이루어지도록 지원하여야 한다.

❹ 긴급전화센터의 설치·운영 등

여성가족부장관 또는 시·도지사는 다음 각 호의 업무 등을 수행하기 위하여 긴급전화센터(1366)를 설치·운영하여야 한다. 이 센터는 피해자의 신고접수 및 상담, 관련 기관·시설과의 연계, 피해자에 대한 긴급한 구조의 지원, 경찰관서 등으로부터 인도받은 피해자 및 피해자가 동반한 가정구성원의 임시 보호의 업무를 행한다. 2023년 7월 기준으로 전국적으로 18개소가 있다.[46]

❺ 상담소의 설치 및 운영

국가나 지방자치단체는 가정폭력 관련 상담소를 설치, 운영할 수 있으며, 국가나 지방자치단체 외의 자가 상담소를 설치·운영하려면 특별자치도지사·시장·군수·구청장에게 신고하여야 한다. 상담소는 가정폭력의 신고접수 및 상담, 가정폭력 피해자에 대한 임시보호 및 의료기관 인도, 가해자에 대한 고발 등을 위

45 가정폭력방지 및 피해자보호 등에 관한 법률 제1조－제10조.

46 여성가족부, 여성긴급전화1366 전국센터 현황(18개소), http://www.mogef.go.kr/kor/

한 법률적 지원, 경찰관서 등으로부터 인도받은 피해자등의 임시 보호, 가정폭력의 예방과 방지에 관한 홍보 등의 업무를 행한다. 2023년 기준 전국적으로 가정폭력 상담소는 214개소가 있다.

❻ 보호시설의 설치 및 운영

국가나 지방자치단체는 가정폭력피해자 보호시설을 설치, 운영할 수 있다. 보호시설의 종류는 단기 시설과 장기 시설, 외국인 및 장애인 시설 등으로 구분된다. 2023년 기준 전국적으로 65개소가 있다.

① 단기보호시설: 피해자 등을 6개월의 범위에서 보호(특별한 경우 3개월간 1회 연장가능)

② 장기보호시설: 피해자 등에 대하여 2년의 범위에서 자립을 위한 주거편의 등을 제공

③ 외국인보호시설: 외국인 피해자 등을 2년의 범위에서 보호

④ 장애인보호시설: "장애인복지법"의 적용을 받는 장애인인 피해자 등을 2년의 범위에서 보호

보호시설은 피해자등에 대하여 다음의 업무를 행한다. 보호시설의 장은 업무 비용의 전부 또는 일부를 가정폭력행위자로부터 구상할 수 있다. 이 경우 그 구상절차는 국세 또는 지방세 체납처분절차의 예에 따른다.

1. 숙식의 제공
2. 심리적 안정과 사회적응을 위한 상담 및 치료
3. 질병치료와 건강관리(입소 후 1개월 이내의 건강검진 포함)를 위한 의료기관에의 인도 등 의료지원
4. 수사기관의 조사와 법원의 증인신문에의 동행
5. 법률구조기관 등에 필요한 협조와 지원의 요청
6. 자립자활교육의 실시와 취업정보의 제공
7. 다른 법률에 따라 보호시설에 위탁된 사항
8. 그 밖에 피해자등의 보호를 위하여 필요한 일

그림 3-7 가정폭력 피해여성 지원서비스체계

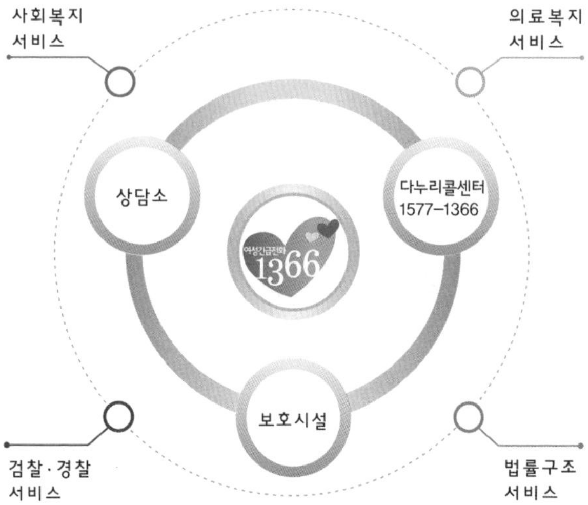

자료: 여성가족부, http://www.mogef.go.kr/sp/hrp/sp_hrp_f002.do/

2) 치료보호

의료기관은 피해자 본인·가족·친지 또는 상담소나 보호시설의 장 등이 요청하면 피해자에 대하여 다음의 치료보호를 실시하여야 한다.[47]

1. 보건에 관한 상담 및 지도
2. 신체적·정신적 피해에 대한 치료
3. 그 밖에 대통령령으로 정하는 의료에 관한 사항

치료보호에 필요한 일체의 비용은 가정폭력행위자가 부담하나, 피해자가 치료보호비를 신청하는 경우에는 국가나 지방자치단체는 가정폭력행위자를 대신하여 치료보호에 필요한 비용을 의료기관에 지급하여야 한다. 국가나 지방자치단체가 비용을 지급한 경우에는 가정폭력행위자에 대하여 구상권을 행사할 수 있다. 다만, 피해자가 보호시설 입소 중에 치료보호를 받은 경우나 가정폭력행위자가 「국민기초생활보장법」에 따른 수급자, 「장애인복지법」상 등록된 장애인인

47 가정폭력방지 및 피해자보호 등에 관한 법률 제18조.

경우에는 그러하지 아니한다.

V. 아동학대(child abuse)

1. 아동학대의 개념

현행 「아동복지법」은 아동학대(child abuse)의 개념에 대하여 "보호자를 포함한 성인에 의하여 아동의 건강·복지를 해치거나 정상적인 발달을 저해할 수 있는 신체적·정신적·성적 폭력 또는 가혹행위 및 아동의 보호자에 의하여 이루어지는 유기와 방임을 말한다"라고 정의하고 있다.[48] 「아동학대범죄의 처벌 등에 관한 특례법」에서는 이를 아동학대범죄로 규정하고 있다.

1989년 유엔총회에서는 「유엔 아동에 관한 국제협약」(UN Convention on Children's Right)을 만장일치로 채택하여 아동도 하나의 인격체로서 네 가지의 기본권리를 가지고 있음을 천명하였다.[49]

이 협약은 아동의 네 가지 권리를 '생존할 권리', '보호받을 권리', '발달할 권리' 및 '참여할 권리'로 정하고, 이 중 '보호받을 권리'에 학대나 방임, 착취 및 차별로부터 아동들이 보호받을 권리가 있다고 선언한 것이다. 이를 위해 동 협약의 제19조는 각종 폭행과 방임으로부터 아동을 보호하기 위해 입법적·행정적·사회적·교육적 조치가 확립될 필요성을, 제39조는 학대받은 아동이 신체적·심리적 회복과 사회복귀를 위해 적절한 치료를 받을 권리가 있음을, 제34조는 아동학대 중에서 특히 성학대로부터 보호받을 아동의 권리에 대해 별도로 규정하고 있다.

유엔 아동에 관한 국제협약에 따라 각 국에서는 아동학대를 방지하기 위한 국내 법체계를 갖추고 있다. 미국을 비롯한 24개 국가에서는 아동학대에 대한 의무신고체계를 갖고 있으며, 영국을 비롯한 17개국은 권장신고체계를 가지고 있다. 우리나라는 아동복지법과 아동학대범죄의 처벌 등에 관한 특례법, 형법 등에서 아동학대를 처벌하는 규정을 두고 있다.

---

48 아동복지법 제3조 제7호.

49 강지영. (2019). 아동·청소년 권리에 관한 국제협약 이행 연구－한국 아동·청소년 인권실태 2019 심화분석보고서: 청소년의 폭력피해 및 인권존중 경험 유형 및 특성 연구. 한국청소년정책연구원 연구보고서, 1－94.

영국은 1933년 「아동 및 청소년법」(Children and Young Persons Act, 1933)을 제정하여 아동에 대한 학대 및 폭력을 엄격하게 제재하기 시작하였다. 이어 1989년 「아동법」(Children Act 1989)을 제정하여 아동 및 청소년법을 보완하였다. 이 법은 2004년에 개정되었다. 이에 따라 아동학대, 신체적 학대 등에 대한 처벌 규정이 정비되었고, 국가 및 자치단체의 아동보호에 대한 책임 등이 부가되었다. 2015년에는 「신데렐라법」(Cinderella Law 2015)을 제정하게 된다. 동 법은 신체적 학대뿐만 아니라 정신적 학대를 했을 경우 최고 징역 10년을 선고할 수 있다.[50]

미국의 아동보호에 관련하여 가장 중심이 되는 법은 1973년에 통과된 「아동학대 예방 및 조치법」이다. 이 법은 18세 이하 아동보호와 관련된 연방정부의 역할, 지방정부 정책에 대한 지침, 아동보호에 관련된 정책 기반조성 등에 대한 내용을 담고 있다. 아동학대 예방 및 조치법에 의거하여 연방정부는 아동보호에 관련된 예방, 조사, 사정, 기소 및 조치 등의 업무를 보조하기 위해 주정부에 재정적 자금을 지원하며, 공공기관이나 사설기관의 프로그램 및 프로젝트에 대한 재정지원이 가능하다. 주정부가 연방정부의 재정지원을 받기 위해서는 아동학대 사례에 대한 신고, 조사 법정기록 등과 같은 정보를 통해 연방정부에서 모니터링이 가능하도록 정기적으로 보고하여야 하며, 아동학대 예방을 위한 일반인 교육을 정기적으로 실시하여야 한다. 이 법은 2003년에 「아동가정안전법」(Keeping Children and Families Safe Act)이라는 명칭으로 개정되었다.

또한 「법원의 아동학대 및 방임 제재강화법」(Strengthening Abuse and Neglect Courts Act of 2000)은 신체적, 정서적 학대로부터 아동을 격리하여 안정적이고 영구적인 성장·발달환경을 시급하게 제공하기 위한 행정적 효율성과 법정에서의 효과성을 높이기 위한 법률로 2000년에 마련되었다.

미국의 연방 법률은 가족유지 및 가족 재결합, 영구가정제공 등을 최우선 원칙으로 하고 있으며, 실제적으로 이러한 원칙들이 적용되도록 충분한 지원 원칙 법률을 명시하고 있다. 특히 미국은 최근 가족보전 및 가정기능의 회복을 매우 강조하고 있고 이를 아동보호의 최우선 원칙으로 삼고 있다. 이와 관련하여 「가족 안전 및 안정증진법(Promoting Safe and Stable Families)」 등이 제정되어 가정의 기능회복 및 가족형태의 보존을 강조하고 있다.[51]

50 나채준, 영국 영유아 학대방지를 위한 입법적 동향, 해외법제동향, 한국법제연구원, 2015, pp. 66-67.

미국은 각 주의 형법에 따라 학대와 방치 모두 처벌 대상이다. 버지니아주는 부모가 아동에게 심각한 상해를 가하는 경우 2년 이상 10년 이하의 징역 및 10만 달러(한화 약 1억 원) 이하의 벌금에 처하고 있으며, 부모의 양육권도 제한할 수 있다. 버지니아의 사법·경찰 당국은 아동학대사건 신고 시 부모의 사전 동의 없이 72시간까지 해당 아동을 보호할 수 있으며, 법원 명령을 통해 아동에 대한 보호조치나 격리조치 등을 취할 수 있다. 법원은 상황이 개선될 여지가 없다고 판단하는 경우에는 학대부모의 친권을 박탈할 수 있다.[52]

프랑스에서는 「형법」 제221-1조와 제221-4조 등에 따라 아동의 직계존속이나 친권자가 폭력을 이용하여 15세 미만 아동을 의도와 상관없이 사망에 이르게 하는 경우 30년의 징역(의도적 살인의 경우 무기징역), 아동에게 장애를 야기하는 경우 20년의 징역에 처한다. 또한 위험에 처한 아동은 판사의 결정에 따라 최대 2년 동안 보호조치(친권자와의 격리조치)의 대상이 될 수 있고 이 기간은 1회 갱신될 수 있다. 아동을 계속하여 방임하는 경우 판사는 친권의 일부 또는 전체를 박탈할 수 있으며, 친권자는 친권 박탈 1년 후부터 친권 회복을 청구할 수 있다.

일본은 아동학대 방지 등에 관한 법률 제14조(친권의 행사에 관한 배려 등)를 위반한 경우에는 1년 이하의 징역 또는 100만 엔(한화 약 1,000만 원) 이하의 벌금에 처할 수 있다. 그 밖에도 형법상 폭행죄, 상해죄, 강요죄를 적용할 수 있다. 또한 가정법원은 자녀, 친척, 미성년후견인, 미성년후견감독인 또는 검찰관의 청구로 친권상실·친권정지 심판을 할 수 있다. 이동학대와 관련하여 아동복지법, 아동학대 방지 등에 관한 법률에 아동의 일시보호, 학대한 보호자에 대한 지도, 면회 등의 제한 등에 관한 규정을 두고 있다.

2. 아동학대의 원인과 유형

1) 신체적 학대(physical abuse)

신체적 학대란 아이들의 고통, 부상, 죽음의 원인에 부모 또는 양육자의 행동이 직접적인 영향이 있는 경우를 말한다.

신체적 학대는 직접 때리거나, 전기선, 혁대, TV안테나, 고무호스, 막대기, 휀

51 https://www.acf.hhs.gov/sites/default/files/olab/sec3j_pssf_2015cj.pdf/

52 세계법제정보센터, 세계 각국의 아동학대 처벌규정, https://world.moleg.go.kr/

벨트, 당구채, 빗자루, 병, 의자다리, 야구방망이 등으로 폭행이 이루어진다. 일부 아이들은 손이나 팔, 발바닥을 가스버너, 담뱃불, 전기다리미, 부지깽이에 의해 화상을 입거나 심지어 매장 당하는 경우까지 있다.

스트루스(Murray A. Strus)는 신체적 학대에는 체벌의 비율이 가장 높다고 주장했다. 그는 가장 흔한 체형은 아이를 손바닥이나 물건으로 때리거나, 거칠게 밀어 제치는 경우를 들 수 있으며 거의 모든 부모 특히 아버지들이 자신의 아이를 때린 적이 있다고 한다. 이것은 부모의 사회적 지위와 관계가 없으며, 다만 어릴 때 폭행을 당한 적이 있는 부모가 그렇지 않은 경우보다 더욱 쉽게 아이를 때린다.[53]

스트루스는 미국인들이 체벌에 관하여 다음과 같은 신념들을 가지고 있으며 이와 같은 신념이 아이들에게 체벌을 가하는 폭력적 문화를 낳고 있다고 지적하였다.

① 찰싹 때리는 일은 다른 어떤 것보다 교육효과가 높다.
② 무엇이든지 잘못하면 체벌이 반드시 필요하다.
③ 체벌은 아이에게 해롭지 않다.
④ 아이에 대한 체벌은 비행의 원인이 되지 않는다.
⑤ 체벌은 부모의 권리이다.
⑥ 체벌이 없다면 아이가 버릇없는 망나니가 될 것이다.
⑦ 체벌은 아이들이 해서는 안되거나 또는 심각한 문제가 있을 때 사용해야 한다.
⑧ 체벌은 어린아이에게도 효과가 있다.
⑨ 체벌은 아이의 양육에 불가피한 것이다. 부모가 절대로 아이를 때릴 수 없다는 것은 부모의 권리를 무시하는 것이다.

스트루스는 아이들에 대한 폭력을 합법화하자는 주장은 부모 또는 교사와 아이와의 유대를 약화시키고, 사법권에 대한 공정성을 훼손시키는 행위라고 비난하면서 오히려 아이에 대한 체벌을 강력하게 처벌해야 한다고 주장하였다.

---

53 Straus, M. A., Gelles, R. J., & Steinmetz, S. K. (2017). Behind closed doors: Violence in the American family. Routledge.

CRIMINOLOGY

아빠 학대로 숨진 2개월 아기…"늑골 29개 부러져"

친부 징역 10년…"수면장애로 돌보기 어렵다"며 방임한 친모는 집행유예

출생신고도 하지 않은 생후 2개월 아들을 학대해 늑골 29개를 골절시키고 끝내 숨지게 한 20대 아빠가 항소심에서도 징역 10년을 선고받았다.....중략...

수원고법 형사3부는 아동학대 범죄의 처벌 등에 관한 특례법상 아동학대치사 혐의로 기소된 친부 A씨(23)의 항소를 기각하고 징역 10년을 선고한 1심 판단을 유지했다. 아동유기·방임 혐의를 받는 A씨 아내이자 피해 아동의 친모인 B씨(34)에 대한 판결(징역 1년에 집행유예 2년)도 그대로 인정했다.

재판부는 "모든 아동은 완전하고 조화로운 인격 발달을 위해 자라나야 하며 학대와 방임으로부터 보호되어야 한다"며 "피고인의 범행은 스스로 보호할 수 없는 아동의 생명을 침해한 것으로 그 죄책이 무겁다"고 판시했다....중략...

A씨는 2021년 12월부터 2022년 1월 13일 새벽까지 거주지인 경기도 성남시 아파트에서 불상의 방법으로 생후 2개월에 불과한 C군의 얼굴 부위에 충격을 가하거나 몸을 마구 흔들고 가슴 등 몸통 부위에 골절상을 가해 C군이 발작 증상을 보이는데도 제때 병원으로 데려가는 등의 조치를 하지 않은 혐의로 기소됐다....중략...

자료: 국민일보, 2023년 5월 27일자 보도.

2) 정서적 학대(emotional abuse)

정서적 학대란 아이의 자존심, 정신적·감정적 욕구 등을 무시하여 아이에게 굴욕감이나 수치심, 분노, 애정결핍 등의 감정을 갖게 하는 말과 행동을 말한다.

정서적 학대는 사랑과 애정 표시의 부족뿐만 아니라 신체적 접촉과 인정감의 억제를 포함하는 개념으로 다이어트 강요와 굴욕적 언행, 낙인, 별명 부르기, 책임전가, 거짓말, 과중한 책임감의 요구, 유혹적인 행위, 무시, 공포심의 유발, 비현실적인 기대 등이 있다. 또한 아동이 보는 앞에서 벌이는 부부 간의 잦은 불화도 포함된다.

정서적 학대는 외상이 없어 신체학대나 성학대에 비해 가볍게 다루어지기 쉽지만 아동의 심리·사회·정서·지적 발달과 기능에 심각한 문제를 초래할 수 있다.

정서적 학대를 당하는 아동의 경우는 특정물건을 계속 빨고 있거나 물어뜯는 행동장애(반사회적, 파괴적 행동장애), 신경성 기질(수면장애, 놀이장애), 정신신경

CRIMINOLOGY

"티셔츠 벗어볼래" 여중생 불러 성적 학대한 교장의 최후

대구지방법원 포항지원 형사3단독은 전날 아동학대 범죄의 처벌 등에 관한 특례법 위반 혐의로 기소된 전 포항 모 중학교 교장 A씨(64)에게 벌금 1500만 원을 선고했다.

A씨는 2022년 11월 17일 오후 11시 24분쯤 경북 울릉군으로 현장 체험학습을 나섰던 B양(15)에게 "심심하면 선생님 방으로 놀러 와"라고 메시지를 보냈다.

B양이 방으로 찾아오자 A씨는 "티셔츠 한번 벗어볼래, 한 번 안아봐도 될까, 사랑해. 넌 진짜 몸매도 좋다"라는 말을 하고 B양을 껴안는 등 성적 학대를 한 혐의를 받았다.

이에 대해 재판부는 "아동을 보호해야 할 의무가 있는 사람의 범죄를 더욱 죄책이 무겁다"면서도 "초범인 점과 사건 후 해임된 점을 고려했다"고 양형 이유를 밝혔다.

자료: 이데일리, 2023년 5월 30일자 보도.

성 반응(히스테리, 강박, 공포), 극단 행동, 지나친 행동, 성장발달지체 등이나 극단적인 경우 자살을 시도하기도 한다.

3) 성적 학대(sexual abuse)

성적 학대란 "범죄자 또는 기타의 가족 구성원들에 의하여 어린이에게 성교뿐만 아니라 아이를 성적으로 자극시키거나, 아이를 성적으로 이용하거나, 아이를 성적 흥분 대상으로 이용할 의도가 있는 모든 행위를 포함하여 아이에게 성적으로 가해지는 나쁜 행동"이라고 할 수 있다.[54]

즉 성인의 성적 만족을 얻기 위한 목적으로 아동과 성인 사이에 일어난 신체적 접촉이나 상호작용으로서 가슴이나 성기 애무, 강간 등의 직접 접촉 외에도 음란물 보여주기, 성기노출, 언어적 희롱 등을 포함하는 개념이라고 할 수 있다.

아동에 대한 성적 학대 중 가장 심각한 유형인 근친 성학대(incest)는 혼인관계에 있지 않은 가족 구성원 간의 신체적 접촉 또는 성적 자극을 포함하는 모든 성적 행동을 말한다.

근친에 의한 성적 학대는 친부 또는 의부와 딸 사이에서 일어나는 것이 가장

54 M. Powel and J. Bergem, "An Investigation of the Difference between Tweenth, Eleventh, Twelfth Grade Conforming and Nonconforming Boys," (*The Journal of Educational Research*, 56, December 1962), pp. 184~190; K. H. Muller, "Programs fir Deviant Girls," in Social Deviancy among Youth, edited by William w. Wattenburg, (Chicago University of Chicago Press, 1966).

많지만, 남매지간, 모자지간, 부자지간에서도 발생하며, 이러한 행위들은 피해자에게 신체적·정신적으로 상당한 고통과 후유증을 남긴다.

아버지에 의한 딸에 대한 성적 학대는 가장 대표적인 가정내 아동성학대 유형이라 할 수 있다. 이는 딸들을 황폐화시키고 오랫동안 지속되며 의부뿐만 아니라 친부에 의해서도 행해지며, 통계적으로는 친부에 의한 학대가 더욱 많은 것으로 나타나기도 한다.

아버지의 딸에 대한 성적 학대의 원인에 대한 연구에서 아버지의 공생적 성격(symbiotic personality), 정신병질적인 성격(psychopathic personality), 성도착적 성격(pedophilic personality), 문화적 성격(cultural personality) 등 네 가지 유형으로 나누어 설명하고 있다.[55]

첫 번째, 가장 일반적 유형으로 공생적 유형(symbiotic personality)은 누군가에게서 애정을 받고 싶어 하며 늘 누군가와 가까워지고 싶은 극도로 부적당한 욕구를 가지고 있어 항상 소유와 친교의 감정에 목말라 하는 사람들이다. 이들은 다른 사람들보다 가족들에게서 그들의 정서적 욕구를 충족시키려 하며 아내와의 관계가 악화되면 아내대신 딸에게서 정서적 그리고 성적 욕구를 만족시키려 한다. 이들은 딸에 대한 성적 학대를 아버지가 딸에게 보여줄 수 있는 최고의 애정 표현이며, 아버지는 딸에 대하여 배타적인 소유권을 갖고 있으므로 원하는 무엇이든지 딸에게 할 수 있다고 합리화시킨다. 술은 이러한 아버지의 행동을 강화하는 도구로 이용되며 섹스 후에 자신의 행위보다는 술을 더욱 원망한다.

두 번째, 정신병질적인 유형(psychopathic personality)은 매우 드문 경우로 딸에 대한 성적 자극과 흥분을 추구한다. 섹스는 단순히 그들이 느끼고 있는 적대감을 표시하기 위한 수단이며, 과거에 그들이 느껴보지 못한 흥분을 느끼는 것일 뿐이다. 이들은 죄의식을 느끼지 않으며 순간적인 만족을 추구할 뿐이다.

세 번째, 성도착증 유형(pedophilic personality)은 신체적 그리고 성적으로 발달하지 못한 어린 소녀에게 매력을 느끼는 극도로 부도덕한 유형으로 아이들에게서 성적 희열감을 느낀다.

네 번째, 문화적 유형(cultural personality)은 근친상간을 문화적으로 허용하는

---

55 Oshri, A., Sutton, T. E., Clay-Warner, J., & Miller, J. D. (2015). Child maltreatment types and risk behaviors: Associations with attachment style and emotion regulation dimensions. Personality and Individual Differences, 73, 127-133.

사람들에 의해서 행해지는데 나이가 많은 딸이 그녀의 어머니의 역할, 즉 부엌에서의 역할, 침실에서의 역할을 행하는 것을 당연하다고 받아들이는 문화에서 성장한 경우 발생하기 쉽다.

한편 아버지의 아들에 대한 성적 학대는 근친에 대한 분노감과 동성간음에 대한 충격 등으로 아이들은 자신들이 상처받고, 불결하고, 그리고 부도덕하다고 생각하게 된다. 따라서 이들은 항상 격렬한 분노를 느끼게 되며 결국 퇴행적 반응을 보여 알코올이나 약물을 사용하는 경우가 많으며, 성적으로도 퇴행적 모습을 보이는 경우가 많다. 나아가 만성적인 성도착자나 범죄자가 되는 등 다양한 일탈양상을 보인다.

4) 방임(neglect)

일반적으로 방임이란 아이들 또는 청소년들의 신체적·감정적·도덕적 욕구가 무시되는 것을 의미한다.[56] 즉 방임이란 아동양육에 책임 있는 보호자 등이 아동의 건강과 안전, 그리고 행복을 위해 필요한 것들을 제공하지 않는 것이라 할 수 있다. 이에는 음식을 제대로 먹지 못하거나 위험하고 불결한 주거환경에 아동이 그대로 방치된 신체적 방임과 정기적인 검사는커녕 아동이 아픔을 호소해도 적절한 조치를 받지 못하는 의료적 방임, 아동에게 말을 걸지 않거나, 쓰다듬고 안아주지 않는, 정서적·신체적 접촉이 결핍된 정서적 방임, 아동의 교육에 필요한 교육적·물질적 자원이 제대로 제공되지 못하는 교육적 방임, 그리고 성적인 교육을 거의 전혀 받지 못하거나 불건전한 성관계를 다룬 매체의 자극에 그대로 노출된 성적 방임 등이 모두 포함된다.

3. 아동학대의 실태

보건복지부가 2021년에 전국의 아동보호전문기관을 대상으로 실시한 아동학대 신고접수 및 처리현황을 기준으로 조사, 분석하여 2022년 8월에 발표한 「2021 아동학대실태보고서」를 바탕으로 한다.[57]

---

56 Stewart, C., Kirisci, L., Long, A. L., & Giancola, P. R. (2015). Development and psychometric evaluation of the Child Neglect Questionnaire. Journal of interpersonal violence, 30(19), 3343–3366.

57 보건복지부, 2021 아동학대 주요통계, 2022.

1) 접수현황

아동학대 신고 중 아동학대의심사례가 차지하는 비중은 지속적으로 증가하였으며, 2014년부터 80% 이상을 차지하며 높은 수치를 보이고 있다. 2018년의 경우 작년 대비 신고접수건수가 6.6% 증가하였고 전체 아동학대 신고건수 중 92.1%가 아동학대의심사례였다.

아동학대 신고접수는 매년 증가하고 있으며, 아동학대 신고 중 아동학대의심사례가 차지하는 비중도 점점 커지고 있다. 2021년의 경우 전년도 대비 신고접수건수가 27.6% 크게 증가하였고, 전체 아동학대 신고건수 중 96.6%가 아동학대의심사례였다.

그림 3-8 아동학대

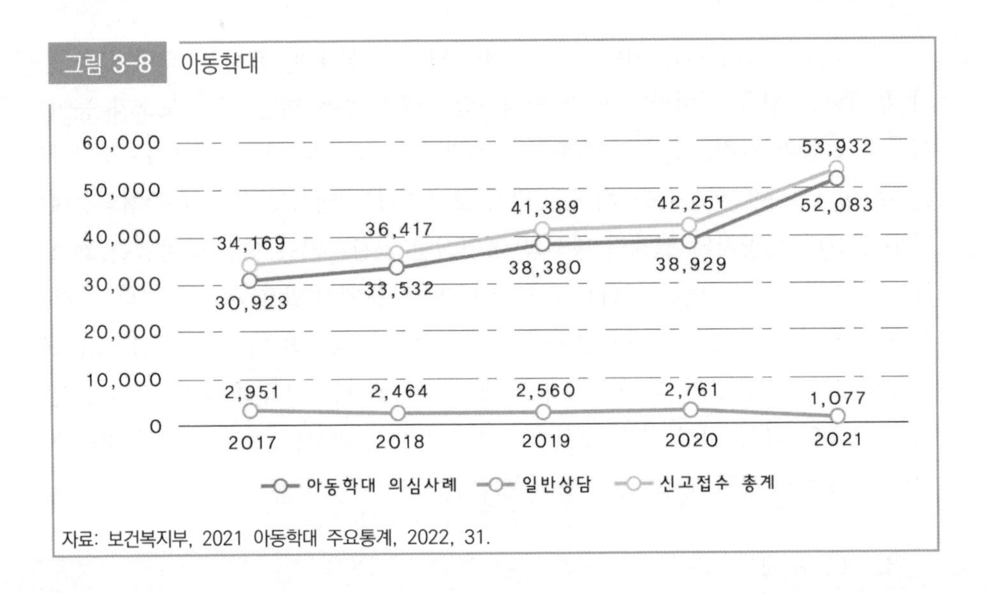

자료: 보건복지부, 2021 아동학대 주요통계, 2022, 31.

중복학대를 별도로 분류하여 아동학대사례 유형을 연도별로 살펴보면, 2017년부터 중복학대와 정서학대가 가장 높게 나타났다. 정서학대는 2017년부터 2021년까지 계속해서 증가하고 있으며, 5년 연속 중복학대에 이어 두 번째로 높은 비율을 차지했다.

표 3-6 아동학대

구분	2017년	2018년	2019년	2020년	2021년
합계	22,367	24,604	30,045	30,905	37,605
중복	10,875	11,792	14,476	14,934	16,026
신체	3,285	3,436	4,179	3,807	5,780
정서	4,728	5,862	7,622	8,732	12,351
성	692	910	883	695	655
방임	2,787	2,604	2,885	2,737	2,793

자료: 보건복지부, 2021 아동학대 주요통계, 2022.9.1.보도자료.

아동 인구(만0세~17세)를 기준으로 피해아동 발견율은 5.02%이다. 지역별로 살펴보면 울산광역시 14.68%, 전라남도 7.71%, 전라북도 7.62% 순으로 높았다. 낮은 순서로는 세종특별자치시 2.60%, 서울특별시 3.11%이다.

표 3-7 지역별 아동학대 사례 발견율

구분	추계아동인구	아동학대사례	인구천명당 피해아동 발견율
서울특별시	1,161,581	3,615	3.11
부산광역시	425,971	2,022	4.75
대구광역시	340,233	1,507	4.43
인천광역시	434,440	2,761	6.36
광주광역시	234,969	827	3.52
대전광역시	220,534	1,147	5.20
울산광역시	181,789	2,669	14.68
경기도	2,147,454	10,207	4.75
강원도	205,276	1,160	5.65
충청북도	235,304	825	3.51
충청남도	328,433	2,011	6.12
전라북도	254,332	1,937	7.62
전라남도	251,938	1,942	7.71
경상북도	357,116	2,068	5.79
경상남도	510,030	1,944	3.81
제주특별자치도	115,407	747	6.47
세종특별자치시	82,931	216	2.60
계	7,487,738	37,605	5.02

자료: 보건복지부, 2021 아동학대 주요통계, 2022, 22.

2021년에 학대로 인해 사망한 아동은 총 40명이었다. 이 보고서에 제시된 사망아동 통계는 아동보호전문기관에 신고접수된 아동학대사례를 바탕으로 집계한 결과이며, 수사기관을 통한 신고 및 진행된 사건은 제외될 수 있다. 따라서 사망아동 사례 현황을 우리나라에서 발생한 전체 학대로 인한 아동 사망 사건으로 보기에는 한계가 있다. 사망사례의 피해아동 성별의 경우, 남아가 17명(42.5%), 여아가 23명(57.5%)으로 여아가 더욱 높은 비중을 차지하였다. 사망사례 피해아동의 연령은 3세 미만이 26명(65%)으로 가장 많았으며, 4~6세가 5명(12.5%), 7~9세 3명, 10~12세 4명, 13~15세 2명으로 나타났다.

표 3-8 아동학대피해 사망아동

연도	사망아동 인원	아동학대 피해아동 중 사망아동 비율(%)
2017년	38	0.21
2018년	28	0.14
2019년	42	0.19
2020년	43	0.19
2021년	40	0.15

자료: 보건복지부, 2021 아동학대 주요통계, 2022.9.1. 보도자료.

2) 성별, 연령별 피해현황

2021년에 아동학대로 판단된 37,605건 중 남아가 18,952건(50.4%), 여아가 18,653건(49.6%)으로 피해아동은 남아가 더 많은 것으로 나타났다.

피해아동의 연령은 만 13~15세가 8,693건(23.1%)으로 가장 큰 비중을 차지했고, 그 다음으로 만 10~12세 8,657건(23.0%), 만 7~9세 7,219건(19.2%) 순으로 나타났다.

표 3-9 연령별 아동학대 사건 및 인원

연령(만)	건수	비율	명수	비율
1세 미만	757	(2.0)	480	(1.8)
1세	892	(2.4)	544	(2.0)
2세	1,255	(3.3)	769	(2.8)
3세	1,474	(3.9)	956	(3.5)
소계	3,621	(9.6)	2,269	(8.3)
4세	1,505	(4.0)	991	(3.6)
5세	1,516	(4.0)	1,026	(3.7)
6세	1,755	(4.7)	1,232	(4.5)
소계	4,776	(12.7)	3,249	(11.9)
7세	2,080	(5.5)	1,454	(5.3)
8세	2,386	(6.3)	1,688	(6.2)
9세	2,753	(7.3)	2,012	(7.3)
소계	7,219	(19.2)	5,154	(18.8)
10세	2,872	(7.6)	2,142	(7.8)
11세	2,854	(7.6)	2,094	(7.6)
12세	2,931	(7.8)	2,209	(8.1)
소계	8,657	(23.0)	6,445	(23.5)
13세	3,203	(8.5)	2,419	(8.8)
14세	2,937	(7.8)	2,283	(8.3)
15세	2,553	(6.8)	1,955	(7.1)
소계	8,693	(23.1)	6,657	(24.3)
16세	2,164	(5.8)	1,739	(6.3)
17세	1,718	(4.6)	1,423	(5.2)
소계	3,882	(10.3)	3,162	(11.5)
계	37,605	(100.0)	27,416	(100.0)

자료: 보건복지부, 2021 아동학대 주요통계, 2022, 24.

3) 피해아동과 가해자의 관계

아동학대행위자와 피해아동과의 관계는 학대행위자가 부모인 경우가 매년 증가하고 있다. 대리양육자에 의한 학대는 2019년 이후 크게 감소하였고, 2021년의 경우 보육교육원(3,271건)에 의한 경우가 가장 높게 나타났다.

2021년에 아동학대로 판단된 37,605건을 바탕으로 학대행위자와 피해아동과의 관계는 부모 31,486건(83.7%), 대리양육자 3,609건(9.6%), 친인척 1,517건(4.0%) 등의 순으로 나타났다.

표 3-10 피해아동과 가해자의 관계

구분		2017년	2018년	2019년	2020년	2021년
계		22,367(100)	24,604(100)	30,045(100)	30,905(100)	37,605(100)
부모		17,177(76.8)	18,920(76.9)	22,700(75.6)	25,380(82.1)	31,486(83.7)
친인척		1,067(4.8)	1,114(4.5)	1,332(4.4)	1,661(5.4)	1,517(4.0)
대 리 양 육 자		3,343(14.9)	3,906(15.9)	4,986(16.6)	2,930(9.5)	3,609(9.6)
	부모의 동거인	247(1.1)	270(1.1)	363(1.2)	444(1.4)	403(1.1)
	유치원 교직원	281(1.3)	189(0.8)	155(0.5)	118(0.4)	140(0.4)
	초중고교 직원	1,345(6.0)	2,060(8.4)	2,154(7.2)	882(2.9)	1,089(2.9)
	학원 및 교습소	217(1.0)	176(0.7)	320(1.1)	208(0.7)	319(0.8)
	보육교직원	840(3.8)	818(3.3)	1,384(4.6)	634(2.1)	1,221(3.2)
	아동복지시설 종사자	285(1.3)	313(1.3)	408(1.4)	556(1.8)	217(0.6)
	기타시설 종사자	60(0.3)	27(0.1)	63(0.2)	12(0.0)	93(0.2)
	청소년관련 시설 종사자	32(0.1)	33(0.1)	87(0.3)	14(0.0)	58(0.2)
	위탁부	4(0.0)	7(0.0)	3(0.0)	4(0.0)	6(0.0)
	위탁모	17(0.1)	2(0.0)	8(0.0)	16(0.1)	17(0.0)
	베이비시터	15(0.1)	11(0.0)	41(0.1)	42(0.1)	46(0.1)
타인		294(1.3)	360(1.5)	663(2.2)	565(1.8)	658(1.7)
기타		441(2.0)	304(1.2)	364(1.2)	369(1.2)	355(0.9)
파악안됨		45(0.2)	–	–	–	–

자료: 보건복지부, 2021 아동학대 주요통계, 2022.9.1.보도자료.

4) 아동학대 피해장소

2021년 아동학대 발생장소는 전체 아동학대사례 중 가정 내에서 발생한 사례가 32,454건(86.3%)이었고 가정 내에서도 피해아동 가정 내에서 발생한 사례가 31,675건(84.2%)으로 나타났다.

어린이집, 유치원, 학교와 같이 아동을 돌보고 교육하는 기관에서 발생한 아동학대는 각각 1,233건(3.3%), 129건(0.3%), 1,152건(3.1%)으로 파악되었다. 또한 복지시설의 경우, 아동복지시설이 237건(0.6%), 기타복지시설이 99건(0.3%)으로 전체 사례 중 0.9%였다.

5) 피해아동 가족 유형

피해아동 가족유형은 부모에 의한 아동학대가 지속적으로 증가하고 있다. 2021년에는 31,486건(83.7%)까지 증가했다.

표 3-11 아동학대 가정의 유형

가족유형	2017년	2018년	2019년	2020년	2021년
친부모가정	12,489 (55.8)	13,546 (55.1)	17,324 (57.7)	18,059 (58.4)	23,838 (63.4)
부자가정	2,732 (12.2)	2,997 (12.2)	3,311 (11.0)	3,521 (11.4)	3,707 (9.9)
모자가정	2,632 (11.8)	2,865 (11.6)	3,621 (12.1)	3,977 (12.9)	4,618 (12.3)
미혼부·모가정	361 (1.6)	404 (1.6)	424 (1.4)	487 (1.6)	506 (1.3)
재혼가정	1,318 (5.9)	1,435 (5.8)	1,627 (5.4)	1,686 (5.5)	1,980 (5.3)
친인척보호	487 (2.2)	483 (2.0)	583 (1.9)	582 (1.9)	443 (1.2)
동거(사실혼포함)	532 (2.4)	490 (2.0)	565 (1.9)	668 (2.2)	644 (1.7)
소년소녀가정	16 (0.1)	8 (0.0)	15 (0.0)	–	–
가정위탁	38 (0.2)	27 (0.1)	23 (0.1)	69 (0.2)	90 (0.2)
입양가정	56 (0.3)	44 (0.2)	84 (0.3)	66 (0.2)	117 (0.3)
시설보호	217 (1.0)	187 (0.8)	265 (0.9)	340 (1.1)	169 (0.4)
기타	137 (0.6)	2,118 (8.6)	2,203 (7.3)	1,450 (4.7)	1,493 (4.0)
파악불가	1,352 (6.0)	–	–	–	–
계	22,367 (100.0)	24,604 (100.0)	30,045 (100.0)	30,905 (100.0)	37,605 (100.0)

자료: 보건복지부, 2021 아동학대 주요통계, 2022, 36.

6) 아동학대 피해자 조치

2021년에 발생한 아동학대사례 37,605건을 대상으로 행해진 초기조치와 최종조치를 말한다. 아동의 원가정보호 지속이 31,804건(84.6%)으로 가장 많았고, 분리조치가 5,437건(14.5%) 등이었다.

표 3-12 아동학대 피해자 조치

구분	건수	비율
원가정보호(보호체계 유지)	31,804	(84.6)
분리보호(보호체계 변경)	5,437	(14.5)
사망	44	(0.1)
기타	320	(0.9)
계	37,605	(100.0)

· 원가정보호 : 피해아동을 실제적으로 양육하고 있는 주양육자에 의해 계속적으로 보호 받고 있는 경우
· 분리보호 : 아동을 실제적으로 양육하고 있는 주양육자로부터 분리하여 보호하는 경우, 종래 양육되던 환경을 떠나 다른 누군가(예: 친권자, 친족, 시설 등)에게 보호되는 경우 모두 해당
· 사망 : 아동학대사망, 아동학대 사망 외 일반사망을 포함
· 기타 : 소년원 입소, 행방불명(예: 가출 등) 등으로 인해 아동의 신원확인이 불가한 경우

자료: 보건복지부, 2021 아동학대 주요통계, 2022, 19. 재구성.

피해아동이 분리보호되는 경우는 보호시설에 입소가 72.8%로 가장 많이 차지하였고, 친족보호 24.5%, 의료기관 또는 요양소 입원입소 1.3%, 가정위탁 1.3% 등으로 나타났다.

표 3-13 보호체계변경 분리보호

구분	건수	비율
친족보호	1,332	24.5
가정위탁	70	1.3
시설입소	3,960	72.8
의료기관 또는 요양소 입원입소	73	1.3
기타	2	0.0
계	5,437	100.0

자료: 보건복지부, 2021 아동학대 주요통계, 2022, 20. 재구성.

7) 아동학대 가해자 조치

2021년 전체 아동학대사례인 37,605건 중 학대행위자를 대상으로 고소·고발 등의 사건처리 조치를 취한 것은 16,096건(42.8%)이었다.[58] 고소·고발이 진행된 사건은 13,761건(85.5%)이었고 고소·고발은 진행되지 않았으나 아동학대처벌법에 따라 처분이 행해진 사건은 2,335건(14.5%)이었다.

58 복지부, 2021 아동학대 주요통계, 2022, 24−35.

경찰수사만 이루어진 사례는 6,344건(39.4%)이었다. 검찰수사가 이루어진 사례 3,223건(20.0%) 중 수사 진행 중인 사례는 1,146건(7.1%), 불기소된 사례는 908건(5.6%), 아동보호사건으로 송치된 사례는 944건(5.9%), 가정보호사건으로 송치된 사례는 51건(0.3%), 형사기소는 80건(0.5%)이었다.

법원 판결을 받은 사례는 총 2,962건(18.4%)이었다. 이 중 보호처분 사례는 1,874건(11.6%), 형사처벌 사례가 316건(2.0%) 등으로 보호처분의 비중이 높다.

아동학대유형별 고소·고발 판결 결과를 살펴보면 신체학대, 정서학대, 방임, 중복학대에 대한 보호처분이 각 329건(12.4%), 353건(9.7%), 115건(10.0%), 1,066건(13.1%)으로 다른 판결 결과보다 비중이 높았으며, 성학대의 경우, 형사처벌(24건, 4.4%)이 보호처분(11건, 2.0%)보다 높은 비중을 차지했다.

4. 아동학대범죄의 처벌 등 특례법

아동학대를 처벌할 수 있는 법은 「형법」, 「성폭력범죄의 처벌 등에 관한 특례법」, 「가정폭력범죄의 처벌 등에 관한 특례법」 및 「아동복지법」, 「아동학대범죄의 처벌 등에 관한 특례법」 등이 있다.

아동학대범죄의 처벌 등에 관한 특례법은 아동학대범죄의 처벌 및 그 절차에 관한 특례와 피해아동에 대한 보호절차 및 아동학대행위자에 대한 보호처분을 규정함으로써 아동을 보호하여 아동이 건강한 사회 구성원으로 성장하도록 함을 목적으로 2014년 1월 28일에 제정되어 같은 해 9월 29일부터 시행되었다. 아동학대범죄에 대하여는 이 법을 우선 적용한다. 다만, 성폭력범죄의 처벌 등에 관한 특례법, 아동·청소년의 성보호에 관한 법률에서 가중처벌되는 경우에는 그 법에서 정한 바에 따른다. 이 책에서는 2023년 6월 28일부터 시행되는 법률 제19101호, 아동학대범죄의 처벌등에 관한 특례법을 바탕으로 설명한다.

이 법에서 아동은 18세 미만을 말한다.

아동학대범죄의 공소시효는 해당 아동학대범죄의 피해아동이 성년에 달한 날부터 진행한다.

공소시효는 해당 아동보호사건이 법원에 송치된 때부터 시효 진행이 정지된다.

1) 아동학대범죄의 유형

아동학대범죄란 보호자[59]에 의한 아동학대로서 다음의 어느 하나에 해당하는 죄를 말한다.[60] 즉, 아동학대범죄란 보호자에 의해 상해, 폭행, 특수폭행, 폭행치상, 유기, 영아유기, 학대, 아동혹사, 유기등 치상, 체포, 감금, 중체포, 중감금, 특수체포, 특수감금, 체포·감금등의 치상, 협박, 특수협박, 미성년자 약취, 유인, 추행 등 목적 약취, 유인 등, 인신매매 및 약취, 유인, 매매, 이송 등 상해·치상의 죄, 강간, 유사강간, 강제추행, 준강간, 준강제추행, 강간등 상해·치상, 강간등 살인·치사, 미성년자등에 대한 간음, 업무상위력 등에 의한 간음, 미성년자에 대한 간음, 추행의 죄, 명예훼손, 출판물등에 의한 명예훼손, 모욕, 주거·신체 수색의 죄, 강요죄, 공갈죄, 재물손괴등의 죄, 아동학대치사, 아동학대중상해죄 등 및 그 미수범에 해당하는 죄를 행한 경우를 말한다.

2) 형사절차상 특례

❶ 아동복지시설의 종사자 등에 대한 가중처벌

아동학대 신고의무자가 보호하는 아동에 대하여 아동학대범죄를 범한 때에는 그 죄에 정한 형의 2분의 1까지 가중한다.[61]

❷ 형벌과 수강명령 등의 병과

법원은 아동학대행위자에 대하여 유죄판결과 함께 200시간 이내의 수강명령 또는 아동학대 치료프로그램의 이수명령을 병과할 수 있다.

수강명령 또는 이수명령은 다음의 내용으로 한다.

1. 아동학대 행동의 진단·상담
2. 보호자로서의 기본 소양을 갖추게 하기 위한 교육
3. 그 밖에 아동학대행위자의 재범예방을 위하여 필요한 사항

❸ 친고죄 배제 등

피해아동 또는 그 법정대리인은 아동학대행위자를 고소할 수 있다. 행위자가 법정대리인이거나 또는 공동으로 아동학대범죄를 범한 경우에는 피해아동의 친족이 고소할 수 있다.

---

59 아동복지법 제3조는 "보호자"란 친권자, 후견인, 아동을 보호·양육·교육하거나 그러한 의무가 있는 자 또는 업무·고용 등의 관계로 사실상 아동을 보호·감독하는 자를 말한다고 규정하고 있다.

60 아동학대범죄의 처벌 등에 관한 특례법 제2조.

61 아동학대범죄의 처벌 등에 관한 법률 제7조－제8조.

피해아동은 아동학대행위자가 자기 또는 배우자의 직계존속인 경우에도 고소할 수 있다. 법정대리인이 고소하는 경우에도 또한 같다(「형사소송법」 제224조 친고죄 배제).

피해아동에게 고소할 법정대리인이나 친족이 없는 경우에 이해관계인이 신청하면 검사는 10일 이내에 고소할 수 있는 사람을 지정하여야 한다.

❹ 공소시효의 정지와 효력

아동학대범죄의 공소시효는 해당 아동학대범죄의 피해아동이 성년에 달한 날부터 진행하며, 해당 아동보호사건이 법원에 송치된 때부터 시효 진행이 정지된다.

3) 친권상실청구 등

검사는 아동학대행위자가 피해아동의 친권자나 후견인인 경우에 법원에 친권상실의 선고 또는 후견인의 변경 심판을 청구하여야 한다.[62]

검사가 청구를 하지 아니한 때에는 자치단체장[63]은 검사에게 청구를 하도록 요청할 수 있다. 이 경우 청구를 요청받은 검사는 요청받은 날부터 30일 내에 그 처리 결과를 자치단체장에게 통보하여야 한다. 자치단체장은 그 처리 결과에 대하여 이의가 있을 경우 통보받은 날부터 30일 내에 직접 법원에 청구를 할 수 있다.

4) 아동학대범죄 신고의무

누구든지 아동학대범죄를 알게 된 경우나 그 의심이 있는 경우에는 자치단체장 또는 수사기관에 신고할 수 있다.[64] 다음에 해당하는 사람이 직무를 수행하면서 아동학대범죄를 알게 된 경우나 그 의심이 있는 경우에는 자치단체 또는 수사기관에 신고하여야 한다. 정당한 사유 없이 이를 이행하지 않은 경우 사람에게는 500만원 이하의 과태료를 부과한다.[65]

누구든지 신고인의 인적 사항 또는 신고인임을 미루어 알 수 있는 사실을 다른 사람에게 알려주거나 공개 또는 보도하여서는 아니 된다.

---

62 아동학대범죄의 처벌 등에 관한 법률 제9조.

63 특별시·광역시·특별자치시·도·특별자치도(이하 "시·도"라 한다), 시·군·구(자치구)를 말한다.

64 아동학대범죄의 처벌 등에 관한 법률 제9조－제10조.

65 아동학대범죄의 처벌 등에 관한 법률 제63조.

1. 「아동복지법」에 따른 아동권리보장원 및 가정위탁지원센터의 장과 그 종사자
2. 아동복지시설의 장과 그 종사자(아동보호전문기관의 장과 그 종사자는 제외)
3. 「아동복지법」에 따른 아동복지전담공무원
4. 「가정폭력방지 및 피해자보호 등에 관한 법률」에 따른 가정폭력 관련 상담소 및 가정폭력피해자 보호시설의 장과 그 종사자
5. 「건강가정기본법」에 따른 건강가정지원센터의 장과 그 종사자
6. 「다문화가족지원법」에 따른 다문화가족지원센터의 장과 그 종사자
7. 「사회보장급여의 이용·제공 및 수급권자 발굴에 관한 법률」에 따른 사회복지전담공무원 및 「사회복지사업법」 제34조에 따른 사회복지시설의 장과 그 종사자
8. 「성매매방지 및 피해자보호 등에 관한 법률」에 따른 지원시설 및 성매매피해상담소의 장과 그 종사자
9. 「성폭력방지 및 피해자보호 등에 관한 법률」에 따른 성폭력피해상담소, 성폭력피해자 보호시설의 장과 그 종사자 및 성폭력피해자통합지원센터의 장과 그 종사자
10. 「119구조·구급에 관한 법률」에 따른 119구급대의 대원
11. 「응급의료에 관한 법률」에 따른 응급의료기관등에 종사하는 응급구조사
12. 「영유아보육법」에 따른 육아종합지원센터의 장과 그 종사자 및 어린이집의 원장 등 보육교직원
13. 「유아교육법」에 따른 유치원의 장과 그 종사자
14. 아동보호전문기관의 장과 그 종사자
15. 「의료법」에 따른 의료기관의 장과 그 의료기관에 종사하는 의료인 및 의료기사
16. 「장애인복지법」에 따른 장애인복지시설의 장과 그 종사자로서 시설에서 장애아동에 대한 상담·치료·훈련 또는 요양 업무를 수행하는 사람
17. 「정신건강증진 및 정신질환자 복지서비스 지원에 관한 법률」에 따른 정신건강복지센터, 정신의료기관, 정신요양시설 및 정신재활시설의 장과 그 종사자
18. 「청소년기본법」에 따른 청소년시설 및 청소년단체의 장과 그 종사자
19. 「청소년 보호법」에 따른 청소년 보호·재활센터의 장과 그 종사자
20. 「초·중등교육법」 제2조에 따른 학교의 장과 그 종사자
21. 「한부모가족지원법」에 따른 한부모가족복지시설의 장과 그 종사자
22. 「학원의 설립·운영 및 과외교습에 관한 법률」에 따른 학원의 운영자·강사·직원 및 교습소의 교습자·직원
23. 「아이돌봄 지원법」에 따른 아이돌보미
24. 「아동복지법」에 따른 취약계층 아동에 대한 통합서비스지원 수행인력
25. 「입양특례법」에 따른 입양기관의 장과 그 종사자
26. 「영유아보육법」에 따른 한국보육진흥원장과 종사자로서 어린이집 평가업무 수행자

5) 아동학대범죄 처리절차

아동학대 사건에 대한 경찰 및 검찰 단계의 처리 및 권한은 현장출동, 응급조치, 긴급임시조치, 그리고 임시조치의 청구 등이다.[66]

① 사법경찰관의 조치

❶ 현장출동

아동학대범죄 신고를 접수한 사법경찰관리나 「아동복지법」상 아동학대전담공무원은 지체 없이 아동학대범죄의 현장에 출동하여야 한다.[67] 이 경우 수사기관의 장이나 자치단체장은 서로 동행하여 줄 것을 요청할 수 있으며, 그 요청을 받은 수사기관의 장이나 자치단체장은 정당한 사유가 없으면 사법경찰관리나 아동학대전담공무원이 아동학대범죄 현장에 동행하도록 조치하여야 한다.

아동학대범죄 신고를 접수한 사법경찰관리나 아동학대전담공무원은 아동학대범죄가 행하여지고 있는 것으로 신고된 현장에 출입하여 아동 또는 아동학대행위자 등 관계인에 대하여 조사를 하거나 질문을 할 수 있다. 다만, 아동학대전담공무원은 다음을 위한 범위에서만 아동학대행위자 등 관계인에 대하여 조사 또는 질문을 할 수 있다.

1. 피해아동의 보호
2. 「아동복지법」 제22조의4의 사례관리계획에 따른 사례관리

자치단체장은 현장출동 시 아동보호 및 사례관리를 위하여 필요한 경우 아동보호전문기관의 장에게 아동보호전문기관의 직원이 동행할 것을 요청할 수 있다. 이 경우 아동보호전문기관의 직원은 피해아동의 보호 및 사례관리를 위한 범위에서 아동학대전담공무원의 조사에 참여할 수 있다.

출입이나 조사를 하는 사법경찰관리, 아동학대전담공무원 또는 아동보호전문기관의 직원은 그 권한을 표시하는 증표를 지니고 이를 관계인에게 내보여야 한다.

누구든지 현장에 출동한 사법경찰관리, 아동학대전담공무원 또는 아동보호전문기관의 직원이 업무를 수행할 때에 폭행 또는 협박하거나 위계 또는 위력으로써 그 업무수행을 방해한 사람은 5년 이하의 징역 또는 1천 500만원 이하의 벌

66 아동학대범죄의 처벌 등에 관한 특례법 제11조－제15조.

67 아동학대범죄의 처벌 등에 관한 특례법 제11조.

금에 처한다.[68]

❷ 응급조치

현장에 출동하거나 아동학대범죄 현장을 발견한 사법경찰관리 또는 아동학대전담공무원은 즉시 다음의 응급조치를 하여야 한다. 피해아동을 아동학대 관련 보호시설로 인도하는 조치를 하는 때에는 피해아동의 의사를 존중하여야 한다.[69]

1. 아동학대범죄 행위의 제지
2. 아동학대행위자를 피해아동으로부터 격리: 최대 72시간
3. 피해아동을 아동학대 관련 보호시설로 인도: 최대 72시간
4. 긴급치료가 필요한 피해아동을 의료기관으로 인도: 최대 72시간

2021년 피해아동 응급조치는 경찰이 응급조치를 실시한 건수가 2,673건(79.3%)으로 가장 많았고, 아동보호전문기관 상담원과 아동학대전담공무원은 각각 348건(10.3%)으로 총 3,369건이다.

전체 응급조치 내용 중 가장 많이 조치한 내용은 3호(피해아동 보호시설 인도) 2,051건(41.6%)이었고, 다음으로 1호(아동학대범죄 행위 제지) 1,410건(28.6%), 2호(아동학대행위자를 피해아동으로부터 격리) 1,277건(25.9%), 4호(피해아동 의료기관 인도) 197건(4.0%) 순으로 나타났다.

표 3-14 응급조치

분류	계	조치내용				
		1호	2호	3호	4호	계(중복집계)
상담원	348 (10.3)	39 (9.0)	64 (14.8)	317 (73.5)	11 (2.6)	431 (100.0)
아동학대 전담공무원	348 (10.3)	29 (6.9)	64 (15.2)	313 (74.5)	14 (3.3)	420 (100.0)
경찰	2,673 (79.3)	1,342 (32.9)	1,149 (28.1)	1,421 (34.8)	172 (4.2)	4,084 (100.0)
계	3,369 (100.0)	1,410 (28.6)	1,277 (25.9)	2,051 (41.6)	197 (4.0)	4,935 (100.0)

자료: 보건복지부, 2021 아동학대 주요통계, 2022, 22. 재구성.

68 아동학대범죄의 처벌 등에 관한 특례법 제61조 제1항.

69 아동학대범죄의 처벌 등에 관한 특례법 제12조.

❸ 긴급임시조치

사법경찰관은 응급조치에도 불구하고 아동학대범죄가 재발될 우려가 있고, 긴급을 요하여 법원의 임시조치 결정을 받을 수 없을 때에는 직권이나 피해아동, 그 법정대리인(아동학대행위자를 제외), 변호사, 자치단체장 또는 아동보호전문기관의 장의 신청에 따라 다음의 조치를 할 수 있다.[70]

1. 피해아동 또는 가정구성원의 주거로부터 퇴거 등 격리
2. 피해아동 또는 가정구성원의 주거, 학교 또는 보호시설 등에서 100미터 이내의 접근 금지
3. 피해아동 또는 가정구성원에 대한 전기통신을 이용한 접근 금지

❹ 응급조치 · 긴급임시조치 후 임시조치의 청구

사법경찰관이 응급조치 또는 긴급임시조치를 하였거나 자치단체장으로부터 응급조치가 행하여졌다는 통지를 받은 때에는 지체 없이 검사에게 임시조치의 청구를 신청하여야 한다.

검사는 임시조치를 청구하는 때에는 응급조치가 있었던 때부터 72시간 이내에, 긴급임시조치가 있었던 때부터 48시간 이내에 하여야 한다.[71]

② 검사의 조치

● 임시조치의 청구

검사는 직권으로 또는 사법경찰관이나 보호관찰관의 신청에 따라 법원에 임시조치를 청구할 수 있다.

피해아동, 그 법정대리인, 변호사, 자치단체장 또는 아동보호전문기관의 장은 검사 또는 사법경찰관에게 임시조치의 청구 또는 그 신청을 요청하거나 이에 관하여 의견을 진술할 수 있다.[72]

③ 법원의 조치

❶ 임시조치

법원은 결정으로 아동학대행위자에게 다음의 임시조치를 할 수 있다.[73]

70 아동학대범죄의 처벌 등에 관한 특례법 제13조.
71 아동학대범죄의 처벌 등에 관한 특례법 제15조.
72 아동학대범죄의 처벌 등에 관한 특례법 제14조.
73 아동학대범죄의 처벌 등에 관한 특례법 제36조–제37조.

그림 3-9 아동학대사건 처리 절차

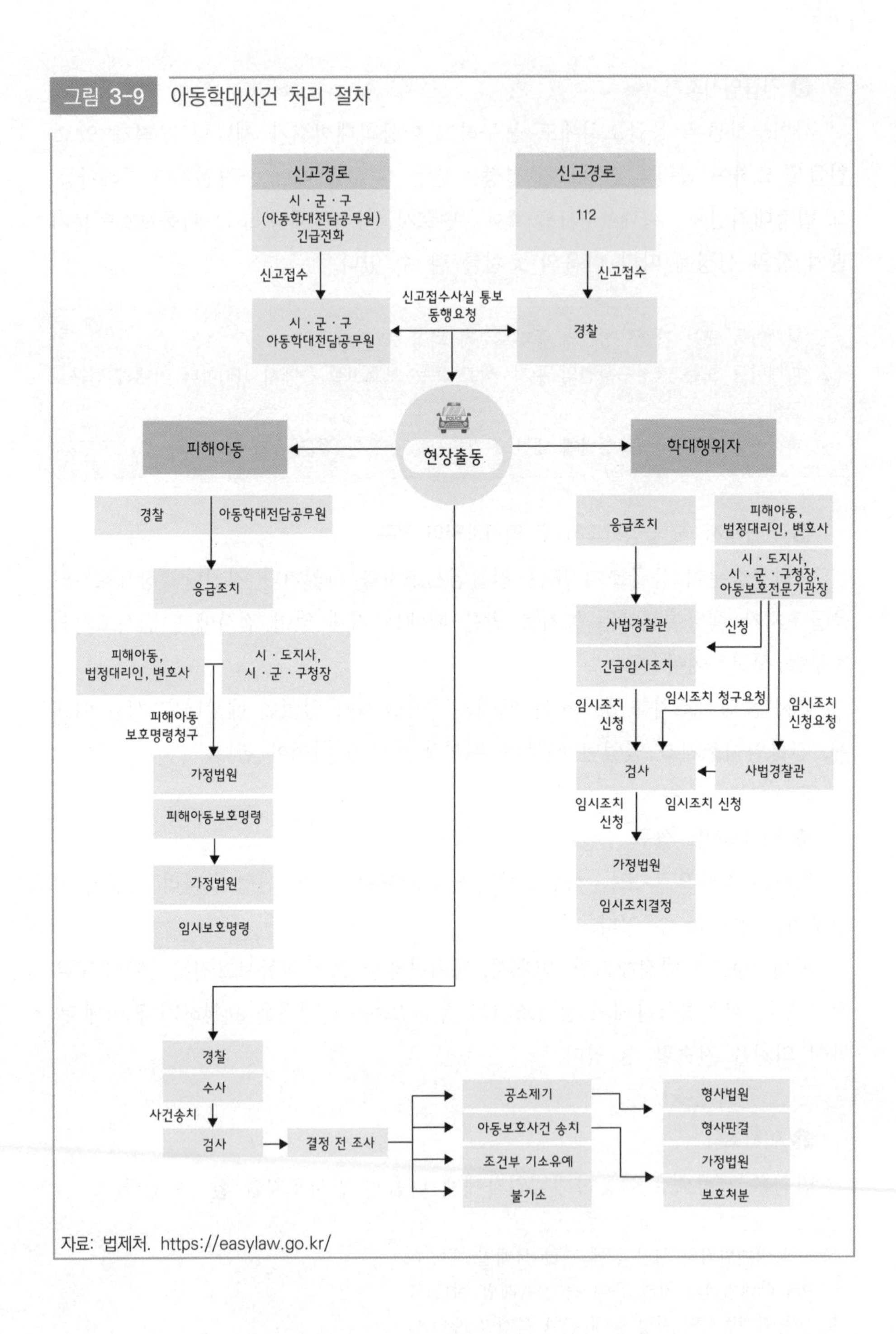

자료: 법제처. https://easylaw.go.kr/

– 임시조치의 구분

1. 피해아동 또는 가정구성원의 주거로부터 퇴거 등 격리
2. 피해아동 또는 가정구성원의 주거, 학교 또는 보호시설 등에서 100미터 이내의 접근 금지
3. 피해아동 또는 가정구성원에 대한 전기통신을 이용한 접근 금지
4. 친권 또는 후견인 권한 행사의 제한 또는 정지
5. 아동보호전문기관 등에의 상담 및 교육 위탁
6. 의료기관이나 그 밖의 요양시설에의 위탁
7. 경찰관서의 유치장 또는 구치소에의 유치

– 임시조치의 결정, 병과, 기간

판사는 응급조치가 행해진 경우 임시조치가 청구된 때로부터 24시간 이내에 임시조치 여부를 결정하여야 한다. 임시조치의 각 처분은 병과할 수 있다.

임시조치기간은 2개월을 초과할 수 없다. 다만, 그 기간을 연장할 필요가 있다고 인정하는 경우에는 결정으로 퇴거 등 격리, 접근금지, 전화 등 금지 등은 두 차례만, 친권정지, 상담·교육, 요양시설위탁, 구치소 등 유치 등은 한 차례만 각 기간의 범위에서 연장할 수 있다.

표 3-15 법원의 임시조치 결정

신청인	인용건수	기각건수	총건수	구분													
				1호	2호							3호	4호	5호	6호	7호	결정계(중복집계)
					주거	학교학원	보호시설	병원	기타	소계	소계(중복제외)						
검사	127 (97.7)	3 (2.3)	130 (100.0)	38 (13.9)	66 (39.1)	70 (41.4)	31 (18.3)	1 (0.6)	1 (0.6)	169 (100.0)	97 (35.4)	61 (22.3)	1 (0.4)	77 (28.1)	0 (0.0)	0 (0.0)	274 (100.0)
사법경찰관	2,454 (97.1)	72 (2.9)	2,526 (100.0)	555 (10.9)	969 (28.7)	1,153 (34.1)	1,048 (31.0)	86 (2.5)	123 (3.6)	3,379 (100.0)	1,900 (37.4)	1,134 (22.3)	41 (0.8)	1,386 (27.3)	54 (1.1)	4 (0.1)	5,074 (100.0)
자치단체장	244 (94.9)	13 (5.1)	257 (100.0)	35 (8.3)	60 (31.9)	71 (37.8)	42 (22.3)	5 (2.7)	10 (5.3)	188 (100.0)	100 (23.6)	55 (13.0)	2 (0.5)	193 (45.6)	38 (9.0)	0 (0.0)	423 (100.0)
아동보호전문 전문기관장	258 (92.1)	22 (7.9)	280 (100.0)	11 (2.9)	26 (27.4)	27 (28.4)	39 (41.1)	1 (1.1)	2 (2.1)	95 (100.0)	68 (17.8)	43 (11.2)	3 (0.8)	237 (61.9)	21 (5.5)	0 (0.0)	383 (100.0)
피해아동의 법정대리인	16 (88.9)	2 (11.1)	18 (100.0)	3 (9.1)	9 (27.3)	14 (42.4)	6 (18.2)	0 (0.0)	4 (12.1)	33 (100.0)	15 (45.5)	9 (27.3)	1 (3.0)	5 (15.2)	0 (0.0)	0 (0.0)	33 (100.0)
피해아동	12 (100.0)	0 (0.0)	12 (100.0)	3 (13.6)	8 (34.8)	10 (43.5)	4 (17.4)	0 (0.0)	1 (4.3)	23 (100.0)	10 (45.5)	4 (18.2)	0 (0.0)	5 (22.7)	0 (0.0)	0 (0.0)	22 (100.0)
판사직권	450 (100.0)	0 (0.0)	450 (100.0)	84 (10.5)	139 (32.6)	133 (31.2)	115 (27.0)	5 (1.2)	34 (8.0)	426 (100.0)	238 (29.8)	138 (17.3)	3 (0.4)	330 (41.3)	7 (0.9)	0 (0.0)	800 (100.0)
계	3,561 (97.0)	112 (3.0)	3,673 (100.0)	729 (10.4)	1,277 (29.6)	1,478 (34.3)	1,285 (29.8)	98 (2.3)	175 (4.1)	4,313 (100.0)	2,428 (34.6)	1,444 (20.6)	51 (0.7)	2,233 (31.9)	120 (1.7)	4 (0.1)	7,009 (100.0)

자료: 보건복지부, 2021 아동학대 주요통계, 2022, 23. 재구성.

❷ 보호처분의 결정

판사는 심리의 결과 보호처분이 필요하다고 인정하는 경우에는 결정으로 다음의 보호처분을 할 수 있다. 각 보호처분은 병과할 수 있다. 보호처분의 기간은 1년을 초과할 수 없으며, 사회봉사·수강명령은 각각 200시간을 초과할 수 없다.[74]

정당한 사유 없이 제4호부터 제8호까지의 보호처분이 확정된 후 이를 이행하지 아니하거나 집행에 따르지 아니한 사람에게는 500만원 이하의 과태료를 부과한다.

1. 아동학대행위자가 피해아동 또는 가정구성원에게 접근하는 행위의 제한
2. 아동학대행위자가 피해아동 또는 가정구성원에게 전기통신을 이용하여 접근하는 행위의 제한
3. 피해아동에 대한 친권 또는 후견인 권한 행사의 제한 또는 정지
4. 「보호관찰 등에 관한 법률」에 따른 사회봉사·수강명령
5. 「보호관찰 등에 관한 법률」에 따른 보호관찰
6. 법무부장관 소속으로 설치한 감호위탁시설 또는 법무부장관이 정하는 보호시설에의 감호위탁
7. 의료기관에의 치료위탁
8. 아동보호전문기관, 상담소 등에의 상담위탁

❸ 비용의 부담

임시조치 또는 치료위탁, 상담위탁 등의 보호처분을 받은 아동학대행위자는 위탁 또는 보호처분에 필요한 비용을 부담한다. 다만, 아동학대행위자가 지급할 능력이 없는 경우에는 국가가 부담할 수 있다. 판사는 아동학대행위자에게 비용의 예납(豫納)을 명할 수 있다.[75]

❹ 피해아동보호명령

– 피해아동보호명령사건의 관할

피해아동보호명령사건의 관할은 아동학대행위자 또는 피해자의 행위지·거주지 또는 현재지를 관할하는 가정법원으로 하되, 가정법원이 없는 경우 해당 지역의 지방법원으로 한다. 심리와 결정은 판사가 한다. 각 처분은 병과할 수 있다.[76]

---

74 아동학대범죄의 처벌 등에 관한 특례법 제19조.

75 아동학대범죄의 처벌 등에 관한 특례법 제43조.

– 가정법원의 피해아동에 대한 보호명령

판사는 직권 또는 피해아동, 그 법정대리인, 변호사, 아동보호전문기관의 장의 청구에 따라 결정으로 피해아동의 보호를 위하여 다음의 피해아동보호명령을 할 수 있다. 피해아동보호명령의 기간은 1년을 초과할 수 없다. 다만, 관할 법원의 판사는 연장이 필요하다고 인정하는 경우 직권 또는 피해아동, 그 법정대리인, 자치단체장, 변호사의 청구에 따른 결정으로 6개월 단위로 그 기간을 연장할 수 있다. 기간을 연장하더라도 총 기간은 4년을 초과할 수 없다.[77]

1. 아동학대행위자를 피해아동의 주거지 또는 점유하는 방실(房室)로부터의 퇴거 등 격리
2. 아동학대행위자가 피해아동 또는 가정구성원에게 접근하는 행위의 제한
3. 아동학대행위자가 피해아동 또는 가정구성원에게 전기통신을 이용하여 접근하는 행위의 제한
4. 피해아동을 아동복지시설 또는 장애인복지시설로의 보호위탁
5. 피해아동을 의료기관으로의 치료위탁
6. 피해아동을 아동보호전문기관, 상담소 등으로의 상담·치료위탁
7. 피해아동을 연고자 등에게 가정위탁
8. 친권자인 아동학대행위자의 피해아동에 대한 친권 행사의 제한 또는 정지
9. 후견인인 아동학대행위자의 피해아동에 대한 후견인 권한의 제한 또는 정지
10. 친권자 또는 후견인의 의사표시를 갈음하는 결정

– 보조인

피해아동 및 아동학대행위자는 피해아동보호명령사건에 대하여 각자 보조인을 선임할 수 있다. 피해아동 및 아동학대행위자의 법정대리인·배우자·직계친족·형제자매, 아동학대전담공무원, 아동보호전문기관의 상담원과 그 기관장 및 변호사는 보조인이 될 수 있다. 변호사가 아닌 사람을 보조인으로 선임하거나, 보조인이 되려면 법원의 허가를 받아야 하며, 판사는 언제든지 그 허가를 취소할 수 있다.[78]

---

76 아동학대범죄의 처벌 등에 관한 특례법 제46조–제47조.

77 아동학대범죄의 처벌 등에 관한 특례법 제15조.

78 아동학대범죄의 처벌 등에 관한 특례법 제48조.

– 피해아동보호명령의 집행 및 취소와 변경

판사는 제1호부터 제6호의 피해아동보호명령을 하는 경우, 가정보호사건조사관, 법원공무원, 사법경찰관리 또는 구치소 소속 교정직공무원으로 하여금 이를 집행하게 하거나, 자치단체장에게 그 집행을 위임할 수 있다.

피해아동, 그 법정대리인, 변호사 또는 자치단체장은 보호명령의 취소 또는 그 종류의 변경을 신청할 수 있고, 판사는 상당한 이유가 있다고 인정하는 때에는 직권 또는 위의 신청에 따라 결정으로 해당 피해아동보호명령을 취소하거나 그 종류를 변경할 수 있다.[79]

표 3-16 법원의 피해아동 보호명령

청구인	인용 건수	기각 건수	총 건 수	임시 보호 결정	임시 보호 기각	인용 세부 내용										
						1호	2호	3호	4호	5호	5-2호	6호	7호	8호	9호	계 (중복집계)
판사직권	1	0	1	0	1	0	0	0	1	0	0	0	0	0	0	1
	(100.0)	(0.0)	(100.0)	(0.0)	(100.0)	(0.0)	(0.0)	(0.0)	(100.0)	(0.0)	(0.0)	(0.0)	(0.0)	(0.0)	(0.0)	(100.0)
자치단체장	128	2	130	72	58	5	61	49	32	7	74	23	9	0	1	261
	(98.5)	(1.5)	(100.0)	(55.4)	(44.6)	(1.9)	(23.4)	(18.8)	(12.3)	(2.7)	(28.4)	(8.8)	(3.4)	(0.0)	(0.4)	(100.0)
아동보호 전문기관장	74	15	89	47	42	1	35	31	35	3	16	7	1	0	0	129
	(83.1)	(16.9)	(100.0)	(52.8)	(47.2)	(0.8)	(27.1)	(24.0)	(27.1)	(2.3)	(12.4)	(5.4)	(0.8)	(0.0)	(0.0)	(100.0)
변호사	8	0	8	4	4	0	7	5	2	1	1	1	1	0	1	19
	(100.0)	(0.0)	(100.0)	(50.0)	(50.0)	(0.0)	(36.8)	(26.3)	(10.5)	(5.3)	(5.3)	(5.3)	(5.3)	(0.0)	(5.3)	(100.0)
피해아동의 법정대리인	6	1	7	3	4	0	5	5	3	0	2	0	1	0	1	17
	(85.7)	(14.3)	(100.0)	(42.9)	(57.1)	(0.0)	(29.4)	(29.4)	(17.6)	(0.0)	(11.8)	(0.0)	(5.9)	(0.0)	(5.9)	(100.0)
파악불가	19	1	20	8	12	5	12	6	0	0	9	3	1	0	0	36
	(95.0)	(5.0)	(100.0)	(40.0)	(60.0)	(13.9)	(33.3)	(16.7)	(0.0)	(0.0)	(25.0)	(8.3)	(2.8)	(0.0)	(0.0)	(100.0)
계	236	19	255	134	121	11	120	96	73	11	102	34	13	0	3	463
	(92.5)	(7.5)	(100.0)	(52.5)	(47.5)	(2.4)	(25.9)	(20.7)	(15.8)	(2.4)	(22.0)	(7.3)	(2.8)	(0.0)	(0.6)	(100.0)

자료: 보건복지부, 2021 아동학대 주요통계, 2022, 23. 재구성.

2021년에 총 255건이 청구되어 236건이 인용되었고, 자치단체장의 청구 및 인용건수가 가장 많은 비중을 차지한다.

인용된 피해아동보호명령은 2호(학대행위자의 접근제한 조치)가 120건(25.9%)으로 가장 높았고, 5-2호(피해아동 상담·치료위탁) 102건(22.0%), 3호(전기통신 접근제한) 96건(20.7%), 4호(피해아동 보호위탁) 73건(15.8%) 순으로 나타났다.

79 아동학대범죄의 처벌 등에 관한 특례법 제50조.

제9장

청소년 비행 및 범죄

I. 청소년 비행(juvenile delinquency)

1. 청소년 비행의 개념

일반적으로 소년범죄(juvenile crime)란 성인범죄(adult crime)와 상대적인 개념으로서 소년에 의하여 행해진 범죄를 말한다. 이에 비해서 소년비행은 지위비행(status delinquency)이라고도 하며, 소년범죄에 우범행위를 포함한 개념이다. 따라서 소년비행이란 범죄행위, 촉법행위, 우범행위를 포함하는 의미로 사용되며, 현실적으로는 19세 미만의 청소년이 저지르는 일탈행위를 의미한다. 이는 소년법상 다음의 세 가지 유형으로 구분된다.

청소년 비행이란 청소년이 행하는 일탈적인 행위로 지위비행(status delinquent)이라고도 할 수 있다. 현행 「소년법」[1]은 청소년비행을 원칙적으로 소년부의 보호사건으로 심리하도록 하고 있다. 소년법상 청소년비행은 범죄행위와 우범행위를 포함하며, 소년의 나이는 19세 미만을 말한다. 범죄소년이란 19세 미만의 죄를 범한 소년을 말한다. 다만, 현행 형법 제9조는 14세 미만인 자를 형사미성년자로 규정하여, 14세가 되지 아니한 자의 행위는 벌하지 아니한다라고 함으로써 형사상 책임을 묻지 않고 있다. 촉법소년이란 형벌 법령에 저촉되는 행위를 한 10세 이상 14세 미만인 소년을 말한다. 우범소년이란 집단적으로 몰려다니며 주위 사람들에게 불안감을 조성하는 성벽(性癖)이 있거나, 정당한 이유 없이 가출하거나, 술을 마시고 소란을 피우거나 유해환경에 접하는 성벽이 있는 등에 해당하는 사유가 있고 그의 성격이나 환경에 비추어 앞으로 형벌 법령에 저촉되는 행

1 이 책에서는 2018년 9월 18일부터 시행되는 법률 제15757호를 바탕으로 기술한다.

위를 할 우려가 있는 10세 이상인 소년을 말한다.

2. 청소년 비행의 원인

1) 가정적 요인

가정(family)은 사람이 출생하면서 최초로 갖는 인간관계이고 가장 기본적 사회단위로서 가족을 중심으로 한 경제적·문화적 집합체이다. 이에 대해 가족(family)이라고 하는 경우에는 주로 부부 및 그 자녀의 인간관계를 중심으로 하는 사회집단 그 자체를 가리킨다.

가정은 생물학적으로는 성적 결합에 의한 부부와 자연적인 혈족관계에 있는 친자의 집단으로서 부부의 성과 생식기능을 가진다. 심리학적으로 상호간의 애정·존경·신뢰를 바탕으로 하는 구성원의 정서안정기능과 사회적으로는 부부와 친자 상호간 부양 및 양육기능을 가지고 있다.

특히 가정은 청소년이 세상에 태어나 제일 먼저 접촉하는 최초의 사회집단이고 청소년의 일상생활과 관심의 터전이다. 따라서 가정은 성인보다 훨씬 환경감수성이 강한 청소년의 인격형성에 결정적인 영향력을 가진다.

청소년을 보호하고 양육하며, 건전한 가치관을 갖도록 하는 가정의 기능은 다른 어느 집단의 기능보다 중요하며, 청소년의 행동을 통제하는 기능으로서도 의의를 가진다. 그러나 가정에 결함 내지 장애가 있는 경우 또는 가정 그 자체가 없는 경우에는 가정이 갖는 긍정적 기능을 기대할 수 없을 뿐만 아니라 소년의 인격형성에 불리한 영향을 미치고, 나아가서는 범죄행위로 나갈 위험성이 크게 될 것이다.

이와 같이 제 기능을 다하지 못하는 가정은 여러 가지가 있다. 즉 결손가정, 빈곤가정, 부도덕가정, 갈등가정, 시설가정 등이 이에 해당된다.[2]

❶ 가정의 기능상실

먼저 결손가정(broken family)이란 사별·이혼·별거·유기·실종·수형·장기

---

2 서더랜드는 비행소년의 출신가정이 가지는 특징으로 ① 가정 내의 다른 구성원들이 범죄자이거나 비도덕적이거나 알코올중독자인 점, ② 부모의 일방 또는 쌍방이 사망·이혼·유기로 없는 점, ③ 무지나 무관심, 질병으로 부모의 통제가 없는 점, ④ 특정가족에 의한 횡포, 구성원 편애, 지나친 간섭, 지나친 엄격, 소홀, 질투, 과밀가정, 친지의 간섭 등으로 나타난 가정불화, ⑤ 종교나 다른 문화적 차이, 관습이나 기준의 차이, 실업·빈곤·맞벌이·가계관리의 허술 등에 의해 경제적 곤란 등을 들고 있다.

부재 등 양친 모두 또는 어느 일방이 없는 가정을 말한다. 그러나 이러한 경우가 아니더라도 가정의 본질적 기능인 안정적인 생활과 자녀에 대한 심리적·신체적 양육이 결여되어 있는 가정도 결손가정이라고 볼 수 있다. 이러한 결손가정은 빈곤, 아동학대, 구성원간 불화 등으로 청소년의 성장을 방해할 수 있다.

한편 결손가정이 아동의 인격형성에 미치는 영향과 관련하여 부모를 잃은 연령기에 따라 그 영향이 다르다고 한다. 주로 모친의 영향이 지배적인 유아기에는 모친이 없는 경우 아이에게 미치는 영향이 더욱 크지만, 학령기 이후에는 부친이 없는 경우가 아이에게 미치는 영향이 더 크다고 한다. 부친의 부재는 경제적 빈곤과 통제력의 약화, 주위의 시선 등으로 사회적 관계를 맺는데 부정적인 영향을 준다는 지적이다.

다음으로 빈곤가정(poor family)의 경우 빈곤은 그 자체가 비행이나 범죄의 원인이 되지는 않지만, 빈곤으로 인한 주택난 및 교육의 부재, 질병의 방치, 아동의 유기나 학대, 무절제한 생활이나 부모의 무기력증 등으로 정상적인 가정의 기능을 다하지 못할 수 있다. 안정된 생활과 아동의 행동을 규제하는 일차적인 통제기능을 상실하는 것이다.

또한 고아원 기타 아동양육시설이 가정의 역할을 하는 이른바 위탁양육도 아동에게 부정적 영향을 줄 수 있다. 집단보호는 아동이 원하는 애정이나 보살핌, 관심 등을 제대로 보일 수 없으며, 또한 시설 내 또래와의 갈등관계도 아동에게 심리적인 압박을 주어 반항적인 태도나 폭력적인 행태를 갖게 하는 요인이 되기도 한다.

❷ 형제 순(child's birth order)

일탈적인 행위는 첫째 또는 막내보다는 중간에 있는 아이들에게서 더 쉽게 찾아볼 수 있다는 주장들이 있다. 이러한 관점에 따르면, 첫째 아이는 부모로부터 관심과 애정을 송두리째 받으며, 막내는 성장과정에서 부모의 경험, 역할모델을 제공하는 다른 형제자매로부터 여러 가지 혜택을 얻는다. 즉 부부가 결혼 후 얻는 첫째 아이는 아이의 존재자체가 부부의 결혼생활을 더욱 안정되게 하지만 첫째 이후의 아이들과 결혼 전에 태어난 아이들은 오히려 결혼생활을 분열시킬 수 있는 요소를 가지고 있다는 것이다. 따라서 아이는 자연히 부모로부터 많은 관심과 사랑을 받지 못하며 이로 인하여 아이가 외부의 또래집단과의 접촉이 잦아져 비행에 빠져들 확률이 더욱 높다.

❸ 가족의 크기(family size)

대가족 형태의 구성원들이 핵가족 형태의 구성원보다 자주 비행에 가담하게 된다는 보고서들이 발표되고 있다. 허쉬(Travis Hirschi)는 중간 아이들의 높은 비행률은 형제의 순서보다는 오히려 가족의 크기 때문이라고 주장하였다.[3] 대가족 형태의 가정에서 비행률이 높은 이유는 다양하다. 첫째, 대가족 형태의 부모는 핵가족 형태의 부모보다 아이들에 대한 감독과 훈련에 많은 어려움을 겪는다. 부모가 아이 개개인에게 많은 애정과 관심을 표현할 기회가 상대적으로 부족한 것이다.

둘째, 일부 대가족 형태의 부모는 맞벌이나 또는 시간상의 이유를 들어 아이의 양육을 언니, 오빠에게 맡긴다. 아이가 부모의 통제영역에 있는 시간보다 언니나 오빠, 형의 통제영역에 있는 시간이 많기 때문에 아이의 양육능력이 전무한 이들이 동생에게 올바른 가치관을 심어줄 수 없고 '정상적 아이'로서의 모델 역할도 해 줄 수 없게 된다. 셋째, 대규모 형태의 가정들은 핵가족 형태보다 불합리, 빈곤, 혼잡 등을 경험할 기회가 좀 더 많게 됨으로써 일탈에 대한 경계심이 없어진다고 한다.

그러나 최근 핵가족시대에서 1자녀들이 성장과정 중 과보호를 받거나, 통제되지 않아 오히려 타인에 대한 배려나 도덕성 등을 학습하지 못하는 부작용도 지적된다. 따라서 가족의 크기 자체가 청소년 비행의 영향요인이 된다기보다는 가정생활의 질이 더 영향을 준다고 할 수 있다.

❹ 비행형제와 범죄인 부모(delinquent siblings or criminal parents)

청소년들은 범죄인 부나 모, 비행형제를 가진 경우 비행의 발생률이 높다. 전과기록이 많은 부를 가진 아이들은 빈곤가정에서 성장하기 쉽고, 자연히 범죄인 부모나 비행형제의 부정적인 법규의식을 배우게 된다. 따라서 범죄인 부모나 형제들의 비행성은 다른 형제의 비행가능성의 지표라고 할 수 있다.

❺ 가정생활의 질(quality of home life)

가족구성원의 가치관의 차이나 경제적인 문제, 고부간의 마찰, 협소한 주거공간, 부부간의 사소한 싸움 등으로 일상적인 갈등이 늘 지속되는 가정의 경우도 아동에게 부정적인 영향을 미친다.[4]

---

3 Hirschi, T. (2017). Causes and Prevention of Juvenile Delinquency Travis Hirschi. In The Craft of Criminology (pp. 155–170). Routledge.

가정의 평화와 부부의 화목한 결혼생활 여부는 아이들이 비행자가 되는가의 여부에 결정적인 영향을 끼친다. 비행청소년보다는 정상인들의 가정에서 좋은 부부관계, 강한 가정적 결속의식이 나타나고 있으며, 특히 청소년기의 중간시기에 있는 아이들에게 있어 부모의 사랑은 정신적 지주역할을 한다. 부부간의 결혼생활이 만족한 경우가 아이에 대한 관심이 집중될 수 있으며, 화목한 가정생활을 경험하는 아이들은 정서적으로 안정되며, 사회에 대한 긍정적인 시각을 가지므로 비행률이 낮아지는 것이다.

❻ 가족의 거부반응(family rejection)

가족의 거부반응도 비행에 영향을 준다. 부모의 아이에 대한 거부반응 또는 공격적인 태도가 아이의 성격형성에 부정적 영향을 끼치게 되며 특히 아버지의 거부반응은 어머니의 거부보다 더욱 비행과 밀접한 관계가 있다. 단순한 부모의 거부반응이 아이를 비행에 빠져들게 하는지 좀 더 연구가 필요한 것은 사실이지만 정상적인 가정에서 충분히 애정을 받고 성장한 아이가 학교나 사회규범에 순응한다는 것은 여러 연구를 통하여 증명되고 있다. 특히 유년기 남자아이들의 아버지와의 친밀도 정도는 아이의 비행여부를 결정지으며 이는 대부분의 청소년에게 적용된다고 한다. 남자아이들은 아버지와 자신을 동일시하여 장래의 모델로 아버지를 닮으려 하지만 빈곤 등의 이유로 자신을 귀찮게 여기거나 방치하는 아버지에게서 절망감을 느껴 불량친구들과 어울리게 된다.

❼ 양육태도(methods of parental control)

가정 내의 부적절한 감독과 통제도 청소년 비행행위의 원인으로 작용한다. 허쉬(Travis Hirschi)는 직장을 가진 어머니가 증가함에 따라 범죄율도 높아졌다고 한다. 그는 직장을 갖지 않은 어머니는 집안에서 아이들의 행동을 감독하는데 더 많은 시간을 할애함으로써 아이를 일탈하지 못하게 한다고 보았다.

그러나 이러한 주장에 대하여 가정 내의 일관성 없고 공정하지 못한 부모의 제재가 오히려 소년의 비행과 연관성이 더 높다는 반론이 제기되고 있다. 아이에 대한 제재는 일정한 원칙 아래 적용되어야 하며 다른 형제나 사건, 사회상규에 따른 형평에 맞도록 이루어져야 한다는 것이다. 부모의 부적절하고 공정하지

4 Nisar, M., Ullah, S., Ali, M., & Alam, S. (2015). Juvenile delinquency: The Influence of family, peer and economic factors on juvenile delinquents. Applied Science Reports, 9(1), 37–48.

못한 훈육은 아이를 혼란스럽게 하며, 자신만을 미워하거나 차별한다는 의식을 심어주게 되어 심한 경우 가출이나 패싸움, 무단결석 등 지속적인 일탈을 낳을 수가 있다.

2) 학교기능의 저하

학교는 청소년이 가정과 이웃관계로부터 벗어나 처음으로 참여하게 되는 사회의 이차집단으로 학습과 학교생활을 통하여 직간접적으로 문화가 전승되고 국민의 권리·의무와 독립된 사회인으로서의 역할, 동료 사회구성원간의 협조 및 연대의식 등을 학습하고 개성을 형성하는 곳이라고 볼 수 있다. 학교교육을 통해서 청소년은 장래에 사회생활에 있어 다양한 상황에 적응할 수 있는 적절한 역할수행을 학습하게 된다. 즉 학교교육은 형식적인 사회규범을 내면화하고 동시에 반사회적인 그리고 문화적인 요소에 대한 내성을 형성하는 과정이라고 볼 수 있다. 청소년들은 학교에서 하루일과의 대부분을 보내고 있으며, 학교 내에서 이루어지는 사회화 과정에서 자아와 타인에 대한 배려, 도덕적인 기준, 가치관 등을 배우는 것이다.[5]

그러나 지위나 신분체계가 개방된 사회에서는 학교교육이 사회적 지위를 상승이동시키는 중요한 수단으로서의 의미를 가지게 됨에 따라 장래 청소년의 사회적 지위를 결정하는 역할을 하게 된다. 그러나 집단적인 학교교육이 일반화되면서 학교교육은 진학지도에만 관심을 기울이고 개인의 개성이나 창의성을 개발하는 데는 미치지 못한다. 즉, 학력위주, 진학위주의 교육제도는 학생들의 다양한 욕구를 반영하고 승화시키는 데에는 한계가 있어 오히려 학교교육 자체가 학생들에게 스트레스의 원인이 될 수 있다.

학교는 교육을 통하여 사회의 관습적인 태도와 행위를 내면화시키고 있지만 한편으로는 청소년이 학교생활을 통하여 경험하는 좌절감이나 학교나 교사에 대한 반항심은 청소년을 비행으로 유도하는 요인이 되기도 한다.

코헨은 청소년의 비행을 설명하면서 학교생활에 적응하지 못하는 청소년이 비행을 일으킬 소지가 있다고 강조하였다. 즉 학교를 지배하는 가치관은 중류층이나 상류층의 가치관이며, 그들의 가치관이나 사회적 목표를 성취할 수 있는

5 Thompson, W. E., & Bynum, J. E. (2016). Juvenile delinquency: A sociological approach. Rowman & Littlefield.; 허경미. (2010). 사회적 발달이론 관점에서의 청소년비행예방센터의 개선방향. 소년보호연구, (15), 131-164.

수단으로 작용하지만 하류층의 청소년들에게는 지위좌절이나 분노를 경험하게 한다는 것이다. 학교가 이들의 미래의 욕구나 충동을 충족시켜 주지 못하는 반발의 대상이 될 뿐이며, 결국 자신들의 가치관을 인정해주는 하위문화를 형성하는 원인이 된다.

나아가 학교에서 동료들이나 교사와 원만한 관계를 갖지 못하는 청소년의 경우 이들에 의한 낙인 때문에 비행화가 더욱 가속화될 수도 있다. 낙인은 주로 학교성적에 의해서 정해지는데 학교성적을 중요시하고 이를 학생의 능력으로 평가하는 풍토에서는 성적이 우수한 학생보다 그렇지 못한 학생이 그 피해를 받기 쉽다. 성적이 하위권인 학생이 동료학생과 사소한 시비를 벌이거나 수업시간 중 눈에 거슬리는 행동을 하거나 과제물을 제대로 준비해 오지 못하는 등 학교생활에 일탈현상을 보일 경우 그에 대한 제재는 같은 경우의 성적이 뛰어난 학생그룹에게 가해지는 것과는 비교할 수 없을 정도로 차별적이다. 이러한 차별적 대우는 교사와 학생사이의 인간관계를 단절시키며, 궁극적으로는 교사에 대한 반발심이 사회에 대한 반발로 이어질 수 있다.[6]

특히 성적의 상하에 따라 우수학급과 열등학급을 편성할 경우 열등학급에 속한 학생들은 학교당국이 학생 자신들의 학업이 불량할 것을 이미 예상하고 있다고 생각하고 더 노력할 필요성을 느끼지 않게 되며, 이미 학교성적이 불량하다고 낙인찍힌 이상 더 이상의 학교교육은 무의미하다고 인식한다. 나아가 자신들이 학업성적이 불량하거나, 비행에 개입된다 하더라도 이것이 자신들의 장래를 더 이상 위협하는 요소가 되지 못한다고 생각한다. 또한 성적을 올리려고 노력하는 것보다는 자신들이 주류가 되는 자신들만의 문화, 즉 하위문화(subculture)를 형성하는데 더욱 골몰하게 된다. 결국 무단결석이나 등교거부 등의 비행적 행동양식으로까지 발전하는 것이다.

이 밖에도 학교에서 가르치는 수업내용이 실생활과 관련성이 없다고 생각하면 흥미를 잃어 수업에 집중하지 못하며 자신이 낙오자라고 생각한다. 그리고 교사와 학생간의 친밀한 인간관계가 성립되지 못할 경우 소외감을 느끼게 되며 이로부터 벗어나고자 교내폭행이나 기물파괴 등의 비행을 보이게 된다.

---

6 Nisar, M., Ullah, S., Ali, M., & Alam, S. (2015). Juvenile delinquency: The Influence of family, peer and economic factors on juvenile delinquents. Applied Science Reports, 9(1), 37−48.; 진혜민·배성우. (2017). 청소년비행 관련 요인들에 관한 메타경로분석. 학교사회복지, 38, 149−172.

3) 아노미한 사회환경

오늘날 사회를 지배하는 가치관은 물질적 성공 혹은 황금만능주의라고 할 수 있다. 물론 자아의 실현이나 사회에의 봉사 등 좀 더 가치지향적인 것일 수도 있으나 사회적 성공은 곧 물질적 풍요라는 의식이 팽배해지고 있는 것도 사실이다.

특히 우리사회는 급격한 경제성장으로 전통적인 윤리관에 동요가 생겼으며 경제적 발전과 부의 축적이 최고의 가치가 되었다고도 할 수 있다. 이러한 가치관의 혼란은 곧 사회구성원에게 영향을 미쳐 많은 일탈적 행동을 야기시키는 원인이 되고 있다. 이러한 가치관의 변화와 아노미한 사회 상황은 청소년들에게 더욱 큰 영향을 주어 청소년범죄의 중요한 요인이 되고 있다. 또한 매스미디어의 선정적이고 폭력적인 보도 태도와 IT기기, 특히 스마트폰의 보급으로 인한 무제한적인 인터넷 접속은 다양한 온라인상 일탈 양상의 원인이 되고 있다. 나아가 이러한 일탈은 현실세계, 즉 오프라인으로 이어져 부도덕한, 비행적인 일이나 현상에 대해 무감각해지며 결국 범죄로 발전하는 악순환을 낳고 있다.

II. 소년범죄

1. 소년범죄의 추세

여기서 제시하는 통계는 법무연수원이 2023년 발간한 「2022 범죄백서」를 기준으로 하였다. 소년범죄란 14세 이상 19세 미만의 소년에 의한 범죄행위와 10세 이상 14세 미만 소년에 의한 촉법행위를 말한다.

소년인구 10만명당 범죄자수는 <표 3-17>과 같다.

전체 범죄자 중 소년범죄자의 점유비율(소년비)은 2011년 5.3%에서 2015년 3.8%까지 감소하였다가, 2016년 3.9%, 2017년 4.0%로 2년 연속 증가하였으나 이후 2018년 3.9%, 2019년 3.8%로 2년 연속 감소하였고, 2020년과 2021년에는 4.0%를 유지하였다.[7]

7 법무연수원, 범죄백서, 2023, 544.

표 3-17 소년범죄자 및 발생비

연 도	소년범죄	소년범죄발생비	성인범죄발생비	소년비
2012	104,808	1,796.8(−)	4,387.3(−)	5.5
2013	88,762	1,581.1(88.0)	4,520.3(103.0)	4.5
2014	77,594	1,440.4(80.2)	4,338.3(98.9)	4.2
2015	71,035	1,411.8(78.6)	4,482.4(102.2)	3.8
2016	76,000	1,547.9(86.1)	4,373.5(99.7)	3.9
2017	72,759	1,559.7(86.8)	4,089.8(93.2)	4.0
2018	66,142	2,486.0(138.4)	3,808.2(86.8)	3.9
2019	66,247	2,696.1(150.1)	3,821.9(87.1)	3.8
2020	64,480	2,747.0(152.9)	3,511.8(80.0)	4.0
2021	54,017	2,305.9(128.3)	2,932.9(66.8)	4.0

- ( )안은 2012년을 기준으로 한 지수.
- 2018년부터 소년범죄 집계시 14세 미만 소년을 제외함.
- 범죄발생비는 해당 인구 10만 명당 범죄자수.
- 소년비= (소년범/년범 + 성인범 × 100).

자료: 법무연수원, 범죄백서, 2023, 544.

그림 3-10 소년범과 성인범 발생 추이

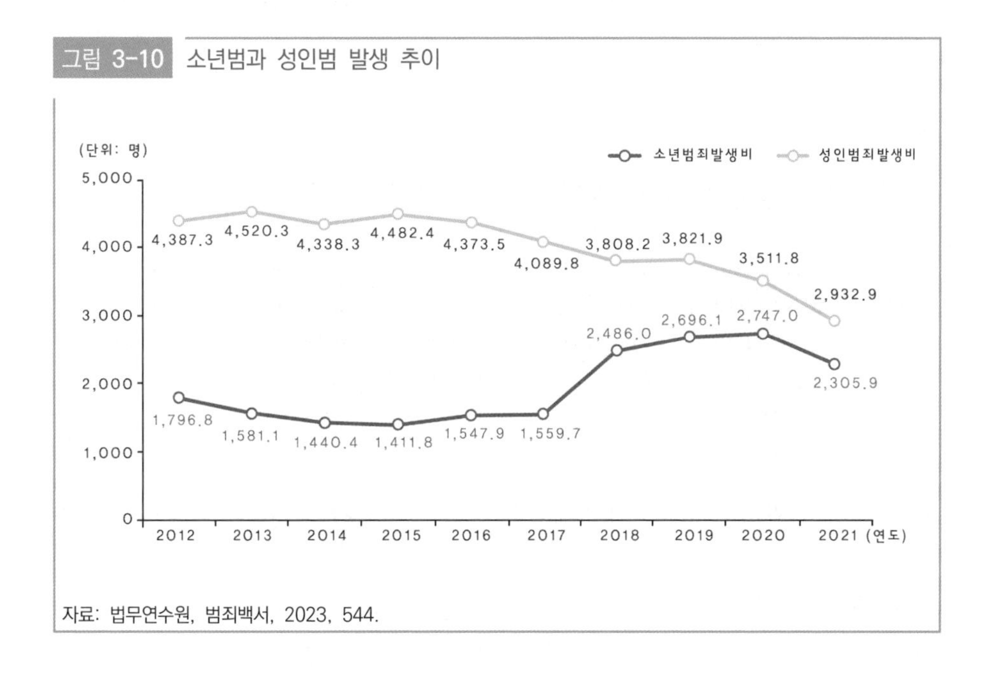

자료: 법무연수원, 범죄백서, 2023, 544.

소년범을 형법범과 특별법범으로 구분할 경우 <표 3-18>과 같다. 2021년에는 전년보다 형법범과 특별법범 모두 감소했다.

표 3-18 소년의 형법범죄와 특별법범죄

연 도	전체 소년범죄	소년 형법범죄	소년 특별법범죄
2017	72,759(100)	58,255(80.1)	14,504(19.9)
2018	66,142(100)	54,205(82.0)	11,937(18.0)
2019	66,247(100)	54,497(82.3)	11,750(17.7)
2020	64,480(100)	50,969(79.0)	13,511(21.0)
2021	54,017(100)	42,388(78.5)	11,629(21.5)

자료: 법무연수원, 범죄백서, 2023, 545.

2. 소년 형법 범죄

소년의 형법 범죄를 흉악범죄, 폭력범죄, 재산범죄, 기타 등으로 구분할 때 지난 5년간 소년 형법범의 범죄추세는 <표 3-19>와 같다.

2016년 이후 재산범의 비중이 가장 높은데, 2021년 역시 재산범이 가장 높은 비중을 차지하여 51.4%이며, 폭력범죄 22.1%, 흉악범죄 8.5% 등으로 나타났다. 전년도보다는 재산범의 비중이 낮아지고, 폭력범 및 흉악범의 비중이 높아진 특징을 보이고 있다.

표 3-19 소년 형법범 유형

연 도	형법범죄계	강력범죄(흉악)	강력범죄(폭력)	재산범죄	기타 형법범죄
2017	58,255(100)	3,463(5.9)	21,043(36.1)	29,056(49.9)	4,693(8.1)
2018	54,205(100)	3,509(6.5)	19,742(36.4)	26,497(48.9)	4,457(8.2)
2019	54,497(100)	3,665(6.7)	18,622(34.2)	27,809(51.0)	4,401(8.1)
2020	50,969(100)	3,134(6.1)	14,774(29.0)	28,855(56.6)	4,206(8.3)
2021	42,388(100)	3,606(8.5)	13,614(32.1)	21,785(51.4)	3,383(8.0)

자료: 법무연수원, 범죄백서, 2023, 548.

소년 형법범의 연령대별 현황은 <그림 3-11>과 같다.

소년 형법범은 지난 2019년 이후 18세의 발생비가 가장 높다. 2021년을 기준으로 볼 때, 18세의 범죄비는 인구 10만 명당 1,906.7명으로 가장 높고, 그 다음이 16세~17세 1,819.0명, 14세~15세 1,747.3명의 순이었다.

그림 3-11 소년인구 십만명당 형법범죄 연령대별 발생비

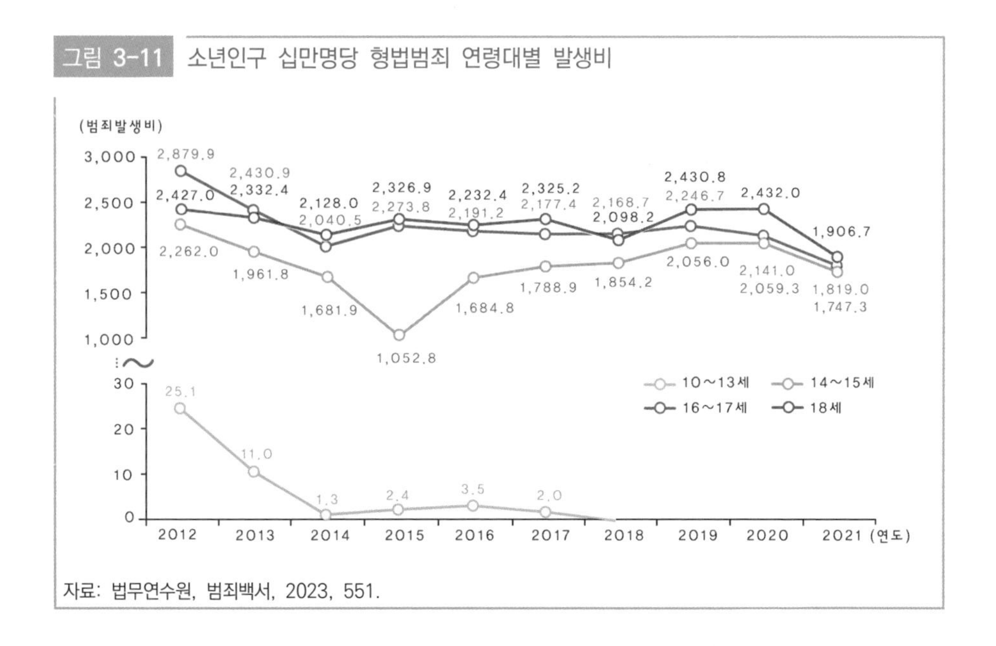

자료: 법무연수원, 범죄백서, 2023, 551.

<표 3-20>은 2021년 한 해 동안 소년의 연령대별 형법범죄 발생현황이다.

표 3-20 소년 연령대별 형법범

연령	계	14세~15세	16세~17세	18세
계	42,388(100)	15,977(37.7)	17,030(40.2)	9,381(22.1)
재산범죄	21,785(100)	9,354(42.9)	8,652(39.7)	3,779(17.3)
강력범죄(폭력)	13,614(100)	4,353(32.0)	5,306(39.0)	3,955(29.1)
강력범죄(흉악)	3,606(100)	1,284(35.6)	1,522(42.2)	800(22.2)
풍속범죄	188(100)	56(29.8)	78(41.5)	54(28.7)
위조범죄	667(100)	114(17.1)	384(57.6)	169(25.3)
과실범죄	132(100)	49(37.1)	53(40.2)	30(22.7)
기타범죄	2,396(100)	767(32.0)	1,035(43.2)	594(24.8)

자료: 법무연수원, 범죄백서, 2023, 552.

점유율에 있어서 약간의 차이가 있기는 하지만, 과실범을 제외한 모든 범죄 유형에서 16세~17세가 가장 높은 비율을 점하고 있는 것으로 나타났다.

연령대별로 보면, 14세~15세는 재산범죄(42.9%)가 상대적으로 높고, 16세~17세는 흉악범(42.2%)의 비율이 상대적으로 높고, 18세는 강력폭력범죄(29.1%) 비율이 상대적으로 높은 것으로 나타났다.

1) 소년흉악범

<그림 3-12>는 지난 10년간 소년과 성인의 강력범죄(흉악)의 인원, 범죄율 및 소년비 추이를 보여주고 있다.

그림 3-12 소년 강력범죄(흉악) 연령대별

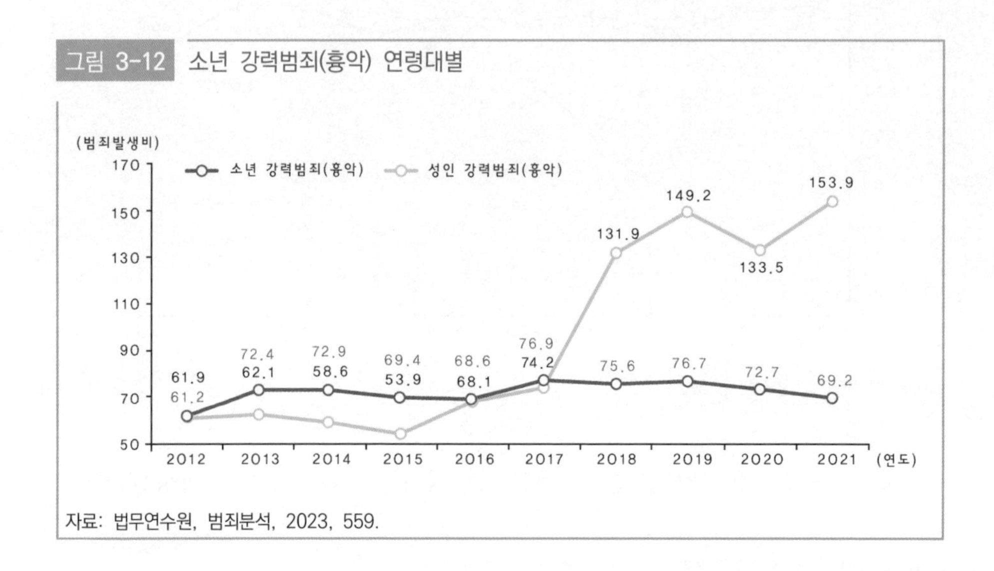

자료: 법무연수원, 범죄분석, 2023, 559.

소년인구 10만 명당 소년 강력범죄자(흉악)의 수(범죄율)는 2012년 61.9명에서 점차 감소하여 2015년에는 53.9명으로 감소하였으나 이후 다시 증가하여 2019년에는 149.2명을 2021년에는 153.9명으로 지난 10년간 최고치를 기록하였다.

같은 시기 동안 성인강력범죄자(흉악)는 2012년 61.2명을 기록한 이후 2019년 76.7명으로 최고로 증가하였다. 2021년에는 69.2명으로 낮아졌다.

한편, 전체 강력범죄자(흉악) 중 소년범죄자가 차지하는 비율(소년비)은 2021년에는 10.7%이다.

지난 10년간 소년 강력범죄(흉악)에서 살인, 강도, 방화가 차지하는 비율은 감소한 반면에, 성폭력이 차지하는 비율은 증가하였다. 특히 성폭력은 2012년 70.4%에서 2021년 92.7% 증가하였다.

표 3-21 소년 흉악범 유형

구분	계	살인	강도	방화	성폭력
2012	3,609(100)	23(0.6)	851(23.6)	193(5.3)	2,542(70.4)
2013	3,489(100)	21(0.6)	607(17.4)	140(4.0)	2,721(78.0)
2014	3,158(100)	33(1.0)	405(12.8)	156(4.9)	2,564(81.2)
2015	2,713(100)	16(0.6)	432(15.9)	58(2.1)	2,207(81.3)
2016	3,343(100)	19(0.6)	317(9.5)	147(4.4)	2,860(85.6)
2017	3,463(100)	18(0.5)	244(7.0)	118(3.4)	3,083(89.0)
2018	3,509(100)	11(0.3)	215(6.1)	110(3.1)	3,173(90.4)
2019	3,665(100)	20(0.5)	366(10.0)	99(2.7)	3,180(86.8)
2020	3,134(100)	9(0.3)	324(10.3)	99(3.2)	2,702(86.2)
2021	3,606(100)	11(0.3)	178(4.9)	76(2.1)	3,341(92.7)

자료: 법무연수원, 범죄백서, 2023, 560.

소년흉악범의 연령대별 현황은 <표 3-22>와 같다.

전체적인 소년흉악범은 16세~17세의 비중이 가장 높다. 그러나 14세~15세의 경우 2017년 29.0%를 차지하다가 2021년 35.6%로 증가했다. 16세~17세의 경우 2017년 46.3%를 차지하다가 2021년 42.2%로 감소했다. 18세의 경우 2017년 24.5%를 차지하다가 2021년 22.2%로 감소했다. 즉 소년흉악범의 연령대의 하향화와 함께 14세~15세의 비중이 상대적으로 급격하게 증가하는 추세라는 점을 알 수 있다.

표 3-22 소년 흉악범 연령대별

연도	계	10세~13세	14세~15세	16세~17세	18세
2017	3,463(100)	6(0.2)	1,006(29.0)	1,604(46.3)	847(24.5)
2018	3,509(100)	–	1,108(31.6)	1,518(43.3)	883(25.2)
2019	3,665(100)	–	1,141(31.1)	1,572(42.9)	952(26.0)
2020	3,134(100)	–	1,013(32.3)	1,316(42.0)	805(25.7)
2021	3,606(100)	–	1,284(35.6)	1,522(42.2)	800(22.2)

자료: 법무연수원, 범죄백서, 2023, 562.

2) 소년폭력범

소년 강력범죄(폭력)를 구체적인 죄명에 따라 상해, 폭행, 공갈, 폭처법위반(손괴등), 기타 등 5가지 유형으로 구분한다.[8] 매년 폭행의 비중이 가장 높다.

인구 10만 명당 소년 폭력범은 2021년에는 581.2명이고, 성인 폭력범은 496.1명으로 소년발생비가 높다.

한편, 소년과 성인 폭력범률을 비교해보면, 소년 폭력범률은 628.1명으로 성인 폭력범률 602.0명 보다 높은 수준이다.

유형별로는 폭행이 가장 많고, 상해, 공갈, 손괴 등의 순으로 나타났다.

<표 3-23>은 인구 십만명당 소년과 성인의 폭력범 발생비이다.

표 3-23 소년 폭력범과 성인 폭력범 발생비[9]

구분	소년 강력범죄(폭력)			성인 강력범죄(폭력)	
	인원수	범죄발생비	소년비	인원수	범죄발생비
2017	21,043	451.1(96.4)	6.4	308,864	723.7(89.7)
2018	19,742	742.0(158.6)	6.3	295,031	685.9(85.0)
2019	18,622	757.9(162.0)	6.0	291,490	672.2(83.3)
2020	14,744	628.1(134.2)	5.3	262,617	602.0(74.6)
2021	13,614	581.2(105.1)	5.9	216,580	496.1(57.8)

자료: 법무연수원, 범죄백서, 2023, 563. 재구성.

표 3-24 소년 폭력범 유형

구분	계	상 해	폭 행	공 갈	폭처법(손괴등)	기 타
2017	21,043 (100)	6,519 (31.0)	11,517 (54.7)	1,597 (7.6)	475 (2.3)	935 (4.4)
2018	19,742 (100)	5,483 (27.8)	10,918 (55.3)	1,791 (9.1)	500 (2.5)	1,050 (5.3)
2019	18,622 (100)	4,995 (26.8)	10,139 (54.4)	1,750 (9.4)	542 (2.9)	1,196 (6.4)
2020	14,744 (100)	3,616 (24.5)	7,830 (53.1)	1,604 (10.9)	610 (4.1)	1,084 (7.4)
2021	13,614 (100)	3,230 (23.7)	7,360 (54.1)	1,141 (8.4)	790 (5.8)	1,093 (8.0)

자료: 법무연수원, 범죄백서, 2023, 565. 재구성.

8 법무연수원, 범죄백서, 2023, 564.

9 ( )은 2012년을 100으로 한 지수.

소년 폭력범의 연령대별 현황은 <표 3－25>와 같다. 소년 흉악범과 마찬가지로 소년 폭력범의 경우에도 16세~17세가 가장 높은 비중을 차지하고 있다. 2020년의 경우 16세~17세 39.2%, 18세 30.9%, 14세~15세 29.8% 순이다.

표 3-25 소년 폭력범 연령대별

구분	계	10세~13세	14세~15세	16세~17세	18세
2017	21,043(100)	10(0.0)	5,408(25.7)	9,052(43.0)	6,573(31.2)
2018	19,742(100)	–	5,772(29.2)	7,947(40.3)	6,023(30.5)
2019	18,622(100)	–	5,671(30.5)	7,253(38.9)	5,698(30.6)
2020	14,744(100)	–	4,395(29.8)	5,787(39.2)	4,562(30.9)
2021	13,614(100)	–	4,353(32.0)	5,306(39.0)	3,955(29.0)

자료: 법무연수원, 범죄백서, 2023, 566. 재구성.

3) 소년 재산범죄

소년 재산범죄는 절도, 사기, 횡령, 장물, 기타로 구분한다.

표 3-26 소년 및 성인의 재산범죄 발생비[10]

구분	소년 재산범죄			성인 재산범죄	
	인원	범죄발생비	소년비	인원	범죄발생비
2017	29,056	622.9(87.6)	7.2	375,712	880.3(116.0)
2018	26,497	995.9(140.0)	6.4	390,397	907.7(119.6)
2019	27,809	1,131.8(159.1)	6.3	416,686	960.9(126.7)
2020	28,855	1,229.3(172.8)	6.6	405,636	929.8(122.6)
2021	21,785	930.0(117.8)	6.7	302,352	692.6(74.9)

자료: 법무연수원, 범죄백서, 2023, 567. 재구성.

2018년 이후 소년 재산범죄 발생비는 성인에 비해 높다. 2021년에 소년 재산범죄 발생비는 930.0명으로 성인 재산범죄율 692.6명에 비해 높다.[11]

소년 재산범죄에 포함되는 범죄유형별로 인원수와 구성비를 살펴본 결과는 <표 3－27>과 같다. 모든 연도에서 소년 재산범죄의 대부분이 절도죄이지만 그 점유율은 지속적으로 감소하고 있다. 반면에 사기죄는 지속적으로 증가 경향

10 ( )은 2012년을 100으로 한 지수.

11 법무연수원, 범죄백서, 2020, 557－560.

이다. 소년 재산범죄가 절도에서 사기, 횡령 등으로 다변화되고 있음을 보여준다.

표 3-27 소년 재산범죄 유형별

구분	계	절 도	사 기	횡 령	장 물	기 타
2017	29,056(100)	20,008(68.9)	6,225(21.4)	1,424(4.9)	443(1.5)	956(3.3)
2018	26,497(100)	16,904(63.8)	6,968(26.3)	1,393(5.3)	290(1.1)	942(3.6)
2019	27,809(100)	17,141(61.6)	8,088(29.1)	1,280(4.6)	175(0.6)	1,125(4.0)
2020	28,855(100)	17,066(59.1)	9,212(31.9)	1,309(4.5)	188(0.7)	1,080(3.7)
2021	21,785(100)	12,715(58.4)	6,854(31.5)	983(4.5)	618(2.8)	615(2.8)

자료: 법무연수원, 범죄백서, 2023, 569. 재구성.

2021년의 경우 소년 재산범 중 가장 높은 비중의 연령대는 14세~15세(42.9%)이고, 그 다음이 16세~17세(39.7%)이고, 18세(17.4%)의 순이었다.

표 3-28 소년 재산범죄 연령대별

구분	계	10세~13세	14세~15세	16세~17세	18세
2017	29,056(100)	17(0.1)	10,558(36.3)	13,201(45.4)	5,280(18.2)
2018	26,497(100)	–	10,113(38.2)	11,270(42.5)	5,114(19.3)
2019	27,809(100)	–	10,879(39.1)	11,476(41.3)	5,454(19.6)
2020	28,855(100)	–	11,762(40.8)	11,704(40.6)	5,389(18.7)
2021	21,785(100)	–	9,354(42.9)	8,652(39.7)	3,779(17.4)

자료: 법무연수원, 범죄백서, 2023, 650. 재구성.

3. 소년 특별법 범죄

최근 10년간의 소년 특별법 범죄는 2019년까지 감소추세를 보였고, 2020년에 증가했다가 2021년에는 다시 감소하였다.

소년 특별법 범죄발생비는 2012년 소년인구 10만 명당 314.9명에서 등락을 반복하며 감소하다가 2021년에는 전년 대비 감소한 496.4명을 기록하였다.

전체 특별법범죄 중 소년 특별범죄의 비율은 2012년 2.0%에서 2015년 1.5%까지 감소한 후 증감을 반복하다가 2021년에는 1.9%를 차지한다.

그림 3-13 소년 특별법 범죄발생비와 성인 특별법 범죄발생비

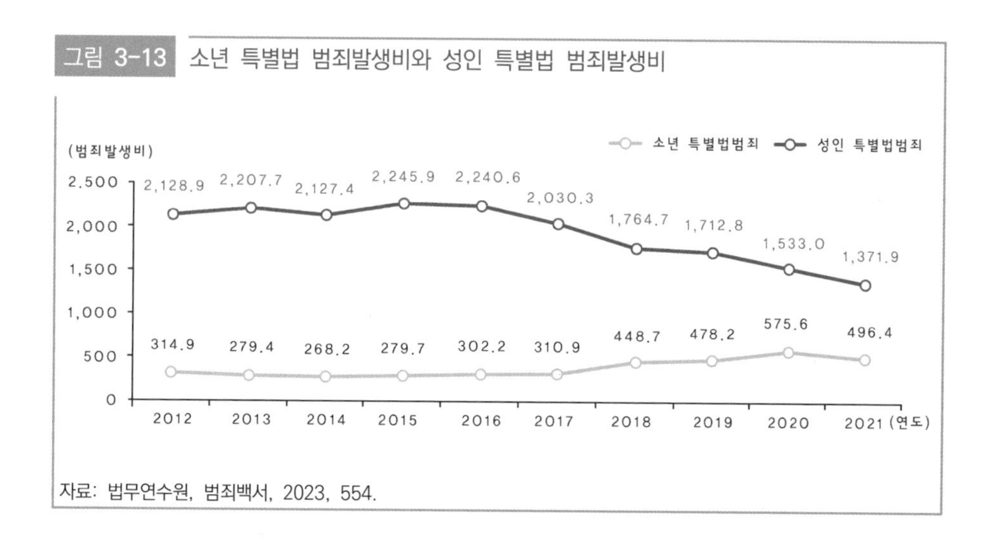

자료: 법무연수원, 범죄백서, 2023, 554.

소년 특별법 범죄 주요 죄명별로 구성비를 살펴보면 2021년에는 도로교통법 위반이 42.3%로 가장 높은 비율을 차지하고 있고, 그 다음으로는 교통사고처리 특례법위반(21.1%), 화학물질관리법위반(5.4%), 정보통신망법위반(4.6%) 등의 순이었다.

표 3-29 소년 특별법 범죄 주요 죄명별 인원 및 구성비

구분	계	교특법	도교법	도주 차량	저작권 법	정보통신 망법	청소년 성보호법	성매매 법	화학물질 관리법	기타
2017	14,504 (100)	2,988 (20.1)	6,119 (42.2)	132 (0.9)	128 (0.9)	681 (4.7)	370 (2.6)	261 (1.8)	201 (1.4)	3,624 (25.0)
2018	11,937 (100)	2,577 (21.6)	4,634 (38.8)	65 (0.5)	37 (0.3)	664 (5.6)	349 (2.9)	170 (1.4)	90 (0.8)	3,351 (28.1)
2019	11,750 (100)	2,270 (19.3)	4,663 (39.7)	7 (0.1)	43 (0.4)	634 (5.4)	309 (2.6)	106 (0.9)	76 (0.6)	3,642 (31.0)
2020	13,511 (100)	2,518 (18.6)	5,056 (37.4)	191 (1.4)	78 (0.6)	840 (6.2)	951 (7.0)	88 (0.7)	26 (0.2)	3,763 (27.9)
2021	11,629 (100)	2,282 (19.6)	4,241 (36.5)	152 (1.3)	70 (0.6)	664 (5.7)	643 (5.5)	22 (0.2)	13 (0.1)	3,542 (30.5)

자료: 법무연수원, 범죄백서, 2023, 555. 재구성.

소년 특별법 범죄 연령층별로는 2021년에는 16세~17세가 49.6%, 18세 29.6%, 14세~15세 20.8%를 각각 차지하였다.

그림 3-14 소년 특별법 범죄 연령대별

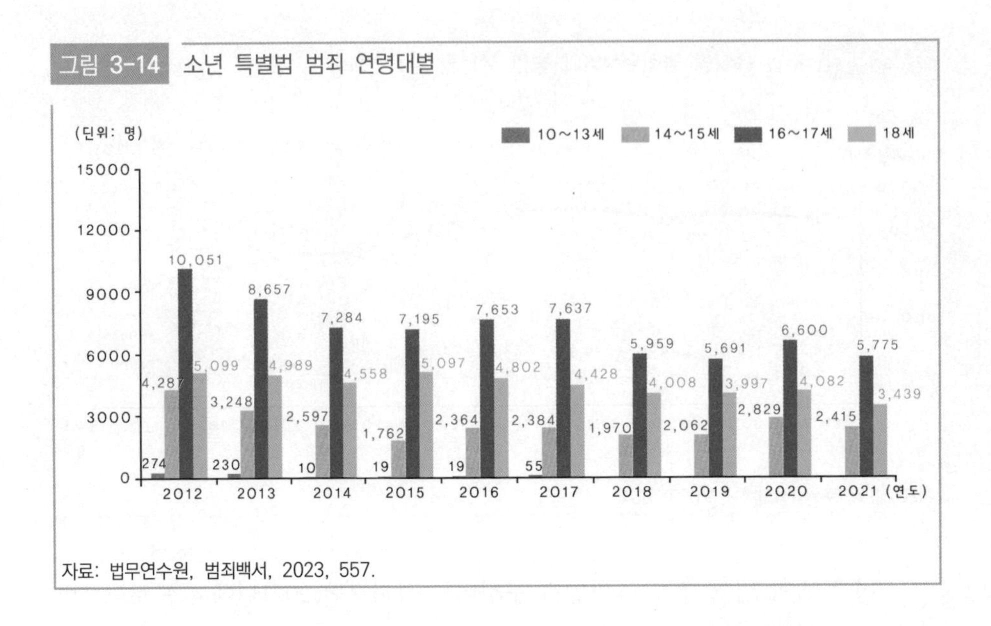

자료: 법무연수원, 범죄백서, 2023, 557.

<표 3-30>은 2021년 소년의 연령대별 특별법 범죄유형이다. 18세의 비율이 가장 높은 범죄유형은 성매매 알선행위등 처벌에 관한 법률 위반으로 59.1%이고, 16세~17세의 비율이 가장 높은 범죄유형은 도로교통법위반으로 49.9%이며, 14세~15세의 비율이 가장 높은 범죄유형은 화학물질관리법위반으로 46.2%이다.

표 3-30 소년 연령대별 특별법범

구분	계	14세~15세	16세~17세	18세
계	11,629(100)	2,415(20.8)	5,775(49.6)	3,439(29.6)
교특법	2,282(100)	285(12.5)	1,060(46.5)	937(41.1)
도교법	4,241(100)	1,180(27.8)	2,116(49.9)	945(22.3)
저작권법	70(100)	15(21.4)	20(28.6)	35(50.0)
성매매법	22(100)	1(4.5)	8(36.4)	13(59.1)
아동·청소년성보호법	643(100)	183(28.5)	318(49.5)	142(22.1)
특가법(도주차량)	152(100)	31(20.4)	66(43.4)	55(36.2)
정보통신망법	664(100)	234(35.2)	277(41.7)	153(23.0)
화학물질관리법	13(100)	6(46.2)	6(46.2)	1(7.7)
기타	3,542(100)	480(13.6)	1,904(53.8)	1,158(32.7)

자료: 법무연수원, 범죄백서, 2023, 557. 재구성.

4. 소년범 프로파일링

1) 소년범의 보호자별, 결혼여부, 생활정도, 교육정도

소년범죄자 중 대다수를 차지하는 미혼자의 보호자별 구성비는 매년 실부모의 비율이 가장 높다. 2014년 75.3%, 2015년 76.6%, 2016년 77.3%, 2017년 78.6%, 2018년 84.6%, 2019년 86.2%, 2020년 87.1%, 2021년 86.8%로 나타났다.[12]

최근 10년 동안 소년범죄자 중 기혼자의 비율은 점점 낮아져 2021년 소년범죄자 중 기혼자의 비율은 0.3%로 나타났다. 또한 지난 10년간 전체 소년범죄자 중 경제적 수준이 하류층의 비율이 감소한 반면, 중류층, 상류층의 비율은 증가하는 경향을 보이고 있다. 그 결과 2021년에는 상류가 0.7%, 중류가 51.5%, 하류가 47.8%를 차지하고 있다.

소년범의 학력은 고등학교 졸업 이상의 비율이 가장 높다. 2021년의 경우 고등학교 졸업 이하가 51.7%, 중학교 졸업 이하가 26.5%, 대학교 졸업 이하가 3.9%였다. 이는 우리나라 전체 학력의 수준이 높아지고, 중학교까지는 의무교육제이며, 전체적으로 소년범죄의 대부분을 고등학교 연령대의 소년들이 행하고 있다는 것을 감안하면 특이한 현상이라고 할 수는 없다.

2) 성별차이

소년범은 남자가 대부분을 차지한다. 소년범 중 남자의 비중이 2016년 83.9%, 2017년 83.4%, 2018년 82.5%. 2019년 82.2%, 2020년 83.3%, 2021년 83.0%를 차지한다.

3) 소년범의 범죄동기

범죄의 원인은 이욕, 보복, 호기심, 유혹, 우발적, 현실불만, 부주의, 기타 등으로 구분되어 있는데, 기타가 차지하는 비율이 40~60% 정도를 차지하고 있어 좀 더 정교한 분류체계가 필요한 것으로 보인다.

기타를 제외하고 지난 10년간 소년범죄자의 범죄원인 중 '우발적'의 구성비가 가장 큰 부분을 차지하여 즉흥적, 충동적인 청소년 행동양식의 위험성을 보여주고 있다. 2021년의 경우 우발이 27.6%로 가장 높은 비율을 차지하고 있으며, 그 다음으로는 이욕 14.8%, 호기심 13.3% 순으로 나타났다.

---

12 법무연수원, 범죄백서, 2023, 571－575.

표 3-31 소년범죄자 범죄동기

구분	계	이욕	보복	호기심	유혹	우발적	현실불만	부주의	기타
2017	72,759 (100)	10,850 (14.9)	39 (0.1)	8,186 (11.3)	1,049 (1.4)	19,496 (26.8)	420 (0.6)	4,510 (6.2)	28,209 (38.8)
2018	66,142 (100)	6,624 (10.0)	6 (0.0)	2,941 (4.4)	513 (0.8)	13,287 (20.1)	246 (0.4)	2,639 (4.0)	39,886 (60.3)
2019	66,247 (100)	6,724 (10.1)	12 (0.0)	3,118 (4.7)	459 (0.7)	13,348 (20.1)	182 (0.3)	2,295 (3.5)	40,109 (60.5)
2020	64,480 (100)	8,801 (13.6)	25 (0.0)	6,459 (10.0)	668 (1.0)	14,156 (22.0)	250 (0.4)	3,032 (4.7)	31,089 (48.2)
2021	54,017 (100)	7,991 (14.8)	42 (0.1)	7,184 (13.3)	804 (1.5)	14,906 (27.6)	279 (0.5)	3,347 (6.2)	19,464 (36.0)

자료: 법무연수원, 범죄백서, 2023, 576. 재구성.

소년 절도범의 경우 길가에 세워 둔 오토바이나 자동차 등을 쉽게 범행의 대상으로 정하거나, 성폭력사범의 경우에도 성인용 영화 등을 보고, 충동적으로 범행을 하거나, 집단으로 피해자를 유인하여 폭행하는 등의 유형이 많다는 것을 감안할 때 우발적이고 충동적인 소년범의 특징을 이해할 수 있다. 이러한 소년범의 성향은 가정, 학교 등에서의 반복적인 인성교육 및 준법교육, 적극적인 신체활동 등을 통해서 어느 정도 그 요인을 해소할 수 있다는 연구결과들이 제시되고 있으므로 형사정책적 측면에서 고려되어야 한다.

5. 소년범 처벌

1) 소년형사사건의 경우

<표 3-32>는 2017년부터 소년 형사사건에 대한 제1심 재판결과를 나타낸다. 지난 5년간 소년부 송치가 소년 형사공판사건의 재판결과에서 가장 높은 비율을 차지하고 있다. 이는 형사공판에서 판사가 소년범을 소년법원으로 송치하여 다시 소년보호처분절차를 거치게 하는 비율이 상당히 높다는 것을 의미한다.

지난 5년간 소년에 대한 형사공판사건의 재판결과 특징은 소년부송치 비율이 감소한 반면 부정기형과 집행유예 비율이 증가한 것이다.

표 3-32 제1심 소년형사공판사건 재판결과

구분	계	사형	무기	정기형	부정기형	집행유예	벌금	소년부송치	기타
2017	2,716 (100)	–	1 (0.0)	4 (0.1)	502 (18.5)	386 (14.2)	109 (4.0)	1,428 (52.6)	286 (10.5)
2018	2,841 (100)	–	–	–	626 (22.0)	367 (12.9)	77 (2.7)	1,419 (50.0)	352 (12.4)
2019	3,036 (100)	–	–	4 (0.1)	712 (23.4)	546 (18.0)	78 (2.6)	1,386 (45.7)	310 (10.2)
2020	3,278 (100)	–	–	2 (0.1)	908 (27.7)	570 (17.4)	72 (2.2)	1,325 (40.4)	401 (12.2)
2021	2,483 (100)	–	–	–	779 (31.4)	458 (18.4)	76 (3.1)	884 (35.6)	286 (11.5)

자료: 법무연수원, 범죄백서, 2023, 594. 재구성.

2) 소년보호사건의 경우

소년보호사건에 대해 법원이 보호처분을 내리는 비율이 감소하는 대신에 불처분을 내리는 비율의 증가추세로 나타났다.

「소년법」상 보호처분의 유형은 10가지이다. 그러나 병과처분도 가능하다.

소년법 제32조 보호처분 유형

1. 보호자 또는 보호자를 대신하여 소년을 보호할 수 있는 자에게 감호위탁
2. 수강명령
3. 사회봉사명령
4. 보호관찰관의 단기(短期) 보호관찰
5. 보호관찰관의 장기(長期) 보호관찰
6. 「아동복지법」에 따른 아동복지시설이나 그 밖의 소년보호시설에 감호위탁
7. 병원, 요양소 또는 「보호소년 등의 처우에 관한 법률」에 따른 소년의료보호시설에 위탁
8. 1개월 이내의 소년원 송치
9. 단기 소년원 송치
10. 장기 소년원 송치

표 3-33 소년보호사건의 처분

연도 \ 구분	계	보호처분	불처분	심리불개시	기타
2017	34,474(100)	24,383(70.7)	2,986(8.7)	5,676(16.5)	1,429(4.1)
2018	34,276(100)	24,494(71.5)	2,805(8.2)	5,590(16.3)	1,387(4.0)
2019	34,890(100)	24,131(69.2)	2,557(7.3)	6,556(18.8)	1,646(4.7)
2020	38,293(100)	25,579(66.8)	2,886(7.5)	7,948(20.8)	1,880(4.9)
2021	35,064(100)	22,144(63.1)	2,728(8.0)	8,586(24.4)	1,606(4.5)

자료: 법무연수원, 범죄백서, 2023, 590. 재구성.

<표 3-34>은 2017년부터 보호처분을 받은 소년의 연령대별 인원 및 분포를 나타낸 것이다. 매년 16~17세가 가장 높은 비중을 차지하는 것을 알 수 있다. 2021년에는 16세~17세가 35.5%로 가장 높은 비율을 점하고 있고, 그 다음으로는 14세~15세(30.7%), 14세 미만(18.7%), 18세(15.1%)의 순으로 나타났다.

표 3-34 보호처분 소년의 연령대별

연도 \ 연령	계	10세~13세	14세~15세	16세~17세	18세
2017	24,383(100)	3,365(13.8)	6,086(25.0)	10,467(42.9)	4,465(18.3)
2018	24,494(100)	3,483(14.2)	7,043(28.8)	9,701(39.6)	4,267(17.4)
2019	24,131(100)	3,827(15.9)	7,393(30.6)	8,917(37.0)	3,994(16.5)
2020	25,579(100)	3,465(13.6)	8,088(31.6)	9,852(38.5)	4,174(16.3)
2021	22,144(100)	4,142(18.7)	6,804(30.7)	7,849(35.5)	3,349(15.1)

자료: 법무연수원, 범죄백서, 2023, 592. 재구성.

제10장

성적 일탈과 범죄 그리고 제재

I. 포르노그래피(pornography)

1. 포르노그래피의 개념

포르노그래피의 어원은 그리스어인 성매매를 의미하는 pornoi와 기록 또는 문서를 의미하는 graphos의 합성어이다. 따라서 pornography란 성매매에 관한 기록 또는 문서라는 의미로 해석할 수 있지만, 통상 음란물로 칭해진다. 브리태니커 사전은 포르노그래피란 성적 흥분을 유발하려는 책, 그림, 동영상, 영화 및 기타 미디어에서의 성행위의 표현 등이라고 정의하고 있다.[1] 포르노그래피에 관한 개념을 어떻게 정의할 것인가에 대하여는 많은 논의가 있으나 이를 세 가지 형태로 구분지을 수 있다.

첫째, 현실적인 견해는 포르노그래피가 일상생활에서의 의미들과는 전혀 무관하게, 즉 비현실적으로 성을 과도하게 표현하는 점에 초점을 맞춘다. 둘째, 성향중심적인 견해는 성표현물이 성을 자극시키려는 의도 또는 성향을 갖는가에 따라 음란물 여부를 결정한다. 셋째, 인간을 단순히 성적인 대상으로 전락시켰는가의 여부를 포르노그래피의 핵심적인 내용으로 본다.

이와 같은 입장들을 바탕으로 할 때 포르노그래피란 인간의 육체 혹은 성행위를 노골적으로 묘사하거나 서술한 것으로서 성적인 자극과 만족을 위해 이용되는 성표현물이라고 정의할 수 있다.

한편 대법원은 음란물의 판단기준에 대하여 다음과 같은 입장을 취하고 있다.

1 https://www.britannica.com/topic/pornography/

정보통신망이용촉진및정보보호등에관한법률위반(음란물유포)

정보통신망 이용촉진 및 정보보호 등에 관한 법률 제44조의7 제1항 제1호, 제74조 제1항 제2호에서 규정하는 '음란'이란 사회통념상 일반 보통인의 성욕을 자극하여 성적 흥분을 유발하고 정상적인 성적 수치심을 해하여 성적 도의관념에 반하는 것을 말한다.

…중략… 특정 표현물을 형사처벌의 대상이 될 음란 표현물이라고 하기 위하여는 표현물이 단순히 성적인 흥미에 관련되어 저속하다거나 문란한 느낌을 준다는 정도만으로는 부족하다. 사회통념에 비추어 전적으로 또는 지배적으로 성적 흥미에만 호소할 뿐 하등의 문학적 ·예술적 · 사상적 · 과학적 · 의학적 · 교육적 가치를 지니지 아니한 것으로서, 과도하고도 노골적인 방법에 의하여 성적 부위나 행위를 적나라하게 표현 · 묘사함으로써, 존중 · 보호되어야 할 인격체로서의 인간의 존엄과 가치를 훼손 · 왜곡한다고 볼 정도로 평가될 수 있어야 한다. 나아가 이를 판단할 때에는 표현물 제작자의 주관적 의도가 아니라 사회 평균인의 입장에서 전체적인 내용을 관찰하여 건전한 사회통념에 따라 객관적이고 규범적으로 평가하여야 한다. …중략… (대법원 2017. 10. 26., 선고, 2012도13352, 판결)

인류의 역사에서 성과 관련한 표현물은 거의 모든 시대와 문화에서 찾아볼 수 있다. 그런데 이러한 성과 관련한 표현물이 급격하게 발전한 것은 19세기 사진기술의 발명으로 과거보다는 훨씬 다양하게 인간의 육체를 묘사하는 것이 가능해졌기 때문이었다. 사진기술의 발전은 인간의 육체를 하나의 물체로 인식케 했고, 성을 부각시켰다. 또한 1954년에 킨제이보고서가 일반에게 차츰 알려지기 시작하면서 성을 금기시하기 보다는 인간의 성과 관련한 주제를 자연스럽게 이야기하는 풍토가 만들어졌다.

그런데 여기에 상업성이 가미되어 거대한 음란물 시장이 형성되어가면서 인간의 정상적인 성의식에 해악을 끼치는 정신적 마약 혹은 문화적 마약이라고 비판을 받을 만큼 심각해졌다.

한편 포르노그래피에 대하여 어떠한 기준으로 음란성 여부를 판단할 것인가에 대한 의문이 남는다. 사회, 국가, 그리고 시대적 상황에 따라 음란물에 대한 평가는 달라질 수밖에 없으므로 음란물의 기준을 정하는 것은 쉽지 않은 일이다.

미국의 경우에는 이와 같은 문제점을 해결하기 위하여 1970년에 최초로 "음란물과 포르노에 관한 대통령위원회"(The Presidents Commission on Obscenity and Pornography), 즉 일명 존슨위원회를 만들어 구체적으로 포르노그래피의 개념과 포르노그래피를 접한 후 성충동과 성행위에 변화가 있는지 여부, 개인의 태도와 인식내용의 변화 여부, 공격적 행위가 증가하는지 여부, 비행에 영향을 미치는지 여부 등을 조사하였다.

연구결과 이 위원회는 포르노그래피를 보거나 이용하는 것이 개인의 비행이나 범죄, 성적인 일탈행동, 정서적 장애를 유발한다는 결정적인 증거를 찾기 어렵다는 다소 모호한 태도를 밝혔다. 즉 음란물이 위법하거나 개인에게 유해한 영향을 준다는 입장에 대하여 반대입장을 표명한 것이다.

이에 대하여 레이건 대통령이 재임중 만들어진 1985년의 "포르노그래피에 대한 법무장관위원회"(Attorney General's Commission on Pornography), 일명 미즈위원회(Meese commission)는 존슨위원회와는 다른 견해를 보이고 있다.[2]

이 위원회는 레이건 대통령의 지시로 법무부장관인 David Meese Edwards가 중심이 되어 구성되었다. 이 위원회는 당시 미국사회에서 유포되던 많은 포르노그래피를 분석하여 네 가지 유형으로 나누고, 이들에 대한 법적인 규제가 필요하다는 보고서(Attorney General's Commission on Pornography)를 1986년에 무려 1,960페이지에 담아 대통령에게 보고함으로써 포르노그래피에 대한 법적 규제와 개념을 구체화했다.[3]

미즈위원회는 포르노그래피란 인간의 성적 욕구를 극단적으로 자극하는 내용으로 구성된 영화, 만화, 잡지, 신문, 음악 등 모든 성적 표현물이라고 정의하였다.[4] 포르노의 내용에는 ① 폭력적인 성적 표현물, ② 비폭력적인 성적 표현물, ③ 인간의 가치를 떨어뜨리는 성적 표현물, ④ 나체물 등을 포함시켰다. 미즈위원회는 이 가운데 이른바 강간의 신화(myth of rape)를 조장하여 폭력적이고 인간의 품위를 떨어뜨리는 성적 표현물이 결과적으로 성범죄에 영향을 준다고 지적하였다.

강간의 신화란 여자들은 강제적인 성행위를 즐기며, 강간을 당할 때 오히려 성적 쾌감을 즐기며, 성관계 중 신체적으로 학대받는 것을 즐긴다고 착각하는

---

2 Lynn, Barry W. "Civil Rights Ordinances and the Attorney General's Commission: New Developments in Pornography Regulation", (Harvard C.R.-C.L. L.R. vol. 21, 1986), pp. 27-125.

3 The Meese Report, Attorney General's Commission on Pornography: Final Report, http://www.porn-report.com/

4 http://cultronix.eserver.org/califia/meese/

것이다. 이는 결국 강간을 미화하는 관념을 갖게 만든다. 이를 강간수용성(Rape myth acceptance: RMA)이라고 한다. 강간수용성에 대한 후속적 연구에서 강간수용성은 정신병리적 장애와 대인관계 장애와의 관련성이 높다는 결과들이 발표되고 있다.[5] 또한 강간범의 피해자에 대한 가학적 태도에도 영향을 주며, 왜곡된 젠더의식 형성에도 영향을 미치는 것으로 나타났다.[6]

한편 미즈위원회는 이러한 잘못된 관념의 위험성을 지적하고 포르노그래피를 규제할 것을 제안하였다. 이는 1970년의 존슨위원회가 구성되었던 상황과는 비교할 수 없을 만큼 당시 포르노산업이 발달했고 이로 인한 폐해가 만연해 있다는 판단에 의한 것이었다.

이 위원회의 보고에 따르면 노골적이고 가학적이며, 폭력적인 음란물을 접하고 이를 모방하는 사람들과 포르노그래피의 모델들은 신체적으로 또는 심리적으로 강제된 피해자들인 것으로 나타났다. 즉, 선정적인 자극이 공격성을 강화한다거나 폭력적이고 잔인한 성적 표현물이 강간이나 성범죄를 정당화하고 합리화하는 심리기제로 발전시킨다는 것이다.

2. 포르노그래피에 대한 처벌 논쟁

그런데 포르노그래피를 실정법으로 규제할 것인가에 대한 관점은 보수주의적인 견해와 자유주의적인 견해, 그리고 페미니즘적인 측면에서 살펴볼 수가 있다.[7]

첫째, 보수주의적인 입장은 성적 윤리 또는 성도덕을 실정법상에서 규제하고, 음란물의 제재와 허용 정도를 구체적으로 입법화해야 한다고 주장한다.[8]

이들은 성표현물은 도덕성과 관계없이 대다수의 일반인에게 혐오감과 불쾌감

---

5 DeLisle, A., Walsh, H. C., Holtz, P. M., Callahan, J., & Neumann, C. S. (2019). Rape myth acceptance, male gender role norms, attitudes towards women, and psychopathic traits in a military sample. Personality and Individual Differences, 144, 125–131.

6 Süssenbach, P., Eyssel, F., Rees, J., & Bohner, G. (2017). Looking for blame: Rape myth acceptance and attention to victim and perpetrator. Journal of interpersonal violence, 32(15), 2323–2344.

7 Saul, J. M. (2003). Feminism: Issues and arguments.

8 Fred Berger, "Pornography, Sex, and Censorship," in Pornography and Censorship, edited by David Copp and Susan Wendell, (NY: Prometus Book, 1983), pp. 84~87.

을 주고, 또한 음란물 자체가 부도덕하다는 것이다. 또한 음란물이 폭력이나 강간을 유발한다고 인식한다. 즉, 포르노그래피는 인간의 성욕을 자극하여 이를 해결하기 위한 폭력이나 강간 등의 반사회적인 행동을 유발한다는 것이다. 나아가 포르노그래피는 인간의 성행위를 비인격화시켜 그것을 결국 동물적인 행동으로 비천하게 느끼게 함으로써 인간의 성행위를 부정적으로 보게 하며, 성행위에 관한 인식을 유아적으로 만든다고 주장한다. 또한 포르노그래피가 사람들에게 성적 수치심을 없애 성행위를 공공연하게 해도 되는 것으로 인식시킨다는 것이다.

보수주의적인 입장을 지지하는 연구자로 랜달(Richard S. Randall)을 들 수 있다. 그는 포르노그래피의 사회병리학성을 지적하였다. 즉 포르노그래피는 도덕적으로 특히 성적인 가치판단에서 퇴보한 경우가 많기 때문에 이를 반복적으로 접할 경우 사회의 제도나 법 규범을 무시하고, 나아가 파괴하는 태도를 지니게 한다는 것이다. 인간의 성생활이 본능적인 행위이긴 하지만 소중하게 보호되어야 하는 영역이라고 규정하는 제도와 문명을 부정하게 되는 것이다.[9]

둘째, 자유주의적 입장은 포르노그래피는 기본적으로 인간의 성에 대한 표현상의 한 유형일 뿐 그것을 공적 권력이나 법으로 제재할 수 있는 대상이 아니라고 본다. 인간의 표현의 자유와 개인의 사적 영역의 보호라는 차원에서 포르노그래피를 인정하며, 설사 포르노그래피가 어떠한 해악을 가졌다하여도 특정한 개인의 특성에 기인하는 것이므로 사적인 생활로 보장해야 한다는 입장이다.

자유주의적인 입장은 포르노그래피가 단지 사람의 성욕을 자극하는 정도이지 그것이 사회적으로 해악을 줄 만큼 심각하지는 않다고 인식한다. 인간의 성욕을 자극하여 일탈적인 행동을 유발하는 여러 요인 중에 포르노그래피가 차지하는 비율은 극히 미미한 것이며, 음란물을 접하는 사람은 성범죄자가 될 확률이 오히려 그렇지 않은 사람보다 적다는 주장도 제기하고 있다. 이들은 이미 음란물을 접한 사람은 성에 대한 욕구를 중화시켰으므로 성범죄까지는 가지 않는다고 이해한다.[10]

셋째, 남녀평등주의자적인 입장은 제도화된 가부장적인 문화에 초점을 맞춰

---

9 Richard S. Randall, “Freedom and Taboo,” Pornography and Politics of Self Divided, (Berkeley: University of California Press, 1989), p. 121.

10 B. Karpman, The Sexual Offender and his Offenses: Etiology, Pathology and Treatment (New York: Julian Press, 1954), p. 274.

포르노그래피의 해악성을 인식한다. 또한 포르노그래피가 여성의 지위를 저하시키고, 여성의 품위를 손상시킨다고 주장한다. 남성이 여성의 성을 객체화하고 착취하는 도구로 활용한다고 인식하여 이러한 행위를 금지시켜야 한다고 주장한다.

이들은 포르노그래피의 내용은 여성을 성적 객체나 물건처럼 비인격적으로 묘사한 것, 여성을 고통이나 굴욕감을 즐기는 성적 대상으로 묘사한 것, 여성을 강간당하는 동안 쾌감을 느끼는 대상이라고 묘사한 것, 신체를 결박하거나 신체적 손상을 가하면서 성행위를 즐기는 대상으로 여성을 묘사한 것, 여성을 성적으로 복종 당하는 노예의 모습으로 묘사한 것, 여성의 성기 등을 노출한 것 등이 전형적이라고 지적한다. 그리고 이러한 묘사들은 그 자체가 비정상적이며, 동시에 남녀차별적, 여성비하적, 비인간적인 인식과 태도를 갖게 한다고 주장한다.[11]

3. 현행 포르노그래피의 규제

현행 음란물에 관한 처벌법규로는 「형법」, 「아동·청소년의 성보호에 관한 법률」, 「정보통신망 이용촉진 및 정보보호 등에 관한 법률」, 「대중문화예술산업발전법」, 「영화 및 비디오물의 진흥에 관한 법률」, 「게임산업진흥에 관한 법률」, 「음악산업진흥에 관한 법률」, 「공연법」, 「전기통신사업법」, 「방송법」, 「신문 등의 진흥에 관한 법률」, 「잡지 등 정기간행물의 진흥에 관한 법률」, 「출판문화산업 진흥법」, 「옥외광고물 등 관리법」, 「성폭력범죄의 처벌 등에 관한 특례법」 등을 들 수 있다.[12]

1) 포르노그래피의 유포

포르노그래피는 「정보통신망 이용촉진 및 정보보호 등에 관한 법률」의 불법정보에 해당되어 유통이 금지된다. 누구든지 음란한 부호·문언·음향·화상 또는 영상을 배포, 판매, 임대하거나 공공연하게 전시하는 내용을 유통해서는 안된다. 이를 위반한 경우 정보통신망 이용촉진 및 정보보호 등에 관한 법률에 의거, 1년 이하의 징역 또는 1천만원 이하의 벌금에 처해진다.[13]

---

11 Diana E. H. Russell, "Pornography and Violence: What does the New Research Say?," in L. Leaderer (eds.), (1980), p. 218.

12 https://easylaw.go.kr/CSP/CnpClsMain.laf?popMenu=ov&csmSeq=901&ccfNo=2&cciNo=1&cnpClsNo=1&menuType=cnpcls&search_put=

2) 사람의 신체 촬영물 유포

카메라 그 밖의 이와 유사한 기능을 갖춘 기계장치를 이용해 성적 욕망 또는 수치심을 유발할 수 있는 사람의 신체를 그 의사에 반해 촬영하는 행위는 성폭력범죄의 처벌 등에 관한 특례법에서 처벌한다.

법원은 성적 욕망 또는 수치심을 유발할 수 있는 다른 사람의 신체의 해당 여부에 대하여 다음과 같은 입장을 취한다.

> 성적 욕망 또는 수치심을 유발할 수 있는 다른 사람의 신체에 해당하는지 여부는 객관적으로 피해자와 같은 성별, 연령대의 일반적이고도 평균적인 사람들의 입장에서 성적 욕망 또는 수치심을 유발할 수 있는 신체에 해당되는지 여부를 고려함과 아울러,
> 해당 피해자의 옷차림, 노출의 정도 등은 물론, 촬영자의 의도와 촬영에 이르게 된 경위, 촬영장소와 촬영 각도 및 촬영 거리, 촬영된 원판의 이미지, 특정 신체부위의 부각 여부 등을 종합적으로 고려해 구체적·개별적·상대적으로 결정해야 한다.
>
> 자료: 대법원 2014. 7. 24, 선고, 2014도6309 판결.

개개의 행위의 처벌기준은

1. 카메라 그 밖의 이와 유사한 기능을 갖춘 기계장치를 이용해 성적 욕망 또는 수치심을 유발할 수 있는 사람의 신체를 그 의사에 반해 촬영하거나 그 촬영물을 반포·판매·임대·제공 또는 공공연하게 전시, 상영한 사람은 7년 이하의 징역 또는 5천만원 이하의 벌금에 처한다.[14]

2. 촬영 당시에는 촬영대상자의 의사에 반하지 않는 경우(자신의 신체를 직접 촬영한 경우를 포함함)에도 사후에 그 의사에 반해 촬영물을 반포·판매·임대·제공 또는 공공연하게 전시·상영한 사람은 7년 이하의 징역 또는 5천 만원 이하의 벌금에 처한다.[15]

3. 영리를 목적으로 촬영물을 정보통신망을 이용해 유포한 자는 3년 이상의 유기징역에 처한다.[16]

---

13 정보통신망 이용촉진 및 정보보호 등에 관한 법률 제74조 제1항 제2호.

14 성폭력범죄의 처벌 등에 관한 특례법 제14조 제1항.

15 성폭력범죄의 처벌 등에 관한 특례법 제14조 제2항.

16 성폭력범죄의 처벌 등에 관한 특례법 제14조 제3항.

4. 위 1. 또는 2. 의 촬영물 또는 복제물을 소지·구입·저장 또는 시청한 자는 3년 이하의 징역 또는 3천만원 이하의 벌금에 처하며, 상습으로 위 1. 부터 3. 까지의 죄를 범한 경우에는 그 죄에 정한 형의 2분의 1까지 가중한다.[17]

3) 촬영물 등을 이용한 협박·강요

자기 또는 다른 사람의 성적 욕망을 유발할 수 있는 촬영물 또는 복제물을 이용하여 사람을 협박하는 행위는 성폭력범죄의 처벌 등에 관한 특례법에서 처벌한다.[18]

4) 성적수치심 유발 글, 사진 등의 유포

자기 또는 다른 사람의 성적 욕망을 유발하려는 목적으로 성적수치심이나 혐오감을 일으키는 글, 그림, 영상 등을 상대방에게 전달하는 행위는 성폭력범죄의 처벌 등에 관한 특례법에서 처벌한다.[19]

5) 아동·청소년성착취물의 유포

영리를 목적으로 아동·청소년성착취물을 판매·대여·배포·제공하거나 이를 목적으로 소지·운반·광고·소개하거나 공연히 전시 또는 상영한 자는 처벌한다.[20]

아동·청소년성착취물을 배포·제공하거나 이를 목적으로 광고·소개하거나 공연히 전시 또는 상영한 자는 처벌한다.[21]

아동·청소년성착취물(아동청소년이용음란물)이란 아동·청소년 또는 아동·청소년으로 명백하게 인식될 수 있는 사람이나 표현물이 등장해 다음의 행위를 하거나 그 밖의 성적 행위를 하는 내용을 표현하는 것으로서 필름·비디오물·게임물 또는 컴퓨터나 그 밖의 통신매체를 통한 화상·영상 등의 형태로 된 것을 말한다.[22]

---

17 성폭력범죄의 처벌 등에 관한 특례법 제14조 제4항-제5항.
18 성폭력범죄의 처벌 등에 관한 특례법 제14조의3.
19 성폭력범죄의 처벌 등에 관한 특례법 제13조.
20 아동·청소년의 성보호에 관한 법률 제11조 제2항
21 아동·청소년의 성보호에 관한 법률 제11조 제3항
22 아동·청소년의 성보호에 관한 법률 제2조 제5호.

1. 성교 행위

2. 구강항문 등 신체의 일부나 도구를 이용한 유사 성교 행위

3. 신체의 전부 또는 일부를 접촉·노출하는 행위로서 일반인의 성적 수치심이나 혐오감을 일으키는 행위

4. 자위 행위

아동·청소년 성착취물 소지의 판단 사례[23]

Q1) 인터넷에서 아동·청소년성착취물을 다운로드 받았다가 삭제한 경우도 소지에 해당하나요?

A1) 네, 해당합니다. 음란물 등을 다운로드 받은 순간에 소지죄는 성립합니다(대법원 1999. 9. 3. 선고, 99도2317판결 참조).

Q2) 아동·청소년성착취물인지 모르고 다운받았다가 바로 삭제한 경우도 처벌대상인가요?

A2) 아닙니다. "재밌는 자료"또는 "좋은 자료"라는 이름으로 되어 있어 다운로드 받았다가 아동·청소년성착취물임을 확인한 후 바로 삭제했다면 이는 소지 고의가 없다고 판단되어 처벌받지 않습니다.

Q3) 웹사이트에 게시된 아동·청소년성착취물 사진이나 동영상을 호기심에 시청한 것만으로도 처벌받나요?

A3) 네, 호기심에 시청한 경우라도 1년 이상의 징역에 처해집니다(아동·청소년의 성보호에 관한 법률 제11조 제5항).

23 법제처, 음란물 유포의 범위 및 처벌기준, https://easylaw.go.kr/

CRIMINOLOGY

n번방 조직도

조주빈(1995년 10월 14일 ~)은 성착취 영상 제작 및 배포를 했던 대한민국의 박사방의 운영자 '박사'로 알려진 n번방 사건의 가해자이다.

2019년 7월 경 텔레그램 내에서 '박사방'을 생성하고 사진을 올린 다수의 여성으로부터 나체 사진을 전달받거나 불법으로 얻은 이들의 신상정보로 협박하여 가학적인 영상 등의 불법촬영물을 제작하고 배포한 혐의와 함께 미성년자 강간, 유사강간, 강제추행의 범죄행위를 행했다. 2020년 11월 26일, 1심서 징역 45년이 선고됐다.2021년 6월 1일 항소심에서는 징역 42년이 선고되었다. 2021년 12월 14일 최종 대법원 3심에서 징역 42년+전자발찌부착 30년+신상정보공개 10년으로 형이 확정되었다.

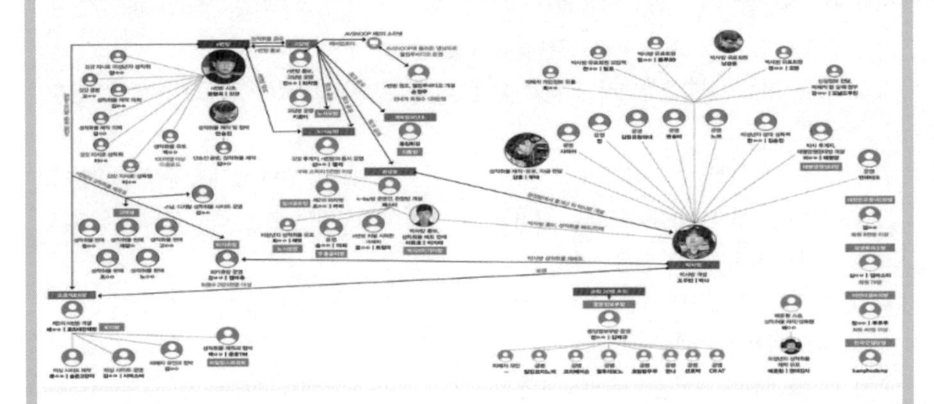

자료: 법률신문, 2021년 12월 14일자 보도.;
한겨레21, https://h21.hani.co.kr/arti/society/society_general/49559.html/

II. 성폭력(sexual violence)

1. 성폭력의 개념

성폭력(Sexual violence)이란 성적 만족을 얻기 위하여 상대방에 대하여 폭력이나 협박 등을 행사하며 이루어지는 일체의 성적 행위 및 원치 않는 성적 언어 및 행위, 그리고 상대방의 성적 자기의사결정에 반하는 일체의 행위를 말한다.

형법 및 성폭력범죄의 처벌 등에 관한 법률상 성폭력이란 다음을 말한다.[24]

형법상 성폭력
성풍속에 관한 죄: 음행매개죄 음화반포 등의 죄 음화제조 등의 죄 공연음란죄
강간과 추행의 죄: 강간죄와 그 미수 유사강간죄와 그 미수 강제추행죄와 그 미수
준강간, 준강제추행죄와 그 미수 강간 등 상해 · 치상죄 강간 등 살인 · 치사죄
미성년자 등에 대한 간음죄 업무상 위력 등에 의한 간음죄 미성년자에 대한 간음, 추행죄
강도강간죄

성폭력범죄의 처벌 등에 관한 특례법상 성폭력
특수강도강간 등의 죄와 그 미수, 특수강간 등의 죄와 그 미수, 친족관계에 의한 강간 등의 죄와 그 미수, 장애인에 대한 강간 · 강제추행 등의 죄와 그 미수, 13세 미만의 미성년자에 대한 강간, 강제추행 등의 죄와 그 미수, 강간 등 상해·치상의 죄와 그 미수, 강간 등 살인 · 치사의 죄와 그 미수, 업무상 위력 등에 의한 추행죄, 공중 밀집 장소에서의 추행죄, 성적 목적을 위한 다중이용장소 침입행위죄, 통신매체를 이용한 음란행위죄, 카메라 등을 이용한 촬영죄와 그 미수

2. 성폭력의 실태

2021년 성폭력범죄의 발생건수는 32,898건, 인구 10만명 당 63.7건의 범죄가 발생하였다.

성폭력범죄의 발생비는 2020년 대비 9.7% 증가하였으며, 지난 10년 동안에는 38.9% 증가하였다. 지난 10년간 연도별 성폭력범죄의 발생비 추이를 살펴보면 증감을 반복하다가 2021년에는 증가하였다.

24 성폭력범죄의 처벌 등에 관한 특례법 제2조, [시행 2022. 7. 1.] [법률 제18465호, 2021. 9. 24., 타법개정].

강력범죄(흉악) 중 살인, 강도, 방화범죄의 발생비는 지난 10년 동안 감소추세를 보이고 있는 반면 성폭력범죄의 발생비는 약 1.4배 증가하였다. 강력범죄(흉악) 발생건수 중 성폭력범죄의 비중은 2012년 80.9%에서 2021년 93.7%로 12.8% 높아졌다. 강력범죄(흉악)의 발생비 증가는 상대적으로 높은 비중을 차지하고 있는 성폭력범죄의 증가가 주된 원인으로 나타났다.[25]

그림 3-15 인구 십만명당 성폭력 발생비의 추세

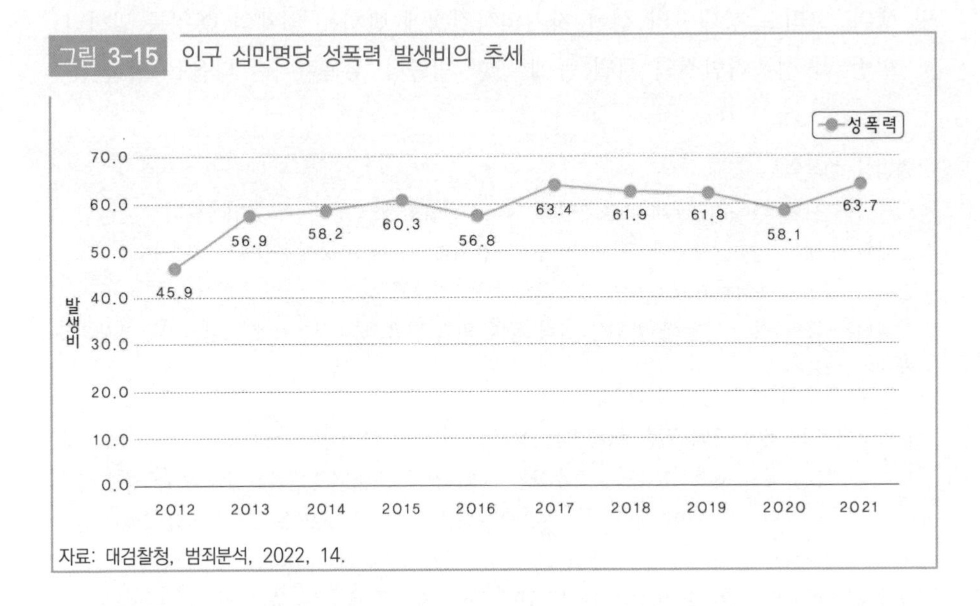

자료: 대검찰청, 범죄분석, 2022, 14.

성폭력범죄를 10개의 하위 유형으로 세분하여 발생건수의 구성비를 살펴보면, 강간은 2021년에는 17.4%를 보였다.

강간 등 상해/치상은 2012년 5.2%에서 지속적으로 감소하여 2021년에는 1.7%로 나타났다.

카메라 등 이용촬영의 구성비는 2012년 10.5%에서 지속적으로 증가하며 2015년 24.9%로 최고치를 기록하였고 이후 감소세를 보이다 2021년에는 17.3%로 다소 증가하였다.

최근 성폭력범죄의 증가는 강간이나 강간등 상해/치상 등과 같은 심각한 유형의 범죄보다는 강제추행 범죄, 카메라 등 이용촬영, 통신매체 이용음란범죄가 증가한데에서 기인한 것으로 볼 수 있다. 그리고 성폭력범죄에 대한 사회적 인식의 변화와 더불어 피해신고의 증가도 영향요인으로 추론할 수 있다.

25 대검찰청, 범죄분석, 2022, 13－16.; 성폭력범죄의 처벌 등에 관한 특례법 제2조－제15조.

표 3-35 성폭력범죄 유형별

구분	강간	강제 추행	강간등	강간등 살인 치사	강간등 상해 치상	특수 강도 강간 등	카메라 등이용 촬영	성적 목적의 장소 침입	통신 매체 이용 음란	공중 밀집 장소 추행	허위 영상 물 편집 반포 등	촬영 물등 이용 협박 강요	계
2012	4,349 (18.6)	10,949 (46.8)	1,937 (8.3)	13 (0.1)	1,208 (5.2)	209 (0.9)	2,462 (10.5)	–	917 (3.9)	1,332 (5.7)	–	–	23,376 (100)
2013	5,359 (18.4)	13,236 (45.5)	1,186 (4.1)	22 (0.1)	1,094 (3.8)	150 (0.5)	4,903 (16.9)	214 (0.7)	1,416 (4.9)	1,517 (5.2)	–	–	29,097 (100)
2014	5,092 (17.1)	12,849 (43.0)	622 (2.1)	8 (0.0)	872 (2.9)	123 (0.4)	6,735 (22.6)	470 (1.6)	1,254 (4.2)	1,838 (6.2)	–	–	29,863 (100)
2015	5,274 (17.0)	13,266 (42.7)	283 (0.9)	6 (0.0)	849 (2.7)	72 (0.2)	7,730 (24.9)	543 (1.7)	1,139 (3.7)	1,901 (6.1)	–	–	31,063 (100)
2016	5,412 (18.4)	14,339 (48.8)	192 (0.7)	8 (0.0)	736 (2.5)	56 (0.2)	5,249 (17.9)	477 (1.6)	1,115 (3.8)	1,773 (6.0)	–	–	29,357 (100)
2017	5,555 (16.9)	15,981 (48.7)	144 (0.4)	7 (0.0)	716 (2.2)	34 (0.1)	6,615 (20.2)	422 (1.3)	1,265 (3.9)	2,085 (6.4)	–	–	32,824 (100)
2018	5,826 (18.1)	15,672 (48.8)	182 (0.6)	8 (0.0)	655 (2.0)	43 (0.1)	6,085 (19.0)	646 (2.0)	1,378 (4.3)	1,609 (5.0)	–	–	32,104 (100)
2019	5,845 (18.2)	15,766 (49.2)	157 (0.5)	2 (0.0)	653 (2.0)	42 (0.1)	5,893 (18.4)	685 (2.1)	1,454 (4.5)	1,532 (4.8)	–	–	32,029 (100)
2020	5,825 (19.3)	14,486 (48.1)	102 (0.3)	9 (0.0)	574 (1.9)	274 (0.9)	5,005 (16.6)	697 (2.3)	2,070 (6.9)	906 (3.0)	32 (0.1)	125 (0.4)	30,105 (100)
2021	5,737 (17.4)	13,156 (40.0)	74 (0.2)	4 (0.0)	558 (1.7)	315 (1.0)	5,686 (17.3)	548 (1.7)	5,079 (15.4)	923 (2.8)	260 (0.8)	558 (1.7)	32,898 (100)

자료: 대검찰청, 범죄분석, 2022, 15. 재구성.

그림 3-16 성폭력범죄의 발생 추이

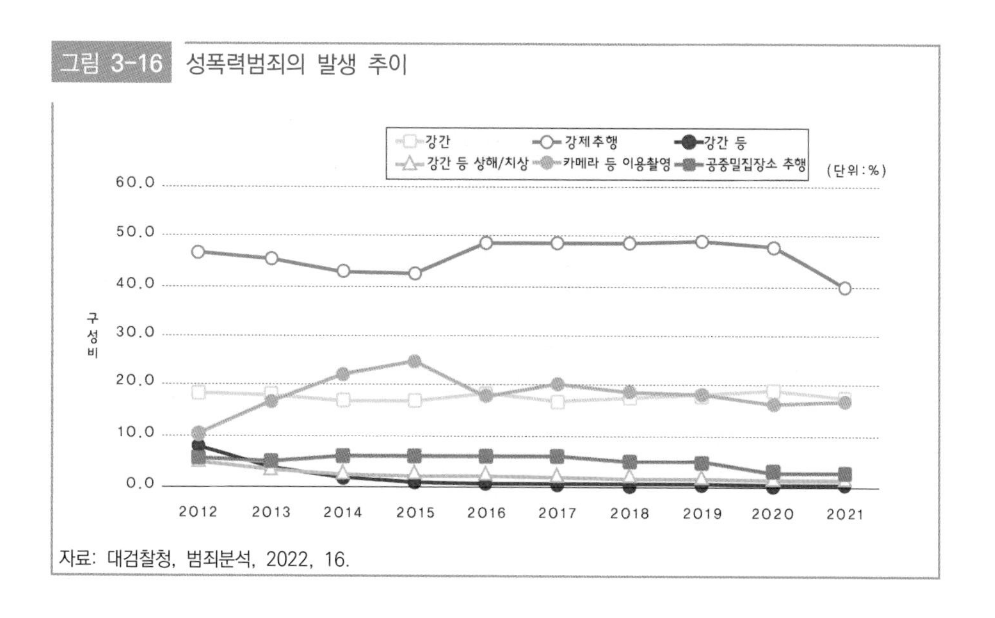

자료: 대검찰청, 범죄분석, 2022, 16.

2021년에 발생한 32,898건의 성폭력범죄 중 43.2%가 밤 20:00 ~ 03:59에 발생하였고, 25.6%는 오후 12:00 ~ 17:59에 발생하였다. 전체적으로 성폭력범죄의 54.0%가 저녁시간 이후의 시간대에 발생한 것으로 나타났다.

성폭력범죄가 가장 많이 발생하는 계절은 여름 30.6%이고, 봄 27.2%, 가을 23.4%, 겨울 18.8% 순이었다.

성폭력범죄는 기타를 제외하고, 주거지(27.7%)에서 가장 많이 발생하였다. 노상(10.3%), 교통수단(9%), 유흥접객업소(12.5%) 등의 순이었다.

성폭력범죄의 피해자는 21세~30세 42.0%가 가장 많았다. 이어 16세~20세 17.1%, 31세~40세 14.1% 등의 순이었다. 전체 성폭력범죄 피해자의 10.1%가 15세 이하의 청소년이었고, 61세 이상의 연령층은 3.0%를 차지하고 있다.

성폭력범죄의 95.4%는 단독으로 이루어지는 것으로 나타났다. 그러나 소년범죄자의 경우에는 단독범의 비율이 88.0%로 성인범죄자 96.5% 보다 낮았다. 소년범의 공범비율은 12.0%로 성인범 3.5% 보다 상대적으로 높았다. 성폭력 범죄자와 피해자의 관계는 타인이 소년범 56.4%, 성인범 59.4%로 나타났다.

그림 3-17 성폭력 피해자의 연령

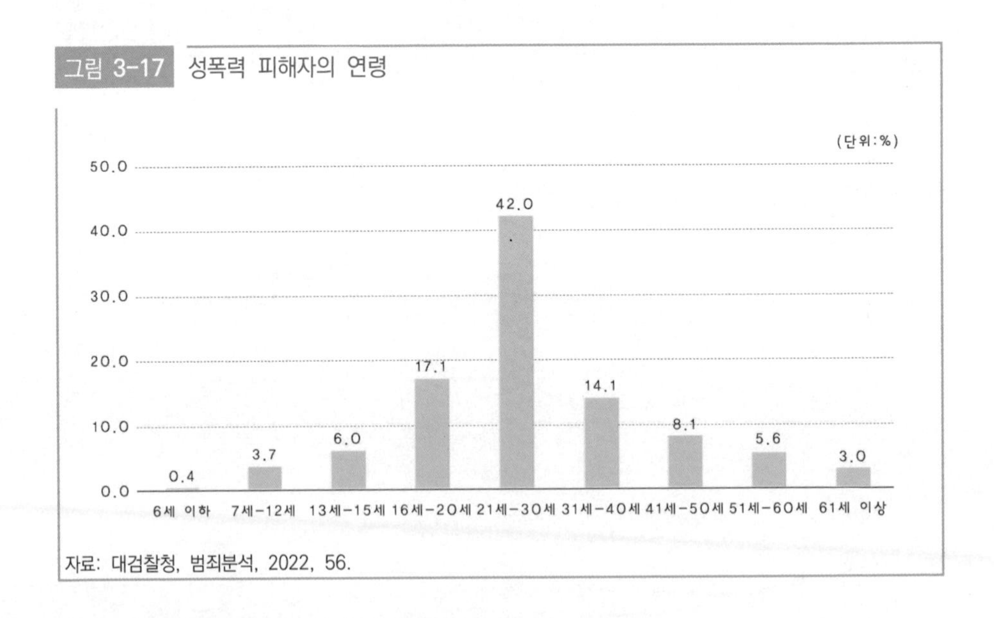

자료: 대검찰청, 범죄분석, 2022, 56.

그림 3-18 성폭력범과 피해자와의 관계

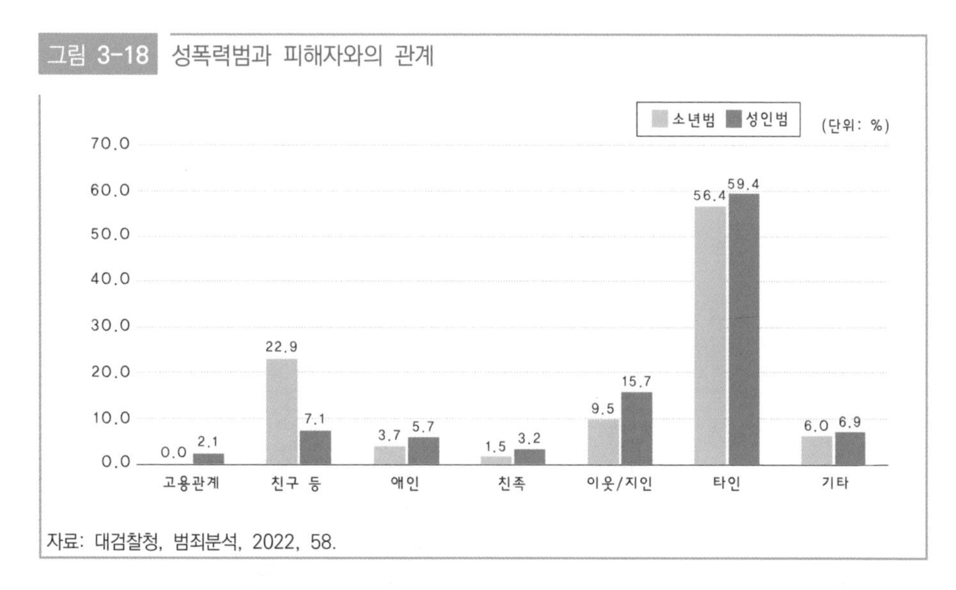

자료: 대검찰청, 범죄분석, 2022, 58.

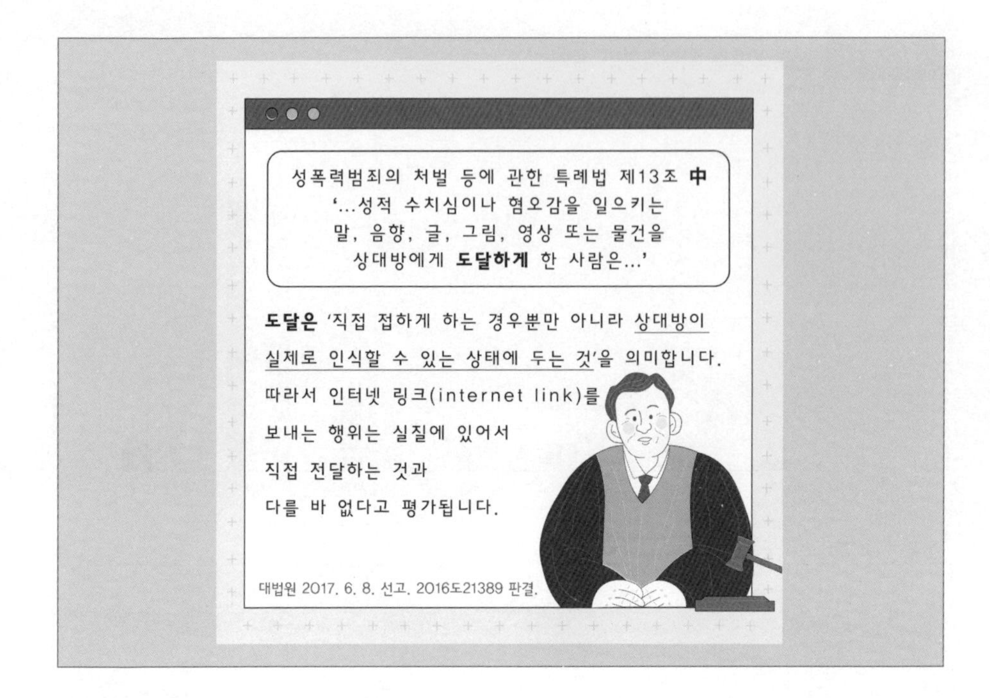

3. 연쇄강간(serial rape)

1) 연쇄강간의 정의

강간과 연쇄강간을 구분하는 기준은 무엇인가?에 대해서는 살인과 연쇄살인을 구분하는 기준과 크게 다르지 않다. 즉, 희생자의 수, 각 범죄행위 간의 시간적 간격, 범죄지역 간의 차이 등이 그 기준이라고 볼 수 있다.[26] 따라서 범죄의 연쇄성에 대한 위의 요소를 고려할 때 연쇄강간이란 동일한 범죄자가 일정한 기간에, 즉 냉각기(cooling period)를 두고 적어도 두 명 이상에 대하여 서로 다른 지역에서 유사한 방식으로 유사한 특징을 갖는 피해자들을 대상으로 강간을 한 경우라고 할 수 있다.

강간은 폭력을 매개로 성적 욕구를 달성하려고 하는 범죄라는 점에서 다른 유형의 폭력적 요소가 가미된 범죄자들과 유사한 특징을 보여주지만 그 가운데

26 Blackburn, The Psychology of Criminal Conduct, (Chichester: Wiley, 1993), p. 214.; Helsham, "The profane and the insane: An inquiry into the psychopathology of serial murder," (*Alternative Law Journal*, Vol. 26, No. 6, 2001), pp. 269~273.; Petherick, Serial crime: Theoretical and practical issues in behavioral profiling, (California: Elsevier, 2006), p. 144.

서도 연쇄강간범들은 특히 폭력(power), 분노(anger), 성욕(exuality) 등의 특징을 보인다.[27] 또한 자연스러운 이성과의 관계유지능력이 부족하고, 약물중독, 알코올중독, 폭력적 포르노물에 심취하는 등의 특성을 가진다.

강간범의 프로파일링은 강간범이 가진 긴장(tension)과 충동(compulsion)을 표현하는 수단으로 강간이 왜 선택되는지 추론할 수 있어야 한다.[28]

모든 강간범들이 동기나 범행참여, 기대행동에 있어 유사한 점을 가진 것은 아니다. 상당히 많은 강간범이 아동기에 어머니와의 상호작용(interaction)이 부족하고, 이것이 정상적인 성격발달을 저해하는 등의 심리적 특성이 나타난다고 한다.

강간범과 어머니와의 관계는 대부분 아동기에 거부(rejecting), 과도한 통제(excessively controlling), 지배(dominant), 체벌(punitive), 과보호와 유혹(seductive) 등으로 설명된다. 아버지와의 관계는 주로 비관여적(uninvolved), 무관심(aloof), 거리를 둠(distant), 부재(absent)나 수동적(passive)이지만 가끔씩 체벌과 잔인함을 가진 대상으로 설명된다.

강간범이 가지는 성적 좌절감, 범죄행위, 성적 성향(sexual personality)에 영향을 미친 요소들은 어린 시절 냉정한 부모의 모습, 부모의 일관성 없는 제재나 처벌, 성적 질투나 자극이 원인인 것으로 밝혀졌다.

강간범들은 아동기에 어머니로부터 지속적으로 성적 유혹을 당한 경우도 발견되며, 형제나 부모와 같은 침실을 사용함으로써 어른들의 성생활에 일찍부터 노출되어 성적 자극을 받은 경우도 발견된다. 상당한 사례에서 강간범들은 사춘기까지 어머니와 한 침대를 사용한 경우도 있었고, 지배적이고 가학주의적인 어머니에 의해 가혹한 체벌을 받았다는 것이 밝혀졌다.

2) 연쇄강간범의 유형

FBI를 비롯한 많은 연구자들이 강간의 동기를 기준으로 강간범 유형을 분류하였다. 특히 버제스 등(An, G., Burgess, W., & Holmstrom)은 133명의 강간범과 92명의 피해자를 대상으로 한 공동연구를 통하여 강간에 결정적인 영향을 주는

27 Groth Burgess & Holmstrom, "Rape: Power, Anger and Sexuality," (*American Journal of Psychiatry*, Vol. 134, No. 11, 1977), pp. 1239~1243.

28 Holemes & Holmes, Serial murder, 2nd (ed.), (Thousand Oaks, CA: Sage Publications, 1998).

것은 폭력(power), 분노(anger), 그리고 성욕(sexuality)이라고 결론지었다. 이들은 <표 3-36>과 같이 강간범을 폭력형, 보상형, 복수형, 가학형 등의 네 가지 유형으로 구분하고 있다.[29]

표 3-36 범죄동기별 강간범 유형

강간범 유형	범죄동기
폭력형 (power assertive rapist)	강간을 남성다움, 주인의식, 지배력의 표현이라 인식
보상형 (compensatory rapist)	자신의 사회적 무능, 성적 무능 등을 강간을 통해 보상
복수형 (anger retaliation rapist)	강간을 여성에 대한 적대감과 분노에 대한 복수 수단으로 인식
가학형 (sadistic rapist)	피해여성의 고통을 보면서 행복, 스릴, 만족감을 느끼는 경우

Ⅲ. 아동대상 성범죄(sexual offenses against child)

1. 아동성도착

1) 개념

아동성도착(pedophilia, paedophilia) 또는 소아기호증이란 변태성욕(paraphilia)의 일부로 주로 사춘기 이전의 아동을 대상으로 성적 환상 또는 충동을 갖거나 성적 행위 등을 하는 것을 말한다.[30] pedophilia 혹은 paedophilia 는 그리스어 아동(child)을 뜻하는 Pais와 사랑(Love), 우정(Friendship)을 뜻하는 philia의 합성

29 An, G., Burgess, W., & Holmstrom, L. (1977). Rape: power, anger and sexuality. *American journal of psychiatry*, 134(11), 1239－43.

30 성도착 장애(Paraphilic Disorders)는 성행위 대상이나 성행위 방식에서 비정상성을 나타내는 장애로서 변태성욕증이라고도 한다. 인간이 아닌 대상이나 아동, 동의하지 않은 사람들 대상으로 성행위를 하거나, 자신이나 상대방이 고통이나 굴욕감을 느끼며 성행위를 하는 등의 이상행동을 보인다. 관음증(voyeuristic disorder), 노출증(exhibitionism disorder), 접촉도착증(frotteurism disorder), 피학증(sexual masochism disorder), 가학증(sexual sadism disorder), 소아기호증(pedophilic disorder), 무생물인 물건(속옷, 신체 일부, 특정물건 등)에 대해서 성적 흥분을 느끼는 패티시즘(fetishism disorder), 이성의 옷으로 바꿔 입음으로써 성적 흥분을 하는 의상도착증(transvertic disorder) 등이 있다.; 서울아산병원, 성도착증(Paraphilia), https://www.amc.seoul.kr/asan/healthinfo/disease/diseaseDetail.do?contentId=31916/

어에서 유래하는 것으로 아직 성적 경험이 없는 아동에게 성적인 관심을 지속적으로 가지는 경우로 이해되어 왔다.[31]

브리태니카 사전은 아동성도착, 즉 소아성애는 임상적으로는 11세에서 14세 사이의 전기단계의 아동을 선호하는 헤베필리아(hebephilia)와 15세에서 16세 후기 단계의 아동을 선호하는 에페필리아(ephebophilia)로 구분한다.[32]

아동성도착에 대한 DSM－V의 진단기준은 "A. 사춘기 이전의 아동(보통 13세 또는 그보다 더 적은 연령대)을 상대로 성적 흥분을 강하게 일으키는 환상, 성적 충동, 성적 행동이 반복되며, 적어도 6개월 이상 지속된다. B. 개인이 이러한 환상, 성적 충동, 행동으로 인하여 심각한 고통이나 대인관계의 장애를 겪는 경우이어야 한다. C. 이러한 행동을 보이는 사람의 나이가 적어도 16세는 되어야 하며, 진단기준 A에 언급된 아동들 보다 적어도 5세 연상이어야 한다."는 조건을 충족시킬 것을 요구하고 있어 아동성도착이 정신장애의 일종이라는 것을 명확히 하고 있다.

2) 아동성도착의 원인

❶ 모노아민가설

모노아민가설(monoamine hypothesis)은 성도착증 혹은 성폭력의 원인을 생물학적으로 설명한다. 이는 개인에게 모노아민 옥시다아제A(MAOA)라는 효소가 유전자변이를 일으켜 활동성이 낮아지면, 세로토닌이 줄어들고, 이로 인해 감정의 기복이 커져 충동적이거나 폭력적이 된다는 것이다.[33]

이 가설에 따라 최근 미국의 경우 재판과정에서 피고인의 범죄가족력을 확인하기 위하여 이른바 「2세대 DNA검사법」을 실시하여 그 결과를 피고인의 정신장애여부를 판별하는 증거로 활용하고 있다. 즉, 피고인 가족에 대한 DNA검사결과 모두 모노아민 옥시다아제A(MAOA)가 부족할 경우 세로토닌 호르몬을 분해하는 능력이 떨어져 결국 세로토닌이 관장하는 충동조절능력이 현저하게 저하되었다는 것이다. 이는 범죄자의 소아기호증을 정신장애로 인정하고, 그 처벌의

31 Howells Kinsey. Adult sexual interest in children: Considerations relevant to theories of aetiology, Adult sexual interest in children, (1981), pp. 55~94.

32 https://www.britannica.com/topic/pedophilia/

33 Glenn, Andrea L., and Adrian Raine, "Neurocriminology: implications for the punishment, prediction and prevention of criminal behaviour", *Nature Reviews Neuroscience* 15.1, 2014). pp. 54－63.

면제 혹은 감경 등 양형사유로 고려될 수 있다는 것을 의미한다.

그러나 모노아민가설을 이용해 아동성도착증을 설명하기 위해서는 더 많은 조사가 필요하다. 이 이론도 남녀의 차이에 대해 설명하지는 못하지만, 가해자의 대부분은 남성일 것이라는 것을 전제하고 있다.

❷ 구애장애이론

구애장애이론(courtship theory)은 성도착과 성폭력은 서로 연속선상에 있다는 주장으로 구애의 단계는 모색단계, 접촉이전단계, 접촉단계, 성교단계 등으로 구분된다는 것이다. 성도착증세 중 관음증은 상대방의 모색단계에서 나타나고, 전화외설증과 노출증은 상대방과의 직접적인 접촉이전단계에서 나타나며, 마찰성도착증은 상대방과의 접촉단계에서 나타나며, 마지막으로 성도착적 강간은 상대방과의 직접적인 성관계단계에서 나타난다.

따라서 구애장애이론에 의하면 아동성도착자는 처음부터 피해아동에 대하여 직접적인 성교행위를 한다기 보다는 오랜 기간 동안 관음증, 전화외설증, 노출증, 마찰성도착증 등의 행동양식을 보이며, 성폭력적 양식을 보이기까지 도착적 증세가 진화한다는 것을 알 수 있다.[34] 구애장애이론은 남녀의 차이를 구분하지 않는다.

❸ 학습이론

학습이론(learning theory)은 성도착증이 학습의 산물이라고 하는데, 즉 우연한 성적 행동이 성적 흥분 또는 만족을 가져오는 경험을 한 경우 반복적으로 같은 행동을 하게 되고, 점점 비정상적인 성도착증을 강화시킨다는 것이다.

이 이론은 누구든 영향을 받을 수 있고, 조건과 재강화 과정의 효과를 겪을 여지가 있다고 주장하며, 따라서 여성과 남성 모두에게 적용된다. 그러나 여성이 남성보다 비정상적 성적행위로 왜 발달하지 않는가에 대한 적절한 설명을 제시하지 못하는 한계를 안고 있다.[35]

---

34 McPhail, Ian V., Chantal A. Hermann, and Yolanda M. Fernandez, "Correlates of emotional congruence with children in sexual offenders against children: A test of theoretical models in an incarcerated sample", (*Child abuse & neglect* 38.2, 2014). pp. 336−346.

35 E. W. Hickey, Serial murderers and their victims (4th ed.) Belmont, (CA:Wadsworth, 2006). p. 241.

❹ 애착이론

애착이론(attachment theory)은 소아기호증 및 아동성폭력의 원인을 아동기에 가족과 친밀한 관계를 형성하는 데 장애를 겪었던 것에서 찾으려는 경우도 있고, 부모와의 유대감 형성 실패에서 그 원인을 찾기도 한다.[36] 즉 아동시절에 부모 등과 적절한 유대감을 형성하지 못한 경우 성장하면서 주변인들과의 관계설정이 어렵고, 동시에 사회화에 장애를 겪게 되며, 이는 일탈적인 행동요인이 된다는 것이다.

이는 아동성도착사범 전과자 그룹, 둘째, 정상그룹, 셋째, 성범죄 피해자그룹 등을 대상으로 실시한 애착유형질문지(Attachment Style Questionnaire: ASQ) 및 아동학대 및 증상 정도판단지(Child Abuse and Trauma Scale: CAT)를 이용한 연구에서 증명되었다. 아동학대의 피해자 및 성도착자그룹 모두 정상그룹보다 불안한 애착관계를 보였다. 또한 성도착자의 80% 이상이 친족으로부터 성폭력을 당한 경험이 있었다. 성범죄 피해자그룹의 경우에는 38%만이 친족으로부터 성폭력을 당하였다.[37]

이 밖에도 아동기의 성적 학대 피해경험이 아동 성도착의 요인이라는 주장도 있다. 이러한 결과들은 강력한 애착관계의 형성은 아동성도착과 성범죄피해를 예방하는 대책모색의 방향을 제시하는 것이라 할 수 있다. 그러나 최근에는 소아기호증자가 어릴 적 성적학대 경험을 가졌을 것이라는 것은 아동성폭력사범에게 덧씌워진 이미지라는 비판도 있다. 즉 오히려 인터넷 음란물의 지속적 접촉이 아동성도착을 강화하는데 더 큰 영향을 준다는 것이다.[38]

3) 소아기호증자의 프로파일링

소아기호증이 있는 개인들은 다양한 유형들로 분류될 수 있다.[39] 여아에게만 관심이 있는 경우와 남아에게만 관심이 있는 경우, 그리고 여아 및 남아 모두에

36 McKillop, Nadine, et al., "Sexual offenders' parental and adult attachments and preferences for therapists' interpersonal qualities",(*Journal of sexual aggression* 22.2, 2016). pp. 177-191.

37 G. A. Sawle & J. Kear-Colwell. (2001). "Adult attachment style and pedophilia: A developmental perspective", (*International Journal of Offender Therapy and Comparative Criminology*, Vol. 45, No. 1, 2001). p. 40.

38 Konrad, Anna, Till Amelung, and Klaus M. Beier, "Misuse of Child Sexual Abuse Images: Treatment Course of a Self-Identified Pedophilic Pastor", (*Journal of sex & marital therapy* 44.3, 2018). pp. 281-294.

39 Moen, O. M. (2015). The ethics of pedophilia. Etikk i praksis, 9(1), 111-124.

게 관심이 있는 경우가 있다. 또한 피해자가 근친인 경우와 그렇지 않은 경우가 있다. 소아와 성인 모두에게 성적 행동을 하는 비폐쇄적 유형과 소아에게만 성적 행동을 하는 폐쇄적 유형도 있다.

먼저 소아기호증자들은 남성으로 혼자 사는 경우가 많으며, 그 피해자는 접근이 용이한 친족이 많은 것으로 나타났다. 또한 아동성도착적 행동은 반복적이며, 특히 동성애적인 징후를 보이는 경우는 더욱 고착되는 경향을 보인다. 이들은 많은 경우 학교에서 일하거나 또는 아동과 관련된 일들을 함으로써 자연스럽게 아동과의 접촉할 기회를 가진다. 이들은 피해아동과 직접적인 성교행위보다는 피해아동을 만지고, 쓰다듬는 등의 행동을 선호하며, 이러한 행동은 아동에 대한 애정과 정서적 일치감을 얻기 위한 경우가 많다. 이들은 자신의 성격에 대한 자기보고식조사에서 대부분 자신의 성격에 대해 조용하고, 예민하며, 내향적이며, 우울하다고 스스로 평가하였다.

일반적으로 아동성도착자들은 남아보다는 여아를 선호한다. 여아가 피해자일 경우 친족관계인 경우가 60%에 달하며, 피해장소는 주거지 내가 가장 많다. 반대로 피해자가 남아인 경우 피해자는 대개 면식이 없는 경우가 많고, 피해장소는 주거지 밖이 대부분인 것으로 나타났다. 여아 피해자의 연령은 8세에서 10세인 경우가 많고, 남아인 경우 좀 더 나이가 많았다. 가해자와 피해아동과의 나이차이가 크면 클수록 범인의 자존감이 떨어지는 것으로 나타났다.

소아기호증자들은 피해아동에 대해 성적인 공격만을 가하는 것이 대부분이나, 극히 일부의 경우에는 피해아동을 살해하는데 이는 더욱 강렬한 성적 충동을 경험하기 위한 것으로 밝혀졌다.[40] 최근에는 인터넷을 통한 음란물 접촉을 자주 가지며, 그 노출시간이 많을수록 아동성도착의 잠재적 가능성이 높은 것으로 나타났다.[41]

---

40 Rodriguez, I. (2016). Incest, Pedophilia, Rape: Theories of Desire and Jurisprudence, The Case of the Other Rosita. In Gender Violence in Failed and Democratic States (pp. 53−73). Palgrave Macmillan, New York.

41 Afiza, Mat Razali Noor, et al., “Knowledge Driven Interface to Determine Degree of Exposure of Young Adult to Pedophile Online’, (*International Visual Informatics Conference. Springer, Cham,* 2017). pp. 727−736.

2. 아동성폭력

1) 개념

아동성폭력범이란 아동에 대하여 강간, 강제추행 등 성적 폭력행위를 가하는 행위를 말하며, 현행법상으로는 「성폭력범죄의 처벌 등에 관한 특례법」 및 「아동·청소년의 성보호에 관한 법률」, 「형법」 등의 규정에 의하여 처벌된다. 현행 「아동·청소년의 성보호에 관한 법률」은 아동청소년의 연령을 19세 미만의 자로 규정하고 있다.

그림 3-19 아동성폭력 피해자의 연령

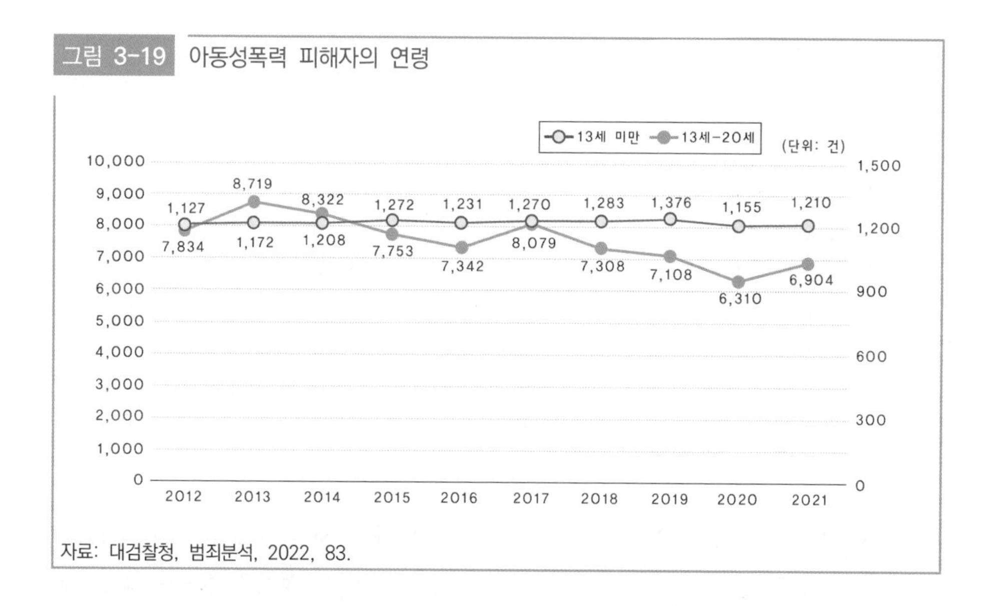

자료: 대검찰청, 범죄분석, 2022, 83.

2) 실태

아동성폭력은 강간, 간음, 강제추행, 강간등살인/치사/상해/치상, 특수강도강간, 카메라등 이용촬영, 성적목적의 장소침입, 통신매체 이용음란, 공중밀집장소추행, 허위영상물편집·반포등, 촬영물이용협박·강요 등을 말한다.

아동대상 성폭력범죄의 구체적인 유형을 살펴보면, 강제추행이 65.8%로 가장 많았고, 그 다음은 강간/간음으로 19.5%를 차지하였다.[42] 13세~20세 대상 성폭력범죄의 경우에도 강제추행(36.2%)이 가장 높은 비율을 차지하고 있다.

42 대검찰청, 범죄분석, 2022, 82-92.

전체적으로 13세 미만 아동과 13~20세 대상 성폭력범죄는 강제추행이 40.6%로 가장 높은 비율을 차지하고 있고, 그 다음은 강간/간음(24.0%), 통신매체이용음란(15.4%) 등의 순이다. 13세 미만 아동피해자의 88.7%가 여성아동이다. 아동피해자 중 11.3%가 남성아동이었는데, 이는 13세~20세 피해자의 경우 남성피해자가 8.9%라는 점과 비교할 때 상대적으로 높다고 할 수 있다.

표 3-37 아동성폭력 유형별 피해자 연령

성폭력 유형	피해자 연령		계
	13세 미만	13세-20세	
강간/간음	236(19.5)	1,709(24.8)	1,945(24.0)
강제추행	796(65.8)	2,497(36.2)	3,293(40.6)
강간등	17(1.4)	50(0.7)	67(0.8)
강간등살인/치사/상해/치상	8(0.7)	67(1.0)	75(0.9)
특수강도강간등	4(0.3)	41(0.6)	45(0.6)
카메라등이용촬영	32(2.6)	909(13.2)	941(11.6)
성적목적의장소침입	4(0.3)	61(0.9)	65(0.8)
통신매체이용음란	87(7.2)	1,163(16.8)	1,250(15.4)
공중밀집장소추행	2(0.2)	120(1.7)	122(1.5)
허위영상물편집·반포등	0(0.0)	97(1.4)	97(1.2)
촬영물등이용협박·강요	24(2.0)	190(2.8)	214(2.6)
계	1,210(100.0)	6,904(100.0)	8,114(100.0)

자료: 대검찰청, 범죄분석, 2022, 84.

13세 미만 아동성폭력범죄가 가장 많이 발생하는 시간은 오후 12:00~17:59 58.5%인 것으로 나타났다. 이는 13세~20세 청소년 대상 성폭력범죄가 밤 20:00~03:59 43.2%에 가장 많이 발생하는 것과는 크게 다르다.

범죄발생장소 중 기타를 제외하고 13세 미만 아동대상 성폭력범죄가 가장 많이 발생하는 장소는 주거지 41.5%이며, 그 다음은 노상 18.3% 등의 순이었다. 13세~20세 연령층 대상 성폭력범죄가 가장 많이 발생한 장소는 주거지 29.4%이며, 그 다음은 숙박/유흥업소 17.5%, 노상 11.2% 등의 순이었다. 13세 미만 아동성폭력범죄가 13세~20세 연령층 대상 성폭력범죄에 비해 주거지에서 발생하는 비율이 상대적으로 높았다.

13세 미만 아동대상 성폭력범죄 범죄자의 97.9%는 남성이고, 여성은 2.2%에 불과하였다.

13세 미만 아동대상 성폭력범죄 범죄자 중 가장 높은 비율을 차지하고 있는 연령대는 18세 이하로 20.6%이다. 다음은 19세~30세 19.5%, 61세 이상 17.8% 등의 순이었다.

13세 미만 아동대상 성폭력범죄 범죄자는 13세~20세 대상 성폭력범죄 범죄자에 비해 41세 이상 범죄자의 비율이 상대적으로 높게 나타났다.

그림 3-20 성폭력범죄 피해자의 연령별 범죄자 연령별 비율

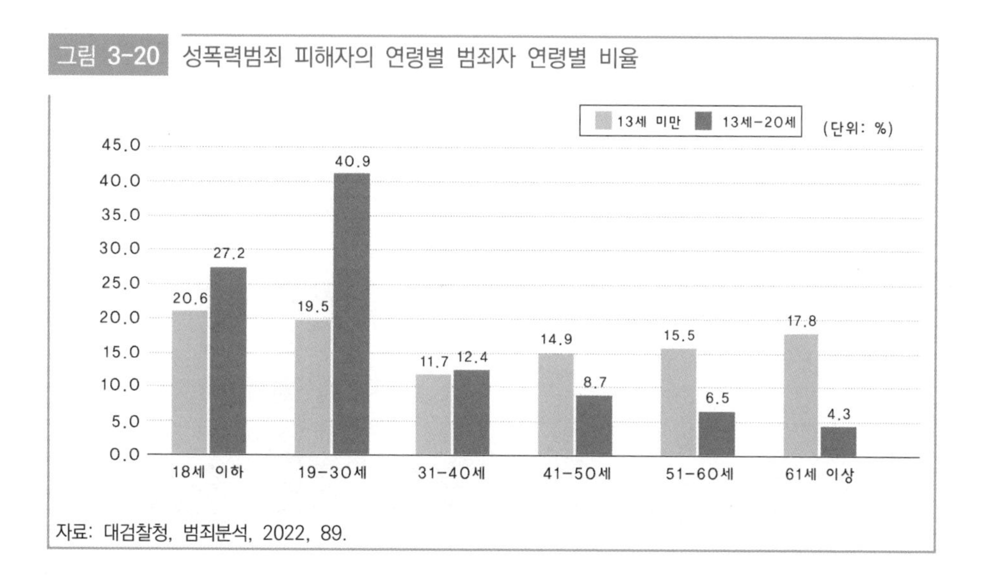

자료: 대검찰청, 범죄분석, 2022, 89.

13세 미만 아동대상 성폭력범죄 범죄자의 48.5%가 1회 이상의 전과를 갖고 있는 것으로 나타났다. 그리고 재범자 중 19.6%가 이전에 성폭력관련 범죄를 저지른 경력이 있는 동종재범자로 나타났다.

13세 미만 아동대상 성폭력범죄 범죄자의 82.4%가 정상인 상태에서 범죄를 저질렀다.

표 3-38 아동성폭력범죄 피해자의 연령별 범죄자 범행시 정신상태

범행시 정신상태	피해자 연령		계
	13세 미만	13세~20세	
정상	761(82.4)	3,801(74.6)	4,562(75.8)
정신장애	59(6.4)	119(2.3)	178(3.0)
주취	103(11.2)	1,175(23.1)	1,278(21.2)
계	923(100.0)	5.095(100.0)	6,018(100.0)

자료: 대검찰청, 범죄분석, 2022, 90.

주취상태에서의 범죄를 저지른 경우는 11.2%이며, 정신장애를 가지고 있는 경우는 6.4%이다. 13세~20세 대상 성폭력범죄 범죄자에 비해 주취상태에서 범죄를 저지른 비율은 낮은 반면에 정신장애가 있는 범죄자의 비율은 더 높았다.

13세 미만 아동대상 성폭력범죄자의 96.9%가 단독범이었다. 13세~20세 대상 성폭력범죄자도 95.0%가 단독범인 것으로 나타나 피해자 연령에 따른 공범 여부는 큰 차이가 없었다.

그림 3-21 아동성폭력 피해자와 가해자의 관계

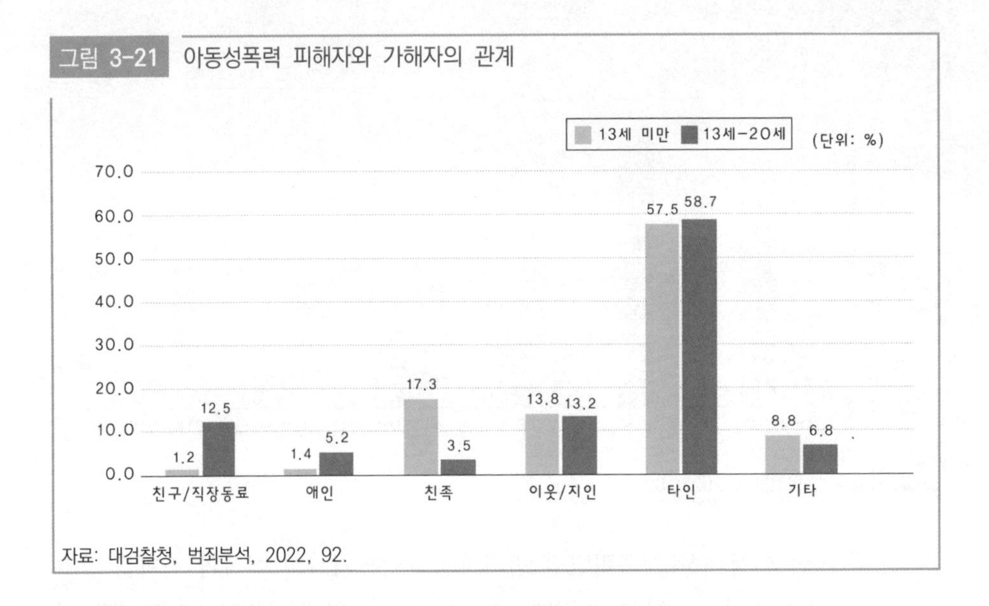

자료: 대검찰청, 범죄분석, 2022, 92.

13세 미만 아동대상 성폭력범죄 범죄자와 피해자의 관계를 살펴보면, 57.5%가 타인이었다. 그 다음으로 친족(17.3%), 이웃/지인(13.8%) 등의 순이었다. 13세 미만 아동대상 성폭력범죄는 13세~20세 대상 성폭력범죄에 비해 범죄자가 피해자의 친족이거나 이웃/지인인 비율이 상대적으로 더 높았다.

3) 아동 · 청소년 대상 디지털 성범죄

(1) 실태

여기에 소개되는 통계는 2021년도에 아동 · 청소년 대상 성범죄로 유죄판결이 확정되어 신상정보 등록 처분을 받은 범죄자의 판결문을 기초로 범죄 양상 및 특성, 피해자 관련 사항, 최종심 선고 결과 등을 분석한 것이다.[43]

43 이 자료는 여성가족부의 용역발주로 한국형사 · 법무정책연구원이 수행한 것으로 아동·청소년의 성보호에 관한 법률 제53조를 근거로 2021년 유죄판결 확정되어 신상정보가 등록된

2021년 한 해 동안 아동·청소년 대상 성범죄로 유죄판결이 확정된 디지털 성범죄는 <표 3−39>와 같다.

표 3-39 유죄 확정된 아동·청소년 대상 디지털 성범죄

관계	통신매체 이용음란	카메라 이용촬영	성착취물
전혀 모르는 사람	8(22.2)	83(41.5)	89(11.5)
가족 및 친척 이외 아는 사람	21(58.3)	98(49.0)	574(74.4)
가족 및 친척	1(2.8)	0(0.0)	4(0.5)
미상	6(16.7)	19(9.5)	105(13.6)
계	36(100.0)	200(100.0)	772(100.0)

자료: 여성가족부, 2021년 아동·청소년 대상 성범죄 판결 분석, 2023. 3. 23. 재구성

표 3-40 아동·청소년의 디지털 성범죄 피해 평균 연령

유형	피해자 평균 연령
통신매체이용음란	15.1
카메라등이용촬영	16.0
성착취물	14.3

자료: 여성가족부, 2021년 아동·청소년 대상 성범죄 판결 분석, 2023. 3. 23. 재구성

디지털 성범죄 피해 유형은 이미지 형태는 사진이 51.6%, 동영상이 44.2%이었으며, 이미지 합성물 피해도 3.1% 나타났다.

유포 협박이 있는 경우는 20.0%, 유포된 경우는 18.9%로 나타났다. 유포 협박 시 강요한 내용은 강도 높은 성적 이미지 촬영 혹은 전송 요구가 60.8%로 가장 많이 차지하였다.

표 3-41 성적 이미지 유포 협박

유포 협박	신상정보등록연도		
	2019	2020	2021
유포 협박 있었음	37 (8.5)	70 (14.5)	169 (20.0)
유포 협박 없었음	397 (91.5)	412 (85.5)	674 (80.0)
계	434 (100.0)	482 (100.0)	843 (100.0)

자료: 여성가족부, 2021년 아동·청소년 대상 성범죄 판결 분석, 2023. 3. 23. 재구성.

아동·청소년 대상 성범죄자 판결문(가해자 2,671명 대상)을 분석한 결과물이다. 2012년도 이후 수행되고 있고, 국가승인통계는 아니다. 여성가족부, 2021년 아동·청소년 대상 성범죄 판결 분석, 2023. 3. 23 일자 보도자료.

피해자에게 유포를 협박하면서 가해자가 강요받은 것은 강도 높은 이미지 요구나 오프라인에서의 성행위, 금전 요구 등 다양하다.

표 3-42 유포협박시 강요 내용

유포 협박 시 강요 내용	신상정보등록연도		
	2019	2020	2021
강도 높은 성적 이미지 촬영 혹은 전송 요구	24 (57.1)	34 (45.3)	118 (60.8)
피해자 지인의 성적 이미지 촬영 혹은 전송 요구	0 (0.0)	4 (5.3)	5 (2.6)
오프라인에서 성행위 요구	2 (4.8)	4 (5.3)	7 (3.6)
금전 요구	3 (7.1)	4 (5.3)	8 (4.1)
경찰에 신고하지 말라는 요구	1 (2.4)	4 (5.3)	11 (5.7)
(오프라인) 만남 요구	0 (0.0)	11 (4.7)	10 (5.2)
이별에 대한 보복	12 (28.6)	4 (5.3)	3 (1.5)
요구 특정할 수 없음		10 (13.3)	5 (2.6)
기타		0 (0.0)	27 (13.9)
계	42 (100.0)	75 (100.0)	194 (100.0)

자료: 여성가족부, 2021년 아동·청소년 대상 성범죄 판결 분석, 2023. 3. 23. 재구성.

유포된 매체는 일반 메신저가 32.7%로 가장 높았다. 얼굴 혹은 신상정보 노출 등으로 유포된 이미지에서 피해 아동·청소년을 식별할 수 있는 경우는 49.7%로 나타났다.

표 3-43 성적 이미지 실제 유포

유포	신상정보등록연도		
	2019	2020	2021
유포함	59 (13.6)	78 (16.2)	159 (18.9)
유포하지 않음	374 (86.4)	404 (83.8)	684 (81.1)
계	433 (100.0)	482 (100.0)	843 (100.0)

자료: 여성가족부, 2021년 아동·청소년 대상 성범죄 판결 분석, 2023. 3. 23. 재구성.

최종심 선고를 유형별로 살펴보면 집행유예 52.3%, 징역형 39.5%, 벌금형 7.9% 순으로 나타났다. 징역형의 비율이 높은 범죄 유형은 성매매 알선·영업(69.7%), 강간(65.7%)이다. 특히 성착취물 범죄의 징역형 비율은 이전에 비해 매우 높은 경향을 보인다.

표 3-44 최종심 선고형

선고형	강간	유사 강간	강제 추행	통신매체 이용음란	카메라등 이용촬영	성착취물	성매수	성매매 강요	성매매 알선·영업	아동 성학대	계
징역형	370 (65.7)	82 (57.7)	257 (27.1)	8 (40.0)	29 (21.3)	174 (40.8)	17 (10.0)	29 (58.0)	53 (69.7)	36 (25.9)	1,055 (39.5)
집행유예	193 (34.3)	60 (42.3)	557 (58.7)	12 (60.0)	77 (56.6)	252 (59.2)	135 (79.4)	18 (36.0)	21 (27.6)	72 (51.8)	1,397 (52.3)
벌금	0 (0.0)	0 (0.0)	127 (13.4)	0 (0.0)	29 (21.3)	0 (0.0)	18 (10.6)	3 (6.0)	2 (2.6)	31 (22.3)	210 (7.9)
선고유예	0 (0.0)	0 (0.0)	6 (0.6)	0 (0.0)	1 (0.7)	0 (0.0)	0 (0.0)	0 (0.0)	0 (0.0)	0 (0.0)	7 (0.3)
형의 면제	0 (0.0)	0 (0.0)	2 (0.2)	0 (0.0)	0 (0.0)	0 (0.0)	0 (0.0)	0 (0.0)	0 (0.0)	0 (0.0)	2 (0.1)
계	563 (100.0)	142 (100.0)	949 (100.0)	20 (100.0)	136 (100.0)	426 (100.0)	170 (100.0)	50 (100.0)	76 (100.0)	139 (100.0)	2,671 (100.0)

자료: 여성가족부, 2021년 아동·청소년 대상 성범죄 판결 분석, 2023. 3. 23. 재구성.

(2) 아동 · 청소년 대상 디지털 성범죄 수사 특례

❶ 신분비공개수사

신분비공개수사란 사법경찰관리가 디지털 성범죄에 대해 신분을 비공개하고 범죄현장(정보통신망을 포함) 또는 범인으로 추정되는 자들에게 접근해 범죄행위의 증거 및 자료 등을 수집하는 것을 말한다.[44]

- 아동·청소년 성착취물의 제작·배포 등
- 아동·청소년에 대한 성착취 목적 대화 등
- 아동·청소년에 대한 카메라 등 이용 촬영물 또는 복제물 유포
- 아동·청소년에 대한 영리 목적 정보통신망 이용 촬영물 또는 복제물 유포

– 방법

신분비공개수사에 따른 신분 비공개는 경찰관임을 밝히지 않거나, 경찰관임을 부인하는 것을 말한다.[45]

신분비공개수사에 따른 접근은 대화의 구성원으로서 관찰하는 등 대화에 참여하거나, 아동 · 청소년 성착취물, 카메라 등 이용 촬영물 또는 복제물을 구입하거나 무상으로 제공받는 등을 말한다.

44 아동 · 청소년의 성보호에 관한 법률 제25조의2 제1항

45 아동 · 청소년의 성보호에 관한 법률 시행령 제5조의3 제1항–제2항.

– 절차

사법경찰관리가 신분비공개수사를 진행하려면 사전에 상급 경찰관서 수사부서의 장에게 서면으로 승인을 받아야 한다.[46] 수사기간은 3개월을 초과할 수 없다. 승인요청시 신분비공개수사의 필요성·대상·범위·기간·장소 및 방법 등을 소명해야 한다.

신분비공개수사를 종료한 때에는 종료 일시 및 종료 사유 등을 바로 위 상급 경찰관서의 수사부서의 장에게 보고해야 한다.

❷ 신분위장수사

신분위장수사란 사법경찰관리가 디지털 성범죄를 계획 또는 실행하고 있거나 실행하였다고 의심할 만한 충분한 이유가 있고, 다른 방법으로는 그 범죄의 실행을 저지하거나 범인의 체포 또는 증거의 수집이 어려운 경우에 한정하여 수사 목적을 달성하기 위해 부득이한 때에 행하는 수사를 말한다.

– 방법

신분을 위장하기 위한 문서, 도화 및 전자기록 등의 작성, 변경 또는 행사, 위장 신분을 사용한 계약·거래, 아동·청소년 성착취물 또는 카메라 등 이용 촬영물 또는 복제물의 소지, 판매 또는 광고

– 절차

사법경찰관리가 신분위장수사를 하려면 검사에게 신분위장수사에 대한 허가를 신청하고, 검사는 법원에 그 허가를 청구해야 한다.[47]

신청에는 필요한 신분위장수사의 종류·목적·대상·범위·기간·장소·방법 및 해당 신분위장수사가 신분위장수사의 요건을 충족하는 사유 등의 사유를 적은 서면으로 해야 하며, 신청사유에 대한 소명자료를 첨부해야 한다.

법원은 신청이 이유 있다고 인정하는 경우에는 신분위장수사를 허가하고, 허가서를 신청인에게 발부한다. 허가서에는 신분위장수사의 종류·목적·대상·범위·기간·장소·방법 등을 특정한다.

신분위장수사의 기간은 3개월을 초과할 수 없으며, 그 수사기간 중 수사의 목적이 달성되었을 경우에는 즉시 종료해야 한다.

다만, 그 수사기간을 연장할 필요가 있는 경우에는 사법경찰관리는 소명자료

46 아동·청소년의 성보호에 관한 법률 시행령 제5조의4 제1항–제3항.

47 아동·청소년의 성보호에 관한 법률 제25조의3 제3항–제8항.

를 첨부해 3개월의 범위에서 수사기간의 연장을 검사에게 신청하고, 검사는 법원에 그 연장을 청구한다. 이 경우 신분위장수사의 총 기간은 1년을 초과할 수 없다.

❸ 긴급 신분위장수사

사법경찰관리는 신분위장수사의 요건을 구비하고, 신분위장수사의 절차와 요건을 갖출 수 없는 긴급을 요하는 때에는 법원의 허가 없이 긴급 신분위장수사를 할 수 있다.[48]

이때 긴급 신분위장수사 개시 후 지체 없이 검사에게 허가를 신청해야 하고, 사법경찰관리는 48시간 이내에 법원의 허가를 받지 못한 때에는 즉시 신분위장수사를 중지해야 한다. 수사기간은 신분위장수사 기간을 준용한다.

❹ 신분비공개수사 또는 신분위장수사로 수집한 증거 및 자료 등의 사용제한

사법경찰관리가 신분비공개수사, 신분위장수사, 긴급 신분위장수사에 따라 수집한 증거 및 자료 등은 다음에 해당하는 경우 외에는 사용할 수 없다.[49]

· 신분비공개수사 또는 신분위장수사의 목적이 된 디지털 성범죄나 이와 관련되는 범죄를 수사·소추하거나 그 범죄를 예방하기 위해 사용하는 경우
· 신분비공개수사 또는 신분위장수사의 목적이 된 디지털 성범죄나 이와 관련되는 범죄로 인한 징계절차에 사용하는 경우
· 증거 및 자료 수집의 대상자가 제기하는 손해배상청구소송에서 사용하는 경우
· 그 밖에 다른 법률의 규정에 따라 사용하는 경우

3. 아동 · 청소년 성매수

현행법상 청소년 성매매란 19세 미만의 청소년과 금품 등의 제공을 매개로 행하는 성적 행동을 말한다.

우리나라는 청소년과의 성매매를 범죄로 규정해서 처벌하고 있다. 먼저 「형법」은 제242조에서 영리의 목적으로 사람을 매개하여 간음하게 한 자는 3년 이하의 징역 또는 1천 500만원 이하의 벌금에 처하도록 규정하고 있다. 또한 제288조는 추행 · 간음 ·영리 · 추업 등에 사용할 목적으로 사람을 약취 또는 유인한

48 아동 · 청소년의 성보호에 관한 법률 제25조의4 제1항–제3항.
49 아동 · 청소년의 성보호에 관한 법률 제25조의5

자는 1년 이상, 10년 이하의 유기징역에 처하며, 성매매와 성적 착취 등을 목적으로 사람을 약취 또는 유인한 경우 2년 이상 또는 15년 이하의 징역에 처하도록 규정하고 있다. 제289조부터 제292조는 성매매를 목적으로 사람을 매매한 경우 인신매매로 간주하고 이에 대한 처벌 규정을 담고 있다.

「아동복지법」 제17조 제2호에서는 아동에게 음행을 시키거나 음행을 매개하는 행위에 대하여 10년 이하의 징역 또는 1억원 이하의 벌금에 처하도록 하는 규정을 두었다.

「청소년보호법」은 청소년의 유해매체물과 유해업소에의 접근 및 이를 통한 청소년과의 성매매행위를 포괄적으로 처벌하고 있다. 이 법은 청소년에게 유해한 매체물과 약물 등이 청소년에게 유통되는 것과 청소년이 유해한 업소에 출입하는 것 등을 규제하고, 청소년을 청소년폭력·학대 등 청소년유해행위를 포함한 각종 유해한 환경으로부터 보호·구제함으로써 청소년의 건전한 성장을 돕기 위하여 제정하였다.

그리고 「아동·청소년의 성보호에 관한 법률」[50]은 아동·청소년의 성을 사는 행위 등에 대해 최대 무기징역 처벌까지 규정하고 있다. 이 법 제2조는 아동의 성을 사는 행위를 다음과 같이 정의하고 있다.

아동 · 청소년의 성보호에 관한 법률 제2조 제4호

4. 아동 · 청소년의 성을 사는 행위란 아동 · 청소년, 아동 · 청소년의 성(性)을 사는 행위를 알선한 자 또는 아동 · 청소년을 실질적으로 보호 · 감독하는 자 등에게 금품이나 그 밖의 재산상 이익, 직무 · 편의제공 등 대가를 제공하거나 약속하고 다음의 어느 하나에 해당하는 행위를 아동 · 청소년을 대상으로 하거나 아동 · 청소년으로 하여금 하게 하는 것을 말한다.
  가. 성교 행위

50 청소년의 성보호에 관한 법률은 2000년 2월 3일에 법률 제6261호로 제정되었고, 이 법은 UN의 아동권리에 관한 협약(1989년)과 여성과 아동의 성매매예방 및 억제를 위한 의정서(1999년) 등의 국제협약의 정신을 기초로 하고 있다. 또한 1999년 7월 1일부터 시행되고 있는 청소년보호법과는 상호보완적인 성격을 가진다. 청소년의 성 보호에 관한 법률은 2009년 12월 31일 전면 개정으로 2010년 1월 1일부터 아동·청소년의 성보호에 관한 법률로 법명이 변경되었다. 현행법은 [시행 2023. 10. 12.] [법률 제19337호, 2023. 4. 11., 일부개정]이다.

나. 구강 · 항문 등 신체의 일부나 도구를 이용한 유사 성교 행위
다. 신체의 전부 또는 일부를 접촉 · 노출하는 행위로서 일반인의 성적 수치심이나 혐오감을 일으키는 행위
라. 자위 행위

1) 아동 · 청소년 대상 성매매 실태

앞에서 활용한 2021년 유죄판결 확정되어 신상정보가 등록된 아동 · 청소년 대상 성범죄자 판결문(가해자 2,671명 대상)을 분석한 결과물을 바탕으로 아동 · 청소년 대상 성매매의 실태를 살펴본다.

표 3-45 아동·청소년 대상 성매매

구분	가해자	피해자
성매수	170(57.4)	171
성매매 강요	50(16.9)	42
성매매 알선 · 영업	76(25.7)	98
계	296(100)	311

자료: 여성가족부, 2021년 아동·청소년 대상 성범죄 판결 분석, 2023. 3. 23. 재구성.

가장 많은 유형은 성매수범으로 전체 아동 · 청소년 대상 성매매 사건 중 57.4%를 차지한다. 아동 · 청소년 대상 성매매 사건의 범인과 피해자의 관계는 8.6%가 전혀 모르는 사람이었다. 그리고 가족 및 친척 이외 아는 사람이 70.9%를 차지하였다. 이들 중 81.3%는 인터넷 채팅 등을 통해 알게 된 것으로 나타났다.[51]

표 3-46 아동·청소년 대상 성매매의 관계

관계	성매수	성매매 강요	성매매 알선·영업
전혀 모르는 사람	16(9.4)	3(7.1)	9(9.2)
가족 및 친척 이외 아는 사람	143(83.6)	29(69.0)	59(60.2)
가족 및 친척	0(0.0)	1(2.4)	0(0.0)
미상	12(7.0)	9(21.4)	30(30.6)
계	171(100.0)	42(100.0)	98(100.0)

자료: 여성가족부, 2021년 아동·청소년 대상 성범죄 판결 분석, 2023. 3. 23. 재구성.

51 여성가족부, 2021년 아동 · 청소년 대상 성범죄 판결 분석, 2023. 3. 23, 4.

2) 아동·청소년 대상 성매매 처벌

아동·청소년의 성보호에 관한 법률은 아동·청소년 대상 성매매에 대하여 강력한 처벌 규정을 두고 있다. 즉 아동·청소년 대상 성매매 관련 범죄는 성 매수, 성매도 알선, 성매매 장소 제공, 성매수 알선, 정보통신망을 통하여 성착취 목적 대화 등으로 구분한다.

표 3-47 아동·청소년 대상 성매매 처벌

성매수	처벌
아동·청소년의 성을 사는 행위	1년 이상 10년 이하의 징역 또는 2천만원 이상 5천만원 이하의 벌금(제13조제1항)
아동·청소년의 성을 사기 위해 아동·청소년을 유인하거나 성을 팔도록 권유	3년 이하의 징역 또는 3천만원 이하의 벌금(제13조제2항)
16세 미만의 아동·청소년 및 장애 아동·청소년을 대상으로 위의 성매수 또는 성매수 목적 유인이나 성매도 권유	그 죄에 정한 형의 2분의 1까지 가중(제13조제3항)
성매도 알선	**처벌**
아동·청소년에게 성매매 피해자가 되도록 강요 ①폭행이나 협박으로 아동·청소년에게 아동·청소년의 성을 사는 행위의 상대방이 되게 한 경우 ② 선불금(先拂金), 그 밖의 채무를 이용하는 등의 방법으로 아동·청소년을 곤경에 빠뜨리거나 위계 또는 위력으로 아동·청소년으로 하여금 아동·청소년의 성을 사는 행위의 상대방이 되게 한 경우 ③ 업무·고용이나 그 밖의 관계로 자신의 보호 또는 감독을 받는 것을 이용해 아동·청소년에게 아동·청소년의 성을 사는 행위의 상대방이 되게 한 경우 ④ 영업으로 아동·청소년을 아동·청소년의 성을 사는 행위의 상대방이 되도록 유인·권유	5년 이상의 유기징역(미수범 처벌, 제14조제1항)
① ~ ③ 까지의 죄를 범한 사람이 그 대가의 전부 또는 일부를 받거나 이를 요구 또는 약속	7년 이상의 유기징역 (미수범 처벌, 제14조제2항)
아동·청소년에게 성매매 피해자가 되도록 유인·권유	7년 이하의 징역 또는 5천만원 이하의 벌금(제14조제3항)
성매매 장소 제공	**처벌**
아동·청소년의 성을 사는 행위의 장소를 제공하는 행위를 영업	7년 이상의 유기징역(제15조제1항제1호)
아동·청소년의 성을 사는 행위의 장소 제공	7년 이의 징역 또는 5천만원 이하의 벌금(제15조제2항제2호)

영업으로 아동·청소년의 성을 사는 행위의 장소를 제공하기로 약속한 경우	7년 이하의 징역 또는 5천만원 이하의 벌금(제15조제2항제4호)
성매매장소를 제공하는 업소이거나 성매매를 알선하는 업소로 사용되는 사실을 알면서 자금토지 또는 건물을 제공	7년 이상의 유기징역(제15조제1항제3호)
성매수 알선	**처벌**
영업으로 아동청소년의 성을 사는 행위를 알선하거나 정보통신망에서 알선정보를 제공	7년 이상의 유기징역(제15조제1항제2호)
아동청소년의 성을 사는 행위를 알선하거나 정보통신망에서 알선정보를 제공한 사람	7년 이하의 징역 또는 5천만원 이하의 벌금(제15조제2항제3호)
영업으로 아동청소년의 성을 사는 행위를 알선하거나 정보통신망에서 알선정보를 제공하기로 약속한 사람	7년 이하의 징역 또는 5천만원 이하의 벌금(제15조제2항제4호)
영업으로 아동·청소년의 성을 사는 행위의 장소를 제공·알선하는 업소에 아동청소년을 고용하도록 한 사람	7년 이상의 유기징역(제15조제1항제4호)
영업으로 아동·청소년의 성을 사는 행위를 하도록 유인권유 또는 강요한 사람	7년 이하의 징역 또는 5천만원 이하의 벌금(제15조제2항제1호)
아동·청소년의 성을 사는 행위를 하도록 유인권유 또는 강요한 사람	5년 이하의 징역 또는 3천만원 이하의 벌금(제15조제3항)
정보통신망을 통하여 성착취 목적 대화 등을 한 자	**처벌**
성적 욕망이나 수치심 또는 혐오감을 유발할 수 있는 대화를 지속적 또는 반복적으로 하거나 그러한 대화에 지속적 또는 반복적으로 참여시키는 행위를 한 사람	3년 이하의 징역 또는 3천만원 이하의 벌금 ※19세 이상의 사람이 16세 미만인 아동·청소년에게 같은 행위를 할 경우 동일하게 처벌함
다음과 같은 행위를 하도록 유인·권유하는 행위를 한 사람 성교 행위, 구강·항문 등 신체의 일부나 도구를 이용한 유사성교 행위, 신체의 전부 또는 일부를 접촉·노출하는 행위로서 일반인의 성적 수치심이나 혐오감을 일으키는 행위, 자위 행위	3년 이하의 징역 또는 3천만원 이하의 벌금 ※19세 이상의 사람이 16세 미만인 아동·청소년에게 같은 행위를 할 경우 동일하게 처벌

IV. 성매매(prostitution)

1. 성매매의 개념

성매매(性賣買)란 공급자가 고객이 경제적인 대가(cost)를 치른다는 전제하에 행하는 성적 행동으로 공급자와 고객의 관계는 성을 매개로 한 것 이외에는 인간적인 유대감이 없는 경우를 말한다.

경제적인 대가를 받고 성을 파는 행위를 성판매(性販賣)라 하고, 경제적인 대가를 치루고 성을 사는 행위를 성구매(性購買)라 칭하기로 한다. 성매매는 윤락 또는 매춘이라는 용어와 혼용되고 있으나 이 책에서는 성매매로 통일하여 사용하기로 한다. 다만 외국의 관련법을 소개하는 경우 등에서는 그 나라의 표기를 따랐다.

성매매에 대해 어떠한 정책을 취할 것인가는 국제사회의 중요한 정책적 과제가 되었다. 성매매에 대한 규제 또는 합법화 정도의 여부는 각국의 역사와 전통, 그리고 문화에 따라 다르지만, UN을 비롯한 국제기구에서도 그 가이드라인을 제시하고 있다.

성매매에 대해 세계 각국이 취하는 형태는 대략 금지주의, 합법화주의, 비범죄화주의 등의 세 가지 형태로 구분할 수 있다. 우리나라는 성매매를 금지하면서 성판매자와 성구매자를 동시에 처벌하는 금지주의적 태도를 견지하고 있다. 즉 형법, 아동·청소년의 성보호에 관한 법률 및 성매매알선 등 행위의 처벌에 관한 법률로 성매매를 금지하고 있다.

2. 성매매 관련 국제사회의 태도

성매매에 대한 각 국의 정책은 매우 다양하며, 기본적으로 처벌과 비처벌의 형태로 대변할 수 있다.

1) 유엔의 태도

성매매와 관련한 유엔의 태도는 금지주의, 즉 처벌주의에 입각하고 있다고 보여진다. 우선 1950년 3월 21일에 UN 가입국 73개국이 채택한 "인신매매금지 및 타인의 성매매 행위착취금지에 관한 협약"(Convention for the Suppression of the Traffic in Person and of the Exploitation of the Prostitution of Others)[52]은 제1조에서 성매매를 목적으로 합의여부에 상관없이 타인을 소개하거나 유혹 또는 유괴하는 경우 및 합의여부에 상관없이 타인의 성매매 행위를 착취하는 자를 처벌하는 것에 합의한다고 명시하였다. 제2조에서는 성매매 장소를 소유하거나 경영, 또는 그에 필요한 경비를 제공하는 자 및 타인의 성매매를 목적으로 가옥이나 장소 또는 그 일부를 대차 또는 제공한 자를 처벌한다고 하여 매우 엄격한 금지

---

52 한국은 1962년 5월 14일부터 적용.

주의적 입장에 있음을 알 수 있다.

이어 UN은 1979년 12월 18일에 회원국 166개국이 참여한 가운데 "여성에 대한 모든 형태의 차별철폐에 관한 협약"(Convention on the Elimination of All Forms of Discrimination Against Women)[53]을 통해서도 금지주의적 입장을 분명히 하였다. 즉 제6조에서 "당사국은 여성에 대한 모든 형태의 인신매매 및 성매매에 대한 착취를 금지하기 위한 입법 및 필요한 모든 조치를 취해야 한다"고 명시하였다. 나아가 이 협약의 이행여부를 확인하기 위하여 매 4년마다 이행보고서를 제출하도록 규정하였다.

앞서 두 국제협약이 성인의 성매매를 금지하고 처벌하는 것을 촉구하는 것이었다면 1989년 11월 20일에는 "아동권리에 관한 협약"(Convention for Child Rights)을 통하여 유엔은 아동의 성매매 행위에 대하여 협약국들이 엄격한 조치를 취하도록 강조하였다. 이 협약 제34조는 성매매행위와 관련하여 처벌의 대상을 1. 모든 위법한 성적 활동에 아동을 종사하도록 유인하거나 강제하는 행위, 2. 아동을 성매매나 기타 위법한 성적 활동에 착취적으로 이용하는 행위, 3. 외설스런 공연 및 활동에 아동을 착취적으로 이용하는 행위 등을 금지하기 위한 적절한 모든 조치를 취할 것을 규정하였다. 이어 제35조에서는 당사국은 모든 목적과 형태의 아동의 약취유인이나 매매 또는 거래를 방지하기 위해 적절한 조치를 취해야 한다고 강조하였다.

성매매에 관한 또 하나의 국제적 기준은 1995년에 개최된 제4차 세계여성회의에서 채택한 "북경 선언문과 행동강령"의 성매매관련 조항을 들 수 있다. 이 강령은 법적인 구속력이 있는 국제협약은 아니지만, 여성의 인신매매와 강제 성매매를 여성에 대한 폭력으로 규정하고, 그 피해자들을 지원하기 위한 특별 방안을 채택할 것을 촉구하고 있다.

그리고 2000년 한국 정부가 비준한 "국제연합의 국제조직범죄방지협약을 보충하는 인신매매 특히 여성과 아동의 성매매예방 및 억제를 위한 의정서"는 국제적 인신매매에 대하여 각국 정부가 법률적으로 취하여야 하는 조치에 대하여 규정하고 있다. 즉, 국제적 인신매매의 예방과 방지를 위한 국가의 책임 및 국가간, 그리고 국내의 관련기관간의 협력, 본인의 동의여하를 불문하고 성매매여성

53 한국은 1985년 1월 26일부터 적용.

들을 피해자로서 보호하고 지원하는 것 등을 명시하고 있다.

한편 유엔인권이사회는 2013년 5월 17일 제23차 회의에서 여성인신매매에 반대하는 국제비정부기구동맹(Global Alliance Against Traffic)이 같은 해 5월 10일에 제출한 인신매매 종식을 위한 작업에서 공급담론에 대한 비판적 접근의 필요성(The need for a critical approach to 'demand' discourses in work to end human trafficking)이라는 서면보고서를 채택하였다.[54] 이 보고서는 네 가지의 주요한 내용을 담고 있는데 첫째, 근로기준의 규정화 및 근로조건의 개선, 근로자의 노동조합권 등의 보장, 둘째, 이민정책과 노동시장 요구 사이의 일관성의 보장－이주노동자를 위한 합법적이고 공정한 기회보장, 셋째, 인신매매 근절과 이주민과 여성에 대한 차별금지－이주민의 교육 및 근로기회의 형평성 보장, 넷째, 성 노동의 착취적인 관행을 줄이는 전략으로 성매매와 그 관행의 잠재적인 비범죄화의 고려 등이다.

국제엠네스티(Amnesty International)는 2015년 8월 14일 국제총회에서 "Sex Workers' Rights are Human Rights＝성노동자의 권리는 인권이다"라는 결의문을 채택하였다.[55] 이 결의문은 성매매를 처벌하는 것은 거리에서 직업을 구할 권리를 제한하는 것이고, 성매매 지역을 제한하는 것은 고객과 성근로자의 성적 자기의사결정권을 침해하는 것이며, 장기적으로는 성 근로자의 건강과 안전, 그리고 시설 환경 투자를 제한하는 인권침해라고 지적하였다. 그리고 성노동자와 인신매매는 구분되며, 인신매매는 국제법상 엄격하게 처벌되어야 하며, 인신매매되어 성노동에 종사하는 경우는 인신착취 피해자로 간주되어야 한다고 주장하였다. 이어 2016년 3월 26일에는 성노동자의 권리보호 정책 및 연구라는 보고서를 통하여 일부 국가의 성매매 정책 관련 인권침해 실태를 밝히기도 하였다.[56]

---

54 Human Rights Council, A/HRC/23/NGO/29, (The need for a critical approach to 'demand' discourses in work to end human trafficking, http://www.gaatw.org/statements/GAATW Statement_05.2013.pdf/

55 Amnesty International, Sex Workers' Rights are Human Rights. https://www.amnesty.org/en/latest/news/2015/08/sex－workers－rights－are－human－rights/

56 Amnesty International, Amnesty International publishes policy and research on protection of sex workers' rights, 2016. 5. 26. https://www.amnesty.org/en/latest/news/2016/05/amnesty－international－publishes－policy－and－research－on－protection－of－sex－workers－rights/

2) EU의 태도

EU의회는 EU 회원국이 성매매 정책에 대하여 구속력이 없는 결의안(non-binding resolution)을 2014년 2월 24일 투표로 결정하여 선포하였다(2013/2103(INI)).[57]

EU 국가들은 성매매 여성이 아니라 구매자를 처벌함으로써 성매매 요구를 줄여야 하며, 성매매가 강제적이든 자발적이든 간에 인간의 존엄성과 인권을 침해하며 성매매를 떠나기를 원하는 여성들에게 출구전략과 대안적 수입원을 찾도록 도와야 한다는 것이 주요내용이다. 구체적인 내용을 살펴보면 다음과 같이 정리할 수 있다.

첫째, 구매자에 대한 처벌

유럽의회는 성구매자를 처벌함으로써 성매매 수요를 억제시킬 것을 권고하였다. 즉 유럽의회는 스웨덴, 아이슬란드, 노르웨이 등의 성구매자에 대한 처벌, 즉 노르딕 모델(Nordic model)을 채택하여 여성과 청소년의 성매매와 인신매매 근절을 해야 한다고 권고하였다. 모든 회원국은 21세 이하의 청소년과의 성매매는 반드시 범죄화 하여야 한다고 결의하였다.

둘째, 인신매매와 성 착취와의 전쟁

유럽의회는 인신매매 피해자의 62%가 성 착취 목적으로 인신매매되는 것으로 추정되며, 이 가운데 96%가 여성과 소녀라고 지적하였다. EU 국가들은 인신매매를 근절하고, 피해자 보호정책을 강화하여야 한다고 결의하였다.

셋째, 성판매 여성에 대한 출구전략 제공

유럽의회는 성판매 여성이 성매매에서 벗어나 다른 수입원을 찾도록 돕는 출구계획을 지원하는 정책을 채택하여야 하며, 여성과 어린이가 성매매에 빠지는 근본적 원인인 빈곤퇴치 정책을 벌여야 한다고 결의하였다.

넷째, 여성에 대한 폭력 처벌

유럽의회는 여성에 대한 폭력은 EU 차원에서 대응해야 하며, 이에 따른 특별법 제정이 필요하고, 성에 기반한 폭력(gender-based violence)은 범죄로 규정되어야 한다고 결의하였다.

---

57 European Parliament, Sexual exploitation and prostitution and its impact on gender equality, http://www.europarl.europa.eu/sides/getDoc.do?pubRef=-//EP//TEXT+TA+P7-TA-2014-0162+0+DOC+XML+V0//EN/

CRIMINOLOGY

노르딕 모델(Nordic model)

노르딕 모델(Nordic model)은 북유럽 국가들의 경제적, 사회적 모델을 의미한다. 북유럽자본주의 또는 북유럽사회주의라고도 하며, 덴마크, 핀란드, 노르웨이, 아이슬란드 및 스웨덴 등이 이에 속한다. 복지국가와 자유시장경제체제에 대한 국가의 개입, 강력한 정부의 추구 등을 기본원리로 한다.

성매매정책의 노르딕 성매매정책은 성판매자에 대한 비범죄화, 탈성판매자에 대한 지원서비스의 강화로 상업적 성매매의 수요를 억제하며, 남녀평등을 실현하다는 모토를 가지고 있다. 1999년 스웨덴이 성구매자처벌법[58]을 최초로 제정하였다.[59] 이후 노르웨이(2008년), 아이슬란드(2009년) 등이 뒤를 이어 관련법을 제정하였다. 이어 영국(2009)과 캐나다(2014년), 유럽의회(2014년), 북아일랜드(2015년), 프랑스(2016년)가 잇달아 노르딕 모델을 채택하여 관련법을 제정하였다.

3. 금지주의

금지주의(prohibitionism, illegalization)는 성매매행위를 불법으로 규정하고 이를 처벌하는 입장을 말한다. 이에는 성구매행위만 금지하는 경우(스웨덴, 프랑스, 영국)와 구매 및 판매행위 모두 금지(한국, 중국, 미국), 성판매행위만 금지(일본, 대만, 필리핀) 등이 있다.

1) 스웨덴

스웨덴의 1999년 1월에 제정한 「성적 서비스 구매금지에 관한 법」(The Prohibition on the Purchase of Sexual Service)은 대표적인 성매매금지법률로 인정받고 있다.[60] 이 법은 2011년 5월에 개정되어 2023년 현재에 이르고 있다.

이 법은 성매매도 가정폭력이나 성폭력과 같은 폭력의 한 형태로 간주하고 법으로 이를 제재해야 한다는 입장을 전제하고 있다.

이 법은 돈을 지불하는 모든 형태의 성구매를 금지하고 있다. 그러나 이러한

---

58 The Act on prohibiting the purchase of sexual services

59 Government Offices of Sweden, Evaluation of the prohibition of the purchase of sexual services, http://www.government.se/articles/2011/03/evaluation-of-the-prohibition-of-the-purchase-of-sexual-services/

60 Gunilla S. Ekberg, Kajsa Wahlberg, "The Swedish Approach: A European Union Country Fights Sex Trafficking", (Solutions, 2(2), 2011), thesolutionsjournal.org/

처벌은 돈을 지불하고 성을 사는 사람과 성매매를 조장하고 알선하는 포주들에게만 해당된다. 성판매자는 범죄자가 아닌, 사회복지적 관심의 대상이며, 피해자로서 인식된다. 즉 성을 파는 측은 성적 욕망을 채우려는 사람(성구매자)으로부터 착취를 당하는 약자이므로 사회가 이를 보호한다는 입장이다.

스웨덴의 성적 서비스 구매금지에 관한 법은 EU의회가 성매매에 대한 기본 정책모델로 채택하고 있다.

2) 프랑스

프랑스는 1998년 형법을 개정하여 15세 이상과는 상대방과의 동의 하에 성관계를 할 수 있지만, 18세 미만과의 성매매는 처벌되며, 프랑스인이 국외에서 15세 미만과 성매매를 한 경우 이를 성매매여행(sex tourism)으로 간주하며, 프랑스 형법에 의해 처벌할 수 있도록 하였다.

그런데 성매매를 모두 합법화하거나 아예 금지해야 한다는 논쟁이 사회 일각에서 지속적으로 제기되자 2013년 12월에 성구매자만을 벌금형으로 처벌하는 내용의 형법 개정안(성구매자처벌법)이 하원을 통과하였다. 그러나 성판매를 지지하는 일부 여성계와 성판매자들의 강력한 반대 운동 등으로 다수당인 사회당의 상원은 2014년 7월 8일 이 법안의 승인을 거부했다.

이어 2014년 9월 총선에서 승리한 보수당은 상원에서 2015년 3월 31일 법안을 변경하여 승인했다. 즉, 성판매자의 공공장소에서의 유혹행위에 대해 3,750유로와 2개월 이내 징역형을 유지하되, 성구매자에 대한 처벌조항은 삭제한 것이다. 이는 다시 하원에 최종심의가 요청되었고, 프랑스 정부는 법안이 당초의 입법취지를 반영하지 못하였다고 반발하였다.[61] 결국 다시 법안은 성구매자만을 처벌하는 내용으로 수정되어 2016년 4월 4일에 하원에서 최종적으로 통과되었다.

현행 프랑스의 성구매자처벌법[62]은 성구매 초범에게 1,500유로 벌금을, 재범은 최대 3,500유로 벌금과 각각 수강명령이 부과된다. 성매매의 알선, 장애자, 미성년자, 임신여성 등과의 성매매 등의 경우에는 3년의 구금형 및 45,000유로의 벌금이 부과된다(프랑스 형법, 제5장 Interdiction de l'achat d'un acte sexuel).

성판매여성은 피해자로 간주하며, 임시거주지가 제공되며, 이들의 재활을 위

61 BBC NEWS, 2015. 3. 31. French Senate overturns fines for prostitutes' clients, http://www.bbc.com/news/world-europe-32129006/

62 Loi sur l'interdiction d'achat d'un acte sexuel.

하여 매년 480만 유로의 기금을 조성하도록 하였다.[63]

그러나 프랑스의 성판매자들은 여전히 성구매자처벌법이 자신들을 더 위험에 빠뜨렸고 인권을 침해하고 있다며, 위헌 여부를 가려달라며 프랑스 헌법위원회에 제소하였다. 이에 대해 프랑스 헌법위원회는 2019년 2월 1일에 이 법이 프랑스 헌법정신에 반하지 않는다고 결정하였다. 이에 따라 프랑스의 성판매자들은 유럽인권재판소(European Court of Human Rights)에 항소하였고, 유럽인권재판소는 2021년 4월 12일에 프랑스 법의 인권침해 여부를 다룰 것이라고 발표하였다.[64]

3) 영국

영국은 단독으로 성을 파는 경우에 한하여 처벌하지 않을 뿐 거리에서의 성매매, 호객행위, 성매매광고 등의 행위는 불법이며, 경찰의 단속을 받는다. 영국은 1959년 「거리범죄법」(The Street Offences Act 1959) 및 1985년 「성범죄법」(the Sexual Offences Act 1985), 2003년 「성범죄법」(Sexual Offences Act 2003) 등을 통하여 성매매를 처벌하여 왔다.[65] 북아일랜드에서는 2015년 1월부터 성매매를 범죄로 간주하여 처벌한다.

영국에는 성매매처벌을 완화하여야 한다는 주장과 아예 성매매를 허용하여야 한다는 논쟁이 지속되었다. 처벌완화를 주장하는 쪽은 독일, 뉴질랜드, 네덜란드 등을 모델국가로 삼아야 한다는 입장이었고, 이와는 달리 스웨덴, 노르웨이, 아이슬랜드처럼 성구매자만 처벌해야 한다는 목소리도 높았다.

2006년에 정부는 소규모의 성매매영업(mini brothels)을 허용하는 방향으로 성매매규제를 허용하려 했지만, 곧 이를 포기했다. 초기에는 소규모로 성매매영업을 하더라도 점차 그 규모가 커져 사회문제가 오히려 심각해질 것이라는 우려가 주요 이유이다. 결국 정부는 성매매를 허용해서는 안 되며, 법을 더욱 강화하는 방향으로 정책을 선회하였고, 2009년 「경찰행정과 범죄법」(The Policing and

63 Le Monde, Prostitution: le Parlement adopte définitivement la pénalisation des clients, 2016. 4. 6. http://www.lemonde.fr/societe/article/2016/04/06/prostitution-le-parlement-adopte-definitivement-la-penalisation-des-clients_4897216_3224.html/

64 lastrada, european-court-of-human-rights-will-examine-a-complaint-against-france, https://www.lastradainternational.org/

65 Wikipedia, Prostitution in the United Kingdom, http://en.wikipedia.org/wiki/Prostitution_in_the_United_Kingdom/

Crime Act 2009)의 개정을 통하여 성매매규제를 더욱 강화하게 된다.[66]

개정된 경찰행정과 범죄법은 성매매를 목적으로 사람을 유인하거나 호객하는 것을 처벌하고 있다.[67] 이 법은 처벌의 초점을 성판매자로부터 성구매자로 전환시켰다. 2010년 4월 1일 전에는 성구매자가 지속적으로, 그리고 노골적으로 성매매를 요구하거나 또는 거리에서 성을 구매하는 경우(kerb crawl) 등에 성구매자를 처벌하였다. 그러나 2023년 현재는 성구매자에 의한 모든 공공연한 성매매 요구는 비록 그것이 성판매자의 유혹에 의한 것이라 하더라도 불법이다. 설령 성판매자가 강요에 의해 성매매를 하는 사실을 성구매자가 몰랐다 하더라도 성구매자를 처벌한다. 영국은 원칙적으로 상대방의 동의가 있는 경우 16세 이상과의 성행위는 가능하지만, 18세 미만의 아동으로부터 성을 구매하는 것은 범죄이다.

성판매자가 공공장소에서 호객, 유혹행위 등을 한 때에는 범죄로 간주하며 500파운드의 벌금형에 처한다. 만약 성판매자가 실내에서 일할 경우 그 장소에 두 명 이상의 성판매자가 있다면 그 장소는 성판매업장, 즉 영업장으로 간주되며, 처벌된다. 또한 성매매를 알선하거나 알선을 요구하는 행위 등도 모두 처벌된다.

즉, 영국은 단독 성매매 그 자체는 범죄가 아니다. 그러나 공공장소에서의 호객, 거리호객, 성매매업소의 운영 및 소유, 포주행위, 성구매자의 공공연한 성판매요구행위 등은 범죄이며 처벌한다.[68]

자료: Independent News, https://www.independent.co.uk/news/uk/

66 Wikipedia, Prostitution in the United Kingdom, http://en.wikipedia.org/wiki/Prostitution_in_the_United_Kingdom/

67 이 법은 2010년 4월 1일 이후부터 발효되었다.

68 Anna Vall Navés, A. V, Sex Work: the proposed legal models, 2020. https://www.allaboutlaw.co.uk/commercial–awareness/legal–spotlight/prostitution–the–proposed–legal–models/

4) 미국

미국 연방법 Title 18의 77장은 비자발적인 노동 및 납치, 인신매매, 성매매, 미성년성매매 등을 금지하고 있으며 이러한 입장에 처한 사람을 노예로 간주하며, 범죄자에 대해 엄격하게 처벌하고 있다.[69]

2000년에 「인신매매 피해자 보호법(Trafficking Victims Protection Act)」[70]을 제정하여 인신매매된 불법체류 미성년 여성의 경우 인신매매 피해자로 간주하고, 미국에 영주권을 신청할 수 있는 자격이 부여되는 T－1 Visa를 신청할 수 있도록 허용하였다. 2007년 이후 연방정부는 연방인신매매핫라인전화(National Human Trafficking Resource Center Hotline, 전화번호는 888－373－7888)를 운영하여 20여 개 언어로 피해자들을 지원하고 있다.[71]

연방정부와 발맞춰 주정부들은 「안전항구법(Safe Harbor laws)」을 제정하여 인신매매 미성년자를 피해자로 인식하고 기소 및 구금 대신에 미성년자에게 보호 및 서비스를 제공하고 있다.

그리고 2015년 4월 22일에 「인신매매 피해자지원법」이 의회를 통과하였다. 이 법은 각 주정부가 안전항구법의 제정을 서두르고 피해자들을 지원하도록 하였다.[72] 또한 연방인신매매핫라인전화의 위상을 강화하고, 인신매매 피해자들에게 직업훈련기회를 부여하는 등의 근거를 만드는 등 인신매매 피해자들의 보호 및 지원을 확대하는 조치를 담고 있다. 미국은 1995년부터 성구매 초범자의 재활교육 프로그램인 존스쿨(John School)을 도입하여 미국 전역에 걸쳐 40개 이상의 지역 사회에서 시행하고 있다.[73]

미국의 네바다주는 인구 70만명 미만의 카운티가 성매매를 합법화한 경우에 라이센스를 가진 업소에서만 성매매를 허용한다. 그러나 이들 주에서도 허가된 업소 밖에서 호객행위를 하거나, 성매매가 허용되지 않은 주 내 다른 카운티에

69 Title 18 of the United States Code. 18 U.S.C. § 1581, 18 U.S.C. § 1584, 18 U.S.C. § 1589, 18 U.S.C. § 1590, 18 U.S.C. § 1591, 18 U.S.C. § 1592; the united states department of justice, https://www.justice.gov/crt/involuntary－servitude－forced－labor－and－sex－trafficking－statutes－enforced/

70 The Victims of Trafficking and Violence Protection Act of 2000.

71 National Human Trafficking Resource Center, https://humantraffickinghotline.org/

72 Justice for Victims of Trafficking Act of 2015.

73 허경미. (2023). 피해자학, 제4판, 박영사. pp. 295－299.

서 성매매를 하는 경우 경범죄로 처벌한다. 그리고 성매매 알선 및 호객행위는 경범죄로 처벌한다. 16개 카운티 중 7개 카운티에 모두 21개의 성매매업소가 합법적으로 운영된다.

미국은 네바다주 법 규정에 따라 그 외 카운티에서는 성매매를 범죄로 간주하며, 원칙적으로 주정부가 단속권을 갖는다.[74] 대부분의 주에서는 성매매를 공공질서를 위반하는 경범죄(misdemeanor)로 처벌한다. 네바다주 법은 14세 미만과 성매매를 할 경우 50만 달러의 벌금을, 14세 이상 18세 미만과 성매매를 할 경우 10만 달러의 벌금형에 처한다.[75]

특히 성매매가 주 경계를 넘나들거나 18세 미만의 미성년자를 대상으로 이루어졌거나, 폭행, 감금 등의 형태로 진행된 경우 연방범죄로 간주되어 연방정부 즉, FBI의 관할 대상이 된다.[76] 특히 미국은 성판매자가 선불금이나 채무관계, 폭행, 감금에 의하여 이루어지거나, 밀입국 알선에 의한 경우, 미성년자를 대상으로 한 경우 등은 모두 연방범죄인 인신매매(Human Trafficking)로 규정하고 처벌한다.

한편 미국은 국제메건법(International Megan's Law)을 2016년 2월 2일에 제정했다. 정식 명칭은 「여행의 사전통지를 통한 성범죄자의 아동 및 그 외 성범죄예방법」(Law to Prevent Child Exploitation and Other Sexual Crimes Through Advanced Notification of Traveling Sex Offenders)이다.[77]

이 법의 주요 내용은 등록성범죄자가 해외여행을 할 경우 21일 전에 주소지의 등록사무소에 출국신고를 하여야 하고, 여권에 특정성범죄자(Covered sex offenders)임을 표시하는 식별표지를 새기도록 하며, 연방보안관실(U.S. Marshals Service)이 당사자의 여행정보를 인터폴을 통하여 상대국가에 통보할 수 있도록 한 것이다.

---

74 Wikipedia, Prostitution in the United States, http://en.wikipedia.org/wiki/Prostitution_in_the_United_States/

75 Pope, Jeff (June 22, 2009). "New law levies harsher child prostitution punishment". Las Vegas Sun. Retrieved July 4, 2009.

76 US Department of justice, Citizen's Guide to U.S. Federal Law on the Prostitution of Children, http://www.justice.gov/criminal-ceos/citizens-guide-us-federal-law-prostitution-children/
18 U.S.C. § 2425- Use of interstate facilities to transmit information about a minor

77 International Megan's Law, Pub. L. No. 114-119, § 8, 130 Stat. 24 (2016).

이를 통하여 여행지국가의 미성년자의 성매매 피해를 예방하고 성적 착취를 당하지 않도록 한다는 취지를 담고 있다.[78]

또한 2018년 4월 11일에 트럼프대통령은 성매매 금지법(Stop Enabling Sex Traffickers Act)에 서명했다 이 법은 "고의로 성매매를 지원, 촉진 또는 지원하는 것"을 처벌하며, "어떤 주에서도 성매매를 금지하는 연방 형사법을 위반하는 행위를 표적으로 하는 형사 기소 또는 민사 집행 조치"를 할 수 없도록 한다는 것을 주요 골자로 하고 있다.[79]

2021년 6월 16일에 텍사스 주지사 Greg Abbott는 텍사스 주에서 성매매에 대한 대가를 지불하는 행위를 중범죄로 간주하여 초범의 경우에도 최대 2년의 징역형에 처할 수 있도록 하는 내용을 주요 내용으로 하는 HB 1540법에 서명했다. 이로써 텍사스는 미국에서 성매매를 중범죄로 규정한 첫 번째 주가 되었다.[80]

5) 일본

일본은 1872년 창기해방령을 공포하여 공식적으로는 국가가 성매매를 금지하는 태도를 취했으나 근절되지 않았다. 이후 제2차 세계대전을 계기로 성매매에 대한 국가정책이 연합군의 영향으로 변화를 가져왔다. 연합군사령부는 1946년 1월 24일 위안부제를 폐지할 것을 명령하였다.

이러한 과정을 거쳐 1956년에 「매춘방지법」(賣春防止法)이 제정되었고, 2001년 3월 30일 제4차 개정법이 발효되었다. 또한 일본은 미성년자의 원조교제가 사회이슈화 되자 1999년 「청소년성매매 · 포르노처벌법」(1999년)을 제정하여 18세 이하에 대한 성구매자를 처벌하고 있다.

일본의 매춘방지법(1956년)과 청소년성매매 · 포르노처벌법은 우리나라의 윤락행위등방지법(1961년) 및 청소년의 성보호에 관한 법률(2000년) 제정에 영향을 주었다.

일본의 매춘방지법의 주요내용은 다음과 같다.[81] 성판매자가 성매매의 대상

78 허경미, 현대사회문제론, 박영사, 2022, 35－36.

79 DeLacey, Hannah. "A Critical Analysis of the Enactment of the Allow States and Victims to Fight Online Sex Trafficking Act of 2018." International Journal of Gender, Sexuality and Law 2.1 (2022): 100－139.

80 nbcnews, Texas is the first state to make buying sex a felony. Will this help trafficking victims?, 2021. 8.13.

81 http://web2.pref.kochi.jp/kisya/inet/html/00002740.html; 도중진, "일본형법의 개정(2005

이 되도록 권유하거나 도로 기타 공공의 장소에서 상대방을 가로막거나 따라 다니는 경우, 공중의 눈에 띄는 방법으로 손님을 기다리거나 광고 기타 유사한 행위를 하는 경우는 6월 이하의 징역 또는 1만엔 이하의 벌금에 처한다(제5조). 성매매 알선행위는 2년 이하의 징역 또는 5만엔 이하의 벌금에 처한다(제6조). 강압, 폭력, 협박 등으로 성매매를 하도록 강요한 경우는 3년 이하의 징역 또는 10만엔 이하의 벌금에 처하며(제7조), 영업으로 성매매를 시킬 것을 목적으로 선금을 주는 경우(제9조), 성매매장소 제공 등의 경우(제11조 1항)에도 같다. 성매매장소의 제공을 업으로 하는 경우에는 7년 이하의 징역 및 30만엔 이하의 벌금에 처한다(제11조 2항). 영업으로 성매매 영업장소를 운영하는 경우에는 10년 이하의 징역 및 30만엔 이하의 벌금에 처한다(제12조).

만 20세 이상의 성판매 여성을 징역의 집행유예처분을 할 경우 보호처분을 할 수 있고, 보호처분의 집행은 부인상담소나 부인상담원 등에서 할 수 있다(제17조, 제34조, 제35조). 국가는 도도부현의 부인상담소 운영에 필요한 예산을 지원할 수 있다(제40조).

4. 합법화주의

합법화주의(legalizationism)는 일정한 형태의 성매매를 법적으로 인정하고, 이에 대한 세금을 징수하며, 등록증, 의료감시체계를 의무화하거나 성매매거래 지역을 통제하는 정책을 말한다. 독일, 스위스, 네덜란드, 헝가리, 호주 빅토리아주, 멕시코, 캐나다, 터키, 미국 네바다주가 이에 해당한다.

1) 독일

독일은 2002년 1월 1일 이후 성매매가 합법화되었다. 그러나 성매매가 합법화되기까지 지난한 역사적 과정을 거쳤다.[82]

제2차 세계대전 이후 서독과 동독으로 분리된 후 동독은 성매매를 범죄로 규정하고 금지하였지만, 동베를린의 호텔들을 중심으로 주로 서독의 방문객 및 외국인 관광객 등을 대상으로 성매매가 성행했었다.

년) 동향", (형사정책연구소식, 97, 2006). pp. 40~45.

82 Barbara Kavemann, Findings of a study on the impact of the German Prostitution Act, Social Research Institute of Applied Sciences Freiburg. 2009. http://www.cahrv.uni-osnabrueck.de/reddot/BroschuereProstGenglisch.pdf/

1967년 유럽에서 가장 큰 6층 건물 규모의 에로스센터가 함부르크의 Reeperbahn에서 개업을 했다. 1972년에는 퀼른에 무려 12층짜리의 Pascha라는 에로스센터가 문을 열었다. 에이즈에 대한 두려움으로 에로스센터들이나 성매매업소의 영업은 잘되지 않아 1980년대 말까지 함부르크의 에로스센터는 폐업을 하였다. 그러나 퀼른의 Pascha는 여전히 성업을 이루었고, 다시 뮌헨 및 찰쯔부르그에 성매매업소들이 우후죽순으로 생겨나기 시작했다.

프랑크푸르트 홍등가의 에로스센터

1973년 독일형법의 개정으로 2001년까지는 성매매를 부추기는 모든 행동은 여전히 범죄로 남아있었다. 이러한 법조항은 성매매업소를 운영하는 업주들에게는 항상 불법이라는 위험을 느끼게 했다. 따라서 대부분의 성매매업주들은 바를 운영하고 합법적으로 룸을 임대하는 방식으로 영업을 했다. 그러나 많은 도시정부가 거리 성매매 및 호객행위, 포주 등을 통제한다는 명목 하에 기숙사형태의 성매매전용 건물을 도시중심부 및 상업지에 지어 이들에게 임대함으로써 엄청난 임대수익을 올리기 시작했다. 성판매자들은 이 건물의 룸을 하루 동안 임대하여 성을 팔았다. 이러한 건물들은 현재 대부분 개인소유로 넘어갔거나 에로스센터로 운영되고 있다.

한편 독일 최고법원은 성매매는 선한 도덕적 질서(good moral order)를 해치는 범죄행위라고 판결했다. 비도덕적인 계약은 무효이며, 따라서 성판매자가 받기로 한 성매매 대금은 받을 수 없다는 것이었다. 이에 따라 아파트 밖에서 일하는 성판매자들은 그들의 아파트 계약이 무효가 되거나 술집을 운영하는 사람들이 자신들의 객장 안에서 성매매를 한 경우 면허를 취소당할 위험에 빠졌다.

1999년에 Felicitas Weigmann라는 여성이 베를린에서 운영하는 자신의 카페 영업허가증을 취소당했다. 그녀의 카페에서 성판매자가 고객과 흥정을 하고, 역시 그녀가 운영하는 호텔 방을 잡아 성매매를 행하였기 때문이었다. 그녀는 법원에 더 이상 성매매는 도덕적 질서를 위협하는 행위가 아니라고 시민들이 인식하고 있으며 베를린시의 처분이 부당하다고 제소하였다. 법원은 엄격한 조사와 호객행위에 대한 시민들의 의견을 광범위하게 청취하였다. 법원은 2000년

12월 Weigmann의 주장이 옳다며 시는 그녀의 카페 영업취소결정을 철회하라는 명령을 내렸다. 이 결정은 2002년 1월 1일 성매매법(the Prostitution Law of 1 January 2002)이 하원을 통과하는 데 중요한 근거가 되었다. 베를린시는 2002년 10월 Weigmann의 카페 영업허가증을 돌려주었다.

2001년 10월 9일 녹색당에 의하여 제안된 한 페이지짜리의 법안이 마침내 2002년 1월 1일 독일의 하원에서 통과되었다.[83] 이 법은 성매매는 더 이상 범죄가 아니며, 성판매 노동계약은 정상적인 업무로 간주한다는 내용으로 더 이상 성매매를 비도덕적 행위로 간주해서는 안 된다며 성매매를 합법화시킨 것이다.

성판매업소는 허가증을 받아야 하며, 개인은 건강검진 등을 포함하여 등록을 하여야 한다. 18세 이하는 성판매를 위한 등록을 할 수 없다.

그러나 독일은 성매매 현장에서의 여전한 강압과 저임금, 그리고 구 동구권 및 아시안계의 성판매 여성들의 지하시장 진입으로 성매매를 허용하여 성매매여성들의 인권보장을 강화하려는 당초의 목적을 달성하는 데 실패하였다. 즉, 업주와 고객에 의한 폭력, 차별 등 인권침해의 양상이 더 심각해진 것이라는 평가를 받고 있다.[84]

한편 독일 법원은 성매매법이 성매매 종사자를 위한 법이지 업주를 위한 법이 아니라며 아파트나 주거지역 등에서 성매매업을 하는 업주들이 주거지역의 안정을 해치고, 주민의 평온을 해친다는 이유를 들어 성매매업소 허가증을 취소하고 있다.[85]

또한 독일은 「강제성행위거부법」(No means No law)을 2016년 7월 7일에 제정하였다.[86] 이 법은 형법 제177조를 개정한 것으로, 즉 성범죄 피해자의 성적자기의사결정권(sexual self determination right)을 보호하는 것이며, 피해자가 원하지 않는 것(No)은 더 이상 피해자가 다른 행동(가해자를 물리적으로 방어하는 등)을 하지 않더라도 분명하게 거절한 것(means no)으로 이에 반하는 행동은 강간

83 Wikipedia, Prostitution in Germany, http://en.wikipedia.org/wiki/Prostitution_in_Germany/

84 2009 Human Rights Report: Germany. State.gov. 11 March 2010. http://www.state.gov/g/drl/rls/hrrpt/2009/eur/136033.htm. Retrieved 5 May 2011.

85 Callgirl vom Amt, sueddeutsche.de, 7 May 2009. (German) 2011년 5월 30일 검색.

86 Deutsche Welle, 'No means no': Germany broadens definition of rape under new law, 2016. 7. 7. http://www.dw.com/en/no-means-no-germany-broadens-definition-of-rape-under-new-law/a-19385748/

(rape)으로 간주하여 가해자를 처벌하겠다는 취지를 반영하고 있다.[87]

이 법은 강간의 범위를 폭넓게 인정함으로써 남녀의 성적자기의사결정권을 폭넓게 인정하는 의미도 있다. 특히 성판매 여성들이 성구매자가 콘돔을 착용하지 않거나 성판매자가 원하지 않는 행위를 요구하는 것을 거부할 수 있으며, 성구매자가 더 이상의 행동을 요구할 경우 강간으로 간주되도록 함으로써 성판매자들의 안전을 보호하는 장치로서의 역할도 한다는 의의가 있다.[88]

CRIMINOLOGY

강제성행위거부법(No means No law)의 제정 배경

2015년 12월 31일 독일의 퀼른에서 379건과 함부르크에서 108건의 강도 및 절도, 성추행 등의 사건이 조직적으로 발생하였다. 이 가운데 40%가 독일 여성들이 집단 성추행을 당한 것으로 집계되었다. 범인은 북아프리카계와 중동계 난민들로 밝혀졌다. 경찰은 용의자들을 체포하였지만 증거 등을 확보하지 못하여 이들을 대부분 석방하였다. 이에 따라 2016년 3월부터 앙겔라 메르켈 (Angela Merkel) 독일 총리는 "성폭력 현장에 있다면, 직접 성폭력에 가담하지 않았더라도 처벌할 수 있도록 강간법 개정을 추진하였고, 나아가 피해자가 적극적으로 거부의사를 표현하지 않더라도 피해자가 원하지 않는 성적 접촉을 하는 경우 강간으로 처벌할 수 있도록 「성행위거부법」 제정을 추진하게 된 것이다.[89]

2) 스위스

스위스는 1942년부터 성매매를 합법화하였다. 1992년부터는 성매매 알선 및 업장도 운영할 수 있다. 반드시 허가증을 받아야 한다.[90] 성판매자는 성노동자의 지위를 가지며, 세금을 납부하여야 한다. 그러나 특정한 지역을 제외하고는 거리

87 허경미. (2023). 피해자학, 제4판, 박영사. pp. 302-304.

88 German rape law, German sexual assault law, rape laws 등이라고도 한다. US. NEWS, Germany passes new sex worker protection, no-means-no laws, http://www.usnews.com/news/news/articles/2016-09-23/german-sex-worker-protection-law-passes-final-hurdle/

89 Dazed, 'No means no' consent law passed in Germany, 2016.7.8. http://www.dazeddigital.com/artsandculture/article/31975/1/no-means-no-consent-law-passed-in-germany/

90 CBCNEWS, Switzerland raises legal prostitution age to 18, http://www.cbc.ca/news/world/switzerland-raises-legal-prostitution-age-to-18-1.1701251/

에서의 호객행위는 금지하고 있다. 성매매(massages)를 위한 신문광고나 모바일 광고가 허용된다.

18세 미만과의 성매매는 금지되지만, 실질적으로 16세에서 18세 사이의 미성년자를 업소에 채용하면 스위스 형법 제196조에 의거하여 3년 이하의 징역에 처해진다. 또한 18세 미만의 아동을 대상으로 음란물을 제작하거나 성매매업소에 고용하는 경우 10년 이하의 징역에 처한다.

2012년 취리히는 이른바 거리에서의 성매매 여성들의 안전을 보호하고, 시민들의 불편을 감소한다는 취지로 취리히 서쪽 지역에 이른바 섹스박스(sex boxes, Verrichtungsboxen)를 설치토록 하는 법을 주민투표에 부쳐 통과시켰다.

이에 따라 1년여 간의 시범운영을 마치고 2014년 8월에 정식으로 문을 열었다. 이 섹스박스는 나무로 지어졌다. 성구매자는 자동차를 이곳에 주차시키고 자동차 안에서 성구매를 할 수 있다. 그런데 이를 이용하는 성판매 여성들은 연간 43달러 정도의 임대비 및 일일 5달러 정도의 비용(세금)을 지불해야 한다. 운영시간은 오후 7시부터 아침 5시까지이다.

스위스 취리히의 섹스박스 모습

자료: https://www.youtube.com/watch?v=_cnyBsNtXzE/

3) 네덜란드

네덜란드는 성매매를 2000년에 합법화하였으며, 각 지방정부가 성매매업소에 대한 허가권을 가지고 있다. 성판매자 및 업주는 세금을 납부하여야 하며 일정한 의료적 감시를 받아야 한다. 그런데 그동안 네덜란드는 업주만 세금을 납부하였으나 암스테르담 정부는 성노동자(sex worker)로 등록된 3,000여 명에 대해서도 개별적으로 소득세(income taxes)를 납부하도록 하는 조례를 2011년 1월

에 통과시켰다.[91]

네덜란드에서는 중세시대부터 항구도시를 중심으로 성매매가 성행하였지만 제2차 세계대전 이후에는 내륙도시에까지 성행하였다. 네덜란드의 성매매의 합법화는 국민적 인식 변화에 따른 것이다. 네덜란드는 성매매 합법화 여부에 대한 국민의 인식조사를 1997년 및 1999년 2회에 걸쳐 시행하였다. 1997년에 실시한 조사에서는 73%가 성매매업소의 합법화를, 그리고 74%는 성판매를 수용할 수 있는 직업(acceptable job)으로 인식한다고 답변하였다. 그런데 1999년 조사에서는 응답자의 78%가 성판매를 다른 직업처럼 하나의 직업(job)으로 인식한다고 답하였다.

그러나 오늘날 네덜란드는 인신매매의 종착지라고 지칭될 만큼 성매매 합법화의 후유증을 앓고 있다. 네덜란드는 유럽 및 미국 등 세계 전역에서 성매매의 관광지로 인식되는 불명예와 함께 조직범죄 집단이 성매매를 위해 여성을 납치하거나 납치한 여성을 이곳의 업소로 팔아넘기려는 범죄 등이 넘쳐나고 있다.

결국 암스테르담은 2008년에 cohen 암스테르담 시장이 성매매업소 400곳 중 절반에 대하여 성매매 여성에 대한 착취 및 인신매매의 범죄혐의 등을 들어 폐업명령을 내렸다.[92] 또한 모든 학교 근처 커피숍 업주들에게도 폐업명령을 내렸다. 이는 커피숍 근처에서 성매매행위를 하거나 약물거래를 하는 등의 문제로 학생들의 교육적 환경을 침해하였기 때문이다. 그러나 cohen 시장은 이러한 조치가 성매매를 완전히 금지시키려는 것은 아니며, 성매매를 법의 테두리 내에서 통제가능하도록 하기 위한 조치라고 설명하였다. 네덜란드는 성매매업주와 조직범죄 집단의 연계를 강력하게 처벌하기 위하여 2009년에 특별검사를 임명하는 등 정책적 변화를 보이고 있다.

2010년 네덜란드 하원은 21세 이하와의 성매매 금지 및 성판매자의 사진이 담긴 허가증제, 그리고 성매매업소에 대한 등록번호 허가증제를 주요 내용으로 하는 성매매규제법(Parliamentary documentation on proposal 32211)을 통과시켰다.[93]

---

91 Wikipedia, Prostitution in the Netherlands, http://en.wikipedia.org/wiki/Prostitution_in_the_Netherlands/

92 Charter, David (2008-12-27). "Half of Amsterdam's redlight windows close". The Times (London). http://www.timesonline.co.uk/tol/news/world/europe/article5400641.ece.Retrieved 2010-03-27/

93 http://en.wikipedia.org/wiki/Prostitution_in_the_Netherlands/

CRIMINOLOGY

Amsterdam considers moving legal prostitution from red light district to suburban 'erotic center'

펨케 할세마(Femke Halsema) 암스테르담 시장은 현재의 홍등가(red light district)를 폐쇄하고, 도시 남쪽에 100개의 방이 있는 에로틱 센터(erotic center)를 세우는 계획을 발표하고 추진하고 있다. 그러나 이 계획은 홍등가의 종사자들로부터 거센 반발에 직면하고 있다.

Halsema는 "우리가 어떤 해결책을 선택하든 항상 항의가 있고 저항이 있을 것"이라고 주장한다. 3월에는 "빨간불을 지켜라" 현수막을 든 수십 명의 시위자들이 시청에서 시장과 대면하여 "프로젝트 1012 2.0" 계획이 안전하지 않고 생계에 해롭다고 항의했다. 그들은 시장을 자신들을 몰아낸다며 고소했다.

한편 EU 기구인 유럽의약품청(European Medicines Agency)도 새로 제안된 에로스 센터설치 지역이 자신들의 사무실 근처라며 반발하고 있다.

시장은 새로운 에로틱 센터가 어떤 위험도 초래하지 않을 것이며 실제로 성노동자들에게 더 안전할 것이며, 새 센터에 휴식, 예술, 문화 등을 위한 시설들을 설치할 것이라면서 시민, 관광객, 성매매 종사자 모두가 혜택을 받을 것이라고 주장하였다.

암스테르담시는 홍등가의 폐장 시간을 앞당기고, 대마초 흡연을 금지하는 등 규제를 강화하고 있다. 시는 또한 술, 섹스, 마약을 위해 도시를 방문하는 "성가신" 관광객을 대상으로 "Stay Away" 캠페인을 시작했다.....

Halsema 시장은 홍등가 때문에 암스텔담이 과도한 관광과 주택 부족으로 어려움을 겪고 있고, 죄악의 도시 이미지를 벗어야 한다고 강조한다. 그럼으로써 주민의 삶의 질을 높일 수 있다고 강조한다....중략..

자료: nypost, 2023년 4월 12일자 보도, https://han.gl/wFkEvf

따라서 성구매자는 성판매자에게 허가증의 제시를 요구할 수 있고, 성판매업소는 허가증을 눈에 띄는 곳에 반드시 게시하여야 한다. 또한 영업광고를 할 경우에는 반드시 등록번호를 고시하여야 한다.

한편 네덜란드 법무부는 2002년, 2007년, 2015년의 성매매 합법화 평가보고서를 통하여 여섯 가지 성매매합법화 목표를 모두 성공적으로 달성하지는 못하였다고 진단하고 있다. 즉 자발적 성매매와 강제적 성매매, 인신매매의 정확한 실태파악이 어렵고, 비합법적 성산업의 확대, 성산업에 종사하는 미성년자의 정확한 실태파악 곤란, 성노동자의 사회적 지위 향상의 결과가 뚜렷하지 않은 것으로 나타났다. 또한 성매매와 범죄와의 결탁을 성공적으로 차단하였다고 평가하기 어렵다는 것이다. 또한 성노동자의 인권문제와 외국인 이주민의 유입증가, 성매매국가 이미지 등의 문제점이 지적되었다.[94]

2015년 4월에 암스테르담 홍등가의 성판매자들은 암스테르담시가 도시 재정비 장기사업의 일환으로 홍등가를 폐쇄하려는 계획을 발표하고 우선 홍등가의 쇼윈도우 500여 개 중 115개를 철거토록 조치하자 이에 반대하는 시위를 벌이는 등 반발하였지만 그대로 시행되었다.[95]

계속해서 네덜란드 정부는 암스테르담의 홍등가를 없애기 위해 많은 정책을 내세우고 있고, 점차 홍등가는 주변의 식당과 소규모 기념품점, 패션점 등과 같이 일반 업소로 전환되고 있다.[96]

5. 비범죄화주의

비범죄화주의(Abolitionism)란 법적으로 성매매 행위자체를 규제하거나 금지하지 않는 입장을 말한다. 비범죄주의 국가에서는 성매매 처벌에 대한 특별한 법령을 가지고 있지 않은 경우가 많다. 이들은 극히 사적인 성매매를 자유로운 거래로 용인하지만, 성매매를 합법적 직업으로 인정하는 것은 아니다. 따라서 공공장소에서 호객행위나 성매매 광고 등은 불법이다. 학교나 병원 등의 특정지역,

94 허경미. (2019). 네덜란드의 성매매 합법화의 배경과 딜레마 연구. 교정연구, 29(2), 33－56.

95 HUFFPOST, Dutch Sex Workers Protest Planned Brothel Closures, http://live.huffingtonpost.com/r/segment/5523d2f802a760557c000023/

96 Independent News, https://www.independent.co.uk/voices/amsterdam－red－light－district－failing－prostitution－sex－work－decriminalisation－doesnt－work－holland－a8206511.htm/

특정시간, 특정유형의 성매매 역시 불법으로 간주한다. 덴마크, 브라질, 스페인, 폴란드, 핀란드, 이탈리아, 아일랜드, 호주 퀸스랜드주 등이 이에 해당한다.

6. 성매매의 합법화 및 범죄화의 쟁점

각국의 성매매에 법적 태도는 이상과 같이 매우 다양하지만 국가마다 합법화와 불법화의 경계에서 사회적 갈등이 있다.[97]

첫째, 성매매의 범죄화를 위하여 국가의 형벌권을 발동할 수 있는가의 문제이다. 국가의 형벌권은 도덕 또는 선량한 풍속을 해하는 것만으로는 발동될 수 없고, 일정한 법익을 해하는 경우에 발동할 수 있기 때문이다. 그러나 이에 대하여는 반대로 과연 성도덕과 성형법을 분리할 수 있느냐를 생각해 볼 수 있다. 우리 사회의 성도덕 자체가 사회구조적 차별과 성적 억압의 이데올로기적 표현이라는 사실, 성도덕이 성적 억압의 사회구조를 지속시키는 데 기여한다는 사실을 주목한다면 성매매에 대한 법적 제재는 필연적 대안이라 할 것이다.

물론 불평등한 사회구조와 사회적 담론을 변화시키는 것이 법규범적 영역이 아니므로 법은 최후의 수단으로 작용해야 한다는 보충성의 원칙을 근거로 이에 반대할 수도 있다. 그러나 보충성의 원칙은 개인의 자율성과 시민사회의 건전하면서도 자율적인 문제해결능력을 최대한 존중한다는 의미이지 단지 도덕적 영역이기 때문에 법이 관여할 수 없다고 소극적으로 해석해서는 안 된다는 생각이다.

둘째, 강요하지 않은 성매매, 즉 자유로운 합의에 의한 성매매의 경우도 금지할 수 있는가의 법규범적 수용의 한계이다. 이에 대하여는 "성매매는 그 자체로서는 신체나 의사결정의 자유를 침해하는 요소를 지니지 않고 당사자의 자유로운 의사결정에 의한 것이므로 당사자 사이에는 아무런 문제가 없는 행위이다. 이는 성매매를 바라보는 타인이 혐오감을 갖거나 위험하다고 생각하기 때문에 처벌하는 행위에 불과하다"는 주장도 있다.[98]

따라서 자유로운 합의에 의한 성매매라 할지라도 남성이 행하는 자율성과 여성의 자율성은 구조적으로 불평등하다고 본다. 성을 파는 여성은 인격적 자율성

97 미셸 · 리존스. (2014). 한국대법원의 판례를 통해 본 성매매 담론의 변화와 의미 (Doctoral dissertation, 서울대학교 대학원).

98 김주희. (2016). 여성 '몸−증권화'를 통한 한국 성산업의 정치경제적 전환에 대한 연구. 경제와사회, 111, 142−173.

을 침해받는 지위의 피해자이기 때문에 비범죄화 하여야 한다.

셋째, 성매매 알선행위와 성구매행위에 대한 처벌이 바람직한가의 문제이다. 성매매 알선행위 등에 대한 처벌에 대해서는 성인지적 관점이나 법규범학적 입장에서 모두 긍정적이다. 이에는 성매매 알선행위 등이 결국 남성지배의 공간을 지속적으로 창출해낸다고 인식하기 때문이다. 그러나 성구매자에 대해서는 양쪽의 입장이 다르다. 성인지적 관점에서는 처벌을 당연시하나 규범학적 입장에서는 매우 신중하다. 그러나 앞에서 언급한 것처럼 개인의 자율성은 그것이 건전한, 그리고 타인의 인격을 침해하지 않을 때에만 존중받을 뿐 그렇지 못하다면 법규범의 제재대상이라고 할 것이다.

7. 성매매 처벌 및 관련 정책

1) 형법 등

성매매를 범죄로 규정하고 「형법」은 제242조에서 영리의 목적으로 사람을 매개하여 간음하게 한 자는 3년 이하의 징역 또는 1천 500만원 이하의 벌금에 처하도록 규정하고 있다. 또한 제288조는 추행, 간음, 결혼 또는 영리의 목적으로 사람을 약취 또는 유인한 사람은 1년 이상의 유기징역에 처하도록 하였다. 상습으로 이 죄를 범한 자는 2년 이상의 유기징역에 처한다.

이 밖에 「아동복지법」 제17조 제2호에서는 아동(18세 미만)에게 음행을 시키거나 음행을 매개하는 행위에 대하여 10년 이하의 징역 또는 1억원 이하의 벌금에 처하고 있다.

2) 성매매 알선 등 행위의 처벌에 관한 법률

2002년 9월 11일 민주당 조배숙의원 등 85인이 발의한 성매매 알선 등 행위의 처벌에 관한 법률 및 성매매방지및피해자보호등에관한법률[99]이 2004년 3월 22일에 국회를 통과, 같은 해 9월 23일부터 시행됨으로써 윤락행위등방지법은 폐지되었다. 현행법은 법률 제11048호로 2011년 9월 15일 개정되어 2012년 9월 16일부터 발효되었다. 현행법은 2021년 3월 16일부터 시행되는 법률 제17931호

---

99 이 법의 제정목적은 성매매된 자 및 성을 파는 행위를 한 자의 사회복귀를 돕기 위하여 지원시설 및 상담소의 설치 및 운영을 활성화하고, 이용자의 의사에 따라 지원시설 및 상담소에서 제공하는 의료지원·취업교육 및 법률지원 등을 자유롭게 이용할 수 있도록 하여 원활한 사회복귀와 성매매행위의 재발을 방지하도록 하려는 것이다. 현행법은 법률 제15450호, 2018. 3. 13. 일부개정되어 2018. 9. 14. 부터 시행중이다.

이다.

❶ 용어의 정의(제2조)

'성매매행위'란 불특정인을 상대로 금품 그 밖의 재산상의 이익을 주거나 받거나 이를 약속하고 성교행위, 구강·항문 등 신체의 일부 또는 도구를 이용한 유사 성교행위 등을 하는 것을 말한다. '성매매알선등행위'란 성매매행위를 알선·권유·유인하는 행위, 성매매행위의 장소를 제공하는 행위, 성매매행위에 제공되는 사실을 알면서 자금·토지·건물을 제공하는 행위 등을 말한다.

'성매매 목적의 인신매매'란 다음과 같은 행위를 말한다.

① 성을 파는 행위 또는 「형법」 제245조에 따른 음란행위를 하게 하거나, 성교행위 등 음란한 내용을 표현하는 사진·영상물 등의 촬영 대상으로 삼을 목적으로 위계(僞計), 위력(威力), 그 밖에 이에 준하는 방법으로 대상자를 지배·관리하면서 제3자에게 인계하는 행위

② 위와 같은 만 19세 미만의 청소년, 사물을 변별하거나 의사를 결정할 능력이 없거나 미약한 사람 또는 대통령령으로 정하는 중대한 장애가 있는 사람이나 그를 보호·감독하는 사람에게 선불금 등 금품이나 그 밖의 재산상의 이익을 제공하거나 제공하기로 약속하고 대상자를 지배·관리[100]하면서 제3자에게 인계하는 행위

③ ① 및 ②의 행위가 행하여지는 것을 알면서 ①과 같은 목적이나 전매를 위하여 대상자를 인계받는 행위

④ ① 및 ②, ③의 행위를 위하여 대상자를 모집·이동·은닉하는 행위

'성매매피해자'란 다음에 해당하는 사람을 말한다.

① 위계, 위력, 그 밖에 이에 준하는 방법으로 성매매를 강요당한 사람

② 업무관계, 고용관계, 그 밖의 관계로 인하여 보호 또는 감독하는 사람에 의하여 「마약류관리에 관한 법률」 제2조에 따른 마약·향정신성의약품 또는 대마에 중독되어 성매매를 한 사람

---

100 다음에 해당하는 경우에는 대상자를 지배·관리하에 둔 것으로 본다.

1. 선불금 제공 등의 방법으로 대상자의 동의를 받은 경우라도 그 의사에 반하여 이탈을 제지한 경우
2. 다른 사람을 고용·감독하는 사람, 출입국·직업을 알선하는 사람 또는 그를 보조하는 사람이 성을 파는 행위를 하게 할 목적으로 여권이나 여권을 갈음하는 증명서를 채무이행 확보 등의 명목으로 받은 경우

③ 청소년, 사물을 변별하거나 의사를 결정할 능력이 없거나 미약한 사람 또는 대통령령으로 정하는 중대한 장애가 있는 사람으로서 성매매를 하도록 알선·유인된 사람

④ 성매매 목적의 인신매매를 당한 사람

❷ 성매매 금지행위 및 처벌

누구든지 성매매, 성매매알선 등 행위, 성을 파는 행위를 하게 할 목적으로 다른 사람을 고용·모집하거나 성매매가 행하여진다는 사실을 알고 직업을 소개·알선하는 행위 등 그리고 이와 같은 행위들 및 그 행위들이 행하여지는 업소에 대한 광고행위, 성매매 목적의 인신매매 등을 하여서는 아니 된다.

성매매 등 행위를 한 사람에 대하여 다음과 같이 처벌한다.

표 3-48 성매매알선등 행위의 처벌에 관한 법률상 범죄 및 처벌

성매매 범죄유형	처벌 내용
폭행·협박 위계 등, 보호·감독관계 이용으로 성을 파는 행위를 하게 한 경우 등	10년 이하 징역 또는 1억원 이하 벌금(대가의 전부 또는 일부를 받거나 청소년·심신장애자 등 상대 범행, 폭력조직 구성원의 범행은 1년 이상 유기징역)
감금 등 방법 성매매 강요, 고용·관리자의 위계 등에 의한 낙태 등 강요, 성매매목적 인신매매	3년 이상 유기 징역
피보호·감독자에게 마약 등 사용, 폭력조직 구성원의 성매매 목적 인신매매 등	5년 이상 유기 징역
영업으로 성매매알선 등	7년 이하 징역 또는 7,000만 원 이하 벌금
단순 성매매알선 등	3년 이하 징역 또는 3,000만 원 이하 벌금
성을 파는 행위 등을 하도록 직업의 소개·알선 목적 광고 등	
영업으로 위 광고물 제작·공급·게재한 행위 등	2년 이하 징역 또는 1,000만 원 이하 벌금(광고물이나 광고가 게재된 출판물의 배포행위는 1년 이하 징역 또는 500만 원 이하 벌금)
성매매행위자	1년 이하 징역, 300만 원 이하 벌금, 구류 또는 과료

❸ 성매매피해자에 대한 처벌 특례

성매매피해자의 성매매는 처벌하지 아니한다. 검사 또는 사법경찰관은 수사과정에서 피의자 또는 참고인이 성매매피해자에 해당한다고 볼 만한 상당한 이유가 있을 때에는 지체없이 법정대리인·친족 또는 변호인에게 통지하고, 신변보호, 수사의 비공개, 친족 또는 지원시설·성매매피해상담소에의 인계 등 필요한

조치를 하여야 한다. 다만, 피의자 또는 참고인의 사생활 보호 등 부득이한 사유가 있는 경우에는 통지하지 아니할 수 있다. 법원 또는 수사기관이 이 법에 규정된 범죄를 신고한 자 또는 성매매피해자를 조사하거나 증인으로 신문할 경우에는 「특정범죄신고자등보호법」상 제7조 내지 제13조를 준용한다.[101] 이 경우 같은 법 제9조 및 제13조를 제외하고는 보복을 당할 우려가 있을 것을 요하지 아니한다.

수사기관은 신고자 등을 조사하는 때에는 직권 또는 본인, 법정대리인의 신청에 의하여 신뢰관계에 있는 자를 동석하게 할 수 있다.

❹ 신뢰관계에 있는 사람의 동석

법원 또는 수사기관은 신고자등을 조사할 때에는 직권으로 또는 본인·법정대리인의 신청에 의하여 신뢰관계에 있는 사람을 동석하게 할 수 있다. 법원 또는 수사기관은 청소년, 사물을 변별하거나 의사를 결정할 능력이 없거나 미약한 사람 또는 중대한 장애가 있는 사람에 대하여 위 신청을 받은 경우에는 재판이나 수사에 지장을 줄 우려가 있는 등 특별한 사유가 없으면 신뢰관계에 있는 사람을 동석하게 하여야 한다.

신문이나 조사에 동석하는 사람은 진술을 대리하거나 유도하는 등의 행위로 수사나 재판에 부당한 영향을 끼쳐서는 아니 된다.

❺ 불법원인으로 인한 채권무효

성매매행위 및 성매매된 자와 관련한 선불금, 계약금, 대여금, 채무인수금, 대위변제금, 보증채무금, 신체에 관한 불법적인 권리를 내용으로 하는 약정, 계약위반을 원인으로 한 위약금 약정 등 명목여하를 불문한 채권 그 밖에 위와 관련된 일체의 채권은 그 형식에 관계없이 이를 무효로 한다.

검사 또는 사법경찰관은 불법원인과 관련된 의심이 있는 채무의 불이행을 이유로 고소·고발된 사건을 수사할 때에는 금품 그 밖에 재산상의 이익 제공이 성매매의 유인·강요나 성매매 업소로부터의 이탈방지수단으로 이용되었는지 여부를 확인하여 수사에 참작하여야 한다.

검사 또는 사법경찰관은 성을 파는 행위를 한 자나 성매매피해자를 조사할 때에는 불법원인에 의한 채권이 무효인 사실과 지원시설 등을 이용할 수 있음을

101 특정범죄신고자 등 보호법은 특정범죄 피해자의 보호 및 안전을 위하여 수사기관 및 법원은 일정한 조치를 하도록 규정하고 있다. 이에는 제7조(인적 사항의 기재 생략), 제8조(인적 사항의 공개 금지), 제9조(신원관리카드의 열람), 제10조(영상물 촬영), 제11조(증인 소환 및 신문의 특례 등), 제12조(소송진행의 협의 등), 제13조(신변안전조치) 등이 있다.

본인 또는 법정대리인 등에게 고지하여야 한다.

❻ 외국인 여성 등의 보호

외국인 여성이 성매매 등으로 인하여 피해 입은 사실을 고소·고발 또는 신고하여 수사 및 형사재판이 계속 중이거나, 해당 외국인 여성이 수사절차의 참고인 또는 형사재판에서 증인으로 소환된 경우 당해 심급절차에서의 판결이 선고될 때까지 출입국관리법의 규정에 의한 강제퇴거명령 및 보호처분의 집행을 해서는 안 된다.

❼ 몰수 · 추징 및 보상금의 지급

성매매 및 성매매목적의 인신매매 범죄를 수사기관에 신고한 자에 대하여는 보상금을 지급할 수 있다. 또한 이를 범한 자가 그 범죄로 인하여 얻은 금품 및 재산상의 이익은 몰수·추징하고, 그 금원 중 3/100 이상 15/100 이하의 범위 이내에서 해당 범죄를 신고한 자에게 보상금으로 지급한다.

❽ 보호처분의 결정

성매매행위를 한 자에 대하여 형벌 대신에 보호처분의 결정으로써 성매매행위 등이 발생하는 장소에의 출입 및 연락금지, 사회봉사·수강명령(구매자), 보호관찰, 지원시설에의 교육·상담위탁, 의료기관에의 치료위탁을 할 수 있다. 보호처분은 6개월을, 수강명령은 100시간을 초과할 수 없다.

3) 청소년보호법

「청소년보호법」은 청소년의 유해매체물과 유해업소에의 접근 및 이를 통한 청소년과의 성매매행위를 포괄적으로 처벌하는 규정을 두고 있다.[102] 이 법은 청소년에게 유해한 매체물과 약물 등이 청소년에게 유통되는 것과 청소년이 유해한 업소에 출입하는 것 등을 규제하고, 청소년을 청소년폭력·학대 등 청소년유해행위를 포함한 각종 유해한 환경으로부터 보호·구제함으로써 청소년의 건전한 성장을 돕기 위하여 제정하였다.

4) 아동·청소년의 성보호에 관한 법률

❶ 범죄유형

아동·청소년의 성폭력 유형을 참고한다.

102 청소년 보호법 제2조, [시행 2022. 1. 1.] [법률 제18550호, 2021. 12. 7., 일부개정].

❷ 공소시효 특례

아동·청소년대상 성매수의 공소시효는 해당 성범죄로 피해를 당한 아동·청소년이 성년에 달한 날부터 진행한다.

❸ 친권상실청구 등

아동·청소년대상 성범죄 사건을 수사하는 검사는 그 사건의 가해자가 피해아동·청소년의 친권자나 후견인인 경우에 법원에 친권상실선고 또는 후견인 변경 결정을 청구하여야 한다. 다만, 친권상실선고 또는 후견인 변경 결정을 하여서는 아니 될 특별한 사정이 있는 경우에는 그러하지 아니하다.

❹ 신상정보 공개명령

법원은 아동청소년의 성범죄자에 대하여 정보통신망을 이용하여 공개하도록 하는 명령, 즉 공개명령을 선고할 수 있다. 대상자나 절차에 대해서는 6. 신상정보 공개제도에서 상세하게 설명한다. 여기서는 이 제도의 도입배경과 헌법재판소의 합헌결정 판결에 대하여 기술한다.

구 청소년의 성보호에 관한 법률 제20조는 청소년의 성매수사범의 신상공개를 규정하고 있었지만, 현재는 신상정보 등록 및 열람제도로 변경되었다. 이 제도는 시행과정 중 위헌적 소지와 그 효과성 등으로 논란이 되어왔지만, 2007년 11월의 안양의 초등생 성폭행사건을 계기로 아동성폭력사범 및 청소년성매매사범 등을 비롯한 일부 성범죄자의 신상정보등록 및 열람제도로 변경되어 2008년 2월 29일부터 시행되고 있다.

신상공개제도는 1996년에 제정된 미(美)연방의 성범죄자등록법(Sex Offender Registration Acts: SORAs), 즉 일명 메간법(Megan's Law)[103]을 그 원형으로 하고 있다. 메간법은 성범죄자를 등록시키고, 일정한 경우 이 정보를 의무적으로 공개하도록 요구하고 있다. 이는 성범죄자로부터 지역사회를 보호하기 위한 것이다. 그러나 50개주의 메간법은 각각 등록대상범죄, 범죄자정보의 제공대상의 범위, 공개방법 등에서 그 차이가 있다.

이 신상공개제도는 공직자윤리법(제8조의2 제1항), 남녀고용평등법(제20조의2) 등에서도 활용된다. 그런데 이러한 경우에는 행정법상의 의무위반 또는 불이행에 대하여 행정청이 그 사실을 일반에게 공표함으로써 그에 따르는 사회적 비난

103 Laura A. Ahearn, "Megan's Law Nationwide and The Apple of My Eye Childhood Sexual Abuse Prevention Program," (Prevention Press USA, 2001), pp. 13~32.

이라는 간접적·심리적 강제에 의하여 상대방의 의무이행을 확보하려는 성격이 강하다.[104] 그러나 과거 청소년의 성보호에 관한 법률상의 신상공개제도는 형사제재적인 성격이 강하여 헌법 제13조 제1항의 '이중처벌금지의 원칙'에 반한다는 주장도 있다.

CRIMINOLOGY

메건법의 연방법상 정식명은 『Violent Crime Control and Law Enforcement Act』이다. 미국에서는 이미 1990년도에 메건법과 유사한 내용을 담은 법인 「the Washington State Community Protection Act of 1990」이 워싱턴주에서 제정되어 시행되고 있었으나 1994년 뉴저지주에서 메건법을 제정하자[105] 연방정부는 이 법을 기초로 연방법인 「The Federal Violent Crime Control and Law Enforcement Act」의 일부로 「The Jaob Wetterling Crimes Against Children and Sexually Violent Offender Registration Act」[106]을 제정하였다. 각 주정부는 연방정부의 메건법을 기초로 각 주의 실정에 맞는 메건법을 제정하였다. 이후 1996년 5월 17일 「The Pam Lychner Sexual Offender Tracking and Identification Act of 1996」을 통하여 각 주정부가 성범죄자의 지역사회공개를 원칙으로 하는 내용의 메건법을 제정할 것을 요구하는 것을 주요내용으로 하는 개정작업 이후 7번의 개정작업을 거듭하였다.

메건법의 위헌성 여부에 대해 미국의 연방대법원은 2003년 3월 5일에 미국의 수정헌법정신에 반하지 않는다고 판결하였다.[107]

그러나 헌법재판소는 신상공개제도가 이중처벌금지의 원칙을 위반하지 않았으며, 과잉금지원칙, 평등원칙, 적법절차 등을 위배하지 않았고, 무엇보다 공익적 목적이 크다고 판시하였다(헌재 2018. 3. 29. 선고 2017헌마396).

---

104 여경수. (2017). 헌법상 개인정보자기결정권과 성범죄자 신상등록·신상공개·신상고지 제도. 형사법의 신동향, 396－433.

105 뉴저지 주 메건법은 Jesse Timmendequas라는 남자가 건너편 집의 7세난 소녀 Megan Kanka를 강간 후 살해한 사건을 계기로 메건의 부모가 주정부에 "모든 부모는 이웃에 흉악범이 이사올 경우 그에 대한 신상정보를 알 권리가 있다"며 벌인 서명운동에 주민 40여 만명이 동참함으로써 1994년에 제정되었다. 뉴저지 주는 이 법을 메건법이라고 명명하였다. 현재 메건법은 성범죄자에 대한 등록(registration) 및 공개(notification)를 주요내용으로 하고 있다.

106 42 U.S.C. § 13701.

107 미국연방대법원, http://www.supremecourtus.gov/

V. 성범죄자 신상정보 등록

성범죄자에 대한 신상정보 등록대상 및 운영은 성폭력범죄의 처벌 등에 관한 특례법에 의한다.[108]

1. 의의

일정한 성범죄자의 정보를 국가가 관리하며, 정보의 공개 및 범죄자처우등에 활용하는 것을 말한다. 법원은 등록대상 성범죄로 판결을 선고할 경우에 등록대상자라는 사실과 신상정보 제출 의무가 있음을 등록대상자에게 알려 주어야 한다.

법원은 판결이 확정된 날부터 14일 이내에 판결문 등본을 법무부장관에게 송달하여야 한다.

2. 등록대상

성폭력범죄의 처벌 등에 관한 특례법 및 아동·청소년의 성보호에 관한 법률상 등록대상 성범죄로 유죄판결이 확정된 자 또는 공개명령이 확정된 자이다.

3. 신상정보의 제출의무

등록대상자는 판결이 확정된 날부터 30일 이내에 자신의 신상정보를 자신의 주소지를 관할하는 경찰관서의 장에게 직접 제출하여야 한다. 다만, 등록대상자가 교정시설 또는 치료감호시설에 수용된 경우에는 그 교정시설의 장 등에게 신상정보를 제출한다.[109]

제출정보

1. 성명
2. 주민등록번호
3. 주소 및 실제거주지

108 성폭력범죄의 처벌 등에 관한 특례법 제42조-제49조의2. 이 책에서는 2020년 6월 25일부터 시행되는 법률 제17086호를 바탕으로 기술한다.

109 성폭력범죄의 처벌 등에 관한 특례법 제43조.

4. 직업 및 직장 등의 소재지
5. 연락처(전화번호, 전자우편주소)
6. 신체정보(키와 몸무게)
7. 소유차량의 등록번호

그림 3-22 신상정보 등록절차

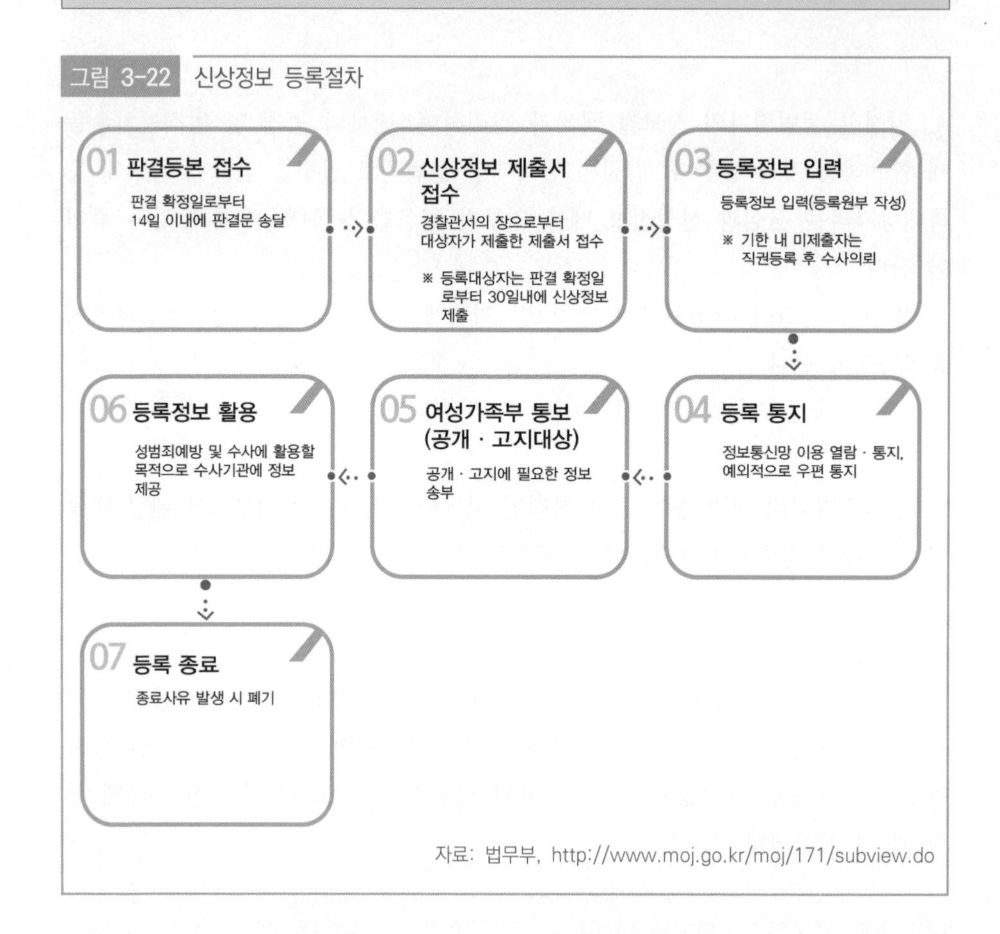

자료: 법무부, http://www.moj.go.kr/moj/171/subview.do

4. 등록정보 및 기간

법무부장관은 등록대상 성범죄경력정보, 성범죄전과사실, 전자장치부착여부 등의 등록정보를 최초등록일부터 다음의 기간에 따라 차등하게 관리하여야 한다.

등록정보

1. 성명 2. 주민등록번호 3 신체정보(키와 몸무게)
4. 주소 및 실제거주지 5. 소유차량의 등록정보 6. 사진(상반신 및 전신)
7. 연락처(전화번호, 전자우편번호) 8. 직업 및 직장 등의 소재지
9. 성범죄 경력 정보 10. 성범죄 전과 사실 11. 전자장치 부착여부 및 기간

등록기간

1. 신상정보 등록의 원인이 된 성범죄로 사형, 무기징역 · 무기금고형 또는 10년 초과의 징역 · 금고형을 선고받은 사람: 30년
2. 신상정보 등록의 원인이 된 성범죄로 3년 초과 10년 이하의 징역 · 금고형을 선고받은 사람: 20년
3. 신상정보 등록의 원인이 된 성범죄로 3년 이하의 징역 · 금고형을 선고받은 사람 또는 「아동 · 청소년의 성보호에 관한 법률」 상 아동성범죄의 재범우려가 있는 경우로 공개명령이 확정된 사람: 15년
4. 신상정보 등록의 원인이 된 성범죄로 벌금형을 선고받은 사람: 10년

표 3-49 신상정보 등록, 공개, 고지

구분	계	등록	등록, 공개	등록, 공개, 고지
2017	58,053 (100)	49,568 (85.4)	536 (0.9)	7,949 (13.7)
2018	71,012 (100)	62,935 (88.6)	408 (0.6)	7,669 (10.8)
2019	82,647 (100)	75,048 (90.8)	338 (0.4)	7,261 (8.8)
2020	94,160 (100)	87,083 (5)	287 (0.3)	6,790 (7.2)
2021	105,445 (100)	98,331 (93.8)	259 (0.2)	6,355 (6.0)

자료: 법무부, 범죄예방정책통계분석, 2022, 206. 재구성.

표 3-50 신상정보 신규등록 대상자의 죄명별

구분	계	강간등	강제추행	카메라등 이용 촬영	공중 밀집 장소 추행	통신 매체 이용 음란	성적 목적 침입	음란물 제작 배포	유사 성행위	아동 성학대	성매수	성매매 강요	성매매 알선 영업	성착취물 소지 등
2017	12,614	2,424	6,338	2,067	772	88	50	76	71	105	358	90	175	–
	100%	19.2	50.2	16.4	6.1	0.7	0.4	0.6	0.6	0.8	2.8	0.7	1.4	–
2018	14,053	2,470	7,496	2,388	770	105	58	57	90	113	278	88	140	–
	100%	17.6	53.3	17.0	5.5	0.7	0.4	0.4	0.6	0.8	2.0	0.6	1.0	–
2019	12,908	2,306	6,869	2,252	603	101	104	109	107	132	183	48	94	–
	100%	17.9	53.2	17.4	4.7	0.8	0.8	0.8	0.8	1.0	1.4	0.4	0.7	–
2020	13,071	2,340	7,032	2,179	514	117	132	169	91	156	188	38	111	4
	100%	17.9	53.8	16.7	3.9	0.9	1.0	1.3	0.7	1.2	1.4	0.3	0.9	0.0
2021	13,485	2,356	6,599	2,279	355	124	119	635	104	174	202	66	101	371
	100	17.5	48.9	16.9	2.6	0.9	0.9	4.7	0.8	1.3	1.5	0.5	0.7	2.8

자료: 법무부, 범죄예방정책통계분석, 2022, 208. 재구성.

CRIMINOLOGY

아동 성추행 유죄받은 사람 신상정보 등록은 합헌

아동 · 청소년을 성추행해 유죄 판결을 받은 사람의 신상 정보를 수사 기관에 등록하도록 한 성폭력 범죄의 처벌 등에 관한 특례법(성폭법) 조항은 헌법에 어긋나지 않는다는 결정이 나왔다. …중략…

성폭법 42조는 아동 · 청소년 강제추행으로 유죄 판결이나 벌금형의 약식명령이 확정된 경우 신상 정보 등록 대상자로 정하고 경찰에 신상 정보를 제출하도록 했다. 43조의 2는 6개월 이상 해외 체류를 위해 출국하거나 후에 입국할 경우 경찰에 체류 국가와 기간 등을 신고하도록 했다. 벌금형이 확정된 A씨는 "재범 위험성을 고려하지 않고 일괄적으로 신상 정보 등록과 출입국 신고 의무를 부과하는 것은 개인의 자기 정보 결정권 침해"라며 헌법소원을 냈다.

헌법재판소는 "신상 정보 등록은 신상 정보 공개나 약물 치료 등과 비교할 때 기본권 제한은 크지 않고 이로 인한 재범 방지의 공익은 매우 크다"고 했다. 출입국 신고 조항에 대해서도 "신상 정보 등록 제도의 효과적인 운영을 위해 불가피하다"고 했다. 반면 이석태, 김기영, 이영진 재판관은 "재범 위험성을 심사하지 않고 일률적으로 등록 대상자로 정한 것은 위헌"이라는 소수 의견을 냈다.

자료: 조선일보, 2019년 12월 9일자 보도.

5. 등록정보의 확인

관할경찰관서의 장은 등록기간 중 다음의 구분에 따른 기간마다 등록대상자와의 직접 대면 등의 방법으로 등록정보의 진위와 변경 여부를 확인하여 그 결과를 법무부장관에게 송부하여야 한다.

1. 등록기간이 30년인 등록대상자: 3개월
2. 등록기간이 20년 또는 15년인 등록대상자: 6개월
3. 등록기간이 10년인 등록대상자: 1년

** 다만 대상자가 신상정보 공개 및 고지 대상자인 경우에는 3개월 마다.

신상정보 등록대상자는 변경사유가 발생한 날로부터 20일 이내에 관할 경찰관서의 장에게 제출하여야 한다. 6개월 이상 국외에 체류하기 위해 출국하는 경우 관할 경찰관서의 장에게 출국신고를 하여야 한다. 입국일로부터 14일 이내에 관할 경찰관서의 장에게 입국신고를 하여야 한다. 사정변경시 관할 경찰관서장에게 신고하여야 한다.

6. 등록의 면제

신상정보 등록의 원인이 된 성범죄로 형의 선고를 유예받은 사람이 선고유예를 받은 날부터 2년이 경과하여 면소된 것으로 간주되면 신상정보 등록을 면제한다.[110]

등록대상자는 다음에 따른 기간(교정시설 또는 치료감호시설에 수용된 기간은 제외)이 경과한 경우에는 법무부장관에게 신상정보 등록의 면제를 신청할 수 있다.

1. 등록기간이 30년인 등록대상자: 최초등록일부터 20년
2. 등록기간이 20년인 등록대상자: 최초등록일부터 15년
3. 등록기간이 15년인 등록대상자: 최초등록일부터 10년
4. 등록기간이 10년인 등록대상자: 최초등록일부터 7년

110 성폭력범죄의 처벌 등에 관한 특례법 제45조의2.

법무부장관은 등록의 면제를 신청한 등록대상자가 다음의 요건을 모두 갖춘 경우에는 신상정보 등록을 면제한다.

등록기간 중 등록대상 성범죄를 저질러 유죄판결이 확정된 사실이 없을 것 선고받은 징역 · 금고형의 집행을 종료하거나 벌금 완납 부과받은 신상정보 공개 · 고지명령, 전자장치 부착명령, 성충동 약물치료명령의 집행 종료 부과받은 보호관찰, 사회봉사, 수강명령(이수명령)의 집행 완료 등록기간 중 신상정보 등록, 전자장치 부착명령, 성충동 약물치료명령에 관한 의무위반 범죄가 없을 것

7. 등록의 종료

신상정보의 등록은 다음에 해당하는 때에 종료된다.[111]

1. 등록기간이 지난 때 2. 등록이 면제된 때

법무부장관은 등록이 종료된 신상정보를 즉시 폐기하여야 한다. 이 경우 등록대상자가 정보통신망을 이용하여 폐기된 사실을 열람할 수 있도록 하여야 한다. 다만, 등록대상자가 신청하는 경우에는 폐기된 사실을 통지하여야 한다.

VI. 성범죄자 신상등록정보 공개

1. 의의

성범죄자 신상정보 공개제도란 특정한 성범죄자의 정보를 성범죄자알림e사이트(www.sexoffendr.go.kr)를 통하여 국민에게 공개하는 것을 말한다.

2. 공개대상

법원은 판결로 신상정보 공개대상 피고인의 공개정보를 정보통신망을 이용하여 공개하도록 하는 명령(공개명령)을 등록대상 사건의 판결과 동시에 선고하

111 성폭력범죄의 처벌 등에 관한 특례법 제45조의3.

여야 한다. 다만, 피고인이 19세 미만의 아동·청소년인 경우, 그 밖에 신상정보를 공개하여서는 아니 될 특별한 사정이 있다고 판단하는 경우에는 그러하지 아니하다.[112]

공개대상은 다음과 같다.

1. 아동·청소년대상 성폭력범죄를 저지른 자
2. 성폭력범죄의 처벌 등에 관한 특례법 상 범죄를 저지른 자
3. 13세 미만의 아동·청소년 대상 성범죄자로서 13세 미만의 아동·청소년을 대상으로 성범죄 재범 위험성이 인정되는 자
4. 위 1, 2의 죄를 범하였으나 형법상 심신상실로 처벌할 수 없는 자로서 위 1, 2의 죄를 다시 범할 위험성이 있다고 인정되는 자

3. 공개정보

등록대상자의 공개되는 정보는 다음과 같다.[113]

1. 성명
2. 나이
3. 주소 및 실제거주지(도로명주소법상 도로명 및 건물번호 포함)
4. 신체정보(키, 몸무게)
5. 사진
6. 성범죄 요지(판결일자, 죄명, 선고형량)
7. 성폭력범죄 전과사실(죄명 및 횟수)
8. 전자장치부착여부

4. 공개명령의 집행

공개명령은 법원의 명령에 따라 여성가족부장관이 정보통신망을 이용하여 집행한다.[114]

112 아동·청소년의 성보호에 관한 법률 제49조.

113 아동·청소년의 성보호에 관한 법률시행령 제49조.

114 아동·청소년의 성보호에 관한 법률 제52조–제53조.

법원은 공개명령의 판결이 확정되면 판결문 등본을 판결이 확정된 날부터 14일 이내에 법무부장관에게 송달하여야 하며, 법무부장관은 공개정보를 지체 없이 여성가족부장관에게 송부하여야 한다.

여성가족부장관은 아동·청소년대상 성범죄의 발생추세와 동향, 그 밖에 계도에 필요한 사항을 연 2회 이상 공표하여야 한다.

5. 열람권자

등록대상자의 등록정보에 대하여 성범죄자알림e사이트를 이용하여 공개정보를 열람할 시에는 실명인증절차를 거쳐야 한다.[115]

표 3-51 전국 신상정보 공개대상자 현황

구분	2023
합계(명)	3,183
서울	424
부산	171
대구	140
인천	233
광주	120
대전	83
울산	58
세종	9
경기	704
강원	125
충북	138
충남	176
전북	187
전남	142
경북	203
경남	229
제주	41

자료: 성범죄자 알림e사이트, https://www.sexoffender.go.kr/

115 아동·청소년의 성보호에 관한 법률시행령 제21조.

6. 공개기간

등록정보의 공개기간은 판결이 확정된 때부터 기산한다.[116] 다만, 공개명령을 받은 자가 실형 또는 치료감호를 선고받은 경우에는 그 형 또는 치료감호의 전부 또는 일부의 집행을 종료하거나 집행이 면제된 때부터 기산한다. 등록정보의 공개기간은「형의 실효 등에 관한 법률」제7조에 따른 기간을 초과하지 못한다. 따라서 3년을 초과하는 징역·금고인 경우 10년을, 3년 이하의 징역·금고는 5년을 초과하지 못한다.

다음의 경우에는 공개기간에 포함되지 않는다.

1. 공개대상자가 신상정보 공개의 원인 성범죄로 교정시설 또는 치료감호시설에 수용된 기간
2. 공개 이전 공개대상자가 다른 범죄로 교정시설 또는 치료감호시설에 수용된 기간
3. 공개 이후 공개대상자가 다른 범죄로 교정시설 또는 치료감호시설에 수용된 기간

7. 공개정보의 악용금지

공개정보는 아동·청소년 등을 등록대상 성범죄로부터 보호하기 위하여 성범죄 우려가 있는 자를 확인할 목적으로만 사용되어야 한다.

공개정보를 확인한 자는 공개정보를 활용하여 다음 각 호의 행위를 하여서는 아니 된다.

1. 신문·잡지 등 출판물, 방송 또는 정보통신망을 이용한 공개
2. 공개정보의 수정 또는 삭제

공개정보를 확인한 자는 공개정보를 등록대상 성범죄로부터 보호할 목적 외에 다음 각 호와 관련된 목적으로 사용하여 공개대상자를 차별하여서는 아니 된다.

116 아동·청소년의 성보호에 관한 법률시행령 제49조.

1. 고용(아동 · 청소년 관련기관등에의 고용은 제외)
2. 주택 또는 사회복지시설의 이용
3. 교육기관의 교육 및 직업훈련 또는 삭제

VII. 성범죄자 신상정보 고지

1. 의의

신상정보 고지제도란 신상정보공개대상자 중 일정한 요건에 해당하는 사람에 관한 고지정보를 특정한 사람에게 고지하는 것을 말한다.[117]

법원은 공개대상자에 대하여 판결로 신상정보의 공개명령 기간 동안 고지정보를 고지하도록 고지명령을 등록대상 성범죄 사건의 판결과 동시에 선고하여야 한다. 다만, 피고인이 아동 · 청소년인 경우, 그 밖에 신상정보를 고지하여서는 아니 될 특별한 사정이 있다고 판단하는 경우에는 그러하지 아니하다.

2. 고지대상

신상정보 고지대상자는 다음과 같다.

1. 아동 · 청소년대상 성폭력범죄를 저지른 자
2. 성폭력범죄의 처벌 등에 관한 특례법상 성인대상 성폭력범죄를 저지른 자
3. 위의 범죄를 저질렀으나 심신장애로 처벌할 수 없는 자로서 다시 위의 범죄를 저지를 위험성이 있다고 인정되는 자

3. 고지정보

고지정보는 다음과 같다.

1. 성명
2. 나이

117 아동 · 청소년의 성보호에 관한 법률 제50조.

> 3. 주소 및 실제거주지(읍 · 면 · 동까지로 한다): 실제 거주지의 상세주소 만약 고지대상자가 전출하는 경우에는 전출지와 고지정보 등을 고지한다.
> 4. 신체정보(키와 몸무게)
> 5. 사진
> 6. 아동 · 청소년대상 성범죄 요지(판결일자, 죄명, 전과형량)
> 7. 성폭력범죄 전과사실
> 8. 전자장치부착여부

4. 고지기간

고지대상자의 고지기간은 다음 기간 동안 집행되어야 한다.

> 1. 집행유예를 선고받은 고지대상자는 신상정보 최초 등록일부터 1개월 이내
> 2. 금고 이상의 실형을 선고받은 고지대상자는 출소 후 거주할 지역에 전입한 날부터 1개월 이내
> 3. 고지대상자가 다른 지역으로 전출하는 경우에는 변경정보 등록일부터 1개월 이내

5. 고지명령의 집행

고지명령의 집행은 여성가족부장관이 한다. 법원은 고지명령의 판결이 확정되면 판결문등본을 14일 이내에 법무부장관에게 송달하고, 법무부장관은 지체없이 여성가족부장관에게 송달하여야 한다.[118]

법무부장관은 고지대상자가 출소하는 경우 출소 1개월 전까지 다음 정보를 여성가족부장관에게 송부하여야 한다.

> 1. 고지대상자의 출소 예정일
> 2. 고지대상자의 출소 후 거주지 상세주소

여성가족부장관은 고지정보를 관할구역에 거주하는 다음의 사람에게 우편으로 송부하고, 읍 · 면 사무소 또는 동주민자치센터 게시판에 30일간 게시하는 방

118 아동 · 청소년의 성보호에 관한 법률 제51조.

법으로 고지명령을 집행한다(읍·면사무소의 장 또는 동 주민자치센터의 장에게 위임 가능).

고지대상자 정보의 통보대상자

- 아동·청소년의 친권자 또는 법정대리인이 있는 가구
- 「영유아보육법」에 따른 어린이집의 원장
- 「유아교육법」에 따른 유치원의 장과 「초·중등교육법」 학교의 장
- 읍·면사무소와 동 주민자치센터의 장
- 「학원의 설립·운영 및 과외교습에 관한 법률」 학교교과교습학원의 장
- 「아동복지법」 지역아동센터, 「청소년활동 진흥법」 청소년수련시설의 장

6. 고지정보의 정정 등

누구든지 고지정보에 오류가 있음을 발견한 경우 여성가족부장관에게 그 정정을 요청할 수 있다.[119] 여성가족부장관은 정정요청을 받은 경우 법무부장관에게 그 사실을 통보하고, 법무부장관은 고지정보의 진위와 변경 여부를 확인하기 위하여 고지대상자의 주소지를 관할하는 경찰관서의 장에게 직접 대면 등의 방법으로 진위와 변경 여부를 확인하도록 요구할 수 있다.

법무부장관은 고지정보에 오류가 있음을 확인한 경우 변경정보를 등록한 후 여성가족부장관에게 그 결과를 송부하고, 여성가족부장관은 집행된 고지정보에 정정 사항이 있음을 알려야 한다. 그리고 처리 결과를 고지정보의 정정을 요청한 자에게 알려야 한다.

Ⅷ. 성범죄자 취업제한

1. 의의

성범죄자 취업제한이란 성범죄자가 아동·청소년 관련 기관에 취업하는 것을 사전에 제한함으로써 성범죄로부터 아동·청소년을 보호하려는 제도이다.

법원은 아동·청소년대상 성범죄 또는 성인대상 성범죄로 형 또는 치료감호

119 아동·청소년의 성보호에 관한 법률 제51조의2.

를 선고하는 경우(벌금형 제외)에는 판결로 그 형의 집행이 종료된 이후 일정기간 동안 아동·청소년 관련기관 등을 운영하거나 아동·청소년 관련기관등에 취업 또는 사실상 노무를 제공할 수 없도록 하는 취업제한 명령을 성범죄 사건의 판결과 동시에 선고하여야 한다.

다만, 재범의 위험성이 현저히 낮은 경우, 그 밖에 취업을 제한하여서는 아니되는 특별한 사정이 있다고 판단하는 경우에는 그러하지 아니한다.[120]

한편 헌법재판소는 취업제한제에 대하여 부분적으로 헌법불합치 즉, 위헌판결을 내려 이를 바탕으로 취업제한 기간을 차등적용하게 되었다.

구 아동·청소년의 성보호에 관한 법률 제44조 제1항 위헌확인

【판시사항】

성인대상 성범죄로 형을 선고받아 확정된 자는 그 형의 집행을 종료한 날부터 10년 동안 아동·청소년 관련 교육기관 등을 운영하거나 위 기관에 취업할 수 없도록 한 구 '아동·청소년의 성보호에 관한 법률'(2010. 4. 15. 법률 제10260호로 개정되고, 2012. 2. 1. 법률 제11287호로 개정되기 전의 것) 제44조 제1항 중 '성인대상 성범죄로 형을 선고받아 확정된 자'에 관한 부분이 청구인의 직업선택의 자유를 침해하는지 여부(적극)

【결정요지】

아동·청소년 관련 교육기관 등에 종사하는 사람들의 자질을 일정 수준 담보하여 아동과 청소년을 잠재적 성범죄로부터 보호하고, 아동·청소년과 그 보호자가 이들 기관을 믿고 이용하거나 따를 수 있도록 하는 심판대상조항의 입법목적은 정당하다. 또 성범죄로 형을 선고받아 확정된 사람에 대하여 일정기간 아동·청소년 관련 교육기관 등에 취업할 수 없도록 하는 것은 위와 같은 입법목적을 달성할 수 있는 적절한 수단이다.

그러나 심판대상조항은 성범죄 전과자라는 이유만으로 이들이 다시 성범죄를 저지를 것이라는 전제 아래 취업제한이라는 제재를 예외 없이 부과하는 점, 성범죄 전력자의 구체적 범죄행위 유형 등을 고려하지 않고 일군의 성범죄를 저지른 사람 전부에 대해서 동일한 취업제한 기간을 두는 점 등에서 침해의 최소성 원칙에 위배된다. 또한, 심판대상조항이 달성하고자 하는 공익이 우리 사회의 중요한 공익이지만 심판대상조항에 의하여 청구인의 직업선택의 자유가 과도하게 제한되므로, 심판대상조항은 법익의 균형성 원칙에도 위배된다.

따라서 심판대상조항은 과잉금지원칙을 위반하여 청구인의 직업선택의 자유를 침해한다(헌법재판소, 전원재판부 2013헌마436, 2016. 7. 28.).

120 아동·청소년의 성보호에 관한 법률 제56조.

2. 대상자 및 기간

취업제한의 대상자는 아동·청소년대상 성범죄 또는 성인대상 성범죄로 형 또는 치료감호를 선고받아 확정된 자이다.

기간은 그 형 또는 치료감호의 전부 또는 일부의 집행을 종료하거나 집행이 유예·면제된 날부터 최대 10년 동안이다.

표 3-52 취업제한대상

1. 「유아교육법」상 유치원
2. 「초·중등교육법」상 학교 및 위탁교육기관
3. 「학원의 설립·운영 및 과외교습에 관한 법률」상 교습소 개인과외교습자
4. 「청소년 보호법」상 청소년 보호·재활센터
5. 「청소년활동 진흥법」상 청소년활동시설
6. 「청소년복지 지원법」상 청소년상담복지센터, 청소년쉼터
7. 「영유아보육법」상 어린이집
8. 「아동복지법」상 아동복지시설
9. 「성매매방지 및 피해자보호 등에 관한 법률」상 청소년 지원시설, 성매매피해상담소
10. 「주택법」상 공동주택의 관리사무소
11. 「체육시설의 설치·이용에 관한 법률」상 체육시설
12. 「의료법」상 의료기관의 의료인(의사·치과의사·한의사·조산사·간호사)
13. 「게임산업진흥에 관한 법률」상 인터넷컴퓨터게임시설제공업, 복합유통게임제공업
14. 「경비업법」상 경비업을 행하는 법인
15. 「청소년기본법」상 영리 목적의 청소년활동기획업소, 대중문화예술기획업소
16. 「대중문화예술산업발전법」상 대중문화예술기획업소
17. 아동·청소년의 고용 또는 출입이 허용되는 다음에 해당하는 기관·시설 또는 사업장
   가. 아동·청소년과 해당 시설등의 운영자·근로자 또는 사실상 노무 제공자 사이에 업무상 또는 사실상 위력 관계가 존재하거나 존재할 개연성이 있는 시설등
   나. 아동·청소년이 선호하거나 자주 출입하는 시설등으로서 해당 시설등의 운영 과정에서 운영자·근로자 또는 사실상 노무 제공자에 의한 아동·청소년대상 성범죄의 발생이 우려되는 시설등
18. 가정을 방문하거나 아동·청소년이 찾아오는 방식 등으로 아동·청소년에게 직접교육서비스를 제공하는 사람을 모집하거나 채용하는 사업장(가정방문 등 학습교사 사업장)
19. 「장애인 등에 대한 특수교육법」상 특수교육지원센터 특수교육 관련서비스를 제공하는 기관·단체
20. 「지방자치법」상 공공시설 중 아동·청소년이 이용하는 시설로서 행정안전부장관이 지정하는 공공시설
21. 「지방교육자치에 관한 법률」상 아동·청소년을 대상으로 하는 교육기관
22. 「어린이 식생활안전관리 특별법」상 어린이급식관리지원센터

3. 취업금지 시설 등

취업대상자는 가정을 방문하여 아동·청소년에게 직접교육 서비스를 제공하는 업무에 종사할 수 없으며 다음의 아동·청소년 관련기관 등을 운영하거나 아동·청소년 관련기관 등에 취업 또는 사실상 노무를 제공할 수 없다.[121]

4. 성범죄 경력 조회

아동·청소년 관련기관등의 장은 그 기관에 취업 중이거나 사실상 노무를 제공 중인 자 또는 취업하려 하거나 사실상 노무를 제공하려는 자에 대하여 성범죄의 경력을 확인하여야 하며, 이 경우 본인의 동의를 받아 관계 기관의 장에게 성범죄의 경력 조회를 요청하여야 한다. 다만, 취업자등이 성범죄 경력 조회 회신서를 아동·청소년 관련기관등의 장에게 직접 제출한 경우에는 성범죄 경력 조회를 한 것으로 본다.

성범죄 경력 조회 요청을 받은 관계 기관의 장은 성범죄 경력 조회 회신서를 발급하여야 한다. 어린이급식관리지원센터의 장이 취업 중인 자에 대하여 성범죄 경력 조회를 한 경우, 그 취업 중인 자가 직무를 집행함에 있어서 다른 아동·청소년 관련기관등에 사실상 노무를 제공하는 경우에는 다른 아동·청소년 관련기관등의 장이 성범죄 경력 조회를 한 것으로 본다.

아동·청소년 관련기관등의 장이 성범죄의 경력을 확인하지 아니하는 경우에는 500만원 이하의 과태료를 부과한다.

5. 성범죄의 경력자 점검·확인

여성가족부장관 또는 관계 중앙행정기관의 장은 다음의 구분에 따라 성범죄로 취업제한 명령을 선고받은 자가 아동·청소년 관련기관등을 운영하거나 아동·청소년 관련기관등에 취업 또는 사실상 노무를 제공하고 있는지를 직접 또는 관계 기관 조회 등의 방법으로 연 1회 이상 점검·확인하여야 한다.[122]

---

121 아동·청소년의 성보호에 관한 법률 제56조.

122 아동·청소년의 성보호에 관한 법률 제57조. 이 조항은 전문개정 2020. 2. 18. 되었고, 시행일은 2021. 1. 1.이다.

1. 교육부장관: 「고등교육법」 제2조의 학교
2. 행정안전부장관: 공공시설
3. 여성가족부장관: 청소년 보호 · 재활센터, 학교 밖 청소년 지원센터
4. 식품의약품안전처장: 어린이급식관리지원센터
5. 경찰청장: 경비업을 행하는 법인

교육부, 행정안전부, 문화체육관광부, 보건복지부, 여성가족부, 국토교통부 등 관계 중앙행정기관이 설치하여 운영하는 아동·청소년 관련기관등의 경우에는 해당 중앙행정기관의 장이 점검·확인을 하여야 한다.

자치단체장은 성범죄로 취업제한 명령을 선고받은 자가 다음의 아동·청소년 관련기관등을 운영하거나 아동·청소년 관련기관등에 취업 또는 사실상 노무를 제공하고 있는지를 직접 또는 관계 기관 조회 등의 방법으로 연 1회 이상 점검·확인하여야 한다.

1. 청소년활동시설
2. 청소년상담복지센터 및 청소년쉼터
3. 어린이집
4. 아동복지시설 및 통합서비스 수행기관
5. 청소년 지원시설 및 성매매피해상담소
6. 공동주택의 관리사무소
7. 체육시설
8. 의료기관
9. 인터넷컴퓨터게임시설제공업 또는 복합유통게임제공업을 하는 사업장
10. 청소년활동기획업소
11. 대중문화예술기획업소
12. 아동 · 청소년의 고용 또는 출입이 허용되는 시설등
13. 가정방문 등 학습교사 사업장

교육감은 성범죄로 취업제한 명령을 선고받은 자가 다음의 아동·청소년 관련기관등을 운영하거나 아동·청소년 관련기관등에 취업 또는 사실상 노무를 제공하고 있는지를 직접 또는 관계 기관 조회 등의 방법으로 연 1회 이상 점검·확인하여야 한다.

1. 유치원
2. 초 · 중등교육법상 학교 및 같은 법 위탁 교육기관
3. 학생상담지원시설 및 위탁 교육시설
4. 국제학교
5. 학원, 교습소 및 개인과외교습자
6. 특수교육지원센터 및 특수교육 관련서비스를 제공하는 기관 · 단체
7. 아동 · 청소년을 대상으로 하는 교육기관

중앙행정기관의 장, 시·도지사, 시장·군수·구청장 또는 교육감은 아동·청소년 관련기관등의 장 또는 관련 감독기관에 해당 자료의 제출을 요구할 수 있다.

여성가족부장관, 관계 중앙행정기관의 장, 시·도지사, 시장·군수·구청장 또는 교육감은 점검·확인 결과를 인터넷 홈페이지 등을 이용하여 공개하여야 한다.

6. 취업자의 해임요구 등

중앙행정기관의 장, 시·도지사, 시장·군수·구청장 또는 교육감은 취업제한 기간 중에 아동·청소년 관련기관등에 취업하거나 사실상 노무를 제공하는 자가 있으면 아동·청소년 관련기관등의 장에게 그의 해임을 요구할 수 있다.

해임요구를 정당한 사유 없이 거부하거나 1개월 이내에 이행하지 아니하는 아동·청소년 관련기관등의 장에게 1천만원 이하의 과태료를 부과한다.

중앙행정기관의 장, 시·도지사, 시장·군수·구청장 또는 교육감은 취업제한 기간 중에 아동·청소년 관련기관등을 운영 중인 아동·청소년 관련기관등의 장에게 폐쇄를 요구할 수 있다. 폐쇄요구를 정당한 사유 없이 거부하거나 1개월 이내에 요구사항을 이행하지 아니하는 경우에는 관계 행정기관의 장에게 해당 시설의 폐쇄, 등록·허가 등의 취소를 요구할 수 있다.

IX. 성범죄자 전자감시

1. 의의

성범죄자 전자감시란 위치추적, 즉 GPS(Global Positioning Satellite)시스템을 이용한 감시시스템으로 24시간 내내 범죄자의 이동을 실시간으로 모니터링하는 사회내 교정처우의 한 방법이다. 범죄자에게 접근 가능한 지역과 접근 불가능한

지역을 모두 적용할 수 있도록 프로그래밍할 수 있는 장점이 있다. 즉 GPS시스템은 일정한 장소에만 머물거나, 특정한 시간대에 특정한 장소에 접근하지 못하며, 만약 범죄자가 이를 위반한 경우 범죄자 및 관제센터, 보호관찰관에게 동시에 신호를 보내거나 사후에 통고될 수 있도록 설계되었다.

범죄인 관리에 전자감시제(Electronic Monitoring)가 도입된 것은 1960년대이지만, 본격적으로 범죄자에게 적용된 것은 1980년대부터라고 할 수 있다.[123]

하버드대 심리학과의 Robert Schwitzgebel 교수가 전자감시제를 최초로 고안했다. 그는 자신의 생각을 구체화하여 일명 'Dr. Schwitzgebel Machine'을 1969년에 개발하였는데 이 기기는 충전지와 송수신기로 이루어져 있고, 반경 0.25마일 안에서 신호음을 확인할 수 있도록 디자인되었다. Schwitzgebel 교수는 전자감시제는 특정한 시설에 수감하지 않고, 범죄자들이 일상적인 생활을 하면서도 동시에 행동을 제한함으로써 시민의 안전을 보호하고, 범죄자의 사회화를 유도할 수 있는 교정수단으로 평가하였다. 또한 교정비용을 절감할 수 있다고 보았다.

이후 미국 뉴 멕시코주의 휴양도시인 Albuquerque시의 Jack Love 판사는 1977년에 코믹시리즈 소설인 「스파이더맨(Spiderman)」의 한 장면에서 주인공인 스파이더맨이 자신의 모든 행동을 볼 수 있는 태그를 부착한 채 행동하는 것에서 범죄자에 대한 전자감시제를 착안하였다. 그는 1983년에 전자전문가에게 기기제작을 의뢰하여 최초로 주거침입자에게 전자감시명령을 적용하였다. 이후 플로리다주의 Parm Beach시에서도 전자감시제를 도입하여 교도소 수감자를 대폭적으로 감소시켰다. 1988년에 이미 32개주에서 이 제도를 도입하였고, 1998년 이후에는 모든 주로 확대되었고, 최근에는 캐나다, 호주, 영국, 싱가폴, 이스라엘, 스웨덴, 뉴질랜드, 네덜란드, 스위스, 독일 등에서 시행하고 있으며, 대부분 통금명령(curfew order), 수강명령(Attendance Center Orders) 등을 병행하여 운영한다.[124]

한국은 「특정 성폭력범죄자에 대한 위치추적 전자장치 부착에 관한 법률」을 통하여 2008년 9월 1일부터 시행하고 있다. 당초에는 2008년 10월 28일부터 시

123 Marc Renzema and Evan Mayo-Wilson "Can electronic monitoring reduce crime for moderate to high-risk offenders?", (*Journal of Experimental Criminology*, 1, 2005), pp. 215~237.

124 B. K. Payne & R.R. Gainey, "The electronic monitoring of offenders released from jail or prison: Safety, control, and comparisons to the incarceration experience", (The Prison Journal, 84, 2004), pp. 413-435.

행하려던 것을 두 달 여 앞당긴 것이다. 2007년 12월의 안양 초등생 살인사건, 2008년 3월의 일산 초등생 납치미수사건 등 아동 상대 강력범죄의 연이은 발생으로 국민의 불안감이 확산되어 성폭력범죄 재범방지를 위한 특단의 대책이 필요하다는 여론에 따라 「특정 성폭력범죄자에 대한 위치추적 전자장치 부착에 관한 법률」을 제정하여 시행했다. 이후 수회 개정을 통하여 법률 제12197호로 2014년 1월 7일부터 법명을 「특정 범죄자에 대한 보호관찰 및 전자장치 부착 등에 관한 법률」로 변경하였다. 이후 연이은 개정을 거쳐 법률 제16923호, 2020. 2. 4. 개정, 2020. 8. 5. 시행하는 전자장치 부착 등에 관한 법률(약칭: 전자장치부착법)로 법명을 변경하였다.[125]

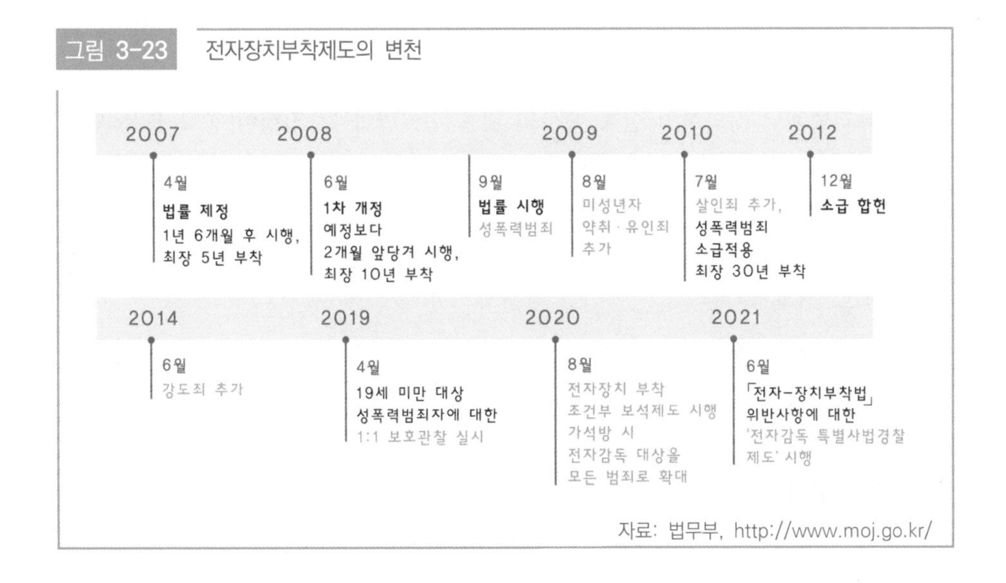

그림 3-23 전자장치부착제도의 변천

자료: 법무부, http://www.moj.go.kr/

2. 전자장치 부착명령의 청구대상

검사가 전자장치 부착명령을 법원에 청구할 수 있는 특정사건은 성폭력범, 미성년자 유괴범, 살인범, 강도범 등이다.

만 19세 미만의 자에 대하여 부착명령을 선고한 때에는 19세에 이르기까지 이 법에 따른 전자장치를 부착할 수 없다.

125 현행법은 [시행 2022. 7. 5.] [법률 제18678호, 2022. 1. 4., 타법개정]이다.

❶ 성폭력범

1. 성폭력범죄로 징역형의 실형을 선고받은 사람이 그 집행을 종료한 후 또는 집행이 면제된 후 10년 이내에 성폭력범죄를 저지른 때
2. 성폭력범죄로 이 법에 따른 전자장치를 부착받은 전력이 있는 사람이 다시 성폭력범죄를 저지른 때
3. 성폭력범죄를 2회 이상 범하여(유죄의 확정판결을 받은 경우를 포함) 그 습벽이 인정된 때
4. 19세 미만의 사람에 대하여 성폭력범죄를 저지른 때
5. 신체적 또는 정신적 장애가 있는 사람에 대하여 성폭력범죄를 저지른 때

❷ 미성년자 유괴범

1. 미성년자 대상 유괴범죄를 저지른 사람으로서 미성년자 대상 유괴범죄를 다시 범할 위험성이 있다고 인정되는 사람
2. 유괴범죄로 징역형의 실형 이상의 형을 선고받아 그 집행이 종료 또는 면제된 후 다시 유괴범죄를 저지른 경우

❸ 살인범

1. 살인범죄를 저지른 사람으로서 살인범죄를 다시 범할 위험성이 있다고 인정되는 사람
2. 살인범죄로 징역형의 실형 이상의 형을 선고받아 그 집행이 종료 또는 면제된 후 다시 살인범죄를 저지른 경우

❹ 강도범

1. 강도범죄로 징역형의 실형을 선고받은 사람이 그 집행을 종료한 후 또는 집행이 면제된 후 10년 이내에 다시 강도범죄를 저지른 때
2. 강도범죄로 이 법에 따른 전자장치를 부착하였던 전력이 있는 사람이 다시 강도범죄를 저지른 때
3. 강도범죄를 2회 이상 범하여(유죄의 확정판결을 받은 경우를 포함한다) 그 습벽이 인정된 때

3. 청구시효 및 제한

부착명령의 청구는 공소가 제기된 특정범죄사건의 항소심 변론종결 시까지 하여야 한다. 법원은 공소가 제기된 특정범죄사건을 심리한 결과 부착명령을 선고할 필요가 있다고 인정하는 때에는 검사에게 부착명령의 청구를 요구할 수 있

다. 판결의 확정 없이 공소가 제기된 때부터 15년이 경과한 경우에는 부착명령을 청구할 수 없다.

4. 부착명령 집행기간 및 청구기각

❶ 집행기간

법원은 부착명령 집행기간을 다음과 같이 판결로 선고할 수 있다.[126]

1. 법정형 상한이 사형 또는 무기징역: 10년 이상 30년 이하
2. 법정형 중 징역형 하한이 3년 이상의 유기징역: 3년 이상 20년 이하
3. 법정형 중 징역형 하한이 3년 미만의 유기징역: 1년 이상 10년 이하

다만, 19세 미만의 사람에 대하여 특정범죄를 저지른 경우에는 부착기간 하한을 위 부착기간 하한의 2배로 한다. 경합범에 대하여는 가장 중한 죄의 부착기간 상한의 1/2까지 가중 가능(최장 45년)하다. 부착명령을 선고받은 사람은 부착기간 동안 「보호관찰 등에 관한 법률」에 따른 보호관찰을 받는다.

❷ 청구기각

법원은 다음의 경우 부착명령 청구를 판결로 기각할 수 있다.

1. 부착명령 청구가 이유 없다고 인정하는 때
2. 특정범죄사건에 대하여 무죄(심신상실을 이유로 치료감호가 선고된 경우는 제외) · 면소 · 공소기각의 판결 또는 결정을 선고하는 때
3. 특정범죄사건에 대하여 벌금형을 선고하는 때
4. 특정범죄사건에 대하여 선고유예 또는 집행유예를 선고하는 때(전자장치 부착을 명하는 때를 제외)

5. 부착명령 집행

법원은 부착명령을 선고한 때에는 그 판결이 확정된 날부터 3일 이내에 피부착명령자의 관할 보호관찰소장에게 판결문의 등본을 송부하여야 한다.

교도소, 소년교도소, 구치소, 치료감호소 및 군교도소의 장등은 피부착명령자가 석방되기 5일 전까지 피부착명령자의 관할 보호관찰소장에게 그 사실을 통보

126 전자장치 부착 등에 관한 법률 제9조.

하여야 한다.

부착명령은 검사의 지휘를 받아 보호관찰관이 집행한다. 부착명령은 형의 집행이 종료되거나 면제·가석방되는 날 또는 치료감호의 집행이 종료·가종료되는 날 석방 직전에 피부착명령자의 신체에 전자장치를 부착함으로써 집행한다. 다음의 경우에는 구분에 따라 집행한다.

1. 부착명령의 원인이 된 특정범죄사건이 아닌 다른 범죄사건으로 형이나 치료감호의 집행이 계속될 경우에는 부착명령의 원인이 된 특정범죄사건이 아닌 다른 범죄사건에 대한 형의 집행이 종료되거나 면제·가석방 되는 날 또는 치료감호의 집행이 종료·가종료 되는 날부터 집행
2. 피부착명령자가 부착명령 판결 확정 시 석방된 상태이고 미결구금일수 산입 등의 사유로 이미 형의 집행이 종료된 경우에는 부착명령 판결 확정일부터 집행

표 3-53 전자감독 대상자 죄종별

구분	계 건,%	일반범죄	특정범죄				
			소계	성폭력	미성년자유괴	살인	강도
2017	1,154 100	–	1,154 100	504 43.7	5 0.4	417 36.1	228 19.8
2018	929 100	–	929 100	392 42.2	2 0.2	397 42.7	138 14.9
2019	830 100	–	830 100	368 44.3	2 0.2	302 36.4	158 19.1
2020	2,383 100	1,525 64.0	858 36.0	417 17.5	2 0.1	311 13.0	128 5.4
2021	5,599 100	4,757 85.0	842 15.0	321 5.7	1 0.0	373 6.7	147 2.6

자료: 법무부, 범죄예방정책통계분석, 2022, 187. 재구성.

그림 3-24 전자감독 대상자의 처분 유형별

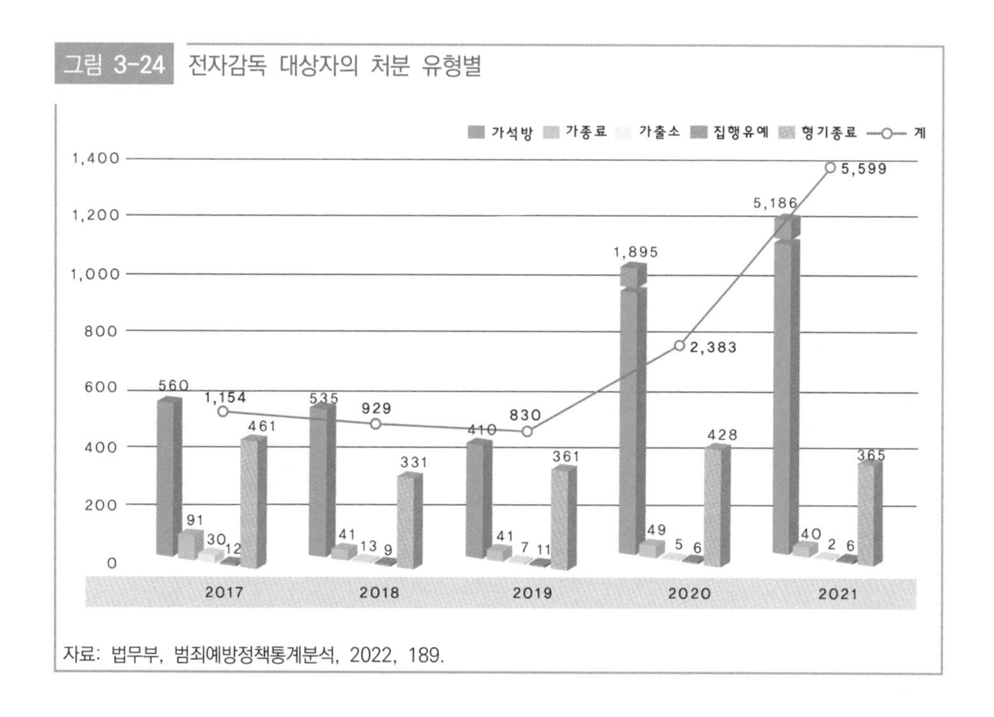

자료: 법무부, 범죄예방정책통계분석, 2022, 189.

표 3-54 전자감독 대상자의 접수 처분기간

구분	계 건,%	일반범죄	특정범죄				
			소계	성폭력	미성년자유괴	살인	강도
2017	1,154 100	–	1,154 100	504 43.7	5 0.4	417 36.1	228 19.8
2018	929 100	–	929 100	392 42.2	2 0.2	397 42.7	138 14.9
2019	830 100	–	830 100	368 44.3	2 0.2	302 36.4	158 19.1
2020	2,383 100	1,525 64.0	858 36.0	417 17.5	2 0.1	311 13.0	128 5.4
2021	5,599 100	4,757 85.0	842 15.0	321 5.7	1 0.0	373 6.7	147 2.6

자료: 법무부, 범죄예방정책통계분석, 2022, 192. 재구성.

표 3-55 전자감독 대상자의 접수 처분기간

기간 / 연도		계	3월 미만	3월 이상~ 6월 미만	6월 이상~ 1년 미만	1년 이상~ 5년 미만	5년 이상~ 10년 미만	10년 이상~ 20년 미만	20년 이상~ 30년 미만	30년 이상
2017		1,154	84	181	151	345	176	194	23	0
		100%	7.3%	15.7%	13.1%	29.9%	15.2%	16.8%	2.0%	0.0%
2018		929	60	140	159	243	90	216	21	0
		100%	6.5%	15.1%	17.1%	26.2%	9.7%	23.2%	2.2%	0.0%
2019		830	42	93	138	219	133	181	24	0
		100%	5.1%	11.2%	16.6%	26.4%	16.0%	21.8%	2.9%	0.0%
2020		2,383	1,137	422	218	218	107	247	34	0
		100%	47.7%	17.7%	9.1%	9.1%	4.5%	10.4%	1.5%	0.0%
2021		5,599	2,763	1,361	792	322	107	221	33	0
		100%	49.4%	24.3%	14.1%	5.8%	1.9%	3.9%	0.6%	0.0%

자료: 법무부, 범죄예방정책통계분석, 2022, 192. 재구성.

전자감독 대상자가 전자감독기간 중 특정범죄로 재범한 비율은 2017년 1.77%, 2018년 2.01%, 2019년 1.97%, 2020년 1.68%, 2021년 1.65% 등으로 2018년을 제외하고 매년 1%대에서 억제되고 있으며, 2019년 이후 더욱 낮아지고 있다.

성폭력 전자감독 대상자가 전자감독기간 중 동종범죄로 재범한 비율은 2017년 2.17%, 2018년 2.53%였다가 2019년 1.70%, 2020년 1.27%, 2021년 1.40% 등으로 최근 3년간 1%대를 나타내고 있다.

6. 준수사항 및 위반시 제재

❶ 준수사항

피부착자는 다음의 준수사항을 부과받을 수 있고, 이는 병과될 수 있다.

1. 야간, 아동 · 청소년의 통학시간 등 특정 시간대의 외출제한
2. 어린이보호구역 등 특정지역 · 장소에의 출입금지
3. 주거지역의 제한
4. 피해자 등 특정인에의 접근금지
5. 특정범죄 치료 프로그램의 이수: 500시간 이내
6. 그 밖에 부착명령을 선고받는 사람의 재범방지와 성행교정을 위하여 필요한 사항

※ 19세 미만 대상범죄자 1호 및 4호는 필수적 부가처분

피부착자는 형의 집행이 종료되거나 면제·가석방되는 날부터 10일 이내에 주거지를 관할하는 보호관찰소에 출석하여 서면으로 신고하여야 한다.

피부착자는 전자장치를 신체에서 임의로 분리·손상, 전파 방해 또는 수신자료의 변조, 그 밖의 방법으로 그 효용을 해하여서는 안 된다. 또한 주거를 이전하거나 7일 이상의 국내여행을 하거나 출국할 때에는 미리 보호관찰관의 허가를 받아야 한다.

❷ 준수사항 위반시 제재

법원은 피부착자가 그 준수사항 등을 위반한 경우 다음의 제재를 가할 수 있다.[127]

제재	위반사유
1년 이상 유기징역	수신자료를 관리하는 자가 • 수사 또는 재판자료(법관의 영장제시) • 보호관찰관의 지도 및 원호 목적 • 보호관찰 심사위원회의 부착명령 가해제 취소 이외의 사용
7년 징역 또는 2천만원 이하 벌금	피부착자가 전자장치 부착기간 중 • 전자장치를 신체에서 임의로 분리·손상 • 전파 방해 또는 수신자료의 변조 • 그 밖의 방법으로 그 효용을 해한 때
1년 이상 유기징역	전자장치 부착 업무를 담당하는 사람이 정당한 사유 없이 피부착자의 전자장치를 해제하거나 손상한 때
2년 이상 유기징역	전자장치 부착 업무를 담당하는 사람이 금품을 수수, 요구 또는 약속하고, 전자장치를 해제하거나 손상한 때
10년 이하의 징역	타인으로 하여금 부착명령을 받게 할 목적으로 공무소 또는 공무원에 대하여 허위 사실을 신고하거나, 형법상 위증죄를 범한 때
10년 이하의 징역 또는 금고 (10년 이하 자격정지 병과)	부착명령 청구사건에 관하여 피부착명령 청구자를 모해할 목적으로 형법상 • 허위 감정 통역 행사 • 허위 진단서 등 작성 행사 • 위조 사문서 등 행사'의 죄를 범한 때
3년 이하의 징역 또는 1천만원 이하 벌금	피부착자가 '피해자 등 특정인에의 접근금지', '특정범죄 치료 프로그램의 이수' 준수사항을 정당한 사유 없이 위반 한 때
1천만원 이하 벌금	피부착자가 '야간 등 특정 시간대의 외출제한', '특정지역·장소에의 출입금지', '재범방지와 성행교정을 위하여 필요한 사항 이행' 준수사항을 정당한 사유 없이 위반 했을 때
1년 이하의 징역 또는 5백만원 이하의 벌금	보호관찰 등에 관한 법률 제32조제2항 또는 제3항에 따른 준수사항을 위반하여 경고를 받은 후 다시 정당한 사유 없이 준수사항을 위반한 때

127 전자장치 부착 등에 관한 법률 제36조-39조.

7. 보호관찰소와 경찰 상호 피부착자 신상정보 제공

보호관찰소장은 피부착자가 피부착자의 신상정보를 범죄예방 및 수사에 활용하게 하기 위하여 피부착자의 주거지를 관할하는 경찰관서의 장 등 수사기관에 제공할 수 있다.[128]

신상정보를 제공받은 수사기관은 범죄예방 및 수사활동 중 인지한 사실이 피부착자 지도·감독에 활용할 만한 자료라고 판단할 경우 이를 보호관찰소의 장에게 제공할 수 있다.

보호관찰소의 장은 피부착자가 범죄를 저질렀거나 저질렀다고 의심할 만한 상당한 이유가 있을 때에는 이를 수사기관에 통보하여야 한다.

수사기관은 체포 또는 구속한 사람이 피부착자임을 알게 된 경우에는 피부착자의 주거지를 관할하는 보호관찰소의 장에게 그 사실을 통보하여야 한다.

X. 성범죄자 약물치료명령

1. 의의

성범죄자 약물치료명령(pharmacologic treatment order)이란 아동성범죄자를 포함한 상습적인 성범죄자들에 대하여 성충동성 및 성적 호르몬(테스토스테론)을 감소시켜 성범죄를 예방시키려고 가해지는 의학적인 제재방법을 말한다. 화학적 치료(chemical treatment), 또는 의학적 치료(medical treatment), 화학적 거세(chemical castration)라고도 한다.

약물치료는 남성호르몬을 억제시키는 시프로테론(cyproterone) 또는 가임억제 호르몬인 데포프로베라(depo-provera) 같은 약물을 일정한 기간 동안 대상자에게 투여하여 남성호르몬과 생식호르몬의 분비를 억제시키는 의학적인 처치이다.

영국이나 유럽, 캐나다에서는 주로 시프로테론을, 미국은 루프로라이드(leuprolide), 고세라인(goserelin), 및 트립토레린(tryptorelin)과 같은 약물을 사용한다. 이들 약물은 서로 다른 방법으로 사용되긴 하지만 모두 생식호르몬을 억제하는 효과를 가지고 있다.

128 전자장치 부착 등에 관한 법률 제16조의2.

약물치료는 치료를 중단할 경우 성기능을 회복한다는 점에서 대상자의 성적 발기능력을 완전하게 상실시켜 성적 활동을 전혀 할 수 없도록 고환을 제거하거나 불능상태에 이르게 하는 물리적 거세와는 다르다. 즉, 화학적 거세는 그 치료를 중지할 경우 성생활이 가능해지게 되지만, 물리적 거세(surgical castration)는 정상적인 성생활이 어렵다.

성범죄자에 대한 거세는 덴마크(1929), 독일(1933), 노르웨이(1934), 핀란드(1935), 에스토니아(1937), 아이슬랜드(1938), 라트비아(1938), 스웨덴(1944), 미국(1966) 등 유럽국가에서 먼저 시작하였다.

한국은 법률 제10371호인 「성폭력범죄자의 성충동 약물치료에 관한 법률」을 2010년 7월 23일에 제정하여 시행하고 있다. 이 책에서는 2020년 2월 4일부터 시행되는 법률 제16915호를 바탕으로 기술한다.

동법 제2조는 약물치료란 성충동 약물치료에 대해 비정상적인 성적 충동이나 욕구를 억제하기 위한 조치로서 성도착증 환자에게 약물 투여 및 심리치료 등의 방법으로 도착적인 성기능을 일정기간 동안 약화 또는 정상화하는 치료를 말한다고 정의하고 있다.

2. 청구대상

검사는 사람에 대하여 성폭력범죄를 저지른 성도착증 환자로서 성폭력범죄를 다시 범할 위험성이 있다고 인정되는 19세 이상의 사람으로 다음의 요건을 모두 갖춘 경우 법원에 약물치료명령을 청구할 수 있다.[129] 검사는 반드시 대상자에 대하여 정신과 전문의의 진단이나 감정을 받아야 한다. 법원 역시 치료명령을 할 필요가 있다고 인정되는 경우에 검사에게 청구를 요구할 수 있다.

1. 비정상적 성적 충동이나 욕구를 억제하거나 완화하기 위한 것으로서 의학적으로 알려진 것일 것
2. 과도한 신체적 부작용을 초래하지 아니할 것
3. 의학적으로 알려진 방법대로 시행될 것

---

129 성폭력범죄자의 성충동 약물치료에 관한 법률 제3조.

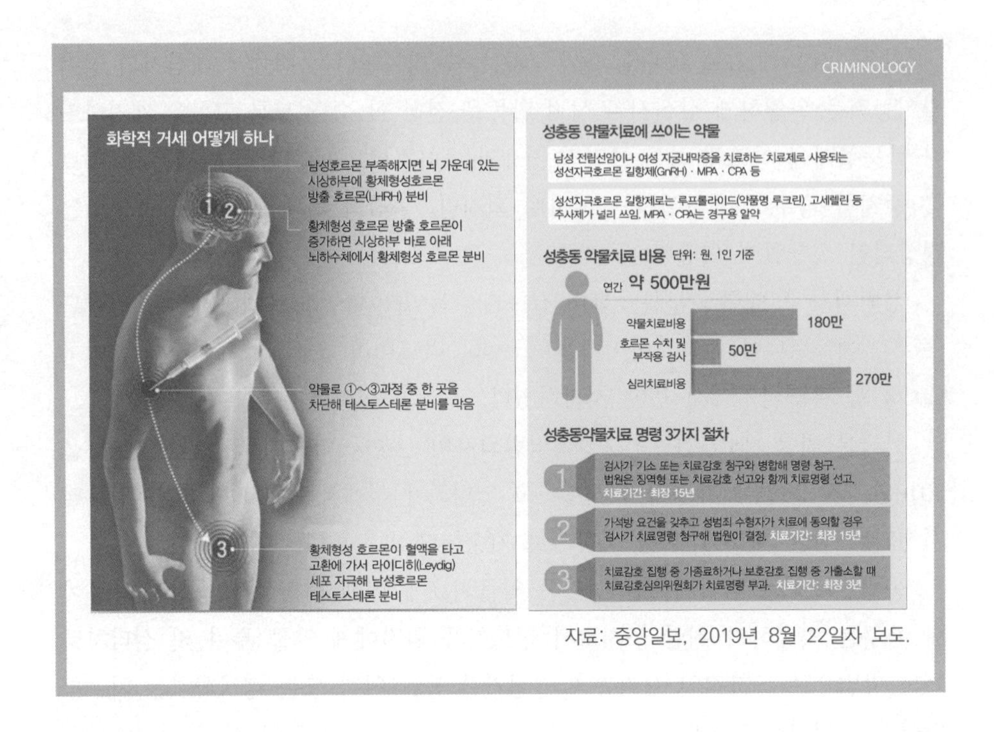

자료: 중앙일보, 2019년 8월 22일자 보도.

3. 판결과 집행

법원은 치료명령 청구가 이유 있다고 인정하는 때에는 15년의 범위에서 치료기간을 정하여 판결로 치료명령을 선고하여야 한다.[130] 대상자는 치료기간 동안 「보호관찰 등에 관한 법률」에 따른 보호관찰을 받아야 하며, 관련 의무사항을 준수하여야 한다. 이를 위반시 1천만원 이하의 벌금에 처한다.[131]

표 3-56 치료명령 기관별 선고 현황

구분	2014	2015	2016	2017	2018	2019	2020	2021
법원	6	5	5	0	1	2	2	1
치료감호심의위원회	5	0	5	6	7	16	4	12
합계	11	5	10	6	8	18	6	13

자료: 법무부, 범죄예방정책통계분석, 2022, 155.

130 성폭력범죄자의 성충동 약물치료에 관한 법률 제8조.

131 성폭력범죄자의 성충동 약물치료에 관한 법률 제35조.

표 3-57 치료명령 집행

연도	계	집행 중			집행종료			집행대기		
		소계	형기종료	가종료	소계	형기종료	가종료	소계	형기종료	가종료
2017	41	13	2	11	7	0	7	21	20	1
2018	49	22	5	17	8	0	8	19	18	1
2019	67	31	2	29	16	2	14	20	20	0
2020	73	26	1	25	23	4	19	24	22	2
2021	86	34	2	32	29	4	25	23	22	1

자료: 법무부, 범죄예방정책통계분석, 2022, 154.

법원은 다음에 해당하는 때에는 판결로 치료명령 청구를 기각하여야 한다.

1. 치료명령 청구가 이유 없다고 인정하는 때
2. 피고사건에 대하여 무죄(심신상실을 이유로 치료감호가 선고된 경우는 제외한다)·면소·공소기각의 판결 또는 결정을 선고하는 때
3. 피고사건에 대하여 벌금형을 선고하는 때
4. 피고사건에 대하여 선고를 유예하거나 집행유예를 선고하는 때

법원은 판결이 확정된 날부터 3일 이내에 대상자 주거지를 관할 보호관찰소의 장에게 판결문의 등본과 준수사항을 적은 서면을 송부하여야 한다.

교도소, 소년교도소, 구치소 및 치료감호시설의 장은 치료명령을 받은 사람이 석방되기 3개월 전까지 치료명령을 받은 사람의 주거지를 관할하는 보호관찰소의 장에게 그 사실을 통보하여야 한다.

치료명령을 받은 사람이 형의 집행이 종료되거나 면제·가석방 또는 치료감호의 집행이 종료·가종료 또는 치료위탁으로 석방되는 경우 보호관찰관은 석방되기 전 2개월 이내에 치료명령을 받은 사람에게 치료명령을 집행하여야 한다.

다음에 해당하는 때에는 치료명령의 집행이 정지된다.

1. 치료명령의 집행 중 구속영장의 집행을 받아 구금된 때
2. 치료명령의 집행 중 금고 이상의 형의 집행을 받게 된 때
3. 가석방 또는 가종료·가출소된 자에 대하여 치료기간 동안 가석방 또는 가종료·가출소가 취소되거나 실효된 때

2021년 12월 31일 현재, 총 20개의 성충동 약물치료명령 치료기관이 지정, 운영되고 있다.[132]

4. 준수사항

대상자는 다음의 사항을 준수하여야 한다. 이를 위반한 때에는 3년 이하의 징역 또는 1천만원 이하의 벌금에 처한다.

1. 보호관찰관의 지시에 따라 성실히 약물치료에 응할 것
2. 보호관찰관의 지시에 따라 정기적으로 호르몬 수치 검사를 받을 것
3. 보호관찰관의 지시에 따라 인지행동 치료 등 심리치료 프로그램을 성실히 이수할 것

치료명령을 받은 사람은 치료기간 중 상쇄약물의 투약 등의 방법으로 치료의 효과를 해하여서는 아니 된다.[133] 이를 위반한 경우 7년 이하의 징역 또는 2천만원 이하의 벌금에 처한다.[134]

치료명령을 받은 사람은 형의 집행이 종료되거나 면제·가석방 또는 치료감호의 집행이 종료·가종료 또는 치료위탁되는 날부터 10일 이내에 주거지를 관할하는 보호관찰소에 출석하여 서면으로 신고하여야 한다. 치료명령을 받은 사람은 주거 이전 또는 7일 이상의 국내여행을 하거나 출국할 때에는 미리 보호관찰관의 허가를 받아야 한다. 이를 위반한 경우 1천만원 이하의 벌금에 처한다.[135]

5. 임시해제 및 취소

보호관찰소의 장 또는 치료명령을 받은 사람 및 그 법정대리인은 보호관찰 심사위원회에 치료명령의 임시해제를 신청할 수 있다.[136]

임시해제신청은 치료명령의 집행 개시된 날부터 6개월이 지난 후에 하여야 하며, 기각된 경우에는 기각된 날부터 6개월이 지난 후에 다시 신청할 수 있다.

심사위원회는 치료명령을 받은 사람이 치료명령이 계속 집행될 필요가 없을

---

132 법무부, 범죄예방정책통계분석, 2022, 155.

133 성폭력범죄자의 성충동 약물치료에 관한 법률 제15조.

134 성폭력범죄자의 성충동 약물치료에 관한 법률 제35조 제1항.

135 성폭력범죄자의 성충동 약물치료에 관한 법률 제35조 제3항.

136 성폭력범죄자의 성충동 약물치료에 관한 법률 제17조–제18조.

정도로 개선되어 죄를 다시 범할 위험성이 없다고 인정하는 때에는 치료명령의 임시해제를 결정할 수 있다.

심사위원회는 치료명령의 임시해제를 하지 아니하기로 결정한 때에는 결정서에 그 이유를 명시하여야 한다.

보호관찰소장은 치료명령이 임시해제된 사람이 성폭력범죄를 저지르거나 주거 이전 상황 등의 보고에 불응하는 등 재범의 위험성이 있다고 판단되는 때에는 심사위원회에 임시해제의 취소를 신청할 수 있다. 이 경우 심사위원회는 임시해제된 사람의 재범 위험성이 현저하다고 인정될 때에는 임시해제를 취소하여야 한다.

임시해제가 취소된 사람은 잔여 치료기간 동안 약물치료를 받아야 한다. 이 경우 임시해제기간은 치료기간에 산입하지 아니한다.

6. 성폭력 수형자 및 치료감호처분과 치료명령

1) 성폭력 수형자

검사는 사람에 대하여 성폭력범죄를 저질러 징역형 이상의 형이 확정되었으나 치료명령이 선고되지 아니한 수형자 중 성도착증 환자로서 성폭력범죄를 다시 범할 위험성이 있다고 인정되고 약물치료를 받는 것을 동의하는 사람에 대하여 그의 주거지 또는 현재지를 관할하는 지방법원에 치료명령을 청구할 수 있다.[137]

교도소·구치소장은 가석방 요건을 갖춘 성폭력 수형자에 대하여 약물치료의 내용, 방법, 절차, 효과, 부작용, 비용부담 등에 관하여 충분히 설명하고 동의 여부를 확인 후, 이를 관할 지방검찰청 검사에 보고하여야 하며, 검사는 이를 관할 보호관찰소장에게 조사케 한 후, 치료명령 청구를 법원에 청구할 수 있다.

치료명령 기간은 15년을 초과할 수 없으며, 법원의 치료명령 결정이 확정된 경우 교도소장 등은 대상자에 대하여 가석방심사를 하여야 한다. 치료명령의 집행비용은 원칙적으로 대상자의 자부담이나, 그 사정을 고려하여 국가가 보조할 수 있다.

137 성폭력범죄자의 성충동 약물치료에 관한 법률 제22조–제24조.

2) 치료감호처분자

치료감호심의위원회는 성폭력범죄자 중 성도착증 환자로서 치료감호의 집행 중 가종료 또는 치료위탁되는 피치료감호자나 보호감호의 집행 중 가출소되는 피보호감호자(가종료자 등)에 대하여 보호관찰 기간의 범위에서 치료명령을 부과할 수 있다.[138]

치료감호심의위원회는 치료명령을 부과하는 결정을 할 경우에는 결정일 전 6개월 이내에 실시한 정신건강의학과 전문의의 진단 또는 감정 결과를 반드시 참작하여야 한다.

치료감호심의위원회는 피치료감호자 중 징역형과 함께 치료명령을 받은 사람의 경우 형기가 남아 있지 아니하거나 9개월 미만인 자에 대하여 치료감호의 종료·가종료 또는 치료위탁 결정을 하는 경우에 치료명령의 집행이 필요하지 아니하다고 인정되면 치료명령의 집행을 면제하는 결정을 하여야 한다.

치료감호심의위원회는 치료명령을 부과하는 결정을 한 경우에는 즉시 가종료자 등의 주거지를 관할하는 보호관찰소의 장에게 통보하여야 한다.

보호관찰관은 가종료자 등이 가종료·치료위탁 또는 가출소되기 전 2개월 이내에 치료명령을 집행하여야 한다. 다만, 치료감호와 형이 병과된 가종료자의 경우 집행할 잔여 형기가 있는 때에는 그 형의 집행이 종료되거나 면제되어 석방되기 전 2개월 이내에 치료명령을 집행하여야 한다.

치료감호처분자에 대한 약물치료는 다음의 어느 하나에 해당하는 때에 그 집행이 종료된다.

1. 치료기간이 지난 때
2. 가출소·가종료·치료위탁으로 인한 보호관찰 기간이 경과하거나 보호관찰이 종료된 때

138 성폭력범죄자의 성충동 약물치료에 관한 법률 제25조－제28조.

제11장

복수 및 증오 관련 범죄

I. 스토킹(stalking)

1. 스토킹의 개념

스토킹이란 특정한 사람이 원하지 않는데도 불구하고 나타나거나 문자나 편지를 전달하거나, 방문하거나, 물건을 전달하거나, 협박하거나 등의 행동을 2회 이상 반복적으로 행함으로써 사람에게 공포감을 주는 일체의 행위를 말한다.

스토킹 행위로 간주되는 경우

- 다른 사람을 따라 다니기
- 다른 사람의 집 밖에서 또는 다른 사람이 자주 방문하는 장소에서 배회
- 타인의 소유 건물, 공간에 들어가거나 방해하는 행위
- 다른 사람에게 불쾌감을 주는 물건을 보내거나, 다른 사람이 발견하거나, 주고받거나 관심을 끌 수 있는 곳에 두는 행위
- 인터넷 또는 다른 방식으로 연락시도
- 우편, 전화 (또는 관련 기술), 팩스 전송 또는 인터넷 또는 다른 형태의 전자 통신을 통해 가족 또는 가족 구성원과 통신
- 다른 사람을 감시하는 행위
- 다른 사람의 불안이나 두려움을 불러일으키는 행위

자료: South Australians, https://lawhandbook.sa.gov.au/

2. 스토킹의 처벌 입법화

1) 국제사회

미국은 1996년에 「스토킹 처벌 및 예방에 관한 법률」(Stalking Punishment and Prevention Act)을 연방법으로 제정했다. 이 법에 따라 각 주에서도 관련법을 제정하기 시작하였는데, 스토킹의 개념, 반복성의 횟수, 상대방에게 주는 공포의 정도, 위험성 등에 대한 약간의 차이를 보이고 있다. 예를 들어 캔사스주법은 기간에 상관없이 특정인의 행동이 상대방을 위협하거나, 모욕하거나, 겁을 주는 경우 등을 스토킹이라고 정의하고 있다. 이에 비해 오하이오주법은 적어도 2회 이상 상대방에게 신체적 그리고 육체적인 고통을 주거나 공격할 의사를 비치는 경우를 스토킹이라고 정의하고 있다.[1]

한편 1999년 캘리포니아주법은 컴퓨터기기를 이용한 사이버상에서의 스토킹을 처벌하는 내용을 골자로 하는 「컴퓨터 스토킹법」(computer stalking statute)을 제정하였다. 이것은 기존의 스토킹법을 개정한 것으로 컴퓨터 스토킹 행위를 처벌하는 최초의 성문법이다. 이 법에서는 스토킹이란 컴퓨터 장치를 이용하는 것을 포함하여 일체의 문자, 문장 또는 위협 등으로 개인 또는 그 가족의 안전을 위협하고, 불안하게 느껴 일상적인 활동을 방해하는 것이라고 규정하고 있다.[2]

1999년에 이 컴퓨터 스토킹법에 의하여 처벌된 최초의 사람은 민간경비회사 직원이었던 당시 50세의 Gary Stevan Dellapenta라는 사람이다. 그는 한 고객여성의 인적사항과 그녀의 집에 안전하게 침입할 수 있는 현관문의 비밀번호를 게시판에 올려놓았다. 결국 수개월간 7명의 남자가 그녀를 강간할 목적으로 침입하게 한 혐의로 처벌되었다.

미국의 대부분의 주에서 스토킹을 처벌하는 법을 가지고 있지만 그 개념이 일치하지 않으므로 스토킹행위에 대한 처벌 논란은 계속되었다. 그러나 미국 연방정부는 2006년에 「국가방위법」(The National Defense Authorization Act)에서 스토킹을 처벌하도록 하였고, 이는 2007년 10월 1일부터 발효되었다.[3] 연방정부

---

1 L. P. Sheridan, E. Blaauw, "Characteristics of False Stalking Reports," (*Criminal Justice and Behavior*, Vol. 31, No. 1, 2004), pp. 55~72.

2 Sue Titus Reid, Crime and Criminology, 10th (ed.), (New York: McGraw-Hill Higher Education, 2003), p. 222.

3 https://criminal.findlaw.com/criminal-charges/stalking.html/

차원에서 스토킹에 대한 처벌을 강화하고 있는 것이다.

호주의 경우 모든 주가 1990년대 스토킹을 금지하는 법률(anti stalking laws)을 제정했다. 1994년 퀸즐랜드가 최초로 스토킹법을 제정했다. 처벌은 일부 주에서는 최대 10년의 징역에서 벌금형에 이르기까지 다양하다. 호주법은 피해자가 가해자의 스토킹 행동의 결과로 두려움이나 고통을 느꼈을 것을 요구하지 않고 있어 가해자 처벌이 더 광범위하다는 특징이 있다.[4]

캐나다는 1993년에 형법에 추행죄(criminal harassment)의 한 유형으로 스토킹을 규정하였다. 프랑스는 2002년 개정 형법에 도덕적 추행죄(Moral harassment)[5]를 규정하여 스토킹을 처벌하고 있다.[6] 이탈리아는 2009년에 스토킹처벌법을 규정하였다. 영국은 1997년에 추행금지법(Harassment Act 1997)을 제정했으며, 이는 1988년의 악성 커뮤니케이션 법(Malicious Communications Act 1988)과 1984년의 통신법(Telecommunications Act 1984)에 관련 규정을 두어 전화로 위협하거나 음란물의 전송, 음란한 메일이나 따라다니는 행위 등에 대하여 처벌하고 있다. 독일은 스토킹 범죄의 처벌에 관한 법률을 2007년에 제정하여 시행하고 있다.[7]

독일 형법 제238조 (다른 사람의 의사에 반한 접촉) 제1항 다음 각 호에 해당하는 행위를 집요하게 하여 다른 사람의 생활형성을 중대하게 침해함으로써, 권한 없이 다른 사람의 의사에 반해서 접촉한 자는 3년 이하의 징역 또는 벌금형에 처한다.

1. 다른 사람의 근처에 물리적으로 접근하는 행위
2. 전기통신수단 또는 그 밖의 통신수단을 이용하거나 제삼자를 통해서 그 사람과의 접촉을 시도하는 행위
3. 다른 사람의 개인 관련 정보를 남용하여 그 사람을 위하여 물건을 주문하거나 서비

---

4 Purcell, R., Flower, T., & Mullen, P. (2017). Adolescent stalking: Offence characteristics and effectiveness of intervention orders.

5 프랑스형법 222－33－2는 타인을 반복적으로 괴롭혀 신체적·정신적으로 손상시키거나 타인의 존엄성을 해칠 우려가 있는 행위를 하거나 업무를 방해하는 등의 행위를 반복적으로 하여 다른 사람을 괴롭히는 경우 1년의 징역과 15,000유로의 벌금에 처한다고 규정하고 있다.

6 Criminal Harassment: A Handbook for Police and Crown Prosecutors. 18 September 2004. Archived from the original on 18 September 2004. Retrieved 21 April 2018.

7 박선영·송효진·구미영·김정혜·유혜경. (2014). 여성·가족관련 법제의 실효성 제고를 위한 연구(Ⅱ): 출생등록의무자 및 스토킹 규제 관련 외국의 입법례 및 시사점. 서울: 한국여성정책연구원.; 김성룡. (2007). 독일의 '스토킹행위의 처벌에 관한 법률'의 고찰. 형사정책연구, 135－158.

스를 신청하거나 제삼자에게 이러한 접촉을 하게 하는 행위
4. 다른 사람 또는 그와 친밀한 관계에 있는 사람의 생명, 신체의 안전, 건강 또는 자유의 침해로 다른 사람을 위협하는 행위
5. 이와 비교할 수 있는 그 밖의 다른 행위

제2항 행위자가 이러한 행위를 통해서 피해자, 피해자의 친족, 또는 피해자와 친밀한 관계에 있는 사람에게 사망 또는 중대한 건강침해의 위험을 야기한 경우에는 3월 이상 5년 이하의 자유형에 처한다.

제3항 행위자가 이러한 행위를 통해서 피해자, 피해자의 가족, 또는 피해자와 친밀한 관계에 있는 사람을 사망하게 한 경우에는 1년 이상 10년 이하의 자유형에 처한다.

제4항 형사소추기관이 형사 소추할 특별한 공익이 있음을 이유로 직권에 의한 형사소추가 허용되지 않는 한, 제1항의 경우에는 피해자의 고소에 의해서만 소추된다.

한편 유럽연합은 스토킹과 가정폭력을 여성에 대한 폭력적 행위로 규정하는 내용의 협약 「여성 및 가정폭력에 대한 예방 및 대응에 관한 유럽의회 협약」(The Council of Europe Convention on preventing and combating violence against women and domestic violence)을 2014년 8월 1일부터 발효 중이다.[8]

일본은 2000년에 스토커 행위 등의 규제 등에 관한 법률을 제정하여 시행하고 있다.

2) 한 국

스토킹행위에 대해 스토킹범죄의 처벌 등에 관한 법률 등에 의해 처벌하고 있다.[9]

스토킹으로 다양한 강력 사건들이 발생하면서 스토킹 처벌법은 오랜 사회적 논쟁을 거쳐 제정되었다. 이 법 이전에는 경범죄처벌법으로 처벌하였다.[10]

8 The Council of Europe, Council of Europe Convention on preventing and combating violence against women and domestic violence CETS No.: 210, http://www.conventions.coe.int/Treaty/Commun/ChercheSig.asp?NT=210&CM=&DF=&CL=ENG/

9 스토킹범죄의 처벌 등에 관한 법률(약칭: 스토킹처벌법), [시행 2021. 10. 21.] [법률 제18083호, 2021. 4. 20., 제정].

10 이 법 제3조 제1항 40호 (장난전화 등) 정당한 이유 없이 다른 사람에게 전화·문자메시지·편지·전자우편·전자문서 등을 여러 차례 되풀이하여 괴롭힌 사람 및 제41호 41. (지속적 괴롭힘) 상대방의 명시적 의사에 반하여 지속적으로 접근을 시도하여 면회 또는 교제를 요구하거나 지켜보기, 따라다니기, 잠복하여 기다리기 등의 행위를 반복하여 하는 사람 등을 적용하여 처벌하였다.

이어서 스토킹 피해자 지원을 위한 법률도 2023년 1월에 제정되었다.[11]

표 3-58 스토킹의 유형과 처벌

근거법	스토킹 유형	처벌
스토킹범죄의 처벌 등에 관한 법률 제2조, 제18조	스토킹 접근하거나 따라다니거나 진로를 막아서는 행위 주거·직장·학교, 그 밖에 일상적으로 생활하는 장소(이하 "주거등"이라 함) 또는 그 부근에서 기다리거나 지켜보는 행위 우편·전화·팩스 또는 정보통신망을 이용해서 물건이나 글·말·부호·음향·그림·영상·화상(이하 "물건등"이라 함)을 도달하게 하는 행위 직접 또는 제3자를 통해 물건등을 도달하게 하거나 주거등 또는 그 부근에 물건등을 두는 행위 주거등 또는 그 부근에 놓여있는 물건등을 훼손하는 행위	3년 이하의 징역 또는 3천만원 이하의 벌금 ① 수강명령, ② 스토킹 치료프로그램 이수명령 또는 ③ 보호관찰·사회봉사중 하나 이상의 처분을 병과 가능
경범죄 처벌법 제3조 제1항 제19호·제40호·제41호	[불안감조성]정당한 이유 없이 길을 막거나 시비를 걸거나 주위에 모여들거나 뒤따르거나 몹시 거칠게 겁을 주는 말이나 행동으로 다른 사람을 불안하게 하거나 귀찮고 불쾌하게 하는 행위	10만원 이하의 벌금, 구류 또는 과료
	[장난전화 등]정당한 이유 없이 다른 사람에게 전화·문자메시지·편지·전자우편·전자문서 등을 여러 차례 되풀이하여 괴롭히는 행위	
	[지속적 괴롭힘]상대방의 명시적 의사에 반하여 지속적으로 접근을 시도하여 면회 또는 교제를 요구하거나 지켜보기, 따라다니기, 잠복하여 기다리기 등을 반복해서 하는 행위	
정보통신망 이용촉진 및 정보보호 등에 관한 법률 제44조의7 제1항 제1호·제3호 및 제74조 제1항 제2호·제3호	[불법정보의 유통]음란한 부호·문언·음향·화상 또는 영상을 배포·판매·임대하거나 공공연하게 전시하는 내용의 정보를 유통하는 행위	1년 이하의 징역 또는 1천만원 이하의 벌금
	[불법정보의 유통]공포심이나 불안감을 유발하는 부호·문언·음향·화상 또는 영상을 반복적으로 상대방에게 도달하도록 하는 내용의 정보를 유통하는 행위	
「형법」 제260조 제1항, 제283조 제1항, 제314조 제1항 및 제319조 제1항 등	[폭행]신체에 대해 폭행하는 행위	2년 이하의 징역, 500만원 이하의 벌금, 구류 또는 과료
	[협박]협박하는 행위	3년 이하의 징역, 500만원 이하의 벌금, 구류 또는 과료
	[업무방해]허위사실을 유포하거나 위계 또는 위력으로 업무를 방해하는 행위	5년 이하의 징역 또는 1,500만원 이하의 벌금
	[주거침입]주거지, 관리하는 건조물 또는 점유하는 방에 침입하는 행위	3년 이하의 징역 또는 500만원 이하의 벌금
성폭력범죄의 처벌 등에 관한 특례법 제13조	[통신매체를 이용한 음란행위]자기 또는 다른 사람의 성적 욕망을 만족시킬 목적으로 전화·우편·컴퓨터·그 밖의 통신매체를 통해 성적 수치심이나 혐오감을 일으키는 말·음향·글·그림·영상 또는 물건을 상대방에게 도달하게 하는 행위	2년 이하의 징역 또는 2천만원 이하의 벌금
여성폭력방지기본법 제3조 제1호	[여성폭력]지속적 괴롭힘 행위 등	

11 스토킹방지 및 피해자보호 등에 관한 법률 (약칭: 스토킹방지법), [시행 2023. 7. 18.] [법률 제19216호, 2023. 1. 17., 제정].

CRIMINOLOGY

대법원, '스토킹 살해' 김병찬 징역 40년 확정

전 여자친구를 스토킹하고 살해한 혐의로 대법원 재판에 넘겨진 김병찬(37)에게 징역 40년과 15년 동안 위치추적 전자장치를 부착하도록 명령한 원심이 확정됐다. …중략…

김씨는 2021년 11월 서울 중구의 한 오피스텔 주차장에서 피해자 ㄱ씨를 14차례 흉기로 찔러 살해한 혐의를 받는다. 김씨는 피해자에게 이별을 통보받은 뒤 지속적으로 집에 찾아가는 스토킹 행각과 협박 · 감금 범행을 저질렀고, 법원으로부터 접근금지 잠정통보를 받자 앙심을 품고 피해자를 살해한 것으로 조사됐다. 당시 피해자는 경찰의 신변보호를 받고 있었는데, 경찰이 지급한 신변보호용 스마트워치의 위치 오류로 경찰이 범행 장소에 제때 출동하지 못한 것으로 나타났다.

앞서 1심은 김씨에게 징역 35년을 선고했으나 2심에서 징역 40년으로 가중됐다. 항소심 재판부는 "김씨는 피해자를 계획적이고 잔혹한 방법으로 살해했고, 이전에도 그 자체만으로도 중한 형을 받아 마땅한 협박과 감금행위를 수차례 자행한 바 있다. 보복의 목적이 없었다고 주장하는데 범행을 진심으로 뉘우치고 있는지 의심스럽다"고 밝혔다.

대법원은 "원심의 판단에 논리와 경험의 법칙을 위반해 자유심증주의의 한계를 벗어난 잘못이 없다"며 원심을 확정했다......

자료: MBN, 2022년 9월 24일자 보도; 연합뉴스, 2023년 1월 10일자 보도.

스토킹의 유형은 대체로 다음과 같이 분류된다.[12]

3. 스토킹의 유형

1) 거부형(rejected stalker)

스토킹 중 가장 많은 경우로 이별, 이혼 등으로 자신을 거부하는 애인이나 친구, 기타 누군가에게 지속적으로 구애를 하고, 집착하며 관계를 유지할 것을 요구하는 경우이다. 거부형이 피해자에게 가지는 목적은 다양하며, 자신이 거부당하는 데에 앙심을 품고 공격하거나 복수한다.

거부형 스토커는 자존감이 낮고, 욕구불만, 질투, 분노, 소유물을 잃는다고

12 Mullen, Paul E.; Pathé, Michele; Purcell, Rosemary; Stuart, Geoffrey W. (August 1999). "A Study of Stalkers". American Journal of Psychiatry. Philadelphia, Pennsylvania: American Psychiatric Association (156): 1244-1249.; Purcell, R., Flower, T., & Mullen, P. (2017). Adolescent stalking: Offence characteristics and effectiveness of intervention orders.

생각하는 데에서 오는 슬픔 등의 감정 등과 결합되어 모욕적인 감정을 가지게 되어 더욱 상대방에게 집착한다. 이들은 사회적응력이 매우 낮다. 만약 피해자에게 새로운 애인이나 친구가 생길 경우 피해자를 공격하는 경우도 많다.[13]

CRIMINOLOGY

만남 거부하자 찾아가 폭행, 딸까지 죽이겠다고 협박한 40대 징역형

…중략… 대전지법 형사2단독(재판장 윤지숙)은 상해, 스토킹 범죄의 처벌 등에 관한 법률 위반, 협박, 폭행, 특수재물손괴 등 혐의로 기소된 A(43)씨에게 징역 2년 6개월 및 스토킹 치료프로그램 이수 명령 200시간을 함께 명령했다.

A씨는 지난해 5월 1일 오전 1시 53분께 대전 중구에 있는 피해자 B(45·여)씨의 집을 찾아가 만나주지 않는다며 초인종을 누르고 문을 걷어차는 등 스토킹 행위를 한 혐의다.

특히 다음 달인 6월 16일 오후 9시 30분 차량을 이동 주차해 달라는 방법으로 B씨를 불러낸 다음 용서해 달라고 부탁했으나 거부당하자 주먹으로 얼굴을 수차례 때리고 넘어진 B씨를 때려 상해를 입힌 것으로 알려졌다...

A씨는 B씨가 자신의 연락에 답장하지 않자 지난 3월 15일 오전 2시 B씨 집에 찾아가 문을 발로 차며 협박하고 오전 7시 30분이 넘어 B씨의 딸이 등교를 위해 나오자 "같이 가지 않으면 죽이겠다"라며 불안감 또는 공포심을 느끼게 했다...

자료: 세계일보, 2023년 6월 10일자 보도.

2) 분개형(resentful stalker)

분개형 스토킹은 상대방이 자신을 망쳤다는 원한을 품고 그에게 복수하려는 유형으로 상대방은 이미 알고 있는 경우도 있고, 전혀 낯선 사람일 수도 있다. 이 유형은 피해자에게 공격적이며, 불쾌한 행동을 노골적으로 한다. 분개형은 상대방을 과거에 자신을 모욕했거나 억압한 사람과 동일시하며, 자신이 당한 것을 앙갚음하려는 생각을 하며, 교묘하게 상대방을 괴롭힌다.

이 유형의 스토킹은 정신분열증적 망상장애를 보이며 오랜 기간 지속되고, 결국에는 폭력적인 수단을 사용한다. 또한 그들은 개인을 협박하고, 정부와 법체계를 비난하고, 피해자의 재물을 손상하거나 애완용 동물을 공격하거나 살해하며, 우편물이나 자동차를 훼손하고, 주거시설에 불을 지르는 등의 행동을 하며,

13 Paul E. Mullen, Michele Pathe, Rosemary Purcell, Stalkers and Their Victims, 2nd (ed.), (Cambridge: Cambridge University Press, 2009), pp. 58~69.

그러한 과정 중에 피해자가 당황해하는 것을 관찰한다.

CRIMINOLOGY

스토킹하려 몰래 숨어든 원룸서 건물주 살해… 징역 30년 확정

채팅으로 만난 여성을 스토킹하는 과정에서 자신이 몰래 숨어 지내던 원룸의 건물주를 살해한 혐의로 기소된 40대 남성에게 징역 30년형이 확정됐다.

대법원 형사1부(주심 김선수 대법관)는 16일 살인, 특수건조물침입, 스토킹범죄의 처벌 등에 관한 법률 위반, 상해, 특수협박, 감금, 성폭력범죄의 처벌 등에 관한 특례법상 특수강간 등의 혐의로 기소된 A 씨에게 징역 30년을 선고한 원심을 확정했다(2022도16848). A 씨에 대한 20년간 위치추적 전자장치(전자발찌) 부착 명령과 80시간의 성폭력 및 스토킹 치료프로그램 이수 명령, 10년간 아동·청소년 관련기관 및 장애인복지시설 취업제한 명령도 유지됐다.

A 씨는 2021년 12월 강원도 원주시의 한 원룸에서 건물주인 60대 여성 B 씨를 살해한 혐의를 받았다. 앞서 A 씨는 같은 해 11월 채팅앱을 통해 알게 된 여성 C 씨를 스토킹하고, 폭행, 협박, 감금하고 성폭행한 혐의도 받았다. C 씨가 경찰에 신고하고 더이상 만나주지 않자, A 씨는 C 씨를 찾아다니던 중 C 씨의 여동생이 산다는 원룸 건물의 공실에 수시로 출입하며 몰래 거주한 것으로 전해졌다. 그러다 A 씨는 수도 동파 여부를 확인하려고 들어온 건물주 B 씨와 마주치자 흉기를 휘둘러 숨지게 한 혐의를 받는다.....

1심은 A 씨의 혐의를 전부 유죄로 판단하고 무기징역을 선고했다. 1심은 "이 사건 살인 범행은 A 씨가 일면식도 없는 B 씨를 우연히 마주친 것을 기화로 이유 없이 살해한 것"이라며 "A 씨와 B 씨가 마주쳤을 당시 B 씨가 A 씨에게 위협적인 행동을 하거나 폭력을 행사하는 등 A 씨의 법익을 침해하는 행위를 하지 않았음에도 A 씨가 범행에 취약한 고령의 B 씨를 흉기로 찔러 무참히 살해해 그 범행이 극히 불량하며, 그 어떠한 측면에서 보더라도 범행의 동기가 반사회적이라고밖에 평가할 수 없다"라고 판시했다. 또 "A 씨의 C 씨에 대한 각 범행 역시 그 범행의 방법, 수단, 동기 등이 매우 가학적이고 반사회적"이라며 "피해자 C 씨가 느꼈을 공포감과 성적 수치심 또한 매우 컸을 것으로 보인다"고 했다.

하지만 2심은 1심보다 감형된 징역 30년을 선고했다.....대법원도 "A 씨의 연령·성행·환경, 피해자와의 관계, 이 사건 범행의 동기·수단과 결과, 범행 후의 정황 등 기록에 나타난 양형의 조건이 되는 여러 가지 사정들을 살펴보면, 상고이유로 주장하는 사정을 참작하더라도 원심이 A 씨에 대해 징역 30년을 선고한 것이 심히 부당하다고 할 수 없다"며 원심의 형량을 확정했다.

자료: 법률신문, 2023년 3월 17일자 보도.

3) 강간형(predatory stalker)

스토킹 유형 중에 가장 적은 경우로 이들은 피해자를 성적으로 공격하려는 목적을 가지고 공격한다. 이 유형의 스토커는 전적으로 성적 욕구를 충족할 목적으로 상대방을 스토킹하고, 이를 달성하기 위해 피해자에게 폭력을 서슴없이 행사하기도 한다.[14]

이들은 왜곡된 성의식을 가졌으며, 대인관계능력이 부족하며, 지능이 평균 이하이다. 이들의 행동은 피해자에 대한 억압, 음란전화, 관음증, 성적 가학증 및 피학증, 노출증의 형태로 나타나는데, 피해자는 알고 지냈거나 전혀 모르는 사람 모두가 될 수 있다.

4) 연인갈구형(intimacy seeker)

연인갈구형은 스토커가 피해자와 연인관계를 계속 유지하고 싶지만, 상대방이 이를 받아들이지 않는 것을 인정하기 못하고 지속적으로 집착하며, 다양한 구애행위를 하는 경우이다.

따라서 이들은 피해자의 거절의사를 오히려 피해자가 자신과 환상적인 성관계(erotomania)를 가지고 싶어한다고 착각하며, 피해자의 거절행동을 적극적인 의사표시로 해석한다. 따라서 이들은 피해자에게 편지를 쓰거나 선물을 보내며, 피해자가 자신을 사랑하기 때문에 그것들을 받았다고 생각하며, 자신의 신념을 변화시키는 것을 거부한다. 이들은 자신의 존재가 거부당했다고 느껴지면, 거부형 스토커가 행하는 것처럼 피해자를 다양한 형태로 협박하거나 폭행한다.

이들은 자신의 피해자에게 애인이 생길 경우 질투를 한다. 연인갈구형은 거부형 스토커 다음으로 많이 나타나는 유형이며, 피해자에 대한 자신의 행동을 법으로 제재하는 것은 부당하다고 생각한다.

5) 사이버 스토킹(cyber stalking)

사이버 스토킹은 스토킹의 영역이 인터넷이나 컴퓨터 소프트웨어를 통해서 발생하는 것으로 사이버상에서 피해자를 억압하고, 협박하며, 공포감을 주는 행동을 한다. 이들은 피해자의 정보를 사이버상에서 공개하거나, 피해자의 블로그 등에 접속하여 악의적인 자료를 게시하는 등의 방법을 사용한다.

---

14 L. P. Sheridan, E. Blaauw, "Characteristics of False Stalking Reports," (*Criminal Justice and Behavior*, Vol. 31, No. 1, 2004), pp. 55~72.

현행 정보통신망 이용촉진 및 정보보호 등에 관한 법률 제44조의7 1항 3호는 누구든지 공포심이나 불안감을 유발하는 부호·문언·음향·화상 또는 영상을 반복적으로 상대방에게 도달하도록 하는 내용의 정보를 유통해서는 안 된다고 규정하고 있다.[15] 그리고 이를 위반한 경우 같은 법 74조 제1항 제3호는 1년 이하의 징역 또는 1천만원 이하의 벌금에 처한다고 규정하고 있다. 이 법조항에 대한 위헌법률심판에서 헌법재판소는 합헌이라고 판결하였다.[16]

헌법재판소는 공포심이나 불안감을 유발하는 문언을 반복적으로 도달하게 한 행위란 사회통념상 일반인에게 두려워하고 무서워하는 마음, 마음이 편하지 아니하고 조마조마한 느낌을 일으킬 수 있는 내용의 문언을 되풀이하여 전송하는 일련의 행위를 의미하는 것으로 풀이할 수 있다고 판시하였다.

이어 형법상 협박죄는 해악의 고지를 요건으로 하고 있어, 해악의 고지는 없으나 반복적인 음향이나 문언 전송 등의 다양한 방법으로 상대방에게 공포심이나 불안감을 유발하는 소위 '사이버 스토킹'을 규제하기에 불충분한 측면이 있다면서 현대 정보사회에서 정보통신망을 이용한 불법행위가 급증하는 추세에 있고 오프라인 공간에서 발생하는 불법행위에 비해 행위유형이 비정형적이고 다양해 피해자에게 주는 고통이 더 클 수도 있어 정보통신망법을 통한 규제의 필요성이 매우 크다고 부연설명하고 있다.

전형적인 사이버 스토킹은 초기에는 피해자에 대한 공격을 사이버상에서만 하며, 오프라인 세계에서 지속하지 않는 특징이 있다. 이들은 사이버상에서 피해자에게 어려움을 주고, 상처를 주려하며, 사이버상에서 자신의 존재를 피해자에게 부각시키려 한다. 그러나 스토킹 시간이 길어지며 사이버 스토킹은 오프라인의 스토킹과 병행되는 현상을 보이기도 한다.

4. 스토킹의 피해자 프로파일링

스토킹의 피해자는 자신에게 일어나고 있는 일을 부정하고, 다른 사람을 믿지 않게 되며, 스스로를 자책하며, 죄의식, 수치심 등을 느끼게 된다. 또한 그들은 좌절, 슬픔, 낮은 자아존중감을 가지며, 충격과 혼란에 빠진다. 매사 과민해져

15 정보통신망 이용촉진 및 정보보호 등에 관한 법률(약칭: 정보통신망법), [시행 2023. 7. 4.] [법률 제19154호, 2023. 1. 3., 일부개정].

16 헌법재판소, 2016. 12. 29. 선고. 2014헌바434.

두려움과 불안, 공포증, 공황발작 등의 증세를 보이며, 스토커에 대한 분노와 무력감으로 고통받는다.[17]

나아가 자신이 세상과 단절되었다는 느낌을 가지며, 직장일이나 학업 등의 수행에 차질을 빚게 되며, 주위와 친밀한 관계를 가지지 못한다. 심한 경우 외상 후 스트레스 장애(PTSD)를 보이며, 자살에 이르는 경우도 있다.

스토킹 피해자는 위장장애 및 수면장애를 호소하며, 두통과 피로감에 시달리며, 호르몬체계의 변화 등으로 인해 성기능에 장애를 겪기도 하는 것으로 나타났다. 스토킹 피해자는 옛애인이나 친구 등 다양하다.

1) 옛애인(ex-intimates)

스토킹의 피해자는 과거에 스토커와 정상적인 연인관계이었던 경우 피해자가 되는 경우가 가장 많은 것으로 나타났다. 과거 연인관계는 그 기간과 상관없이 피해자가 되는 경우가 가장 많다.[18]

2) 가족구성원

스토커의 부모나 형제자매 역시 스토킹의 피해자가 된다. 대부분 피해자가 가해자를 무시하거나 거부한 적이 있는 경우에 발생하며, 스토커는 과거 피해자로부터 당한 거부, 무시, 모욕, 학대 등에 대한 보복으로 스토킹을 하는 경우가 많다.

3) 친구 및 지인

거부형이나 연인갈구형 유형의 스토커는 친구 및 지인이 피해자가 될 수 있다. 분개형 스토커의 피해자는 소음, 애완견, 자동차주차, 업무상 거래 등의 사소한 문제로 스토커와 분쟁이 있었고, 당시 가해자가 무시당했다고 생각하는 경우 스토킹의 대상이 되기도 한다.

4) 업무상 관계

직업관계 혹은 업무상 관계에 있는 사람이 스토킹의 피해자가 되는 경우로

17 Frank Schmalleger, Criminology Today: An Integrate Introduction, 3rd (ed.), (New Jersey: Prentice Hall, 2002), pp. 317~319.; Nelson, M. E. (2018). Predicting Posttraumatic Stress Disorder Among Stalking Victims (Doctoral dissertation, University of Dayton).

18 Dardis, C. M., Amoroso, T., & Iverson, K. M. (2017). Intimate partner stalking: Contributions to PTSD symptomatology among a national sample of women veterans. Psychological Trauma: Theory, Research, Practice, and Policy, 9(Suppl 1), 67–73.

의사와 간호사, 직장 상사, 동료, 부하직원, 사업파트너, 고객, 고용주, 학생과 교사 등 일터 내에서 접촉하는 사람이 스토킹의 피해자가 되는 경우이다.

스토킹은 성적 추행, 신체적 학대, 성희롱, 강도, 살인 등에 이르기까지 다양하며, 스토커는 대부분 직업경력이 좋지 않으며, 무단결근 혹은 결석을 자주하며, 일터 내에서 다른 사람들과 무시한다며 자주 다툼을 벌이는 등의 특징을 보인다.

업무상 관계에서 스토킹의 피해자가 되는 경우는 상당한 증가추세를 보이고 있다. 피해자는 당황스럽기 때문에 상사 및 동료와 상의하지 못하는 경우가 많고, 스토킹은 점점 심해져 더욱 자극적이며 폭력적으로 나타난다.

5) 낯선 사람(strangers)

연인갈구형 및 무능력청혼자의 스토커 유형이 가장 많이 피해자로 삼는 대상이 이방인이지만, 종종 강간형 스토커나 분노형 스토커의 경우도 낯선 사람을 피해자로 삼는다.

이들은 처음에는 자신의 정체를 피해자에게 숨기며, 피해자에게 어느 정도 다가간 뒤 자신의 정체를 드러낸다. 가해자가 처음에 친절한 모습을 보이기 때문에 피해자는 가해자에게 약간의 호감을 가질 수 있으며, 따라서 데이트를 받아들이고, 지속적인 만남을 약속할 수 있다. 이러한 행동은 의도하지 않았지만 스토커에게 피해자가 자신을 사랑하는 것이라 믿게 만들고, 스토킹을 계속하게 하는 요인이 된다.

6) 성별(gender)

스토커는 대부분 남자이지만, 여성 역시 스토커가 될 수 있다. 여성스토커는 대부분 아는 사람을 피해자로 삼으며, 피해자는 일과 관련된 여성인 경우가 많다. 그러나 남성 스토커는 대부분 여성을 피해자로 삼으며, 남성 피해자는 여성에 비해 많지 않다.[19]

여성스토커는 대부분 연인갈구형으로 상대방과 관계를 유지하고 싶어 하는 경우인 반면에 남자 스토커의 동기는 매우 광범위하다. 남녀 스토커 모두 폭력을 사용하며, 기간의 차이는 없다. 그러나 스토킹의 동기는 남녀의 차이가 있으며, 나타나는 행동양식이나 공격성 등도 차이를 보인다.

---

19 Ybarra, M. L., Langhinrichsen－Rohling, J., & Mitchell, K. J. (2017). Stalking－like behavior in adolescence: Prevalence, intent, and associated characteristics. Psychology of Violence, 7(2), 192-202.

II. 증오 및 제노포비아 범죄(hate and xenophobia crime)

1. 증오범죄의 개념

증오범죄는 편견범죄(bias crime), 또는 제노포비아 범죄라고도 하며, 그 개념에 대해서는 다양한 의견이 존재한다.[20]

FBI는 증오범죄와 편견범죄를 동일시하며 "증오범죄(hate crime)란 범죄자가 인종, 종교, 장애, 성적 성향 또는 민족·출신 국가에 대한 범죄자의 전체적인 혹은 부분적인 편견 또는 제노포비아(xenophobia)에 의해 동기화되어 사람 또는 재산에 대해 불법적인 행위를 하는 것"이라고 정의하고 있다.[21]

제노포비아(Xenophobia)란 그리스어인 이방인(Stranger)과 두려움(Fear)의 합성어로서 어원적으로는 이방인에 대한 두려움(Fear of the stranger)으로 해석되지만, 현실적으로는 특정 사회의 구성원들이 외국인, 이민자, 이주노동자 등에 대하여 보이는 피해의식, 두려움, 거부감, 부정의식 등을 포함하는 적대적인 태도로 정의된다.[22]

미국의 「연방증오범죄통계법」(Federal Hate Crime Statistics Act)은 증오범죄란 인종, 종교, 성적 성향, 민족성, 출신 국가와 장애 등에 바탕을 둔 피해자에 대한 편견과 증오에 의해 부분적으로 또는 전적으로 동기화되는 범죄를 의미하며, 증오범죄에서 주로 문제가 되는 것은 사회적 약자에 대한 편견이라고 한다.[23]

이와 같이 증오범죄에 대한 개념은 다양하나 이 책에서는 증오범죄란 범죄자가 피해자의 인종, 출신국가, 민족, 종교, 장애, 성적 성향 등에 대한 편견으로 피해자를 신체적 또는 정서적, 재산적으로 공격하는 행위라고 규정하기로 한다. 즉, 개인이 자신의 정치, 종교, 인종, 민족, 사회 등의 편견으로 인하여 특정인, 사회, 국가, 인종, 종교 등에 대하여 가하는 폭력적인 행위를 지칭하는 것으로 이해되고 있다.[24] 일반적으로 증오범죄에 대한 핵심적인 요소는 특정편견(prejudice)

---

20 허경미. (2014). 한국의 제노포비아 발현 및 대책에 관한 연구. 경찰학논총, 9(1), 233-259.; 허경미. (2016). 미디어의 외국인 강력범죄에 대한 보도태도 연구. 한국경찰연구, 15(3), 351-374.

21 FBI, https://ucr.fbi.gov/hate-crime/2018/resource-pages/about-hate-crime/

22 Gemi, Eda, Iryna Ulasiuk, and Anna Triandafyllidou. "Migrants and media newsmaking practices," (Journalism Practice 7(3), 2013), pp. 266~281.

23 https://ucr.fbi.gov/hate-crime/2010/resources/hate-crime-2010-hate-crime-statistics-act/

과 그 편견에 의해 동기부여된 폭력적인 범죄행위(violent crime)라고 할 수 있다. 편견이 범죄의 동기이기도 하지만 그렇다고 모든 편견이 증오범죄로 이어지지는 않는다.

2. 증오범죄의 유형

증오범죄의 역사는 멀리 로마제국의 기독교 박해부터 제2차 세계대전기간 동안의 독일 나찌당에 의한 유대인 학살, 1990년대 르완다 내전에서 투치족(tutsis)에 대한 후투족의 집단학살, 미국 내 백인계열에 의한 흑인이나 아시안계 등에 대한 차별적 행위 등에 이르기까지 때론 집단적인 종교탄압으로, 때로는 민족학살을 위한 전쟁의 형태로, 인종적 학대 등 매우 다양한 모습으로 발생하였다.

일반적으로 증오범죄는 인종이나 민족에 대해 정신병리적 증상을 보이는 신나치(new-nazis)나 스킨헤드(skinheads) 족과 같은 사람들에 의해서만 야기되는 것으로 인식하지만, 평범한 개인 역시 그가 가진 편견과 증오 때문에 공격적인 행동을 한다.

증오범죄(prejudices crime)에 대한 많은 연구를 남긴 유명한 철학자이자 정신분석가인 엘리자베스 영 브루엘(Elisabeth Young-Brueh)은 증오(prejudices)를 반유대주의, 인종차별주의, 성차별주의, 동성애 차별주의 등의 네 유형으로 분류하고 이 증오는 뚜렷한 원인(distinct cause)이 있다고 주장하였다.[25]

영 부루엘은 반유대주의는 강박 관념에서 비롯되며 유태인들은 더럽고 공격적이어서 제거해야 한다는 강박감(obsessional character)에서 발생하며, 인종차별주의는 성적 공포에 뿌리를 둔 히스테리(hysteria)에서 발생하며, 성차별주의나 동성애 차별주의는 자기애적인 혐오(narcissistic hatred)에서 발생한다는 것이라고 주장하였다.

영 부루엘의 주장은 상당한 지지를 받았지만 한편으로는 너무 정신분석학적 관점에서 증오의 원인을 설명하고, 체계적인 사회학적 관점의 설명이 부족하다고 지적한다.

---

24 Sue Titus Reid, Crime and Criminology, 10th (ed.), (New York: McGraw-Hill Higher Education. 2003), p. 221.

25 Young-Bruehl, E. (1998). The anatomy of prejudices. Harvard University Press.

로렌스(Frederick M. Lawrence)는 증오범죄는 근본적으로 편견에 동기화된 범죄행위라면서 증오범죄를 알기 위해서는 범죄자의 동기와 그 범죄자의 행위 결과의 양쪽 측면을 모두 고려해야 한다고 본다.[26] 즉, 모든 범죄가 피해자를 증오하는 편견에 의해 동기화 되는 것은 아니며, 인종에 대한 혐오와 구성원 개인에 대한 증오가 결합되어 증오범죄를 야기한다는 것이다.

3. 각국의 증오범죄 관련 입법

유럽연합은 2002년 사이버범죄협약을 체결하고, 회원국들이 온라인 상에서 증오범죄를 처벌하는 법률을 제정할 것에 동의하였다. 이 밖에도 회원국들은 형법 또는 특별법을 제정하여 증오범죄를 처벌하고 있다.

2021년에 유럽연합은 범죄유형(EU crimes' in Article 83(1))에 증오범죄와 증오발언(crimes and hate speech)을 포함시키기로 결정하였다.[27]

대표적으로 영국의 경우 잉글랜드 및 웨일즈 지방과 스코틀랜드는 「1998년 범죄와 무질서법」(the Crime and Disorder Act 1998)을 통하여 피해자의 인종, 종교적 특징에 대한 차별적 증오심을 바탕으로 하는 공격적 행위를 처벌하고 있다. 북아일랜드는 「1986년 공공질서법」(the Public Order Act 1986)을 통하여 이러한 행위를 처벌하고 있다. 2003년 형사증거법(Criminal Justice Act 2003)은 범죄와 무질서법을 적용할 때 범인이 피해자의 성적 취향 및 장애여부, 그리고 종교적 특징에 따라 더 공격성을 띠었는지의 여부를 고려하여 가중처벌하여야 한다고 규정하고 있다.[28]

1868년에 비준된 미국 수정헌법 제14조는 노예에게 시민권을 부여하고 법의 평등한 보호(equal protection of the law)를 규정하여, 성별, 인종, 종교, 민족배경 등에 의한 차별과 불평등을 철폐하려는 정치적 투쟁의 법적 근간을 마련했다. 이러한 헌법 정신에 근거한 증오범죄에 대한 법률제정은 1964년 「시민인권법」

---

26 Frederick M. Lawrence, Punishing Hate: Bias Crime under American Law, (MA: Harvard University Press, 2002), pp. 3~9.

27 eu commission, https://commission.europa.eu/strategy-and-policy/policies/justice-and-fundamental-rights/combatting-discrimination/racism-and-xenophobia/combating-hate-speech-and-hate-crime_en/

28 legislation.gov.uk. Criminal Justice Act 2003, http://www.legislation.gov.uk/ukpga/2003/44/contents#pt12-ch1-pb1-l1g145/

(Civil Rights Laws)의 제정의 근간 정신이 되었다.

시민인권법(Federal Civil Rights)은 다른 사람의 인종, 피부, 종교, 국적 등을 이유로 직접적으로 또는 간접적으로, 상대방을 모욕하거나, 비난하거나, 공격하는 등의 행위로 학교등교, 공공장소 및 시설의 출입제한, 고용의 제한, 법원 및 선거의 배심원 또는 참관원 등의 활동을 방해하는 경우 이를 처벌한다고 규정하고 있다.

증오범죄의 예방 및 처벌을 위한 연방법은 크게 증오범죄의 예방 및 통제에 관한 법과 증오범죄 통계관리에 관한 법 등의 두 유형으로 구분된다. 먼저 증오범죄의 예방 및 처벌에 관한 법으로는 1969년의 「증오범죄법」, 1994년의 「폭력범죄통제 및 법집행법」, 2010년의 「증오범죄예방법」을 들 수 있다.

1969년부터 시행된 증오범죄법(Federal Hate Crimes Law)은 인종, 피부색, 국적이나 종교로 비롯되는 폭력을 금지하였고, 이러한 증오범죄 사건은 미국의 연방수사기관에서 관리하도록 규정하였다. 이 법은 특히 만약 증오범죄시 무기를 사용하는 경우 최고 10년까지 징역형을, 그리고 납치, 성폭력, 살인 등이 증오범죄와 관련이 있는 경우 사형에 처하도록 규정하였다.

1994년부터 시행된 폭력범죄통제 및 집행법(The Violent Crime Control and Law Enforcement Act)은 직접적 또는 간접적인 인종, 피부색, 종교, 국적, 출신, 성별 차이로 인한 범죄에 대한 처벌을 강화하는 것으로 이러한 범죄를 연방범죄로 간주한다는 가이드라인을 더욱 명확히 하고 있다.[29]

2010년부터 시행된 증오범죄예방법(Matthew Shepard and James Byrd, Jr. Hate Crimes Prevention Act)은 피해자의 실제 혹은 간주되는 성(a victim's actual or perceived gender), 성적 정체성, 성적 취향, 장애, 피해자의 합법적인 신분 등에 의하여 촉발된 범죄행위에 대해선 연방범죄로 처벌하겠다는 것을 골자로 하고 있다.[30] 이 법은 특히 군대 내에서도 동성애 등에 대한 개인적 성적 취향에 대한 질문을 금지하고 있다.

한편 증오범죄에 대한 통계를 관리하기 위한 법으로는 1990년의 「증오범죄통계법」, 1994년의 「폭력적 범죄통제 및 집행법」, 1997년의 「캠퍼스 증오범죄

29 http://www.adl.org/issue_government/hate_crime_sentencing_act.asp.

30 http://www.foxnews.com/politics/2009/10/28/obama-signs-defense-policy-includes-hate-crime-legislation/

통계법」 등이 있다.

먼저 1990년의 증오범죄통계법(Hate Crime Statistics Act of 1990)은 연방정부가 인종, 종교, 장애, 성적 취향, 민족 등에 의한 범죄통계를 수집할 수 있도록 하였다. 이 법은 최초로 연방정부가 최초로 연방법에 게이, 래즈비언, 양성애자(gay, lesbian and bisexual people) 등의 용어를 사용함으로써 이들이 보호의 객체임을 명시하고 있다.

이 법에 따라 FBI는 1992년부터 증오범죄와 관련한 범죄 및 피해자 통계를 수집, 분석하여 발표하고 있다.

1994년의 폭력적 범죄통제 및 집행법(Violent Crime Control and Law Enforcement Act of 1994)은 증오범죄의 영역을 장애(disability)로까지 확장하여 관련 통계를 수집, 관리 하도록 하였다.

1997년의 캠퍼스 증오범죄 통계법(Campus Hate Crimes Right to Know Act of 1997)은 캠퍼스경찰이 인종·성·종교·성적 취향·국적·장애 등에 대한 편견으로 인한 범죄를 수집하고 관리할 수 있도록 하였다.

증오범죄에 관해 주정부는 주법으로 45개주 및 컬럼비아 주가 편견에 인한 폭력 및 모욕 등을 범죄로 규정하고 처벌하고 있다. 대부분의 주법은 인종, 종교,

CRIMINOLOGY

Hate Crimes Prevention Act

Wyoming주의 Laramie의 학생이었던 Shepard는 동성애자라는 이유로 동성애 혐오주의자들에게 고문 끝에 살해당하였고, Texas주의 Jasper의 거주하는 흑인인 Byrd는 백인우월주의자들에게 끌려가 살해당하였다. 범인들은 종신형과 사형 등을 선고받았으나 재판 당시 Wyoming주와 Texas주는 모두 증오범죄에 대한 주법이 없었다. 이 사건 이후 연방법으로 증오범죄법을 규정해야 한다는 필요성이 제기되었다. 이에 따라 Matthew Shepard Act안이 제기되었다.

이 법은 2001년 4월에 하원에 법안이 제출된 이후 8년여 동안 논란을 거쳐 2009년 7월 15일 상원을 통과했다. 오바마 대통령은 2009년 1월 28일 이 법에 서명했다.

자료: https://en.wikipedia.org/wiki/Matthew_Shepard_and_James_Byrd,_Jr._Hate_Crimes_Prevention_Act; The New York Times, http://thecaucus.blogs.nytimes.com/2009/10/28/obama-signs-hate-crimes-bill/#/

국적 등을 편견으로 규정하며, 32개주는 장애를, 31개주는 성적 취향을, 28개주는 성별을, 14개주는 동성애, 성전환 등을 편견으로 포함시키고 있다.[31]

이처럼 증오범죄에 관련된 많은 법은 증오범죄 가해자에게 일반범죄자 보다 더 엄한 처벌을 하고, 그 피해자에 대해 보다 적극적으로 보호하는 방향으로 전개되어왔다. 그런데 이러한 입법 방향은 증오범죄자와 그 피해자, 그리고 비편견 범죄자와 일반범죄 피해자에 대한 법적 권리의 차별에 대한 논쟁의 실마리를 제공한 계기가 되었다. 즉, 증오범죄에 대한 법률제정이 소수를 위한 방향으로 전개되면서, 증오범죄자와 피해자 그리고 일반범죄자와 피해자에 대한 권리의 형평성 차이와 관련한 갈등이 나타나기 시작한 것이다.

증오범죄 관련법들을 지지하는 사람들은 증오범죄자가 다른 범죄자에 비해 더욱 엄중한 처벌을 받아야 한다고 주장한다. 증오범죄는 실제로 피해를 본 피해자 한 사람뿐만이 아니라 더 많은 사람들을 피해자로 만들기 때문이라는 것이다. 이들은 증오범죄가 증오의 대상이 되는 집단에 증오와 공포를 퍼뜨린다고 주장하였다. 이들은 성적 성향, 성(gender) 또는 장애에 동기화된 범죄도 다른 증오범죄와 기본적으로 유사하기 때문에 연방에서 관할하여야 한다고 주장한다. 예를 들어 지지자들은 여성 피해자들은 그들이 여성이기 때문에 다른 범죄보다 비교적 간단하게 범죄자에게 목표가 되기 때문에 성(gender)을 증오범죄 법률에 추가해야 한다고 주장한다.[32]

반면에 비판가들은 증오범죄예방법이 사회적 이익 차원에서 중요해 보이지 않으며, 형법과 차이가 없다고 말했다. 그리고 연방법으로 보호되어 특별한 대우를 받는 선택된 집단에게 제공되어 오히려 국가의 분열을 가져오며, 미국인이 더 이상 법 아래에서 평등하지 않음을 의미한다고 주장한다. 즉, 정부의 보호를 받는 특별한 피해자 집단에 대한 범죄행위가 보호받지 못한 대상에게 행한 동일한 범죄보다 더 강력한 처벌을 받는 양상을 초래한다는 것이다.

---

31 Lovett, Colin (July 20, 2015). "Illinois Gov. Bruce Rauner Signs Enhanced Hate Crimes Law". LGBTQ Nation.

32 Roman Espejo, What is a Hate Crime?, (California: Greenhaven Press, 2002), pp. 31~38.

4. 증오범죄 피해자 프로파일링

1) 피해자의 심리적 특징

증오범죄의 피해자는 두려움, 분노, 적대감, 우울감 등을 경험하며 사회적으로 위축되는 모습을 보인다. 또한 시간이 지나면 가해자에 대한 공격적 심리를 표출하게 된다.[33]

바네스와 에포러스(A. Barnes & Ephross)의 연구에서는 증오범죄 피해자들 대부분이 두려움을 경험하고, 범죄자들에게 분노를 느꼈다고 하였다.[34] 그리고 편견에 동기화된 범죄와 편견에 동기화된 폭력 피해자들은 비교했을 때, 주요한 차이점으로 증오범죄 피해자들에게 매우 낮은 자긍심이라는 정서적 반응이 나타났다. 몇몇 증오범죄 피해자는 그들의 자긍심을 유지하기 위해서 가해자들에 대한 적대감과 인종적 증오감을 외부적으로 표현하는 행동을 보이기도 하였다.

사그리지 맥데빗(Sagrzi & McDevitt)이 표본 2,078명을 대상으로 증오범죄의 피해조사를 실시한 결과 증오범죄 피해자는 행동변화척도에서 평균 이상으로 외상후 스트레스장애(post-traumatic stress disorder)의 19가지 심리학적 증상과 12가지 사회적, 행동적 변화가 나타나는 것으로 밝혀지기도 하였다.[35]

맥데빗과 발보니(Jack McDevitt & Jennifer Balboni)는 보스톤 지역에서 발생한 폭력사건을 증오에 의한 폭력범죄와 일반적인 폭력범죄 피해자 집단을 비교하여 양 그룹이 가지는 심리적 변화를 연구하였다. 이 연구에서 증오로 인하여 발생한 폭력범죄 피해자들은 그렇지 않은 경우 보다 사건 후에 느끼는 두려움이 더 크고, 불쾌감을 반복적으로 경험하는 것으로 나타났다.[36] 또 다른 연구에서는 증오범죄 피해자들의 심리적 충격은 신체적 외상성을 넘어서 가해자들에게 공포와

---

33 Cramer, R. J., Wright, S., Long, M. M., Kapusta, N. D., Nobles, M. R., Gemberling, T. M., & Wechsler, H. J. (2018). On hate crime victimization: Rates, types, and links with suicide risk among sexual orientation minority special interest group members. Journal of Trauma & Dissociation, 19(4), 476-489.

34 A. Barnes & Ephross, P. H., "The impact of hate violence on victims: Emotional and behavioral response to attacks," (*Social Work*, 39(3), 1994), pp. 247~251.

35 Judith M. Sgarzi & McDevitt Jack, Victimology; a study of crime victims and their roles, (NJ: Prentice Hall, 2003), p. 192.

36 Jack McDevitt & Jennifer Balboni, "Consequences for Victims: A Comparison of Bias-and Non-Bias-Motivated Assault," (*American Behavioral Scientist*, 45(4), 2001), pp. 697~713.

분노와 같은 강한 정서적 반응을 보이는 것으로 나타났다.[37] 또한 피해자 자신뿐만 아니라 피해자의 가족들에게 두려움이 확산되며, 피해자는 무력감을 느끼고, 다른 사람들을 심하게 의심하고, 자존감이 떨어지는 것으로 나타났다. 또 다른 형태로는 자주 화를 내고, 불면증과 심장이 두근거리고, 두통과 심하게 놀라는 반사행동이 나타났다. 또한 피해자는 이웃과 멀어지려고 하는 회피반응이 증가하고, 자신과 가족들을 위해 좀 더 집의 보안에 신경을 썼다. 결과적으로 피해자들은 교회, 학교, 클럽이나 행정조직과 같은 지역사회 기관에서 되도록 떨어져 지내려는 경향을 보이며, 일부 피해자들은 그들을 피해자화 시킨 대상에게 보복하려는 시도를 보였다.

2) 피해자의 인종과 민족적 특징

피해자의 인종적, 민족적 요인이 동기가 된 증오범죄는 매우 높은 발생비율을 차지한다.

미국의 경우 인종에 의한 증오범죄 피해자 중 흑인의 비중은 65% 정도로 그 비중이 가장 높고, 그 다음이 백인 피해자이다. 이는 미국사회의 역사적 배경과도 연관이 있으며, 국가적 해결과제이기도 하다.

CRIMINOLOGY

멤피스 경찰, 흑인 청년 구타 사망

미국 경찰관들이 흑인 운전자를 집단 구타해 숨지게 한 상황을 담은 영상이 지난 27일(현지시간) 공개된 후 경찰개혁을 요구하는 목소리가 터져 나오고 있다. 2020년 경찰의 과잉 진압으로 숨진 조지 플로이드 사건 당시 발생했던 '흑인 생명도 소중하다(Black Lives Matter)' 시위가 재연될 가능성마저 보인다.

AP통신 등에 따르면 테네시주 멤피스 경찰은 피해자 타이어 니컬스(29) 유족의 요구로 당시 상황을 담은 67분 분량의 보디캠 영상을 공개했다. 영상에는 흑인 경찰관 5명이 니컬스를 무차별 폭행하는 모습이 담겼다. 니컬스가 "그냥 집에 가는 길"이라고 항변하고 "엄마!"라고

37 H. Range Hutson, Deirdre Anglin, Geraldine Stratton, Jude Moore, "Hate crime violence and its emergency department management," (*Annals of Emergency Medicine*, 29(6), 1997), pp. 786~791.

외치며 울부짖었지만, 경찰은 후추 스프레이를 얼굴에 뿌리고 머리를 수차례 발로 걷어차는 등 집단 구타했다. 희귀병인 크론병을 앓던 니컬스는 병원으로 후송됐으나 지난 10일 심부전과 심장마비로 사망했다.

5명의 경찰관은 해고됐고, 2급 살인과 가중 폭행 등의 혐의로 지난 26일 기소됐다. 또 멤피스 경찰당국은 28일 성명을 통해 "사건에 연루된 경찰관들이 소속된 '스콜피온(Scorpion)' 부대를 영구 해체한다"고 밝혔다.

이날 멤피스를 포함해 뉴욕과 워싱턴DC 등 주요 대도시에서 대규모 항의시위가 이어졌다. 멤피스 시위대는 "정의 없이는 평화도 없다"는 구호를 외치며 일부 고속도로를 점거했다. 뉴욕 타임스 스퀘어에서도 수백명의 시위대가 거리행진을 벌였다. 워싱턴포스트(WP)는 "매년 1000명 이상의 미국인들이 경찰에 살해되는 것으로 나타났는데, 이는 연간 사형 집행 건수보다 많은 수준"이라고 전했다.

자료: 중앙일보, 2023년 1월 30일자 보도.

그림 3-25 미국의 2021년 증오범죄 현황

Victims of Hate Crime Incidents

- 7,074 single-bias incidents involved 8,753 victims
- In 188 incidents, a total of 271 victims were targerted because of more than one bias

Bias Motivation Categories	2021
Race/Ethnicity/Ancestry	4,470
Religion	1,005
Sexual Orientation	1,127
Gender Identity	266
Disability	134
Gender	72
Total	7,074

Bias Motivation Categories for Victims of Single-bias Incidents in 2021

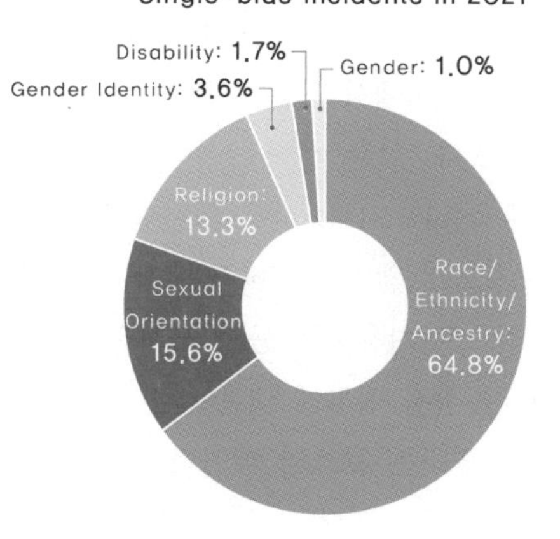

자료: U.S. Department of Justice, https://www.justice.gov/hatecrimes/hate-crime-statistics/

3) 피해자의 종교적 특징

현대에 들어서면서 종교는 개인 또는 집단에서 미치는 또 다른 문제로 나타나 종교에 의해 동기화되는 증오범죄에까지 영향을 주고 있다. 다른 종교에 대한 이질감과 편견은 증오범죄의 원인이 될 수 있다. 특히 9.11테러 이후에 이슬람교에 대한 미국인들의 부정적 정서와 2013년 4월의 보스톤 테러 사건 등은 이슬람교에 대한 극도의 거부감을 갖게 하고 이로 인한 증오범죄의 양상이 두드러지고 있다. 또한 반대로 무슬림의 기독교문화에 대한 극단적 증오는 테러와 방화, 폭동 등의 양상으로 나타나기도 한다.

유럽이나 미국에 살고 있는 무슬림들이 수니파 극단주의 무장단체 이슬람국가(IS)에 영향을 받아 일명 외로운 늑대(lone wolf) 즉, 자생적 테러리스트(home terrorist)들이 공공시설이나 시민들을 공격하는 폭력적 태도를 보이고 있다.

4) 피해자의 성적 성향에 관한 특징

동성애자들에 대한 편견은 권위주의적 성격이론(authoritarian personality theory)으로 설명할 수 있는 데 권위주의적 성격을 소유한 사람이 그렇지 않은 사람에 비해 사회적 소수에 대한 편견을 가지기 쉽다는 것이다.[38] 이에 대하여는 많은 연구결과들이 제시되고 있다.

헤렉(G. M. Herek)은 1980년대 이후 미국 사회에서 성적 소수자들, 즉 게이와 레즈비언이 사회에서 겪는 갈등과 편견으로 인한 고통 등에 대하여 지속적으로 연구하여 왔다. 그는 성적 소수자들을 대상으로 한 연구에서 이들이 편견으로 인하여 우울증과 PTSD 등을 일반인보다 더 많이 겪는 것으로 확인하였다. 그는 성적소수자들의 웰빙을 위해서는 사회적, 구조적인 변화가 필요하고, 동성 간 결혼을 법적으로 허용하는 등의 사회적 변화가 필요하다고 역설하였다.[39]

또 다른 성적 성향에 대한 편견으로 동기화된 증오범죄의 경험과 심리적 영향에 대한 연구는 로즈와 메카닉(Suzanna M. Rose & Mindy B. Mechanic)의 연구 역시 매우 가치가 있다. 이들은 290명의 여성 동성애자, 남성 동성애자, 여성 양성애자, 남성 양성애자들을 대상으로 동성애 혐오로 인한 증오범죄를 경험한 후

38 서영석, 이정림, 차주환, "성역할태도, 종교성향, 권위주의 및 문화적 가치가 대학생의 동성애 혐오에 미치는 영향," (한국심리학회지: 상담 및 심리치료, 2006), pp. 177~199.

39 G. M. Herek, "Confronting sexual stigma and prejudice: Theory and practice," (*Journal of Social Issues*, 63, 2007), pp. 905~925.

심리적 충격에 대해 조사하였다. 그 결과 조사자의 73%가 적어도 16세 이전에 한번 이상의 성적 성향에 의한 증오범죄의 대상이 되었으며, 편견에 의한 물리적 폭행으로 외상 후 스트레스 증후군과 성적 폭행이 함께 연합되는 심리적 후유증을 경험한 것으로 나타났다.[40]

한편 미국 대학생과 한국 대학생들의 성(gender) 편견적 판단과정이 동일함을 보여주는 연구도 있다.[41] 동일한 상황에서 공격적 행동을 할 때 남성이 여성보다 더욱 공격적이라고 생각하였으며, 대상 인물의 중립적 행동에 대해 미래의 공격성을 예측 평가한 결과에서도 남자의 미래가 더 공격적인 것이라고 평가하였다. 따라서 동일한 동성애자라도 여성 동성애자보다 남성 동성애자에게 더 많은 위험을 지각하게 되어 남성 동성애자가 증오범죄의 피해를 더 많이 경험할 것임을 예측할 수 있다.

성차에 의해 더 공격적으로 평가되는 남성 동성애자에 대한 심리적 후유증에 대한 연구 결과에 의하면 남성 동성애자들이 이성애자들에 비해 심리적 부적응이 심한 것은 아니라 할지라도, 사회적 오명으로 인해 자기혐오, 수줍음과 같은 내면화 기제와 동성애자의 특징이 드러나는데 대한 강박적 불안이 방어적으로 생겨난다고 한다.[42] 즉, 남성 동성애자가 소유하고 있는 심리적 불안이 현실화되는 것이 성적 성향에 의한 증오범죄의 피해자가 되는 것이라고 볼 수 있을 것이다.

이와 같이 성적 성향에 의해 동기화된 증오범죄자는 동성애자에 대한 비합리적인 공포감과 혐오감이 동성애자에 대한 신체적, 언어적 폭력으로 나타나는 것이다. 또한 전통적인 성역할을 강조하는 사회문화권에서는 동성애자에 대한 적개심의 표출이 보다 일반화되어 있다.[43]

5) 피해자의 장애에 관한 특징

FBI의 UCR에서는 장애에 의해 동기화되는 증오범죄를 신체적 장애와 정신

40 Suzanna M. Rose & Mindy B. Mechanic, “Psychological Distress, Crime Features, and Help－Seeking Behaviors Related to Homophobic Bias Incidents,” (*American Behavioral Scientist*, 46(1), 2002), pp. 14~26.

41 김혜숙, “집단범주에 대한 신념과 호감도가 편견적 판단에 미치는 영향: 미국의 성편견, 인종편견과 한국의 성편견, 지역편견의 비교,” (한국심리학회지: 사회 및 성격(15－1), 2001), pp. 1~16.

42 김은경 · 권정혜, “동성애 관련 스트레스가 남성 동성애자의 정신건강에 미치는 영향,” (한국심리학회지: 임상, 2005), pp. 969~981.

43 Sherry, M. (2016). Disability hate crimes: Does anyone really hate disabled people?. Routledge.

적 장애로 구분하였다. 대체로 신체적 장애에 비해 정신적 장애를 가진 사람들이 더 많은 피해를 입는 것으로 나타났다.

그런데 정신장애인에 대한 사회적 고립과 대인관계기술의 부족은 일반인들의 부정적 인식을 더욱 강화시켜서 더 심한 차별을 낳는 악순환을 가져온다. 즉 정신장애인에 대한 편견, 고정관념을 가지게 되고, 이를 통하여 정신장애인을 차별적으로 대하는 '스티그마 부여하기'(stigmatization)가 일어나는 것이다.[44]

5. 사회구조적 문제

한편 증오범죄는 다른 일반범죄보다 발생건수는 작지만 지역사회에 미치는 영향은 더 부정적이며, 그 피해자의 충격도 더 심각하다. 즉, 증오범죄가 가지는 사회구조적인 문제의 심각성을 다음과 같이 두 가지 관점에서 명확하게 지적할 수 있다.[45]

첫째, 상당한 증오범죄 사건에서 피해자들의 내부전환성(interchangeability)이 이루어진다는 점이다. 내부전환성이란 한 개인이 자신의 정체성에 대한 지각과 사회구조적으로 타인에게 인식되어지는 모습에서의 갈등을 경험할 때, 증오범죄의 피해자적인 입장에서 가해자적인 입장으로 전환하는 것을 말한다. FBI의 증오범죄 통계상 미국에서 증오범죄를 저지르는 흑인의 숫자가 백인의 숫자보다 세 배나 많게 나타났다. 이러한 현상은 아내를 때리는 남성들 중에 어렸을 때 폭력적인 가정에서 자란 사람이 많은 것처럼, 증오범죄를 저지르는 사람도 한때는 증오의 대상이 되는 집단에 속해 있는 경우가 많다는 것을 의미한다. 즉, 증오범죄의 피해자들이 증오범죄의 가해자로 지위가 변화되는 경우가 많다는 것을 증명하는 것이다. 이는 증오범죄의 가해자가 증오범죄의 대상으로 오랫동안 소외당하면서 느꼈던 고통과 분노가 쌓인 결과라고 할 수 있을 것이다.

둘째, 증오범죄의 심각성은 일반시민의 2차 피해자화 가능성을 들 수 있다. 증오범죄 가해자들은 일차적 피해를 주는 그들의 일반적인 목표를 넘어서 일반시민들에게도 영향을 미친다. 예를 들어 십자가를 태우는 행위는 KKK(Ku Klux

44 김혜선·박도원·홍영은. (2018). 정신장애 범죄에 대한 언론보도 경향과 범죄위험성 인식: 신문기사 분석과 설문조사를 중심으로. 장애의 재해석, 208-250.

45 Sherry, M. (2016). Disability hate crimes: Does anyone really hate disabled people?. Routledge.

Klan)의 가입원이나 지지자들뿐만 아니라 다른 보통 흑인 미국인에게도 그 사건에 대해 두려움을 느끼게 한다.

결국 증오범죄는 그 피해자의 내부전환성과 2차 피해자화의 가능성으로 지역사회를 붕괴시키고, 구성원 간 유대감이나 동질감을 와해시켜 결국 사회의 해체를 가져온다.

6. 한국의 증오범죄 경향

최근 우리나라에서도 외국인의 외국인을 대상으로 한 범죄 및 한국인을 대상으로 한 범죄가 증가하고 있고, 특히 경기불황으로 인한 증오범죄적 성향을 띤 범죄들이 증가추세를 보이고 있다.[46] 이는 국내에 입국한 대다수의 외국인이 저소득 근로자층이라는 점 등을 감안할 때 이들의 사회적 편견은 충분히 예상되며, 이로 인한 증오범죄의 문제도 파생될 수 있다. 특히 국내에 이주한 베트남, 필리핀 등의 출신여성들과의 혼인에 대한 다문화가정의 폭력과 부적응도 점차 사회문제화되어 가고 있다.

2022년 12월 말 현재 체류외국인은 2,245,912명이고, 외국인등록자는 1,189,585명, 외국국적동포 국내거소신고자는 499,270명, 단기체류외국인은 557,057명으로 나타났다.

그림 3-26 체류외국인 증감 추이

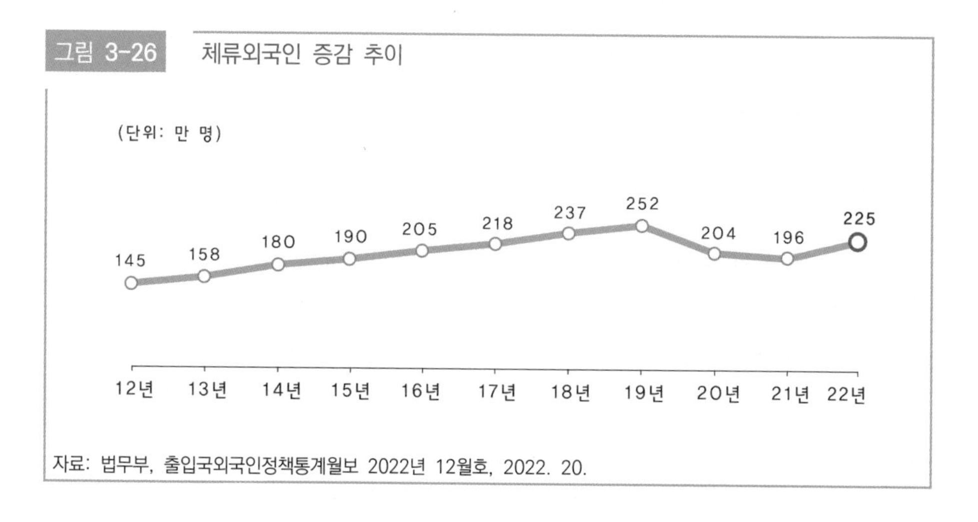

자료: 법무부, 출입국외국인정책통계월보 2022년 12월호, 2022. 20.

46 허경미. "한국의 제노포비아 발현 및 대책에 관한 연구," (경찰학논총, 9(1), 2014), pp. 233~259.

국적별 체류외국인은 중국 35.3%, 베트남 16.6%, 우즈베키스탄 4.1%, 캄보디아 3.8% 등이다.

결혼이민자는 169,522명이며, 외국인유학생은 197,234명으로 나타났다.

국내에 91일 이상 거주하는 장기체류외국인(등록 및 거소)은 1,788,051명이다.

한국인과의 결혼을 이유로 체류하는 외국인은 지속적인 증가추세를 보인다.

표 3-59 결혼 동기 입국자

연 도	2017년	2018년	2019년	2020년	2021년	2022년
인 원	155,457	159,206	166,025	168,594	168,611	169,633
전년대비 증감률	2.0%	2.4%	4.3%	1.5%	0.0%	0.6%

자료: 법무부, 출입국외국인정책통계월보 2022년 12월호, 2022. 35.

외국인과의 혼인은 <표 3-60>과 같다. 2022년도 전체 혼인 중 외국인과의 혼인 비중은 8.7%로 전년보다 1.9% 증가하였다. 외국인과의 혼인 중 외국 여자와의 혼인 비중은 72.0%, 외국 남자와의 혼인 비중은 28.0%를 차지한다.

표 3-60 외국인과의 혼인 (단위 : 천 건, %, %p)

구분	2018	2019	2020	2021	2022	전년대비 증감	전년대비 증감률
총 혼인건수	257.6	239.2	213.5	192.5	191.7	−0.8	−0.4
외국인과의 혼인	22.7	23.6	15.3	13.1	16.7	3.6	27.2
한국남자+외국여자	16.6	17.7	11.1	9.0	12.0	3.0	33.6
한국여자+외국남자	6.1	6.0	4.2	4.1	4.7	0.5	13.2
외국인과의 혼인 비중	8.8	9.9	7.2	6.8	8.7	1.9	−

자료: 통계청, 2022년 혼인·이혼 통계, 2023. 14. 재구성.

외국인 아내 국적은 베트남(27.6%), 중국(19.0%), 태국(16.1%) 순이며, 외국인 남편 국적은 미국(29.6%), 중국(16.1%), 베트남(12.6%) 순으로 나타났다.

한편 2022년 외국인과의 이혼은 6천 건으로 전년대비 5.9% 감소하였다.

전체 이혼 중 외국인과의 이혼 구성비는 6.2%로 전년보다 0.1% 증가했다. 외국인과의 이혼 중 외국인 여자와의 이혼 비중은 68.2%, 외국인 남자와의 이혼 비중은 31.8%를 차지했다. 외국인 아내 국적은 중국(38.1%), 베트남(26.3%), 태국(7.9%) 순이며, 외국인 남편 국적은 중국(36.8%), 일본(15.4%), 미국(12.9%) 순이었다.

표 3-61 외국인과의 이혼

(단위 : 천 건, %, %p)

구분	2018	2019	2020	2021	2022	전년대비 증감	전년대비 증감률
총 이혼건수	108.7	110.8	106.5	101.7	93.2	−8.4	−8.3
외국인과의 이혼	7.1	6.9	6.2	6.2	5.8	−0.4	−5.9
한국남자+외국여자	5.2	4.9	4.4	4.3	4.0	−0.4	−8.2
한국여자+외국남자	2.0	2.0	1.8	1.9	1.8	−0.0	−0.5
외국인과의 이론 비중	6.6	6.2	5.8	6.1	6.2	0.1	−

자료: 통계청, 2022년 혼인·이혼 통계, 2023. 29. 재구성.

그런데 오원춘, 박춘봉, 김하일 등과 같이 엽기적인 살인에서부터 성폭력, 강도, 방화, 폭력 등에 이르기까지 이들에 의한 다양한 강력범죄가 미디어를 통해 세세하게 보도되면서 이주노동자들에 대한 시민의 인식도 부정적으로 변해가는 것으로 보인다.[47] 한편 한국의 미디어에 등장하는 이주노동자에 대한 이미지는 불법체류자, 범죄자, 고립된 은둔자, 가난한 나라 출신, 게으른 사람 등 부정적인 것으로 나타났다.[48]

그런데 국외 학계에서는 미디어의 이주노동자 또는 이민자 등에 대한 보도 태도가 내국인의 제노포비아 태도 형성의 중요한 요인으로 작용한다는 연구결과를 다양하게 제시하고 있다.[49] 특히 학생들의 외국인에 대한 태도 형성에 영향을 주는지 여부를 실증적으로 연구함으로써 미디어의 이주노동자에 대한 공정한 보도 태도를 요구하는 연구들이 축적되고 있다.[50]

이주노동자 범죄에 대한 미디어의 관심과 보도가 급속히 증가한 것은 2012년 4월의 오원춘 사건이 기폭제였다. 불법체류자인 오원춘 사건은 시민들의 다문화에 대한 혐오감 및 거부감을 연대화하는 계기가 되었고, 정부의 결혼이주여성에 대한 지원정책 및 한국 최초의 귀화 외국인 출신인 이자스민 국회의원의 의원직을 박탈하라는 등의 격렬한 시위 양상으로 이어졌다.[51] 이와 같은 움직임

47 주간조선, 몰려오는 외국인 이주자 '게토'에 살게 할 것인가, 2015년 2월 2일, http://weekly.chosun.com/client/news/viw.asp?nNewsNumb=002343100011&ctcd=C02/

48 한기덕. (2017). 이주민 혐오표현(hate speech)에 대한 연구. 한국사회학회 사회학대회 논문집, pp. 11−21.

49 Gemi, E., Ulasiuk, I., & Triandafyllidou, A. (2013). Migrants and media newsmaking practices. Journalism Practice, 7(3), 266−281.

50 FOSTER, Herma. Xenophobia: what do students think?. In: Acta Criminologica: CRIMSA Conference: Special Edition 2. Sabinet Online, 2012. pp. 47~66.

은 인터넷을 중심으로도 활발하게 진행되어 한 인터넷 포털 사이트의 다문화정책반대라는 다문화반대 카페는 외국인 노동자들 때문에 서민경제가 파탄 나고, 외국인 노동자들이 각종 사건, 사고를 일으킨다며 이들을 '잠재적 범죄자'로 간주하는 시위로도 나타났다.[52]

한국 사회에 난민에 대한 일반시민의 관심이 급증한 계기는 제주도 예멘난민 사태라 할 것이다. 그리고 이 사태를 중심으로 그동안 표면 위로 드러나지 않았던 난민두려움에 대한 논쟁도 거세졌다.[53] 1994년 난민협약을 조인한 이후 2022년까지 우리나라의 난민신청자는 <표 3-62>와 같다.

표 3-62 사유별 난민신청 현황

구 분	총 계	종 교	정치적 의견	특정사회구성원	인 종	국 적	기 타
총 누계	84,922	18,421	15,756	8,608	4,328	515	37,294
당해 연도	11,539	1,986	2,340	502	440	136	6,135

자료: 법무부, 출입국외국인정책통계월보 2022년 12월호, 2022. 36.

표 3-63 난민인정현황

1994년~2018년		2019년		2020년		2021년		2022년	
총계	943	총계	79	총계	69	총계	72	총계	175
미얀마	301	미얀마	34	미얀마	18	이집트	28	미얀마	77
에티오피아	125	방글라데시	6	수단	10	에티오피아	11	이집트	42
방글라데시	113	에티오피아	6	이집트	10	앙골라	6	파키스탄	16
파키스탄	69	이란	6	파키스탄	8	파키스탄	6	수단	6
이란	48	예멘공화국	4	부룬디	6	아프가니스탄	4	에티오피아	6
기타	287	기타	23	기타	17	기타	17	기타	28

자료: 법무부, 출입국외국인정책통계월보 2022년 12월호, 2022. 44.

지난 2015년에 발생한 예멘 내전을 피해 2016년부터 무비자 입국이 가능한 제주도에 예멘인들이 들어오기 시작하였다. 2017년 12월 말레이시아 쿠알라룸프르와 제주를 잇는 직항 항공노선이 신설되고 나서는 말레이시아에 체류하던 예

51 헤럴드경제, 외국인 혐오증? 외국인도 외국인 나름 '백인우호' Vs '아시아인 혐오' 이중성, 2012년 4월 23일, http://news.heraldcorp.com/view.php?ud=20120423000156&md=20120617123452_AT/

52 헤럴드경제, 무서운 안티다문화 카페…극으로 치닫는 외국인 혐오증, 2013년 8월 8일, http://news.heraldcorp.com/view.php?ud=20130808000077&md=20130811004015_AT/

53 중앙일보, 2018년 7월 11일자 보도.

멘인들 중 체류 기한이 지난 사람들이 대거 입국하여 2018년에 561명에 이르게 되었다. 결국 정부는 2018년 4월 30일 이들에 대한 출도제한 조치를 내리면서 난민문제가 시민들의 관심사로 급부상하게 되었다.

난민찬반 논쟁이 청와대 청원으로 이어졌고, 시민단체 등이 주도한 난민찬반 시위가 광화문 등지에서 개최되는가 하면, 급기야 법무부장관이 나서 2018년 8월 1일 난민협약 탈퇴에 대한 정부의 공식입장을 발표하기에 이르렀다.[54]

2018년 6월 21일 TBS의 의뢰로 진행된 여론조사업체 리얼미터가 제주도 예멘난민 수용의 찬성여부에 대한 전국민 여론조사 결과 수용반대 49.1%, 찬성 39%, 모르겠다 11.9%로 반대의견이 10.1% 많은 것으로 나타났다. 응답자의 23.4%는 예멘난민 수용을 매우 반대한다고 했고, 25.7%는 반대하는 편이라고 답했다. 이어 찬성하는 편인 사람이 31%였다. 매우 찬성한다는 응답자는 8.0%에 불과했다.[55]

그런데 난민을 반대하는 입장은 난민이 대부분 이슬람국가이고, 테러와 연계될 우려가 있다는 이유를 들어 이른바 사회안전을 위해 난민을 받아들여선 안 된다는 주장이 강하다. 또한 자신의 국가가 어려움에 처했는데도 본인만이 살겠다는 이유로 고국을 등졌다는 비난과 한국에 전쟁이 나면 과연 이들이 한국을 위해 싸우겠냐는 의구심을 들거나, 난민지원금을 노리고 구직활동을 하지 않을 것이라는 이유를 들어 반대하기도 한다.

이와 같이 난민관련 쟁점을 정리하면 난민으로 인해 사회적 안전이 깨질 것이라는 두려움, 즉 난민=범죄=이슬람=테러 등의 심리적 도식화와 사회자본을 나눠야 한다는 두려움, 즉 난민=빈곤=생활비·주거시설·직업지원=사회자본의 분배 등의 물리적 도식화로 정리할 수 있다.

그러나 이와 같은 두려움의 논리적 연결고리는 매우 약하다. 첫째, 외국인, 난민 혹은 난민신청자의 범죄에 대한 공식통계나 이들의 범죄를 입증하는 실증적 연구는 찾기 어렵다. 다만 외국인의 범죄에 대한 연구를 통하여 관련 분야를 추정할 수는 있다. 다양한 공식통계에서 외국인의 범죄발생비가 내국인 보다 높지 않다는 것을 보여준다.[56]

---

54 파이낸셜 뉴스, 2018년 8월 11일자 보도.

55 뉴데일리, 2018년 8월 22일자 보도.

56 법무연수원, 범죄백서, 2023, 158.

둘째, 외국인 범죄에 대한 미디어의 선정적 보도 및 반복보도 등의 보도태도에 의한 외국인에 대한 부정적 태도형성이 난민에 대한 인식에 더 영향을 미친다는 점이다. 앞서 독일이나 스웨덴의 경우와 같이 외국인 범죄에 대한 언론보도가 내국인 보다 과도하게 반복보도 되는 현상을 확인한 연구도 있다.[57] 살인, 강간 등의 강력범의 경우 반복보도 현상이 두드러져 이주이국인=우범자라는 인식이 언론보도에 의하여 계발된다는 지적이다. 이 연구와 유사하게 외국인 강력범에 대한 미디어의 보도태도가 내국인 강력범에 대한 보도태도 보다 더 선정적이며, 반복적이어서 외국인 혐오감 형성에 영향을 줄 수 있다는 연구들은 이미 상당하다.[58]

셋째, 한국은 예멘난민신청자들에게 난민협약 및 난민법이 규정한 대로 별도의 정착비나 임시숙소를 지원하지 않았다. 현행 난민법은 난민 인정자뿐만 아니라 심사를 기다리는 난민신청자들에게도 최소한의 권리를 보장하도록 규정하고 있지만, 제주도 예멘인 난민신청자들의 경우 정부가 숙소를 제공하지 않았고, 이들이 자비로 호텔 등 숙박업소에 머물거나 종교단체 등이 제공하는 임시숙소에 거주하였던 것으로 밝혀졌다.[59] 또한 난민법상 난민신청자들에게 6개월이 넘지 않는 범위에서 생계비(1인가구 기준 43만원)를 지원토록 한 규정도 지키지 않아 생계비를 받은 예멘난민 신청자는 없는 것으로 밝혀졌다. 대신 정부는 난민법상 난민신청서를 낸 6개월 뒤부터 취업 활동을 보장하고 있지만, 예멘인들의 경우 예외적으로 6개월 이전에도 취업 활동을 허가하는 조치를 취하였다.

넷째, 난민=이슬람=테러위험이라는 심리적 등식은 매우 비논리적이다. 즉 한국이 난민집계를 시작한 1994년부터 2022년까지 누적 난민신청자가 가장 많은 경우는 기타－미얀마－에티오피아－방글라데시 등의 순으로 나타났다.

<표 3－62>에서 보는 것처럼 난민의 대부분이 해당 국가의 종교적 분쟁이나 내전 등으로 탈출한 경우가 대부분이다.

다섯째, 난민에 대한 거부정서는 한국인의 다문화수용성이 아직 높지 않다는 반증일 수 있다. 여성가족부의 용역발주로 한국여성정책연구원이 2012년, 2015

57 박상조·박승관. (2016). 외국인 범죄에 대한 언론 보도가 외국인 우범자 인식의 형성에 미치는 영향. 한국언론학보, 60(3), 145－177.

58 허경미. (2016). 미디어의 외국인 강력범죄에 대한 보도태도 연구. 한국경찰연구, 15(3), 351－374.

59 BBC 코리아, 2018년 6월 28일자 보도.

년, 2018년, 2021년 등 3년 주기로 시행하고 있다.

다문화 수용성 조사

조사주기 : 3년 (2012년부터 시작)
o 조사대상 : 성인(19~74세) 5천명, 청소년(중·고교 학생) 5천명
o 조사구성 : 8개 구성요소
- (다양성) 문화개방성, 국민정체성, 고정관념 및 차별
- (관계성) 일방적 동화 기대, 거부·회피 정서, 교류행동의지
- (보편성) 이중적 평가, 세계시민 행동의지

자료: 여성가족부, 2021년 국민 다문화수용성 조사 결과 발표, http://www.mogef.go.kr/

2021년 조사결과를 살펴보면 성인의 다문화수용성은 하락하는 추세이나, 청소년은 점차 상승하고 있다. 특기할 것은 성인과 청소년 모두 연령이 낮을수록 다문화수용성이 높았다.

이주민과 친교관계를 맺고자 하는 의지를 의미하는 '교류행동의지'가 성인은 8개의 구성요소 중 가장 낮은 반면, 청소년은 가장 높아 성인과 대조적인 양상을 보였다.

성인은 이주민에 대한 거부감·고정관념·차별을 갖지 않는 측면에서는 비교적 다문화수용성이 높으나, 적극적으로 관계를 형성하려는 의지는 낮은 것으로 나타났다. 한편 청소년은 '다문화학생이 같은 반이나 친구가 되는 것'에 대해 대부분이 불편하지 않다고 응답하는 등 교류행동의지가 높게 나타났다.

표 3-64 성인 한국인의 다문화 수용성

구분	비율	수용성	다양성	관계성	보편성	다양성			관계성			보편성	
						문화 개방성	국민 정체성	고정관념 및 차별	일방적 동기화 기대	거부 회피 정서	교류 행동 의지	이중적 평가	세계시민 행동의지
2012	100	51.17	53.23	49.86	49.85	48.08	48.84	61.73	49.91	55.17	43.61	46.96	53.00
2015	100	53.95	55.15	53.45	52.76	49.36	50.32	64.60	46.44	66.01	45.81	48.88	56.98
2018	100	52.81	53.90	51.59	52.98	49.34	48.78	62.58	45.69	64.46	42.48	48.25	58.13
2021	100	52.27	53.95	51.09	51.39	48.04	49.20	63.42	48.53	63.86	38.76	48.89	54.11

자료: 여성가족부, 2021년 국민다문화 수용성조사, 2022, 45.

그림 3-27 성인의 연령대별 다문화수용성 차이

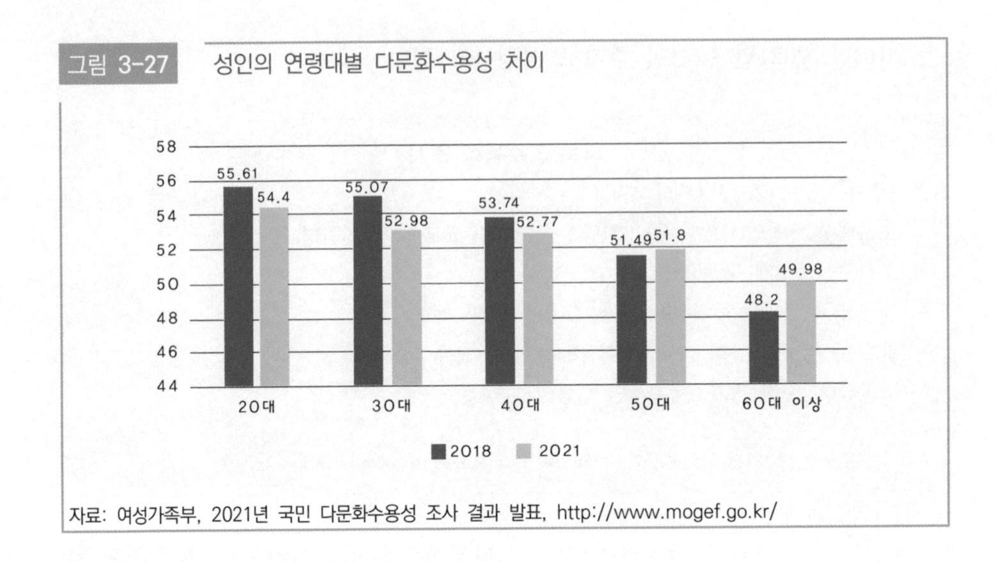

자료: 여성가족부, 2021년 국민 다문화수용성 조사 결과 발표, http://www.mogef.go.kr/

표 3-65 성인과 청소년의 다문화 수용성 비교(2021)

구분	거부회피 정서	고정관념 및 차별	세계시민 행동	국민정체성	이중적 평가	일방적 동화기대	문화개방성	교류행동 의지
성인 (점)	63.86	63.42	54.11	49.20	48.90	48.53	48.04	38.26
청소년 (점)	77.18	74.69	65.08	71.89	66.92	66.04	65.26	78.09

자료: 여성가족부, 2021년 국민 다문화수용성 조사 결과 발표, http://www.mogef.go.kr/

그림 3-28 청소년의 학교급별 다문화 수용성 차이

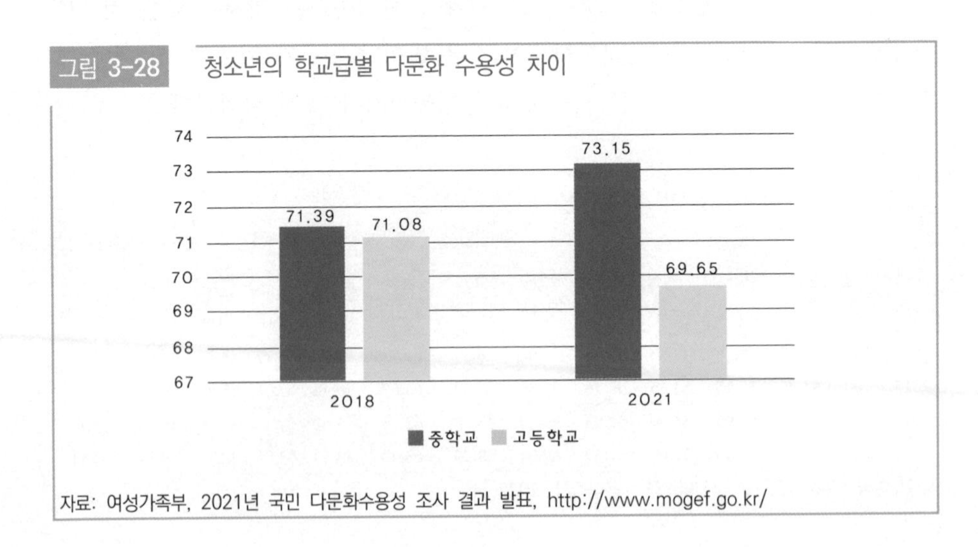

자료: 여성가족부, 2021년 국민 다문화수용성 조사 결과 발표, http://www.mogef.go.kr/

Ⅲ. 테러(terror)

1. 테러의 개념

테러리즘 또는 테러란 개인이 정치적 또는 종교적 이념 등으로 개인, 공중, 국가, 단체, 시설물 등을 위협, 협박, 살해, 폭파하는 등의 폭력을 행사하여 자신의 목적을 달성하려는 일체의 행위를 말한다.[60]

테러에 대한 연구는 1980년대 이전까지는 주로 정치적 및 조직적인 측면, 즉 거시적인 관점에서 진행되었다. 그러나 1980년대 이후 테러리즘의 원인을 심리학적인 입장에서 조명하는 미시적 관점의 연구가 진행되기 시작하였다. 미시적 관점의 주요 연구영역은 테러범의 개인적인 성격, 신념, 가치관, 동기, 경력, 테러단체에의 가입, 모집과정, 운영방법 등이라고 할 수 있다.[61]

그런데 테러의 원인을 밝히려는 연구의 대상이 주로 테러범에게만 초점을 맞추고 있지만, 개인의 테러리즘에 영향을 주는 것은 개인적인 요인 이외에도 테러범이 소속된 테러단체의 조직적 메커니즘도 상당한 영향을 줄 것이라는 가정과 함께 이에 대한 연구결과도 점차 증가하고 있다.

2. 테러동기 및 형성과정

1) 테러동기

테러동기에 관한 연구는 약간의 차이를 보이지만, 기본적으로 현실에 대한 불만과 부정적 정체성, 자아도취적 태도형성 등이 테러의 주요원인이라는 입장이다.[62]

첫째, 불만-공격가설(frustration-aggression hypothesis)을 들 수 있다. 이 가설은 소설, 영화 등에서 가장 많이 인용되는 동기기제로서 기대 및 욕구충족간의 차이가 테러의 원인이라고 본다. 마골린(Joseph Margolin)은 테러범의 많은 행

---

60 허경미. (2016). 자생테러의 영향요인에 관한 연구-노르웨이 오슬로 및 보스턴 마라톤테러범을 중심으로. 경찰학논총, 11(4), 217-250.
테러(terror)는 거대한 공포를 의미하는 라틴어 terror에서 유래한다. 동사로는 terrere이며, 겁을 주다의 의미가 있다.

61 허경미. (2012). 핵티비즘 관련 범죄의 실태 및 대응. 한국공안행정학회보, 21, 368-398.

62 Goldstone, J., Gurr, T. R., & Moshiri, F. (2019). Revolutions of the late twentieth century. Routledge.; Wilkinson, P. (2019). Social scientific theory and civil violence. In Terrorism: Theory and practice (pp. 45-72). Routledge.

CRIMINOLOGY

미국, '270명 사망' 로커비 테러 폭탄 제조범 34년 만에 신병 확보 ……

1988년 로커비 폭탄 테러((Lockerbie bombing terror) 사건에 사용된 폭탄을 제조 혐의로 기소된 리비아인이 미국에 구금된 것으로 확인됐다.

11일(현지시간) AFP통신에 따르면 아부 아길라 모함마드 마수드는 2년 전 로커비 테러 혐의로 미국으로부터 기소됐다. 마수드는 1986년 독일 베를린 나이트클럽 공격에 연루된 혐의로 리비아에 수감된 바 있다.

미국 법무부는 마수드가 미국에 구금돼 있다고 확인했다. 그러나 마수드가 어떤 경로에 따라 구금됐는지는 설명하지 않았다. …중략…

팬암 항공기 폭파 사건으로도 불리는 로커비 테러는 1988년 12월 21일 뉴욕행 팬암 103기가 스코틀랜드 남부 로커비 마을을 지나던 중 폭발한 사건을 말한다.

이 사건으로 미국인 189명을 포함해 탑승객 전원(259명)과 마을 주민 11명 등 270명이 사망했다.

팬암 항공 103편 폭파 사건이라고도 불리는 로커비 테러는 1988년 12월 서독 프랑크푸르트암마인 공항을 이륙해 런던 히스로 공항과 존 F. 케네디 국제공항을 경유하여 디트로이트 메트로 공항에 착륙할 예정이었던 항공편이 12월 21일 수요일 스코틀랜드 로커비 상공에서 폭발한 사고이다. 이로 인해 탑승자 259명 전원과 땅에 있던 스코틀랜드 주민 11명을 포함 270명이 사망했다.....

용의자들은 체포 후 무기징역이 선고되었으나 8년 후 석방됐다. 2011년 2월 22일 무스타파 압둘 잘릴의 스웨덴 Expressen지 인터뷰에 따르면 무아마르 카다피의 지시로 이루어진 사건이라고 한다....

자료: 동아일보, 2022년 12월 12일자 보도.

동요인은 테러범 개인의 정치적 또는 경제적 욕구불만에서 야기된다고 주장한다. 즉 현실의 빈곤, 열악한 기회, 차별 등에서 오는 불만이 테러에 관심을 갖게 한다는 것이다.

둘째, 부정적 정체성가설(negative identity hypothesis)은 정치적 테러범의 동기를 설명하기 위하여 고안된 것으로 다문화사회에서 소수인종 또는 소수민족 출신은 주류인종 혹은 주류민족에 비해 상대적으로 고등교육 희망이 무너지면서, 현실사회에서 자신이 정착하기 어렵다고 생각하는 부정적 정체성을 갖게 된다는 것이다. 따라서 테러범은 분노와 무관심, 소외감 등으로 인해 테러단체에 참여하게 된다.

셋째, 자기도취적 공격가설(narcissism-aggression hypothesis)을 들 수 있다. 이 가설은 정신병질적 측면에서 테러범의 심리를 연구하는 것으로 테러범은 과장된 자아의식(grandiose self)으로 사회병리적이며, 오만하고, 주변사람들과 잘 어울리지 못하는 양상을 보이며, 결국 테러단체에 가담하여 자신의 힘을 과시하려는 공격적 성향을 드러내는 것이다.[63] 따라서 이 경우에 테러는 협박에 의하여 자신의 힘을 유지하거나 얻으려는 수단으로 이해된다.

2) 테러동기의 형성과정

테러범의 심리적 동기가 어떤 경로를 거쳐 급진주의 및 테러리즘을 형성해 가는지 그 과정 또는 통로에 대해서도 많은 연구가 진행되었다.

이에 대한 초기 연구로 헤커(Frederick J. Hacker)의 3단계론을 들 수 있다.[64] 해커에 의하면 첫 번째 단계는 억압(oppression)을 느끼는 단계이며, 두 번째 단계는 억압을 사회적으로 인정하고, 따라서 피할 수 없는 것으로 인식하는 단계이며, 세 번째 단계는 억압에 항거하는 행동을 자극하거나 현실화하는 단계이다. 이 단계에서 개인은 차별철폐운동가로 변신하거나 선거직 공무원으로 활동하여 현실개선을 꾀하거나 범죄적인 행동을 통하여 억압을 극복하려 시도한다.

한편 보룸(Randy Borum)은 폭력에 대한 급진주의적 이념 및 폭력에 대한 정당화의 심리적 변화과정을 다음과 같이 설명하고 있다.

첫 번째 단계는 '그것은 옳지 않다(It is not right)'라는 심리상태로 특정인이 자신의 환경에 대한 불만족 혹은 욕구불만을 지각하는 단계이다. 환경은 경제적, 사회적인 것일 수도 있고, 특별히 자신의 경험에서 나온 반감일 수도 있다.[65]

두 번째 단계는 '그것은 공정하지 않다(It is not fair)'라는 심리상태로 개인의 기대와 경험의 차이 또는 다른 사람과의 비교결과 차별적인 경험에서 반감을 느

---

63 허경미. (2016). 자생테러의 영향요인에 관한 연구-노르웨이 오슬로 및 보스턴 마라톤테러범을 중심으로. 경찰학논총, 11(4), 217-250.

64 Frederick J. Hacker, "Dialectical Interrelationships of Personal and Political Factors in Terrorism," Pages 19~32 in Lawrence Zelic Freedman and Yonah Alexander, (eds.), Perspectives on Terrorism, (Wilmington, Delaware: Scholarly Resources, 1983).; Frederick J. Hacker, Criminals, Crazies: Terror and Terrorism in Our Time, (New York: W.W. Norton, 1996).

65 Borum, R., & Neer, T. (2017). Terrorism and Violent Extremism. In Handbook of Behavioral Criminology (pp. 729-745). Springer, Cham.

그림 3-29 테러이념의 정당화 과정

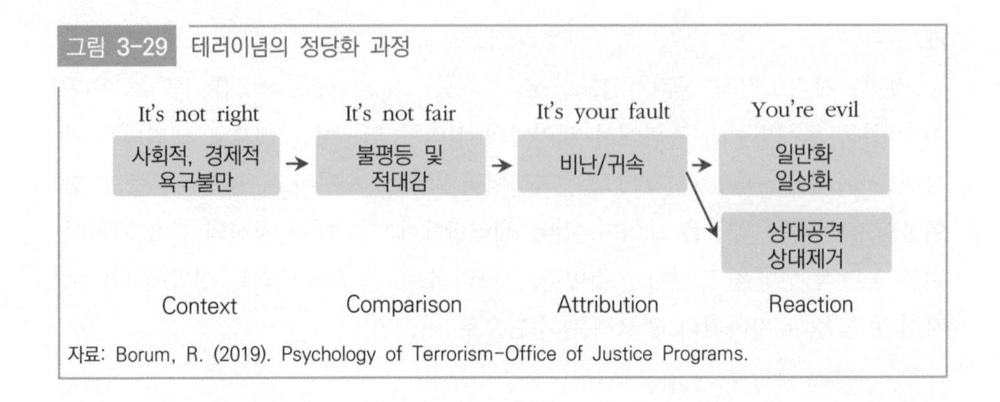

자료: Borum, R. (2019). Psychology of Terrorism-Office of Justice Programs.

끼는 것을 말한다. 이는 개인의 기대와 만족감 차이에서 오는 모순감을 지각하는 단계로 모순감은 대개 불공정하거나, 정당하지 못하다는 등의 적대감을 발생시킨다.

세 번째 단계는 '너의 잘못이다(It is your fault)'라는 심리상태로 일반인과는 다른 테러범의 사회화 과정을 의미한다. 즉 대부분의 사람들은 일상생활에서 나쁜 일이 발생했을 때 이를 흔치 않은 특별한 일로 인식하며, 좀 더 나아질 수 있다는 생각을 가지고 노력한다. 그러나 테러범의 경우에는 자신들이 부정과 부패 등의 희생자라고 생각하고, 그러한 행동을 한 대상에 대한 적대감과 분노감을 쌓는다는 것이다.

네 번째 단계는 '너는 악이다(You're evil)'라는 단계로 특정 집단이나 기관에 대한 증오적인 태도를 표현하는 심리적 기제를 개발하는 과정을 말한다. 증오하는 대상을 모두 죽일 수는 없지만 심리적이나 사회적으로 압박하려는 공격적인 욕구에서 출발한다. 이는 상대방을 악(evil)으로, 자신은 악의 피해자(victim)로 규정함으로써 자신의 공격적인 행위를 정당화하는 심리적인 기제이다.

보룸은 이와 같이 급진주의 혹은 테러리즘의 형성과정을 구분하였지만, 대부분의 연구는 각 단계별 및 전체 과정에 영향을 미치는 요인은 매우 다양하다고 본다.

3. 테러단체의 입단 및 지속성에 영향을 주는 요소

테러범의 가입 동기는 대부분 정치적인 이유라고 알려져 있지만, 실제로는 좀 더 다양한 동기가 있다. 크랜쇼우(Martha Crenshaw)는 이 동기를 행동기회, 소속욕구, 사회적 지위욕구, 물질적 보상욕구 등의 네 가지로 구분하였다.[66] 그러나 포스트(Jerrold M. Post)는 테러범의 동기는 근본적 동기가 아니며, 오히려 테러범의 동기는 테러단체에 참여하고, 일정한 지위를 차지하는 것이라고 한다.

이와 같이 어떤 경우에 특정인이 테러단체에 가입하고, 왜 조직에 몸담고 생활하는지, 즉 그 유인성(vulnerability)에 대해 다음의 세 가지 이유가 구체적으로 논의되고 있다.[67]

첫째, 불공정(injustice) 또는 불공평(unfairness)으로 이는 테러리즘의 가장 중요한 요소로 작용한다. 불공정 또는 불공평은 1970년대 중반 이후 가장 강력한 테러요인으로 인식되고 있다. 테러범은 자신 또는 이웃, 동료에 대한 불공평에 대하여 복수한다. 복수의 가장 확실한 방법은 폭력이다. 경제적, 인종적, 민족적, 법률적, 정치적, 종교적, 사회적 불공평은 테러범으로 하여금 개인, 집단, 기관 등 모든 대상에 대한 공격을 행하게 하는 요소로 작용한다는 것이다.

둘째, 정체성(identity)으로 심리학적으로 정체성이란 개인의 기본적인 가치, 신념, 태도 등이 발전되어지고, 안정적으로 유지되는 것을 의미한다. 테러범은 극단적인 정체성을 발전시키거나 유지하는데, 특히 테러단체 가입에 영향을 주는 요인은 개인의 정체성이 테러단체의 정체성과 일치한다고 인식하는 정도가 강할 때라는 것이다.

그런데 테러단체에 가입하는 젊은 신규테러범의 주변 환경은 일정한 특징을 보인다. 이들은 자신의 미래에 뭔가 의미 있는 일로 성공하고 싶지만, 현실적으로 그런 기회를 잡을 가능성은 거의 없다고 생각하며, 결국 그들은 종교적인 집단 등에 관심을 가지게 되며, 지역사회에서 아웃사이더인 자신이 탈출할 수 있는 수단으로 테러단체가 지향하는 정체성(이념 또는 주장)을 가지게 된다.

셋째, 소속감(belonging)이다. 젊은 테러범은 단체에 대한 소속감, 연대의식, 혈족의식 등을 느낀다. 테러단체에 가입하여 활동하는 가장 중요한 이유는 소속감이라는 주장도 있다. 대부분 사회의 소외계층인 이들은 테러단체에 가입함으로써 처음으로 강한 소속감을 느끼고, 가족적인 유대감을 경험한다는 것이다. 이러한 정서가 테러단체의 가입동기이자, 테러단체에 머물게 하는 요인이며, 동시에 테러행위를 합리화하는 이유이기도 하다. 즉, 테러단체의 가입동기나 활동이

66 Crenshaw, M., & LaFree, G. (2017). Countering terrorism. Brookings Institution Press.
67 Grozdanova, M. (2016). What motivates suicide terrorism?.

유가 정치적 또는 종교적인 이념 보다는 오히려 가족적인 결속감이나 동료의식이며, 극단주의적 테러단체일수록 이러한 의식을 더 강조하는 한편 다양한 방법으로 이러한 의식이 유지될 수 있도록 한다.

4. 테러범의 프로파일링

1) 테러범 프로파일링의 출발

테러범에 대한 프로파일링은 쉽지 않은 작업이지만 행동심리학자들에 의해 시도되어지기 시작했다. 즉, 어떤 성격 및 특징을 가진 자들이 주로 테러조직에 가입하고, 테러를 행하는지에 대해 테러범들을 대상으로 그들의 성격과 특징을 구분하는 작업이 필요해진 것이다.[68]

미국의 비밀경호국(The U.S. Secret Service)은 교도소에 수감된 테러범 83명을 대상으로 인터뷰를 진행하면서 이들을 정신이상자, 독신자, 협박범, 증오범 등으로 구분하고 이에 맞게 프로파일링을 진행하였지만 이에 맞는 테러범을 찾을 수 없었다. 이는 테러범의 성격과 특징을 근거로 이들을 프로파일링하는 것이 불합리하다는 것을 보여주는 사례라고 할 수 있다.

많은 심리학자들이 테러범에 대한 프로파일링 작업 중 설정하는 가정은 테러범의 정신이상성(abnormal personality)이다. 독일의 심리학자인 설볼드(Lilo Sullwold)는 테러조직의 리더들을 성격적 특징에 따라 외향주의자(extrovert)와 적대주의자(hostile neurotic)로 구분하였다.[69] 그는 외향주의자들의 특징은 불안정, 비통제적, 즉흥적, 자기중심적이고 상대방의 고통에 무감각한 성격을 가졌으며, 적대주의자들은 비난, 의심, 공격, 자기방어, 극단적인 적대감정 등의 정신장애적 성격을 가졌다고 지적하였다. 또한 설볼드는 테러조직의 리더들과 행동대원들 사이에도 성격적 특징이 다르다고 주장하였다. 즉, 리더들은 부하들보다 좀 더 자기확신에 대해 주저함이 덜한 것으로 나타났다.

일부 연구자들은 테러범의 정치적인 성향에 따라 구분하는 경우도 있으며, 국가적인 특징에 따라서는 정부주의자와 무정부주의자 등으로 구분하는 경우도

68 Jerrold M. Post, "Individual and Group Dynamics of Terrorist Behavior," In World Congress of Psychiatry, Psychiatry, The State of the Art, 6, (New York: Plenum, 1985), p. 103.

69 Lilo Sullwold, "Biographical Features of Terrorists," In World Congress of Psychiatry, Psychiatry: The State of the Art, 6, (New York: Plenum, 1985).

있다.

표 3-66 테러범 프로파일링 특징

연 령	대체로 22세부터 25세 사이
성	80% 정도가 남성으로 구성
결혼여부	대부분 독신
도시/농촌	대부분 도시거주 원주민이거나 대도시의 장기거주자
경제상황	대부분 중류계층이나, 조직의 지도자그룹은 상류계층 출신
교 육	2/3 정도는 대학중퇴 이상의 학력소지
입단시기	대부분 대학의 저학년시절
정치적 철학	무정부주의자, 맑스-레닌주의자, 민족주의자

자료: Borum, R., & Neer, T. (2017). Terrorism and Violent Extremism. In Handbook of Behavioral Criminology (pp. 729-745). Springer, Cham.

이와 같이 테러범에 대한 프로파일링은 그 기준에 따라 달라질 수 있지만, 검거된 테러범 혹은 테러활동을 벌이는 사람들을 그 대상으로 분류작업이 이루어지므로 대부분 테러범의 인구사회학적 특성과 성격적 특징을 분류해내는 것이 프로파일링의 첫 번째 작업이라고 할 수 있다.

2) 테러범의 프로파일 특징

테러범에 대한 프로파일링 연구결과들을 종합하면 몇 가지 특징을 공통적으로 도출할 수 있다.

① 성격

테러범의 성격(personality)을 단일화할 수 없다. 교도소에 수감된 수많은 범죄자들이 다양한 성격적 특징을 가지는 것처럼 테러범의 성격은 매우 다양한 성격을 보여준다.[70]

② 정신장애

테러범은 반드시 정신장애를 앓고 있는 사람들이라고 진단할 수 없다. 전형적인 테러범은 성격장애 또는 정신적으로 문제가 있는 사람들이라기보다는 비록 이들이 이념적 혹은 종교적으로 다른 세계를 가지고 있지만 오히려 실제로는 매

70 Beeres, R., Bertrand, R., & Bollen, M. (2017). Profiling Terrorists—Using Statistics to Fight Terrorism. In Netherlands Annual Review of Military Studies 2017 (pp. 221-235). TMC Asser Press, The Hague.

우 이성적이며, 자기 주관이 뚜렷하다.[71]

테러조직은 테러범의 입단과정에서 매우 치밀한 후보자 선별절차를 거치며, 정상적인 사람을 조직원으로 받아들인다. 이는 정신장애자이거나 정신병자인 경우 사회의 이목과 의심을 집중시키게 되며, 이들이 조직의 목적을 수행하는데 오히려 방해가 되기 때문이다. 성격장애자는 조직의 영속성을 저해할 뿐이라고 인식하며, 대표적으로 PKK의 대변인이 공식적으로 자신들의 조직원 채용 및 관리의 기본정책은 정신병자를 배제하는 것이라고 발표한 데에서도 이와 같은 사실을 알 수 있다.

따라서 대외적으로 테러범들은 지극히 정상적이며, 평범한 외모와 성격을 가진 것으로 보여지며, 그들의 의상은 피부와 그들이 처한 상황에 따라 자연스럽게 정해진다. 남자와 여자 모두 역할이 부여되나, 남자가 좀 더 리더가 되기 쉽다. 이들은 강력한 운동과 집중적인 훈련을 통하여 신체를 강인하게 단련시켜 주어진 임무를 수행하려는 노력을 한다.

③ 교육

테러범의 교육경력상 특징은 보이지 않으며, 고등교육을 받은 경우와 문맹자에 이르기까지 다양하다. 그러나 대부분의 테러지도자들은 매우 높은 교육을 받은 것으로 나타났다. 최근에는 테러범들의 교육수준이 더 높아지고 있어 임기응변에 뛰어나고, 정치적이며, 수사적인 표현을 능숙하게 할 수 있다.

그러나 Abu Nidal과 같이 구세대의 교육받지 못한 테러지도자는 고등교육을 받고, 종교적 이념으로 무장된 Osama bin-Laden이나 Ramzi Yousef에 비해 이념보다는 권력과 복수심에 의해서 동기화되어 있다. 종교적으로 동기화된 테러범들은 정치적인 이념으로 동기화된 테러범들에 비해 더 위험한 것으로 나타났다. 이는 자신들의 종교적인 계시를 달성하기 위하여 대량학살 또는 파괴라는 수단을 사용하기 때문이다. 테러단체 지도자의 지적 능력의 정도는 테러단체의 부침과 지속성에 영향을 준다.

④ 외모

테러범의 외모는 그들이 미션을 수행하지 않을 경우에는 평범한 대학생, 직장인 같은 경우가 대부분이다. 따라서 외모나 사회적 경력 등을 중심으로 테러

71 허경미. (2016). 자생테러의 영향요인에 관한 연구-노르웨이 오슬로 및 보스턴 마라톤테러범을 중심으로. 경찰학논총, 11(4), 217-250.

범을 프로파일링하는 것은 무의미하다. 특별한 외모가 아니라 평범한 지역시민이면서 특정한 종교이념 등에 심취하는 개인적·가정적 환경요인이 있는, 이른바 외로운 늑대(lone wolf)를 찾아내야 한다. 미국의 출입국관리국은 공항을 빠져나간 Sheikh Omar Abdel-Rahman[72]을 체포하지 못했다.

⑤ 역할

그들은 조직에 대한 무한한 헌신을 요구받기도 하며, 특히 여자의 경우 남자 동료보다 더 위험한 임무를 수행하기도 한다. 이들은 임무수행시 불안감을 극복하는 특수훈련을 받으며, 경우에 따라서는 폭탄자살과 같은 죽음을 요구받기도 한다. 대표적인 경우가 Leila Khaled[73]와 김현희[74]를 들 수 있다. 이들은 테러대상에 쉽게 접근할 수 있는 많은 방법을 훈련받았고, 자살 테러 등을 포함하여 테러대상에게 접근하였다.

⑥ 성별

테러에 가담하는 대부분의 사람들은 남성이다. 여성의 참여도 늘어나고 있는 것으로 추정되지만 정확한 최근 통계는 확보하기 어렵다. 그러나 연구자들은 일반범죄에서와 같이 여성은 남성 테러범의 보조적인 역할에서 벗어나 점차 주도적인 역할로 그 활동폭을 넓히고 있는 것으로 추정한다. 이는 테러의 성격상 여성이 목표물에 접근하는 것이 남성들에 비해 자유로울 수 있는 경우도 있고, 동시에 여성의 사회경제적 지위변화도 영향을 주는 것으로 볼 수 있다.

⑦ 이념

국제적인 테러범들은 대부분 좌익주의자이거나 이슬람주의자들이다. 그러나 테러범들을 인종, 문화, 종교, 또는 국적에 따라 정확하게 구분하는 것은 매우

---

72 Sheikh Omar Abdel-Rahman은 1993년 세계무역센터에 대한 테러혐의로 미국 CIA에 의해 체포되어 수감되었으며, 사다트 이집트 전 대통령을 암살한 이슬람테러단체인 지하드를 실질적으로 배후조종한 혐의도 받고 있다(http://en.wikipedia.org/wiki/OmarAbdel-Rahman).

73 Leila Khaled는 팔레스타인해방전선의 일원으로 현재 팔레스타인자치정부평의회 의원이다. 그녀는 최초의 여성 하이재커로 유명하며, 검은9월단 소속으로 1969년 8월 이후 적어도 4건 이상의 하이재킹에 가담한 혐의로 체포되었고, 영국정부에 의해 1970년 10월 1일 포로와의 맞교환형식으로 석방되었다. 그녀를 소재로 Leila Khaled, Hijacker라는 영화가 만들어지기도 하였다(http://en.wikipedia.org/wiki/Leila_ Khaled).

74 김현희는 북한공작원 김승일과 1987년 11월 29일 바그다드에서 서울로 출발하는 KAL858기에 폭탄을 설치, 미얀마 안다만해역 상공에서 폭발시켜 탑승객 115명 전원을 사망케 했다. 김승일은 1987년 12월 1일 바레인공항에서 독약으로 자살했고, 김현희는 체포되어 서울로 압송되었다.

어려우며, 관련통계도 분명하지 않다. 미국의 출입관리국은 테러범은 20세 초반의 이집트, 요르단, 예멘, 이라크, 알제리, 시리아, 수단 등의 국적을 가지고, 합법적으로 미국에 입국하는 것으로 분석하고 있다. 이는 특히 미국에 대한 무력공격을 목적으로 훈련된 무자헤딘으로 알려진 Osama bin Laden의 추종자들이 대부분인 것으로 파악하고 있다.

CRIMINOLOGY

데이비드 아메스 경: 하원의원 살인범은 어떻게 급진화 되었는가?

사우스엔드 웨스트 하원의원은 2021년 10월 15일 에식스주 레이온시에서 행사 중 테러범으로부터 20회 이상 칼에 찔려 현장에서 숨졌다...

런던 북부 켄티시 타운 출신의 26세 청년은 혐의를 부인하고 시리아 공습에 찬성한 의원을 표적으로 삼았다고 주장했다. 그는 소말리아계 무슬림으로서 런던에서 태어나고 자랐다. 2014년에 대학을 중퇴하고 급진화되었다. 그는 법정에서 자칭 이슬람국가(IS)에 가담하기 위해 시리아로 가고 싶지만 너무 "어려워서" 대신 "여기서 무슬림을 돕기로" 결정했다고 말했다. 그는 법정에서 데이비드 경을 죽인 것에 대해 후회나 부끄러움이 없다고 말했다. 그는 경찰의 총에 맞을 것이라고 가정하고 "순교자"로 죽을 계획을 세웠지만 경찰은 무장하지 않았고, 그를 제압했다. 그는 법정에서 선고받기 위해 일어서기를 거부했고, 종신형을 선고받았다...

자료: BBC NEWS, 2022년 4월 11일자 보도. https://www.bbc.com/news/uk-61062285/

제12장

화이트칼라범죄 및 사이버범죄

I. 화이트칼라범죄(white collar crime)

1. 화이트칼라범죄의 개념

화이트칼라범죄란 "조직 또는 개인의 이익을 위하여 합법적·제도적 질서 내에서 행위자가 일정한 직무상의 권한과 영향력 등을 악용하여 저지르는 불법적 행위로서 실정법에 의하여 처벌되는 행위"라고 정의할 수 있다. 여기서 합법적·제도적 질서란 정부부문뿐만 아니라 민간부문 및 일정한 전문직종까지를 모두 포함하며 일정한 권한과 영향력을 가지고 있다면 행위자가 상류층 또는 중산층 인가의 구분은 필요하지 않다.

이처럼 합법적인 업무활동 과정에서 직업적 신뢰 또는 사회적 신뢰를 위반한 범죄행위를 화이트칼라범죄로 이름짓고 여기에 협의의 경제범죄, 즉 기업범죄(corporate crime)를 포함시키는 견해를 최초로 제시한 학자는 미국의 범죄학자인 서더랜드(Edwin H. Sutherland)이다.[1] 이후에 화이트칼라범죄에 대한 연구는 여러 관점에서 이뤄지고 있다. 특히 사회적 책임과 도덕성이라는 의무를 다했는가에 대한 논의가 활발하게 진행되고 있다.[2]

화이트칼라범죄의 개념에 대하여는 의견이 다양한데 먼저 범죄학자들이 "범죄는 반드시 저소득층에서만 발생하는 것은 아니다"라는 인식을 갖기 시작하였다. 범죄학적 측면에서 그동안 묵과되었던 상류층 및 전문직종 사람들의

1 Sutherland, E. H. (2017). White－collar criminality. In White－collar Criminal (pp. 3－19). Routledge.

2 Benson, M. L., & Simpson, S. S. (2014). Understanding white－collar crime: An opportunity perspective. Routledge.

범죄를 연구하기 시작하였는데 이는 화이트칼라범죄란 "높은 사회적 지위 및 존경받는 자가 그 직업과 관련하여 행하는 범죄"(A crime committed by a person of respectability and high social status in the course of his occupation)라는 서더랜드의 주장이 계기가 되었다.

이에 비해 사회학자들은 화이트칼라범죄를 '사회적 신뢰의 위반'으로 설명하고 있다. 어느 사회 또는 조직에서 우월적 위치 또는 지식을 갖지 못한 사람들은 상대적으로 사회적 지위나 전문적 지식을 가진 사람들에 대하여 그들이 자신의 지위나 지식을 악용하지 않고 책임감(noblesse oblige) 있게 행동할 것이라는 믿음을 가지고 있는데 이 믿음을 무너뜨리는 것이 화이트칼라범죄라는 것이다.

2. 화이트칼라범죄의 원인

화이트칼라범죄의 원인을 설명하는 다양한 이론이 있으나 범죄자의 심리적 측면을 강조하는 이론과 사회적 측면을 강조하는 이론으로 대별할 수 있다.

먼저 심리학적 측면에서 심리적 소질론은 화이트칼라범죄자는 보통 사람들과는 다른 심리학적 기질, 즉 기회만 주어진다면 남을 속이려 하고 법규범 위반에 대한 유혹에 쉽게 빠져드는 소질 때문에 범죄를 일으킨다는 것으로 개인의 성격적 특성에서 그 원인을 찾는다. 사회학적인 측면에서는 먼저 서덜랜드는 차별적 접촉이론을 이용하여 화이트칼라범죄자는 범죄적 가치관을 가진 사람들과의 차별적 접촉을 통하여 범죄적 가치관과 범죄기술을 습득하여 범죄를 행한다고 설명하고 있다.[3] 중화이론을 통해서도 화이트칼라범죄를 설명할 수 있다. 즉 대부분의 비행자와 범죄자들이 관습적인 가치와 태도를 가지고 있으면서도 동시에 범죄적 가치에 대해서도 "그럴 수도 있다, 남들도 하는데 나도 한번 해보자"라는 등 범죄를 합리화 내지는 정당화시키며 범죄를 행하는 것이다. 정당화의 유형은 행위에 대한 책임의 부정, 행위로 인한 피해발생의 부인, 피해자의 부인, 비난자에 대한 비난, 충성심의 표출 등을 들 수 있다.

이들의 주장에 의하면 화이트칼라범죄자는 자신의 행위는 범죄가 아니라고 합리화하거나 "남들도 다 하는데 나도 해보자"라며 책임을 전가하거나 "이 방법(범죄)이 아니면 업무를 추진할 수 없다"는 등 자신의 범죄행위에 대한 정당화에

3 Benson, M. L., & Simpson, S. S. (2014). Understanding white-collar crime: An opportunity perspective. Routledge.

서 비롯된다.[4]

3. 화이트칼라범죄의 유형

화이트칼라범죄의 유형은 행위주체나 범죄동기, 행위 등에 따라 여러 각도로 분류할 수 있지만, 가장 일반적인 분류라 할 수 있는 범죄동기를 기준으로 조직체적 범죄(organizational crime)와 직업범죄(occupational crime)로 나누어진다.

조직체적 범죄는 조직의 목적을 달성하기 위한 의도를 가지고 조직의 공식적인 지원하에 이루어지는 경우를 말한다. 여기서 조직이란 민간부문뿐만 아니라 정부부문의 조직까지 포함한다.

한편 직업범죄는 사적인 이익을 위하여 개인 혹은 극히 소수가 공동으로 행한 범죄를 말하는 것으로 합법적인 직무활동 과정에서 고용주의 지원없이 행한 불법행위를 말한다. 만약 고용주가 자기의 이익을 위해 직무와 관련하여 불법행위를 지원하였다면 이는 조직체적 범죄로 분류된다.

1) 조직체적 범죄

조직체적 범죄는 사기기만형, 시장통제형, 뇌물매수형, 기본권 침해형 등으로 나눌 수 있다.

❶ 사기기만형 범죄

부당한 광고, 사기, 탈세와 같은 범죄를 말한다. 백화점이나 대형할인점에서 대폭 할인세일을 하는 것처럼 속이고 실제로는 가격을 조작하는 행위가 업주의 묵인 혹은 적극적 지지에 힘입어 행해지는 경우, 천연제품이 아니면서도 순수 천연제품이라고 허위광고를 하여 소비자들을 현혹시켜 판매하는 행위, 회계장부를 조작하여 세금을 포탈하도록 돕는 공인회계사의 행위 등은 대표적인 사기기만형 범죄라고 할 수 있다.

❷ 시장지배적 범죄

시장지배적 지위의 남용행위, 전문가 집단의 공모행위 등으로 불공정거래행위나 가격담합행위, 증권사 직원의 내부자거래행위, 은행의 대출금조작행위 등이 포함된다.

또한 불안전한 생산환경 및 생산물의 제조로 시민들에게 피해를 주는 것으로

---

4 Gottschalk, P. (2017). Convenience in white−collar crime: Introducing a core concept. Deviant Behavior, 38(5), 605−619.

불량한 식품, 가구, 의류 등의 생필품의 제조·판매 등 국민의 건강한 생활을 담보로 조직체의 이윤을 추구하는 범죄 등도 포함된다.

❸ 뇌물매수형 범죄

이에는 상업적 뇌물과 정치적 뇌물이 있다. 상업적 뇌물은 어떠한 행정적 조치나 묵인에 대한 대가로 현금, 물건, 투자기회 제공 등의 재산상 이익뿐만 아니라 향응을 제공받는 것 등도 포함된다. 정치적 뇌물은 정치인에게 직간접적 압력행사를 위하여 불법적 정치자금을 제공하는 경우이다.

❹ 기본권침해형 범죄

조직체의 막강한 권력을 이용하여 인간의 기본적인 권리를 침해하는 행위로 국가권력에 의한 인권유린, 인종차별, 계급적 착취와 억압, 부정선거 등이 있다.

2) 직업적 범죄

직업적 범죄는 범죄자의 신분에 따라 기업부문, 정부부문, 전문가 부문으로 나눌 수 있다.

❶ 기업부문의 범죄

이에는 기업의 소비자, 근로자, 지역사회에 대한 범죄와 근로자의 고용주에 대한 범죄로 구분된다.

첫째, 기업의 소비자를 상대로 한 범죄에는 표준함량이나 기준을 무시한 물건의 제조판매, 부당한 가격담합행위 등이 있다.

둘째, 기업의 근로자를 상대로 한 범죄에는 예산절감을 이유로 근로자의 산업재해를 예방하지 않은 행위, 특수한 작업환경을 만들어 주지 않아 진폐증 등의 직업병에 시달리게 하는 행위나 교묘한 임금계산으로 근로자의 임금과 세금을 포탈하는 행위 등을 들 수 있다.

셋째, 기업의 지역사회에 대한 범죄에는 기업의 오폐수 무단방류나 유독가스 방출 등으로 주변지역을 오염시켜 주민들에게 피해를 입히는 행위를 말한다. 이와 같은 사례는 인근 자연환경을 무시한 골프장 건설이나 대단위 관광지역 건설행위 등에서 찾아 볼 수 있다.

넷째, 근로자의 고용주에 대한 범죄로 대표적인 것은 근로자의 절도행위로 그 유형은 매우 다양하다. 예를 들면 봉제업체에서 종업원들이 완성된 의류를 절취하는 행위, 백화점에서 상품대금을 수령하는 직원이 정가보다 낮은 가격을

CRIMINOLOGY

김천지청, '부정대출 종합세트' A신협 이사장 등 부실 대출 가담자 4명 구속

대구지검 김천지청(지청장 고철형)은 A신협의 57억원 상당 부실 대출 사건에 가담한 이사장 등 4명을 특정경제범죄 가중처벌 등에 관한 법률 위반(배임) 혐의로 구속 기소하고 1명은 불구속 기소했다.....중략...

이들 신협 이사장과 브로커, 건설업자, 지점장 등은 초기 단계부터 공모해 약 57억원 상당의 주택건설자금 부실 대출을 일으킨 후 신협 이사장과 전 지점장은 동인일 대출 한도 초과로 '신용협동조합법 위반 혐의'도 적용됐다.

건설업자와 전 지점장은 대출금 중 26억 원 상당을 공사대금이 적절히 사용한 것처럼 꾸며, 공사업체 2곳의 계좌를 통해 자금 세탁까지 거쳐 범죄수익 은닉의 규제 및 처벌에 관한 법률 위반 혐의도 받았다.

게다가 브로커는 대출 알선 대가 1억 5천만원과 부실대출 5억 1000만원 등 총 6억 6천만원의 대출금을 받아 알선수재 혐의로 구속되어 이사장과, 전지점장, 건설업자, 브러커등이 연류 된 '부정대출 종합세트' 란 지적이다.

김천지검 관계자는 "현 이사장은 지역토착 대출브로커와 유착해 신협을 사유화하고 서민 조합원들의 자금을 방만하게 운용해 조합원들께 막대한 손해를 입혀 검찰의 철저한 수사를 통해 토착비리를 엄단하고 지역사회 금융기관의 방만한 운영에도 경종을 울리도록 향후 공소유지에 만전을 기하겠다"고 했다.

한편, A신협 부실 대출 규모는 자기 자본의 약 60%에 달했으며 올해 3월 기준 최종 손실은 약 43억원으로 이에 따라 신협의 재정 상황이 악화돼 2019년 이후 조합원 배당금도 못 줘 신협중앙회로부터 재무 건전성 관리 경고까지 받았다.

자료: 경북신문, 2022년 12월 20일자 보도.

현금등록기에 입금하고 그 차액을 자신이 착복하는 행위, 상품에 정가표를 붙이지 않고 판매하여 전액을 착복하는 행위, 재고 출고담당 직원이 창고열쇠를 복제하여 일과 후 물건을 훔쳐내는 행위, 상품을 숨겨 퇴근시 유출하는 행위, 상품을 운송하는 운전기사들이 허위 차량수리 영수증을 작성하여 착복하거나, 상품을 수령하는 회사의 직원과 결탁하여 인도해야 할 상품의 수량을 속여 나머지를 처분하여 배분, 착복하는 행위 등이 있다.

또한 컴퓨터 전문가의 정보유출이나 예금횡령행위, 상거래행위에서의 뇌물수수 등도 고용주를 상대로 한 범죄라고 할 수 있다.

❷ 정부부문의 범죄

정부부문에서 발생하는 대표적인 직업범죄로는 공무원의 업무와 관련된 뇌물수수와 사기, 횡령 등이 있다.

CRIMINOLOGY

불법 태양광에 전력기금 줄줄 샜다…"文정부 신재생사업 부실 확인"

국무조정실 12개 지자체 '전력산업기반기금사업' 점검은 13일 지난해 9월부터 지난달까지 산업통상자원부와 함께 전국 226개 지방자치단체 중 12곳에 대해 '전력산업기반기금사업' 운영실태 표본 점검을 벌인 결과, 위법·부당사례 2267건을 적발했다고 밝혔다.

부당하게 대출·지급된 자금은 총 2616억원에 달했다.

국조실이 4개 지자체의 금융지원사업 395개(642억원 규모)를 표본 조사한 결과 이 가운데 25%에 달하는 99개 사업에서 총 201억원 상당 허위세금계산서를 발급해 141억원의 부당 대출이 실행된 것으로 확인됐다. …중략…

공사비를 부풀려 과도하게 대출을 받거나, 규정에 따른 전자세금계산서 대신 종이 세금계산서를 제출하고 돈을 빌린 사례다. 농지에 불법으로 태양광 시설을 설치하고 대출을 받은 사례도 조사됐다. …중략…

정부는 2019~2021년 사이 한국에너지공단이 실시한 태양광 등 발전시설 설치를 위한 금융지원사업 6509건도 전수 조사했다. 그 결과 17%에 해당하는 1129건(대출금 1847억원)에서 무등록업체와 계약하거나 하도급 규정을 위반한 사례가 적발됐다고 밝혔다.

전기공사업 무등록 업체가 발전사업자와 'A 태양광발전소' 공사 계약을 불법으로 맺고, 한국에너지공단에 금융지원을 신청해 자격을 부여받은 뒤 금융기관에서 5억원을 부당 수령한 사례 등이다.

국조실은 또 "전력산업기반기금사업 회계처리 과정에서 전반적인 도덕적 해이가 심각한 것으로 나타났다"고 밝혔다. 쪼개기 부당 수의계약, 결산서 허위 작성, 장기 이월금(잔액) 미회수 등 한전 전력기금사업단과 지자체의 기금 관리 부실 사례를 포착했다는 것이다.

B시 등 4개 지자체는 약 30억원 규모의 도로·수리시설 정비공사를 203건으로 쪼개서 수의계약을 해 약 4억원의 예산을 낭비하고 특정 업체에 특혜를 제공한 것으로 의심된다고 국조실은 밝혔다....C시는 산업부 승인없이 보조금 약 17억원을 임의로 변경하고 결산서를 부적정하게 작성, 보조금 지원 대상이 아닌 타 지역 마을회관 건립에 사용(약 4억원)하는 등 보조금법을 위반한 것으로 나타났다.

정부 장비 구매 입찰에 참여한 특정 업체가 들러리 업체를 참여시켜 약 40억원 상당의 가격을 담합하는 등 공정거래법을 위반한 사실도 적발됐다......

자료: 서울신문, 2022년 9월 13일자 보도.

❸ 전문가부문의 범죄

전문가부문의 범죄는 직무상의 전문성을 이용한 범죄로 변호사, 공인회계사, 의사 등에 의해서 야기된다. 변호사의 수임료 편취 및 공인회계사의 허위 기업 감사에 의한 뇌물수수, 의사의 허위의료보험료청구 등은 대표적인 전문가 부문의 사기형범죄이다.

CRIMINOLOGY

식약처, 프로포폴 등 의료용 마약류 오남용 적발…의사 219명 제재

식품의약품안전처가 의료용 마약류를 지속해서 부적정하게 처방한 의사 219명에게 '기준을 벗어난 처방·투약 행위' 금지 명령을 내렸다. …중략…

이번 결정은 지난해 4월 의료용 마약류를 기준에 맞지 않게 처방한 의사 4154명을 적발해 경고조치한 후 지속적인 추적·관찰한 끝에 내려진 조치다. 식약처 관계자는 "같은 해 5월 1일부터 7월 31일까지 이들의 처방 내용을 추적·관찰했고, 4154명 중 약 94.7%는 의사가 처방을 적정하게 조정한 것으로 확인됐다. 나머지 219명은 처방 행태가 개선되지 않아 이번 조치를 시행하게 됐다"고 밝혔다.

식약처가 오남용 사례를 적발한 의료용 마약류는 식욕억제제(114명)와 프로포폴(8명), 졸피뎀(97명)이다. 처방 기준에 따르면 식욕억제제는 3개월을 초과해 처방·투약하거나 만 16세 이하 청소년·어린이에게 처방할 수 없다. 프로포폴은 전신 마취 수술 등 본래 목적을 벗어나 사용하거나 최대 허가 용량을 초과 투약하면 안 된다. 졸피뎀은 1개월을 초과하거나 만 18세 미만에게 처방·투약할 수 없다. …중략…

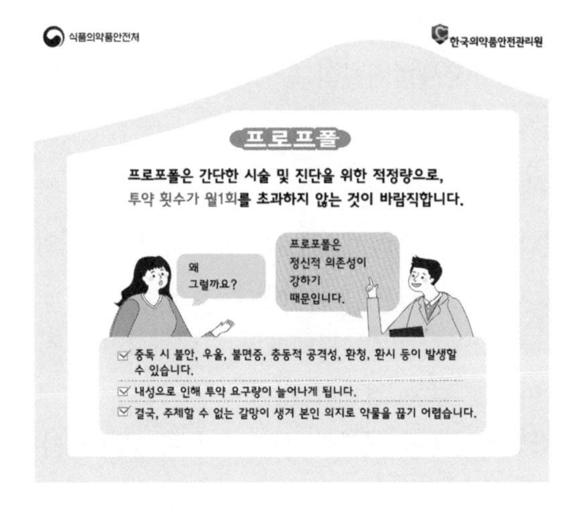

자료: 중앙일보, 2023년 3월 9일자 보도.

4. 화이트칼라범죄의 특징

1) 전문직업범적 성격

서더랜드는 화이트칼라범죄의 특징을 첫째, 범죄가 기업활동의 일환으로 계획적·조직적으로 기업의 직·간접적 이익을 위하여 행해지며, 둘째, 범행이 일회성에 그치지 않고 지속적으로 이어져 직업적 절도범의 형태를 보이며, 셋째, 화이트칼라범죄자들은 실정법을 위반하여도 기업 내부에서의 지위를 상실하지 않으며, 넷째, 범죄자가 죄의식을 갖지 않는다는 점을 들고 있다.

이와 같이 화이트칼라범죄는 주로 전문적 지식이나 직업적 또는 사회적 지식을 가진 사람들에 의하여 일상적인 직업활동과정에서 합법성을 가장하여 야기된다는 특성이 있고, 실제 범행이 발각되어 처벌을 받아도 그를 필요로 하는 화이트칼라집단에 의하여 구제되며, 다시 범행에 직간접적으로 가담하는 등의 악순환이 반복된다.[5] 나아가 각종 입법과 국가의 세금이나 경제관련 정책이 화이트칼라범죄를 가능하게 해주기도 한다.

2) 엄격한 형사처벌의 한계

범죄가 주로 행위자의 직업활동과정에서 그 지위와 권한을 이용하여 이루어지기 때문에 범행의 발각이 어렵고, 발각이 된다 해도 행위의 적법, 위법의 한계가 모호하여 단순히 행정처벌로 종결될 뿐 형사소추에까지 이르지 못하는 것이 대부분이다. 그러나 최근 화이트칼라범죄에 대한 사법당국의 처벌의지가 매우 강하게 표현되고 있어 한국사회에서의 화이트칼라범죄에 대한 인식을 보여주고 있다.

3) 피해자의 피해의식 부족

화이트칼라범죄의 피해자는 국가, 지방공공단체, 기업, 개인에 이르기까지 매우 광범위하고 다양하나 피해가 직접적이지 않고 간접적이며, 피해의 결과가 장기간에 걸쳐 나타나는 경우가 많아 피해자의 피해의식이나 저항감이 높지 않으며 오히려 관대한 이해를 받는 경우가 많다.

이는 화이트칼라범죄인들이 대부분 사회에서 존경받는 기업인, 자선사업가,

---

5 Kets de Vries, M. F. (2022). The Psychology of White-Collar Criminals. In The Path to Authentic Leadership: Dancing with the Ouroboros (pp. 41-54). Cham: Springer International Publishing.

유능한 전문직업인 등이기 때문에 피해자들이 이들의 범죄행위를 '불가피한 경우'로 이해하며, 일반범죄의 피해가 직접적이고 공격적인데 비하여 화이트칼라범죄의 경우는 간접적이고 덜 공격적이기 때문이다.[6]

4) 범죄인의 죄의식 결여

화이트칼라범죄의 행위자는 '비범죄적 가치관'을 갖는데 이는 일반범죄인들이 대부분 형사처벌을 받는 것과는 달리 화이트칼라범죄인들은 벌금, 과태료 등의 행정벌의 대상이 되는 경우가 대부분이고 범죄가 직업활동 과정에서 기업주나 조직의 지원 하에 이루어지는 경우가 많아 특별히 스스로를 '범죄인'으로 생각하지 않기 때문이다. 또한 일반 형사범들 중 성인범의 경우 전과기록을 가지고 있는 경우가 대부분이나 화이트칼라 범죄인들은 소년법원 출석 등의 범죄경력이 별로 없다는 특징이 있다. 이는 이들의 직업 자체가 처음부터 범죄경력자를 배제함으로써 범죄경력자들의 유입을 차단하고 있고, 범죄가 직업활동 과정에서 발생하므로 직업활동을 하기 전에는 범죄성이 드러나지 않기 때문인 것으로 분석된다.

5) 사회구조의 해체

화이트칼라범죄는 범행의 위법성 및 사회적 해악성의 정도가 다른 전통적 범죄보다 심각하다는 특징이 있다. 사회학자들은 화이트칼라범죄에 의한 경제적 피해나 육체적 피해보다 사회적 해악을 가장 커다란 피해로 인식한다. 시민들은 부와 권력을 가진 사람들은 자신의 행동에 대한 사회적 책임감을 가져야 한다는 즉, '노블레스 오블리주'(noblesse oblige)를 기대한다. 따라서 화이트칼라범죄인들의 위법행위는 사회적 냉소주의를 가져오며, 지역공동체의 근본을 지탱해 주고 있는 '신뢰감' ―시민과 공무원간, 전문가와 고객간, 근로자와 고용주간 그리고 사회의 법, 제도에 대한 신뢰― 을 파괴시킨다.[7]

---

6 Boddy, C. R., Taplin, R., Sheehy, B., & Murphy, B. (2022). Finding psychopaths in white-collar jobs: a review of the evidence and why it matters. Society and Business Review,17(2), 217-235.

7 Simpson, S. S., Galvin, M. A., Loughran, T. A., & Cohen, M. A. (2022). Perceptions of white-collar crime seriousness: Unpacking and translating attitudes into policy preferences. Journal of Research in Crime and Delinquency, 00224278221092094.

II. 사이버범죄(cyber crime)

1. 사이버범죄의 개념

사이버범죄란 컴퓨터범죄, 사이버테러, 네트워크범죄라고도 하며 컴퓨터나 그 구성요소를 도구로 활용하며 사이버상의 건전한 질서유지를 방해하는 작용을 말한다.

사이버범죄는 여러 가지 이름으로 지칭되고 있지만 그 본질이 다르지는 않다. 사이버범죄의 중심에 컴퓨터가 있으며, 컴퓨터가 네트워크로 발전하면서 범죄의 영역이 넓어졌고, 인권이나 재산권의 침해가능성도 높아졌다고 말할 수 있다. 사이버상에서의 범죄라고 하더라도 컴퓨터가 도구로 활용된다는 점에서 컴퓨터범죄와 본질을 같이하고 있다.

2. 사이버범죄의 유형

사이버범죄는 컴퓨터범죄, 정보통신망, 사이버 공간에서의 범죄로 분류할 수 있다. 여기서는 경찰청 사이버안전국에서 분류한 범죄유형을 중심으로 설명한다.[8]

❶ 컴퓨터 침해 또는 정보통신망 침해 범죄

컴퓨터침해 또는 정보통신망 침해 범죄란 정당한 접근 권한없이 또는 허용된 접근 권한을 넘어 컴퓨터 또는 정보통신망(컴퓨터 시스템)에 침입하거나 시스템이나 데이터 프로그램을 훼손하거나, 멸실, 변경한 경우 및 정보통신망의 성능을 저하시키거나 사용할 수 없게 하는 등의 장애를 일으킨 경우를 말한다.

이에는 해킹, 즉 정당한 접근권한 없이 또는 허용된 접근권한을 초과하여 정보통신망에 침입하는 행위가 있다. 해킹을 통하여 계정도용, 단순침입, 자료유출, 자료훼손 등의 범죄가 이루어질 수 있다.

또한 정보통신망에 대량의 신호 또는 데이터를 보내거나 부정한 명령을 처리하도록 하여 정보통신망에 장애를 야기하는 경우(서비스거부공격) 및 정당한 사유없이 정보통신 시스템, 데이터 또는 프로그램 등을 훼손·멸실·변경·위조하거나 그 운용을 방해할 수 있는 악성프로그램을 전달 또는 유포하는 경우 등이다.

8 사이버안전국, 사이버범죄분류, http://cyberbureau.police.go.kr/prevention/sub2.jsp?mid=010201/

❷ 정보통신망 이용 범죄

정보통신망 이용 범죄란 컴퓨터 시스템을 전통적인 범죄를 행하기 위하여 이용하는 범죄로 즉, 인터넷 사용자가 다른 인터넷 사용자를 대상으로 행하는 범죄행위를 말한다.[9]

이에는 인터넷 사기, 즉 온라인을 통하여 이용자들에게 물품이나 용역을 제공할 것처럼 기망하여 피해자로부터 금품을 편취(교부행위)하는 행위와 직거래사기, 쇼핑몰사기, 게임사기 및 메신저를 통해 지인을 사칭 금품을 편취하는 등의 행위가 있다.

또한 인터넷을 통하여, 타인을 기망 또는 공갈함으로써 재산상의 이익을 취하거나 제3자에게 재산상의 이익을 취하게 하기 위하여, 자금을 송금·이체하도록 하거나, 개인정보를 알아내어 자금을 송금·이체하는 행위인 피싱,[10] 파밍,[11] 스미싱,[12] 메모리해킹[13] 등의 전기통신금융사기도 온라인을 이용한 범죄행위라 할 수 있다.

이 밖에도 정보통신망, 즉 온라인을 이용한 범죄에는 상대방의 동의를 받지 않거나 속여 타인의 위치정보를 불법적으로 수집, 이용하거나 사이버 저작권 침해, 스팸메일 발송 등의 행위가 있다.

---

9 사이버안전국, 사이버범죄분류, http://cyberbureau.police.go.kr/prevention/sub2_2.jsp?mid=010202/

10 피싱(Phishing)이란 개인정보(Private data)와 낚시(Fishing)의 합성어이다. 이는 금융기관을 가장한 이메일을 피해자에게 발송하여 피해자가 이메일상의 인터넷주소를 클릭할 경우 가짜 은행사이트로 접속을 유도, 보안카드번호를 전부 입력케 하는 방법으로 금융정보를 알아내, 피해자 계좌에서 범행계좌로 이체하는 사기행위를 말한다.

11 파밍(Pharming)이란 악성코드에 감염된 컴퓨터를 조작해 이용자가 정확한 웹페이지 주소를 입력해도 가짜 웹 페이지에 접속하게 만들어 개인정보를 훔치는 범죄 수법이다. 한편 2015년 4월 서울중앙지방법원은 파밍 사기에 대해 은행 측의 책임이 30%, 개인의 책임이 70%라고 판결하였다. 이는 법원은 파밍 사기의 발생에 대해 고객 측의 과실을 더 묻고 있다는 것을 의미한다. 뉴스 1, 법원 "개인정보 유출 '파밍' 사기 은행 책임은 30%", http://news1.kr/articles/?2198700/

12 스미싱(Smishing)이란 문자메시지(SMS)와 피싱(Phishing)의 합성어 문자 메시지의 인터넷 주소 등을 통해 금융회사를 가장한 악성 앱이나 악성코드를 설치하도록 유도하여 앱에 표시된 번호로 전화를 걸면 사기범의 전화로 연결되어 다양한 명목으로 송금을 요구하거나, 악성코드를 통해 피싱사이트로 연결하는 방법 등으로 행해지는 사기행위를 말한다.

13 메모리 해킹이란 피해자 PC 메모리에 상주한 악성코드를 심어 정상 은행사이트에서 보안카드번호 앞, 뒤 2자리만 입력해도 돈을 범인의 계좌로 이체시키는 행위를 말한다.

❸ 불법 콘텐츠 범죄

불법 콘텐츠 범죄란 인터넷을 통하여, 법률에서 금지하는 재화나 서비스 또는 정보를 배포하거나 판매, 임대, 전시하는 경우를 말한다. 사이버음란물의 제작이나 배포, 사이버도박행위, 사이버 명예훼손·모욕, 사이버스토킹, 자살사이트 운영 등이 이에 해당된다.[14]

사이버음란물의 제작이나 배포 등의 행위란 인터넷을 통하여, 음란한 부호나 문언, 음향, 화상 또는 영상 등을 배포하거나 판매, 또는 임대하거나 공공연하게 전시하는 행위로 음란물이나 아동음란물 등을 배포하거나 전시 또는 판매하는 행위 등이 대표적이다.

사이버도박행위는 인터넷을 통하여, 도박사이트를 개설하거나 도박행위(또는 사행행위)를 한 경우로 스포츠토토, 경마, 경륜, 경정 등을 통한 도박행위 등을 말한다.

사이버 명예훼손·모욕이란 인터넷을 통하여 다른 사람의 명예를 훼손하거나 모욕하는 행위이며, 사이버스토킹이란 인터넷을 통하여 공포심이나 불안감을 유발하는 부호·문언·음향·화상 또는 영상을 반복적으로 상대방에게 도달하도록 하는 경우를 말한다.

인터넷 도박 사이트 운영은 범죄

인터넷 고스톱게임 사이트를 유료화하는 과정에서 사이트를 홍보하기 위해 고스톱대회를 개최하면서 참가자들로부터 참가비를 받고 입상자들에게 상금을 지급한 경우, 비록 참가자가 적어 고스톱대회를 개최하여 손해를 보았다 하더라도 궁극적으로는 인터넷 고스톱게임 사이트를 홍보하려는 것에서 '영리의 목적'이 인정되고, 참가자들의 대회 참여가 재물을 걸고 우연한 승부에 따라 재물의 득실을 다투는 '도박'에 해당하므로 이는 도박개장죄에 해당한다.... (대법원 2002. 4. 12. 선고, 2001도5802 판결)

인터넷 도박게임이 가능하도록 시설 등을 설치하고 도박게임 프로그램을 가동하던 중 문제가 발생하여 더 이상 운영을 하지 못한 경우 실제로 이용자들이 도박게임 사이트에 접속하여 도박을 한 사실이 없더라도 이미 도박개장죄는 성립이 된 것으로 처벌을 받는 것이 타당하다. (대법원 2009. 12. 10. 선고, 2008도5282 판결)

---

14 사이버안전국, 불법 컨텐츠 범죄, http://cyberbureau.police.go.kr/prevention/sub2_3.jsp?mid=010203/

자살 사이트 운영은 자살방조

자살방조죄는 자살하려는 사람의 자살행위를 도와주어 용이하게 실행하도록 함으로써 성립되는 것으로서, 그 방법에는 자살도구인 총, 칼 등을 빌려주거나 독약을 만들어 주거나 조언 또는 격려를 한다거나 그 밖에 적극적, 소극적, 물질적, 정신적 방법이 모두 포함된다. …중략…[15] (춘천지법 원주지원 2009. 7. 16. 선고, 2009고합30)

일명 '인터넷 자살 카페'의 개설자가 가입초대장을 발송하는 등의 방법으로 약 30명을 카페 회원으로 가입시킨 후 회원들이 서로 자살의 당위성 및 자살 방법 등에 관한 정보를 교류하도록 함으로써, 일부 회원이 자살하거나 미수에 그친 사안에서, 카페 개설자에게 자살방조 및 자살방조미수죄가 인정된다.

3. 사이버범죄의 특징

사이버범죄 행위는 발각과 입증이 곤란하며, 반복성과 계속성, 자동성과 광범위성을 가지며, 범죄의 고의 입증이 곤란하다는 특징이 있다.

첫째, 발각과 원인규명이 곤란하다는 면이 있다. 범죄의 피해는 자연인이나 법인에게 그 영향을 미치지만 범죄 대상이 사람이나 물건이 아니라 데이터이므로 가시성과 가독성이 없어 발각이 어렵다. 또한 데이터의 처리가 고속으로 이루어지고, 단시간에 광범위하게 전달되기 때문에 원인규명이 곤란하다.

둘째, 범행은 국제성과 광역성을 가진다는 점이다. 지리적 공간에서 발생되는 범죄의 경우 행위자와 발생지가 일치하는 것이 대부분이지만 사이버 스페이스 범죄행위의 경우 네트워크를 이용하여 원격지에서 이루어지는 경우가 많아 범죄의 행위지와 범죄결과 발생지가 다른 지방 또는 다른 국가가 될 수 있다. 이러한 문제는 수사관할권에 관한 문제, 다른 지역 또는 국가간의 컴퓨터범죄의 근거법 선택문제 등 새로운 문제점을 파생시키고 있다.

셋째, 지리적 공간에서의 범죄행위와 달리 사이버범죄에 사용된 증거는 인멸될 가능성이 매우 높다. 범행 후 그 수단으로 사용한 데이터나 프로그램 등을 간

15 형법 제252조 제2항: 사람을 교사하거나 방조하여 자살하게 한 사람은 1년 이상 10년 이하의 징역에 처한다.: 자살예방 및 생명존중문화 조성을 위한 법률 제19조(자살유발정보예방체계의 구축) ① 누구든지 정보통신망을 통하여 자살유발정보를 유통하여서는 아니 된다. 이 경우 2년 이하의 징역 또는 2천만원 이하의 벌금에 처한다.

단하게 삭제할 수 있어 죄증인멸이 용이하며 추적하기 어렵고, 고도의 전문적 기술과 시간이 필요하다. 따라서 범인이 없는 범행이 제2, 제3, 그리고 제4의 인물로 연결되면서 심각한 사회문제를 초래할 수가 있다. 컴퓨터 바이러스 제작자가 밝혀지지 않는 가운데 전자우편에 담겨 제2, 제3, 그리고 제4의 인물에게 전파된다면, 범인은 밝혀지지 않은 채 그 피해만 확산되는 문제가 있다.

넷째, 범법자의 범죄의식이 희박하다. 컴퓨터의 조작은 지식과 기술을 수반하기 때문에 자기의 지식수준을 자랑하려는 경우나, 단순한 재미를 느끼려는 즉, 범죄의식이 희박한 경우가 많다. 그러나 최근에 이르러서는 점차 경제적 동기에 의한 범행으로 변모하고 있다.

다섯째, 컴퓨터범죄는 범행에 있어 자동성과 반복성, 그리고 연속성이 있다. 컴퓨터범죄는 일단 불법변경된 고정자료를 호출하거나 불법한 프로그램을 삽입할 때마다 자동적으로 유발된다. 금융기관의 종사자들이 예금계좌를 조작하여 범행하는 경우가 가장 많이 발견되는 사례이다.

여섯째, 전문가 또는 경영내부자의 범행이 많다. 컴퓨터범죄는 컴퓨터에 무지한 사람이 범할 수 없는 범죄이다. 컴퓨터의 조작, 사용방법 및 소프트웨어에 대한 평가 등 컴퓨터에 대한 기초 내지 전문지식이 있어야 범행이 가능하다. 따라서 전문가 또는 내부경영자 등에 의하여 범죄가 행해지는 경우가 많다.

일곱째, 사이버범죄의 수사는 현실에서의 수사보다 더 많은 장애물이 있다. 이는 사이버 공간에서의 불법행위를 규제하는 법규가 적시에 제정되기 어렵고, 압수·수색 등이 어려우며, 범죄자들이 사용하는 각종 암호체계로 접근에 한계가 있기 때문이다. 또한 범행수법이 대담하고 전문적이어서 수사기관의 대응이 어렵다.

여덟째, 사이버범죄는 암수율이 높다고 할 수 있다. 범행주체가 고도의 전문지식을 갖추었거나 조직의 내부자인 경우는 단속기관의 접근이 곤란하여 은폐될 소지가 많다. 금융기관이나 유명기업, 국가기관 등은 범죄를 발견하더라도 신용도의 훼손이나 중요한 기밀누설, 또는 취약점의 노출 등으로 인한 역공격을 당할 가능성 등을 고려하여 수사기관에의 고발을 기피하기 때문이다.

4. 사이버범죄의 실태

사이버범죄의 실태는 2021년 12월 말을 기준으로 경찰청 사이버안전국이 제시한 통계를 중심으로 설명한다. 이러한 통계는 실제 발생하고 있는 사이버관련 범죄에 대한 이해를 도울 것이다.

정보통신망 침해 범죄는 2021년의 경우 해킹이 가장 많고, 정보통신망을 이용한 범죄유형에는 인터넷 사기가 89.5%로 월등하게 높은 비중을 차지하고 있다. 불법 콘텐츠 범죄에는 사이버명예훼손·모욕이 66.6%로 나타났다.

표 3-67 정보통신망 침해 범죄

구분(단위: 건)		총계	해킹	서비스거부 공격	악성프로그램	기타
2017	발생	3,156	2,430	43	167	516
	검거	1,398	990	28	122	258
2018	발생	2,888	2,178	20	119	571
	검거	902	584	14	50	254
2019	발생	3,638	2,664	35	270	669
	검거	1,007	556	14	189	248
2020	발생	4,344	3,176	25	169	974
	검거	911	548	10	81	272
2021	발생	3,845	2,839	14	157	835
	검거	1,254	941	6	65	242

자료: 경찰청, https://www.police.go.kr/

표 3-68 정보통신망 이용 범죄

구분(단위: 건)		총계	인터넷사기	사이버 금융범죄	개인위치 정보침해	사이버 저작권침해	기타
2017	발생	107,271	92,636	6,066	413	6,667	1,489
	검거	88,779	80,740	2,632	298	4,134	975
2018	발생	123,677	112,000	5,621	246	3,856	1,954
	검거	93,926	87,714	2,353	142	2,467	1,250
2019	발생	151,916	136,074	10,542	179	2,562	2,559
	검거	112,398	105,651	3,387	78	1,772	1,510
2020	발생	99,594	174,328	20,248	241	2,183	2,594
	검거	134,696	127,233	4,621	95	1,493	1,254
2021	발생	174,648	141,154	28,123	217	2,423	2,767
	검거	111,172	101,950	6,390	76	1,493	1,263

자료: 경찰청, https://www.police.go.kr/

표 3-69 불법 콘텐츠 범죄

구분 (단위:건)		총계	사이버음란물	사이버도박	사이버 명예훼손 · 모욕	사이버 스토킹	기타
2017	발생	21,307	2,646	5,130	13,348	59	124
	검거	17,312	2,329	5,080	9,756	52	95
2018	발생	23,039	3,833	3,012	15,926	60	208
	검거	17,305	3,282	2,947	10,889	50	137
2019	발생	24,945	2,690	5,346	16,633	25	251
	검거	19,154	2,164	5,162	11,632	20	176
2020	발생	30,160	4,831	5,692	19,388		249
	검거	22,302	4,063	5,436	12,638		165
2021	발생	39,278	4,349	5,505	28,988		436
	검거	26,284	3,504	5,216	17,243		321

자료: 경찰청, https://www.police.go.kr/

5. 사이버범죄에 대한 처벌

사이버범죄의 유형에 따른 처벌법규는 다음과 같이 정리할 수 있다.[16]

❶ 해킹

해킹에 대해서는 정보통신기반 보호법, 정보통신망 이용촉진 및 정보보호 등에 관한 법률, 물류정책기본법 등으로 처벌할 수 있다.

'심 스와핑(SIM Swapping)'은 피해자 휴대폰 유심정보를 복제한 후 개인정보 및 예금·가상자산을 탈취하는 해킹 범죄이다.[17]

심 스와핑은 유심칩을 직접 복사하거나 사용자에게 URL주소를 보내 클릭을 유도하여 정보를 탈취하거나, 통신사 서버를 해킹하는 방법 등이 있다.

❷ 악성프로그램 유포

악성프로그램을 유포하는 경우에는 정보통신망 이용촉진 및 정보보호 등에 관한 법률을 적용할 수 있다.

❸ 개인정보 침해

개인정보를 침해하는 경우에는 정보통신망 이용촉진 및 정보보호 등에 관한 법률, 형법, 주민등록법, 통신비밀보호법 등을 적용할 수 있다. 비밀의 종류에 따

16 사이버안전국, 유형별적용법규, http://cyberbureau.police.go.kr/share/sub1_2.jsp?mid=030102/

17 경찰청, 2022 사이버범죄 트랜드, 2022, 27.

라 국가기밀, 공무상 비밀누설의 경우에는 형법을, 기업의 영업비밀은 부정경쟁방지 및 영업비밀 보호에 관한 법률을, 신용정보전산시스템의 정보를 침해한 경우에는 부정경쟁방지 및 영업비밀 보호에 관한 법률을, 물류전산망의 물류정보를 침해한 경우에는 화물유통촉진법을, 무역정보를 침해한 경우에는 전자무역촉진에 관한 법률을, 군사기밀을 탐지하거나 수집한 경우에는 군사기밀 보호법을, 공공기관에서 처리하고 있는 개인정보를 수집한 경우에는 공공기관의 개인정보 보호에 관한 법률 등에 의하여 처벌할 수 있다.

❹ 인터넷 사기

인터넷 사기범은 형법, 전기통신금융사기 피해 방지 및 피해금환급에 관한 특별법, 전자금융거래법 등으로 처벌할 수 있다.

❺ 유해사이트

정보통신망 이용촉진 및 정보보호, 형법 등에 관한 법률에 의해 처벌할 수 있다. 마약류 밀거래는 마약류 관리에 관한 법률로, 위조신분증 밀거래는 형법으로, 공문서 등의 위조 및 변조와 그 행사는 형법으로, 해외명품 불법 복제품 제조 및 판매는 상표법으로, 대포폰/대포통장은 주민등록법, 형법 등으로, 자살 사이트 또는 해결사 사이트는 형법, 폭력행위 등 처벌에 관한 법률, 인터넷 도박 등은 형법, 사행행위 등 규제 및 처벌 특례법 등에 의하여 처벌할 수 있다. 등으로 처벌할 수 있다.

❻ 스토킹 및 성폭력

정보통신망 이용촉진 및 정보보호 등에 관한 법률, 성폭력범죄의 처벌 및 피해자 보호 등에 관한 법률 등으로 처벌할 수 있다.

❼ 저작권침해

저작권법, 콘텐츠산업진흥법 등으로 처벌할 수 있다.

제13장

약물범죄 및 조직범죄

I. 약물범죄(drug crime)

1. 약물범죄의 개념

약물과 관련된 범죄는 약물의 불법적 사용행위(illegal use of drugs)와 약물의 불법적인 제조, 배포 그리고 판매행위(illegal production or supply of drugs) 등을 포함하는 약물공급행위로 나누어질 수 있다.

약물을 적당한 용도로 사용하지 않고 그 범주를 벗어난 경우로 사용하는 경우를 마약(narcotics)라고 할 수 있다.

세계보건기구(WHO)는 마약을 약물사용의 욕구가 강제에 이를 정도로 강하고(의존성), 사용약물의 양이 증가하는 경향이 있으며(내성), 사용 중지 시, 온몸에 견디기 어려운 증상이 나타나며(금단증상), 개인에 한정되지 아니하고 사회에도 해를 끼치는 약물이라고 정의하고 있다.

마약류를 규제하는 국내법으로 마약류 관리에 관한 법률[1] 및 마약류 불법거래 방지에 관한 특례법, 특정범죄 가중처벌 등에 관한 법률, 형법 등이 있다.

2. 약물범죄의 원인

인간이 왜 약물을 남용하는가에 대한 이론적 접근은 심리학적 관점과 범죄사회학적 관점으로 나누어 설명되고 있다. 심리학적 관점에서는 약물남용자의 인성장애(personality disorder), 혹은 정신이상(psychic trouble)에 의한 행동양식으로 이해한다.[2]

---

1 [시행 2023. 6. 11.] [법률 제18964호, 2022. 6. 10., 일부개정].

2 Yager, L. M., Garcia, A. F., Wunsch, A. M., & Ferguson, S. M. (2015). The ins and

반면 범죄사회학적 관점에서는 대부분의 약물남용자들이 정상적인 비남용자와 크게 다른 점이 없다는 점에서 심리학적 주장을 거부하고 있다.

우선 심리학자들은 약물남용을 개인의 충족되지 않은 여러 가지 감성적 욕구에 대한 반응양식으로 이해한다. 약물남용자는 다양한 요인에 기인하는 인성결함자로 가족관계의 문제, 적절치 못한 재강화, 건전한 역할모형의 부재 등에 의하여 형성될 수 있는 중독성 인성(addictive personality)을 가지고 있기 때문이라는 것이다.

정신분석학이론에 의하면, 인간은 성장단계에 따라 충족되거나 통제되어야 할 욕구가 충족되지 못했거나 통제되지 못했을 때 성인기에 약물을 남용하게 된다고 주장한다.

행태주의이론은 인간의 행위는 자극에 대한 반응으로 보고 있으며, 결과적으로 약물남용도 약물을 사용한 뒤에 느끼는 여러 가지 형태의 자극이나 쾌감 등을 얻기 위한 행위라는 것이다. 약물은 다른 어떤 보상 등의 재강화(reinforcement)보다 쉽게 더 큰 보상을 제공하는 재강화로 남용된다는 것이다. 이들 심리학적 이론은 대체로 특정인이 약물을 사용하게 된 동기를 설명하기보다는 왜 계속해서 약물을 사용하는가를 설명하고 있다.

약물남용의 원인에 대한 범죄사회학적 이론의 설명은 우선 아노미이론을 들 수 있다. 머튼은 사회문화적으로 수용되는 성공의 목표와 그것을 합법적으로 성취할 수 있는 수단의 괴리가 생기면 일탈이 초래된다고 한다. 이러한 문화적 목표와 제도화된 수단의 괴리에 대해서 사람들은 동조, 혁신, 의례, 패배, 반역 등의 양식으로 반응하는데, 약물남용은 바로 패배(retreat)의 반응을 보이는 것이라는 주장이다.

이와 같은 패배적 반응이 약물남용이나 알코올남용 등의 형태로 나타나는데 사회적 성공, 즉 부나 명예 등 자기성취를 이룰 수 있는 직업이나 교육기회 부재 등이 개인에게 심리적인 갈등을 느끼게 해주고 이로부터 자아상실감이나 상대적 박탈감에 빠져 결국 정상적인 생활을 포기한다는 것이다.

클로와드와 오린의 차별적 기회구조론은 개인의 일탈, 범죄화는 개인의 목표를 달성할 수 있는 기회에 접근할 수 없을 때 그의 대안으로 비행하위문화인 범

---

outs of the striatum: role in drug addiction. Neuroscience, 301, 529-541.

죄적 하위문화(criminal subculture), 갈등적 하위문화(conflict subculture), 패배적 하위문화(retreatist subculture)에 동조하게 된다고 한다.

이 중 패배적 하위문화를 구성하는 이들은 대부분 약물중독이나 알코올중독, 동성연애에 빠진 자들인데 특히 약물남용자의 경우 합법 또는 비합법 모두의 방법으로 문화적 목표를 달성하기 위한 노력을 포기하게 된다. 이들은 합법적 수단과 범죄적 수단 모두에 의해서도 성공하지 못한 사람들로서 이중의 실패(double failure)를 경험한다는 것이다.[3]

한편 약물남용자들은 주변에 접촉하는 사람이나 자신이 속한 문화에 영향을 받는 경우가 대부분이라는 주장도 있다. 이러한 주장을 가장 잘 뒷받침하고 있는 이론으로 서더랜드의 차별적 접촉론을 들 수 있다.

서더랜드는 일탈이나 범죄행위를 친근한 사람들과의 개인적 접촉을 통한 일탈이나 범죄행위의 기술, 동기, 합리화, 태도 등의 학습결과라고 전제하며, 비행과 범죄행위를 관용하는 하위문화권에서 성장한 사람은 일탈이나 범죄행위에 대하여 사회화가 성공적으로 된 경우라고 한다. 특히 그는 범죄행위의 주요한 부분을 가족이나 친지, 동료 등에게서 배우며, 약물사용 역시 주변에서 일상적으로 행해지는 것을 경험하거나 주변의 권유에 의해서 자연스럽게 학습되는 것이라고 설명하였다.[4]

3. 약물의 종류

인간의 행위에 영향을 미치는 약물의 종류는 매우 다양하다. 이는 약물의 효과 또는 영향이 사용하는 사람과 상황에 따라 다를 수 있다는 것을 의미한다. 구드(Erick Goode)는 약물의 효과에 영향을 미치는 변수로 사용한 약물의 종류, 사용량, 효능과 순도, 타 약물과의 혼용여부, 사용방법, 상습성, 사용시의 사용자의 상황 등 일곱 가지를 들었다. 일반적으로 많이 복용할수록, 약물의 순도와 효능이 높고 클수록, 다수 약물을 한꺼번에 복용할수록 그 효과가 큰 것으로 나타났

3 Miller, J. M., & Miller, H. V. (2014). Sociological Criminology and Drug Use. The Nurture Versus Biosocial Debate in Criminology: On the Origins of Criminal Behavior and Criminality, 315.

4 McLeod, B. D., Sutherland, K. S., Martinez, R. G., Conroy, M. A., Snyder, P. A., & Southam-Gerow, M. A. (2017). Identifying common practice elements to improve social, emotional, and behavioral outcomes of young children in early childhood classrooms. Prevention Science, 18(2), 204-213.

다. 그리고 흡입, 흡연, 마심, 삼킴 등 사용방법에 따라 같은 약물이라도 그 효과가 다르며, 지속적으로 사용하면 그 양이 점점 더 늘어나는 것으로 밝혀졌다. 약물사용자의 기분이나 사용장소에 따라서도 그 효과가 다르게 나타난다고 지적하고 있다.[5]

1) 기능에 따른 분류

약물은 약물의 신경증적 특성과 그 영향에 따라 각성제(central nervous system stimulants), 진정제(central nervous system depressants), 환각제(hallucinogens) 등으로 분류할 수 있다.

① 각성제

중앙신경계통 자극제, 즉 각성제는 사람을 항상 깨어 있게 하는 약물로 니코틴, 카페인, 코카인, 메스암페타민 등이 속한다. 이 중 니코틴이나 카페인은 불법약물이라고 할 수 없지만 국가에 따라 사용자나 사용장소 등을 제한하는 방법으로 그 사용을 제한하는 경우도 있다.

코카인(cocaine)은 가장 강력한 각성제로 피로감을 없애고, 원기를 회복시켜주며, 기분을 들뜨게 하는 성분이 있다. 코카인은 장기간 지속적으로 복용하거나 한꺼번에 다량을 복용하는 경우 불면증, 무력증, 극단적 불안감, 편집증 등 정신병 증상을 야기시킬 수도 있다. 코카인과 헤로인을 섞는 것을 스피드볼링(speedballing)이라고 하는데 인체에 치명적이다.

메스암페타민은 냄새가 없는 백색 분말이며, 졸림이나 피로감이 없어지는 기분을 갖게 한다. 하지만 중독될 경우 중추신경의 흥분과 혈관수축, 환각, 정신분열증 등의 부작용을 보인다. 각성제 가운데 가장 많이 사용되며 따라서 범죄와의 관련성이 높다.

② 진정제

진정제는 약리적으로 진통제(analgesics) 성분으로 사용되기도 하는데, 아편(opium)과 몰핀(morphines), 헤로인 그리고 합성제재 등 다양한 종류가 있다. 아편, 몰핀, 헤로인 등은 양귀비에서 추출한다.

아편은 육체적 또는 정신적 고통을 완화시켜 주며, 편안함과 황홀감을 느끼게 하여 준다. 그러나 남용할 경우 얼굴이 창백해지고, 신경질적인 성격으로 변

5 Goode, E. (2017). Deviant Behavior, Routledge.

CRIMINOLOGY

코카인

코카인은 코카나무에서 추출한다. 코카나무는 남아메리카 원산이며, 안데스산맥의 계곡을 비롯하여 인도네시아 · 스리랑카 · 타이완 등지에서 재배한다.

1862년부터 수술이나 진찰할 때 국소마취제로 사용하였다. 잎은 코카라고 하는데, 주요 성분은 코카인이고 점막에서 융해되어 흡수되며 지각신경의 말초에 작용, 통각 · 미각 등의 모든 감각을 마비시킨다. 계속 사용하면 만성중독에 걸리고 몰핀 중독과 비슷한 증상을 나타내며 결국에는 정신이상을 일으킨다.

코카나무는 고산지대에서 잘 자라며, 특히 온난다습한 계곡이 적지이다. 보통 종자로 번식하며 꺾꽂이도 가능하고, 옮겨 심은 지 1~3년이 지난 후부터 잎을 수확하기 시작하여 20년 동안 잎을 얻을 수 있다. 연간 3~4회 잎을 채취하고, 1ha당 마른잎 1.5~2t의 수확이 가능하다.

1532년 에스파냐 사람들이 페루의 오지에 들어갔을 때, 그 곳 주민들이 모두 코카나무의 잎인 코카를 씹고 코카나무를 재배하는 것을 보았다. 하루에 30~50g의 잎을 석회 또는 식물의 재와 함께 씹으면 짧은 시간이지만 힘이 생기고 피로와 공복감을 잊게 한다. 이 작용이 강하기 때문에 행복의 신(神)으로 여겼으며, 잉카의 신상(神像)은 양손에 코카를 들고 있는 모습으로 만들어졌다. 특히 중앙안데스의 잉카제국에서는 코카나무의 생산과 소비가 국가 정책으로 이루어졌으며 코카나무는 종교적 의례(儀禮)에 필수불가결한 것이었다.

자료: https://en.wikipedia.org/wiki/Cocaine/

하며, 식욕과 성욕을 상실하며, 구토, 변비, 홍조, 동공수축, 호흡장애 등의 부작용을 보인다.

몰핀은 아편보다 중독성이 강한데 고통을 완화시키며, 도취작용을 함으로써 남용자가 편안함과 즐거움을 느끼게 된다. 몰핀 중독의 증상도 아편과 비슷하다.

헤로인은 몰핀과 비슷한 효과를 보이지만 그 강도는 훨씬 강하다. 따라서 내성이나 중독성이 훨씬 빠르고 높아 몰핀보다 더욱 위험한 마약이다. 도취감이나 온몸을 휘감는 듯한 황홀감 등을 느끼게 한다. 헤로인은 의약품인 마취제·진통제·진해제의 성분으로 사용되나 남용하면 중독성이 강하며, 중단시 금단현상을

CRIMINOLOGY

양귀비

아편, 몰핀, 헤로인 등은 양귀비에서 추출한다. 아편은 완전하게 익지 않은 양귀비 열매의 표면에 세로 또는 가로로 몇 개의 얕은 상처를 내고 젖관을 절단한 후 몇 분 뒤에 스며나온 응고된 젖액을 건조시킨 것이다. 아편은 터키 · 이집트 · 이란 · 인도 · 인도차이나 반도 · 중국 등지에서 많이 채취된다.

젖액 속에 모르핀 · 코데인 · 데바인 등 약 25종의 알칼로이드가 함유되어 있으며 진정 · 진통 · 진해 · 마취 · 지사 작용을 가지므로 약용으로 재배된다. 또 종자에는 지방유가 50%나 함유되어 있으므로 이것을 식용이나 유화용(油畵用) 재료인 양귀비기름으로 사용한다.

한국에서는 양귀비 재배, 젖액의 채취, 아편 제조 · 판매 등을 마약법으로 엄격히 제한하고 있다. 성숙한 열매껍질(아편을 채취한 뒤 남은 껍질)을 한방에서는 아편꽃 열매깍지[罌粟殼(앵속각)]라고 하여 진해 · 진통 · 지사제로 쓴다. 그리스시대부터 이미 열매에 최면성분이 있다는 것이 알려졌다.

자료: https://en.wikipedia.org/wiki/Opium/

보인다. 금단증상으로는 불면증, 불안증, 양극성장애, 구토, 발열, 설사 등이 나타나며 더 심한 경우 정신지체로도 진행된다.

③ 환각제

환각제란 뇌의 화학상태를 바꿔 실재하지 않은 것을 실재하는 것처럼 느끼거나, 실재하는 것을 실재하지 않는 것처럼 느끼는, 즉 환각(hallucination)을 일으키는 물질로 대표적인 것은 LSD와 마리화나를 들 수 있다.

환각제(hallucinogens)로 가장 널리 사용되고 있는 약물은 LSD(lysergic acid diethylamide)로 곡물의 곰팡이, 보리의 맥각(麥角)에서 추출하여 이를 분리, 합성한 것으로서 블루엔젤스, 펜타곤, 돔, 티켓이라고 한다. LSD는 제조가 쉽고 가격이 비교적 저렴하며 적은 양으로도 큰 효과를 얻을 수 있어 급속하게 보급되었다. LSD는 중추신경흥분제로서 무미, 무취, 무색으로 코카인의 100배 정도의 효과를 가진 환각제이다. 이를 복용할 경우 동공확대, 안면홍조, 혈압상승, 체온저하, 발한, 현기증 등의 증상을 보인다.

대마초의 원료가 되는 대마는 '삼(hemp)'이라고도 하며 재배 역사가 오래된 식물이다. 대마 줄기의 섬유는 삼베나 그물을 짜는 원료로 쓰이고, 열매는 향신료나 한방약재로, 종자는 조미료용이나 채유용으로, 그리고 잎과 꽃은 흡연용, 즉 대마초로 사용되어 왔다.

대마는 중앙아시아의 파미르고원이 그 원산지이며, 본래 섬유용으로 재배되었으나

오래 전부터 도취를 유발하는 물질로 남용되어 왔다. 대마의 약효에 대하여는 B.C. 2737년 중국의 신농(神農) 황제시대의 기록에도 등장하는데, 중국에서는 말라리아, 류머티즘, 각기병, 변비 등의 치료약물과 섬유원료로 사용되었다.

우리나라에는 월남전이 한창이던 1960년대 이후 흡연용 대마초가 널리 전파되었다.

대마초의 합법화 국가가 늘어나고 있고, 우리나라도 마약류관리에 관한 법률을 개정[6]하여 의료용 대마초 사용을 2019년부터 부분적으로 합법화 하였다.[7]

대마초는 해시시 또는 마리화나(cannabis, hemp, marihuana)라고 하며, 환각기능을 보인다. 이를 남용할 경우 정신운동 및 내분비기능의 장애, 정신분열증의 양상을 보인다. 또한 색이나 소리에 대한 지각의 장애, 기억상실, 급성 정신병, 간 손상, 유전적 결손, 뇌 손상, 면역기능의 저하 등의 현상을 보인다. 한편 대마초는 색전증, 녹색증 등의 약리적 치료효과도 인정되어 의료용 대마초는 합법화되는 추세이다.

자료: https://www.leafscience.com/2017/12/13/medical-marijuana-vs-recreational/

6 마약류관리에 관한 법률 [시행 2018. 12. 11.] [법률 제15939호, 2018. 12. 11., 일부개정].

7 마약류관리에 관한 법률 제3조 제7호, 제10호.

표 3-70 마약류의 순기능과 부작용

분류	종류	약리작용 (흥분/억제)	의학용도	사용방법	부작용	작용시간
마약	아편	진정·진통 경구	억제	주사	도취감, 신체조정력 상실, 사망	3~6
	모르핀	억제	진정·진통	경구, 주사		
	헤로인	억제	진정·진통	경구, 주사		
	코카인	흥분	국소마취	주사, 코흡입	흥분, 정신 혼동, 사망	2
	메타돈	억제	진정·진통	경구, 주사	도취감, 신체조정력 상실, 사망	12~24
	염산페티딘	억제	진정·진통	주사	도취감, 신체조정력 상실, 사망	3~6
향정신성의약품	메트암페타민	흥분	식욕억제	경구, 주사, 코흡입	환시, 환청, 피해망상, 사망	12~34
	바르비탈류	억제	진정·수면	경구, 주사	취한 행동, 뇌손상, 호흡기 장애, 감각상실	1~6
	벤조디아제핀류	억제	신경안정	경구, 주사	〃	4~8
	L S D	환각	없음	경구, 주사	환각, 환청, 환시	8~12
	날부핀	억제	진정·진통	주사	정신불안, 호흡곤란, 언어장애	3~6
	덱스트로메토르판, 카리소프로돌	억제	진해거담	경구	취한 행동, 환각, 환청	5~6
	펜플루라민	환각	식욕억제	경구	심장판막질환, 정신분열	6~8
	케타민	억제	동물마취	경구, 주사, 흡연	맥박·혈압상승, 호흡장애, 심장마비	1~6
대마	대마	환각	없음	경구, 흡연	도취감, 약한 환각	2~4

자료: 대검찰청, 2021 마약류범죄백서, 2022, 38.

2) 현행법상 분류

현행 마약류 관리에 관한 법률 제1조는 이 법의 취지를 마약·향정신성의약품(向精神性醫藥品)·대마(大麻) 및 원료물질의 취급·관리를 적정하게 함으로써 그 오용 또는 남용으로 인한 보건상의 위해(危害)를 방지하여 국민보건 향상에 이바지함을 목적으로 한다고 규정하였다. 즉 마약류의 범주에 마약, 향정신성의약품, 대마 및 원료물질 등을 포함한 것이다.

그리고 이 약물들에 대하여 구체적으로 규정하고 있다.[8]

① 마약

마약은 다음의 것을 말한다.[9]

8 마약류 관리에 관한 법률 제2조.

9 마약류 관리에 관한 법률 제2조 제2호.

가. 양귀비: 양귀비과(科)의 파파베르 솜니페룸 엘(Papaver somniferum L) 또는 파파베르 세티게룸디 · 시 (Papaver setigerum D · C) 또는 파파베르 브락테아툼(Papaver bracteatum)
나. 아편: 양귀비의 액즙(液汁)이 응결(凝結)된 것과 이를 가공한 것. 다만, 의약품으로 가공한 것은 제외한다.
다. 코카잎[엽]: 코카 관목[(灌木)]: 에리드록시론속(屬)의 모든 식물을 말한다]의 잎. 다만, 엑고닌 · 코카인 및 엑고닌 알칼로이드 성분이 모두 제거된 잎은 제외한다.
라. 양귀비, 아편 또는 코카 잎에서 추출되는 모든 알칼로이드 및 그와 동일한 화학적 합성품으로서 대통령령으로 정하는 것
마. 가목부터 라목까지에 규정된 것 외에 그와 동일하게 남용되거나 해독(害毒) 작용을 일으킬 우려가 있는 화학적 합성품으로서 대통령령으로 정하는 것
바. 가목부터 마목까지에 열거된 것을 함유하는 혼합물질 또는 혼합제제. 다만, 다른 약물이나 물질과 혼합되어 가목부터 마목까지에 열거된 것으로 다시 제조하거나 제제(製劑)할 수 없고, 그것에 의하여 신체적 또는 정신적 의존성을 일으키지 아니하는 것으로서 총리령으로 정하는 것[이하 "한외마약"(限外麻藥)이라 한다]은 제외한다.

구체적으로는 다음과 같다.

표 3-71 마약의 종류

분류	품명	비고
천연마약	양귀비, 아편, 코카 잎(엽)	
추출 알카로이드	모르핀, 코데인, 헤로인, 코카인 등	일부 의료용 사용
합성마약	페티딘, 메타돈, 펜타닐 등	일부 의료용 사용

자료: 대검찰청, 2021 마약류범죄백서, 2022. 4.

② 향정신성의약품

향정신성의약품이란 인간의 중추신경계에 작용하여 각성, 진통제 등의 효과를 목적으로 개발 및 사용되었으나, 투여 시 의존성 및 중독성이 있어 이를 오용하거나 남용할 경우 인체에 심각한 위해를 끼치는 부작용이 발생할 가능성이 있다고 인정되는 물질들로 대통령령으로 정한 규제대상 물질을 말한다.[10]

10 마약류 관리에 관한 법률 제2조 제3호.

> 가. 오용하거나 남용할 우려가 심하고 의료용으로 쓰이지 아니하며 안전성이 결여되어 있는 것으로서 이를 오용하거나 남용할 경우 심한 신체적 또는 정신적 의존성을 일으키는 약물 또는 이를 함유하는 물질
> 나. 오용하거나 남용할 우려가 심하고 매우 제한된 의료용으로만 쓰이는 것으로서 이를 오용하거나 남용할 경우 심한 신체적 또는 정신적 의존성을 일으키는 약물 또는 이를 함유하는 물질
> 다. 가목과 나목에 규정된 것보다 오용하거나 남용할 우려가 상대적으로 적고 의료용으로 쓰이는 것으로서 이를 오용하거나 남용할 경우 그리 심하지 아니한 신체적 의존성을 일으키거나 심한 정신적 의존성을 일으키는 약물 또는 이를 함유하는 물질
> 라. 다목에 규정된 것보다 오용하거나 남용할 우려가 상대적으로 적고 의료용으로 쓰이는 것으로서 이를 오용하거나 남용할 경우 다목에 규정된 것보다 신체적 또는 정신적 의존성을 일으킬 우려가 적은 약물 또는 이를 함유하는 물질
> 마. 가목부터 라목까지에 열거된 것을 함유하는 혼합물질 또는 혼합제제. 다만, 다른 약물 또는 물질과 혼합되어 가목부터 라목까지에 열거된 것으로 다시 제조하거나 제제할 수 없고, 그것에 의하여 신체적 또는 정신적 의존성을 일으키지 아니하는 것으로서 총리령으로 정하는 것은 제외한다.

향정신성의약품은 다음과 같다.[11]

표 3-72 향정신성의약품의 종류

분류	품명
주요 향정신성의약품	메트암페타민, 엑시터시(MDMA), 엘에스디(LSD), 날부핀, 덱스트로메토르판, 펜플루라민, 디메틸트립타민
신종 향정신성의약품	합성대마-스컹크, 스파이스, HU-210, AM-2201. 크라톰, 케타민, BK-MDEA, 야바, GHB(물뽕), 프로포폴.

자료: 대검찰청, 2021 마약류범죄백서, 2022, 15-30.

③ 대마

대마는 다음의 것을 말한다.[12]

> "대마"란 다음 각 목의 어느 하나에 해당하는 것을 말한다. 다만, 대마초[칸나비스 사티바 엘(Cannabis sativa L)을 말한다.]의 종자(種子) · 뿌리 및 성숙한 대마초의 줄기와 그 제

11 마약류 관리에 관한 법률 시행령 제2조 제3호 별표3-별표7.

12 마약류 관리에 관한 법률 제2조 제4호.

품은 제외한다.
가. 대마초와 그 수지(樹脂)
나. 대마초 또는 그 수지를 원료로 하여 제조된 모든 제품
다. 가목 또는 나목에 규정된 것과 동일한 화학적 합성품으로서 대통령령으로 정하는 것
라. 가목부터 다목까지에 규정된 것을 함유하는 혼합물질 또는 혼합제제

대마의 종류는 다음과 같다.

대마의 종류
대마초, 해시시

④ 임시마약(신종마약)

임시마약이란 현행법상 마약류가 아닌 물질이지만, 마약류 대용으로 남용되어, 국민 보건상 위해가 발생할 우려가 있는 물질을 '임시마약류'로 지정하여 마약류와 동일하게 관리·통제하는 물질을 말한다.[13]

마약류가 아닌 물질·약물·제제·제품 등(이하 이 조에서 "물질 등"이라 한다) 중 오용 또는 남용으로 인한 보건상의 위해가 우려되어 긴급히 마약류에 준하여 취급·관리할 필요가 있다고 인정하는 물질 등을 임시마약류로 지정할 수 있다. 이 경우 임시마약류는 다음 각 호에서 정하는 바와 같이 구분하여 지정한다.
1. 1군 임시마약류: 중추신경계에 작용하거나 마약류와 구조적·효과적 유사성을 지닌 물질로서 의존성을 유발하는 등 신체적·정신적 위해를 끼칠 가능성이 높은 물질
2. 2군 임시마약류: 의존성을 유발하는 등 신체적·정신적 위해를 끼칠 가능성이 있는 물질

임시마약의 종류는 다음과 같다.

표 3-73 임시마약의 종류

분류	물질명	지정 성분수	비고
1군	2,3－DCPP, Metonitazene 등	4종	주로 오피오이드 계열 등
2군	alkyl nitrite, 1P－LSD 등	82종	주로 암페타민, 합성대마 계열 등

자료: 대검찰청, 2021 마약류범죄백서, 2022, 35.

13 마약류 관리에 관한 법률 제5조의2.

4. 약물범죄의 실태

우리나라에서는 다양한 법규정을 통하여 마약류 범죄에 대하여 처벌하고 그 양형도 강화해 나가는 입장을 보이고 있다. 마약류 범죄에 대한 처벌 관련 법규로는 「마약류 관리에 관한 법률」, 「마약류범죄 등의 몰수보전 등에 관한 규칙」, 「마약류 불법거래 방지에 관한 특례법」 등이 있다. 현행법상 약물범죄란 마약류 관리에 관한 법률위반에 의하여 처벌되는 범죄를 말한다.

1) 유형별 현황

<표 3−74>는 2018년도 이후 약물범죄의 현황으로 약물의 종류에 따라 증감추세가 달라지는 것은 약물의 선호도 및 경제사정, 구입가능성 등이 영향을 미치는 것으로 보인다. 특히 향정사범의 비중이 높은 것은 약물의 접근가능성, 즉 구하기 쉬울수록 관련범죄가 증가하는 것을 알 수 있다. 대마사범의 증가는 미국 일부 주, 캐나다 등의 대마 합법화 추세에 따라 여행자, 유학생 등이 대마 관련 제품 등을 접할 기회가 늘어났고, 귀국하면서 밀수하는 등의 사례가 증가하고 이를 집중 단속한 결과로 보인다.[14]

표 3−74 마약류사범 유형별

구분	2018	2019	2020	2021	2022
합계	12,613 (−10.7)	16,044 (27.2)	18,050 (12.5)	16,153 (−10.5)	18,395 (13.9)
마약	1,467 (−0.5)	1,804 (23.0)	2,198 (21.8)	1,745 (−20.6)	2,551 (46.2)
향정	9,613 (−12.0)	11,611 (20.8)	12,640 (8.9)	10,631 (−15.9)	12,035 (13.2)
대마	1,533 (−11.2)	2,629 (71.5)	3,212 (22.2)	3,777 (17.6)	3,809 (0.8)

자료: 대검찰청, 2022 마약류범죄백서, 2023, 102.

2) 연령대별 현황

2022년도 전체 마약류사범 중 20~30대의 비중이 57.1%를 차지하며 2021년 56.8%로 처음 50% 돌파한 이래 계속 증가하고 있다. 인터넷·SNS 등의 보급과

14 대검찰청, 2022 마약류범죄백서, 2023, 103.

이를 이용한 마약류에 대한 진입장벽이 낮아져 젊은층의 마약류범죄가 심각해진 것으로 보인다. 특히 2022년도에는 10대 마약류사범도 481명(2.6%)로 역대 최다치를 기록하였다.

표 3-75 마약류사범 연령대별

구분	19세 이하	20-29	30-39	40-49	50-59	60세 이상	연령 미상	합계
합계	481 (2.6)	5,804 (31.6)	4,703 (25.6)	2,815 (15.3)	1,976 (10.7)	2,166 (11.8)	450 (2.4)	18,396 (100)
마약	108 (4.2)	231 (9.1)	122 (4.8)	128 (5.0)	218 (8.5)	1,550 (60.8)	194 (7.6)	2,551 (100)
향정	332 (2.7)	3,945 (32.8)	3,259 (27.1)	2,285 (19.0)	1,569 (13.0)	463 (3.8)	182 (1.5)	12,035 (100)
대마	41 (1.1)	1,628 (42.7)	1,322 (34.7)	402 (10.6)	189 (5.0)	153 (4.0)	74 (1.9)	3,809 (100)

자료: 대검찰청, 2022 마약류범죄백서, 2023, 172.

3) 성별 현황

전체 마약류사범 중 여성 비중은 2016년도부터 20% 이상을 상회하였으며, 2022년도에는 27.0%를 기록하였다. 유형별 증가율은 전체 여성 마약류사범 : 4,966명으로 전년대비(3,818명) 30.1% 증가하였다. 여성 마약사범은 1,228명으로 전년대비(752명) 63.3% 증가하였고, 여성 향정사범은 3,145명으로 전년대비(2,611명) 20.5% 증가하였다. 여성 대마사범은 593명으로 전년대비(455명) 30.3% 증가하였다.

4) 원인별 현황

2022년도 마약류사범 유형별 범죄원인은 전체적으로는 중독(19.8%) > 호기심(12.5%) > 유혹(9.9%) > 영리(8.9%) 순으로 나타났다. 마약사범은 호기심(14.4%) > 우연(10.5%) > 중독(3.5%) > 치료(3.5%) 순이었다. 향정사범은 중독(23.8%) > 영리(11.4%) > 유혹(11.0%) > 호기심(10.1%) 순이었다. 대마사범은 호기심(19.5%) > 중독(17.0%) > 유혹(11.7%) > 영리(4.7%)으로 나타났다.

5. 대마초의 비범죄화

1) 비범죄화, 합법화의 추세

대마초는 의학적으로는 진정 작용, 이완, 통증 완화 등의 약리적 효과가 있고, 부작용으로는 불안, 빈맥, 단기 기억의 해리현상 등이 나타나는 것으로 알려졌다. 심한 경우 편집증, 환각, 집중력감소, 학습능력 저하, 기억력 저하, 무기력증, 우울증, 피로감 등을 경험하는 것으로 나타났다. 이와 같은 대마초의 특징으로 인류는 치료제로서 오랫동안 관습적으로 대마초를 사용해 왔고, 그에 대한 법률적 제재도 점차 완화되는 경향을 보인다.

유엔은 「유엔마약단일협약」(UN Single Convention on Narcotic Drugs, 1961), 「유엔향정신성물질협약」(UN Convention on Psychotropic Substances, 1971), 「유엔마약및향정신성물질불법거래방지협약」(UN Convention Against Illicit Traffic in Narcotic Drugs and Psychotropic Substances, 1988) 등을 통하여 대마초를 규제약물로 지정 금지주의 정책을 유지해 왔다.[15]

그러나 유엔은 2016년 4월 19일부터 3일간 열린 유엔총회마약문제특별회의(The UN General Assembly Special Session on the world drug problem: UNGASS 2016)에서 그 변화를 보였다. 즉 여전히 대마초를 규제하긴 하지만 치료적, 과학적 관점의 개선정책을 함께 마련해야 한다는 의견을 모은 것이다. 그리고 이를 위해 각국의 공중보건체계가 작동되어야 한다는 입장으로 전환한 것이다.

캐나다 보건부장관은 이 UNGASS 2016에서 "캐나다는 2017년부터 대마초를 합법화하고, 그 피해를 최소화는 전략을 추구할 것"이라고 발표하였다. 그리고 캐나다는 2018년 10월 17일부터 전면적으로 대마초를 합법화 하였다.

결국 2020년 12월 2일 유앤마약위원회는 1961년 유엔마약단일협약의 4번째 등급 마약(Schedule IV)의 일종으로 분류되었던 대마초를 제외하기로 결정했다. 이로써 회원국들은 대마초를 합법적으로 의료용으로 허용할 수 있도록 하였다.[16]

한편 국내에서도 2019년 12월 마약류관리에 관한 법률이 개정되어 희귀질환 환자치료 등 의료목적으로 2020년 3월부터 대마오일을 사용할 수 있게 되었다.[17]

---

15 허경미, 사회병리학, 박영사, 2019, pp. 165-170.

16 UN News, UN commission reclassifies cannabis, yet still considered harmful, https://news.un.org/en/story/2020/12/1079132/

대마초의 의학적 사용을 합법화한 국가는 다음 국가이다.[18]

> 아르헨티나, 호주, 캐나다, 칠레, 콜롬비아, 크로아티아, 키프로스, 독일, 그리스, 아일랜드, 이스라엘, 이탈리아, 자메이카, 리투아니아, 룩셈부르크, 북 마케도니아, 노르웨이, 네덜란드, 뉴질랜드, 페루, 포르투갈, 폴란드, 스위스, 태국, 영국 및 잠비아. 미국의 33개 주와 컬럼비아 특별구, 한국, 핀란드, 스페인, 스웨덴, 우루과이

기호용 목적의 대마초 사용을 금지하지만 처벌의 강도를 완화하여 도로교통법 위반 정도의 경미한 사범으로 처벌하는 비범죄화 정책을 채택하는 국가들이 증가하고 있다. 미국의 경우에는 연방정부는 의료용 및 기호용 모두 금지하나 주정부들은 그 입장을 달리하고 있다.

기호용 대마초를 합법화한 국가는 다음 국가이다.

> 캐나다, 조지아, 몰타, 멕시코, 태국, 남아프리카 및 우루과이, 호주 수도 준주, 미국의 21개주, 3개 준주, 콜롬비아특별구

2) 미국의 경우

미국의 경우 연방대법원은 2005년 Gonzales v. Raich를 통하여 연방정부가 대마초 규제 권한 및 의료적 목적의 사용규제권을 가졌다고 판결하였다.[19] 연방정부의 경우 소지, 판매, 배포, 경작 등 모두 불법이라고 간주하고 있다. 그러나 주정부에 따라 대마초에 대하여 불법, 합법, 비범죄화, 묵인, 치료목적 사용 허용 등 다양한 정책 형태를 보이고 있다.

2023년 1월을 기준으로 기호용 대마초 사용을 합법화(Legalized)한 주정부는 다음과 같다.[20]

---

17 마약류 관리에 관한 법률 [시행 2019. 12. 12.] [법률 제15939호, 2018. 12. 11., 일부개정

18 https://en.wikipedia.org/wiki/Legality_of_cannabis/

19 INCB: US Supreme Court Decision on Cannabis Upholds International Law, International Narcotics Control Board, June 8, 2005; Wikipedia, Gonzales v. Raich, http://en.wikipedia.org/wiki/Gonzales_v._Raich/

20 SARAH RENSE, S. (2020). Here Are All the States That Have Legalized Weed in the U.S., https://www.esquire.com/lifestyle/a21719186/all-states-that-legalized-weed-in-us/; https://en.wikipedia.org/wiki/Legality_of_cannabis_by_U.S._jurisdiction/

표 3-76 기호용 대마초를 합법화한 미국의 주정부

관할권	발효일	이후 라이센스 판매	합법화 방법
워싱턴(주)	2012년 12월 6일	2014년 7월 8일	주민투표
콜로라도	2012년 12월 10일[218]	2014년 1월 1일	〃
알래스카	2015년 2월 24일	2016년 10월 29일	〃
워싱턴 DC	2015년 2월 26일	승인되지 않음	〃
오레곤	2015년 7월 1일	2015년 10월 1일	〃
캘리포니아	2016년 11월 9일	2018년 1월 1일	〃
매사추세츠 주	2016년 12월 15일	2018년 11월 20일	〃
네바다	2017년 1월 1일	2017년 7월 1일	〃
메인	2017년 1월 30일	2020년 10월 9일	〃
버몬트	2018년 7월 1일	2022년 10월 1일[219]	입법안
북마리아나 제도	2018년 9월 21일	2021년 7월 16일[220]	입법안
미시간	2018년 12월 6일	2019년 12월 1일	주민투표
괌	2019년 4월 4일	아직 시작하지 않음	입법안
일리노이	2020년 1월 1일	2020년 1월 1일	입법안
애리조나	2020년 11월 30일	2021년 1월 22일	주민투표
몬타나	2021년 1월 1일	2022년 1월 1일[221]	주민투표
뉴저지	2021년 2월 22일	2022년 4월 21일	주민투표(청원)
뉴욕	2021년 3월 31일	2022년 12월 29일[222]	입법안
뉴 멕시코	2021년 6월 29일[223]	2022년 4월 1일[224] [225]	입법안
코네티컷	2021년 7월 1일	2023년 1월 10일[226]	입법안
버지니아	2021년 7월 1일	승인되지 않음	입법안
로드 아일랜드	2022년 5월 25일	2022년 12월 1일	입법안
미주리	2022년 12월 8일	2023년 2월 3일[227]	주민투표
미국령 버진 아일랜드	2023년 1월 18일	아직 시작하지 않음	입법안
메릴랜드	2023년 7월 1일	아직 시작하지 않음	주민투표(청원)

자료: https://en.wikipedia.org/wiki/Legalization_of_non-medical_cannabis_in_the_United_States/

의료용 대마초를 허용하는 미국의 주정부

알래스카 애리조나 아칸소 오하이오 오클라호마 오리건 캘리포니아 펜실베이니아 콜로라도 푸에르토리코 코네티컷 로드아일랜드 델라웨어 미국령 버진 아일랜드 컬럼비아 특별구 유타 플로리다 버몬트 괌 워싱턴 하와이 웨스트 버지니아 미시시피 미주리 일리노이 루이지애나 몬타나 메인 네바다 메릴랜드 뉴햄프셔 매사추세츠 뉴저지 미시간 뉴멕시코 미네소타 뉴욕 노스다코타 북 마리아나 제도

치료용 대마초 허용 질병(주마다 약간의 차이)
알츠하이머병 자폐성 암 크론병 간질 녹내장 HIV/AIDS 다발성 경화증
파킨슨 병 PTSD 발작 소모성 증후군

자료: https://en.wikipedia.org/wiki/Medical_cannabis_in_the_United_States#Qualifying_conditions/

II. 조직범죄(organized crime)

1. 조직범죄의 개념

조직범죄(organized crime)란 "최소한 3명 이상이 경제적 이익을 얻기 위하여 일정한 계층과 질서규범을 가지고 구성한 조직 또는 이들에 의하여 행하여지는 범죄"라고 할 수 있다. 또한 범죄조직이란 "최소한 3명 이상이 경제적 이익을 얻기 위하여 일정한 계층적 구조와 그 구성원을 통제하기 위한 규범을 가지고 주로 폭력적인 수단을 통하여 범죄적 이익을 추구하는 집단"이라고 정의할 수 있다.[21] 그런데 조직범죄 및 범죄조직의 개념정의에 대해서는 상당한 역사적 논의가 이루어졌다.

먼저 범죄조직에 대해서 미국의 '법집행 및 사법행정에 관한 대통령위원회'(The President's Commission on Law Enforcement and Administration of Justice)는 1967년 조직범죄에 대한 특별보고서에서 "조직범죄에 대한 포괄적이고 단일한 정의는 없다"고 전제한 뒤에 "범죄조직은 미국국민과 정부의 통제권 밖에서 활동하려는 사회"라고 정의하였다. 이 보고서는 범죄조직은 범죄자들의 조직으로 어떠한 기업보다도 복잡한 구조를 가지고 있으며, 미합중국의 법보다도 엄격한 규율로 조직원을 통제하고 엄청난 부를 획득하기 위하여 다년간 지속적으로 모의하고 행동한다고 지적하였다.[22]

'형사사법기준 및 목표에 관한 국가자문위원회'(National Advisory Committee on Criminal Justice Standard and Goals)는 이를 더 구체화하였다. 이 위원회는 "범죄조

21 Cressey, D. (2017). Theft of the nation: The structure and operations of organized crime in America. Routledge.

22 The President's Commission on Law Enforcement and Administration of Justice, Task Force Report: Organized Crime, (Washington, D.C.: U. S., Government Printing Office, 1967), p. 1.

직은 강탈행위에 관여하고, 경우에 따라서는 금융조직에도 관여하여 불법적 이익과 권력을 추구하기 위하여 범죄를 행하는 사람들의 집단"이라고 정의하였다.[23]

미국의 「조직범죄처벌법」(the Racketeer Influenced and Corrupt Organizations Act: RICO)은 범죄적인 기업이란 비합법적인 영리적인 목적을 위하여 개인과 개인 또는 개인과 조직 등이 다양한 형태로 상호 협력 및 계층제적인 관계를 유지하며 운영되는 조직이라고 규정하면서 이를 범죄조직이라고 정의하고 있다.[24]

또한 「기업부패금지법」(The Continuing Criminal Enterprise Act)은 범죄기업이란 적어도 관리자가 적어도 6개 이상의 업무분장이 이루어지는 조직을 관리하며 불법적 이익을 추구하는 경우를 말하며, 이를 범죄조직이라고 하며, 이들에 의하여 행하여지는 일련의 행위를 조직범죄라고 규정하고 있다.[25]

이와 같은 정의를 바탕으로 FBI는 조직범죄란 "불법적인 활동으로 경제적 이익을 얻기 위해 조직되고 운영되는 계층제적인 조직에 의하여 이루어지는 일련의 약탈적 활동"이라고 정의하고 있다.[26] 또한 FBI는 「조직범죄처벌법」(RICO)을 근거로 범죄조직에 의하여 행하여지는 약탈적 활동의 범죄유형으로 뇌물, 스포츠 뇌물매수, 위조, 공금횡령, 통신사기, 인터넷사기, 자금세탁, 청부살인, 마약물거래, 성매매, 아동성매매, 불법이민알선, 인신매매, 고속도로 강도, 장물거래, 위조품거래, 주간(州間) 거래물품절도 및 장물거래 등을 들고 있다.

또한 주법으로는 범죄조직에 의하여 살인, 아동유괴, 도박, 방화, 강도, 절도, 강요, 약물거래 행위 등이 이루어진 경우를 조직범죄라고 규정하고 있다.

유엔마약범죄사무소(United Nations Office on Drugs and Crime: UNODC)는 조직범죄단체는 다국적화하고 있으며, 범죄 목적으로 합법적인 활동을 이용하며, 전 세계에 걸쳐 더욱 복잡한 네트워크에 합류함에 따라 범죄는 점점 초국적화되고 그들이 저지를 수 있는 범죄 유형은 다양화, 진화하고 있다고 진단하였다. 특히 세계 안보에 대한 새로운 위협이 대두되고 있고, 사이버 범죄, 개인정보관련 범죄, 문화재 매매, 환경범죄, 불법복제, 장기밀매 및 가짜 의약품 거래, 난민거

23 National Advisory Committee on Criminal Justice Standard and Goals, Report of the Organized Crime, (Washington, D.C.: U. S., Government Printing Office, 1976), p. 7.

24 Title 18 of the United States Code, Section 1961(4)

25 Title 21 of the United States Code, Section 848(c)(2)

26 FBI, ORGANIZED CRIME, https://www.fbi.gov/about-us/investigate/organizedcrime/glossary/

래, 인신매매 등의 영역에서 더욱 창의적인 범죄양상을 보이고 있다고 주장하고 있다.[27]

한편 한국의 사법기관에서는 관행상 조직범죄와 조직폭력이라는 용어를 혼용하고 있다. 현행 「형법」은 제114조 범죄단체조직죄에서 "사형, 무기 또는 장기 4년 이상의 징역에 해당하는 범죄를 목적으로 하는 단체를 조직하거나 이에 가입 또는 그 구성원으로 활동한 사람은 그 목적한 죄에 정한 형으로 처벌한다"고 규정하여 범죄단체조직과 그 죄를 구분하고 있다. 이에 대하여 법원은 범죄단체조직을 "특정 다수인이 일정한 범죄를 수행할 공동목적하에서 이루어진 계속적인 결합체로서 단순한 다중의 집합과는 달리 그 단체를 주도하는 최소한의 통솔체제를 갖추어야 한다"[28]라고 규정하고 있다.

또한 「폭력행위 등 처벌에 관한 법률」 제4조에서 "이 법에 규정된 범죄를 목적으로 한 단체 또는 집단을 구성하거나 그러한 단체 또는 집단에 가입하거나 그 구성원으로 활동한 자는 다음의 구별에 의하여 처벌한다"라고 함으로써 범죄조직과 조직원을 구분하고 있다.[29] 이에 대하여 법원은 "폭력행위 등을 목적으로 하는 범죄단체는 각 구성원이 지위나 직책이 명확한 지위체제 또는 통솔체제를 갖춘 정도에는 이르지 않더라도 일응 계속성과 통솔체제를 갖춘 조직을 구성하였더라면 그것만으로도 범죄단체 또는 범죄집단구성죄가 성립하는 것으로 보아야 한다"[30]라고 판시하여 범죄단체 조직의 개념을 더욱 확실히 하였다.

2. 조직범죄의 특징

아바딘스키(Howard Abadinsky)는 조직범죄의 개념정의를 위해서는 다음의 여덟 가지 요소가 포함되어야 한다고 주장한다.[31]

첫째, 비이념적(non-ideological) 성격을 가진다. 조직범죄는 정치적 목적이나

---

27 UNODC, https://www.unodc.org/unodc/en/organized-crime/intro/emerging-crimes.html/

28 대판 1981.11.24. 81도2608.

29 폭력행위 등 처벌에 관한 법률 제4조 제1항
1. 수괴는 사형, 무기 또는 10년 이상의 징역
2. 간부는 무기 또는 7년 이상의 징역
3. 수괴·간부 외의 사람: 2년 이상의 유기징역

30 대판 1987.10.13, 87도1240.

31 Abadinsky, Howard (2010), Organized Crime, 9th ed., Belmont, CA: Wadsworth.

이해관계가 개입되지 않으며, 경제적 이익이 그들의 본래 목적이다. 따라서 일부 정치적 참여는 자신들의 보호나 면책을 위한 수단에 불과하다.

둘째, 계층적(hierarchical)인 성격을 가지고 있다. 조직범죄 집단은 최소한 3개 이상의 영구적 지위가 있는 수직적 권력구조를 가지며, 지위에 따른 권력을 갖지만 누가 특정 지위를 맡는가와는 관계가 없다.

셋째, 조직구성원이 매우 제한적(limited)이며 배타적(exclusive)이다. 구성원은 조직 내 다른 구성원에 의하여 추천을 받아야 하며 구성원이 될 수 있는 자격을 증명해야 한다.

넷째, 조직의 활동이나 그에 대한 구성원의 참여가 어느 정도 영속성(perpetuation)을 가지고 있다. 이는 일정한 기간 동안 조직이 존재하며, 범죄행위도 충분한 검토를 거쳐 장기적인 계획을 통하여 행하여지는 것을 의미한다.

다섯째, 목표달성을 쉽고 빠르게 하기 위해서 폭력(violence)을 행사하고, 공무원을 뇌물(bribery)로 매수하여 단속을 피하고 조직을 보호한다.

여섯째, 전문성에 따라 그리고 조직 내 위치에 따라 임무와 역할이 철저하게 전문화(specialization)되어 있으며 분업체계(division of labor)를 이루고 있다.

일곱째, 이익을 증대시키기 위하여 폭력을 사용하거나 공무원을 매수하여 특정지역이나 사업을 독점(monopoly)한다.

그림 3-30 범죄조직(Criminal Organized group)의 계층제적인 구조

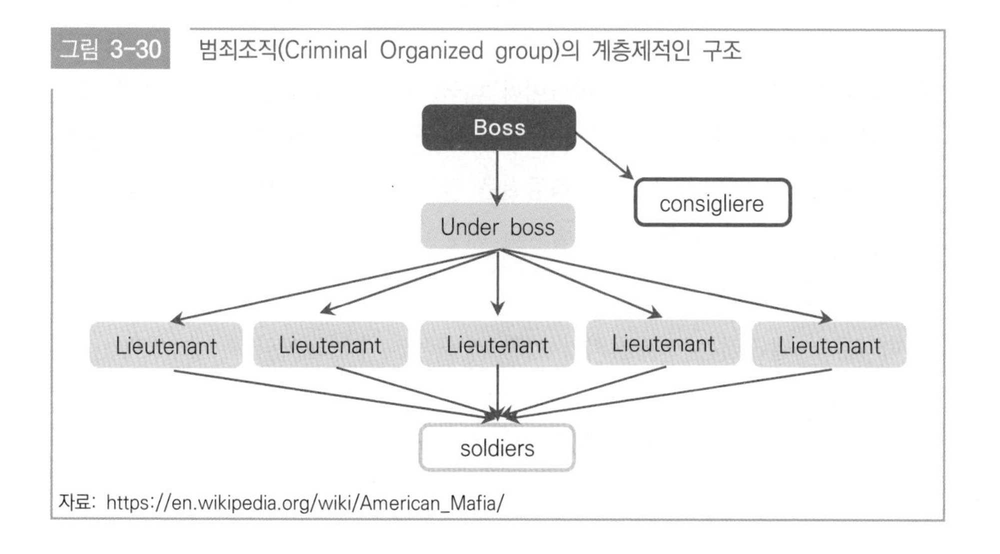

자료: https://en.wikipedia.org/wiki/American_Mafia/

여덟째, 내부구성원이 따라야 할 규칙(code)을 가지고 있으며 이를 위반할 경우 그에 상응한 응징이 따른다.

3. 범죄조직의 활동영역

1) 무기류 밀거래

무기류의 밀거래는 각국 정부의 이해관계와 정치적 입장에 따라 이루어지는 것이 대부분이며, 통상적인 시장원리에 따라 이루어지는 것이 아니라는 특수성이 있다. 또한 생산자와 소비자가 극도의 베일에 가려져 있다는 특성 때문에 합법적 거래 이외에 불법적 거래가 가능한 영역으로 알려져 있다.

조직범죄의 개입이 가능한 것도 바로 이러한 무기거래의 특성 때문이다. 냉전시대의 종말과 구 소련 등 공산권 국가의 몰락은 크고 작은 국지적 갈등을 야기시켜 불법적 무기거래를 더욱 촉진시키고 있는 것으로 나타나고 있다.

특히 테러단체들이 조직범죄를 통한 불법무기구입으로 그들의 테러활동을 더욱 강력히 전개할 가능성도 있어 불법무기거래 자체도 위험한 지경에 이르렀지만 이로 인한 테러, 전쟁 등이 더 큰 재앙의 요인이 된다는 데 그 심각성이 크다고 할 수 있다.

1990년대 이후 구 소련 및 동구권 붕괴과정에서 군대에 대한 통제가 약화되어 많은 무기류가 유출되었다. 이 무기류가 세계 각지에서 밀거래되고 있다.

일본 경찰도 야쿠자의 상당수가 총기를 보유한 것으로 추정하고 있을 정도로 심각하며, 이 총기는 과거에는 미국이나 태국, 필리핀 등지에서 밀반입되었지만 최근에는 남아프리카의 어선, 러시아 마피아, 중국의 삼합회 등과의 거래를 통해 들어오는 것으로 파악하고 있다. 핵물질은 각국의 이해관계에 따라 지대한 관심을 보이고 있으므로 국제적 조직범죄의 대상이 되고 있다.

2) 마약류 밀거래

마약류의 밀거래는 조직범죄의 가장 대표적인 수입원이라 할 수 있다.

마약의 주생산지는 중남미 지역과 동남아의 이른바 '황금의 삼각지대'라고 불리는(golden trial area) 미얀마, 태국, 라오스를 잇는 지역, 그리고 서남아 지역의 아프카니스탄, 이란, 파키스탄을 잇는 '황금의 초생달지역'(golden crescent area) 등이다.[32]

소비지역 역시 기존의 미국, 서유럽 등 선진국 위주에서 중국, 동유럽지역과 동남아시아, 아프리카 등지로 확대되고 있는데, 유엔마약범죄사무소(UNODC)에 의하면 최근에는 유럽지역에서 아시아지역으로 그 확대가 빠르게 전환되고 있다.[33] 이는 마피아를 비롯하여 삼합회, 폭력단, 남미 지역의 카르텔 등 범죄조직들이 서로 유기적으로 연계되어 거래를 하고 있기 때문인 것으로 분석되고 있다. 특히 이들은 마약밀매에 의해 획득한 막대한 자금력을 이용하여 자체 무장세력을 양성하거나 지역의 게릴라들과 연합하여 실질적인 통치지역을 형성하는가 하면 관련 공무원들을 매수하거나 협박하고 반대자들에 대한 암살, 린치 등 테러를 자행하면서 국제적인 조직망을 가지고 활동하고 있다.

마약류의 생산단계에서부터 소비에 이르기까지 범죄조직들이 관여하며, 그 역할을 다음과 같이 요약할 수 있다. 우선 범죄조직들은 생산지에서 양귀비나 코카나무를 경작하여 여기서 아편이나 코카페이스트를 생산하고 이를 정제소에서 아편을 몰핀과 헤로인으로, 그리고 코카페이스트를 코카 베이스와 코카인으로 정제한다. 이를 운송하는 역할은 전문적인 운송자가 맡게 되는데 주로 아시아산 헤로인을 미국이나 서유럽으로 운송하여 중간 소비조직에 분배한다. 이 조직들은 마약을 소량으로 나누어 다시 하부조직에게 판매하거나 직접 최종소비자에게 판매한다. 이러한 과정에서 조직범죄들은 자신들이 표면에 나서지 않고 그들의 범죄행위를 지원하는 세력을 두게 된다. 즉 필요한 법적 문제를 해결하는 변호사와 공무원을 매수하는 청탁자(bagman), 판매한 마약대금을 합법적인 돈으로 세탁해 주는 돈세탁자(money launderer), 필요한 경우 사용하는 살인청부업자(hired killer) 등을 고용한다. 경우에 따라 이들은 마약의 정제 장소에 대한 보호를 위하여 게릴라조직이나 군대(militia)를 두기도 한다.

마약류 중 범죄조직들의 가장 큰 수입원인 아편·헤로인 등의 아편제재로 사용되는 앵속은 대부분 동남아시아와 서남아시아 지역에서 밀경작되고 일부가 멕시코, 인도, 중국, 북한, 레바논 등지에서 생산되고 있다. 이 중 황금의 삼각지대와 황금의 초생달지역이 세계 아편과 헤로인 생산량의 약 90%를 차지하고 있다.

---

32 Fukumi, S. (2016). Cocaine trafficking in Latin America: EU and US policy responses. Routledge.

33 UNODC, https://www.unodc.org/unodc/en/drug-trafficking/legal-framework.html/; FBI, https://www.fbi.gov/investigate/organized-crime/

황금의 삼각지대에서 생산된 헤로인의 대부분은 태국·싱가포르·말레이시아·중국·홍콩·대만 등을 거쳐 미국·유럽·호주 등지로 밀매되거나 말레이시아·싱가포르 등을 경유하여 아시아·호주 등지로 밀매되는 것으로 알려지고 있다. 황금의 초생달지역에서 생산된 헤로인은 아프가니스탄과 파키스탄 접경지역에서 인도·스리랑카·카자흐스탄·이란·터키 등을 경유하여 미주지역이나 유럽으로 반입되는 것으로 나타나고 있다.

나이지리아·중국·콜롬비아·멕시코계 범죄조직들이 미국과 일본에 집중적으로 헤로인을 공급하고 있고, 특히 콜롬비아 마약카르텔은 미국 내에서 소비되고 있는 헤로인의 절반 이상을 공급하는 것으로 파악되고 있다. 한편 미국은 가장 커다란 헤로인 소비국이며, 다음이 서유럽 및 중앙아메리카지역이다.

코카인은 남미의 콜롬비아·페루·볼리비아에서 전세계 공급량의 98%가 생산되고 있으며, 기타 국가에서의 생산량은 극히 미미한 수준이다. 가장 큰 소비국은 미국이며, 서유럽은 점차 감소경향에 있으나, 남아메리카 지역은 증가경향을 보인다.

코카인의 대부분이 콜롬비아에서 정제되고 있어 코카인 생산량은 콜롬비아가 세계 최대의 생산국이다. 이 지역에서 거래되는 코카인의 대부분은 메데인 카르텔과 칼라 카르텔이 주도하여 왔다. 이들은 남미대륙 전역에서 코카잎과 코카페이스트를 수집하여 코카인으로 정제한 후 항공기나 선박을 이용하여 미국에 직접 공급하거나, 합법적인 상품으로 위장하여 우편물이나 운송인을 이용하여 유럽 등지에 공급하고 있다.

대마는 지역과 인종에 관계없이 세계에서 가장 보편적으로 남용되고 있는 마약류로 온대와 열대지방 등 세계 전역에서 생산되어, 마리화나·해시시·대마유의 형태로 가공되어 밀매되고 있으며, 현재 지구상에서 가장 많이 공급되고 있다.[34]

주요 생산지는 태국·라오스·캄보디아·필리핀 등 동남아지역과 인도·파키스탄 등의 서남아지역, 멕시코·콜롬비아 등 남미지역 등 전 세계에서 광범위하게 생산되고 있다. 이 중 최대의 생산·밀매 국가는 콜롬비아와 멕시코이다. 멕시코는 세계최대의 대마생산·밀매국으로 이모작이 가능하며, 국토 전역에서 연중 재배되고 있다. 경작된 대마는 대부분 마리화나로 가공되며, 가공된 마리화나

---

34 unodc, World Drug Report 2023, https://www.unodc.org/unodc/en/data-and-analysis/world-drug-report-2023.html/

그림 3-31 인신매매 구조도

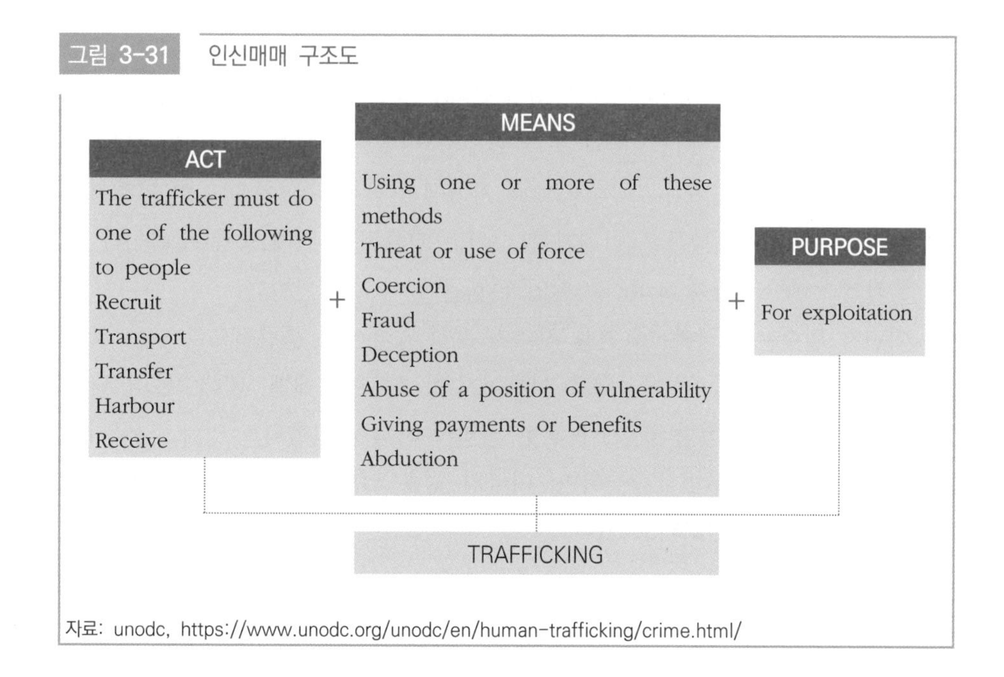

자료: unodc, https://www.unodc.org/unodc/en/human-trafficking/crime.html/

는 미국, 아프리카, 나머지가 유럽 및 아시아지역으로 공급되고 있지만 미국이 가장 큰 시장이다.

필로폰은 중국·대만·필리핀·중동·북한 등지에서 주로 생산되어 동남아지역 및 일본·한국·필리핀·미국·캐나다·대만 등과 하와이를 비롯한 태평양연안 지역을 거쳐 유럽으로 퍼져나갔다. 현재는 대만·필리핀·북한산 필로폰이 필로폰 시장의 주류를 이루고 있다.

3) 도박·성매매알선·인신매매·불법이민알선

도박은 마약이나 무기거래 등과 함께 범죄조직들의 가장 매력적인 자금원이라고 할 수 있다. 도박의 형태도 복권추첨, 숫자도박, 경마 등에서의 부당이익 취득행위, 프로야구, 미식축구, 농구 등 각종 스포츠도박, 주사위도박, 비합법카지노, 사이버도박 등 매우 다양하다.

일본의 경우 야쿠자의 유래가 전문 도박꾼인 박도(博徒)에서 유래했을 만큼 정부의 지원을 받은 전문도박장이 12세기부터 개설되었고 빠찡코, 마작, 경마 등은 야쿠자의 주 수입원으로서 알려져 있다.

한편 범죄조직은 마약이나 무기거래만큼이나 아동, 여성, 난민 등을 인신매매하는 것으로 드러나고 있다. 이들은 성매매, 노동력착취, 장기이식, 테러집단 등에의 연계공급 등 다양한 범죄를 통하여 수익을 창출하고 있다.

특히 인신매매는 이익을 위해 착취할 목적으로 강제, 사기 또는 속임수를 통해 사람을 모집, 운송, 이전, 은닉 또는 인수하는 것으로 모든 연령대와 모든 배경의 남성, 여성, 어린이가 전 세계 모든 지역에서 발생하는 이 범죄의 피해자가 될 수 있다. 인신매매범들은 피해자를 속이고 강요하기 위해 종종 폭력이나 사기성 직업 소개소, 가짜 교육 및 취업 기회를 준다고 기만한다.

이민자 밀수는 입국자격요건을 갖추지 못한 상태에서 불법적으로 다른 국가에 입국하려는 사람들을 대상으로 이루어지며, 시리아, 에멘, 베네수엘라 난민 등을 대상으로 한 조직범죄단체에 의한 밀입국 사업이 진행되고 있다. 입국지는 대부분 서유럽과 북유럽국가들이며, 미국의 경우 남미지역 사람들의 집중적인 밀입국대상 국가로 선호되고 있다.[35]

그림 3-32 인신매매의 착취 유형

자료: unodc, https://www.unodc.org/unodc/en/human-trafficking/crime.html/

35 UNODC, https://www.unodc.org/unodc/en/human-trafficking/smuggling-of-migrants.html?ref=menuside/

4) 자금세탁

마약류의 거래나 불법무기거래, 기타 조직범죄를 통하여 얻은 수익금이나 뇌물, 불법자금을 금융기관이나 제도적 장치 등을 통하여 합법적인 자금으로 전환(출처, 성격, 소유관계 등을 위장)하는 것을 자금세탁(money laundering)이라고 한다.[36] 미 FBI는 자금세탁에 대해 "돈의 정확한 출처와 흐름을 숨기기 위한 방식으로 돈을 취급하는 것"이라고 정의하고 자금세탁의 주체는 범죄조직, 탈세자, 뇌물수수자, 불법기부자, 증권사기꾼, 위장파산자, 은행강도나 테러리스트 등의 지능범들이라고 규정하고 있다.

한편 UN은 국제사회의 자금세탁을 규제하기 위하여 1997년에 조직범죄 및 반자금세탁과를 유엔약물및범죄국(UNODC)산하에 만들었다. UN은 이를 통하여 국제사회의 자금세탁수사 및 협력체제를 유지하고 있다.

자금세탁은 일반적으로 현금을 은행이나 적법한 거래체계로 끌어들인 후 여러 개의 금융기관에 입출금을 반복하거나 아예 자금을 해외로 도피시키는 방법

그림 3-33 Money Laundering Cycle

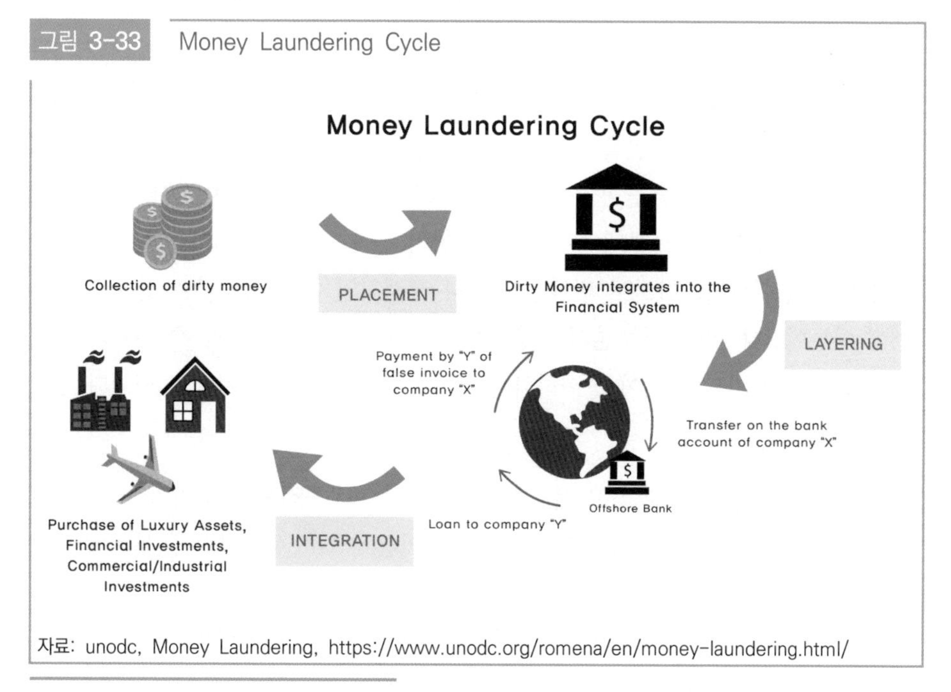

자료: unodc, Money Laundering, https://www.unodc.org/romena/en/money-laundering.html/

36 Rose−Ackerman, Susan, and Bonnie J. Palifka. "Corruption, Organized Crime, and Money Laundering." Institutions, Governance and the Control of Corruption. Palgrave Macmillan, Cham, 2018. 75−111.

등을 통해서 불법수익을 그 원천으로부터 분리한다. 이후 출처가 위장된 자금을 합법적인 수익과 혼합하거나 합법적 소유권으로 위장하기 위하여 기업이나 유흥업소 등에 투자하여 외관상 합법적으로 사용하게 된다.

자금세탁은 남미의 마약카르텔, 아시아의 헤로인 밀거래조직, 베트남 갱단 등으로부터 시작하여 미국이나 러시아의 마피아가 자국 내의 은행이나 스위스 등의 은행을 통하여 이루어지는 것으로 파악되고 있으며, 최근에는 제2금융권 및 각종 투자상품, 헤지펀드 등을 통하여 진행되고 있다.

5) 신용카드 관련

범죄조직에 의한 카드관련 범죄는 분실한 카드나 도난카드의 사용, 유령가맹점의 카드현금 대출이나 매출전표의 위·변조, 위조카드의 제조, 카드판독기와 컴퓨터프로그램을 이용, 신용카드의 암호체계를 해독하여 위조카드를 만들어 사용하는 등 그 수법이 더욱 교묘하고 지능적으로 변화하고 있다. 또한 신용카드 뒷면의 자기테이프 속에 다른 사람의 회원번호, 성명, 비밀번호 등을 입력시켜 사용하거나 신용카드를 대량으로 위조하여 유통시키기도 한다.

그런데 이와 같은 일련의 과정을 단독으로 하거나 만든 카드를 유포시키기는 어려우므로 범죄조직이 개입하게 되는 것이다. 카드의 위조와 위조카드의 행사를 분담하는 경우와 같이 역할을 분담하여 범행을 하거나, 유령회사를 설립, 은행과의 직접 거래를 통하여 현금을 편취하는 등의 조직적인 범행이 이루어진다. 특히 일정한 지역에서 범행을 반복할 경우 발각의 위험이 높아 항공기나 열차 또는 승용차를 이용하여 인접국을 드나들며 범행을 하거나 국제적인 연락망을 갖춘 상태에서 범행이 이루어진다. 또한 대부분의 신용카드가 타국의 카드회사들과 제휴가 되어 있기 때문에 신용카드 사용이 용이하다는 점도 조직범죄를 부추기는 요인이다.

6) 테러 관련

테러 또는 테러리즘이라고 불리는 테러행위는 '정치적으로 동기가 형성된 폭력'이라고 정의하고 있는 데서 알 수 있듯이 기본적으로 정치적인 문제와 범죄로서의 폭력행위가 복합적으로 어울려 있는 것이다. 테러행위는 교통수단의 발달과 함께 암살과 같은 특정대상을 상대로 한 테러에서 항공기납치, 폭파 등 불특정다수를 대상으로 하는 테러로 그 범위를 넓혀가고 있다.

그런데 최근 범죄조직이 자신들의 목적을 달성하기 위하여 테러단체의 행위와 유사한 행태를 보이고 있다. 콜롬비아나 멕시코 등 일부 남미지역의 마약관련 범죄조직들이 뇌물로 정치인이나 공무원 등에 대해 매수에 실패할 경우 무자비한 폭력을 행사하여 국가기관의 권위에 정면으로 도전하는 정치적 테러 형태를 띠는 것이 그 좋은 예라고 할 수 있다. 마약테러리즘이라고 하는 이러한 정치적 테러행위는 정부의 마약정책에 영향을 미치고자 관련 공무원에 대하여 폭력을 행사하는 것으로 알려졌다.[37]

또한 범죄조직이 마약의 정제를 위해 단속을 피하기 위해 테러조직에 그 보호를 위탁하는 양상도 나타났다. 구 소련이나 쿠바로부터 재정지원을 받았던 좌익테러조직들은 이들 국가의 경제사정 악화로 거의 도움을 받지 못하자 마약밀매 범죄조직들과 연계하여 그들의 활동자금을 충당하는 것으로 파악되고 있다.

또한 동구권과 러시아 등지에서 흘러나온 핵물질을 범죄조직들이 사들여 이를 테러단체에게 인도, 정치적 테러의 수단으로 사용할 수도 있다. 이처럼 범죄조직과 테러집단과의 연계와 그 위험성이 드러나기 시작하자 국제사회가 적극적으로 대처해야 한다는 의견이 강하게 대두되고 있다.

4. 주요국의 범죄조직

1) 미국의 마피아

본래 이탈리아에서 활동하던 마피아(Mafia)는 18세기 후반에 미국으로 이탈리아계 이민자들과 함께 유입되었다. 마피아가 그 세력을 확대하게 된 가장 결정적인 요인은 금주법(Volstead Act)의 시행 때문이었다. 금주법은 일반 시민들로부터 거센 저항을 받아 경찰도 적극적으로 단속하지 않는 경향을 보였다. 이 때문에 마피아를 비롯한 범죄조직이 밀조주 거래로 막대한 이익을 얻게 되었다.[38] 이탈리아 그룹은 하나로 통합되어 뉴욕에서는 라 코사 노스트라(La Cosa Nostra), 시카고나 캔사스시티에서는 아웃 피트(Out-Pit)라고 불리게 되었다.

그런데 이들도 계속해서 세력다툼을 하다가 1931년경 주도권을 잡은 럭키 루치아노(1886~1962)가 라코사 노스트라 커미셔너(La Cosa Nostra Commissioner)

---

37 unodc, Countering Terrorist Financing, https://www.unodc.org/unodc/en/terrorism/news-and-events/terrorist-financing.html

38 Cantor, D. J. (2014). The new wave: forced displacement caused by organized crime in Central America and Mexico. Refugee Survey Quarterly, 33(3), 34-68.

라는 이른바 각 패밀리의 보스로 구성된 위원회를 만들어 집단지도 방식을 채택하였다. 위원회는 패밀리간의 분쟁을 해결하거나 각 패밀리의 새로운 보스에 대한 승인, 마피아 전체의 정책결정, 신입 구성원에 대한 입회승인 등의 역할을 한다.

마피아는 패밀리라고 부르는 그룹의 집합조직으로서 패밀리 내부에서는 각각의 구성원이 의제적 혈연관계에 입각하고 있어 상호간에 "우리는 친구"(amico nostro)라고 부른다. 각 조직은 고유의 계급구조인 두목(boss capo), 부두목(under-boss, sottocapo), 상담역(adviso consigliere)과 카포, 캡틴, 카포레지메, 카포데치나, 선장, 거리두목 등으로 알려진 간부(captain, caporegima), 행동대원(solider, soldato)으로 구성되어 있다. 이들 외에도 그 10여 배에 달하는 준행동대원(non-member, under-world associate and fronts)이 있다.[39]

패밀리에 가입하기 위해서는 다른 구성원으로부터 추천을 받아야 하며 정식 멤버가 되기 위해서는 부계(父系)가 이탈리아 혈통이어야 한다. 가입시에는 절차에 따라 "본인은 내 가족과 내 모든 친구들을 보호하기 위해 이 조직에 가입하고자 한다. 본인은 조직의 비밀을 누설하지 않을 것(오메르타, omerta)이며, 사랑으로 복종할 것을 맹세한다"라는 서약을 하는 의식을 갖는다.

미국에는 24개의 패밀리가 모여 입법·사법·행정적 성격을 갖춘 라 코사 노스트라(LCN)를 구성하고 있는데, 실제로는 뉴욕의 5개 패밀리와 디트로이트, 시카고, 필라델피아 등지의 패밀리들이 중심이 되어 이 합의체를 운영하고 있다.

한편 미국의 범죄조직으로 그 세력을 떨치고 있는 대표적 조직 중 하나로 중국계인 '거리폭력단'(street gangs)과 통(tongs)이 있다. 거리폭력단은 미국의 이민당국이 아시아국가에 대한 기존의 연간이민할당인원제도를 폐지한 이후 홍콩을 떠나 미국으로 들어온 중국인들이 1970년대부터 주로 뉴욕, 로스엔젤레스, 샌프란시스코 등을 중심으로 만든 조직이다. 10대 초반부터 30대 말에 이르는 남자들이 주류를 이루는데, 20~50명 정도의 핵심요원과 준요원, 그리고 주변지역의 동료들로 구성되었다. 이들은 주로 중국인 타운에서 상인들을 대상으로 한 강탈행위로 조직을 유지하고 있으며, 살인, 강도, 무기밀수, 마약밀매, 방화, 밀입국 알선 등에도 관여하는 것으로 파악되고 있다.

통(tongs)은 제2차 세계대전 후 미국으로 이주한 광동성 지방인들을 중심으로

---

39 Albanese, J. S. (2014). Organized crime in our times. Routledge.

만들어진 범죄조직으로 주변상인들로부터 보호세 명목으로 돈을 갈취하며 기생하였다. 통의 조직구조는 최고 두목이라고 할 수 있는 의장(chairman)과 부두목이라 할 수 있는 부의장(vice chairman)이 있고, 그 아래에 영어를 자유롭게 구사할 수 있는 통역비서(english speaking secretary)가 있으며, 그 하부조직으로 비서(secretary)가 있고, 각 비서는 일급통일원(first grade member)을 거느리고 있다.

한편 일본계의 야쿠자는 하와이, 샌프란시스코, 로스앤젤레스를 중심으로 하는 미 서해안 지역에서 활동하고 있다. 이들은 도박의 도시 라스베가스에서는 집중적으로 도박장을 매수하고, 시카고와 로스앤젤레스에서는 합법기업의 침식, 고리대금, 성매매여성을 일본으로 이송하기 위한 위장결혼과 인신매매, 미국에서 일본으로의 포르노나 총기의 밀수, 미국의 조직범죄와의 약물거래 등으로 수입을 얻고 있다. 또한 하와이에서는 관광지라는 특성을 살려 1960년대부터 합법적인 유흥업소, 마사지 업소 운영, 포르노 산업에의 진출 등 관광객들을 상대로 한 영업행위를 주로 하고 있다.

이 밖에도 미국 내의 범죄조직은 베트남계와 흑인계, 그리고 구소련 몰락 이후 등장한 러시아 마피아, 남미계를 들 수 있다.

특히 1980년대 엘살바도르 등 중남미 이민자들이 미국에 건너와 자리를 잡기 시작해 2000년대 초반부터 미국 전역에서 그 세력을 구축한 MS-13 갱단, 즉 마라 살바트루차는 로스앤젤레스(LA)와 시애틀, 뉴욕, 보스턴, 캐나다 서부 밴쿠버 등 북미 40여 개 도시에 1만여명의 조직원이 있는 것으로 전해졌다. MS는 엘살바도르 언어로 갱(gang)을 뜻하는 '마라(mara)'와 내전 당시 소작농에서 게릴라로 전향한 이들을 의미하는 '살바트루차(salvatrucha)'의 앞글자로 개미깡패라는 속어의 의미를 가진다. 13은 알파벳 'M'의 순서라는 설과, 입단식에서 최소 13초간 무차별 폭행을 견뎌야 한다는 설이 엇갈린다. 조직원들은 얼굴과 몸에 'MS' 또는 'slavatrucha' 등을 문신으로 새긴다. 이들은 죽이고(kill), 훔치고(rob), 강간(rape), 장악(control) 등을 신조로 하는 것으로 알려졌다.[40]

트럼프 미 대통령은 이들의 진압에 필요한 특별예산을 2017년에 의회에 요구한데 이어 2018년 5월에는 테러진압과 이들을 진압할 것을 천명하였다.[41]

---

40 JILLIAN, Blake. MS-13 as a Terrorist Organization: Risks for Central American Asylum Seekers. Michigan Law Review Online, 2017, 116.1: 39-49.

41 http://www.foxnews.com/us/2018/05/23/what-is-ms-13-violent-gang-trump-

CRIMINOLOGY

El Salvador begins transferring thousands to 'mega prison' amid gang crackdown

엘살바도르 정부는 2023년 2월 24일 새벽 신축한 테러범수용센터(CECOT · 세코트)로 이살코 교도소에 있던 MS-13(마라 살바트루차) 등 19개 갱단 소속 폭력배 2천 명을 이감했다.

Nayib Bukele 대통령은 트위터에 "이곳은 그들이 더 이상 인구에 해를 끼칠 수 없는 그들의 새로운 보금자리가 될 것입니다."라고 썼다. 이 수용센터는 4만여 명을 수용할 수 있는 미주 최대의 구금시설로 지어졌다.

Bukele은 지난해 엘살바도르 의회에서 폭력적인 갱단에 의한 살인이 극적으로 급증했다며, 영장없이 갱단원들을 체포할 수 있도록 하는 특별법의 승인을 요청했다. 이후 64,000명 이상의 갱단원이 체포됐다. 정부는 영장없이 체포할 수 있고, 사적인 통신에 접근할 수 있으며, 수감자는 더 이상 변호사를 선임할 권리가 없다....

자료: CNN, https://edition.cnn.com/2023/02/26/americas/el-salvador-mega-prison-transfer-intl/index.html/

2) 일본의 야쿠자

일본의 범죄조직의 활동은 역사적 발생형태와 활동영역, 수입원에 따라 바쿠토(博徒), 데키야(的屋), 구렌따이(愚連隊)로 구분될 수 있으며 이러한 집단에 속하는 자들을 일반적으로 야쿠자라고 통칭하고 있다.[42]

야쿠자(yakusa)란 용어는 하나후다(화투)놀이에서 가장 나쁜 패인 ya(8)－ku(9)－sa(3)을 쥐었을 경우를 가리키는 것으로 돼지, 악한(惡漢), 무용지물(無用之物) 등의 의미로 사용된다. 바쿠토는 길거리의 노름꾼을 일컫는 말로 도쿠가와시대에 그 뿌리를 둔다. 데키야는 행상인을 지칭하는 야시(香具師)에서 출발했다는 설이 유력한데 야(香具)란 상인을, 시(師)란 상품을 뜻한다. 이들의 무리가 늘어나면서 집단간의 이익과 신변을 보호하기 위하여 오야붕을 중심으로 조직을 결

vowed－to－target.html.

42 https://www.britannica.com/topic/yakuza/

성했다. 오야붕은 자기 영역 내의 질서를 유지하고 상권을 장악했다. 구렌타이는 제2차 세계대전 종전 후부터 도시의 번화가를 중심으로 강요, 협박, 절도 등을 일삼던 불량청소년 집단이다.

그런데 제2차 세계대전 이전까지는 바쿠토나 데키야의 활동영역이나 성격이 확연히 구분되었지만 점차 전통과 풍습이 해체되고 신흥 청소년 불량집단인 구렌따이가 그 세력을 확장해나가자 이들간의 구분이 사실상 어렵게 되었다. 1950년대 중반 이후 일본의 수사기관이 이들 범죄조직을 폭력단(야쿠자)이라고 부르면서 지금까지 사용되고 있으며 이제 폭력단이라는 명칭은 일본의 범죄조직을 지칭하는 공식용어가 되었다.

전후 10년 동안 이들 폭력단의 구성원이 점차 증가하여 1963년에 절정에 달하였다. 일본 경찰은 1991년에 제정한 「폭력단원에 의한 부당행위방지 등에 관한 법률」에 따라서 폭력단으로부터 조직과 회원, 사무실 소재지, 대표자, 활동지역, 상징문장 등을 신고받고, 폭력단으로 지정하고 있다. 일본의 경찰당국은 야마구치구미(山口組),[43] 이나가와카이(稻川會), 스미요시카이(住吉會) 등 세 단체를 3대 특정집단으로 지정하고 있다.

2013년 기준 일본 경찰은 전국의 야쿠자는 22개의 조직에 58,600명으로 추산하고 있다.[44] 일본 정부는 2011년 10월부터 「폭력단배제조례」를 시행하고 있는데, 이 조례는 기업, 음식점, 술집 등이 야쿠자와 일절 관계를 맺지 못하게 한다. 즉, 기업과 자영업자들이 야쿠자와 친분을 맺거나 야쿠자가 돈을 버는 일에 협력하는 모든 행위를 금지하고 있다. 예를 들면 야쿠자 조직원에게 자동차를 팔거나 휴대전화를 개통시켜주는 일조차 조례 위반이다. 야쿠자에게는 금융기관 융자는 물론 당좌예금 개설도 금지된다. 야쿠자에게 주택은 물론이고 회합장소를 빌려준 호텔이나 음식점도 처벌된다. 각종 건설공사에 야쿠자가 개입하는 것을 막기 위해 건설업자는 물론 하청업자에 대한 심사도 강화된다.

이 조례를 어기면 야쿠자의 '밀접교제자'로 간주하고, 관련자와 회사명이 공표된다. 야쿠자라는 이름을 달고는 정상적인 사회생활이 아예 불가능하도록 만

43 야마구치구미는 약 2만명의 조직원을 두고 있고 주로 마약 밀매를 통해 수익을 올리며 연간 매출액이 800억 달러로 세계범죄조직 중 최대인원 및 매출액을 보이고 있다고 미국 경제전문지 포춘이 보도한 것으로 알려졌다. 헤럴드경제, 2014년 9월 15일자 보도.

44 https://www.thedailybeast.com/where-have-japans-yakuza-gone/

들겠다는 것이 이 조례의 취지다.

폭력단은 준혈연적 성격을 띠는데 조직의 이름은 ㅇㅇ가(家)로 부르며 보스는 오야붕(親分), 부하를 꼬붕(子分), 고참구성원을 아니키(큰형), 신참을 샤테이(동생), 보스의 의형제들을 오지(아저씨)라고 부른다. 이러한 오야붕－꼬붕 체제에서 오야붕은 꼬붕에 대한 보호와 경제적 지원을, 그리고 꼬붕은 충성의 의무를 가진다. 이를 위한 내부규칙을 단지(斷指)로써 맹세하는데, 그 내용은 조직의 비밀을 누설하지 말 것, 다른 조직원의 처나 자식을 범하지 말 것, 개인적으로

CRIMINOLOGY

야쿠자, 인원수 감소와 고령화가 현저하게 50대 이상이 절반 이상

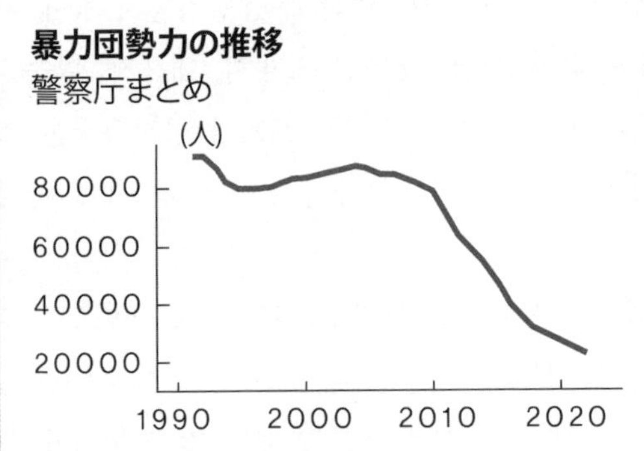

지난해 말 시점의 전국 폭력단 세력은 2만2400명으로 전년을 1700명 밑돌아 18년 연속 감소한 것으로 일본 경찰청이 밝혔다. …중략…

세력 내역은 폭력단 조직에 소속된 구성원(조원)이 1만1400명, 조직에 속하지 않지만 활동에 관련된 준구성원 등이 1만1천명으로 모두 전년보다 900명 줄었다. 단체별 세력은 최대의 야마구치조(본부·고베시)가 8100명, 스미요시회(동·도쿄도 미나토구)가 3800명, 이나가와회(동)가 3100명, 고베야마구치조가 760명 등.

야마구치조는 2015년에 분열해, 고베야마구치조와 대립 항쟁 상태가 계속되고 있다. 20년에 고베야마구치조에서 이탈한 이케다조(본부·오카야마시)와 야마구치조 사이에서도 대립 항쟁 사건이 일어나고 있다. …중략…

지난해 말 시점의 전폭력단 세력 2만2400명의 연령 구성을 보면 50대가 30·8%로 최다로, 40대 26·3%, 30대 12·9%, 60대 12·5%, 70대 이상 11·6%, 20대 5·4% 순으로 많아 50대 이상으로 절반 이상을 차지한다. 구성원의 평균 연령은 54·2세로, 10년 전보다 6·8세 상승. 총무성의 통계를 바탕으로 경찰청이 시산한 성인 남성의 평균 연령은 올해 1월 현재로 55·3세로, 10년 전부터의 상승분은 2·3세라고 하고, 구성원의 연령 상승폭 큰. 경찰청은 “활동이 어려워지는 가운데 상하 관계에 묶이는 폭력단을 젊은 세대가 경원하고 있는 것도 일인이 아닌가”라고 분석하고 있다.....

자료: 朝日新聞, 2023년 3월 23일자 보도.
https://www.asahi.com/articles/ASR3R2V26R3PUTIL00Y.html?iref=pc_photo_gallery_bottom/

마약에 접하지 말 것, 조직의 돈을 가로채지 말 것, 상사에 대해 절대적으로 복종할 것, 경찰이나 법률에 호소하지 말 것 등이다.

폭력단은 기존의 마약밀매, 총기밀매, 도박, 암거래행위, 강요·협박 등의 공갈, 청부폭력, 부동산투기, 업소로부터의 보호세 명목 갈취행위 등에서 최근에는 사회운동과 정치활동을 표방, 기업에서 위법·부당한 이익의 획득을 도모하는 등 그 대상영역을 다양하게 확장하고 있다.[45]

3) 러시아 마피아

러시아 마피아는 붉은 마피아라고도 칭하는데 그 역사는 1700년대의 제정러시아 시대까지 거슬러 올라간다. 당시 굶주림 등에 시달린 농민이나 산적들이 정부재산을 강취하며 점차 조직화의 양상을 보였다. 구 소련 시절에는 강제노동수용소 출신들이 세력화하며 이권을 챙겼다.

구 소련이 무너질 당시 국가경제가 마비되면서 KGB요원들이나 군장교들이 월급 등을 받지 못하자 혼란스러운 틈을 타 정부물자나 무기류 등을 빼돌리며 범죄조직과 결탁하면서 마피아의 규모는 더욱 확대되었다. 2000년에 푸틴 대통령이 집권한 이후에 러시아 마피아는 더욱 그 세력을 떨치고 있는데 현재 약 5,000개의 조직에 30만명 정도의 조직원이 있는 것으로 추정되고 있다. 이들은 청부 살인뿐 아니라 자금세탁과 마약밀매 등 각종 범죄에 관여하는 것으로 알려졌다.[46]

한편 러시아 마피아인 솔른체프스카야 브라트바는 세계에서 두 번째로 큰 조직으로 이 조직의 연간 매출액은 85억달러 정도며, 구성원은 9,000여 명에 이르는 것으로 알려졌다. 솔른체프스카야는 10개 조직으로 나뉘어져 각각 독립적으로 운영되지만, 12명으로 구성된 위원회를 통해 자금을 감독하고 있으며 축제모임 등을 빙자해 주기적으로 모임을 갖고 있는 것으로 전해졌다. 이들은 주로 아프가니스탄에서 헤로인을 들여와 러시아 전역에 공급하는 것으로 알려지고 있다.

미국의 FBI, 세관및국경보호국, NYPD 등은 합동작전으로 러시아마피아 33명을 마약, 총기범죄, 마약밀매, 통신사기, 신용카드사기, 신분도용 범죄 등의 혐의로 기소하였다고 발표함으로써 러시아 마피아가 미국사회로까지 진입한 것이

45 http://fortune.com/2014/09/14/biggest-organized-crime-groups-in-the-world/

46 Fortune, 2014. 9. 14. The 5 biggest organized crime groups in the world, http://fortune.com/2014/09/14/biggest-organized-crime-groups-in-the-world/

드러났다.[47]

4) 이탈리아의 카모라

이탈리아의 범죄조직인 마피아(Mafia)는 19세기까지 거슬러 올라갈 정도로 그 역사가 오래되었으며, 세계적으로 그 조직이 퍼져 있다. 이탈리아에 본거지를 둔 세계적인 4대 마피아는 시칠리아 코사 노스트라, 카모라(Camorra), 카르비안 마피아(Calabrian Mafia), 그리고 사크라 코로나 연합(Sacra Corona Unita) 등이다. FBI는 이들이 전 세계에 25,000여 명의 조직원과 250,000여 개의 계열사(조직)을 거느리면서 연 매출 100억 달러 정도를 벌어들이는 것으로 추정한다.[48]

FBI는 미국 내에도 3,000명의 조직원들이 중부, 동부, 서부 등의 주요도시에 거점을 두고 활동하고 있고, 특히 뉴욕 및 뉴저지에 가장 커다란 조직을 두고 있는 것으로 파악하고 있다.

카모라(Camorra)는 이탈리아 4대 마피아 가운데 가장 큰 조직이고, 세계에서는 세 번째로 큰 조직이다. 카모라는 갱(gang)이라는 의미이며, 나폴리에 근거를 두고 있어 나폴리 마피아(Neapolitan Mafia)라고도 불린다. 연 매출액은 49억 달러 정도인 것으로 알려졌다.

카모라는 19세기에 교도소의 수형자들이 만든 갱단으로 이들이 출소하면서 이탈리아 전역으로 그 세력을 확대하였다. 현재 100개 이상의 조직(clan)과 7,000여 명의 조직원들을 둔 것으로 알려지고 있다.[49]

1970년대에 시실리안 마피아들은 카모라에게 카모라의 담배밀수 통로 및 배급망을 시실리안 마피아의 마약배급 통로로 제공할 것을 요구했고, 이를 카모라가 거부하며 이들은 피비린내 나는 암투를 벌였다. 결과적으로 카모라가 패배해 조직원 400여 명을 잃었다. 그러나 카모라는 1980년에 Campania지역에서 발생한 지진 피해를 재건하는 과정에서 각종 이권에 개입하여 조직을 재건하는 데 성공했다. 이후 카모라는 자신들이 가진 이탈리아 전역의 담배 보급망을 다른 마피아들에게 제공하면서 커미션을 받는 한편, 성매매, 무기·마약 밀매, 도박,

47 More Than 30 Alleged Russian Mobsters Indicted in Odd Case Involving 10,000 Pounds of Chocolate. Joe Valiquette. NBC News. 7 June 2017. Retrieved 30 June 2018.

48 FBI, Italian Organized Crime, https://www.fbi.gov/about-us/investigate/organizedcrime/italian_mafia/

49 Cohen, David. "Combating Transnational Organized Crime". United States Department of the Treasury. Retrieved 26 June 2012.

고리대금업, 금품갈취 등으로 매출을 올리고 있다.

CRIMINOLOGY

이탈리아 마피아 두목, 30년 만에 경찰에 체포돼

30년 동안이나 이탈리아 경찰의 수사망을 피해 왔던 마피아 두목이 체포됐다고 로이터통신이 현지 매체 안사(ANSA)통신을 인용해 16일(현지시간) 보도했다.

보도에 따르면 메시나 데나로는 시칠리아의 팔레르모의 한 개인 병원에서 경찰에게 체포됐다. 데나로는 경찰 2명에 의해 병원에서 끌려 나왔다.

데나로는 1993년부터 도피 생활을 시작했으며, 지난 2002년 궐석재판에서 종신형을 법원으로 부터 선고받았다.

소식통은 데나로가 암 치료를 받고 있었으며, 지난해 수술을 받았다고 말했다. 마우리치오 데 루시아 팔레르모 검사는 "수사 단서를 잡고 오늘 체포될 때까지 추적했다"고 말했다.

데나로는 시칠리아 마피아 조직 '코사 노스트라'의 우두머리로 여겨져 왔다. 그는 지난 2006년 4월 시칠리아의 코를레오네 마을 외곽에서 체포된 베르나르도 프로벤자노의 후계자 중 한 명으로 간주됐다.

데나로는 1992년 지오반니 팔코네 검사와 파울로 보르셀리노 판사를 살해하고 1993년 로마와 밀라노, 피렌체 등에서 폭탄 공격으로 10명을 숨지게 한 혐의를 받고 있다. 이외에도 검찰은 데나로가 1990년대 수많은 살인에 직간접적으로 연루돼 있다고 설명했다.

데나로는 1993년 마피아 단원이면서 침묵의 규율인 '오메르타'를 어기고 경찰에 협조한 주세페 디 마테오의 어린 10대 아들을 납치한 사건의 배후로도 지목되고 있다. 이후 3년 후인 1996년 납치한 소년을 살해하고 시신을 산성 용액을 이용하여 유기했다. …중략…

자료: ytn, 2023년 1월 17일자 보도.

CRIMINOLOGY

시칠리아와 마피아

결속력이 강한 범죄조직을 지칭하는 '마피아(Mafia)'의 어원을 놓고 다양한 설(說)이 있다. 그중 하나가 '시칠리아 만종(晩鐘)사건'이다. 이탈리아 남단 섬인 시칠리아 중심지 팔레르모의 시민들이 당시 이곳을 지배했던 프랑스 앙주가(家)의 샤를 1세에게 대항해 일으킨 반란이다.

시민들은 1282년 3월30일 부활절 저녁, 교회 저녁기도 종소리를 신호로 봉기했다. 이들은 밤새도록 무리를 지어 다니며 프랑스인과 협력자들을 살해했다. 'Mafia'는 시민들이 외쳤던 구호 'Morte alla Francia!, Italia anela!(이탈리아는 열망한다, 프랑스인의 죽음을)'의 글자 앞부분에서 유래했다는 것이다. 1855년 6월, 프랑스 파리에서 초연(初演)된 주세페 베르디의 오페라 '시칠리아의 저녁기도'는 당시 봉기를 자세히 묘사하고 있다.

마피아 어원이 시칠리아 부재지주들의 사병조직(mafie)이라는 설도 있다. 의적이나 독립투사에서 비롯됐다는 해석도 있다. 이들이 받은 '선의의 사례비'가 나중에는 서민을 착취하는 '보호비'로 변질됐다고 한다. 시칠리아인에게 관습적으로 전해오는 규약을 '마피아'라고 불렀다는 주장도 있다. 관습적 규약으로서의 마피아는 옳든 그르든 친구를 편들고, 사소한 모욕에도 반드시 복수하고, 조직의 일을 외부에 침묵해야 한다는 것 등을 불문율로 한다. … 중략 …

이탈리아 마피아는 아직도 건재하다. … 중략 … 이들의 상당수는 교회 출석과 기부 활동 등으로 교회와 지역 사회에 깊게 뿌리내리고 있다. 이탈리아 중앙은행에 따르면 2012년 기준으로 마약, 매춘 등 마피아가 주도하는 범죄 산업 규모가 국내총생산(GDP)의 10.9%에 이른다. 남부 지역에서는 마피아에 의한 몸값을 노린 납치, 청부 살인 등이 심심치 않게 발생한다.

프란치스코 교황이 2018년 3월 28일 바티칸에서 열린 미사에서 또 다시 마피아를 강하게 비판했다. "죽음을 전파하는 마피아는 기독교인이 아니다"고 했다. 교황은 2014년 마피아 본거지를 방문해 마피아를 파문(破門)하기도 했다. … 중략 …

자료: 한국경제, 2018년 3월 29일자 보도.

5) 한국의 깡패

해방 이후 정치적 혼란과 극도의 경제적 빈곤상태에서 이른바 '주먹'을 무기로 패거리를 이룬 집단들이 나름대로 서식처를 찾아다니며 주로 유흥가 주변에서 활동하였는데 이들이 깡패라고 불리는 조직폭력의 원조가 된다. 깡패라는 말은 한국전쟁 후 동두천 일대의 미군부대 주변을 맴돌던 구두닦이 소년들이 영어의 gang을 우리식 된발음으로 '깡'으로 읽고 거기에 '패거리'라는 뜻의 한자 '패'(牌)를 결합하여 만들어진 것으로 보인다는 주장이 있다.

해방 이후 서울지역의 폭력집단들은 청계천의 수표교를 중심으로 북쪽으로는 종로파, 그리고 남쪽으로는 명동파로 양분되어 있었다. 이들은 활동구역을 두고 대립하였지만 반공이라는 점에서는 일치하였다. 좌익세력들이 곳곳에서 방화, 약탈, 선동, 파업을 일삼자 미군정과 정부는 이에 맞서는 방편으로 폭력집단을 이용하기도 하였다. 특히 대한민국 청년단 감찰부장직에 있던 김두한은 1946년 10월 좌익의 총파업장에 부하를 이끌고 들어가 파업자들을 상대로 격투를 벌이는 등 우익폭력의 선봉장 역할을 하였다.

정치세력과 폭력집단이 연계하여 나타나는 이른바 '정치깡패'가 가장 활발하였던 때는 제1공화국 시대였다. 전시이던 1952년 임시수도인 부산에서 이승만 대통령의 직선제 개헌안이 부결된 뒤 일어났던 이른바 '부산정치파동'에는 '백골단', '땃벌떼', '민중자결단' 등 우익단체를 위장한 정치깡패들이 대거 동원되었다. 이들은 "애국자 이승만 박사를 반대하는 반민족 의원을 처단하라"는 벽보를 붙이고, 유인물을 나눠주며 관제데모를 벌였고, 급기야는 의원들을 직접 처단한다며 국회의사당 점거를 시도하기도 하였다.

자유당 시절의 정치깡패는 1955년 대구매일신문 난입테러사건, 1957년 장충단공원 민주당시국강연회 폭력사건, 1960년 고려대학교학생 습격사건[50] 등 헤아릴 수 없을 정도로 많은 테러와 폭력을 공공연히 행사하다가 자유당의 붕괴와 함께 몰락했다.

이어 5.16 군사혁명으로 국가권력을 장악한 군은 1961년 6월에는 반국가적·반민주적 불법행위 및 반혁명적 행위를 처벌하기 위하여 '혁명재판소 및 혁명검찰부조직법'을 제정하고, 폭력척결사업을 주요정책과제로 선정하여 대대적인 단속작업을 벌였다.

이와 함께 이들을 국토건설사업에 동원하기도 하였다. 그러나 한동안 잠잠하던 폭력세력이 다시 힘을 모으기 시작하여 명동의 대부라고 불렸던 이화룡과 이른바 신상사파의 두목 신상현이 명동과 을지로 일대를 장악했다.

---

50 정지운, "조직범죄에 관한 연구," (경기대학교 대학원 박사학위논문, 1996), pp. 106~107.

또한 이 시기에 광주, 전주, 목포 등 호남에서 상경한 주먹패들이 무교동에 모이기 시작하여 만들어진 호남파는 유신직후 두목급 9명이 구속되기도 하였으나, 1975년 1월 부하가 폭행당한 것을 계기로 신상사파의 본거지인 명동 사보이 호텔 커피숍 습격사건을 일으켜 서울을 장악했다. 그러나 이후 자체 내분과 관할지역싸움을 벌여 이동재가 두목인 신OB파, 조양은이 두목인 양은이파, 김태촌을 두목으로 한 서방파 등 3대 패밀리 시대가 서울에서 열렸다.[51]

1980년 5월 31에 설치된 국가보위비상대책위원회는 그 해 8월 4일 '사회악일소 특별조치'를 발표하였다. 전국에서 5만 6,561명을 검거하여 군사재판에 회부하거나 '삼청교육'(三淸敎育)을 실시했다.[52]

이와 같이 1980년대 초에는 폭력배들이 대대적으로 구속되어 한동안 폭력배가 그 세력을 떨치지 못하였으나 1982년 야간통행금지 해제, 1986년 아시안게임과 1988년 서울올림픽을 거치면서 폭력배들이 또다시 활동하기 시작했다.

1986년 8월의 이른바 서진룸살롱 사건은 신흥세력인 장진석파가 맘보파의 조양은 등과 충돌하여 발생한 집단살인극이었고, 동년 9월의 인천 뉴송도호텔 사장 피습사건은 김태촌이 출소한 뒤 6개월 만에 일으킨 사건이었다. 1988년 후반부터 1989년 초반에 지방의 범죄를 흡수통합 또는 연합한 이승완계의 호국청년연합회, 서방파와 번개파의 연합인 김태촌의 신우회(범서방파), 목포파와 관중 OB파에서 분파한 신OB파 연합인 일송회 등이 세력을 떨쳤다. 이들은 사회봉사단체나 종교단체, 정치인후원단체 등 공개적이고도 합법적인 활동을 표방하는 공조직으로의 변신을 꾀하기도 하였다.

실제로 1987년 이승완은 이철승 의원의 내각제발언파동으로 인한 제명위기 때 신민당사에 자신의 부하들을 데리고 들어가 농성을 벌인데 이어 4월 2일부터 5일 동안 당시 통일민주당이 창당되는 과정에서 조직원을 동원, 서울, 수원, 인천에서 열리던 지구당 창당대회장을 습격하여 이른바, 용팔이 사건을 배후에서

---

51 전남광주 일각에서는 1950년대 후반부터 '캐세라', '행여나', 'OK' 등 고교폭력써클이 결성되어 있었는데 이 폭력써클에서 두각을 나타낸 인물들이 심백학과 전희장이었으며 이들은 졸업후 사회로 진출하여 광주 시내 대호다방을 중심으로 한 대호파와 동아다방을 중심으로 한 동아파로 나뉘어 대립하였다. 이후 수년간 세력다툼을 벌이다가 결국 대호파가 승리하여 동아파의 두목인 전희장이 은퇴, 동아파는 해체되었고, 대호파는 OB파로 개칭하였다가 다시 구OB파와 신OB파로 분리되었다(문영호, 외, 「조직폭력의 실태와 대책」, (서울: 한국형사정책연구원, 1993), p. 48.

52 문영호, 외, 「조직폭력의 실태와 대책」, (서울: 한국형사정책연구원, 1993), pp. 49~54.

조종하였다. 한편 당시 각 정당에도 적지 않은 폭력세력이 흡수된 것으로 알려지기도 하였다.

정부는 1990년 10월 13일 범죄와 폭력, 불법과 무질서, 과소비와 투기, 퇴폐와 향락을 추방하기 위해 범정부적 차원에서 '범죄와의 전쟁'을 선포하고 대대적인 단속을 진행하였다.[53] 이로 인해 왕성했던 범죄조직의 활동은 소강상태로 접어들었지만 1990년대 중반 들어 이들의 가석방출소자의 증가와 만기출소자의 증가, 사회에 만연되어 있는 향락풍조 등으로 다시 범죄조직이 그 세력을 확장하였다.

한국과 일본의 범죄조직간의 유착은 1990년대 들어 활성화되었다. 정부의 '범죄와의 전쟁'을 피해 한국의 많은 조직범죄 두목급들이 일본으로 밀항한데다, 국내에 남은 조직들도 불법적인 영역보다 합법적인 투자를 선호하게 된 현상이 크게 작용했고 이를 위해 야쿠자의 풍부한 자금을 국내에 끌어들이려 했기 때문인 것으로 분석된다.[54]

또한 해외여행자유화와 함께 외국의 범죄조직과도 활발한 연계를 시도하고 있는데 일본의 야쿠자는 부산의 최대조직인 칠성파의 알선으로 울산의 그랜드호텔을 인수하였고, 한국의 범죄조직을 활용해 단합대회를 갖는 등 국제적 연대를 꾀하고 있다.

한국의 범죄조직은 러시아의 마피아와도 연계를 꾸준히 시도한 것으로 파악되었다.

이 밖에도 1994년 12월 양은이파 부두목인 이○○는 미국 LA에서 마약밀매혐의로 적발되었고, 1997년 12월에는 전주 금암동파가 남미 마약조직과 연계하여 코카인 1.5kg을 밀반입하다가 적발되었다. 2003년에는 미국 LA 한인 사회에서 활동하던 LGKK라는 폭력조직의 두목이 미국에서 한국으로 추방된 뒤 LA에 남아 있는 조직과 연계해 현지 필로폰을 들여오다 적발된 사건도 있었다.[55] 또한 2007년 8월에도 양은이파의 일원이 베트남 하노이에서 호텔 카지노를 운영하는 피해자를 협박해 포기각서를 받았다가 구속된 사건도 있다.[56] 2011년 11월에는 칠성파의 조직원이 필리핀으로 원정을 가서 한국인을 청부살인한 사건이 발생했다.[57]

---

53 경찰청, 「대범죄전쟁백서」, (서울: 경찰청, 1991), p. 173.

54 정희상, "신 '한일합병' 야쿠자 칼 뽑았다," 「주간한국」, 1996년 2월 7일자 보도.

55 동아일보, 2006년 6월 13일자 보도.

56 뉴시스, 2008년 11월 24일자 보도.

한편 2013년 12월에는 칠성파 조직원이 중국 칭다오의 마약조직과 연계해 중국에서 필로폰 5.7kg을 들여오려다 검거되었다.

그런데 이 칠성파 조직원은 1992년 7월 칠성파의 적대 세력인 신20세기파 간부 조직원을 살해하는 데 가담한 혐의(살인)로 징역 15년의 형기를 마치고 2009년 9월 출소한 것으로 드러났다. 이 사건은 2001년 개봉한 영화 '친구'의 소재가 됐다.[58]

CRIMINOLOGY

전남경찰, 디도스 공격 및 385개 웹사이트 해킹한 범죄조직 검거

전남경찰청 사이버범죄수사대는 SNS상에서 해킹 의뢰 채널을 운영하며 경제 언론사와 결혼정보업체 등 385개 웹사이트를 해킹해 고객정보 약 700만건을 불법 취득하는 등 정보통신망이용촉진및정보보호에관한법률위반정보통신망침해등 혐의로 조직 총책 A씨 등 7명을 구속하고 5명을 불구속 입건했다고 밝혔다

총책 A씨는 2020년 8월경부터 기획이사 B씨 해커 C씨와 함께 피라미드식 범죄집단을 조직하고 △도박사이트를 제작관리해주는 토탈솔루션 업체를 은밀히 운영하면서 경쟁대상 도박사이트를 해킹 및 DDoS 공격하고 △해킹의뢰 채널을 운영하면서 건당 100만 500만원을 받고 경제 언론사 등 385개 웹사이트를 해킹해 고객정보를 불법 취득한 혐의를 받고 있다.

경찰은 총책 A씨 등 공범들이 디도스DDoS 공격에 사용할 좀비PC를 대량 제작할 목적으로 해외에 가상 서버를 구축하고 접속만 해도 악성프로그램이 자동 설치되는 홈페이지도 제작한 사실을 추가로 확인하고 정보통신망법상 악성프로그램 유포 혐의로 추가 입건했다.

자료: 보안뉴스, 2023년 2월 21일자 보도.

57 2011년 11월엔 부산의 폭력조직 칠성파 조직원이 필리핀으로 원정을 가서 한국인을 살해한 사건이 발생하였다. 필리핀에 서버를 두고 불법 게임사이트를 운영한 일당이 자신들의 게임사이트 성능 개선을 의뢰한 프로그래머 백 모(44) 씨가 기한을 맞추지 못하자 필리핀으로 유인, 부산 칠성파 조직원 정 모(27) 씨를 시켜 마구 폭행해 숨지게 한 뒤 현지 경찰관이자 자신들의 사설 경호원인 2명에게 200만원 씩을 주고 백씨의 시신을 화장한 것이다. 부산일보, 2013년 2월 22일자 보도.

58 부산일보, 2013년 12월 26일자 보도.

제 4 편

범죄예방 및 피해자 지원

제14장

범죄예방전략

I. 범죄예방의 정의

프랑스의 범죄학자 뒤르껭이 모든 사회에는 항상 일정한 정도의 범죄가 발생한다는 범죄의 항상성론(homeostasis)을 주장한 것과 같이 범죄는 동서고금을 막론하고 존재했고, 현재도 진행형에 있다. 국가의 존재 목적 중 하나가 국민의 안전한 생활의 보장이라고 한다면 범죄로부터 국민의 안전을 보호하는 것은 매우 중요한 과제라고 할 수 있다. 따라서 많은 국가에서는 범죄를 어떻게 예방할 것인가에 대하여 직접 또는 범죄학자들을 뒷받침하여 많은 연구를 하였고, 이를 정책화하여 왔다. 그러나 어느 국가에서도 완벽한 범죄예방책을 확보하지 못하였으며, 결과적으로 여전히 범죄는 많은 국가에서 주요 정책과제로 남아 있다.

범죄예방의 정의에 대하여는 다양한 견해가 있다.

제프리(C. Ray Jeffery)는 기존의 범죄통제정책의 문제점을 제기하면서 범죄예방이란 ① 범죄발생 이전의 활동이며, ② 범죄행동에 대한 직접적 통제이며, ③ 범죄예방은 개인의 행동에 초점을 맞추는 것이 아니라 개인이 속한 환경과 그 환경 내의 인간관계에 초점을 맞춰야 하며, ④ 인간의 행동을 연구하는 다양한 학문을 배경으로 하는 것이라고 하였다.[1]

미국의 국가범죄예방연구소(National Crime Prevention Institute)는 범죄예방이란 범죄행동을 통제하는데 초점이 맞추어진 모든 종류의 노력이라고 정의하면서 노력의 종류를 직접통제와 간접통제로 구분하였다. 직접통제는 범죄에 대한 환

1 C. R. Jeffery, Crime Prevention through Environmental Design, (Bevery Hills: Sage Publications, 1977), pp. 33~47.; Cozens, P., & Love, T. (2015). A review and current status of crime prevention through environmental design (CPTED). Journal of Planning Literature, 30(4), 393−412.

경적인 기회를 줄이는 범죄정책을 말하며, 간접통제는 직업훈련, 교정교육, 경찰감시, 경찰체포, 법정활동, 구금, 보호관찰 및 가석방 등의 형사사법정책 등을 포함한다고 하였다. 즉 범죄의 요인을 범죄욕구, 범죄기술, 범죄기회로 구분할 때, 범죄예방이란 범죄욕구나 범죄기술에 대한 억제라기보다는 범죄기회를 감소시키려는 활동이라고 본 것이다.

이상의 범죄예방에 대한 정의는 주로 그 초점을 범죄자와 범죄환경에 두었다. 그런데 랩(S. P. Lab)은 범죄예방의 개념을 실제의 범죄발생 및 시민이 범죄에 대해서 가지는 두려움을 제거하는 활동이라고 하였다. 범죄예방은 범죄의 실질적인 발생을 줄이려는 정책과 일반시민이 범죄에 대하여 가지는 막연한 두려움과 공포를 줄여나가는 정책을 포함하여야 한다는 것이다.[2]

II. 범죄예방모델

1. 제프리의 모델

범죄를 예방하기 위한 노력은 범죄예방의 초점을 어디에 두는가에 따라 다양한 형태로 나타난다. 제프리는 세 가지의 범죄예방 모델을 제시하였다.[3]

첫째, 범죄억제모델(deterrent model)은 법이나 형벌(제재)을 통하여 범죄를 방지하고 범죄인을 교정하는 것으로 가장 전형적인 범죄예방 모델이다. 종래 형사정책의 주된 방향이라고 할 수 있다.

둘째, 사회복귀모델(rehabilitation model)은 교육이나 직업교육, 복지정책, 지역사회활동 등을 통하여 범죄인의 사회화를 지원하는 것을 말한다. 이는 범죄인을 정상적인 사회의 구성원으로 자립하도록 도와 재범을 방지하는 효과를 얻을 수 있다는데 착안하고 있으며, 최근의 형사정책이 지향하는 방향이라고 할 수 있다.

셋째, 환경공학적 범죄통제모델(crime control through environmental engineering)

---

2 S. P. Lab, Crime Prevention: Approach, Practices, and Evaluations, (Anderson Publishing Co., 1992), pp. 1~15.; Tilley, N., & Sidebottom, A. (2017). Handbook of crime prevention and community safety. Routledge.

3 Jeffery, C. R., & Zahm, D. L. (1993). Crime prevention through environmental design, opportunity theory, and rational choice models. Routine activity and rational choice, 5, 323−350.

로 도시정책, 환경정화, 인간관계의 개선, 제반 사회구조의 개선 등을 통하여 범죄를 예방하는 것을 말한다. 앞의 두 모델이 주로 범죄인 자신에게 초점을 맞추었다면 이 모델은 범죄인을 포함한 사회환경, 제도, 구조 등 지역사회에 초점을 두고 있다고 볼 수 있다.

제프리는 이와 같은 범죄예방모델의 성공여부를 측정하는 기준을 범죄의 감소정도, 지역주민들의 범죄에 대한 두려움의 감소, 시민들의 태도변화, 지역사회와 시민요구의 수용 정도에 두었다.

2. 브랜팅햄과 파우스트의 모델

범죄예방에 질병의 예방과 치료의 개념을 도입하여 소개한 브랜팅햄(P. J. Brantingham)과 파우스트(F. L. Faust)는 범죄예방을 1차적 범죄예방, 2차적 범죄예방, 3차적 범죄예방으로 나누고 있다.[4]

1차적 범죄예방은 일반대중을, 2차적 범죄예방은 범죄우범자나 집단을, 그리고 3차적 범죄예방은 범죄자가 주요 대상이라고 할 수 있다.

먼저 1차적 예방은 범죄행위를 유발하거나 촉진시키는 물리적 또는 사회적 환경을 개선시키는 전략으로서 환경설계, 이웃감시, 민간경비, 범죄예방교육 등이 이에 해당한다.

1차적 범죄예방영역에서는 범죄의 원인이 되는 정치·경제·사회정책이나 제도적 모순, 그리고 문화적 요인 등도 그 대상이 되는데 범죄의 근원적인 요소를 제거하는데 초점을 둔다.

2차적 범죄예방을 상황적 범죄예방전략이라고도 하는데 상황적 범죄예방이란 “범죄가 발생하게 되는 상황을 변화시킴으로써 범죄를 예방하고자 하는 노력”이라고 할 수 있다. 이러한 상황적인 접근에서 가장 중요하게 취급되는 것이 바로 범죄기회이다. 범죄기회라는 것은 여러 가지 의미를 가지고 있다.

범죄기회는 첫 번째로 잠재적인 범죄자가 범죄를 저지르게 되는 물리적 상황(material conditions)을 말하며, 두 번째로 격정범에 있어서의 범죄기회란 범죄를 저지르게 되는 유인 및 상황이라는 말과의 동의어로 볼 수 있다. 좀 더 넓은 개념에서 살펴본다면 범죄기회란 범행을 유발시키는 재물이 위치하고 있는 장소뿐

4 Brantingham, P. J., & Brantingham, P. L. (2017). Notes on the geometry of crime. In Principles of Geographical Offender Profiling (pp. 97–124). Routledge.

만 아니라 범인이 최소한의 위험으로 최대한의 만족을 얻을 수 있는 상황까지를 포괄한다.

3차적 범죄예방은 실제 범죄자를 대상으로 더 이상 범죄를 행하지 않도록 하는 것에 중점을 둔다. 체포, 기소, 구금, 교정 등 대부분 형사사법기관이 이를 담당한다. 특히 특별예방적 제재를 통하여 개별 범죄자의 새로운 범죄성을 억제시키거나 약화시킬 수 있는 조치들이 이 단계에서 실행된다.

이와 같이 범죄예방을 위한 다양한 모델이 제시되고 있지만 특정한 모델이 가장 효과적인 모델이라고 단정할 수는 없다. 따라서 각 국의 실정에 따라 사회의 변화와 범죄자에 따라 적합한 모델이 개발되어야 할 필요성이 대두되는 것이다.

이상의 범죄예방에 대한 다양한 정의와 이를 근거로 한 예방모델을 정리해보면 범죄예방이란 범죄를 사전에 방지하기 위한 사전적 대책으로 법 및 제도, 정책, 범죄적 환경개선 등을 포함하는 활동이라고 볼 수 있다. 물론 이에는 초범을 방지하는 정책과 재범을 방지하는 정책이 부분적으로 중복될 수 있으나 결국 범죄를 예방하는 의미의 제반활동이라고 할 수 있다. 환경개선은 잠재적 범죄인의 개인적인 환경을 포함한 광의의 지역사회 환경을 의미한다.

Ⅲ. 환경설계를 통한 범죄예방전략

1. CPTED의 의의

제이콥스(Jacobs), 제프리(Jeffery), 뉴먼(Oscar Newman)의 저서에서 제기된 환경설계를 통한 범죄예방(Crime Prevention Through Environmental Design: CPTED)은 범죄학자, 경찰관, 건축가, 범죄예방 운동가 및 일반시민들로부터 많은 관심을 불러일으켰다. 제프리가 그의 저서에서 주장한 환경개선에는 단순한 물리적 환경의 개선뿐만 아니라 가정교육이나 사회환경의 개선까지를 포함하는 광범위한 것이었다.[5] 환경설계란 한 지역의 건물들과 그 건물들의 용도를 설정할 때 방어공간(defensible space)이라는 새로운 디자인을 도입함으로써 범죄를 예방하고자 하는 것이다.

---

5 Vera, Y., & Fabian, N. (2016). Crime prevention through environmental design.

제이콥스(Jacobs)는 주거지역 내에 공유공간과 개인공간을 명백히 구분할 것과 건물들은 주변지역의 도로나 주거공간 주변을 잘 감시할 수 있는 형태로 지어져야 한다는 것을 주장하였다. 모든 지역에 주거공간과 상업공간을 혼합 배치하여 주변지역의 유동성을 높임으로써 범죄예방효과를 거양할 수 있다고 주장하였다. 주거지역과 상업지역이 명백히 구분되어 있을 경우 주거지역에는 주간에 상업지역에서는 야간에 방범능력이 취약하게 됨에 따라 많은 범죄가 발생할 수 있으나 두 지역을 혼합하는 경우 주야간 모두 사람들의 이동성이 높아짐에 따라 범죄의 발생가능성이 감소하게 된다는 논리이다.

방어공간이란 미국 뉴욕대학 교수였던 뉴먼이 '도시 거주지역 방범설계'(security design of urban residental areas)에 대한 연구프로젝트를 수행하면서 공동주거환경과 범죄와의 관계를 규명하고 그 대안을 제시하는 과정에서 처음으로 사용한 개념으로 "주민을 범죄로부터 보호할 수 있도록 주거환경을 조성해 놓은 주거공간"을 지칭하는 것이다.[6]

뉴먼은 도시지역의 범죄는 사회운영체계의 붕괴에서 비롯되며 지역사회가 제대로 기능하지 못하는 것이 범죄예방을 가로막는 걸림돌이라고 보았다. 이러한 문제에 대한 해결책은 주거공간을 새롭게 건축함으로써 주거지역에 대한 통제력을 강화시키는 것이 필요하고, 아울러 이러한 노력은 경찰이 아니라 지역주민들 스스로가 공동영역을 확보함으로써 가능해진다는 것이 뉴먼의 범죄예방전략이라고 할 수 있다.[7]

우리나라는 2015년부터 국토교통부장관의 고시로 범죄를 예방하고 안전한 생활환경을 조성하기 위하여 건축물, 건축설비 및 대지에 대한 범죄예방 기준을 정한다는 취지로 cpted 전략을 적용하도록 하였다.[8]

---

6 Jacobs, B. L. (2018). Gendered Lived Experiences in Urban Cape Town: Urban Infrastructure as Equal Opportunity, Social Justice, and Crime Prevention.

7 Newman, O. (1972). Defensible space (p. 264). New York: Macmillan.; Newman, O. (1974). A design guide for improving residential security (Vol. 2). US Department of Housing and Urban Development.

8 범죄예방 건축기준 고시, [시행 2021. 7. 1.] [국토교통부고시 제2021-930호, 2021. 7. 1., 일부개정].

CRIMINOLOGY

방어공간 개념으로 설계된 주택과 주거지역

자료: berkeley fire, Why is Defensible Space so Important?, https://www.berkeleyfire.com/

2. CPTED의 구성

1) 자연적 영역성 강화(natural territorial reinforcement)

자연적 영역성 강화(natural territorial reinforcement)란 개인공간과 공공공간, 준공공구간 등으로 공간을 분리하고 재배치함으로써 외부의 접근을 통제하려는 전략이다. 개인공간은 방어공간이라고도 하며, 개인공간을 명확하게 보여주는 건축설계나 공간배치는 잠재적인 범죄자에게 공간의 침입이나 접근을 억제하고 사생활 보호에 대한 소유자 및 시민들의 인식을 갖게 하는 효과가 있다.[9]

뉴먼은 건축환경에서 특정공간은 개인공간과 공동공간을 양 끝점으로 하여

9 Fennelly, L. J., & Perry, M. A. (2018). Defensible Space Theory and CPTED. In CPTED and Traditional Security Countermeasures (pp. 3–5). CRC Press.

일정한 체계적 분류가 가능하다고 주장한다. 개인공간이란 영역 전체가 개인의 통제범위에 속하는 곳으로 통상적으로 아파트나 주택의 실내가 여기에 속한다. 준개인 공간은 시각적, 물리적으로 접근가능한 공공장소로 거주자의 통제가 가능한 집의 정원 등이 여기에 속한다. 준공공공간은 거주자 전체의 통제나 책임영역에 속하는 부분으로 고층빌딩의 계단이나 주차장 등이 대상이다. 공공공간은 공중에 개방되고 누구나 접근할 수 있는 장소로 도로가 여기에 해당한다.

그런데 이와 같은 공간들은 주변 여건과 주거자의 노력에 따라 구분이 모호해지거나 다른 성격을 가질 수 있다. 저소득층이 거주하는 고층아파트로 경비원이 지키지 않고 누구나 출입할 수 있는 경우 아파트의 실내만이 개인공간이고 나머지 공간은 모두 공공 공간이 된다. 그러므로 거주자들이 자신들의 집안뿐만 아니라 주변 지역까지 감시와 책임범위를 확장할 경우 개인공간이 증가하게 된다고 볼 수 있다. 또한 지역사회 주민들이 나(사적)의 공간과 남의 공간을 구분하기 위하여 물리적인 조치, 즉 높은 벽, 출입구의 잠금장치를 설치하거나, 상징적으로 대문이나 계단을 설치하거나, 주변지역과 구분되는 도색을 하여 외부인에게 권한이 있어야만 출입할 수 있는 타인의 사적 영역에 들어 왔다는 것을 알림으로써 많은 부분을 개인공간화 할 수 있다.

2) 자연적 감시(natural surveillance)

방어공간 설계를 위한 두 번째 요소는 감시의 기회를 늘리는 것이다. 감시는 거주자들의 범죄에 대한 두려움을 줄여주고 더불어 공간에서의 활동을 증가시키게 됨으로써 좀 더 안전한 생활을 보장하게 된다.

그러나 단순한 감시활동이 복잡한 문제들에 대한 만능의 해결책이 될 수는 없다. 창문을 통해 거주자들이 항상 감시해야 하는 지역을 보고 있는 것은 아니며, 설사 감시하던 공간 내에서 범죄가 발생하더라도 이를 목격한 사람이 반드시 신고를 하거나 도움을 준다고 볼 수는 없다. 그러한 결정은 범죄행위가 자신이 통제할 수 있고 감시하고 있는 영역에서 발생하는지의 명확성 여부, 실제로 발생하고 있는 상황이 범죄인지를 인식하는지의 여부, 목격자가 발생하는 범죄에 대하여 영향을 미칠 수 있다고 느끼는지의 여부 등이 종합적으로 결합되어 내려지게 된다.

보행자와 자전거 통행량을 늘릴 수 있는 거리 설계
보도와 주차장이 내려다 보이는 위치에 창문을 배치
창문을 열어 두기
cctv 카메라로 통과 차량 감시
입출입구 근처에 입출입자를 확인가능하게 조경 설계
건물 밖의 상황을 확인 가능하도록 담장 높이 조정
건물 출입구에 투명한 현관
출입자 및 이용자 등을 확인할 수 있도록 조명을 밝게 유지
통로, 계단, 출입구, 주차 공간, ATM, 전화 키오스크, 우편사서함, 버스 정류장, 어린이 놀이터, 레크리에이션 구역, 수영장, 세탁실, 보관 구역, 쓰레기통 및 재활용 구역 등

3) 자연적 접근통제(natural access control)

자연적 접근통제는 공공 공간과 사적 공간을 명확히 구별하는 조치를 취함으로써 범죄의 기회를 제한하는 것을 말한다. 자연적 접근통제를 위해 출입문, 울타리, 조명 및 조경을 활용할 수 있다.[10]

명확하고 식별 가능한 출입구 단일화
모든 출입자의 안내소 통과
공공 화장실의 출입구의 단일화
내부침입방지를 위하여 배관 등을 미끄러운 재질로 외부 공사
지붕 또는 윗 층 접근 차단 설계
앞마당에서 주거용 건물 라인을 따라 허리 높이 담장으로 외부감시
앞 정원과 뒷 정원 사이의 간이문 설치
이웃집과 사이드 담장을 허리 높이로 설치하여 소통

10 Fennelly, L. J., & Perry, M. A. (2018). First−Generation CPTED. In CPTED and Traditional Security Countermeasures (pp. 20−23). CRC Press.

Ⅳ. 지역사회의 범죄예방전략

1. 이웃감시 프로그램

이웃감시 프로그램(neighborhood crime prevention program)은 시민들이 그들의 일상생활 중에 주변을 감시함으로써 스스로 범죄를 예방할 수 있다는 전제하에 시행되는 범죄예방 프로그램이다. 이웃감시 프로그램의 주체는 지역주민이며 경찰은 필요한 정보를 제공하고, 충분한 재원을 확보하여 적절히 지원하는 역할을 수행한다. 이 프로그램의 성공은 자신들의 지역을 안전하게 유지하겠다는 주민들의 의식과 자발적인 협력에 달려 있다고 할 수 있다.[11]

이 프로그램은 지역사회 범죄예방 전략의 대표적인 것으로 이웃주민들이 정기적인 모임을 통하여 서로에 대해서 친밀감을 가질 정도로 익숙해지며, 이웃에 의심스러운 사람이나 상황이 발생하면 이를 경찰관서에 신고하도록 하는 것이다. 이웃감시 프로그램이 범죄의 예방이나 감소에 영향을 준다는 연구결과들이 제시되고 있다.

베넷과 라이트가 조사한 결과에 따르면 침입절도범 중 1/3이 이웃사람이 범죄를 목표한 주택 주변이나 가까이 있는 경우 범행을 포기하게 되며, 1/3은 이웃집에서 바로 바라다 보이는 집은 범죄대상으로 택하지 않으며, 나머지 1/3은 그러한 상황이라면 침입을 꺼려할 것이라고 답변하고 있다. 또한 조사대상자의 1/4이 만약 침입대상 주택의 주변에 통행인이 있거나 다른 사람이 있는 경우 범행을 포기한다고 답변하였다.

니(C. Nee)와 테일러(M. Taylor)의 연구에 의하면 침입절도범 중 50% 이상이 범죄를 목표로 하는 주택을 선택할 때 정원수 등으로 가려져 있거나 통행인들의 가시성이 제한되는 집을 선호하는 것으로 나타났다.[12]

윈체스터(S. Winchester)와 잭슨(H. Jackson)은 그들의 연구에서 침입절도의 대상이 되는 주택은 감시가 제한되고 쉽게 접근할 수 있는 공통점을 가지고 있

11 Louderback, E. R., & Sen Roy, S. (2017). Integrating Social Disorganization and Routine Activity Theories and Testing the Effectiveness of Neighbourhood Crime Watch Programs: Case Study of Miami−Dade County, 2007-15. The British Journal of Criminology.

12 C. Nee, and M. Taylor, "residential burglary in the Republic of Ireland," (Howard Journal, 27, 1988), pp. 105~116.

다고 결론지었다.[13] 또 다른 연구에서도 침입절도범들은 대부분 집의 뒷문이나 담장 또는 나무로 가려져서 외부에서는 제대로 보이지 않는 곳을 침입구로 선택하는 것으로 나타났다. 그러므로 범죄의 예방을 위해서는 감시의 폭을 넓힐 수 있도록 주변지역을 디자인하고 이웃간의 감시활동을 활발히 하는 것이 필요하다.

이웃감시 프로그램의 장점은 프로그램이 복잡하지 않아 단시간에 실시할 수 있고, 저렴한 비용, 지역주민의 상호 관심과 협조를 바탕으로 하므로 범죄에 대한 관심이 높아지며, 특별히 참가하는 주민들의 시간과 비용을 요하지 않는다는 것이다.

2. 시민들의 방범순찰

이는 지역주민들이 자신들이 거주하고 있는 일정지역에 대하여 경찰의 순찰활동과는 별개로 순찰을 하며 범죄나 의심스러운 상황에 대하여 알리는 프로그램이다. 시민순찰은 범죄현장에 개입하지는 않고 단지 경찰에 알리는 역할만을 담당한다. 순찰은 차량순찰이나 도보순찰을 병행한다. 시민순찰은 자원봉사에 의해 이루어지는 것이 대부분이다. 민간자율방범대원이나 명예경찰관들의 방범순찰을 예로 들 수 있다.[14]

3. 재물확인 마킹제

재물확인 마킹제는 1963년 캘리포니아 몬터리 파크에서 최초로 시행되었다. 자동차의 휠캡 도둑행위가 빈발하자 이를 저지하기 위해 경찰이 지역주민들에게 자신의 자동차 휠캡에 면허증번호를 기재할 것을 권고한 것이다. 이후 이 제도는 미국전역으로 확산되어 자신의 재물에 자신의 사회보장번호나 운전면허번호 등을 기입하여 이 재물이 팔리거나 저당의 대상이 되지 못하도록 하고 있다. 또한 이웃감시활동의 일환으로 현관문이나 창문 등에도 표시하여 범죄의 표적이 되지 않도록 하는 효과를 얻고 있다.

---

13 S. Winchester, and H. Jackson, Residential Burglary: The Limits of Prevention, Home Office Research Study, No 74, (London: HMSO, 1982), p. 15.

14 Johnson, A. (2015). Neighborhood Watch: Invading the Community, Evading Constitutional Limits. U. Pa. JL & Soc. Change, 18, 459.

최근에는 자동차의 휠캡이나 타이어를 특수한 재질이나 혹은 디자인으로 제작함으로써 도난행위를 방지하는 다양한 범죄예방전략을 자동차 제조사와 범죄학자들이 공유하고 있다.[15]

자료: https://www.bobatoo.co.uk/blog/car-security-best-anti-theft-locking-devices/

4. 범죄신고보상제

범죄신고보상제는 미국에서 1976년 시작되었다. 이는 특정한 범죄를 해결하기 위하여 지방방송이나 신문 등 대중매체를 통하여 범죄와 관련한 기사를 내보내고 시민들이 이에 대한 정보를 제공할 경우에 이를 금전적으로 보상해 주는 것이다. 범죄신고보상제는 지역주민들의 범죄에 대한 관심을 유발할 뿐만 아니라 범죄문제 해결에 지역주민들이 동참하는 결과를 가져온다. 이 프로그램은 신고자의 익명성을 보장하고, 범죄신고에 대한 확실한 보상체계가 담보되어 있다는 점에서 실질적으로 지역주민들의 참여를 유도한다는 평가를 받는다.

한국에서도 쓰레기 무단투기, 교통법규위반, 노래방에서의 술 판매 등의 경우 이를 경찰 등에 신고시 보상제도를 시행하고 있다. 또한 성매매사범이나 탈세행위 등을 신고시에도 관련법에서 보상규정을 두어 시민참여를 유도하고 있다.[16]

15 Beck, J. F. (2015). U.S. Patent Application No. 14/088,629.

16 박성훈. (2017). 지역사회요인의 상호작용과 범죄피해신고의 관계. 한국경찰학회보, 65, 49- 77.

범죄신고-익명성 보장-신고보상 시스템: 영국 크라임 스토퍼

자료: crime stoppers, https://crimestoppers-uk.org/

5. 안전검사

안전검사란 사업장, 공동주택 및 단독주택 거주자들을 위하여 일정한 지침을 마련하여 시행하는 안전진단이다. 이는 범죄예방전문가가 실시하는데 사업시설물검사와 거주자검사로 나눌 수 있다.

사업시설물검사는 사람, 금전등록기, 상품, 현금관리의 안전에 초점을 두고 있다. 거주자의 안전을 평가하는 지침으로는 개인의 안전, 현금관리, 주택의 방범기기설치 및 관리 정도, 자체적인 대응장비의 확보 등이다.

영국의 경우 경찰서장협회(Association of Chief Police Officers: ACPO)가 1989년에 안전디자인(Secured by Design: SBD)을 설립하여 경찰과 이 제도를 시행하

호주 빅토리아주 범죄위험진단질문지

진단항목	주요 문제	사소한 문제	문제가 아니다
낙서			
기물 파손 / 재산 피해			
시끄럽고 난폭하고 비할 바른 행동			
거리에 매달려있는 사람들			
거리 술			
마약 사용 및 마약 거래			
폭력 적이고 공격적인 행동			
사람과 자동차로부터 도둑질			
강도질			

자료: Crime Prevention Evaluation Toolkit, https://www.crimeprevention.vic.gov.au/grants/public-safety-infrastructure-fund/crime-prevention-evaluation-toolkit/

고 있다. SBD는 영국경찰이 창문, 출입문, 열쇠, 집, 주차장, 보트, 쓰레기하치장 등 다양한 물품 및 시설에 대하여 안전한 디자인을 제안하고, 업체 등이 이를 디자인한 경우 SBD가 평가한 후, 'Police Preferred Specification'라는 로고를 부착할 수 있도록 인증하는 역할을 한다.[17]

6. 무임승차단속

네덜란드는 1966년 이후 자동기계의 도입으로 무임승차가 증가되어 사회문제화 되었다. 이에 따라 전차와 지하철을 대상으로 감시요원, 일명 VIC 요원을 배치하여 무임승차를 단속하는 한편, 승객들에게 범죄정보를 제공하고, 범죄예방적인 기능을 수행하였다.

무임승차단속 실시 후 무임승차가 상당히 감소하였으며, 지하철이나 전철, 트랩 등에서의 경미한 범죄가 감소하였다. 그리고 공공기물 파괴로 인하여 지출되던 비용도 절감되었으며, 나아가 여성과 소수민족 주민들을 종사요원으로 고용하여 일자리를 창출하는 효과를 얻었다.

유사한 효과를 얻을 수 있는 것으로 현재 지하철 경찰이나 버스 등의 CCTV 카메라 설치 등이 있다.

자료: 서울교통공사, http://www.seoulmetro.co.kr/

17 허경미, "영국경찰의 지역사회 파트너십 전략," (한국공안행정학회보, 23(3), 2014), pp. 340~367.

7. 방범협회·자율방범대

방범협회는 일본의 민간자율방범 조직활동이라고 할 수 있다. 방범협회는 대부분 경찰서 단위로 조직되어 있는데 경찰은 협회에 관할 범죄관련 정보를 제공하고, 협회가 필요한 활동을 지원한다. 협회 구성원은 지역의 범죄정보를 경찰에 제공하며, 유해환경정화 캠페인, 방범홍보물의 제작 배포 등의 활동을 통해서 지역의 범죄예방에 기여하고 있다. 경찰의 예산지원은 없고, 협회 구성원들의 회비와 기부금 등으로 운영된다. 방범협회의 조직은 전국방범연합회를 정점으로 지역방범협회, 방범연락소 등 계층적인 구조를 갖추고 있다.

한국의 자율방범대 역시 방범협회와 유사한 역할을 하는 시민들의 자발적인 범죄예방을 위한 활동조직이다. 대부분 경찰서의 순찰지구대 및 파출소 단위로 구성되어 활동하고 있다.

자율방범대 설치 및 운영에 관한 법률이 제정되어 경찰서장은 일정한 요건을 갖춘 사람을 자율방범대원으로 위촉할 수 있다.[18] 이 법은 자율방범대원의 역할을 다음과 같이 규정한다.[19]

1. 범죄예방을 위한 순찰 및 범죄의 신고
2. 청소년 선도 및 보호
3. 시·도경찰청장·경찰서장·지구대장·파출소장(이하 "시·도경찰청장등"이라 한다)이 지역사회의 안전을 위하여 요청하는 활동
4. 특별시장·광역시장·특별자치시장·도지사·특별자치도지사, 시장·군수·구청장 또는 읍장·면장·동장이 지역사회의 안전을 위하여 요청하는 활동

8. 여성안심귀가서비스

한국의 경찰 및 자치단체 및 자율방법대 등이 상호 협약을 맺어 시행하는 서비스로 대중교통 이용이 불가능한 야간시간에 귀가하는 여성들이 경찰이나 자율방범대 등에 전화로 도움을 요청할 경우 자율방범대가 차량을 이용하여 귀가를 돕는 것을 말한다.

18 자율방범대 설치 및 운영에 관한 법률 (약칭: 자율방범대법), [시행 2023. 4. 27.] [법률 제18848호, 2022. 4. 26., 제정]. 제6조.

19 자율방범대 설치 및 운영에 관한 법률 제7조.

제15장

범죄피해자 지원

I. 범죄피해자의 의의

현행 「범죄피해자 보호법」에서는 범죄피해자란 타인의 범죄행위로 피해를 당한 사람과 그 배우자(사실상의 혼인관계를 포함), 직계친족 및 형제자매, 그리고 범죄피해 방지 및 범죄피해자 구조 활동으로 피해를 당한 사람을 범죄피해자로 간주하고 있다.[1]

따라서 범죄피해자란 타인의 범죄로 인하여 정신적, 물질적, 그리고 재산상의 피해를 받은 당사자와 그 가족 등으로 정의하기로 한다. 그러나 좀 더 범위를 확대하면 범죄피해자는 범죄로 인하여 간접적 피해를 당하는 지역사회, 주민 그리고 범죄문제를 해결해야 하는 국가 역시 피해자라고 할 수 있다.[2]

피해자학자들은 피해자와 범죄자, 피해자와 형사사법제도, 그리고 피해자와 사회와의 상관성에 대하여 연구하며, 피해자학(Victimology)이라는 용어는 1947년 Beniamin Mendelsohn이 프랑스 저널에 피해자학의 용어를 만들어 사용함으로써 시작되었다. 이에 앞서 1924년에 Edwin Sutherland는 그의 범죄학 교재에서 '피해자'라는 장(chapter)을 삽입했다.

피해자에 대한 연구는 누가 왜 범죄피해를 당하는가에서 범죄피해를 예방하기 위한, 즉 범죄예방을 위한 다양한 형사정책을 개발하고, 범죄피해자 지원정책의 개발로 연구영역을 확대하고 있다.

한국의 경우 한국에 사회과학의 한 학문적 영역으로서 피해자학이 소개되기 시작한 시기는 1970년대이지만 실질적으로 학문으로서의 자리매김을 한 것은

1 범죄피해자 보호법 제3조.

2 허경미, 피해자학 제4판, 박영사, 2023, pp. 14－20.

1990년대 초기부터라고 할 수 있다. 즉, 1992년에 한국피해자학회가 설립되면서 범죄피해자에 대한 학문적 관심이 높아지고, 관련 연구성과를 보이기 시작했다. 1994년 이후 성폭력방지 및 피해자보호 등에 관한 법률, 가정폭력방지 및 피해자보호 등에 관한 법률 등에 이어 2004년 성매매방지 및 피해자보호 등에 관한 법률 등이 잇달아 제정되면서 성폭력 및 가정폭력, 성매매피해자 등에 대한 정부의 보호 및 지원정책이 시행되었다. 또한 국가의 수사권 및 형벌권으로부터 범죄자의 인권을 보호하는 이른바 무죄추정의 원칙 및 죄형법정주의 등의 형사절차상 원칙을 강조하던 형사정책 및 학문적 풍토가 관련 범죄의 피해자의 침해된 인권을 회복하고 구제하는 것 역시 매우 중대한 국가적, 사회적 과제라는 공감대가 형성되었다.

이러한 인식을 바탕으로 2005년 「범죄피해자 보호법」이 제정되었으며, 이는 1987년도에 제정되었던 범죄피해자구조법과 함께 범죄피해자를 보호하고 구조하기 위한 양대축을 이루었다. 이어서 2010년 5월에 이 두 법을 통합하여 범죄피해자 보호법으로 전부 개정되었으며, 개정법에 범죄피해 지원 및 구조, 그리고 형사화해조정, 범죄피해자지원센터의 지원관련 규정을 담아 범죄피해자지원 체계를 명확히 하고 있다. 현행 범죄피해자 보호법은 유엔의 「범죄 및 권력남용 피해자의 기본권보장선언」의 이념과 피해자 보호정책 등을 반영하고 있다.[3]

비록 한국은 피해자학의 학문적 출발이 여느 서구사회보다 늦었지만 아동성폭력, 가정폭력, 성폭력 등 특정 범죄피해자에 대한 국가차원의 지원법 및 제도를 도입하는 과정에서 매우 진보적인 태도를 취하고 있다. 특히 범죄피해자보호법에 형사화해조정제도를 명시함으로써 범죄피해자에 대한 실질적인 지원을 유도하고 있으며, 이는 회복적 정의(Restorative Justice)의 이념을 반영하는 것이기도 하다.[4]

한국은 2009년 이후 매 2년 마다 일반 국민을 대상으로 정확한 범죄피해율(숨은 범죄피해율 포함)을 파악하고, 범죄의 취약성 요인을 밝히며, 범죄현상 및 치안정책에 반영하기 위하여 범죄피해조사(National Crime Victimization Survey:

3 현행법은 범죄피해자 보호법 [시행 2017. 3. 14.], [법률 제14583호, 2017. 3. 14., 일부개정]이다.

4 회복적 사법이라고도 하며, 형사조정, 써클제재, 가족단위협의, 피해배상적 보호관찰(사회봉사) 등의 대안적 접근방법이 제시된다. 허경미, 피해자학 제4판, 박영사, 2023, pp. 76－84.

NCVS)를 실시하고 있다.[5] 2009년 8월 19일부터 국가승인통계로 지정되었으며, 공식적인 통계 명칭은 「국민생활안전실태조사」이다. 범죄피해자 보호법 제2장 제11조에 그 근거를 두고 있다.

II. 범죄피해 관련 이론

1. 생활양식이론(lifestyle theory)

힌델랑(Hindelang)과 그의 동료들은 개인의 노출(exposure)과 방어능력(guardianship)이 개인의 범죄피해자화에 미치는 영향에 관하여 연구하였다.[6] 그들은 개인의 생활양식은 개인의 범죄피해자화에 영향을 준다며, 이를 생활양식이론(lifestyle theory)이라고 불렀다. 즉 개인의 매일의 생활양식의 노출은 주변의 범죄동기를 가진 사람들에 의하여 범죄의 표적이 될 기회를 증가시킨다는 것이다. 생활스타일이론, 라이프스타일이론이라고도 칭한다.

생활양식이론을 설명하는 중요한 변수로 성별차이와 소득차이를 들 수 있는데 전통적인 생활양식대로라면 남성이 여성보다 상대적으로 사회생활이나 집 밖에서의 생활이 많으므로 범죄에 노출될 기회가 증가한다고 본다. 또한 소득이 적은 경우 주거나, 여가활동, 교통수단 등에서 안전을 보장받기 어려우므로 소득이 많은 사람들보다 상대적으로 범죄적 환경에 노출될 수 있다. 따라서 생활양식이론에 따르면 젊은 사람, 남자, 미혼자, 저소득층, 그리고 저학력층 등은 노년층, 여자, 기혼자, 고소득층, 그리고 고학력층보다 폭력범죄의 피해자가 될 확률이 높다고 할 수 있다.

생활양식이론은 다양한 후속연구들이 범죄피해자화의 원인을 탐색하는데 영향을 주고 있다.

2. 일상활동이론(routine activities theory)

범죄경향 및 피해자화에 대한 좀 더 정교한 이론은 일상활동이론(routine

5 통계청, 국가통계대행, http://kostat.go.kr/policy/scm/scm_psd/8/1/index.static/

6 Hindelang, Michael, Gottfredson, Michael & Garofalo, James. Victims of personal crime: An empirical foundation for a theory of personal victimization, Cambridge, Mass.: Ballinger (1978).

activities theory)이다. 이는 코헨과 펠슨(Cohen and Felson)에 의해 만들어졌다.[7]

코헨과 펠슨은 일상활동(routine activities)은 범죄경향과 피해자화에 초점을 맞춰 연구되어야 한다고 보았다. 그들은 개인의 행동은 반복되며, 개인의 필요 및 인구적 특성에 따라 이루어진다고 전제했다. 일상활동은 집, 직장, 다른 일정한 장소에서도 반복된다.

코헨과 펠슨은 특정한 사람 또는 대상이 일정한 공간과 시간에 놓여질 때 범죄가 발생한다는 것으로 범죄발생에 영향을 주는 요인으로 세 가지 변수를 들었다. 첫째, 현금이 필요한 약물중독자와 같이 범죄동기가 충만한 범죄자의 존재(motivated offender), 둘째, 적당한 범죄대상자나 목표물의 존재(suitable targets), 셋째, 경찰이나 방범시스템과 같은 방어능력의 부재(absence of capable guardians) 등이다.

매일 매일의 교통수단, 쇼핑, 학교통학, 직장출퇴근 형태는 개인의 범죄피해에 영향을 준다. 강도나 소매치기 등은 집보다는 낯선 사람들과의 왕래가 많은 사람들과의 관계에서 더 많이 발생한다. 일상활동이란 즉, 누가, 어떠한 방법으로, 몇 시에, 어느 장소에서 등과 같은 피해자의 사회적 생태와 관련이 있다.

그림 4-1 일상활동이론의 모형도

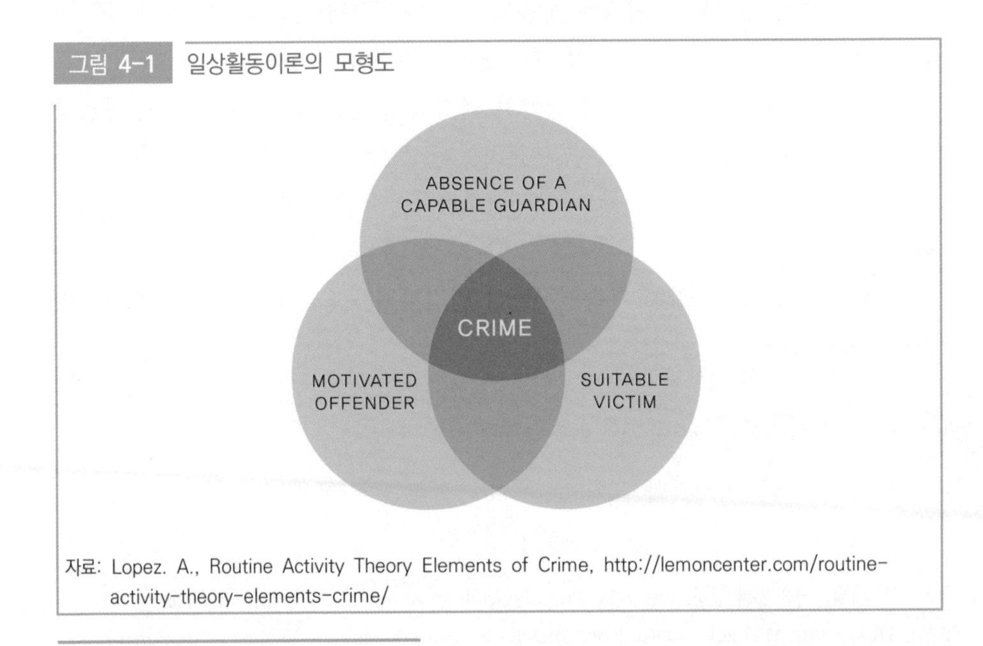

자료: Lopez. A., Routine Activity Theory Elements of Crime, http://lemoncenter.com/routine-activity-theory-elements-crime/

7 Lawrence E. Cohen and Marcus Felson, "Social Change and Crime Rate Trends: A Routine Activity Approach," American Sociological Review, Vol. 44 (1979): 588−593.

일상활동이론에서 범죄발생에 가장 영향을 주는 변수는 동기화된 범죄자의 존재이다. 동기화된 범죄자에게 있어 범죄를 촉진시키는 요인, 즉 범죄를 합리적으로 선택 또는 결정하게 하는 고가의 장비, 옮기기 쉬운 물건이나 현금소지, 자신의 행위를 방해할 만한 도구나 무기 등을 갖추지 못한 경우이다. 범죄자의 범죄행위를 방해하는 도구나 무기에는 경찰의 순찰활동이나 경비시스템의 설치, 그리고 지역주민이나 피해자 주변 사람의 존재도 포함된다. 현금이나 고가의 물건이 가득한 빈 집이나 창고라 하더라도 하루 종일 밖을 내다보고 있는 주부나 노인 등이 이웃에 있다면 범죄대상으로의 매력성은 떨어질 것이다. 또한 일상활동이론은 여럿이 함께 생활하거나 외출하는 것보다 혼자서 생활하거나 외출하는 경우에 더 범죄대상으로서의 매력성을 가진다고 본다.

3. 일탈장소이론(deviant place theory)

일탈장소이론이란 특정한 지역이나 장소는 범죄위험에 더 노출되어 있기 때문에 그러한 지역이나 장소에 있는 개인은 다른 장소보다 더 범죄피해를 당할 가능성이 높다고 주장하는 범죄피해이론이다.[8]

일탈장소이론은 피해자촉발이론과는 달리 피해자는 범죄발생에 아무런 원인 제공을 하지 않지만, 단지 피해자가 특정한 장소에 머물거나, 거주하거나, 근무하는 등의 이유로 인하여 범죄피해를 당할 가능성이 더 높아지는 경우이다.

일탈장소이론은 앞서의 생활양식이론이나 일상활동이론에 비하여 상대적으로 거시적인, 지리적인 관점의 접근이며, 범죄피해에 대한 물리적인 환경의 중요성을 강조한다고 볼 수 있다. 그리고 이러한 관점은 깨어진 창문이론(broken window theory) 및 환경설계를 통한 범죄예방이론(Crime Prevention Through Environmental Design Theory: CPTED theory)의 태동 및 발전에 영향을 주는 피해자학이론이라고 할 수 있다.

일탈장소이론을 바탕으로 도시설계나 지역개발에 있어 특정한 문화나 종교, 정치적인 신념 등을 공유하는 지역사회가 형성될 경우 그렇지 않은 경우 보다 범죄피해가 덜 발생할 수도 있다는 연구결과들이 제시되고 있다.[9]

---

8 Schmalleger. F. (2018). Criminology Today: An Integrative Introduction. PRENTICE HALL. pp. 168－169.

9 Rozhan, Arinah, et al., "Analysis Of Islamic Safe City Planning Concept For A Better

4. 피해촉발이론(victim precipitation theory)

피해촉발이란 피해자가 범죄자의 범행동기를 유발하고 범죄실행에 영향을 끼친다는 피해자이론이다. 범죄피해유발이론이라고도 한다.[10]

피해촉발이론을 최초로 체계적인 연구과정을 거쳐 주장한 학자는 울프강(Marvin Wolfgang)이다. 그는 1957년 살인사건에 대한 통계적 분석연구를 통하여 피해자가 범죄를 유발하는 동기를 제공하는 경우도 있다는 것을 밝혀냈다.

울프강은 연구를 시작하기 전, 살인의 원인을 피해자가 제공할 수도 있다는 가설을 세웠고, 실제로 588건의 공식적인 살인사건사례 중 26%, 150건이 피해자가 범죄를 유발한 것을 증명한 것이다.

울프강을 이은 다양한 후속연구들이 진행되었고, 일부 연구에서 남성과 여성 범죄자 간에서 발생한 폭력사건의 경우 여성범죄자의 행동이 남성의 폭력을 촉발한 것으로 나타났다. 또한 알콜은 공통적인 범죄촉발요소로 나타났고, 둘 이상의 범죄유발요소가 있는 경우 대부분 알콜이 가장 우선적인 범죄촉발 요소인 것으로 나타났다.

그런데 피해자가 범죄를 촉발하는 태도는 소극적이거나 또는 스스로 의식을 하지 못하는 경우도 있고, 적극적으로 행동하는 경우도 있다. 예를 들어 성전환자나 동성애자, 특정종교인, 난민 등은 어떠한 행동을 하지 않더라도 그 존재나 신념을 가지고 있다는 이유 혹은 표식만으로도 증오범의 공격을 받을 수 있다.

반대로 피해자가 범죄를 유발하는 적극적인 경우는 상대방과의 심한 다툼이나 모욕적인 언어나 태도, 채무불이행 등과 같이 상대방과의 갈등적인 요인이 있는 경우이다.

한편 피해촉발이론은 범죄피해의 원인을 피해자에게 전가하고, 동시에 피해자의 행동에 대해 도덕적, 사회적 혹은 법적으로 책임을 물어 가해자의 형사적 책임을 덜어준다는 비판을 받기도 한다.[11]

Living Environment." RESEARCH JOURNAL OF FISHERIES AND HYDROBIOLOGY 11.3 (2016): 69－73.

10 Wolfgang, Marvin E., "Victim precipitated criminal homicide," Crime and justice at the millennium, Springer US (2002): 293－306.

11 Hayes, Rebecca M., Katherine Lorenz, and Kristin A. Bell, "Victim blaming others: Rape myth acceptance and the just world belief," Feminist Criminology 8.3 (2013): 202－220.

5. 통합이론(integrated theory)

통합이론은 범죄피해에 영향을 주는 요소는 어떤 특정한 단일한 것이 아니라 다양한 요소들이 결합하여 범죄피해를 야기하는 것이라는 입장이다. 에자 파타(Ezzat A Fattah)는 이를 10가지로 정리하였다.[12]

❶ 기회(opportunities)

개인, 주거, 직업 등의 특성 및 이러한 목표의 활동 및 행동과 밀접한 관련이 있는 기회는 범죄피해에 영향을 준다.

❷ 위험 요인(risk factors)

연령 및 성별, 거주 지역, 보호자 부재, 알코올 유무와 같은 사회인구 통계학적 특성이 범죄피해에 영향을 준다.

❸ 동기화된 범죄자(motivated offenders)

범죄목적을 가지고 대상자를 물색하는 범죄자의 표적이 될 경우 범죄피해의 가능성이 높다.

❹ 노출(exposure)

잠재적 범죄자와의 접촉 및 고위험 상황 및 환경에의 노출이 많을수록 범죄피해의 가능성이 높다.

❺ 교제(associations)

가해자와 피해자와의 친밀한 개인적, 사회적 또는 직업적인 접촉이 잦을수록 범죄피해의 가능성이 높다.

❻ 위험한 시간과 위험한 장소(dangerous times and dangerous places)

저녁, 심야 시간 및 주말, 공공 오락장소 출입, 유흥지역 등의 활동시간은 범죄피해에 영향을 준다.

❼ 위험한 행동(dangerous behaviour)

도발, 공격, 폭언 등은 폭력범죄 피해를 불러일으킬 가능성이 높고, 과실, 부주의 등은 재산범죄 피해를 가져올 가능성이 높다.

❽ 고위험 활동(high-risk activities)

개개인의 모험추구, 일탈, 불법적 활동 등의 생활양식은 범죄피해를 가져올

---

12 Fattah, Ezzat A. Understanding criminal victimization: An introduction to theoretical victimology. Prentice-Hall Canada, 1991.

가능성이 높다.

❾ 방어적, 회피적 행동(defensive/avoidance behaviors)

개개인의 위험감수적인 행동은 범죄피해 가능성을 확대시키고, 그 반대인 생활양식은 범죄피해 위험을 감소시킨다.

❿ 구조적/문화적 경향(structural/cultural proneness)

조직, 사회의 무기력, 박탈감, 문화적 낙인과 소외 등은 범죄 피해자화의 위험을 증가시킨다.

Ⅲ. 범죄피해자 지원 관련 법규

1. 범죄피해자 보호법

「범죄피해자 보호법」은 2005년 12월 23일 제정되었다. 2023년 현행법은 법률 제14583호로 2017년 3월 14일부터 시행되고 있다. 주요 내용을 보면 제1장은 총칙으로 법률의 목적, 기본이념, 국가와 지방자치단체의 책무를 규정하고 있고, 제2장은 범죄피해자 보호·지원을 위한 기본시책으로 피해자의 손실복구, 형사절차 참여보장, 범죄피해자에 대한 정보제공, 사생활의 평온과 신변의 보호에 관하여 규정하고 있다.

제3장은 범죄피해자 보호·지원에 관한 기본계획 등에 관한 규정으로 5년 마다 기본계획을 수립·시행하고, 이에 따른 연도별 시행계획을 수립·시행하며, 법무부에 범죄피해자 보호·지원에 관한 정책 심의기구인 범죄피해자 보호 위원회·실무위원회를 설치하도록 하였다. 제4장에서는 구조대상 범죄피해에 대한 구조로 구조금의 지급요건, 구조금의 종류, 유족의 범위 및 순위, 구조금지급, 배제사유, 구조금액, 구조심의회, 구조금지급절차 등에 대해 규정하고 있다. 제5장에서는 범죄피해자지원법인에 대한 국가 및 지방자치단체의 재정적 지원에 관하여 규정하고 있다.

제6장에서는 형사조정 즉, 형사조정회부 대상사건 및 형사조정위원회, 형사조정절차 등에 대하여 규정하고 있다. 검사는 피의자와 범죄피해자 사이에 형사분쟁을 공정하고 원만하게 해결하여 범죄피해자가 입은 피해를 실질적으로 회복하는 데 필요하다고 인정하면 당사자의 신청 또는 직권으로 수사 중인 형사사건을 형사조정에 회부할 수 있다.

형사조정제도는 지역사회 구성원 간 회복적 사법의 구현이라는 점에서도 의의가 있다.

표 4-1 범죄피해자 구조금 현황

분	유족구조금 건수	유족구조금 지급액	장해구조금 건수	장해구조금 지급액	중상해구조금 건수	중상해구조금 지급액
2013	227	6796756	32	751881	53	363636
2014	233	6056915	28	541441	70	472268
2015	240	8281652	31	510493	111	978575
2016	198	8080208	26	760835	55	416225
2017	186	8014256	21	854778	57	420395
2018	188	9234467	24	736133	36	204445
2019	185	9278850	34	1140317	86	1097129
2020	145	8214365	27	985276	34	367416

자료: e-나라지표, https://www.index.go.kr/

2. 범죄피해자보호기금법

「범죄피해자보호기금법」은 범죄피해자를 보호·지원하는 데 필요한 자금을 조성하기 위하여 범죄피해자 보호 기금을 설치하고, 그 관리·운용에 관하여 필요한 사항을 규정하기 위하여 제정되었다. 여기서는 2021년 12월 21일부터 시행되는 법률 제18585호 범죄피해자보호기금법을 중심으로 설명한다.

이 법에서는 정부가 범죄피해자 보호·지원에 필요한 자금을 확보·공급하기 위하여 범죄피해자 보호기금을 설치하도록 명시하고 있으며, 기금조성의 방법을 다음과 같이 제시하고 있다.

1. 벌금수납액
2. 범죄피해자 보호법에 따라 대위하여 취득한 구상금
3. 정부 외의 자가 출연 또는 기부하는 현금, 물품, 그 밖의 재산
4. 기금의 운용으로 인하여 생기는 수익금

기금은 법무부장관이 관리·운용하며, 이를 심의하기 위하여 법무부에 범죄피해자 보호기금운용심의회를 둔다.

3. 소송촉진등에 관한 특례법

소송촉진 등에 관한 특례법은 소송의 지연(遲延)을 방지하고, 국민의 권리·의무의 신속한 실현과 분쟁처리의 촉진을 도모함을 목적으로 하며, 이를 위하여 법정이율(法定利率)과 독촉절차 및 형사소송에 관한 특례를 규정하고 있다.[13]

4. 형사소송법

형사소송법에도 범죄피해자의 권리보호를 강화하는 내용을 포함하고 있다. 대표적인 피해자보호규정은 다음과 같다.[14]

1) 신뢰관계 있는 자와의 동석권

법원은 범죄로 인한 피해자를 증인으로 신문하는 경우 증인의 연령, 심신의 상태 그 밖의 사정을 고려하여 증인이 현저하게 불안 또는 긴장을 느낄 우려가 있다고 인정되는 때에는 직권 또는 피해자·법정대리인·검사의 신청으로 피해자와 신뢰관계에 있는 자를 동석하게 할 수 있도록 하였고, 범죄로 인한 피해자가 13세 미만이거나 신체적 또는 정식적 장애로 사물을 변별하거나 의사를 결정할 능력이 미약한 경우에 재판에 지장을 초래할 우려가 있는 등 부득이한 경우가 아닌 때에는 피해자와 신뢰관계에 있는 자를 반드시 동석하도록 하였다.[15]

2) 증인의 법정외 신문

법원은 증인의 연령, 직업, 건강상태 기타의 사정을 고려하여 검사, 피고인 또는 변호인의 의견을 묻고 법정 외에 소환하거나 현재지에서 신문할 수 있다.[16]

3) 범죄피해자에 대한 비디오 등 중계장치에 의한 증인신문

법원은 아동복지법 및 아동·청소년의 성보호에 관한 법률에 해당하는 특정한 범죄 피해자 및 청소년과 그 외에 가정폭력, 성폭력 등 특정한 범죄의 성질, 증인의 연령, 심신의 상태, 피고인과의 관계 그 밖의 사정에 의하여 피고인 등과

---

13 소송촉진 등에 관한 특례법 (약칭: 소송촉진법), [시행 2023. 9. 29.] [법률 제19280호, 2023. 3. 28., 일부개정].

14 형사소송법, [시행 2022. 9. 10.] [법률 제18862호, 2022. 5. 9., 일부개정].

15 형사소송법 제163조의2.

16 형사소송법 제165조.

대면하여 진술하는 경우 심리적인 부담으로 정신의 평온을 현저하게 해할 우려가 있다고 인정되는 자를 증인신문할 경우 비디오 등 중계 장치에 의한 중계시설 또는 차폐시설 등을 통하여 신문할 수 있도록 하였다.[17]

4) 피해자 등에 대한 통지

검사는 범죄로 인한 피해자 또는 그 법정대리인의 신청이 있는 때에는 당해 사건의 공소제기여부, 공판의 일시·장소, 재판결과, 피의자·피고인의 구속·석방 등 구금에 관한 사실 등을 신속하게 통지하여야 한다.[18]

5) 고소

범죄로 인한 피해자는 고소할 수 있다.[19] 피해자의 법정대리인은 독립하여 고소할 수 있다. 피해자가 사망한 때에는 그 배우자, 직계친족 또는 형제자매는 고소할 수 있다. 단, 피해자의 명시한 의사에 반하지 못한다.[20] 피해자의 법정대리인이 피의자이거나 법정대리인의 친족이 피의자인 때에는 피해자의 친족은 독립하여 고소할 수 있다.[21] 친고죄에 대하여 고소할 자가 없는 경우에 이해관계인의 신청이 있으면 검사는 10일 이내에 고소할 수 있는 자를 지정하여야 한다.[22] 친고죄에 대하여는 범인을 알게 된 날로부터 6월을 경과하면 고소하지 못한다. 단, 고소할 수 없는 불가항력의 사유가 있는 때에는 그 사유가 없어진 날로부터 기산한다.[23]

6) 고소권자의 재정신청

고소권자는 검사로부터 공소를 제기하지 아니한다는 통지를 받은 때에는 그 검사 소속의 지방검찰청 소재지를 관할하는 고등법원에 그 당부에 관한 재정을 신청할 수 있다.[24]

17 형사소송법 제165조의2.
18 형사소송법 제259조의2.
19 형사소송법 제223조.
20 형사소송법 제225조.
21 형사소송법 제226조.
22 형사소송법 제228조.
23 형사소송법 제230조.
24 형사소송법 제260조.

5. 기타 피해자 지원 관련 특별법

앞서 이미 학습한 것과 같이 가정폭력, 아동학대, 성매매, 성폭력 등 특별범 피해자에 대한 보호 및 지원을 위한 특별법들이 있다. 즉 가정폭력방지 및 피해자보호 등에 관한 법률, 아동학대범죄의 처벌 등에 관한 특례법, 성매매방지 및 피해자보호 등에 관한 법률, 성폭력방지 및 피해자보호 등에 관한 법률 등을 들 수 있다.

제 5 편

범죄자 처벌 및 교정

제16장

범죄자 처벌

I. 범죄자 처벌의 의의

실정법을 위반한 범죄자는 법적인 절차에 따라 처벌을 받게 된다. 즉, 형벌이란 실정법을 위반한 범죄자에 대하여 국가가 가하는 제재로서 형법상 그 종류가 명시되어 있다. 형벌권의 주체는 국가이며, 국가의 형벌권 한계는 매우 엄격하게 지켜져야 한다.

형벌의 목적과 기능은 일반예방이론과 특별예방이론으로 구분된다. 일반예방이론이란 범죄자에게 형벌을 가함으로써 사회의 일반 구성원들에게 위하감을 조성하여 범죄를 예방하려는 전략을 말한다. 사형제나 자유형의 엄격한 적용 등을 강조하는 입장에 선다.

특별예방이론이란 형벌을 통해 범죄자를 교화시켜 사회에 정상인으로 복귀시키려는 전략을 말한다. 따라서 특별예방이론은 범죄자의 재사회화를 돕고, 교화가 불가능한 경우는 사회와 격리시켜 사회를 범죄자로부터 방위하려는 보안처분을 강조한다.

II. 형벌의 종류

현행 형법[1]상 형벌의 종류에는 생명형, 자유형, 명예형, 재산형의 4종이 있다. 생명형에는 사형이, 자유형에는 징역, 금고, 구류가, 명예형에는 자격상실과 자격정지가 있다. 그리고 재산형에는 벌금, 과료, 몰수 등 모두 9종의 형벌이 있다

1 형법, [시행 2021. 12. 9.] [법률 제17571호, 2020. 12. 8., 일부개정].

(형법 제41조). 근대 및 그 이전에는 생명형으로서의 사형이나 신체적인 고통을 주는 신체형벌이 많았으나, 최근에는 개인의 자유를 제한하는 자유형과 재산상의 불이익을 주는 재산형이 그 추세를 이룬다.

한편 형법 제51조는 형을 정함에 있어서 범인의 연령, 성행, 지능과 환경, 피해자에 대한 관계, 범행의 동기, 수단과 결과, 범행 후의 정황 등을 감안하여야 한다고 명시하고 있다. 제55조는 법률상의 감경범위 및 법률상 감경할 사유가 여러 개가 있는 때에는 거듭 감경할 수 있다고 규정하고 있다.

1. 사형을 감경할 때에는 무기 또는 20년 이상 50년 이하의 징역 또는 금고로 한다.
2. 무기징역 또는 무기금고를 감경할 때에는 10년 이상 50년 이하의 징역 또는 금고로 한다.
3. 유기징역 또는 유기금고를 감경할 때에는 그 형기의 2분의 1로 한다.
4. 자격상실을 감경할 때에는 7년 이상의 자격정지로 한다.
5. 자격정지를 감경할 때에는 그 형기의 2분의 1로 한다.
6. 벌금을 감경할 때에는 그 다액의 2분의 1로 한다.
7. 구류를 감경할 때에는 그 장기의 2분의 1로 한다.
8. 과료를 감경할 때에는 그 다액의 2분의 1로 한다.

1. 생명형

생명형이란 범죄자의 생명을 대상으로 하는 형벌로 사형이 해당한다. 사형(death penalty)이란 범죄자의 생명을 박탈하는 것을 내용으로 하는 형벌을 말한다. 사형은 생명의 박탈을 내용으로 한다는 점에서 생명형이라고도 하며, 형법이 규정하고 있는 형벌 가운데 가장 중한 것으로 볼 수 있다.

사형은 가장 오랜 역사를 가지고 있는 형벌이며, 형벌의 역사는 사형의 역사라고도 할 수 있다. 특히 근대 이전의 중세시대에 있어서는 살인죄 뿐만 아니라 개인과 국가 또는 재산에 대한 범죄에 이르기까지 널리 사형이 인정되었고, 사형의 집행도 잔인한 방법에 의하여 행하여졌다. 사형의 역사에 비추어 볼 때에는 살인에 의하여 피살된 사람보다 법관에 의하여 살해된 사람의 수가 많다고까지 할 수 있다. 그러나 18세기 이래 계몽주의 사상가들에 의하여 등장한 합리주의는 개인의 인권을 헌법의 기초로 삼고 기본적 인권의 핵심이 생명권에 있음을 갈파하였고, 특히 베카리아에 의하여 사형폐지론이 주장된 이래 사형제의 존치 여부에 대한 논쟁은 계속되고 있다.

1) 엠네스티가 구분한 사형제 유형

엠네스티(amnesty)는 2022년 말을 기준으로 전 세계 국가의 3분의 2 이상이 법률 또는 관행상 사형을 폐지했다고 분석하였다. 즉, 전 세계 국가 중 112개국이 모든 범죄에 대해 법적으로 사형을 폐지했으며, 9개국이 일반범죄에 대해서만 사형을 폐지했다. 87개국은 여전히 사형제도를 유지하고 있다.[2]

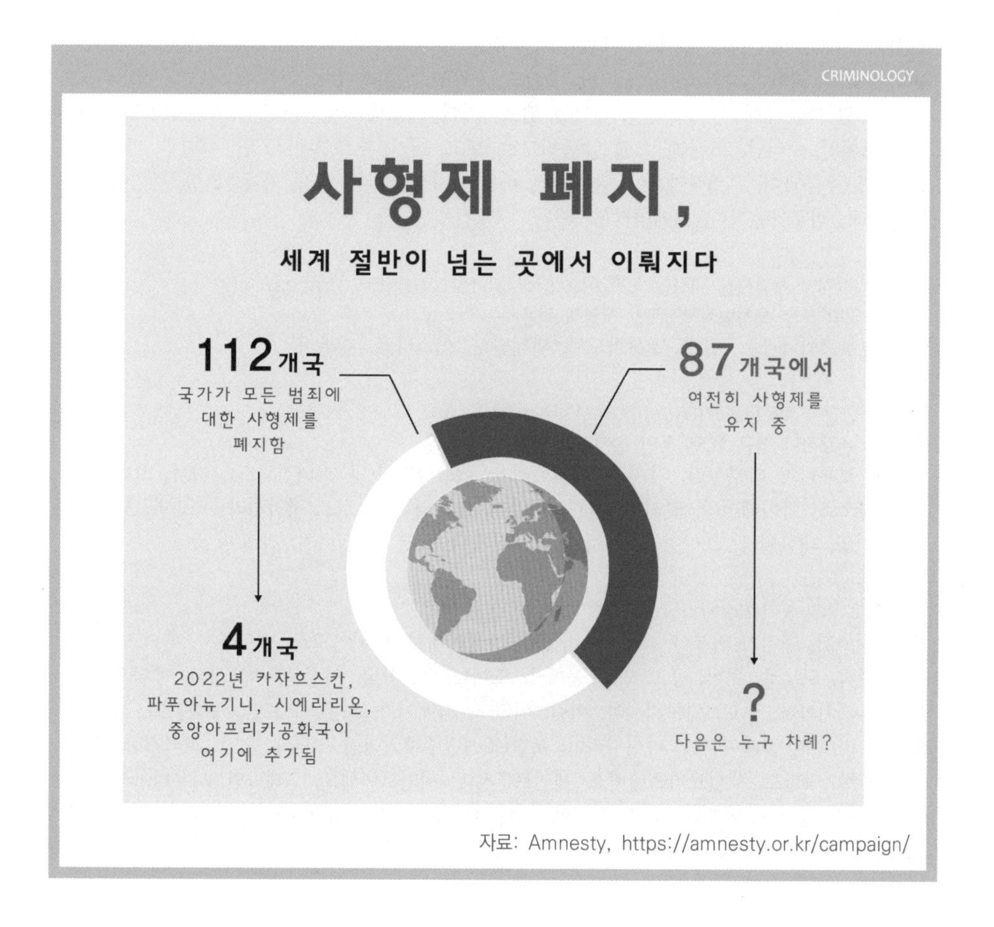

자료: Amnesty, https://amnesty.or.kr/campaign/

2 Amnesty, 2022 Death Sentences and Executions, 2023, 7－15.

표 5-1 엠네스티가 분류한 사형제

1. 모든 범죄에 대한 사형 폐지(Abolitionist for all crimes)

사형제 자체를 폐지한 국가

알바니아, 안도라, 앙골라, 아르헨티나, 아르메니아, 호주, 오스트리아, 아제르바이잔, 벨기에, 베냉, 부탄, 볼리비아, 보스니아 헤르체고비나, 불가리아, 부룬디, 카보 베르데, 캄보디아, 캐나다, 차드, 콜롬비아, 콩고(공화국), 쿡 제도, 코스타리카, 코트디부아르, 크로아티아, 키프로스, 체코, 공화국, 덴마크, 지부티, 도미니카 공화국, 에콰도르, 에스토니아, 피지, 핀란드, 프랑스, 가봉, 조지아, 독일, 그리스, 기니, 기니비사우, 아이티, 온두라스, 헝가리, 아이슬란드, 아일랜드, 이탈리아, 키리바시, 코소보, 키르기스스탄, 라트비아, 리히텐슈타인, 리투아니아, 룩셈부르크, 마다가스카르, 몰타, 마셜 제도, 모리셔스, 멕시코, 미크로네시아, 몰도바, 모나코, 몽골, 몬테네그로, 모잠비크, 나미비아, 나우루, 네팔, 네덜란드, 뉴질랜드, 니카라과, 니우에, 북부마케도니아, 노르웨이, 팔라우, 파나마, 파라과이, 필리핀, 폴란드, 포르투갈, 루마니아, 르완다, 사모아, 산마리노, 상투메프린시페, 세네갈, 세르비아, 세이셸, 슬로바키아, 슬로베니아, 솔로몬 제도, 남아프리카공화국, 스페인, 수리남, 스웨덴, 스위스, 동티모르, 토고, 터키, 투르크메니스탄, 투발루, 영국, 우크라이나, 우루과이, 우즈베키스탄, 바누아투, 바티칸 시국, 베네수엘라, 카자흐스탄, 중앙아프리카 공화국, 파푸아뉴기니, 시에라리온 등

2. 일반범죄에만 사형제를 폐지한 국가(Abolitionist for ordinary crimes only)

군사 법 위반 또는 특정범죄자에게만 사형제 적용

브라질, 부르키나파소, 칠레, 엘살바도르, 과테말라, 이스라엘, 페루 등

3. 사형 집행이 폐지된 국가(Abolitionist in practice)

사형제는 존재하나 최근 10년 동안 집행되고 있지 않은 경우

알제리, 브루나이 다루살람, 카메룬, 에리트레아, 에스와티니(구 스와질란드), 가나, 그레나다, 케냐, 라오스, 라이베리아, 말라위, 몰디브, 말리, 모리타니, 모로코/서사하라, 미얀마, 니제르, 러시아연방, 대한민국, 스리랑카, 타지키스탄, 탄자니아, 통가, 튀니지, 잠비아 등

4. 사형제 유지 국가(Retentionist)

아프가니스탄, 앤티가 바부다, 바하마, 바레인, 방글라데시, 바베이도스, 벨로루시, 벨리즈, 보츠와나, 중국, 코모로, 쿠바, 콩고 민주 공화국, 도미니카 공화국, 이집트, 적도기니, 에티오피아, 감비아, 가이아나, 인도, 인도네시아, 이란, 이라크, 자메이카, 일본, 요르단, 쿠웨이트, 레바논, 레소토, 리비아, 말레이시아, 나이지리아, 북한(조선민주주의인민공화국), 오만, 파키스탄, 팔레스타인(주), 카타르, 세인트키츠네비스, 세인트루시아, 세인트빈센트, 그레나딘, 사우디아라비아, 싱가포르, 소말리아, 남수단, 수단, 시리아, 대만, 태국, 트리니다드 토바고, 우간다, 아랍에미리트, 미국, 베트남, 예멘, 짐바브웨 등

자료: Amnesty, 2022 Death Sentences and Executions, 2023, 40-41.

2) 사형존치론

사형존치론자들의 주장을 다음과 같이 정리할 수 있다. 사형제는 범죄에 대한 응보이며, 일반인의 범죄에 대한 억제력을 향상시키는 효과가 있다. 피해자의 피해감정을 해소시켜 주며 국가의 교정비용을 절약시킨다. 또한 오판은 드물고, 그에 대한 다양한 구제제도 및 재판제도가 있으므로 오판에 대한 사형집행을 염려할 필요가 없다는 것이다.

한편 헌법재판소는 사형제도가 헌법에 반하지 아니한다고 1996년과 2001년 두 번에 걸쳐 합헌 판결을 냈다. 여기서는 1996년 판시내용을 소개한다.[3]

생명권 역시 헌법 제37조 제2항에 의한 일반적 법률유보의 대상이 될 수밖에 없는 것이나, 생명권에 대한 제한은 곧 생명권의 완전한 박탈을 의미한다 할 것이므로, 사형이 비례의 원칙에 따라서 최소한 동등한 가치가 있는 다른 생명 또는 그에 못지아니한 공공의 이익을 보호하기 위한 불가피성이 충족되는 예외적인 경우에만 적용되는 한, 그것이 비록 생명을 빼앗는 형벌이라 하더라도 헌법 제37조 제2항 단서에 위반되는 것으로 볼 수는 없다는 것이다.

또한 모든 인간의 생명은 자연적 존재로서 동등한 가치를 갖는다고 할 것이나 그 동등한 가치가 서로 충돌하게 되거나 생명의 침해에 못지아니한 중대한 공익을 침해하는 등의 경우에는 국민의 생명·재산 등을 보호할 책임이 있는 국가는 어떠한 생명 또는 법익이 보호되어야 할 것인지 그 기준을 제시할 수 있는 것이다. 인간의 생명을 부정하는 등의 범죄행위에 대한 불법적 효과로서 지극히 한정적인 경우에만 부과되는 사형은 죽음에 대한 인간의 본능적 공포심과 범죄에 대한 응보욕구가 서로 맞물려 고안된 필요악으로서 불가피하게 선택된 것이며 지금도 여전히 제 기능을 하고 있다는 점에서 정당화될 수 있다. 따라서 사형은 이러한 측면에서 헌법상의 비례의 원칙에 반하지 아니한다 할 것이고, 적어도 우리의 현행 헌법이 스스로 예상하고 있는 형벌의 한 종류이기도 하므로 아직은 우리의 헌법질서에 반하는 것으로 판단되지 아니한다고 사형제의 존치 필요성을 인정하였다.

현행 「형의 집행 및 수용자의 처우에 관한 법률」은 사형범에 대한 처우를 별

3 헌법재판소 전원재판부 합헌 판결 1996. 11. 28. 선고 95헌바 1; 헌법재판소 전원합의부 1993. 11. 25. 선고 89헌마 36 판결.

도로 규정하고 있다.[4]

사형확정자는 독거수용한다. 다만, 자살방지, 교육·교화프로그램, 작업, 그 밖의 적절한 처우를 위하여 필요한 경우에는 법무부령으로 정하는 바에 따라 혼거수용할 수 있다. 사형확정자가 수용된 거실은 참관할 수 없다. 사형확정자의 심리적 안정 및 원만한 수용생활을 위하여 교육 또는 교화프로그램을 실시하거나 신청에 따라 작업을 부과할 수 있다. 사형은 교정시설의 사형장에서 집행한다. 공휴일과 토요일에는 사형을 집행하지 아니한다.

사형은 각국에 따라 그 집행방법이 상이하며 주로 교수형, 총살, 참수, 전기(electrocution), 가스(lethal gas), 약물주사(lethal injection)를 이용한 집행 등이 있다. 우리 형법에서는 교수형을 택하고 있고, 군형법에서는 총살을 택하고 있다.

표 5-2 사형집행국의 사형 방법

Beheading	Saudi Arabia							
Hanging	Bangladesh	Botswana	Egypt	Iran	Iraq	Japan	South Sudan	UAE
Lethal injection	China	USA	Viet Nam					
Shooting	Belarus	China	North Korea	Somalia	Yemen			

자료: Amnesty, 2022 Death Sentences and Executions, 2023, 11.

3) 사형폐지론

먼저 폐지론의 선두주자는 베카리아라고 할 수 있다. 베카리아에 의하여 사형폐지론이 주장된 이후 폐지론자들이 내세우는 논거는 매우 다양하다. 이들은 국가는 사람의 생명을 박탈하는 권리를 찾을 수 없으며, 사형집행 후 오판으로 판정될 경우 회복할 방법이 없다고 주장한다. 실제로 1973년 이후 미국에서는 107명의 사형수가 후에 새로운 증거가 발견되어 석방되었다. 이 가운데 일부는 사형 선고 후 수년이 지나 처형이 임박해서 풀려나기도 하였다. 밝혀진 바에 따르면, 검찰이나 경찰의 잘못, 신빙성 없는 증인의 진술이나 물리적 증거 혹은 자백의 채택, 부적절한 변호 등이 주요 요인이었다.

4 형의 집행 및 수용자의 처우에 관한 법률 제89조–제91조.

CRIMINOLOGY

사형제 폐지에 대한 국민인식

…중략… 국가인권위원회(인권위)가 일반 국민 1000명을 대상으로 한 사형제 폐지 관련 여론조사 결과에 따르면 사형제를 당장 혹은 향후에 폐지하는 데에 동의하냐는 질문에는 20.3%만 찬성을 했다. 반대는 79.7%였다. 하지만 사형을 대체할 형벌 마련을 전제로 한 여론조사 결과는 크게 달랐다. 66.9%가 사형제도 폐지에 찬성했고, 반대는 그 절반 이하인 31.9% 수준이었다.

사형제도 존폐와 관련한 여론조사 결과는 강력범죄 발생에 따라 크게 흔들린다. 2003년 9월 한국갤럽의 조사 결과 사형제도를 유지해야 한다는 의견은 52.3%, 폐지해야 한다는 의견은 40.1%였다. 하지만 2004년 7월 18일 유영철이 붙잡힌 직후 한국사회연구소가 실시한 여론조사에서는 사형제도가 필요하다는 의견이 66.3%, 종신형으로 대체해야 한다는 의견이 30.9%로 나왔다. 올해에도 '과천 토막살인' 등 강력범죄가 이어졌고 이른바 '어금니 아빠 사건'으로 불리는 이영학의 1심, 2심 재판 등이 열려 영향을 받았을 것으로 보인다. 실제 아무 전제 없이 사형제도 존폐를 묻는 질문에서 폐지에 찬성한 경우는 20.3%으로 앞선 다른 여론조사와 견줘도 낮은 수준이다. 하지만 대체형벌을 포함할 때 사형 폐지 의견이 60%가 넘은 것은 주목할 만 하다. 대체형벌이 마련된다면 사형제 폐지 논의에 탄력이 붙을 수 있다는 의미이기 때문이다. …중략…

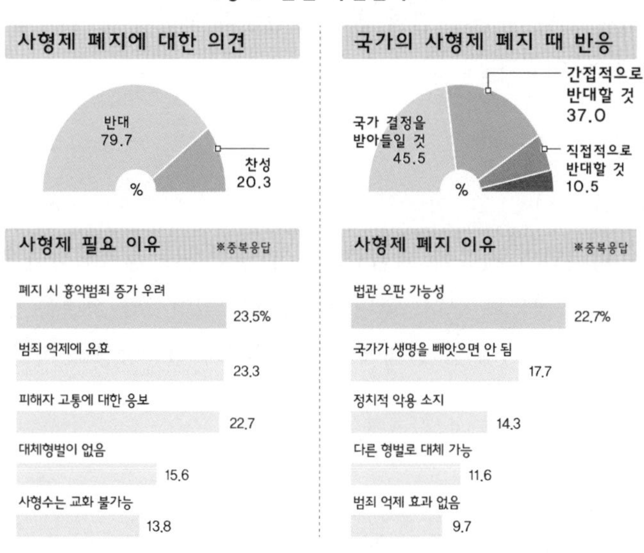

자료: 국가인권위원회, 사형제도 폐지 및 대체 형벌 마련을 위한 토론회 자료집, 2018, 36-40. 한겨레, 2018년 10월 10일자 보도.

사형제도를 폐지하는 국제협약은 여러 가지가 있다. 먼저 유럽인권협약 제6의정서는 평화시 사형제도를 금지하고 있으며, 시민적 정치적 권리에 관한 국제협약 제2선택의정서와 미주인권협약 의정서는 모든 범죄에 대해 사형을 금지하고 있으나 원하는 국가에 한해 전쟁범죄와 같은 전시에 대해 예외규정을 둘 수 있도록 허용하고 있다. 유럽인권협약 제13의정서는 전시와 평화시 등 모든 경우에 대해 사형제도를 금지하고 있다.

사형제의 폐지를 주장하는 사람들의 논거는 다음과 같다. 사형의 위하력은 과장된 것으로 사형제도와 살인율의 상관관계에 관해 유엔이 1988년과 2002년도 2회에 걸쳐 조사한 결과에서 증명되었다는 것이다. 나아가 범죄자를 사형하는 것은 범죄자에 대한 교정을 통하여 사회복귀를 도와야하는 사회적 책임을 은폐시키는 것으로 형벌의 개선, 교육의 이념과 맞지 않는다고 한다. 사형은 범죄피해자에게 단순히 복수의 기분을 느끼게 할 뿐 전혀 도움이 되지 않으며, 사형은 자유형과 같은 정도의 차이를 나타낼 수 없어 죄에 대한 형벌의 균형을 유지하기 어렵다는 것 등이다.

사형제도의 존폐 여부는 설사 사형제도를 폐지한다하여도 그 부활에 대한 논쟁을 다시 일으킬 만큼 사회적 합의가 쉽지 않은 사안이다. 특히 범죄의 피해자에 대한 동정과 일반 국민의 법적 정서는 인류의 보편적 정서와 일치한다는 점에서 합의도출은 어렵다.

2. 자유형

1) 자유형의 의의

자유형은 범죄인의 자유를 박탈함으로써 범죄자를 개과천선하게 하는 교육적 내용을 주된 목적으로 한다. 고대 및 중세에 있어서의 형벌은 주로 사형 및 신체형이 형벌의 중심이었다. 현대에는 계몽주의와 인권사상을 바탕으로 자유형이 그 지위를 대체한다.

자유형의 집행에 의하여 범죄인은 안정과 자기반성의 기회를 가지고 새로운 인격구조를 형성할 수 있게 된다는 의미에서 교육기능을 가지게 된다. 물론 자유형에는 이 이외에 범죄인의 명예를 떨어뜨리는 작용과 노역에 의하여 재화를 생산케 하여 국가재정에 도움을 얻겠다는 부수적 내용도 포함되어 있다는 점을 부정할 수 없다.

그러나 자유형 집행의 주된 목적은 범죄인의 사회복귀에 있으며, 자유형의 집행에 있어서 자유박탈 이외의 고통을 제거하고 수형자의 인간다운 생활을 보장해야 하는 것은 당연한 요청이라고 하겠다. 자유형을 집행하는 관련법규인 형의 집행 및 수용자의 처우에 관한 법률 제1조는 수형자를 격리하여 교정교화하며 건전한 국민사상과 근로정신을 함양하고 기술교육을 실시하여 사회에 복귀하게 하는 것이 행형의 목적이라고 정의하고 있다.

범죄인의 교화개선을 목적으로 하는 근대적인 자유형은 16세기말 유럽각지의 도시에 설치된 노역장과 특히 1595년 네덜란드의 수도 암스테르담에 만들어진 노역장에서 유래한다. 이러한 시설은 근대 초기에 자본주의적 생산방식이 이루어지면서 도시생활의 발달과 함께 부랑자, 걸인, 성매매, 불량소년 등이 급증하였는데, 구금노동을 통하여 이들을 개선·교화시키고자 만들어진 것이다. 이와 같은 노역장 감옥의 교육적 특징은 근대 계몽주의시대의 응보형사상의 영향으로 후퇴하게 되었다.

한편 하워드는 영국과 유럽 각국의 교정시설을 살펴본 후 「잉글랜드와 웨일즈의 교도소상태론(The State of Prisons in England and Wales, with an Account of some Foreign Prisons)」을 저술하여 당시 감옥의 폐해에 대한 비판을 가함과 동시에 그 개선을 주장하였다. 하워드는 감옥 내에서 병든 자에 대한 노동은 금지되어야 하나, 건강한 자의 경우 의무적으로 노동을 부과할 것을 주장하였다. 노동의 대가로 감옥 내에서의 비용을 스스로 부담하는 동시에, 노동에의 몰두자체가 교화의 효과를 가져온다고 인식한 것이다.[5]

또한 19세기 중엽 이후부터는 새로운 형사정책적 사고가 전개되어 자유형에 있어서의 보안처분의 중요성이 크게 인식되었고, 부정기형 제도도입 등 자유형의 개선방안이 새로운 각도에서 논의되고 있다.

2) 자유형의 유형

현행 형법상 자유형에는 징역·금고 및 구류 등 세 가지 형태가 있다. 징역이란 수형자를 교도소(형무소) 내에 구치하여 정역(定役)에 복무하게 하는 것을 내용으로 하며, 자유형 가운데 가장 중한 형벌이다(형법 제67조). 징역은 유기형과

5 UK Parliament, John Howard and prison reform, https://www.parliament.uk/about/living-heritage/transformingsociety/laworder/policeprisons/overview/prisonreform/

무기형으로 나눈다. 무기는 종신형이지만 20년이 경과한 후에는 가석방이 가능하다는 점에서 자유형의 사회복귀적 기능이 유지되고 있다. 유기징역은 1월 이상 30년 이하이나 50년까지 가중할 수 있다.[6]

금고는 수형자를 교도소 내에 구치하여 자유를 박탈하는 형으로 정역에 복무하지 않는 점에서 징역과 구별된다. 그러나 본인이 원할 경우 작업을 할 수 있다. 금고에도 무기와 유기가 있으며, 그 형기는 징역의 경우와 같다. 구류는 수형자를 교도소 내에 구치하는 형벌이다. 수형기간이 1일 이상 30일 미만인 점에서 징역이나 금고와 구별된다. 구류는 형법범에게는 예외적인 경우에만 적용되고, 주로 경범죄처벌법이나 단행법규에 규정되어 있다.

CRIMINOLOGY

동급생 죽인 美 학교 총격범, 징역 1282년 선고…가석방은 없다

더글라스 카운티 법원은 2021년 9월 17일, 2019년 5월 7일 STEM School Highlands Ranch에서 총기를 난사, 9명의 사상자를 낸 총격범 데본 에릭슨(Devon Erickson)에게 가석방 없는 징역 1282년의 종신형을 선고했다.

죄명은 1급 살인, 1급 살인 공모, 30건의 1급 살인 미수, 무기 소지 등 46가지 혐의로 기소되었던 에릭슨은 이 날 아무런 말도 하지 않았다.

에릭슨의 3주간의 재판에서 검사는 60명 이상의 증인을 동원하여 어떻게 에릭슨과 그의 공모자인 알렉 맥키니가 끔찍한 학교 총격 사건을 사전에 계획하고 2019년 5월 7일 임무를 수행했는지 설명했습니다.

맥키니는 작년에 12개 이상의 다른 혐의와 함께 1급 살인에 대해 유죄를 인정했으며 현재 종신형과 38년을 복역하고 있다. 그는 당시 미성년자였기 때문에 40년 후 자동으로 가석방 자격이 주어진다....

자료: The Denver Post, 2021년 9월 17일자 보도,
https://www.denverpost.com/2021/09/17/devon-erickson-sentence-stem-school-shooting/

3. 자격형

형법이 인정하는 자격형으로는 자격상실과 자격정지가 있다.

자격상실이란 사형, 무기징역 또는 무기금고의 판결을 받은 자는 다음의 자

---

6 형법 제42조.

격을 상실한다.[7]

1. 공무원이 되는 자격
2. 공법상의 선거권과 피선거권
3. 법률로 요건을 정한 공법상의 업무에 관한 자격
4. 법인의 이사, 감사 또는 지배인 기타 법인의 업무에 관한 검사역이나 재산관리인이 되는 자격

자격정지란 유기징역 또는 유기금고의 판결을 받은 자는 그 형의 집행이 종료하거나 면제될 때까지 공무원이 되는 자격, 공법상의 피선거권, 법률로 요건을 정한 공법상의 업무에 관한 자격 등의 자격이 정지된다.[8]

이상의 자격의 전부 또는 일부에 대한 정지는 1년 이상 15년 이하로 한다. 유기징역 또는 유기금고에 자격정지를 병과한 때에는 징역 또는 금고의 집행을 종료하거나 면제된 날로부터 정지기간을 기산한다.[9]

4. 재산형

재산형이란 범인으로부터 일정한 재산을 박탈하는 형벌이다. 형법은 벌금과 과료 및 몰수 등 세 가지 유형의 재산형을 인정하고 있다.

벌금은 5만원 이상으로 한다. 다만, 감경하는 경우에는 5만원 미만으로 할 수 있다.[10]

과료는 2천원 이상 5만원 미만으로 한다.[11]

---

7 형법 제43조.

8 [단순위헌, 2012헌마409 · 510, 2013헌마167(병합), 2014.1.28. 형법(1953. 9. 18. 법률 제293호로 제정된 것) 제43조 제2항 중 유기징역 또는 유기금고의 판결을 받아 그 형의 집행유예기간 중인 자의 '공법상의 선거권'에 관한 부분은 헌법에 위반된다.][헌법불합치, 2012헌마409 · 510, 2013헌마167(병합), 2014.1.28. 형법(1953. 9. 18. 법률 제293호로 제정된 것) 제43조 제2항 중 유기징역 또는 유기금고의 판결을 받아 그 형의 집행이 종료되지 아니한 자의 '공법상의 선거권'에 관한 부분은 헌법에 합치되지 아니한다. 위 법률조항 부분은 2015.12.31.을 시한으로 입법자가 개정할 때까지 계속 적용된다. 국가법령정보센터, http://www.law.go.kr/lsSc.do?menuId=0&p1=&subMenu=1&nwYn=1§ion7=&query=%ED%98%95%EC%9D%98%EC%A7%91%ED%96%89&x=13&y=9#liBgcolor4/ 따라서 이 책에서는 공법상의 선거권 부분을 삭제하였다.

9 형법 제44조.

10 형법 제45조.

11 형법 제47조.

벌금과 과료는 판결확정일로부터 30일 내에 납입하여야 한다. 단, 벌금을 선고할 때에는 동시에 그 금액을 완납할 때까지 노역장에 유치할 것을 명할 수 있다. 벌금을 납입하지 아니한 자는 1일 이상 3년 이하, 과료를 납입하지 아니한 자는 1일 이상 30일 미만의 기간 노역장에 유치하여 작업에 복무하게 한다.[12]

벌금 또는 과료를 선고할 때에는 납입하지 아니하는 경우의 유치기간을 정하여 동시에 선고하여야 한다. 선고하는 벌금이 1억원 이상 5억원 미만인 경우에는 300일 이상, 5억원 이상 50억원 미만인 경우에는 500일 이상, 50억원 이상인 경우에는 1,000일 이상의 유치기간을 정하여야 한다.[13]

몰수란 범인 이외 자의 소유에 속하지 아니하거나[14] 범죄 후 범인 이외 자가 정을 알면서 취득한 다음 기재의 물건은 전부 또는 일부를 박탈하는 것을 말한다. 몰수는 타형에 부가하여 과한다. 단, 행위자에게 유죄의 재판을 아니 할 때에도 몰수의 요건이 있는 때에는 몰수만을 선고할 수 있다.

1. 범죄행위에 제공하였거나 제공하려고 한 물건
2. 범죄행위로 인하여 생하였거나 이로 인하여 취득한 물건
3. 이상의 대가로 취득한 물건

위의 기재한 물건을 몰수하기 불능한 때에는 그 가액을 추징한다. 문서, 도화, 전자기록 등 특수매체기록 또는 유가증권의 일부가 몰수에 해당하는 때에는 그 부분을 폐기한다.

몰수는 재범 방지나 범죄에 대한 이득의 금지를 목적으로 범죄행위와 관련된 재산을 박탈하는 것을 내용으로 하는 재산형으로 원칙적으로 다른 형에 부가하여 과하는 부가형이다. 단, 행위자에게 유죄의 재판을 하지 아니하여도 몰수의 요건이 있는 때에는 몰수만을 선고할 수 있다.

12 형법 제69조.

13 형법 제70조.

14 형법 제48조 – 제49조.

제17장

범죄자 교정

I. 구금처우

1. 구금처우의 이념

1) 개선모델

수용자의 개선과 교화를 통하여 범죄를 방지하는데 행형의 목적을 두며, 교육형사상이 그 바탕에 있다. 이를 위해서 교정시설에서는 다양한 교화처우 프로그램을 운영하고 있다.

현재 우리나라 교정시설에서 적용되는 것으로 TV 시청 및 신문열람을 통한 수용자의 심성순화와 사회적응을 돕고 있다.[1]

수용생활 중에도 자신이 신봉하는 종교에 대한 신앙생활을 할 수 있도록 하고 있으며, 음악, 미술, 표현예술, 드라마치료 등 다양한 심리치료를 통한 자아존중감 고취 및 타인에 대한 배려심 등을 함양시키는 훈련을 병행하고 있다. 또한 서예, 그림그리기 등의 문예활동을 지원한다.

수용자의 학력정도에 따라 검정고시 자격취득 교육, 일반학과교육, 방송통신고등학교 및 대학교육, 전문대학 위탁교육, 독학학위취득 교육, 외국어 전문교육 등을 진행하여 학업기회도 부여하고 있다. 이러한 다양한 교육과정 프로그램은 수용자의 학습기회를 제공하면서 동시에 사회복귀능력을 향상시키며, 시민의식을 강화하는 효과가 있다.

2) 의료모델

의료모델은 치료모델이라고도 한다. 수용자를 인격이나 사회성에 결함이 있는 환자라고 인식, 병원의 의사처럼 수용자를 치료하는 데에 그 목적을 둔다. 수

1 법무부 교정본부, http://www.corrections.go.kr/

용자를 치료하기 위해 먼저 수용자에 대한 개별적 분류를 통하여 당해 수용자에게 알맞은 처우프로그램을 만들고 필요하다면 이를 강제로 실시할 수 있고 또 프로그램을 실시하는 과정에서 교정기관에게 광범위한 재량권을 부여할 수 있다. 이 모델은 19세기 말 미국의 정신의학 발달에서 영향을 받아 발전하였으나 수용자의 인권보장과 관련된 문제점들이 지적되면서 점차 후퇴하는 경향을 보이고 있다.

3) 사회복귀모델

수용자의 사회복귀를 돕는 것을 목적으로 한다. 따라서 재통합모델이라고도 한다. 재통합모델은 수용자의 주체성과 자율성을 인정하여 수용자의 동의와 참여하에 처우 프로그램을 결정하고 집행한다.

수용자를 단순한 처우의 객체로 보지 아니하고, 교정관계자와 수용자가 상호신뢰에 입각하여 자발적으로 규율을 지키고 처우 프로그램에 참여함으로써 상호학습을 통한 영향력을 준다. 교정시설에서의 생활환경을 사회의 시설 및 환경과 유사하도록 제공함으로써 출소 후 자연스럽게 생활에 복귀할 수 있도록 한다. 교정시설 내 자율성 및 독립적인 생활 그리고 공동체 생활을 중요시한다.

4) 사법모델

수용자처우의 목적은 공정성의 확보 또는 사법적 정의의 확보에 둔다. 사법모델은 공정모델, 정의모델이라고 한다. 사법모델은 개선모델이나 치료모델의 인권침해적 소지를 극복하고자 출발하였다.

부정기형과 가석방형의 폐지, 미결구금기간의 형기산입, 수형자 자치제도의 도입 및 확대, 범죄자의 피해자에 대한 손해배상, 교도소 처우의 공개, 소규모 교도소 운영 등의 방안을 제시하고 있다. 또한 지역사회의 자원 및 자본을 활용하여 범죄자를 교정하려는 정책을 취하는 이른바, 지역사회 교정처우(community correction)의 전략을 적극적으로 개발한다.

2. 분류심사

각 교정시설의 소장은 수형자에 대한 개별처우계획을 합리적으로 수립하고 조정하기 위하여 수형자의 인성, 행동특성 및 자질 등을 과학적으로 조사·측정·평가, 즉 분류심사를 하여야 한다. 다만, 집행할 형기가 짧거나 그 밖의 특별한

사정이 있는 경우에는 예외로 할 수 있다.[2]

분류심사의 대상은 적용제외자와 심사유예자를 제외한 모든 수형자를 대상으로 한다. 적용제외자는 순수한 노역장 유치자 및 치료감호자, 구류 및 피감치자, 일시수용자를 말하며, 심사유예자는 집행할 형기가 3월 미만자, 질병 등으로 인하여 심사가 불가능한 자, 규율위반으로 조사 중이거나 징벌집행 중인 자 기타 분류심사를 거부하여 심사가 불가능한 자를 말한다.

분류심사는 신입심사와 재심사의 2종으로 구분하고 신입심사는 형집행지휘서가 접수된 날로부터 1월 이내에 실시하여야 하며, 재심사는 정기재심사와 부정기재심사로 구분하고 그 사유가 발생한 후 최초로 개최되는 분류처우예비회의 또는 분류처우회의 전일까지 완료하도록 한다. 각 교도소에 분류심사위원회와 분류심사과를 별도로 둔다.

분류심사결과 수용급, 개선급, 관리급 및 처우급으로 구분하여 분류급에 따라 분리수용 및 처우를 한다.

수용급은 수용하여야 할 시설 및 시설안의 구획 등을 구별하는 기준이 되는 분류급이고, 개선급은 범죄성향의 진전과 개선정도에 따라 수용하여야 할 시설 및 책임점수의 산정기준이 되는 분류급을 말한다. 또한 관리급이란 계호의 정도를 구별하는 기준이 되는 분류급을 말하고, 처우급이란 처우의 중요지침을 구별하는 분류급이다.

3. 수용처우

수형자를 구금하는 방식으로는 독거제와 혼거제로 대별할 수 있다. 독거제는 수형자를 교도소 안의 독방에 구금하여 수형자 상호간의 접촉을 방지함으로써 서로 악영향을 주고받는 것을 미연에 예방하기 위한 제도를 말한다. 혼거제는 다수의 수형자를 같은 방에 수용하는 구금방식으로서 잡거제라고도 한다. 행형비용의 절감과 공동생활을 통하여 사회에 적응할 수 있는 훈련효과를 얻을 수 있다. 독거제의 문제점인 고립에 의한 고독감이나 무기력증을 치유하는 데도 도움이 된다. 그러나 범죄기술을 습득하거나 질서유지가 어렵고, 감방동료가 범죄의 동료가 될 우려가 높아 문제점으로 지적된다. 이러한 독거제를 최초로 제창

2 형의 집행 및 수용자의 처우에 관한 법률 제59조.

한 학자는 존 하워드이다. 그는 그의 저서인 「감옥상태론」에서 혼거구금의 폐해를 지적하고, 그 개선책으로 독거구금을 주장하였다. 이에 영향을 받은 영국인들이 미국으로 건너가 펜실베이니아주에 최초의 독거제의 교도소를 설치하였다.

독거제와 혼거제 모두가 이상적인 구금방식으로 채택되긴 곤란하며 각 제도별로 장단점이 있다. 때문에 많은 나라에서는 개별적인 분류심사제를 도입하여 구금제를 운용하고 있으나 구금제를 고집하는 것은 교정비용이 많이 들고, 그 효과도 확신할 수 없어 최근에는 중간처우제나 개방처우제를 병행하는 추세이다.

표 5-3 인구 10만명당 국가별 수용인구

구분	한국	일본	중국	대만	미국	캐나다	호주	러시아	영국	독일	프랑스	브라질
2019	106	30	120	258	655	107	170	360	140	77	104	366
2020	109	41	118	265	655	114	172	402	140	75	100	324
2021	105	37	119	219	629	104	167	326	131	70	119	381

자료: 교정본부, 교정통계연보, 2022, 63.

현행 형의 집행 및 수형자의 처우에 관한 법률은 독거수용원칙(제14조)을 선언하고 있다. 다만, 다음 어느 하나에 해당하는 사유가 있으면 혼거수용할 수 있다.

1. 독거실 부족 등 시설여건이 충분하지 아니한 때
2. 수용자의 생명 또는 신체의 보호, 정서적 안정을 위하여 필요한 때
3. 수형자의 교화 또는 건전한 사회복귀를 위하여 필요한 때

소장은 수용자의 거실을 지정하는 경우에는 죄명 · 형기 · 죄질 · 성격 ·범죄전력 · 나이 · 경력 및 수용생활 태도, 그 밖에 수용자의 개인적 특성을 고려하여야 한다.

수형자들의 심성을 순화하기 위한 정신교육과 학과교육, 사회생활 적응프로그램 등이 이루어진다.[3] 학과교육은 수형자의 학력 정도에 따른 일반학과 교육과 방송통신 고등학교 교육, 학사고시 등의 교육으로 구분하여 실시하며 구금으로 인한 학업중단 문제를 방지하는 등 학업기회를 부여하고 있다. 사회생활 적응을 위한 프로그램에는 교도작업제품 및 수용자 · 교도관 · 경비교도의 서예, 한

3 형의 집행 및 수용에 관한 법률 제22조부터 제54조.

국화, 양화, 시화, 자수 등을 전시하는 교정작품전시회와 천안과 김천의 소년교도소에 스카우트를 조직해 활동하고 있다. 또한 상담과 종교활동을 통한 심리적 안정을 도모하는 한편 직업훈련과정도 있다.

이 밖에 수형자에게 수용시설에의 적응을 돕고, 나아가 사회복귀를 돕기 위한 다양한 프로그램이 있으며, 종교활동을 할 수 있도록 지원하고 있다.

수형자는 자신에게 부과된 작업과 그 밖의 노역을 수행하여야 할 의무가 있으며, 이때 발생한 작업수입은 국고수입으로 한다. 다만, 소장은 수형자의 근로의욕을 고취하고 건전한 사회복귀를 지원하기 위하여 법무부장관이 정하는 바에 따라 작업의 종류, 작업성적, 교정성적, 그 밖의 사정을 고려하여 수형자에게 작업장려금을 지급할 수 있다. 작업장려금은 석방할 때에 본인에게 지급한다. 다만, 본인의 가족생활 부조, 교화 또는 건전한 사회복귀를 위하여 특히 필요하면 석방 전이라도 그 전부 또는 일부를 지급할 수 있다.[4]

표 5-4 인구 대비 수용인원

구분 연도	인구 (단위: 천명)	1일 평균 수용인원	인구대비 1일 평균 수용인원(%)	교도관 정원	교도관 1인당 1일 평균 수용인원
2012	50,004(104.7)	45,488(92.0)	0.09	15,757(108.5)	2.9
2013	50,423(105.6)	47,924(96.9)	0.09	15,171(104.5)	3.2
2014	51,327(107.5)	50,128(101.3)	0.10	15,984(110.1)	3.2
2015	51,529(107.9)	53,892(109.5)	0.10	15,887(109.4)	3.4
2016	51,696(108.2)	56,495(114.2)	0.11	15,892(109.4)	3.6
2017	51,778(108.4)	57,298(115.8)	0.11	15,871(109.3)	3.6
2018	51,826(108.5)	54,744(110.7)	0.10	15,999(110.2)	3.4
2019	51,849	54,624	0.105	16,101	3.4
2020	51,829	53,873	0.104	16,482	3.3
2021	51,638	52,368	0.101	16,652	3.1

자료: 법무부 교정본부, 교정통계연보, 2022, 61.

4 형의 집행 및 수용에 관한 법률 제65조부터 제68조.

그림 5-1 평균 수용인원의 추이

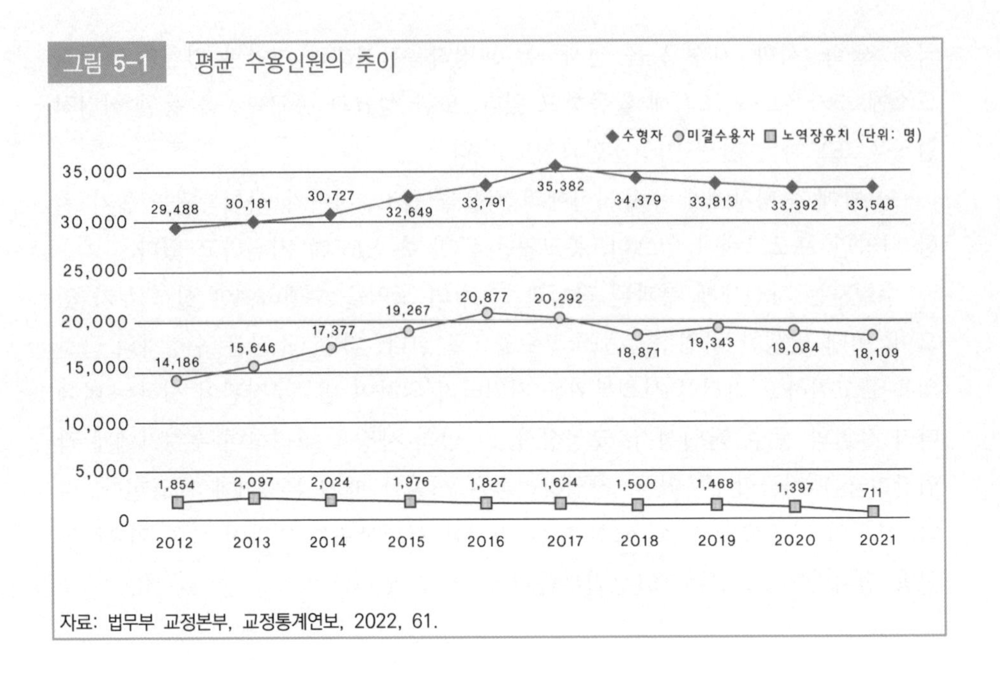

자료: 법무부 교정본부, 교정통계연보, 2022, 61.

II. 사회내처우

1. 사회내처우의 의의

사회내처우란 범죄인을 교정시설에 수용하지 않고, 일상생활을 영위하면서 법률에 규정된 준수사항을 지키고, 보호관찰관의 지도·감독을 받게 하거나 사회봉사명령이나 수강명령 등 일정한 부가명령을 수행하며 범죄성을 개선하는 교정처우를 말한다.

사회내처우는 대상자에게 가족, 친구와의 관계를 유지하며, 범죄자의 재사회화와 안정적인 사회생활을 지원하는 효과 및 교도소의 과밀수용 등의 문제를 해결하고 교정예산을 절감하는 효과가 있다. 또한 지역사회 교정행정(community correction)의 일환으로 지역사회의 교정에 대한 관심을 유도하며, 지역사회의 전문인력을 활용하는 등의 장점이 있다.

2. 사회내처우의 역사

한국에서의 사회내처우의 출발은 1982년에 법무부가 가석방자에 대한 시험적인 보호관찰을 도입하면서부터라고 할 수 있다. 사회내처우의 일환인 보호관찰을 위한 보호관찰법을 1988년 12월에 제정한 데 이어 1989년 7월부터 소년범에 대한 보호관찰이 시작되었다. 1995년 1월에 보호관찰법이 전면적으로 개정되었다.

1994년에 제정된 성폭력범죄의 처벌 및 피해자 보호 등에 관한 법률의 제정으로 성폭력사범에 대하여, 그리고 1997년에 제정된 가정폭력범죄의 처벌 등에 관한 특례법의 제정으로 가정폭력사범에 대하여 사회내처우가 시작되었다. 또한 1997년 형법의 개정으로 성인범에 대한 사회내처우도 시작되었다.

2000년 2월 청소년의 성보호에 관한 법률의 제정으로 청소년 대상 성범죄자에 대하여 수강명령 및 보호처분을, 2004년 3월 성매매알선 등 행위의 처벌에 관한 법률의 제정으로 성매매자에 대하여 보호관찰 등을 도입하였다.

2007년 4월 특정 성범죄자에 대한 위치추적 전자장치 부착에 관한 법률의 제정으로 전자감시제를 도입하였다. 이후 2009년 미성년자 유괴범죄, 2010년 살인범죄, 2014년 강도범죄 등으로 확대되었다. 특히 2020년 8월부터 개정된 전자장치부착법에 따라 가석방자에 대한 전자감독의 범위가 기존의 특정범죄에서 모든 범죄로 확대되었다. 그리고 형사피고인에 대한 전자장치부착조건부 보석제도도 시행되고 있다.[5]

또한 2009년 3월 벌금 미납자의 사회봉사 집행에 관한 특례법의 제정으로 2009년 9월부터 벌금대체 사회봉사제도를, 그리고 2010년 7월 성폭력범죄자의 성충동 약물치료에 관한 법률의 제정으로 성폭력범죄를 저지른 성도착증 환자에 대하여 약물 투여와 심리치료를 병행하는 약물치료명령제도를 도입하였다. 이어 이 법은 2012년 12월 18일 개정으로 사람에 대하여 성폭력 범죄를 저지른 성도착증 환자로 성충동 약물치료 대상자가 확대되었다.

2015년 12월 1일 치료감호 등에 관한 법률 개정으로 치료명령 제도를 도입하여 주취·정신장애인에 대한 치료를 강제하고 있다. 이는 주취·정신장애인의 경우 범죄발생의 문제점을 해결할 수 있는 근원적 치료 없이는 재범방지가 곤란하므로 경미 범죄를 저지른 경우에도 형사사법 절차를 통해 치료받을 수 있도록 하는 제도이다. 2017년 12월 12일 법률 개정으로 마약사범이 추가되었다. 치료

5 법무부 범죄예방정책국, 범죄예방정책통계연보, 2022, 185.

감호 만기종료자에 대한 보호관찰도 가능해져 2018년 6월 13일부터 실시되었다.

2016년 1월 6일 「형법」 개정으로 500만 원 이하 벌금형에 대해서도 집행유예 선고가 가능해짐에 따라 2018년 1월 7일부터 벌금형 집행유예 보호관찰이 시행되었다.

2021년 4월 20일 「스토킹범죄의 처벌 등에 관한 법률」 제정으로 2021년 10월 21일부터 스토킹 범죄자에 대한 보호관찰·수강명령·이수명령 부과가 가능해졌다.[6]

3. 사회내처우의 유형 및 준수사항

현행 사회내처우는 보호관찰 및 수강명령, 사회봉사, 전자감시, 약물치료명령, 치료감호, 외출제한, 가택구금, 접근금지 등이라 할 수 있다. 법원은 사회내처우 가운데에서 병과 처분을 할 수 있다.[7]

표 5-5 사회내처우

구분	계	보호관찰	사회봉사 명령	수강명령	보호관찰 조사	전자감독	치료명령	성충동 약물치료 명령
2017	196,193	53,419	52,668	62,315	26,024	1,154	606	7
	100(%)	27.2	26.8	31.8	13.3	0.6	0.3	0.0
2018	183,274	49,073	49,873	56,291	26,528	929	572	8
	100(%)	26.8	27.2	30.7	14.5	0.5	0.3	0.0
2019	178,417	48,508	47,692	55,761	24,858	830	750	18
	100(%)	27.2	26.7	31.3	13.9	0.5	0.4	0.0
2020	183,390	45,592	51,043	60,474	23,176	2,527	572	6
	100(%)	24.9	27.8	33.0	12.6	1.4	0.3	0.0
2021	175,473	43,992	43,161	58,696	23,175	5,983	453	13
	100(%)	25.1	24.6	33.4	13.2	3.4	0.3	0.0

자료: 법무부 범죄예방정책국, 범죄예방정책통계연보, 2022, 25.

6 법무연수원, 범죄백서, 2023, 410.

7 보호관찰 등에 관한 법률 제32조.

표 5-6 소년보호기관의 일일평균수용

구분	계	보호소년	위탁소년
2017	1,612	1,168	444
	100%	72.5%	27.5%
2018	1,510	1,079	431
	100%	71.5%	28.5%
2019	1,342	946	396
	100%	70.5%	29.5%
2020	1,261	927	334
	100%	73.5%	26.5%
2021	1,066	782	284
	100%	73.4%	26.6%

자료: 법무부 범죄예방정책국, 범죄예방정책통계연보, 2022, 36.

보호관찰 등에 관한 법률 제32조는 보호관찰 대상자의 준수사항을 다음과 같이 규정하고 있다.

1. 주거지에 상주(常住)하고 생업에 종사할 것
2. 범죄로 이어지기 쉬운 나쁜 습관을 버리고 선행(善行)을 하며 범죄를 저지를 염려가 있는 사람들과 교제하거나 어울리지 말 것
3. 보호관찰관의 지도 · 감독에 따르고 방문하면 응대할 것
4. 주거를 이전(移轉)하거나 1개월 이상 국내외 여행을 할 때에는 미리 보호관찰관에게 신고할 것

또한 법원 및 심사위원회는 판결의 선고 또는 결정의 고지를 할 때에는 위의 준수사항 외에 필요하면 보호관찰 기간의 범위에서 기간을 정하여 다음의 사항을 부과할 수 있다.

1. 야간 등 재범의 기회나 충동을 줄 수 있는 특정 시간대의 외출 제한
2. 재범의 기회나 충동을 줄 수 있는 특정 지역 · 장소의 출입 금지
3. 피해자 등 재범의 대상이 될 우려가 있는 특정인에 대한 접근 금지
4. 범죄행위로 인한 손해를 회복하기 위하여 노력할 것
5. 일정한 주거가 없는 자에 대한 거주장소 제한

6. 사행행위에 빠지지 아니할 것
7. 일정량 이상의 음주를 하지 말 것
8. 마약 등 중독성 있는 물질을 사용하지 아니할 것
9. 「마약류관리에 관한 법률」상의 마약류 투약, 흡연, 섭취 여부에 관한 검사에 따를 것
10. 그 밖에 보호관찰 대상자의 재범 방지를 위하여 필요하다고 인정되어 대통령령으로 정하는 사항

이와 같은 준수사항을 위반할 경우 보호관찰관에 의한 긴급구인이나 보호관찰 취소, 가석방 등의 취소, 유치, 보호관찰조건의 변경 등의 처분을 받을 수 있다.

4. 보호관찰의 민영화

우리나라의 경우 보호관찰 사무는 국가사무로 법무부의 소관사무이며, 다만 수강명령 또는 봉사명령의 일부를 민간에 위탁하여 시행하는 정도에 머물고 있다.

그런데 미국의 경우 플로리다주가 1975년에 경범죄자들에 대한 보호관찰 민영화를 허용하는 구세군법(Salvation Army Law)을 통과시킨 뒤, 최초로 구세군 경범죄보호관찰(Salvation Army Misdemeanor Probation)과 계약을 맺고 보호관찰 민영화를 시작한 이래 1989년에 미주리주가, 1990년에는 테네시주가 보호관찰의 민영화를 허용하는 법안을 통과시켰다. 이어 2013년에는 앨라배마주 등이 보호관찰의 민영화를 도입했다.[8]

영국의 경우에는 2012년 10월부터 보호관찰의 본격적인 민영화를 도입하였고, 2015년부터는 전면적으로 적용하고 있다.[9] 보호관찰의 민영화는 기본적으로는 작은 정부의 지향, 시장경제자유주의, 그리고 공공부문의 민영화 또는 아웃소싱화를 추구하는 신자유주의의 거대한 흐름을 보여주는 것이라고 할 수 있다.[10]

한편 미국의 경우 지나친 민영화의 후유증으로 교정처우 및 보호관찰 등이

---

8 허경미. (2020). 미국의 민영교정산업의 성장배경과 쟁점. 矯正研究, 30(1), 65-96.

9 GOV.UK, Policy paper 2010 to 2015 government policy: reoffending and rehabilitation, https://www.gov.uk/government/publications/2010-to-2015-government-policy-reoffending-and-rehabilitation/2010-to-2015-government-policy-reoffending-and-rehabilitation/

10 허경미, "영국 사회내처우제의 정책적 시사점 연구", (교정연구, 제61호, 2013), pp. 127-152.

지나치게 영리주의로 치우친다는 문제점이 지적되고 있다. 이에 따라 바이든 대통령은 2021년 1월 26일 민영 형사구금시설의 사용을 폐지하기 위한 구금시스템개혁에 관한 행정명령(Executive Order on Reforming Our Incarceration System to Eliminate the Use of Privately Operated Criminal Detention Facilities, Executive Order 14006)에 서명했다.[11]

그리고 미국 연방교정국은 2022년 11월 30일을 기점으로 민영교정기업과 체결하였던 교정계약을 종료하였다고 2022년 12월 1일에 발표하였다.[12]

11 The White House, https://www.whitehouse.gov/briefing-room/presidential-actions/2021/01/26/executive-order-reforming-our-incarceration-system-to-eliminate-the-use-of-privately-operated-criminal-detention-facilities/

12 BOP, Ends Use of Privately Owned Prisons, https://www.bop.gov/resources/news/20221201_ends_use_of_privately_owned_prisons.jsp/

제 6 편

형사사법기관

제18장

범죄예방 · 범죄수사: 경찰

형사사법제도란 범죄의 수사, 공소제기 및 유지, 재판의 진행과 집행, 교정 및 보호행정 등 일련의 형사사법행정을 담당하는 국가기관의 조직과 그 제도 등을 총칭한다. 현행 제도로는 경찰과 검찰, 법원, 교정 및 보호관찰의 조직과 그 기능 등을 말한다. 이 가운데 수사기관은 경찰과 검찰을, 재판기관은 법원을, 범죄자처우기관은 교정 및 보호관찰 등을 지칭한다.

I. 국가경찰

1. 조직

국가 경찰조직은 중앙집권적 국가경찰로 헌법 및 정부조직법, 경찰법,[1] 경찰공무원법 등에 그 기초를 둔다. 최고경찰인 경찰청을 정점으로 시도경찰청, 경찰서 등의 계층제적 조직을 가지고 있다.

경찰의 엠블럼

1) 경찰청

경찰청은 행정안전부 소속 하에 두며, 경찰청장은 경찰에 관한 사무를 통할하고 경찰청의 사무를 관장하며, 소속공무원 및 각급 경찰기관의 장을 지휘감독한다. 경찰청장은 치안총감으로 경찰위원회의 동의를 얻어 행정안전부장관의 제청으로 국무총리를 거쳐 대통령이 임명한다.

경찰청은 청장, 차장, 1본부, 10국, 9관, 19담당관, 36과, 13팀으로 구성되었다.[2]

---

1 국가경찰과 자치경찰의 조직 및 운영에 관한 법률 (약칭: 경찰법) [시행 2023. 2. 16.] [법률 제19023호, 2022. 11. 15., 일부개정].

2 경찰청과 그 소속기관 직제, 제4조 [시행 2023. 6. 11.] [대통령령 제33413호, 2023. 4. 18., 일부개정].

한편 경찰의 중요한 업무를 심의의결하기 위하여 행정안전부에 경찰위원회를 설치한다. 경찰위원회는 ① 경찰의 인사·예산·장비·통신 등에 관한 주요정책 및 경찰업무발전에 관한 사항, ② 인권보호와 관련되는 경찰의 운영·개선에 관한 사항, ③ 경찰임무 외의 다른 국가기관으로부터의 업무협조요청에 관한 사항, ④ 기타 행정안전부장관 및 경찰청장이 중요하다고 인정하여 위원회에 부의한 사항 등에 대하여 심의하고 의결한다.

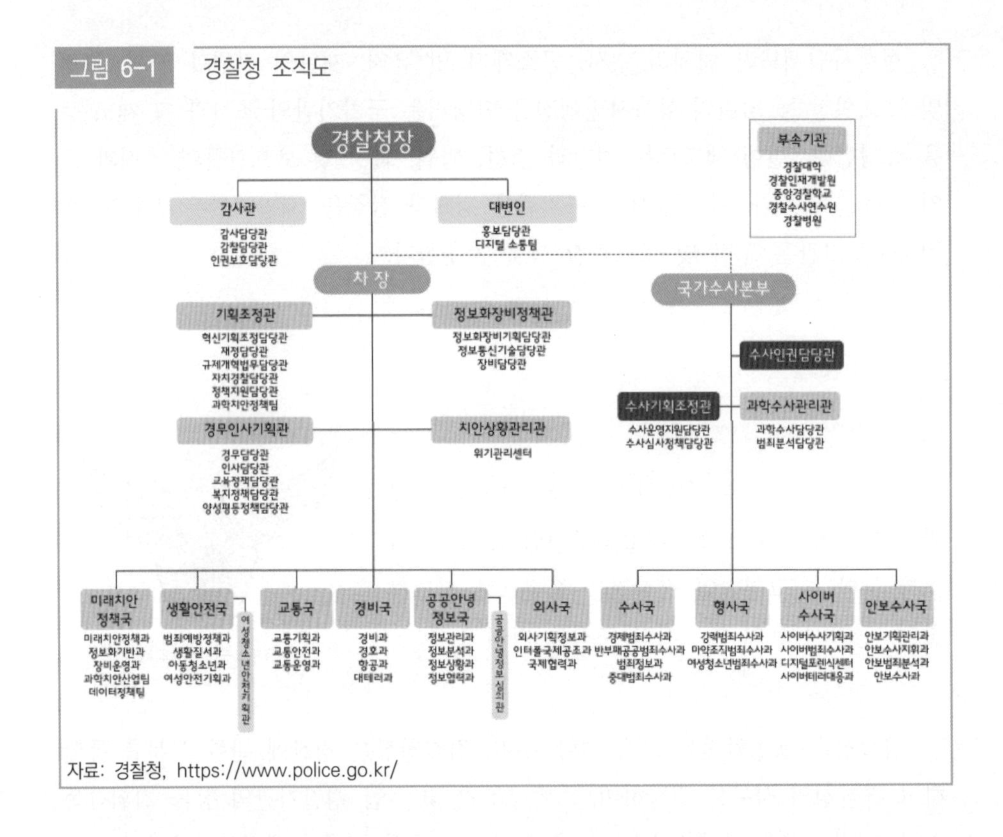

그림 6-1 경찰청 조직도

자료: 경찰청, https://www.police.go.kr/

2) 시도경찰청

시·도경찰청장은 국가경찰사무에 대해서는 경찰청장의 지휘·감독을, 자치경찰사무에 대해서는 시·도자치경찰위원회의 지휘·감독을 받아 관할구역의 소관 사무를 관장하고 소속 공무원 및 소속 경찰기관의 장을 지휘·감독한다.[3] 다만, 수사에 관한 사무에 대해서는 국가수사본부장의 지휘·감독을 받아 관할구역

3 국가경찰과 자치경찰의 조직 및 운영에 관한 법률 제28조.

그림 6-2 서울경찰청 조직도

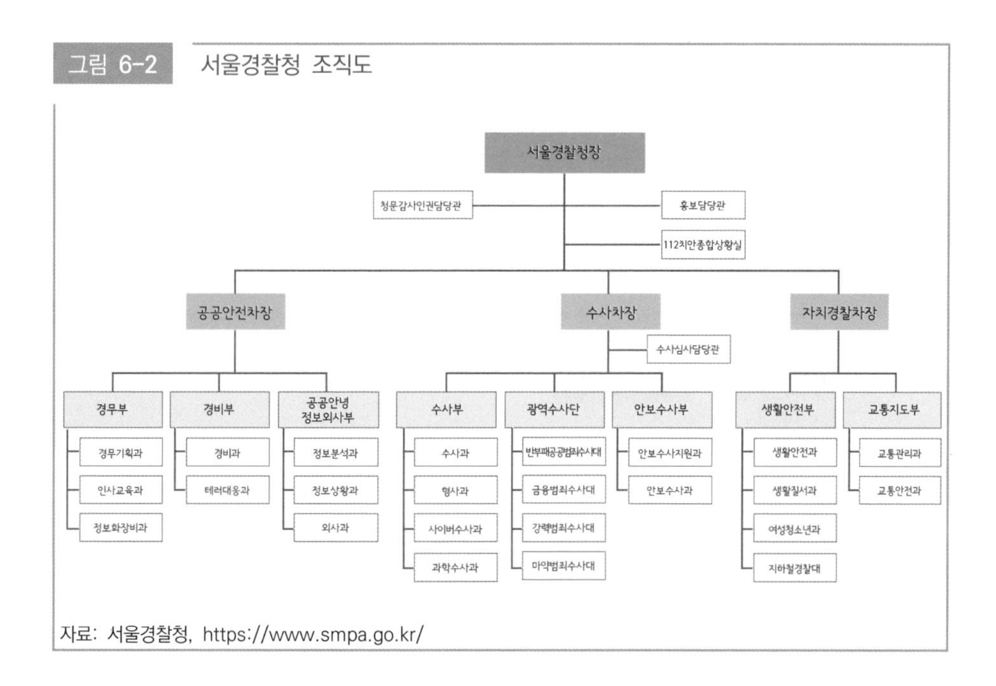

자료: 서울경찰청, https://www.smpa.go.kr/

의 소관 사무를 관장하고 소속 공무원 및 소속 경찰기관의 장을 지휘·감독한다. 전국에 18개 시도경찰청을 둔다. 시도경찰청장은 치안정감(서울·경기남부·부산·인천)으로, 그 밖의 경우는 치안감으로 보한다.[4]

지방경찰청장을 보좌하기 위하여 서울·경기남부·제주특별자치도의 지방경찰청에 차장 1명을 둔다. 서울·경기남부의 차장은 치안감을, 그 외의 경우는 경무관으로 한다.[5]

3) 경찰서

시도경찰청 소속하에 258개 경찰서를 두고, 시도경찰청장의 지휘감독을 받아 관내 경찰업무를 관장한다. 서장도 경무관, 총경, 경정으로 보한다. 경찰서장 소속하에 청문감사관, 경무과, 생활안전과, 여성청소년과, 수사과, 교통과, 경비과, 공공안녕정보과, 안보수사과를 둔다. 생활안전과 소속하에 순찰지구대(621개) 또는 파출소(1,421개)를 둔다.

다만 치안수요에 따라 전국의 경찰관서는 1급지에서 2급지, 3급지로 구분되

4 경찰청과 그 소속기관 직제, 제40조.

5 경찰청과 그 소속기관 직제, 제41조~제43조.

며, 각 급지에 따라 약간의 변동이 있다. 예를 들어 교통과와 경비과를 통합하거나, 정보과와 보안과를 통합하여 운영하기도 한다.

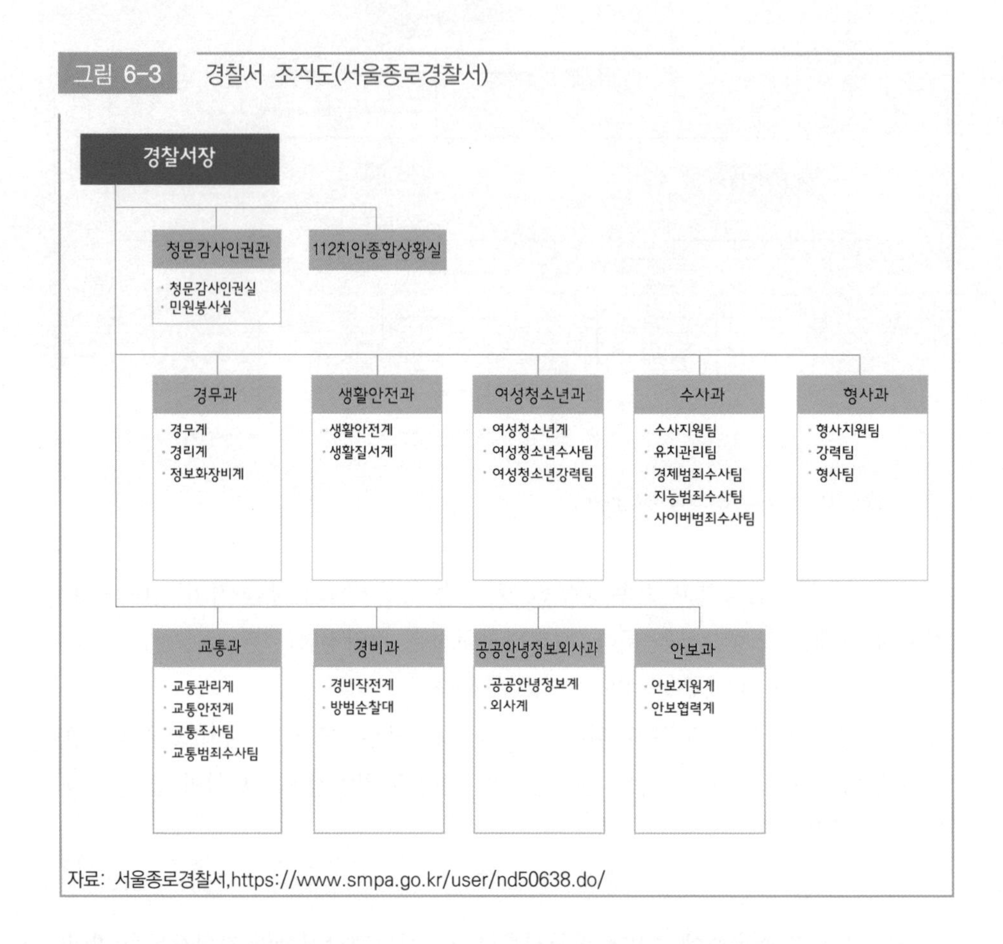

그림 6-3 경찰서 조직도(서울종로경찰서)

자료: 서울종로경찰서,https://www.smpa.go.kr/user/nd50638.do/

2. 국가경찰의 사무

경찰의 임무는 다음 각 호와 같다.[6]

> 1. 국민의 생명·신체 및 재산의 보호
> 2. 범죄의 예방·진압 및 수사

6 국가경찰과 자치경찰의 조직 및 운영에 관한 법률 제3조.

3. 범죄피해자 보호
4. 경비·요인경호 및 대간첩·대테러 작전 수행
5. 공공안녕에 대한 위험의 예방과 대응을 위한 정보의 수집·작성 및 배포
6. 교통의 단속과 위해의 방지
7. 외국 정부기관 및 국제기구와의 국제협력
8. 그 밖에 공공의 안녕과 질서유지

II. 자치경찰

1. 자치경찰조직: 시·도자치경찰위원회

시·도자치경찰위원회는 합의제 행정기관으로서 자치경찰사무를 관장하게 하기 위하여 시·도지사 소속으로 설치한다. 시·도자치경찰위원회는 그 권한에 속하는 업무를 독립적으로 수행한다. 위원회 위원 추천을 위하여 시·도지사 소속으로 추천위원회를 둔다. 시·도지사는 추천위원회에 각계각층의 관할 지역주민의 의견이 수렴될 수 있도록 위원을 구성하여야 한다. 위원회는 위원장 1명을 포함한 7명의 위원으로 구성하되, 위원장과 1명의 위원은 상임으로 하고, 5명의 위원은 비상임으로 한다. 위원장과 위원의 임기는 3년으로 하며, 연임(連任)할 수 없다.

2. 사무

시도자치경찰위원회의 사무는 다음과 같다.[7]

1. 자치경찰사무에 관한 목표의 수립 및 평가
2. 자치경찰사무에 관한 인사, 예산, 장비, 통신 등에 관한 주요정책 및 그 운영지원
3. 자치경찰사무 담당 공무원의 임용, 평가 및 인사위원회 운영
4. 자치경찰사무 담당 공무원의 부패 방지와 청렴도 향상에 관한 주요 정책 및 인권침해 또는 권한남용 소지가 있는 규칙, 제도, 정책, 관행 등의 개선
5. 제2조에 따른 시책 수립

7 국가경찰과 자치경찰의 조직 및 운영에 관한 법률 제24조.

6. 제28조제2항에 따른 시·도경찰청장의 임용과 관련한 경찰청장과의 협의, 제30조 제4항에 따른 평가 및 결과 통보
7. 자치경찰사무 감사 및 감사의뢰
8. 자치경찰사무 담당 공무원의 주요 비위사건에 대한 감찰요구
9. 자치경찰사무 담당 공무원에 대한 징계요구
10. 자치경찰사무 담당 공무원의 고충심사 및 사기진작
11. 자치경찰사무와 관련된 중요사건·사고 및 현안의 점검
12. 자치경찰사무에 관한 규칙의 제정·개정 또는 폐지
13. 지방행정과 치안행정의 업무조정과 그 밖에 필요한 협의·조정
14. 제32조에 따른 비상사태 등 전국적 치안유지를 위한 경찰청장의 지휘·명령에 관한 사무
15. 국가경찰사무·자치경찰사무의 협력·조정과 관련하여 경찰청장과 협의
16. 국가경찰위원회에 대한 심의·조정 요청
17. 그 밖에 시·도지사, 시·도경찰청장이 중요하다고 인정하여 시·도자치경찰위원회의 회의에 부친 사항에 대한 심의·의결

시 · 도자치경찰위원회의 사무를 처리하기 위하여 시 · 도자치경찰위원회에 필요한 사무기구를 둔다.

시 · 도자치경찰위원회는 자치경찰사무에 대해 심의 · 의결을 통하여 시 · 도경찰청장을 지휘 · 감독한다.[8]

Ⅲ. 경찰공무원

경찰공무원은 국가공무원법 및 경찰공무원법에 의해 일정한 채용과정을 통해 임용된다. 경찰공무원은 순경, 경장, 경사, 경위, 경감, 경정, 총경, 경무관, 치안감, 치안정감, 치안총감 순의 계층제로 2020년 5월 말을 기준으로 123,720명이다. 경찰집행기관인 경찰공무원은 제복을 착용하고, 무기를 휴대 · 사용할 수 있다.

경찰공무원은 근무하는 부서에 따라 사법경찰관리로서의 수사업무를 행할 수 있으며, 형사소송법 제197조는 경무관, 총경, 경정, 경감, 경위는 사법경찰관

8 국가경찰과 자치경찰의 조직 및 운영에 관한 법률 제28조.

으로서 범죄의 혐의가 있다고 인식하는 때에는 범인, 범죄사실과 증거에 관하여 수사를 개시·진행하여야 한다고 규정하고 있다. 경사, 경장, 순경은 사법경찰리로서 수사의 보조를 하여야 한다. 검사와 사법경찰관은 수사, 공소제기 및 공소유지에 관하여 서로 협력하여야 한다.[9]

표 6-1 경찰청 공무원(2023)

경찰공무원 계	131,683
치안총감	1
치안정감	6
치안감	30
경무관	80
총경	637
경정	3,062
경감	10,731
경위	15,284
경사	26,739
경장	33,196
순경	41,917

자료: 경찰청과 그 소속기관 직제 시행규칙 제51조 제1항. [별표 8] 경찰청 공무원 정원표.

9 형사소송법 제195조－제197조.

제19장

범죄수사 및 기소: 검찰

I. 검찰의 조직

검찰은 법무부 산하에 소속되어 있으며, 검찰청은 대검찰청, 고등검찰청, 지방검찰청 및 지방검찰청지청으로 구성되고 각각 대법원, 고등법원, 지방법원 및 지방법원지원에 대응하여 설치되어 있다. 검찰청법, 형사소송법 등이 그 조직 및 작용의 법적 근거라고 할 수 있다.

1. 대검찰청

대검찰청에는 검찰총장을 두고, 검찰총장은 대검찰청의 사무를 맡아 처리하고 검찰사무를 통할하며, 검찰청의 공무원을 지휘·감독한다. 검찰총장은 15년 이상 ① 판사, 검사 또는 변호사, ② 변호사 자격이 있는 사람으로서 국가기관, 지방자치단체, 국·공영기업체, 「공공기관의 운영에 관한 법률」 제4조에 따른 공공기관 또는 그 밖의 법인에서 법률에 관한 사무에 종사한 사람, ③ 변호사 자격이 있는 사람으로서 대학의 법률학 조교수 이상으로 재직하였던 사람 중에서 법무부의 검찰총장후보추천위원회의 추천을 거쳐 법무부장관이 제청하여 대통령이 임명한다. 대통령이 법무부장관의 제청으로 검찰총장을 임명할 때에는 국회의 인사청문을 거쳐야 한다. 검찰총장의 임기는 2년으로 하며, 중임할 수 없다.[1]

검찰의 엠블럼

1 검찰청법 제12조, 제27조, 제34조, 제34조의2. [시행 2022. 9. 10.] [법률 제18861호, 2022. 5. 9., 일부개정]

대검찰청에는 차장검사를 두고, 차장검사는 검찰총장을 보좌하며 검찰총장이 사고가 있을 때에는 그 직무를 대리한다. 대검찰청에는 부와 사무국을 두고, 사무국장은 관리관 또는 검찰이사관으로 보한다. 또한 부와 사무국에는 과를 두며 과장은 검찰부이사관 등으로 보하거나 검사로 보할 수 있다.

2. 고등검찰청

고등검찰청은 항소사건에 대한 소송을 유지하고 항고사건을 처리한다.[2] 또한 행정소송을 비롯해 국가를 당사자로 하는 소송사건을 수행한다. 고등검찰청은 각 고등법원에 대응하여 설치되며 서울, 대전, 대구, 부산, 광주, 수원 고등검찰청이 있다.

고등검찰청에는 고등검찰청 검사장을 둔다. 고등검찰청의 검사장은 그 검찰청의 사무를 맡아 처리하고 소속공무원을 지휘·감독한다. 고등검찰청에는 차장검사를 두고, 차장검사는 소속검사장을 보좌하며, 소속검사장이 사고가 있을 때에는 그 직무를 대리한다. 고등검찰청에는 사무국을 두고 사무국장은 검찰이사관 또는 검찰부이사관으로 보한다. 또한 사무국에는 과를 두며 과장은 검찰수사서기관 등으로 보한다.

3. 지방검찰청

지방검찰청은 18개 지방법원에 대응하여 위치하며 서울중앙, 동부, 남부, 북부, 서부, 의정부, 인천, 수원, 춘천, 대전, 청주, 대구, 부산, 울산, 창원, 광주, 전주, 제주지방검찰청으로 구성되어 있다.[3]

지방검찰청에는 지방검찰청 검사장을 둔다. 지방검찰청의 검사장은 그 검찰청의 사무를 맡아 처리하고 소속 공무원을 지휘·감독한다. 서울중앙지방검찰청에는 4인, 인천·수원·대구·부산지방검찰청에는 2인, 나머지 지방검찰청에는 1인의 차장검사를 두며 차장검사는 소속 검사장을 보좌하고 소속 검사장이 사고가 있을 때는 그 직무를 대리한다.[4]

---

2 검찰청법 제17조–제20조.

3 검찰청법 제21조–제26조.

4 검찰청 사무기구에 관한 규정, 제12조–제17조, [시행 2022. 12. 29.] [대통령령 제33171호, 2022. 12. 29., 일부개정].

각 지방검찰청의 사무를 분장하기 위하여 서울중앙지방검찰청에 30개부, 부산지방검찰청에 9개부, 대구지방검찰청에 5개부, 인천지방검찰청에 12개부, 수원지방검창철에 11개부, 광주지방검찰청에 8개부, 대전지방검찰청에 8개부 등을 두고 각 부 밑에는 과를 둔다.

그림 6-4 검사의 역할

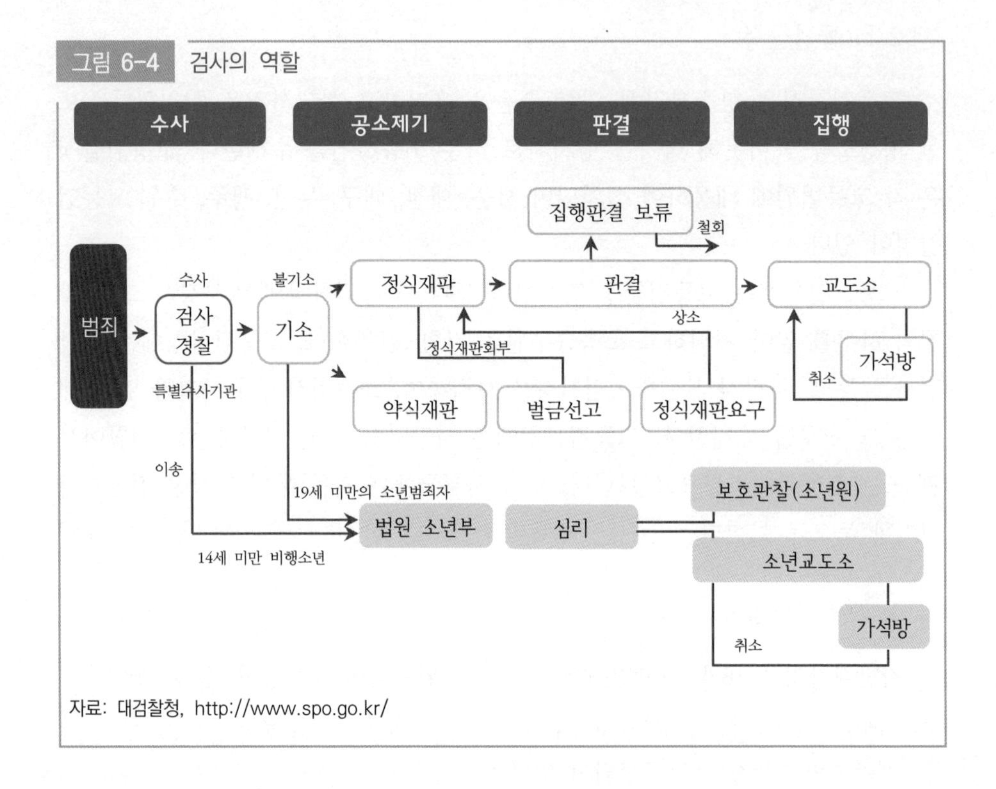

자료: 대검찰청, http://www.spo.go.kr/

4. 지방검찰청지청

지방검찰청지청에는 지방검찰청 지청장을 둔다. 지청장은 지방검찰청 검사장의 명을 받아 소관사무를 처리하고 소속공무원을 지휘감독한다. 지청의 사무를 분장하기 위하여 부를 둘 수 있다.[5]

지방검찰청 지청은 각 지방법원지원에 대응하여 위치한다.

5 검찰청 사무기구에 관한 규정 제18조.

II. 검찰의 사무

검찰조직의 사무는 조직자체의 행정사무와 검찰청법 및 형사소송법상의 수사, 공소제기 및 유지 업무로 대별할 수 있다.

검찰청법 제4조는 검사는 공익의 대표자로서 다음의 직무를 수행한다고 규정하였다.[6]

검찰의 사건 처리내용은 크게 기소, 불기소, 기소중지, 참고인중지, 보완수사요구(결정), 보호사건 송치로 나눌 수 있다.[7]

2021년의 경우에는 전국 검찰청에서 처리한 전체 946,552명 중 기소 처리된 인원이 538,576명으로 56.9%였고, 불기소처분을 받은 인원은 285,479명으로 30.2%였고, 기소중지 처리된 인원은 8,916명으로 1.0%였고, 참고인중지 처리된 인원은 318명으로 0.0%였고, 보완수사요구 처리된 인원은 61,917명으로 6.5%였으며, 보호사건 송치 처리된 인원은 51,346명으로 5.4%였다.

2021년에는 기소 처리가 가장 많았고, 그 다음은 불기소, 보완수사요구(결정), 보호사건 송치, 기소중지, 참고인중지 등의 순이다.

---

6 검찰청법 제4조(검사의 직무)
① 검사는 공익의 대표자로서 다음 각 호의 직무와 권한이 있다.
1. 범죄수사, 공소의 제기 및 그 유지에 필요한 사항. 다만, 검사가 수사를 개시할 수 있는 범죄의 범위는 다음 각 목과 같다.
가. 부패범죄, 경제범죄 등 대통령령으로 정하는 중요 범죄
나. 경찰공무원(다른 법률에 따라 사법경찰관리의 직무를 행하는 자를 포함한다) 및 고위공직자범죄수사처 소속 공무원(「고위공직자범죄수사처 설치 및 운영에 관한 법률」에 따른 파견공무원을 포함한다)이 범한 범죄
다. 가목·나목의 범죄 및 사법경찰관이 송치한 범죄와 관련하여 인지한 각 해당 범죄와 직접 관련성이 있는 범죄
2. 범죄수사에 관한 특별사법경찰관리 지휘·감독
3. 법원에 대한 법령의 정당한 적용 청구
4. 재판 집행 지휘·감독
5. 국가를 당사자 또는 참가인으로 하는 소송과 행정소송 수행 또는 그 수행에 관한 지휘·감독
6. 다른 법령에 따라 그 권한에 속하는 사항
② 검사는 자신이 수사개시한 범죄에 대하여는 공소를 제기할 수 없다. 다만, 사법경찰관이 송치한 범죄에 대하여는 그러하지 아니하다.
③ 검사는 그 직무를 수행할 때 국민 전체에 대한 봉사자로서 헌법과 법률에 따라 국민의 인권을 보호하고 적법절차를 준수하며, 정치적 중립을 지켜야 하고 주어진 권한을 남용하여서는 아니 된다.

7 법무연수원, 범죄백서, 2022, 239.

표 6-2 검찰의 사건처리

구분	전체	기소	불기소	기소중지	참고인중지	보완수사결정	보호사건송치
2017	1,917,280 (100)	798,793 (41.7)	997,257 (52.0)	68,186 (3.6)	6,558 (0.3)	–	46,486 (2.4)
2018	1,755,435 (100)	704,758 (40.1)	893,943 (50.9)	104,930 (6.0)	5,430 (0.3)	–	46,374 (2.6)
2019	1,819,205 (100)	701,047 (38.5)	896,890 (49.3)	163,194 (9.0)	5,752 (0.3)	–	52,322 (2.9)
2020	1,715,769 (100)	654,267 (38.1)	794,771 (46.3)	172,103 (10.0)	5,497 (0.3)	38,669 (2.3)	50,462 (2.9)
2021	946,552 (100)	538,576 (56.9)	285,479 (30.2)	8,916 (1.0)	318 (0.0)	61,917 (6.5)	51,346 (5.4)

자료: 법무연수원, 범죄백서, 2023, 236.

<표 6-3>은 검찰의 사건 처리기간을 연도별로 제시한 것이다.[8] 검찰의 사건 처리기간이란 사건의 접수일 또는 인지일부터 사건처분일까지의 기간에서 경찰 처리기간을 공제한 기간을 말한다. 2020년 검찰의 사건 처리기간을 살펴보면, 검찰접수사건의 58.6%가 10일 이내에 처리되는 것으로 나타났고, 20일 이내는 10.1%, 1개월 이내는 5.6%였다. 접수된 사건의 74.3%가 1개월 이내에 처리되는 것으로 나타났다.

표 6-3 검찰의 사건 처리기간

구분	계	10일 이내	20일 이내	1개월 이내	2개월 이내	3개월 이내	6개월 이내	6개월 초과
2017	1,965,237 (100)	1,227,174 (62.4)	231,911 (11.8)	117,462 (6.0)	121,696 (6.2)	89,400 (4.5)	139,003 (7.1)	38,591 (2.0)
2018	1,803,866 (100)	1,092,857 (60.6)	218,169 (12.1)	117,881 (6.5)	122,658 (6.8)	85,845 (4.8)	130,552 (7.2)	35,904 (2.0)
2019	1,865,411 (100)	1,097,488 (58.8)	211,277 (11.3)	116,887 (6.3)	128,739 (6.9)	95,674 (5.1)	164,116 (8.8)	51,230 (2.7)
2020	1,758,122 (100)	1,030,260 (58.6)	176,708 (10.1)	99,086 (5.6)	123,834 (7.0)	94,621 (5.4)	168,868 (9.6)	64,745 (3.7)
2021	956,939 (100)	551,075 (57.6)	132,886 (13.9)	85,464 (8.9)	73,573 (7.7)	47,329 (5.0)	59,574 (6.2)	7,038 (0.7)

자료: 법무연수원, 범죄백서, 2023, 252.

8 법무연수원, 범죄백서, 2023, 251.

연도별 검찰의 사건 처리기간의 변화를 살펴보면, 1개월 이내에 처리되는 사건의 비율이 2017년 80.2%, 2018년 79.2%, 2019년 76.4%, 2020년 74.3%로 5년 연속 감소하였고, 2021년에는 80.4%로 다시 증가하였다.[9]

Ⅲ. 검 사

검사의 직급은 검찰총장과 검사로 구분한다. 검사는 검찰사무에 관하여 소속 상급자의 지휘·감독에 따른다. 검사는 구체적 사건과 관련된 상급자의 지휘·감독의 적법성 또는 정당성에 대하여 이견이 있을 때에는 이의를 제기할 수 있다.[10]

검사는 특별직공무원으로, 사법시험에 합격하여 사법연수원의 소정과정을 마쳤거나, 변호사의 자격이 있는 경우에 임용된다. 「검사정원법」상 검사의 정원은 2,292명이다.[11] 다음의 경우에는 검사로 임용되지 못한다.[12]

1. "국가공무원법" 제33조 제1항 각호의 1에 해당하는 자[13]
2. 금고이상의 형의 선고를 받은 자
3. 탄핵결정에 의하여 파면된 후 5년을 경과하지 아니한 자

9 법무연수원, 범죄백서, 2023, 251.

10 검찰청법 제6조 – 제7조.

11 검사정원법 제1조.

12 검찰청법 제29조~제37조.

13 국가공무원법 제33조(결격사유) 다음 각 호의 어느 하나에 해당하는 자는 공무원으로 임용될 수 없다.
1. 피성년후견인
2. 파산선고를 받고 복권되지 아니한 자
3. 금고 이상의 실형을 선고받고 그 집행이 끝나거나(집행이 끝난 것으로 보는 경우를 포함한다) 집행이 면제된 날부터 5년이 지나지 아니한 자
4. 금고 이상의 형의 집행유예를 선고받고 그 유예기간이 끝난 날부터 2년이 지나지 아니한 자
5. 금고 이상의 형의 선고유예를 받은 경우에 그 선고유예 기간 중에 있는 자
6. 법원의 판결 또는 다른 법률에 따라 자격이 상실되거나 정지된 자
6의2. 공무원으로 재직기간 중 직무와 관련하여 「형법」 제355조 및 제356조에 규정된 죄를 범한 자로서 300만원 이상의 벌금형을 선고받고 그 형이 확정된 후 2년이 지나지 아니한 자
6의3. 다음 각 목의 어느 하나에 해당하는 죄를 범한 사람으로서 100만원 이상의 벌금형을 선고받고 그 형이 확정된 후 3년이 지나지 아니한 사람

검사의 임명과 보직은 법무부장관의 제청으로 대통령이 한다. 이 경우 법무부장관은 검찰총장의 의견을 들어 검사의 보직을 제청한다. 검사는 탄핵이나 금고 이상의 형을 선고받은 경우를 제외하고는 파면되지 아니하며, 징계처분이나 적격심사에 의하지 아니하고는 해임·면직·정직·감봉·견책 또는 퇴직의 처분을 받지 아니한다.

검사(검찰총장은 제외)에 대하여는 임명 후 7년마다 적격심사를 한다. 검찰총장의 정년은 65세, 검찰총장 외의 검사의 정년은 63세로 한다. 검사는 재직 중 다음 각 호의 행위를 할 수 없다.[14]

1. 국회 또는 지방의회의 의원이 되는 일
2. 정치운동에 관여하는 일
3. 금전상의 이익을 목적으로 하는 업무에 종사하는 일
4. 법무부장관의 허가 없이 보수를 받는 직무에 종사하는 일

가. 「성폭력범죄의 처벌 등에 관한 특례법」 제2조에 따른 성폭력범죄
나. 「정보통신망 이용촉진 및 정보보호 등에 관한 법률」 제74조제1항제2호 및 제3호에 규정된 죄
다. 「스토킹범죄의 처벌 등에 관한 법률」 제2조제2호에 따른 스토킹범죄
6의4. 미성년자에 대한 다음 각 목의 어느 하나에 해당하는 죄를 저질러 파면·해임되거나 형 또는 치료감호를 선고받아 그 형 또는 치료감호가 확정된 사람(집행유예를 선고받은 후 그 집행유예기간이 경과한 사람을 포함한다)
가. 「성폭력범죄의 처벌 등에 관한 특례법」 제2조에 따른 성폭력범죄
나. 「아동·청소년의 성보호에 관한 법률」 제2조제2호에 따른 아동·청소년대상 성범죄
7. 징계로 파면처분을 받은 때부터 5년이 지나지 아니한 자
8. 징계로 해임처분을 받은 때부터 3년이 지나지 아니한 자

14 검찰청법 제43조.

제20장

재판: 법원

헌법 제101조는 “사법권은 법관으로 구성된 법원에 속하며, 법원은 최고법원인 대법원과 각급 법원으로 조직된다”라고 하여 법원조직의 근거가 되고 있으며, 법원조직법에서 이를 구체화하고 있다. 또한 헌법 제103조는 “법관은 헌법과 법률에 의하여 그 양심에 따라 독립하여 심판한다”고 규정하여 사법권의 독립을 선언하고 있다. 이에 따라 각급 법원의 조직과 업무의 독립성이 보장된다.

I. 법원의 조직

1. 대법원

1) 조　　직

대법원은 사법행정의 최고기관인 대법원장을 포함하여 대법관 14인으로 구성된다.[1] 대법원장은 대법원의 일반사무를 관장하며, 대법원의 직원과 각급 법원 및 그 소속기관의 사법행정사무에 관하여 직원을 지휘감독한다. 대법원장이 궐위되거나 사고로 인하여 직무를 수행할 수 없을 때에는 선임대법관이 그 권한을 대행한다.

대법원에는 사법행정상의 최고의결기관으로 대법관회의가 있다. 이 회의에서는 판사의 임명에 대한 동의, 대법원규칙의 제정과 개정 등에 관한 사항, 판례의 수집·간행에 관한 사항, 예산요구, 예비금지출과 결산에 관한 사항 등을 의결한다.

대법원의 엠블럼

1 법원조직법 [시행 2022. 1. 27.] [법률 제17907호, 2021. 1. 26., 타법개정].

그림 6-5 대법원 조직도

- 대법원
  - 서울고등법원
    - 서울중앙지방법원
    - 서울가정법원
    - 서울행정법원
    - 서울회생법원
    - 서울동부지방법원
    - 서울남부지방법원
    - 서울북부지방법원
    - 서울서부지방법원
    - 의정부지방법원
      - 고양지원
    - 인천지방법원
      - 부천지원
    - 인천가정법원
      - 부천지원
    - 의정부지방법원
      - 강릉지원
      - 원주지원
      - 속초지원
      - 영월지원
  - 대전고등법원
    - 대전지방법원
      - 홍성지원
      - 공주지원
      - 논산지원
      - 서산지원
      - 천안지원
    - 대전가정법원
      - 홍성지원
      - 공주지원
      - 논산지원
      - 서산지원
      - 천안지원
    - 청주가정법원
      - 충주지원
      - 제천지원
      - 영동지원
  - 대구고등법원
    - 대구지방법원
      - 서부지원
      - 안동지원
      - 경주지원
      - 포항지원
      - 김천지원
      - 상주지원
      - 의성지원
      - 영덕지원
    - 대구가정법원
      - 강릉지원
      - 원주지원
      - 속초지원
      - 영월지원
      - 상주지원
      - 의성지원
      - 영덕지원
  - 부산고등법원
    - 부산지방법원
      - 동부지원
      - 서부지원
    - 부산가정법원
    - 울산지방법원
    - 울산가정법원
    - 창원지방법원
      - 마산지원
      - 진주지원
      - 통영지원
      - 밀양지원
      - 거창지원
  - 광주고등법원
    - 광주지방법원
      - 목포지원
      - 장흥지원
      - 순천지원
      - 해남지원
    - 광주가정법원
      - 목포지원
      - 장흥지원
      - 순천지원
      - 해남지원
    - 전주지방법원
      - 군산지원
      - 정읍지원
      - 남원지원
    - 제주지방법원
  - 수원고등법원
    - 수원지방법원
      - 성남지원
      - 여주지원
      - 평택지원
      - 안산지원
      - 안양지원
    - 수원가정법원
      - 성남지원
      - 여주지원
      - 평택지원
      - 안산지원
      - 안양지원
  - 특허법원

자료: 대법원, https://www.scourt.go.kr/

대법원은 그 산하기관으로 법원행정처, 사법연수원, 사법정책연구원, 법원공무원교육원, 법원도서관, 양형위원회를 두고 있다. 법원행정처는 대법원장을 보좌하여 법원의 조직, 인사, 예산, 회계, 시설 등의 관리와 같이 사법부를 운영해 가는 사법행정사무를 관장하는 기관으로서 처장과 차장을 둔다.

사법연수원은 판사의 연수와 사법연수생의 수습에 관한 사무를 관장하며, 사법정책연구원은 사법제도 및 재판제도의 개선에 관한 연구를, 법원공무원교육원은 법원직원·집행관 등의 연수 및 양성에 관한 사무를, 법원도서관은 재판사무의 지원 및 법률문화의 창달을 위한 판례·법령·문헌·사료 등 정보를 조사·수집·편찬하고 이를 관리·제공하는 등의 업무를 관장한다.[2]

2 법원조직법 제19조－제24조.

또한 대법원에 재판연구관을 둔다. 재판연구관은 대법원장의 명을 받아 대법원에서 사건의 심리 및 재판에 관한 조사·연구 업무를 담당한다. 재판연구관은 판사로 보하거나 3년 이내의 기간을 정하여 판사가 아닌 사람 중에서 임명할 수 있다.

2) 기 능

❶ 심판권

대법원은 민사·형사·행정·특허 및 가사사건의 판결에 대한 상고사건, 결정·명령에 대한 재항고사건과 중앙해난심판원의 재결에 대한 소송 등을 재판하며, 선거소송에 대하여는 1심 겸 종심, 또는 최종심으로서 재판한다.

대법원의 심판권은 대법관 전원의 3분의 2 이상으로 구성되고 대법원장이 재판장이 되는 합의체에서 이를 행사하나, 일정한 경우에는 대법관 3인 이상으로 구성되는 부에서도 재판할 수 있다. 다만 대법관 중 법원행정처장으로 임명된 1인은 재판에 관여하지 아니한다.

❷ 규칙제정권

대법원은 소송에 관한 절차, 법원의 내부 규율과 사무처리에 관한 규칙을 제정할 수 있으며, 이를 사법 입법권이라고 한다. 이 규칙제정권은 법원조직법 제17조의 규정에 의하여 대법관회의의 권한에 속한다.

또한 대법원은 명령·규칙·처분 또는 행정기관의 조치, 지방자치단체의 조례가 헌법이나 법률에 위반되는지에 대한 최종적인 심사권한 및 각급 법원의 판결이 헌법에 위반 여부에 대한 심사권한이 있다.

2. 고등법원

1) 조 직

고등법원에 고등법원장을 둔다. 고등법원장은 판사로 보한다. 고등법원장은 그 법원의 사법행정사무를 관장하며, 소속공무원을 지휘감독한다. 고등법원장이 궐위되거나 사고로 인하여 직무를 수행할 수 없을 때에는 수석판사, 선임판사의 순서로 그 권한을 대행한다. 고등법원에 고등법원장비서관을 둔다.

고등법원장비서관은 법원사무관 또는 5급상당의 별정직공무원으로 보한다. 고등법원에 부를 둔다. 부의 구성원 중 1인은 그 부의 재판에 있어서 재판장이 되며, 고등법원장의 지휘에 의하여 그 부의 사무를 감독한다. 대법원장은 재판업무 수행상의 필요에 따라 고등법원의 부로 하여금 그 관할구역 안의 지방법원 소재지에서 사무를 처리하게 할 수 있다.

고등법원은 현재 서울, 대전, 대구, 부산, 광주, 수원 등 여섯 군데에 설치되어 있으며, 고등법원장과 대법원규칙이 정한 수의 판사로 구성되고, 그 심판권은 판사 3인으로 구성된 합의부에 의하여 행하여진다. 고등법원에는 법원 내부의 행정 및 일반직원의 지휘감독을 위하여 사무국을 둔다. 한편 제주에는 광주고등법원 제주부가 설치되어 있다.

제26조(고등법원장) ① 고등법원에 고등법원장을 둔다.
② 고등법원장은 판사로 보한다.
③ 고등법원장은 그 법원의 사법행정사무를 관장하며, 소속 공무원을 지휘 · 감독한다.
④ 고등법원장이 궐위되거나 부득이한 사유로 직무를 수행할 수 없을 때에는 수석판사, 선임판사의 순서로 그 권한을 대행한다.
⑤ 고등법원에 고등법원장비서관을 둔다.
⑥ 고등법원장비서관은 법원사무관 또는 5급 상당의 별정직공무원으로 보한다.

2) 기 능

고등법원은 지방법원합의부 · 가정법원합의부 또는 행정법원의 제1심 판결 · 심판 · 결정 · 명령에 대한 항소 또는 항고사건 및 지방법원단독판사 · 가정법원단독판사의 제1심 판결 · 심판 · 결정 · 명령에 대한 항소 또는 항고사건으로서 형사사건을 제외한 사건 중 대법원규칙으로 정하는 사건을 담당한다. 그리고 다른 법률에 의하여 고등법원의 권한에 속하는 사건 등에 대한 심판권을 행사한다.

3. 지방법원

1) 조 직

지방법원에 지방법원장을 둔다. 지방법원장은 판사로 보한다. 지방법원장은 그 법원과 소속지원, 시 · 군법원 및 등기소의 사법행정사무를 관장하며, 소속공무원을 지휘감독한다. 지방법원장이 궐위되거나 사고로 인하여 직무를 수행할 수 없을 때에는 수석부장판사, 선임부장판사의 순서로 그 권한을 대행한다.

지방법원에 지방법원장비서관을 둔다. 비서관은 법원사무관 또는 5급상당의 별정직공무원으로 보한다. 지방법원에 부를 둔다. 부에 부장판사를 둔다. 부장판사는 그 부의 재판에 있어서 재판장이 되며, 지방법원장의 지휘에 의하여 그 부의 사무를 감독한다.

전국의 지방법원 수는 18개이며, 지방법원은 지방법원장과 대법원규칙으로 정한 수의 판사로 구성된다. 지방법원에는 행정사무를 관장하는 사무국을 둔다. 지방법원의 사무 일부를 처리하기 위하여 그 관할구역 내에 지원과 소년부지원, 시·군법원 및 등기소를 둘 수 있다. 지원에는 사무국 또는 사무과를 둔다.

2) 기 능

지방법원은 민사 및 형사사건을 1심으로 재판한다. 1심의 재판은 원칙으로 단독판사의 관할로 하고, 특히 중요하다고 법률이 정하고 있는 사건은 합의부의 관할로 한다.

합의부에는 민사부와 형사부가 있는데 합의부가 주로 다루는 사건은 민사사건의 경우는 소송물가액이 2억원을 초과하는 사건(단 수표금, 어음금청구사건은 단독판사가 재판)인 경우와 사형·무기 또는 단기 1년 이상의 징역 또는 금고에 해당하는 사건(단, 공문서위조, 상습폭력, 도주차량, 상습절도사건 등은 단독판사가 재판)의 형사사건이다. 다만, 합의부의 심판권에 속하는 사건이라도 사안의 내용이 단순하거나 유형이 전형적인 사건은 재정합의부의 결정을 받아 단독판사가 이를 심판할 수 있다.

또한 지방법원 본원의 합의부는 단독판사의 판결에 대한 항소사건과 단독판사의 결정·명령에 대한 항고사건을 2심으로서 재판하는데, 이러한 합의부를 항소부라고 한다.

4. 전문법원

1) 가정법원

가정법원은 지방법원급의 법원이며, 가정법원장은 판사로 보한다.

가정법원은 가사사건과 소년보호사건, 가정폭력사건, 가정폭력 피해자보호명령, 가족관계 등록에 관한 사건 등에 대한 심판권을 전문적으로 처리하는 지방법원격에 해당하며, 서울, 인천, 대전, 대구, 부산, 울산, 광주 수원에 설치되어 있고, 산하 22개 지원이 있다.[3] 가정법원 또는 가정법원의 지원이 설치되지 않은 지역에서는 지방법원 또는 지방법원의 지원이 그 역할을 한다.

가사사건은 법관 3인으로 구성된 합의부 또는 단독판사가 담당하고, 소년보호사건, 가정보호사건은 단독판사가 담당한다. 가정법원에는 가사조정사건을 다루기 위한 조정위원회와 필요한 사항을 조사하는 조사관을 둔다.[4]

2) 행정법원

행정법원은 고등법원격에 해당하며, 행정법원에 행정법원장을 두며, 행정법원장은 판사로 보한다. 행정법원은 「행정소송법」에서 정한 행정사건과 다른 법률에 따라 행정법원의 권한에 속하는 사건을 제1심으로 심판한다. 행정법원이 설치되지 않은 지역의 행정사건은 행정법원이 설치될 때까지 해당 지방법원 본원이 이를 관할한다.[5] 현재는 서울행정법원이 유일하며, 관할권은 서울특별시 지역에 미친다.[6]

3) 특허법원

특허법원은 고등법원급의 법원으로서 법원장 1인과 부장판사 및 판사로 구성된다.

특허법, 실용신안법, 디자인보호법, 상표법 등에 대한 특허심판원의 심결 또는 결정에 대한 불복의 소에 대한 제1심법원이며, 특허법원의 판결에 대하여 대법원에 상고할 수 있다. 따라서 특허법원 사건의 경우 2심제로 운영된다.[7]

특허법원의 토지관할은 대한민국 전 지역에 미치며, 특허심판원의 심결 또는 결정에 대한 불복의 소는 당사자의 주소가 어느 곳이든 묻지 않고 특허법원에 제기하여야 한다.[8]

---

3 법원조직법 제34조 – 제37조.

4 서울가정법원, http://slfamily.scourt.go.kr/slfamily/court_intro/intro_03/intro_03_01/group_01.html/

5 법원조직법 제40조2 – 제40조4.

6 서울행정법원, http://sladmin.scourt.go.kr/jibubmgr/history/new/HisList.work/

7 법원조직법 제28조의2 – 제28조의4.

8 특허법원, http://patent.scourt.go.kr/patent/intro/intro_03/group_01/index.html/

II. 심급제도

1. 민형사사건의 3심제

현행 재판제도는 3심제를 원칙으로 하는데 사건별로 그 절차를 설명하면 <그림 6-6>과 같다.[9]

민 · 형사 사건 중 단독사건은 지방법원(지원) 단독판사 → 지방법원본원 합의부(항소부) → 대법원의 순서로 재판이 진행된다. 합의사건은 지방법원(지원) 합의부 → 고등법원 → 대법원의 순서로 재판이 진행된다. 군사재판은 보통군사법원 → 고등군사법원 → 대법원의 차례로 재판이 진행된다.

그림 6-6 민·형사사건의 재판 단계

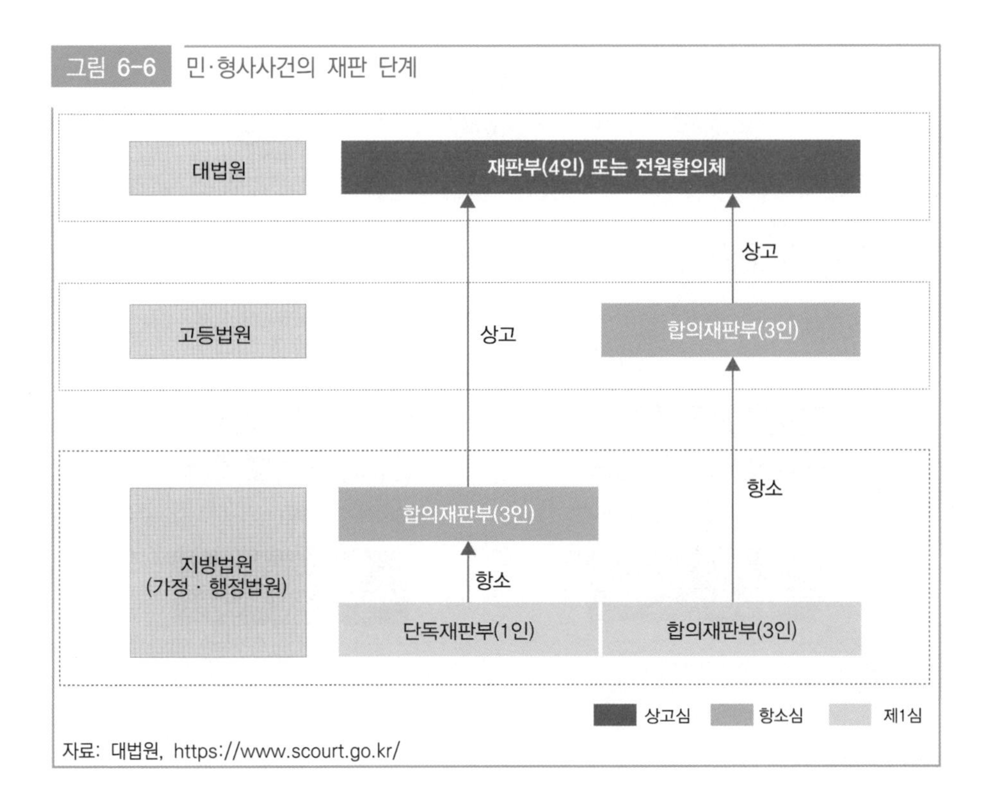

자료: 대법원, https://www.scourt.go.kr/

9 대법원, http://www.scourt.go.kr/info/scrt_intro/judicial/index.html/

2. 행정소송의 3심제

행정소송은 1심법원이 행정법원으로 3심제로 재판이 진행된다. 가사사건은 단독사건의 경우 가정법원(지원) 단독판사 → 가정·지방법원 본원 합의부(항소부) →대법원의 순서로 재판이 진행된다. 합의사건은 가정법원(지원) 합의부 → 고등법원 → 대법원의 순서로 재판이 진행된다. 특허심판에 대해서는 특허심판원의 심결 또는 결정을 1심으로 하고, 이에 대한 불복사건을 2심법원인 특허법원, 그리고 3심법원인 대법원이 재판을 진행하는 형태의 3심제를 유지하고 있다.

그림 6-7 행정사건의 재판 단계

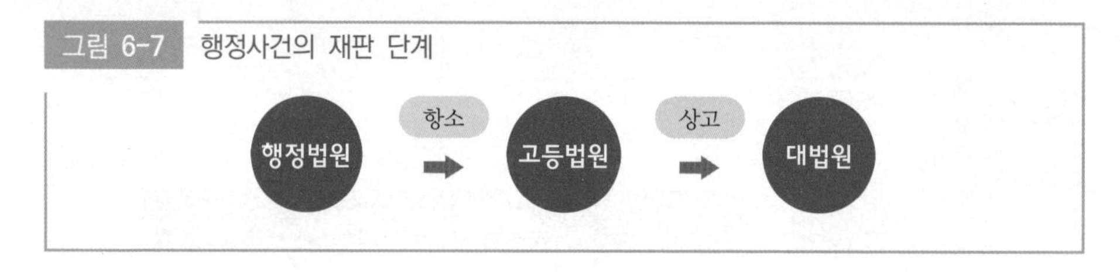

그림 6-8 가사사건의 재판 단계

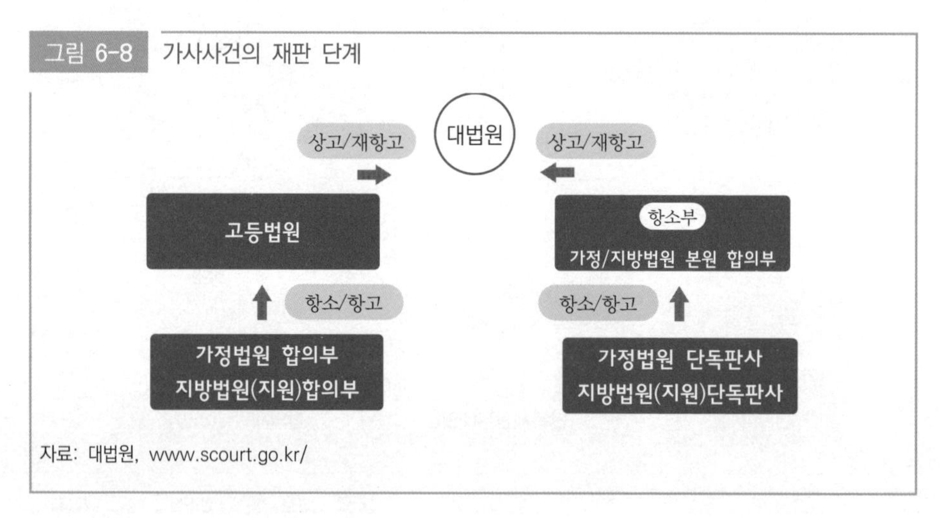

자료: 대법원, www.scourt.go.kr/

그림 6-9 특허사건의 재판 단계

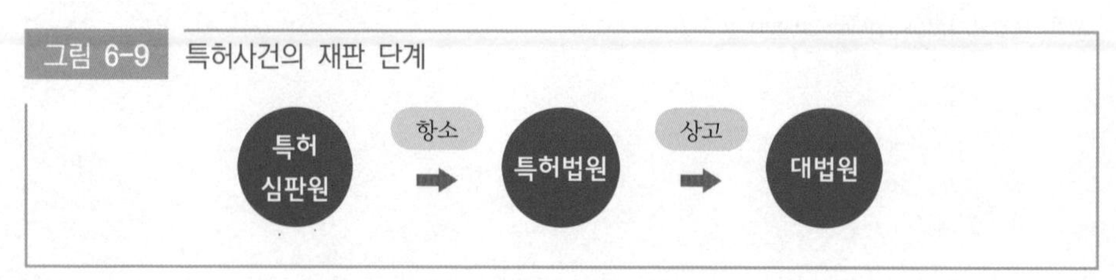

Ⅲ. 법 관

대법원장은 국회의 동의를 받아 대통령이 임명한다. 대법관은 대법원장의 제청으로 국회의 동의를 받아 대통령이 임명한다. 대법원장과 대법관은 20년 이상 다음 각 호의 직(職)에 있던 45세 이상의 사람 중에서 임용한다.

> 1. 판사 · 검사 · 변호사
> 2. 변호사 자격이 있는 사람으로서 국가기관, 지방자치단체, 「공공기관의 운영에 관한 법률」 제4조에 따른 공공기관, 그 밖의 법인에서 법률에 관한 사무에 종사한 사람
> 3. 변호사 자격이 있는 사람으로서 공인된 대학의 법률학 조교수 이상으로 재직한 사람

대법원장의 임기는 6년으로 하며, 중임(重任)할 수 없다. 대법원장과 대법관의 정년은 70세이다.

대법관의 수는 대법원장을 포함하여 14명으로 한다. 대법원장과 대법관이 아닌 법관은 판사로 한다. 고등법원 · 특허법원 · 지방법원 · 가정법원 및 행정법원에 판사를 둔다.[10] 현행 현재 각급 법원의 판사의 수는 3,214명으로 한다고 규정하고 있다.[11]

판사는 인사위원회의 심의를 거치고 대법관회의의 동의를 받아 대법원장이 임명한다. 판사는 위 대법원장 및 대법관의 임용자격요건 중 10년 이상 그 직에 있던 사람 중에서 임용한다. 판사의 보직은 대법원장이 한다.

판사의 임기는 10년으로 하며, 연임할 수 있다. 임기가 끝난 판사는 인사위원회의 심의를 거치고 대법관회의의 동의를 받아 대법원장의 연임발령으로 연임한다.[12] 판사의 정년은 65세이다.

대법원장은 ① 신체상 또는 정신상의 장해로 판사로서 정상적인 직무를 수행할 수 없는 경우, ② 근무성적이 현저히 불량하여 판사로서 정상적인 직무를 수행할 수 없는 경우, ③ 판사로서의 품위를 유지하는 것이 현저히 곤란한 경우 등의 어느 하나에 해당한다고 인정되는 판사에 대해서는 연임발령을 하지 아니

10 법원조직법 제4조－제5조.

11 각급 법원 판사 정원법 제1조 [시행 2014. 12. 31.] [법률 제12951호, 2014. 12. 31., 일부개정].

12 법원조직법 제45조의2.

한다.

다음 어느 하나에 해당하는 사람은 법관으로 임용하지 못한다.[13]

1. 다른 법령에 따라 공무원으로 임용하지 못하는 사람
2. 금고 이상의 형을 선고받은 사람
3. 탄핵으로 파면된 후 5년이 지나지 아니한 사람
4. 대통령비서실 소속의 공무원으로서 퇴직 후 3년이 지나지 아니한 사람
5. 「정당법」 제22조에 따른 정당의 당원 또는 당원의 신분을 상실한 날부터 3년이 경과되지 아니한 사람
6. 「공직선거법」 제2조에 따른 선거에 후보자(예비후보자를 포함한다)로 등록한 날부터 5년이 경과되지 아니한 사람
7. 「공직선거법」 제2조에 따른 대통령선거에서 후보자의 당선을 위하여 자문이나 고문의 역할을 한 날부터 3년이 경과되지 아니한 사람

법관은 탄핵결정이나 금고 이상의 형의 선고에 의하지 아니하고는 파면되지 아니하며, 징계처분에 의하지 아니하고는 정직(停職)·감봉 또는 불리한 처분을 받지 아니한다.

법관은 재직 중 다음 각 호의 행위를 할 수 없다.[14]

1. 국회 또는 지방의회의 의원이 되는 일
2. 행정부서의 공무원이 되는 일
3. 정치운동에 관여하는 일
4. 대법원장의 허가 없이 보수를 받는 직무에 종사하는 일
5. 금전상의 이익을 목적으로 하는 업무에 종사하는 일
6. 대법원장의 허가를 받지 아니하고 보수의 유무에 상관없이 국가기관 외의 법인·단체 등의 고문, 임원, 직원 등의 직위에 취임하는 일
7. 그 밖에 대법원규칙으로 정하는 일

13 법원조직법 제43조.
14 법원조직법 제49조.

제21장

형사처우: 교정 및 보호관찰

I. 교정의 조직

1. 교정본부

법무부 교정본부의 엠블럼

교정행정을 총괄하는 교정본부는 법무부 소속하에 있고, 그 소속하에 교정정책단장과 보안정책단장이 있으며, 각 소관업무에 관하여 정책을 입안하는 교정기획과, 직업훈련과, 사회복귀과, 복지과, 보안과, 분류심사과, 의료과 등 7개과를 두고 있다.

형의 집행은 형의 집행 및 수용자의 처우에 관한 법률에 근거를 둔다. 이 법에서 사용하는 용어는 다음과 같다.[1]

1. 수형자: 징역형 · 금고형 또는 구류형의 선고를 받아 그 형이 확정된 사람과 벌금 또는 과료를 완납하지 아니하여 노역장 유치명령을 받은 사람
2. 미결수용자: 형사피의자 또는 형사피고인으로서 체포되거나 구속영장의 집행을 받은 사람
3. 사형확정자: 사형의 선고를 받아 그 형이 확정된 사람
4. 수용자: 수형자 · 미결수용자 · 사형확정자, 그 밖에 법률과 적법한 절차에 따라 교도소 · 구치소 및 그 지소에 수용된 사람

1 형의 집행 및 수용자의 처우에 관한 법률 (약칭: 형집행법), [시행 2022. 12. 27.] [법률 제19105호, 2022. 12. 27., 일부개정]. 제2조.

그림 6-10 교정본부 조직도

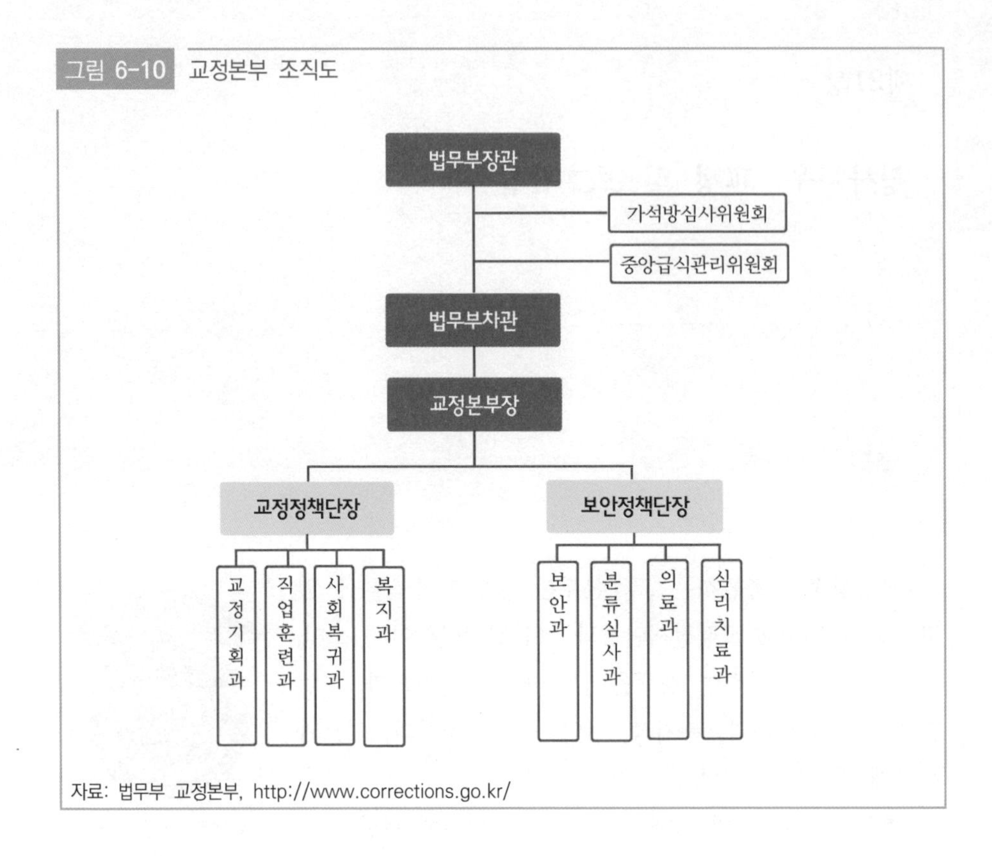

자료: 법무부 교정본부, http://www.corrections.go.kr/

2. 지방교정청

교정본부와 일선교정기관의 중간에 위치하여 일선기관 업무집행의 지휘감독을 관장하는 중간감독기관으로서 서울, 대구, 대전, 광주 등 4개 지방교정청이 있다. 지방교정청 산하에 모두 54개 교정시설이 있다. 기구로는 총무과, 보안과, 직업훈련과, 의료분류과, 사회복귀과를 두고 있으며, 서울지방교정청에는 전산관리과를 별도로 두고 있다.[2] 교정시설의 유형에는 교도소, 소년교도소, 구치소, 여자교도소, 개방교도소 등이며 그 내부조직은 기능에 따라 약간의 차이가 있다.

2 교정본부, http://www.corrections.go.kr/HP/TCOR/cor_01/cor_0104/cor_104010.jsp/

그림 6-11 지방교정청 현황

자료: 교정본부, http://www.corrections.go.kr/

3. 교도소

교도소는 형이 확정된 수형자를 수용하는 교정시설로 19세 이상과 19세 미만, 남자와 여자는 분리하여 수용하는 것을 원칙으로 한다. 다만, ① 관할 법원 및 검찰청 소재지에 구치소가 없는 때, ② 구치소의 수용인원이 정원을 훨씬 초과하여 정상적인 운영이 곤란한 때, ③ 범죄의 증거인멸을 방지하기 위하여 필요하거나 그 밖에 특별한 사정이 있는 때 교도소에 미결수용자를 수용할 수 있고, ④ 취사 등의 작업을 위하여 필요하거나 그 밖에 특별한 사정이 있으면 구치소에 수형자를 수용할 수 있다.

수형자가 소년교도소에 수용 중에 19세가 된 경우에도 교육·교화프로그램, 작업, 직업훈련 등을 실시하기 위하여 특히 필요하다고 인정되면 23세가 되기 전까지는 계속하여 수용할 수 있다.[3]

3 형의 집행 및 수용자의 처우에 관한 법률 제11조－제14조.

교도소 중 소년범죄자만을 수용하는 소년교도소로 김천소년교도소가 있다. 만 19세 미만까지의 소년범을 수용하나, 예외적으로 형집행의 연속성 등을 위하여 필요한 경우 23세까지 수용할 수 있다.[4]

여자수형자만을 수용하는 교도소로는 청주여자교도소가 있다. 모든 여자 수형자를 청주여자교도소에 수용하지는 못하며, 각 교도소에 여자 사동을 별도로 분리하여 수용한다.

또한 외부통근제 등 개방처우시설인 천안개방교도소가 있다. 천안개방교도소는 일반 교도소와는 달리 감시대 등이 설치되어 있지 않으며, 수형자의 자율과 책임을 바탕으로 하는 자치프로그램을 시행하고 있다. 입소 후 단계별 교육과정을 거쳐 대부분의 수용자가 외부기업체에서 작업을 하고 있다.[5]

그림 6-12 교도소 조직도

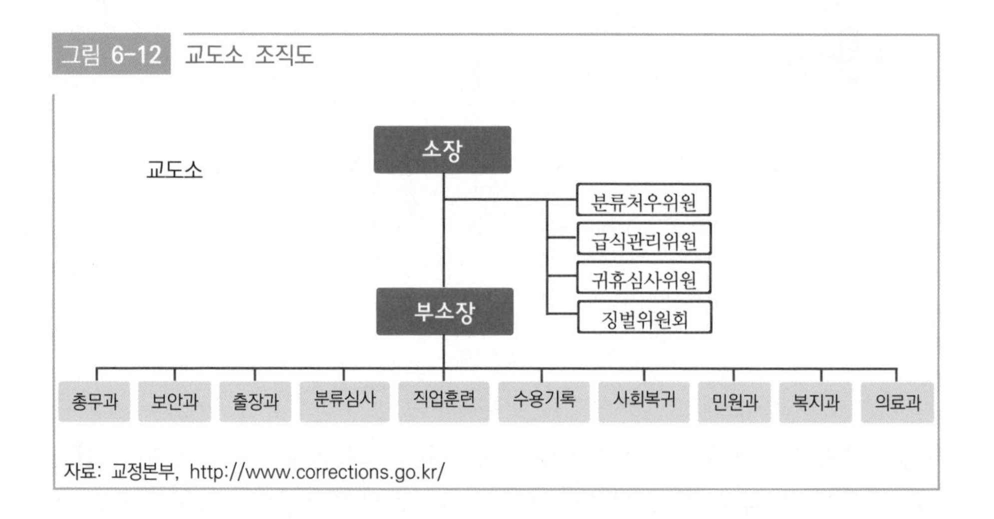

자료: 교정본부, http://www.corrections.go.kr/

4. 민영교도소

교정업무를 민간이 법무부장관으로부터 수탁받아 운영하는 법인을 교정법인이라고 하며, 이 교정법인이 운영하는 교도소를 민영교도소라고 한다. 우리나라에는 유일하게 아가페 교정법인이 2010년 12월 1일에 소망교도소를 개소하여 운영하고 있고, 수용인원은 300여 명 정도이다. 소망교도소는 경기도 여주에 위

4 형의 집행 및 수용자의 처우에 관한 법률 제12조.

5 천안개방교도소, http://www.corrections.go.kr/HP/TCOR/cor_01/cor_0101/cor_101033.jsp.

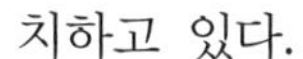
치하고 있다.

그림 6-13 교정시설의 입출소 및 처우 과정

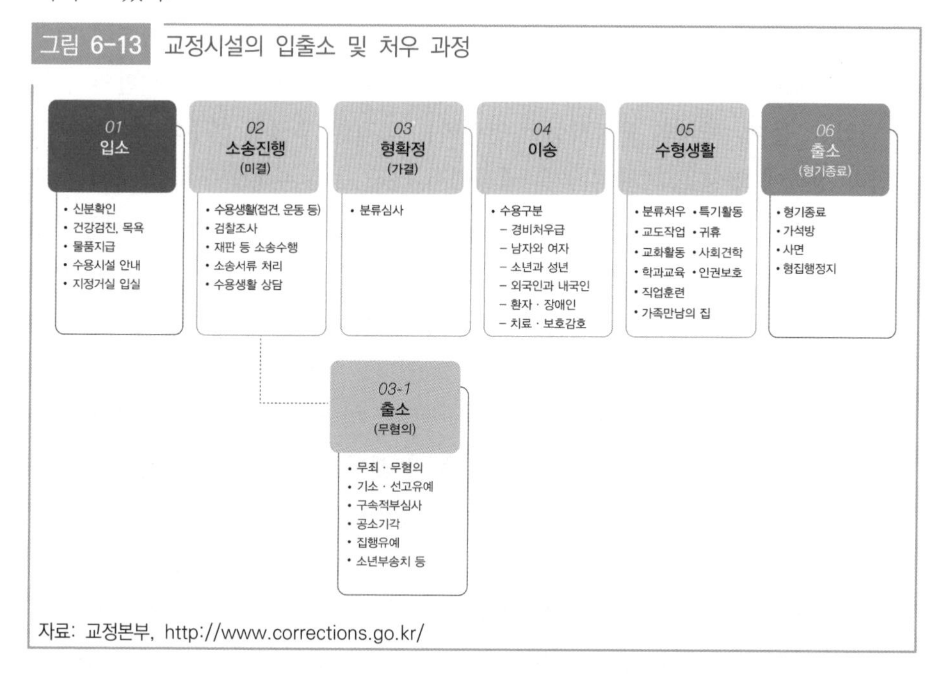

자료: 교정본부, http://www.corrections.go.kr/

소망교도소의 수형자는 20세 이상 60세 미만의 남성 수형자로서 형기 7년 이하, 잔여형기 1년 이상, 2범 이하로 공안, 마약, 조직폭력사범에 해당되지 아니하여야 한다.[6]

이곳의 수용을 희망하는 수형자를 대상으로 소망교도소가 선별하여 수용된다. 소망교도소는 법무부장관의 지휘감독하에 있다.[7]

법무부장관은 매년 수형자 처우에 필요한 예산을 지원하며, 민영교도소에 근무하는 교도관은 형의 집행 및 수용자의 처우에 관한 법률 및 국가공무원법 등의 교도관에 준하는 의무를 부담한다.

최초의 현대적인 민영교정회사는 1983년에 설립된 미국교정회사(The Corrections Corporation of America: CCA)로 테네시주 해밀턴카운티에 교정시설을 열었다. 영국, 미국, 호주, 캐나다, 뉴질랜드 등이 민영교도소를 운영하고 있다. 특히 민영교도소 시설이 가장 많고 교정인구가 가장 많은 미국의 경우가 가장 대표적

6 소망교도소, 수용기준, http://somangcorrection.org/sub2/sub2.asp/
7 민영교도소 등의 설치·운영에 관한 법률 제2조–제4조.

인 사례이다.

첫째. 미국의 민영교정산업의 성장은 교정기업의 입법, 사법, 행정부에 대한 지속적인 로비가 바탕이 되었다. 이는 형사사법제도의 상업화라는 비판의 원인이 되었다. 둘째, 미국의 교정시설의 민영화는 엄격한 구금형 위주의 형사정책의 도입과 정착에 영향을 끼쳐 미국은 세계에서 가장 높은 수용인구비를 보이는 문제점을 안게 되었다. 또한 법정형기제 및 절대적 형기제 등의 엄격한 구금형제가 지나치게 인권침해적이라는 비판에 직면해 있다. 셋째, 미국 민영교정산업계는 수용자 노동력을 활용한 교정시설관리와 함께 저임금으로 수용자 노동력을 착취해 기업수익을 창출한다는 비판을 받고 있다. 이는 수용자 노예화라는 비난과 수용자 폭동이라는 부작용을 낳고 있다. 넷째, 미국은 민영교정기업에게 특정물품의 생산과 공급의 독점권을 부여함으로써 시장자유경제를 지향하는 자본주의적 이념을 훼손하고 있다는 비난에 직면해 있다. 다섯째, 미국은 민영교정기업에게 보호관찰 대상자에 대한 벌금징수 권한을 부여하고, 보호관찰비용의 자부담정책으로 보호관찰 대상자의 사회복귀 지원이라는 본래의 보호관찰 취지를 훼손시키고 있다는 지적을 받고 있다. 여섯째, 미국은 민영교정기업에게 이민자구금센터의 수용인원 할당을 보장함으로써 미국의 이민통제정책이 민영교정산업계의 황금알을 낳는 거위라는 비판에 처해 있다.

이와 같은 미국의 민영교정산업의 성장을 둘러싼 쟁점들은 현재 수용자교육의 민간에의 아웃소싱, 그리고 특정범죄자 등에 대한 법정구금형기제 도입 확대 등의 정책변화를 꾀하고 있는 한국의 경우에도 시사하는 바가 크다.[8]

그리고 미국의 바이든 대통령이 2021년 1월 26일 민영 형사구금시설의 사용을 폐지하기 위한 구금시스템개혁에 관한 행정명령(Executive Order on Reforming Our Incarceration System to Eliminate the Use of Privately Operated Criminal Detention Facilities, Executive Order 14006)에 서명, 발표한 정책적 취지를 참고할 필요가 있다.

5. 구치소

미결수용자는 구치소에 수용한다. 사형확정자는 교도소 또는 구치소에 수용

---

8 허경미. (2020). 미국의 민영교정산업의 성장배경과 쟁점. 교정연구, 30(1), 65-96.

하되, 사형집행시설이 갖춰진 교정시설에 한하여야 한다.

그림 6-14 구치소 조직도

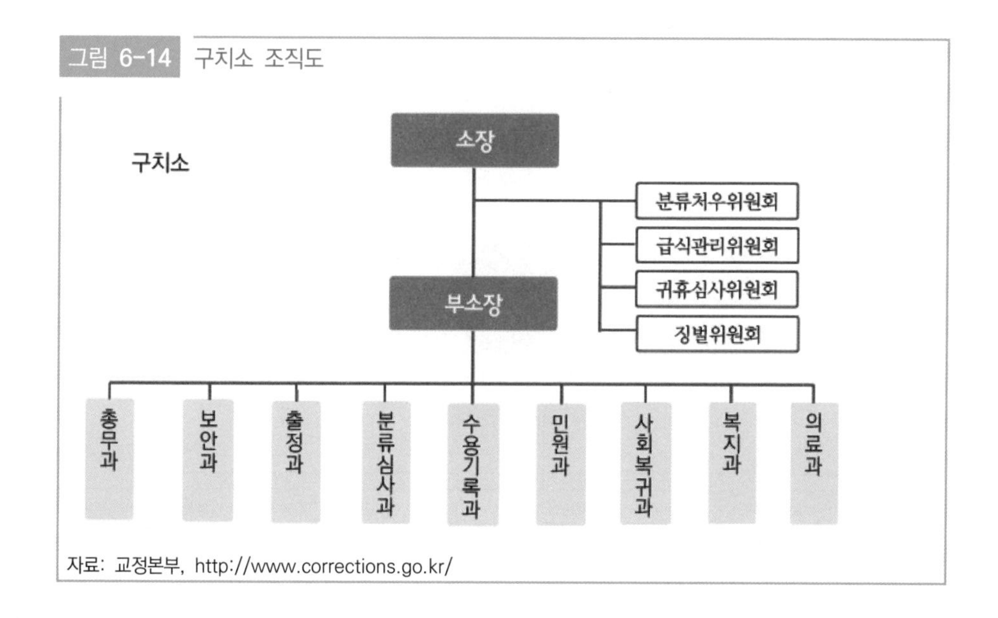

자료: 교정본부, http://www.corrections.go.kr/

II. 보호관찰의 조직

보호관찰(Probation)이란 범죄인을 교도소나 기타의 시설에 수용하지 않고 사회생활을 영위하면서 법률에 규정된 준수사항을 지키며 보호관찰관의 지도·감독을 받게 하거나 사회봉사명령이나 수강명령을 이행하도록 하여 범죄성을 개선하는 교정정책이다.

현행 「보호관찰 등에 관한 법률」은 2022년 1월 21일부터 시행 중인 제18299호로, 죄를 지은 사람으로서 재범 방지를 위하여 보호관찰, 사회봉사, 수강(受講) 및 갱생보호(更生保護) 등 체계적인 사회 내 처우가 필요하다고 인정되는 사람을 지도하고 보살피며 도움으로써 건전한 사회 복귀를 촉진하고, 효율적인 범죄예방 활동을 전개함으로써 개인 및 공공의 복지를 증진함과 아울러 사회를 보호하는 것을 그 목적이라고 정의하고 있다.

법무부 보호관찰의 엠블럼

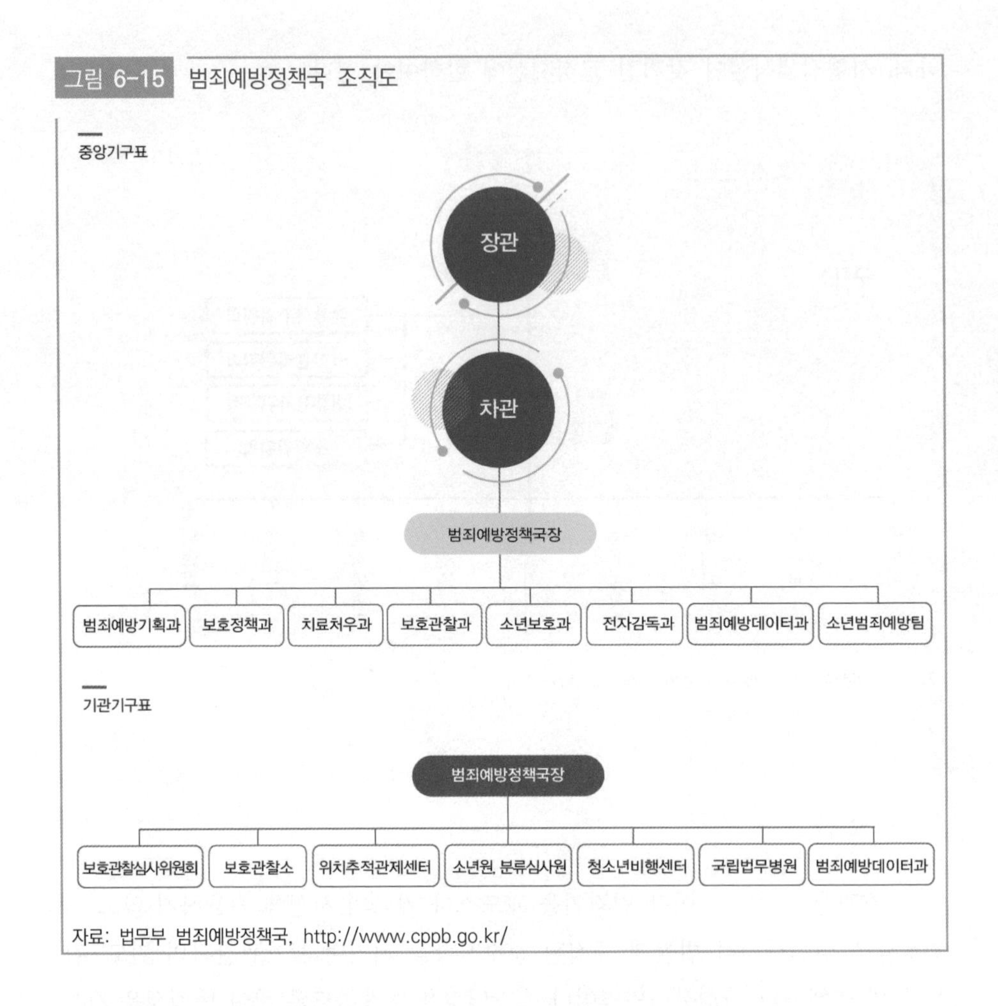

그림 6-15 범죄예방정책국 조직도

자료: 법무부 범죄예방정책국, http://www.cppb.go.kr/

1. 범죄예방정책국

범죄예방정책국은 법무부장관하에 소속되어 보호관찰 및 소년처우, 그리고 보호관찰심사위원회, 위치추적관제센터, 청소년비행예방센터, 치료감호소 업무 등을 관장한다.

2. 보호관찰소 · 지소

보호관찰소는 전국에 보호관찰소 행정조직은 중앙감독기관인 법무부 범죄예방정책국 산하에 전국 대도시마다 보호관찰소 및 지소를 설치하여 현재 보호관찰소 18개소와 그 산하에 지소 39개소가 있다.[9]

보호관찰소
서울, 서울동부, 서울남부, 서울북부, 서울서부, 의정부, 인천, 수원, 춘천, 대전, 청주, 대구, 부산, 울산, 창원, 광주, 전주, 제주

보호관찰소 지소
고양, 부천, 인천서부, 성남, 여주, 안산, 평택, 안양, 강릉, 원주, 속초, 영월, 홍성, 공주, 논산, 서산, 천안, 충주, 제천, 영동, 대구서부, 안동, 경주, 포항, 김천, 상주, 영덕, 부산동부, 부산서부, 진주, 통영, 밀양, 거창, 목포, 순천, 해남, 군산, 정읍, 남원

보호관찰소의 조직 및 업무는 <그림 6-16>과 같다.

그림 6-16 보호관찰소의 직제

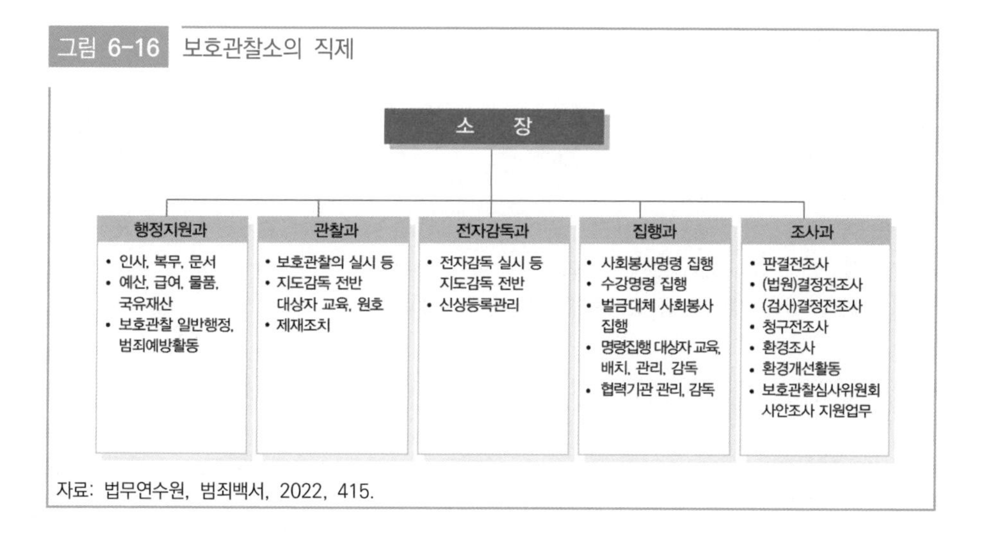

자료: 법무연수원, 범죄백서, 2022, 415.

Ⅲ. 교정 및 보호관찰공무원

교정공무원은 교정직렬의 일반직 공무원으로 재소자의 구금·계호·작업·직업훈련·교화교육 등을 담당하는 국가공무원으로 교정직 공무원은 2021년 말을 기준으로 16,278명이다.

보호관찰공무원은 보호직렬의 일반직 공무원으로 보호관찰은 형사정책학, 행형학, 범죄학, 사회사업학, 교육학, 심리학 기타 보호관찰에 필요한 전문적 지식

9 법무부 범죄예방정책국, http://www.cppb.go.kr/cppb/index.do

과 소양을 갖춘 5급 이상의 국가공무원인 보호관찰관과 이들을 도와 보호관찰 대상자의 지도감독 및 명령집행의 실무를 수행하고 있는 6급 이하의 보호관찰 공무원이 담당하고 있다. 2021년 말을 기준으로 3,380명이 근무하고 있다.

표 6-4 교정공무원(2021)

구분	총계	행정직군	기술직군								전문 경력관	관리운영 직군
		교정	의무	간호	시설	식품 위생	의료 기술	공업	운전	기타		
정원	16,652	15,495	117	133	74	82	35	219	267	50	120	60
현원	16,278	15,166	91	129	73	78	35	209	267	46	116	68

자료: 법무부 교정본부, 교정통계연보, 2022, 17.

표 6-5 보호관찰 공무원(2021)

구분	계	보호직	기술직군	전문경력관	관리운영직군
보호관찰기관	1,955	1,859	77	–	19
소년보호기관	982	742	171	37	32
국립법무병원	443	37	369	17	20
계	3,380	2,638	617	54	71

자료: 법무부 범죄예방정책국, 범죄예방정책통계연보, 2022, 435.

QR코드를 스캔하시면 '범죄학(제 8 판)'의 참고문헌을
확인하실 수 있습니다.

찾아보기

저자약력

학 력

동국대학교 대학원 경찰행정학과 졸업(법학 박사)
동국대학교 공안행정대학원 경찰행정학과 졸업(행정학 석사)
동국대학교 법정대학 경찰행정학과 졸업(행정학 학사)

경 력

계명대학교 사회과학대학 경찰행정학과 교수
대구광역시 자치경찰위원회 위원
경찰청 인권위원회 위원
경찰청 마약류 범죄수사자문단 자문위원
대구지방검찰청 형사조정위원회 위원
대구고등검찰청 징계위원회 위원
대구지방보훈청 보통고충심사위원회 위원
경북지방노동위원회 차별심판 공익위원
대구광역시 행정심판위원회 위원
대구광역시 건축심의위원회 위원
법무부 인권교육 강사
행정안전부 지자체 합동평가위원
한국양성평등교육진흥원 폭력예방교육모니터링 전문위원
John Jay College of Criminal Justice 방문교수
한국소년정책학회 부회장
한국교정학회 부회장
한국공안행정학회 제11대 학회장

수상경력

경찰대학교 청람학술상(2000)
계명대학교 최우수강의교수상(2008) 업적상(2014)
한국공안행정학회 학술상(2009)
대통령 표창(2013)

저서 및 논문

1. 경찰행정법, 법문사, 2003
2. 정보학특강, 계명대학교 출판부, 2005
3. 국립과학수사연구소의 혁신과 발전에 기여할 기본법 제정을 위한 연구 및 법령제정안 및 기준(지침)안 작성, 국립과학수사연구소, 2006(공저)
4. 조직폭력범죄의 대책에 관한 연구, 한국형사정책연구원, 2007(공저)
5. 범죄 프로파일링(criminal profiling) 기법의 효과적인 활용방안, 경찰대학 치안정책연구소, 2008
6. 경찰학, 박영사, 2008 초판, 2023 제11판
7. 피해자학, 박영사, 2011 초판, 2023 제4판
8. 경찰인사행정론, 박영사, 2013 초판, 2023 제4판
9. 현대사회문제론, 박영사, 2022 초판
10. 범죄인 프로파일링, 박영사, 2018 초판, 2022 제2판
11. 사회병리학: 이슈와 경계, 박영사, 2019 초판
12. 허경미. (2012). 핵티비즘 관련 범죄의 실태 및 대응. 한국공안행정학회보, 21, 368－398.
13. 허경미. (2013). 수사기관의 피의사실 공표죄의 논쟁점. 한국공안행정학회보, 22, 282－310.
14. 허경미. (2013). 미국 전자감시제의 효과성 및 정책적 시사점 연구. 교정연구, (59), 35－60.
15. 허경미. (2014). 독일의 교정 및 보호관찰의 특징에 관한 연구. 교정연구, (62), 79－101.
16. 허경미. (2014). 한국의 제노포비아 발현 및 대책에 관한 연구. 경찰학논총, 9(1), 233－259.
17. 허경미. (2015). 범죄 프로파일링 제도의 쟁점 및 정책적 제언. 경찰학논총, 10(1), 205－234.
18. 허경미. (2015). 영국의 교도소 개혁 전략 및 특징에 관한 연구. 교정연구, (69), 83－110.
19. 허경미. (2016). 교도소 수용자노동의 쟁점에 관한 연구. 교정연구, 26(4), 141－164.
20. 허경미. (2017). 캐나다의 대마초 비범죄화에 관한 연구. 한국공안행정학회보, 26, 241－268.
21. 허경미. (2017). 외국인 수용자 인권처우 관련 법령의 한계 및 개정 방향에 관한 연구. 교정연구, 27(2), 89－112.
22. 허경미. (2017). 교도소 정신장애 수용자처우 관련법의 한계 및 개정방향에 관한 연구. 경찰학논총, 12(2), 69－104.
23. 허경미. (2018). 성인지적 관점의 여성수용자 처우 관련 법령의 정비방향 연구. 矯正硏究, 28(2), 81－110.
24. 허경미. (2019). 국제인권법상 수용자 의료처우 준칙 및 형집행법령 개정방향. 矯正硏究, 29(4), 3－35.
25. 허경미. (2019). 자치경찰제법(안)상 자치단체장의 자치권한 행사 제한과 관련된 쟁점. 경찰학논총, 14(4), 275－303.
26. 허경미. (2020). 난민의 인권 및 두려움의 쟁점. 경찰학논총. 15(2). 35－72.
27. 허경미. (2021). 지방자치행정 관점의 일원형 자치경찰제의 문제점 및 개선 방향. 한국공안행정학회보, 30, 275－307.
28. 허경미. (2022). 한국경찰의 부패방지를 위한 합리적 통제방향의 모색－영국의 제도를 중심으로－. 부패방지법연구, 5(2), 33－62. 10.36433/kacla.2022.5.2.33

제8판
범죄학

초판발행 2005년 8월 15일
제8판발행 2023년 8월 21일

지은이 허경미
펴낸이 안종만 · 안상준

편 집 한두희
기획/마케팅 장규식
표지디자인 이은지
제 작 고철민 · 조영환

펴낸곳 (주) 박영사
서울특별시 금천구 가산디지털2로 53, 210호(가산동, 한라시그마밸리)
등록 1959. 3. 11. 제300-1959-1호(倫)
전 화 02)733-6771
f a x 02)736-4818
e-mail pys@pybook.co.kr
homepage www.pybook.co.kr
ISBN 979-11-303-1760-1 93350

정 가 30,000원